Bildungspsychologie

Christiane Spiel
Thomas Götz
Petra Wagner
Marko Lüftenegger
Barbara Schober
(Hrsg.)

Bildungs-psychologie

Ein Lehrbuch

2., vollständig überarbeitete Auflage

hogrefe

Univ.-Prof. Dr. Dr. Christiane Spiel. Studium der Mathematik, Geschichte und Psychologie in Wien. 1980–1989 Universitätsassistentin am Institut für Psychologie der Universität Wien. 1989–1992 Wissenschaftliche Mitarbeiterin am Max-Planck Institut für Bildungsforschung in Berlin. 1992–1995 Assistenzprofessorin am Institut für Psychologie der Universität Wien. 1995 Habilitation. 1995–2000 Gastprofessur am Institut für Psychologie der Universität Graz. 2000–2018 Professorin für Bildungspsychologie und Evaluation an der Fakultät für Psychologie der Universität Wien. Seit 2018 emeritierte Professorin für Bildungspsychologie und Evaluation an der Fakultät für Psychologie der Universität Wien.

Univ.-Prof. Dr. Thomas Götz. Studium der Musik und Psychologie in Regensburg und München. 2002–2006 Wissenschaftlicher Assistent und ab 2005 Privatdozent am Lehrstuhl für Pädagogische Psychologie, Diagnostik und Evaluation der LMU München. 2002 Promotion. 2005 Habilitation. 2007–2019 Professor für Empirische Bildungsforschung an der Universität Konstanz und der Pädagogischen Hochschule Thurgau (Schweiz). Seit 2011 Adjunct Professor an der McGill University in Montreal (Kanada) und seit 2019 Professor für Bildungspsychologie und gesellschaftliche Veränderungen an der Fakultät für Psychologie der Universität Wien.

Prof. (FH) PD Dr. Petra Wagner. Studium der Psychologie in Wien. 1994–2000 Tätigkeit als Schulpsychologin in Niederösterreich. 2000–2006 Universitätsassistentin im Arbeitsbereich Bildungspsychologie und Evaluation der Universität Wien. 2003 Promotion. 2009 Habilitation. Seit 2006 Professorin für Psychologie an der Fakultät für Medizintechnik und Angewandte Sozialwissenschaften der Fachhochschule Oberösterreich.

Assoz.-Prof. Dr. Marko Lüftenegger. Studium der Psychologie in Salzburg, Lissabon und Wien. 2012 Promotion. 2013–2017 Universitätsassistent am Institut für Angewandte Psychologie der Universität Wien. 2019 Habilitation. 2017–2021 Assistenzprofessor am Zentrum für Lehrer*innenbildung und der Fakultät für Psychologie der Universität Wien. 2019 Habilitation. Seit 2021 Assoziierter Professor für Entwicklungs- und Bildungspsychologie des Schulalters am Zentrum für Lehrer*innenbildung und der Fakultät für Psychologie der Universität Wien.

Univ.-Prof. Dr. Barbara Schober. Studium der Psychologie in Bamberg. 1994–1996 Psychologisch-technische Assistentin an der Psychiatrischen Klinik der LMU München. 1997–2001 Wissenschaftliche Mitarbeiterin am Lehrstuhl für Psychologische Diagnostik und Evaluation der LMU München. 2001 Promotion. 2001–2007 Universitätsassistentin im Arbeitsbereich Bildungspsychologie und Evaluation der Universität Wien. 2007 Habilitation. Seit 2011 Professorin für Psychologische Bildungs- und Transferforschung an der Fakultät für Psychologie der Universität Wien.

Bibliografische Information der Deutschen Nationalbibliothek
Die Deutsche Nationalbibliothek verzeichnet diese Publikation in der Deutschen Nationalbibliografie; detaillierte bibliografische Daten sind im Internet über http://dnb.dnb.de abrufbar.

Hogrefe Verlag GmbH & Co. KG
Merkelstraße 3
37085 Göttingen
Deutschland
Tel. +49 551 999 50 0
Fax +49 551 999 50 111
info@hogrefe.de
www.hogrefe.de

Umschlagabbildung: © iStock.com by Getty Images / tolgart
Satz: Sabine Rosenfeldt, Hogrefe Verlag GmbH & Co. KG, Göttingen
Druck: mediaprint solutions GmbH, Paderborn
Printed in Germany
Auf säurefreiem Papier gedruckt

2., vollständig überarbeitete Auflage 2022

(E-Book-ISBN [PDF] 978-3-8409-3108-6; E-Book-ISBN [EPUB] 973-3-8444-3108-7)
ISBN 978-3-8017-3108-3
https://doi.org/10.1026/03108-000

Vorwort

Dieses Lehrbuch stellt die Bildungspsychologie in einer vollständig überarbeiteten Neuauflage umfassend vor. Es basiert auf der 2010 erschienenen 1. Auflage, stellt jedoch eine substanzielle Weiterentwicklung dar. Es wendet sich an Wissenschaftler*innen, die im Bildungsbereich forschen, an Lehrende und Studierende der Psychologie bzw. verwandter Studienrichtungen, an Lehramtsstudierende aller Richtungen, an praktisch tätige Psycholog*innen sowie weitere Personen, die in Bildungseinrichtungen arbeiten oder sich allgemein mit psychologischen Aspekten des Bildungsgeschehens auseinandersetzen wollen. Eine Besonderheit des Buches besteht in seinem systematischen Aufbau, der dem Strukturmodell der Bildungspsychologie entspricht. Da dieses Modell sowie Konzeption und Gegenstand der Bildungspsychologie im ersten Kapitel ausführlich beschrieben werden, gehen wir hier nur so weit darauf ein, dass der Buchaufbau verständlich wird.

Der Begriff „Bildung" wurde von dem mittelalterlichen Philosophen und Theologen Meister Eckhart in die Deutsche Sprache eingeführt. Er bedeutete für ihn das „Erlernen von Gelassenheit" und wurde als „Gottessache" angesehen, „damit der Mensch Gott ähnlich werde". Auch wenn diese ursprüngliche Bedeutung sicher nicht mehr im Fokus steht und sich der Begriff über Zeit, Milieus und Denkrichtungen immer wieder gewandelt hat, so ist er doch ungebrochen aktuell. Bildung, ihre Einflussfaktoren und Folgen sind häufig Gegenstand wissenschaftlicher, politischer und medialer Diskurse. Ihre Sicherung stellt eine der zentralen Aufgaben der Gesellschaft dar. Die hohe Relevanz und Präsenz zeigt sich auch darin, dass der Bildungsbegriff in vielfältiger Weise verwendet und verknüpft wird. Wir sprechen z.B. von Bildungsreisen, Bildungsbürger*innen oder dem Bildungsministerium. Diese Liste ließe sich beliebig fortsetzen. Umso erstaunlicher ist es, dass „Bildung" nicht früher explizit von der Psychologie aufgegriffen und eine Bildungspsychologie etabliert wurde. Die Bezeichnung Bildungspsychologie wurde zwar schon 1931 von Werner Straub in seiner Arbeit über „Die Grundlagen einer experimentellen Bildungspsychologie" verwendet, der darunter eine „spezielle Psychologie des Tatbestandes Erziehung" in „unmittelbarem Zusammenhang mit der pädagogischen Theorie" verstand. Danach scheint der Begriff jedoch wieder in Vergessenheit geraten zu sein. Erst im Jahr 2000 wurde der erste Lehrstuhl im deutschsprachigen Raum mit der Denomination „Bildungspsychologie" an der Universität Wien gegründet. Mittlerweile gibt es bereits einige Professuren mit dieser Bezeichnung.

Im Jahr 2010 haben die Herausgeber*innen Christiane Spiel, Barbara Schober, Petra Wagner und Ralph Reimann die Bildungspsychologie erstmals in Buchform vorgestellt. Die Resonanz darauf sowie die Rezeption waren so positiv, dass wir uns entschieden haben, in einem geänderten Herausgeber*innenteam erneut ein Lehrbuch zur „Bildungspsychologie" herauszugeben. Bei der Neuausgabe handelt es sich um eine substanziell überarbeitete Version. Gleich geblieben ist der grundlegende Buchaufbau basierend auf dem Strukturmodell der Bildungspsychologie. Die Themenfelder der Bildungspsychologie sind entlang von drei Dimensionen strukturiert, die den thematischen Rahmen des Faches abstecken. Diese Dimensionen umfassen die verschiedenen Phasen einer individuellen (I) Bildungskarriere, welche die gesamte Lebensspanne inkludiert und damit lebenslanges Lernen ins Zentrum stellt, die (II) Aufgabenbereiche der Bildungspsychologie sowie die (III) Handlungsebenen, auf denen diese Aufgaben zu leisten sind.

I. *Bildungskarriere*. Die chronologische Bildungskarriere ist in sieben Phasen gegliedert, in denen jeweils andere Bildungsziele im Vordergrund stehen. Sie umfasst das Säuglings- und Kleinkindalter, die Vorschule, den Primär-, Sekundär- und Tertiärbereich, das mittlere und das höhere Erwachsenenalter.
II. *Aufgabenbereiche*. Die fünf Aufgabenbereiche der Bildungspsychologie umfassen die Tätigkeitsfelder Forschung, Beratung, Prävention, Intervention sowie Bildungsmonitoring und Evaluation. Diese Aufgabenbereiche sind gleichberechtigte Tätigkeitsfelder und repräsentieren „gemeinsam" das inhaltliche Aufgabenspektrum der Bildungspsychologie.
III. *Handlungsebenen*. Die bildungspsychologischen Aufgaben sind auf drei Handlungsebenen zu leisten, deren Übergänge fließend sind: auf einer Makroebene (Ebene der bildungspolitisch relevanten Gesamtsysteme), auf einer Mesoebene (Ebene der Institutionen) sowie auf einer Mikroebene (Ebene der individuellen Bedingungen).

Das Buch umfasst damit – neben dem einleitenden Kapitel, das die Bildungspsychologie vorstellt – insgesamt 15 Themenblöcke, die den *Segmenten* des Strukturmodells entsprechen (7 Phasen der Bildungskarriere, 5 Aufgabenbereiche, 3 Handlungsebenen). Diese Themenblöcke (= Kapitel) sind strukturell jeweils gleich aufgebaut: Zuerst wird ein allgemeiner Überblick gegeben, der den Stand der Wissenschaft zusammenfasst. Danach werden zentrale Theorien, Modelle und empirische Befunde dargestellt, die die praktische Bedeutsamkeit des Themas beleuchten, sowie ein Ausblick auf künftige Herausforderungen und Aufgaben für die Bildungspsychologie gegeben. Abschließend werden die zentralen Aussagen des Beitrags zusammengefasst und Reflexionsfragen formuliert. Diese beiden Aspekte sind neu und sollen den Einsatz des Buches in der Lehre unterstützen. Ein weiterer zentraler Unterschied zum 2010 erschienenen Buch ist, dass Beispiele aus Forschung und Praxis in die Kapitel, die die Segmente des Strukturmodells vorstellen, bereits integriert sind und nicht in eigenständigen Illustrationskapiteln vorgestellt werden, wodurch das Buch auch deutlich kompakter geworden ist.

Wir danken allen Autor*innen herzlich für ihre Beiträge und ihr Engagement. Marie-Christine Rühle, Isabell Schechtel und Sina Ludwig danken wir für den

Schluss-Check der Beiträge. Last but not least danken wir dem Hogrefe Verlag, allen voran Jürgen Hogrefe und Susanne Weidinger für ihre Unterstützung.

Wir wünschen allen Leser*innen der Bildungspsychologie eine spannende Lektüre und viele Anregungen für Forschung und Praxis.

Wien, im Februar 2022

Christiane Spiel
Thomas Götz
Petra Wagner
Marko Lüftenegger
Barbara Schober

Inhaltsverzeichnis

Teil III: Handlungsebenen

Anhang

Kapitel 1

Bildungspsychologie: Konzeption, Strukturmodell, Stellenwert und Perspektiven

Christiane Spiel, Petra Wagner, Thomas Götz,
Marko Lüftenegger & Barbara Schober

Inhaltsübersicht

Das Wort Bildung hat in unserer Alltagssprache seinen festen Platz. Ganz selbstverständlich sprechen wir von Bildungseinrichtung, Bildungswesen, Aus- und Fortbildung, Bildungslücke, Bildungsmotivation und bezeichnen Personen als hoch- oder wenig gebildet. Schulleistungsstudien wie TIMSS (Trends in International Mathematics and Science Study) und PISA (Programme for International Student Assessment) haben dazu beigetragen, dass die Bedeutung von Bildung für den Einzelnen sowie für die Gesellschaft als Ganzes in den letzten Jahrzehnten verstärkt in das Blickfeld der nicht wissenschaftlichen Öffentlichkeit gerückt ist (siehe Bos & Postlethwaite, 2001; Ertl, 2006; Kohler, 2005; Liessmann, 2017; Spiel, 2017). Auch in der Wissenschaft hat der Bildungsbegriff seine Verankerung, wenn auch seine inhaltliche Bedeutung historischen und kulturellen Schwankungen unterliegt und er in Abhängigkeit von gesellschaftspolitischen Strömungen unterschiedlich definiert wird (Götz, Frenzel & Pekrun, 2018). Unbestritten ist seine Breite, die weit über institutionelles Lernen und Lehren hinausgeht.

Das vorliegende Kapitel beschreibt die Grundstruktur der „Bildungspsychologie“. Sie beschäftigt sich mit dem gesamten Feld der Bildung, setzt einen starken Fokus auf lebenslanges Lernen und damit die gesamte Bildungskarriere eines Individuums und ist in einem integrativen Rahmenmodell verankert, dem Strukturmodell der Bildungspsychologie. Das Strukturmodell ermöglicht es, psychologisches Handeln in dem breiten Feld von Bildung systematisch einzuordnen. Es unterstützt bei der Identifikation von Feldern intensiver respektive vernachlässigter bildungspsychologischer Aktivitäten sowie bei der Identifikation von Stärken und Handlungsbedarfen; es zeigt auch die Notwendigkeiten interdisziplinärer Kooperationen auf.

Im ersten Abschnitt dieses Kapitels werden Konzeption und Gegenstand der Bildungspsychologie vorgestellt. Der zweite Abschnitt präsentiert das Strukturmodell der Bildungspsychologie. Mit der Frage der Einordnung der Bildungspsychologie als Grundlagen- respektive Anwendungsfach setzt sich der dritte Abschnitt auseinander. Der vierte und letzte Abschnitt diskutiert Stellenwert und Perspektiven der Bildungspsychologie.

1 Bildungspsychologie: Konzeption und Gegenstand

Die Begriffsbestimmung von Bildung bewegt sich auf zwei Ebenen: einer formalen und einer inhaltlichen. Auf formaler Ebene wird Bildung übereinstimmend sowohl als Prozess als auch als Produkt, d.h. Ergebnis des Prozesses, aufgefasst (Götz et al., 2018; Langewand, 1997; Tenorth, 2020a).

Begriffsbestimmung: Bildung auf formaler Ebene

Bildung als Produkt bezeichnet die überdauernden Ausprägungen der Persönlichkeit eines Menschen, die unter einer gesellschaftlich-normativen Perspektive wünschenswert sind.

Bildung als Prozess beinhaltet den Aufbau und die Art und Weise der sozialen Vermittlung dieser wünschenswerten Persönlichkeitsausprägungen.

Mit der Frage, welche Persönlichkeitsausprägungen (= welche Produkte) gesellschaftlich wünschenswert sind, begibt man sich auf die inhaltliche Ebene der Begriffsbestimmung. Wodurch sich ein „gebildeter" Mensch auszeichnet, unterliegt hierbei nicht nur einem historischen Wandel, sondern wird auch von verschiedenen sozialen Milieus unterschiedlich bewertet (siehe Barz, 1999; Bremer, 2012; Tenorth, 2020b). Allgemein historisch betrachtet, pendelte die inhaltliche Bedeutung des Bildungsbegriffs in der Vergangenheit zwischen einem humanistischen (ganzheitlichen) Bildungsideal und einem Verständnis, das sich an gesellschaftlichen und arbeitsmarktpolitischen Anforderungen orientiert. Reduzierte in der jüngeren Vergangenheit ein instrumenteller Bildungsbegriff die Gebildetheit einer Person auf deren abrufbares Faktenwissen (d. h. Bildung war hier gleichbedeutend mit der Existenz eines hohen formalen Bildungszertifikats), wurde in der Folge eher wieder ein Bildungsbegriff favorisiert, der neben beruflich-fachlichen Qualifikationen auch soziokulturelle Kompetenzen (z. B. soziale Umgangsformen) einschließt. Auch die grundsätzliche Frage, welchen Einfluss der Bildungsprozess auf die Prägung der Persönlichkeit (Bildungsprodukt) hat, wurde vermehrt diskutiert (siehe z. B. Liessmann, 2017).

Ein derart eher ganzheitliches Bildungsverständnis weist eine im Grunde undefinierbare Menge von Bildungsmomenten auf. Denn unter dieser Perspektive bildet in der Tat jede erdenkliche Situation den Menschen in der einen oder anderen Weise. Dies ist für die Forschung eine Herausforderung, weshalb wir uns bei der Konzeption der Bildungspsychologie nur mit einer Teilmenge befasst haben (Spiel & Reimann, 2005a; Spiel, Reimann, Wagner & Schober, 2010). Diese fußt u. a. auf den Ansätzen von Barz (1999, 2002) und Baumert (2000, 2002). Ersterer nennt verfügbare Wissensbestände und kulturelle Fähigkeiten sowie kommunikative Kompetenz und Ausstrahlung als Komponenten, die gemäß Befragungen über verschiedene soziale Milieus hinweg für Bildung immer konstitutiv sind.

Baumert (2000, 2002) identifiziert innerhalb der schulischen Bildung moderner Gesellschaften Grundmuster (Universalien) mit Bildungszielen für die allgemeinbildende Schule. Dazu gehören:

- die Vermittlung der kulturellen Basiskompetenzen (Beherrschung der Verkehrssprache, mathematische Modellierungsfähigkeit, fremdsprachliche Kompetenz,

informationstechnologische Kompetenz sowie Selbstregulation des Wissenserwerbs); insbesondere die Vermittlung von Kompetenzen zum Umgang mit informations- und kommunikationstechnischen Medien gewinnt als fächerübergreifende Kompetenz in modernen, hoch technisierten Gesellschaften zunehmend an Bedeutung (Leutner, Opfermann & Schmeck, 2014; Spiel, 2017);
- die Vermittlung eines hinreichend breiten, in sich gut organisierten, vernetzten sowie in unterschiedlichen Anwendungssituationen erprobten Orientierungswissens in zentralen kulturellen Wissensbereichen (diese Wissensbereiche umfassen die verschiedenen Fächer; die elementare Vertrautheit mit jedem von ihnen macht Allgemeinbildung aus);
- sowie der Aufbau sozial-kognitiver und sozialer Kompetenzen (Fähigkeit zum Perspektivenwechsel, zum Mitempfinden, zur Hilfsbereitschaft, zur Kooperation, zur Verantwortungsbereitschaft, zum moralischen Urteil).

Gemeinsam stellen diese beiden (sich partiell überschneidenden) Ansätze auf einer bestimmten Abstraktionsebene allgemeingültige Komponenten von Bildung dar, welche ergänzt durch berufsbezogene Kompetenzen und Fertigkeiten gesellschaftlich wünschenswerte Persönlichkeitsausprägungen repräsentieren (Spiel et al., 2010; siehe auch Spiel & Reimann, 2005a, 2006). Wobei die 21st Century Skills (4 Cs: Collaboration, Communication, Creativity, Critical Thinking), die insbesondere von der OECD gefordert und forciert werden (Ananiadou & Claro, 2009), diese Komponenten noch erweitern.

Wie jedoch die angeführten Erweiterungen zeigen, sind auch die als allgemeingültig angesehenen Komponenten von Bildung keine fixen Größen, sondern unterliegen einem Entwicklungsprozess und könnten kaum erschöpfend dargestellt werden. Daher haben wir entschieden, den Gegenstand der Bildungspsychologie eine Ebene höher zu verankern, d. h. auf Ebene von Bildungszielen respektive Aufgaben von Bildung, die in ihrer Umsetzung zur Entwicklung und Förderung von Bildungskomponenten führen. Wir haben uns dabei dem International Panel on Social Progress (IPSP) angeschlossen, welches weltweit das Fachwissen hunderter führender Expert*innen zu Fragen des sozialen Wandels in einem Bericht zusammengetragen hat, der sich an alle sozialen Akteur*innen, Bürgerbewegungen, Organisationen, Politiker*innen und Entscheidungsträger*innen richtet (Fleurbaey et al., 2018). Laut dem Kapitel über Education im Manifest des IPSP liefert Bildung einen Beitrag zu sozialem Fortschritt durch vier (miteinander verbundene) Ziele respektive Aufgaben (Spiel et al., 2018):
1. humanistisch: durch Entfaltung der individuellen und kollektiven Begabungen und Talente;
2. bürgergesellschaftlich: durch Förderung der aktiven Teilnahme an einer demokratischen Gesellschaft und am öffentlichen gesellschaftlichen Leben;
3. ökonomisch: durch Vermittlung von Wissen und Kompetenzen für den Arbeitsmarkt;
4. durch soziale Gerechtigkeit.

Übergeordnetes Ziel des gesamten Bildungsgeschehens ist es, dass möglichst viele Mitglieder der Gesellschaft gemäß dieser Ziele und Aufgaben von Bildung möglichst viele Bildungskomponenten in möglichst hoher Ausprägung aufweisen. Die individuelle Konfiguration dieser Bildungskomponenten repräsentiert „die Bildung eines Menschen" (siehe dazu auch Spiel et al., 2010, für eine axiomatische Formulierung siehe Spiel & Reimann, 2005a).

Bildungspsychologie

Die *Bildungspsychologie* beschäftigt sich mit allen Bildungsprozessen, die zur Entwicklung von Bildungskomponenten (= wünschenswerte Persönlichkeitsausprägungen aus gesellschaftlich-normativer Perspektive) beitragen, sowie mit den Bedingungen, Aktivitäten und Maßnahmen (wie z.B. Instruktion durch Lehrpersonen, individuelles Lernverhalten, Wissensvermittlung durch (digitale) Medien), die diese Prozesse beeinflussen (z.B. initiieren, aufrechterhalten, unterstützen, optimieren) können.

2 Das Strukturmodell der Bildungspsychologie: Ziele und Nutzung

Die Bedingungen, Aktivitäten und Maßnahmen, die Bildungsprozesse beeinflussen, können

1. sich auf verschiedene altersspezifische Bildungsphasen eines Individuums beziehen (= Bildungskarriere),
2. unterschiedliche bildungspsychologische Aktivitäten und Maßnahmen erfordern (= Aufgabenbereiche) und
3. auf verschiedenen Abstraktions- und Aktivitätsniveaus (= Handlungsebenen) angesiedelt sein (siehe auch Spiel, Reimann, Wagner & Schober, 2008; Spiel et al., 2010).

Dimensionen, Segmente und Module des Strukturmodells

Das *Strukturmodell der Bildungspsychologie* wird durch drei Dimensionen aufgespannt: (1) die Bildungskarriere eines Individuums, (2) die Aufgabenbereiche von Bildungspsycholog*innen und (3) die Handlungsebenen, auf denen die bildungspsychologischen Aktivitäten und Maßnahmen angesiedelt sind.

Das Strukturmodell der Bildungspsychologie umfasst 15 Segmente und 105 Module (siehe Abbildung 1.1).

Jedes *Segment* hat eine eindeutige Position auf einer Dimension des Strukturmodells mit übergreifendem Bezug hinsichtlich der beiden anderen Dimensionen; z.B. Vorschulalter.

Jedes *Modul* hat eine eindeutige Position auf allen drei Dimensionen des Strukturmodells; z.B. Intervention auf der Mikroebene im Sekundärbereich.

Jedes Individuum durchläuft eine chronologische *Bildungskarriere,* die weder mit der Schule beginnt noch mit ihr endet. Dementsprechend ist für die Bildungspsychologie explizit die gesamte Lebensspanne als Gegenstand deklariert (siehe Abbildung 1.1), analog zur Lifespan Perspective der Entwicklungspsychologie (siehe z.B. Baltes, Staudinger & Lindenberger, 1999; Peterson, 2013).

Bildungskarriere

Die *Bildungskarriere* eines Individuums umfasst sieben Phasen: Säuglings- und Kleinkindalter, Vorschulalter, Primärbereich, Sekundärbereich, Tertiärbereich, mittleres Erwachsenenalter und höheres Erwachsenenalter.

In dieser „Bildungskarriere“ sind einige Bildungssituationen für alle Individuen obligatorisch, manche jedoch nur für bestimmte Gruppen von Bedeutung. Generell ändern sich in den verschiedenen Phasen die jeweils primären Ziele und Bedingungen von Bildungsprozessen (Spiel & Reimann, 2005a, 2006; Tippelt & Gebrande, 2014). Bildungsprozesse in späteren Phasen finden unter anderen Bedingungen und mit anderen Zielsetzungen statt als solche im Schulalter. Im mittleren Erwachsenenalter (nach Krampen & Reichle, 2008: 30. bis 60. Lebensjahr; nach Freund & Nikitin, 2018: 30. bis 70. Lebensjahr) ist stärker zwischen berufs- versus privatorientierter Bildung zu differenzieren, wobei Bildungsprozessen im Privatbereich (z.B. Besuch von Volkshochschulkursen) oftmals vielfältigere Motive zugrunde liegen, wie etwa der Wunsch nach sozialen Kontakten (Kruse & Maier, 2002; Schmidt-Hertha & Thalhammer, 2016). Derartige Bildungsmotive treten im höheren Erwachsenenalter noch weiter in den Vordergrund (z.B. Besuch von Senior*innenakademien oder Senior*innenstudien).

Die institutionellen Phasen der Bildungskarriere vom Vorschulalter bis zum Tertiärbereich sind über Länder und Kulturen hinweg nicht einheitlich. Daher hat das Strukturmodell in diesen Karrierephasen keine universelle Gültigkeit (siehe Mc Guckin & Minton, 2014). Es gilt jedoch für die deutschsprachigen Länder, an die sich das Buch primär richtet.

Durch die Dimensionen der Bildungskarriere bekommt lebenslanges Lernen einen zentralen Stellenwert in der Bildungspsychologie. Die Europäische Kommission (z.B. Kommission der Europäischen Gemeinschaften, 2000; Rat der Europäischen Union, 2018) und auch viele Forscher*innen vertreten die Ansicht, dass die Förderung von lebenslangem Lernen eine wichtige Aufgabe und Herausforderung für die Zukunft Europas darstellt (z.B. Jarvis, 2009; Longworth & Davies, 2013; Saar, Ure & Holford, 2013).

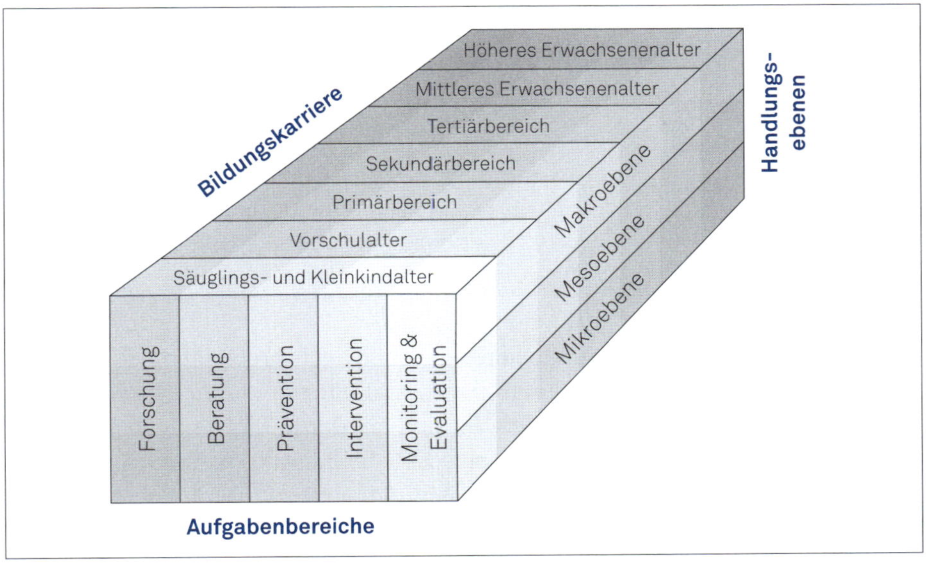

Abbildung 1.1: Strukturmodell der Bildungspsychologie

Die Weitergabe des vorhandenen Fachwissens und die Förderung von evidenzbasierter Praxis erfordern Aktivitäten und Maßnahmen (Weinert & De Corte, 2001), die auf der zweiten Dimension des Strukturmodells der Bildungspsychologie, den *Aufgabenbereichen,* angesiedelt sind (siehe Abbildung 1.1).

Aufgabenbereiche

Die Bildungspsychologie unterscheidet fünf *Aufgabenbereiche:* Forschung, Beratung, Prävention, Intervention sowie Monitoring und Evaluation.

Die Grenzen zwischen diesen Aufgabenbereichen sind zweifellos fließend; im Besonderen betrifft dies die Aufgabenbereiche Prävention und Intervention. Und selbstverständlich findet Forschung in allen Bereichen statt. Doch trotz dieser offenkundigen Überschneidungen und der Argumentation mancher Autor*innen für eine integrierte Betrachtung der Bereiche (z.B. Hager & Hasselhorn, 2008; Schneider, 1998) erscheint eine Segmentierung dahingehend sinnvoll, dass damit sowohl die Breite der gesamten Dimension als auch die Breite innerhalb eines Aufgabenbereichs sichtbar gemacht werden können. Insgesamt wird anhand dieser Dimension des Strukturmodells deutlich, dass die verschiedenen Aufgabenbereiche einerseits gleichberechtigte bildungspsychologische Tätigkeitsfelder darstellen und andererseits miteinander vernetzt sind.

Die beschriebenen bildungspsychologischen Aufgaben sind auf verschiedenen *Handlungsebenen* (3. Dimension des Strukturmodells) zu leisten, die an dem ökologischen Modell von Bronfenbrenner (siehe u. a. Bronfenbrenner & Morris, 2006) orientiert sind (siehe Abbildung 1.1).

Handlungsebenen

Bildungspsychologische Aufgaben sind auf drei *Handlungsebenen* lokalisiert: der Mikroebene (Ebene der individuellen Bedingungen), der Mesoebene (Ebene der Institutionen) und der Makroebene (Ebene der bildungspolitisch relevanten Gesamtsysteme).

Diese Handlungsebenen systematisieren die oben angesprochenen Bedingungen und Maßnahmen, von denen gemäß psychologischer Theorien Effekte auf Bildungsprozesse angenommen werden. So sind auf der Mikroebene vor allem die individuellen Lernprozesse von Relevanz, z. B. die Instruktion durch Lehrpersonen. Auf der Mesoebene geht es um die Bedingungen und Wirkungen der Institutionen, die ein Individuum im Verlauf der Bildungskarriere durchläuft, z. B. ob eine Schule in Form von Leistungs- oder Altersgruppen organisiert ist. Auf der Makroebene geht es um politische Programme und strukturelle Bedingungen (wie z. B. Gesamtschule versus differenziertes Schulsystem).

Vergleichbar zu den genannten Aufgabenbereichen gilt auch für die Handlungsebenen, dass sie weder isoliert voneinander bestehen noch strikte Grenzen aufweisen. Forschungserkenntnisse sollten Begründungen für Maßnahmen und Veränderungen auf den verschiedenen Ebenen liefern. Neu entwickelte Maßnahmen haben durch Evaluation ihre Wirksamkeit nachzuweisen. So erfordert lebenslanges Lernen nicht nur Aktivitäten und Maßnahmen auf der individuellen Ebene (Mikroebene), sondern benötigt vielmehr die aktive Beteiligung von Institutionen und Organisationen, um die notwendigen Rahmenbedingungen und Möglichkeiten für kontinuierliches Lernen zur Verfügung zu stellen (Mesoebene). Dies betrifft sowohl die Arbeitswelt (Mulholland, Ivergård & Kirk, 2005; Pimmer, Pachler & Attwell, 2010) als auch die Schule, deren Aufgabe es ist, Bildungsmotivation und Kompetenzen zum selbstregulierten Lernen aufzubauen und zu fördern (Hargreaves, 2004; Schober, Finsterwald, Wagner, Lüftenegger, Aysner & Spiel, 2007; Spiel, Lüftenegger, Schober & Finsterwald, 2017). Zur Schaffung effektiver Bildungsbedingungen in den verschiedenen Lernsettings, welche Individuen durchlaufen (wie Familie, Schule, Arbeitsplatz sowie größere Gemeinschaften), benötigt lebenslanges Lernen auch politische Unterstützung (Makroebene; siehe Bundesministerium für Bildung, Wissenschaft und Forschung, 2011; Bund-Länder-Kommission für Bildungsplanung und Forschungsförderung, 2004; Staatssekretariat für Bildung, Forschung und Innovation, 2019).

Die Möglichkeit, Maßnahmen und Forderungen in einem Rahmenmodell zu verorten, stellt auch für fachexterne Personen, Institutionen und Instanzen einen Vorteil dar (siehe auch Spiel, Schober, Wagner, Reimann & Strohmeier, 2016). Es können Zusammenhänge verschiedener Forschungsaktivitäten und Anwendungsmöglichkeiten aufgezeigt und damit inner- und interdisziplinäre Kommunikation unterstützt werden.

Die bildungspsychologischen Aktivitäten waren und sind mit Blick auf die einzelnen Segmente des Strukturmodells sehr unterschiedlich verteilt. In den 90er Jahren des vorigen Jahrhunderts lag der Hauptfokus bildungspsychologischer Aktivitäten im deutschen Sprachraum auf dem Primär- und Sekundärbereich (Röhr-Sendlmeier & Salgert, 1995) und der Mikroebene. In der Zwischenzeit hat eine deutliche Ausweitung sowohl auf frühere als auch auf spätere Phasen der Bildungskarriere stattgefunden. Eine noch stärker ausgeglichene Verteilung würde nicht nur Diskursthemen wie „Wissensgesellschaft“, „Digitalisierung“ oder „Alterspyramide“, sondern auch den Anforderungen von lebenslangem Lernen besser entsprechen. Das Strukturmodell trägt als Grundlage dazu bei, sichtbar zu machen, in welchen Segmenten hohe bildungspsychologische Aktivität vorliegt bzw. welche Segmente eher vernachlässigt werden (siehe nachfolgende Kapitel in diesem Buch).

Zusätzlich zur Verortung von konkretem bildungspsychologischem Handeln im Strukturmodell sollte auch die Benennung der Population erfolgen, auf welche sich dieses Handeln bezieht. Wir argumentieren dafür, dass die *Zielpopulationen* nach ihren Bildungsvoraussetzungen differenziert werden sollen. Wie sich die jeweilige Ausprägung der Bildungsvoraussetzungen erklärt, ist im Rahmen des konkreten bildungspsychologischen Handelns anzugeben und unter Umständen selbst Gegenstand einer Forschungsaktivität. Das bildungspsychologische Handeln wiederum intendiert, die Bildungsvoraussetzungen der Zielpopulation zu verändern, z. B. bei Schüler*innen mit Lernschwierigkeiten (= Bildungsvoraussetzung) durch Lernförderung auf der Mikroebene oder durch Schulentwicklung hinsichtlich digitaler Kompetenzen von Lehrpersonen auf der Mesoebene, sofern diese Kompetenzen nicht ausreichend vorhanden sind (= Bildungsvoraussetzung). Damit wird deutlich, dass das Konzept der Bildungsvoraussetzungen ein dynamisches und kein statisches ist. Es gewährleistet eine hohe Flexibilität, da in Abhängigkeit von den aktuell betrachteten Bildungsvoraussetzungen und dem bildungspsychologischen Handeln dieselbe Person auch unterschiedlichen Zielpopulationen angehören kann.

3 Zur Relation von Grundlagen- und Anwendungsorientierung

Innerhalb vieler Teildisziplinen der Psychologie – u. a. auch innerhalb der Pädagogischen Psychologie (z. B. Heller, 1986; Pintrich, 2000; Richter, Souvignier, Hertel, Heyder & Kunina-Habenicht, 2019) – wurde die Frage, ob man ausschließlich ein Anwendungs- oder nicht auch ein Grundlagenfach oder sogar beides ist, immer wieder diskutiert (siehe dazu auch Kanning et al., 2007). Die Bildungspsychologie betrachtet diesen Dualismus als überwunden (siehe bereits Hofer, 1987). Brandstädter et al. (1974) wiesen schon vor vielen Jahren darauf hin, dass die Effizienz pädagogisch-psychologischen Handelns von der Qualität des durch eigenes Forschen entwickelten Wissens abhängt; Forschungs- und Praxistätigkeit müssen daher eine funktionale Einheit bilden (siehe auch MacKay, 2002; Richter et al., 2019; Skowronek, 1999), deren Vernachlässigung für den Bildungssektor problematisch ist. Denn bei der Separierung guter Konzepte (sprich Forschungsleistungen) von konkreten Realitäten (sprich Anwendungsmodalitäten) besteht die Gefahr, dass zukunftsweisende Ideen zu reinen Verbalisierungen verkommen und keinerlei Umsetzung erfahren (Prawat & Worthington, 1998). Diese Verzahnung von Grundlagen und Anwendung bekommt auch jenseits des Bildungsbereichs zunehmend mehr Bedeutung für Universitäten (= Mesoebene), wo der Transfer wissenschaftlicher Erkenntnisse als dritte Mission (Third Mission) von Universitäten bezeichnet wird (Brandt, Schober, Somoza & Spiel, 2018). Ohne Zweifel hat sie jedoch für den Bildungsbereich besonders hohe Relevanz (siehe auch Spiel, 2020), was impliziert, dass wissenschaftlich tätige Bildungspsycholog*innen auch gefordert sind, den universitären „Elfenbeinturm" zu verlassen (Schober, Brandt, Kollmayer & Spiel, 2016; Spiel, 2020).

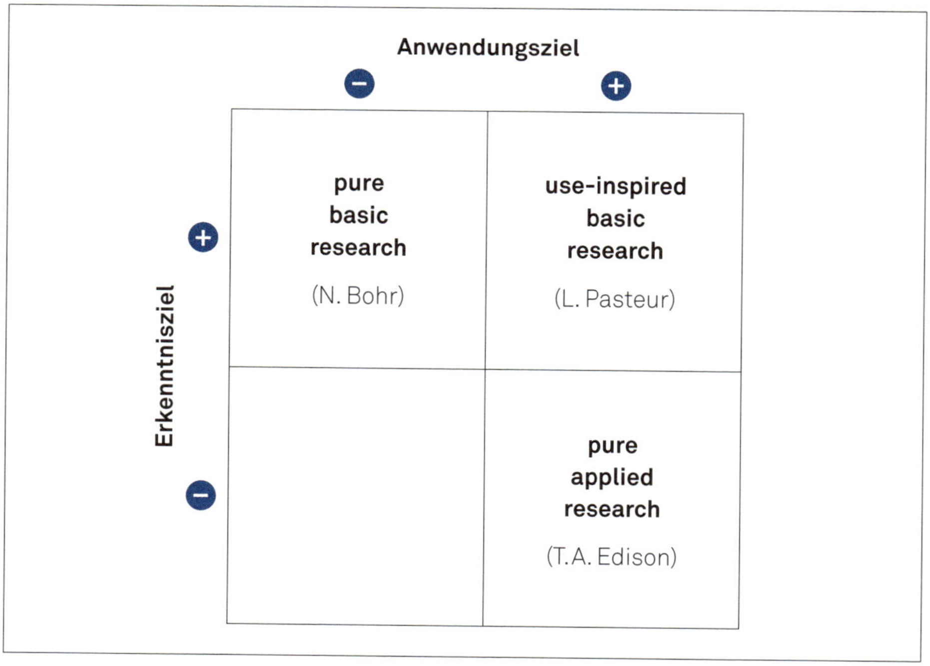

Abbildung 1.2: Quadrantenmodell wissenschaftlichen Arbeitens (nach Stokes, 1997, S. 73) mit den von Stokes genannten Repräsentanten der verschiedenen Quadranten

Die Bildungspsychologie versteht sich daher weder als (eher) Grundlagen- noch als (eher) Anwendungsfach, sondern als ein Fach, das beide Komponenten gleichermaßen umfasst. Auf theoretischer Ebene lässt sich diese Haltung innerhalb des Quadrantenmodells wissenschaftlichen Arbeitens von Stokes (1997) verankern. Dieses Modell lehnt die eindimensionale Sichtweise (Grundlagen- vs. Anwendungsfach) als zu simpel ab und postuliert mit dem Erkenntnis- sowie dem Anwendungsziel zwei Dimensionen, in deren Raster sich Disziplinen einordnen können (siehe Abbildung 1.2).

Bildungspsychologie = use-inspired basic research

Die Bildungspsychologie ist im Quadratenmodell wissenschaftlichen Arbeitens von Stokes (1997) unter *use-inspired basic research* einzuordnen, da sie sowohl Erkenntnis- als auch Anwendungsziele verfolgt.

Diese Ausrichtung soll die reine Grundlagenforschung ohne explizites Anwendungsziel, die für wissenschaftlichen Fortschritt unentbehrlich ist, keinesfalls ausschließen. Die Verzahnung von Erkenntnis- und Anwendungsziel wird jedoch als Kernmerkmal bildungspsychologischer Identität aufgefasst.

4 Bildungspsychologie: Stellenwert und Perspektiven

Die Bildungspsychologie fokussiert mit der Bildungskarriere über die Lebensspanne als zentrale Dimension explizit lebenslanges Lernen. Gemeinsam mit den beiden anderen Dimensionen, den Aufgabenbereichen bildungspsychologischen Handelns und den Handlungsebenen, spannt die Bildungskarriere das Strukturmodell der Bildungspsychologie auf. Mit diesem Aufbau liefert die Bildungspsychologie eine tragfähige, verständliche und sowohl für die interne als auch für die externe Kommunikation praktisch verwendbare Rahmenstruktur zur Verortung bildungspsychologischen Handelns, welche mittlerweile auch für andere Disziplinen im Bildungsbereich, z. B. die Erziehungswissenschaften, diskutiert wird (Spiel, Schober, Wagner & Reimann, 2014). Ihr Gegenstand sind Bildungsprozesse, die zum Aufbau und zur Förderung von Bildungskomponenten (= wünschenswerte Persönlichkeitsausprägungen aus gesellschaftlich-normativer Perspektive) beitragen, sowie Bedingungen, Aktivitäten und Maßnahmen, die diese Prozesse beeinflussen können. Die Population, auf welche das bildungspsychologische Handeln gerichtet ist, wird anhand der Bildungsvoraussetzungen definiert, welche wieder Gegenstand bildungspsychologischer Aktivitäten sind. Mit ihrer Themenstruktur inkludiert die Bildungspsychologie Bereiche wie z. B. die Lehr-Lernforschung oder die Instruktionspsychologie. Durch den expliziten Einbezug von Meso- und Makroebene lenkt sie den Fokus auf die Relevanz von Bildungsinstitutionen als „Rahmen" für individuelle Lernbedingungen und -aktivitäten (Mikroebene), jedoch auch weit darüber hinaus. Und sie bezieht die politische und kulturelle Ebene (Makroebene) mit ein, deren Vorgaben und Entscheidungen dann wieder auf der Mesoebene gestaltet werden. Wie wichtig es ist, diese Ebenen und ihre Wechselwirkung in den Blick zu nehmen und sie bewusst zu gestalten, zeigen u.a. die Nationalen Bildungsberichte (z.B. Eder, Breit, Schreiner, Krainer, Seel & Spiel, 2019).

Die Konzeption der Bildungspsychologie hat bei ihrer ersten Vorstellung in der deutschsprachigen Psychologie-Community zu einer intensiven Diskussion mit durchaus heterogenen Kommentaren und Reaktionen geführt, die wir bewusst forciert und aktiv geführt haben (siehe Spiel & Reimann, 2005b). Sehr positive Kommentare kamen von Anfang an aus der Praxis (Lang, 2005), wo der Terminus „Bildungspsychologie" mittlerweile als selbstverständlich akzeptiert ist, sowie von Vertreter*innen benachbarter Disziplinen (Bos, 2005). In der Zwischenzeit ist die Bildungspsychologie offensichtlich bereits „akzeptiert". Dies belegen u.a. neue Professuren für Bildungspsychologie im deutschsprachigen Raum. Zusätzlich hat die Bildungspsychologie als „Bildung-Psychology" auch ihre Aufnahme in angloamerikanische Journals gefunden (siehe z.B. Mc Guckin & Minton, 2014). Einen Meilenstein für die Visibilität der Bildungspsychologie in der englischsprachigen Scientific Community stellt sicher die Herausgabe des Special Issues „Bildung-Psychology: Theory and practice of use inspired basic research" im European Journal of Developmental Psychology dar, das auch als Buch veröffentlich wurde (Strohmeier, Wagner & Schober, 2018).

Damit hat die Bildungspsychologie, die auf der Basis ihres immanenten Strukturmodells ermöglicht, Inhalte und Leistungen bildungspsychologischen Handelns zu verorten, nicht nur die Diskussion in Wissenschaft und Praxis angeregt, sondern auch entsprechende Forschung. Wir gehen davon aus, dass das Strukturmodell es explizit gestattet, Schnittstellen mit anderen Disziplinen, wie z.B. mit der Entwicklungspsychologie der Lebensspanne, sowie Felder interdisziplinärer und multidisziplinärer Aktivitäten systematisch zu identifizieren und darzustellen.

Das Strukturmodell sollte jedoch nicht den Eindruck vermitteln, alle bildungspsychologischen Segmente oder Module seien immer in vergleichbarem Ausmaß frequentiert. Bestimmte Module können Zentren der Aktivität, andere dagegen eher unterrepräsentiert sein. Das Strukturmodell kann jedoch dazu beitragen, deutlich zu machen, wie sich die Aktivitäten in der Bildungspsychologie verteilen. Dies wird auch anhand der nachfolgenden Kapitel in diesem Buch veranschaulicht. Die aktuelle Verteilung resultiert aus den gegenwärtigen gesellschafts- und bildungspolitischen Diskussionen. So haben TIMSS und PISA auch der Öffentlichkeit klargemacht, dass eine Verbesserung des Bildungssystems entsprechende Maßnahmen auf der Makroebene erfordert. Konsequenterweise sollten Bildungspsycholog*innen ihren Expert*innenstatus vermehrt auf die Meso- und Makroebene ausrichten; und dies mit Blick auf die gesamte Bildungskarriere und alle Aufgabenbereiche.

Verständlicherweise deckt niemand im Rahmen der eigenen Tätigkeit das komplette Themenspektrum ab – Bildungspsycholog*innen spezialisieren sich auf einige wenige (meist benachbarte) Segmente oder Module. Für konkretes bildungspsychologisches Handeln sollte jedoch unter Rückgriff auf das Strukturmodell immer eine Verortung erfolgen. Dadurch kann (auch in der fachexternen Kommunikation) verdeutlicht werden, dass die jeweilige individuell ausgewählte bildungspsychologische Tätigkeit lediglich das (momentan) favorisierte Segment oder Modul des „Themengebäudes", nicht aber das Fach an sich repräsentiert. Dies gilt analog für die Darstellung der Bildungspsychologie bzw. einschlägiger Forschungsergebnisse im Rahmen von Curricula und die Themenwahl von Bachelor- und Masterarbeiten sowie Dissertationen.

Generell ist im Kontext des Lissabon-Prozesses der Europäischen Union (der Europäischen Strategie für ökonomische, soziale und ökologische Erneuerung) ein wachsender politischer Druck entstanden, Lehr-Lernprozesse zu fördern. Als Konsequenz wurden neue Marktsegmente sowie neue Ressourcen geschaffen, aus denen wiederum neue Forschungsfelder im Bildungsbereich entstanden sind, entstehen oder gefordert werden, z. B. im Bereich Erwachsenenbildung oder Schulleistungsmessung (z. B. Bildungsstandards; siehe auch Bos, 2005; Eder et al., 2019). Das Strukturmodell liefert dabei die Möglichkeit, derartige neue Themen zu verorten, was das Modell auch für Bildungsinteressierte außerhalb der Scientific Community attraktiv macht (siehe Lang, 2005).

Reflexionsfragen

1. Reflektieren Sie die vom International Panel on Social Progress im Kapitel über Education formulierten vier Ziele von Bildung mit Blick auf die Situation in Ihrem eigenen Land. Inwieweit sind die Ziele erreicht? Was behindert die Erreichung, was könnte sie fördern?
2. Diskutieren Sie die Möglichkeiten und Chancen, die die Verortung von bildungspsychologischen Maßnahmen und Aktivitäten in einem Strukturmodell bietet.
3. Überlegen Sie, in welche Module des Strukturmodells Ihnen bekannte bildungspsychologische Aktivitäten oder Maßnahmen zu verorten sind (mindestens fünf) und begründen Sie die Verortung.
4. Überlegen Sie, welches Segment (welches Modul) des Strukturmodells der Bildungspsychologie und welche Zielpopulation Sie am meisten interes-

siert. Überlegen Sie sich eine bildungspsychologische Maßnahme für diese Zielpopulation, die in dem ausgewählten Segment (Modul) verortet ist.
5. Begründen und diskutieren Sie, warum sich die Bildungspsychologie sowohl als Grundlagen- als auch als Anwendungsfach versteht.

Literatur

Ananiadou, K. & Claro, M. (2009). *21st century skills and competences for new millennium learners in OECD countries* (OECD Education Working Papers, No. 41). Paris: OECD. https://doi.org/10.1787/218525261154

Baltes, P.B., Staudinger, U.M. & Lindenberger, U. (1999). Lifespan Psychology: Theory and Application to Intellectual Functioning. *Annual Review of Psychology, 50*(1), 471–507. https://doi.org/10.1146/annurev.psych.50.1.471

Barz, H. (1999). Bildungsverständnis und Lebensstil. *Erwachsenenbildung, 45,* 63–67.

Barz, H. (2002). Kultur und Lebensstile. In R. Tippelt (Hrsg.), *Handbuch Bildungsforschung* (S. 725–744). Opladen: Leske + Budrich.

Baumert, J. (2000). Lebenslanges Lernen und internationale Dauerbeobachtung der Ergebnisse von institutionalisierten Bildungsprozessen. In F. Achtenhagen & W. Lempert (Hrsg.), *Lebenslanges Lernen im Beruf. Seine Grundlegung im Kindes- und Jugendalter* (Erziehungstheorie und Bildungsforschung, Bd. 5, S. 121–127). Opladen: Leske + Budrich. https://doi.org/10.1007/978-3-322-80864-6_8

Baumert, J. (2002). Deutschland im internationalen Bildungsvergleich. In N. Killius, J. Kluge & L. Reisch (Hrsg.), *Die Zukunft der Bildung* (S. 100–150). Frankfurt a. M.: Suhrkamp.

Bos, W. (2005). Bildungspsychologie: Kommentar eines Vertreters einer benachbarten Disziplin. *Psychologische Rundschau, 56*(4), 294–295. https://doi.org/10.1026/0033-3042.56.4.294

Bos, W. & Postlethwaite, T.N. (2001). Internationale Schulleistungsforschung: Ihre Entwicklungen und Folgen für die deutsche Bildungslandschaft. In F.E. Weinert (Hrsg.), *Leistungsmessungen in Schulen* (S. 251–267). Weinheim: Beltz.

Brandstädter, J., Fischer, M., Kluwe, R., Lohmann, J., Schneewind, K.A. & Wiedl, K.H. (1974). Entwurf eines heuristisch-taxonomischen Schemas zur Strukturierung von Zielbereichen pädagogisch-psychologischer Forschung und Lehre. *Zeitschrift für Entwicklungspsychologie und Pädagogische Psychologie, 6,* 1–18.

Brandt, L., Schober, B., Somoza, V. & Spiel, C. (2018). Capacity building for sustainable development: Coherent concepts of universities' Third Mission as a parameter. In S. Verma & A.C. Petersen (Eds.), *Developmental science and sustainable development goals for children and youth* (pp. 391–406). Cham: Springer. https://doi.org/10.1007/978-3-319-96592-5_22

Bremer, H. (2012). Die Milieubezogenheit von Bildung. In U. Bauer, U.H. Bittlingmayer & A. Scherr (Hrsg.), *Handbuch Bildungs- und Erziehungssoziologie* (S. 829–846). Wiesbaden: Springer VS. https://doi.org/10.1007/978-3-531-18944-4_49

Bronfenbrenner, U. & Morris, P.A. (2006). The bioecological model of human development. In R.M. Lerner (Ed.). *Theoretical models of human development* (Handbook of child psychology, Volume 1, 6th ed., pp. 793–828). Hoboken, NJ: Wiley.

Bundesministerium für Bildung, Wissenschaft und Forschung. (2011). *Strategie zum lebensbegleitenden Lernen in Österreich (LLL:2020).* Verfügbar unter https://www.qualifikationsregister.at/wp-content/uploads/2018/11/Strategie1.pdf

Bund-Länder-Kommission für Bildungsplanung und Forschungsförderung (Hrsg.). (2004). *Strategie für Lebenslanges Lernen in der Bundesrepublik Deutschland* (Materialien zur Bildungsplanung und zur Forschungsförderung). Bonn: BLK. Verfügbar unter http://www.blk-bonn.de/papers/heft115.pdf

Eder, F., Breit, S., Schreiner, C., Krainer, K., Seel, A. & Spiel, C. (2019). Entwicklungsfelder im österreichischen Bildungssystem: Ergebnisse und Konsequenzen aus dem Analyseband des Nationalen Bildungsberichts 2018. In S. Breit, F. Eder, K. Krainer, C. Schreiner, A. Seel & C. Spiel (Hrsg.), *Nationaler Bildungsbericht Österreich 2018, Band 2: Fokussierte Analysen und Zukunftsperspektiven für das Bildungswesen* (S. 519–542). Graz: Leykam.

Ertl, H. (2006). Educational standards and the changing discourse on education: the reception and consequences of the PISA study in Germany. *Oxford Review of Education, 32*(5), 619–634. https://doi.org/10.1080/03054980600976320

Fleurbaey, M., Bouin, O., Salles-Djelic, M.-L., Kanbur, R., Nowotny, H., Reis, E. et al. (2018). *A Manifesto for Social Progress: Ideas for a Better Society*. Cambridge: Cambridge University Press. https://doi.org/10.1017/9781108344128

Freund, A. M. & Nikitin, J. (2018). Junges und mittleres Erwachsenenalter. In W. Schneider & U. Lindenberger (Hrsg.), *Entwicklungspsychologie* (8. Aufl., S. 265–290). Weinheim: Beltz.

Götz, T., Frenzel, A. C. & Pekrun, R. (2018). Psychologische Bildungsforschung. In R. Tippelt & B. Schmidt-Hertha (Hrsg.), *Handbuch Bildungsforschung* (4. Aufl., S. 73–99). Wiesbaden: Springer VS. https://doi.org/10.1007/978-3-531-92015-3_4

Hager, W. & Hasselhorn, M. (2008). Pädagogisch-psychologische Interventionsmaßnahmen. In W. Schneider & M. Hasselhorn (Hrsg.), *Handbuch der Pädagogischen Psychologie* (Handbuch der Psychologie, Bd. 10, S. 339–347). Göttingen: Hogrefe.

Hargreaves, D. H. (2004). *Learning for life: The Foundations of life-long learning*. Bristol: Bristol University Press. https://doi.org/10.2307/j.ctt1t89gwx

Heller, K. A. (1986). Zur Lage der Pädagogischen Psychologie in Forschung und Lehre. *Psychologie in Erziehung und Unterricht, 33*(1), 1–9.

Hofer, M. (1987). Pädagogische Psychologie: fünf Überlegungen zum Selbstverständnis eines Faches. *Psychologische Rundschau, 38*(2), 82–95.

Jarvis, P. (Ed.). (2009). *The Routledge International Handbook of Lifelong Learning*. London: Routledge. https://doi.org/10.4324/9780203870549

Kanning, U. P., Rosenstiel, L. von, Schuler, H., Petermann, F., Nerdinger, F., Batinic, B. et al. (2007). Angewandte Psychologie im Spannungsfeld zwischen Grundlagenforschung und Praxis – Plädoyer für mehr Pluralismus. *Psychologische Rundschau, 58*(4), 238–248. https://doi.org/10.1026/0033-3042.58.4.238

Kohler, B. (2005). *Rezeption internationaler Schulleistungsstudien. Wie gehen Lehrkräfte, Eltern und die Schulaufsicht mit Ergebnissen schulischer Evaluationsstudien um?* Münster: Waxmann.

Kommission der Europäischen Gemeinschaften. (2000). *A memorandum on lifelong learning* (SEC(2000) 1832). Brüssel: Kommission der Europäischen Gemeinschaften.

Krampen, G. & Reichle, B. (Hrsg.). (2008). Entwicklungsaufgaben im frühen Erwachsenenalter. In R. Oerter & L. Montada (Hrsg.), *Entwicklungspsychologie* (6. Aufl., S. 333–409). Weinheim: Beltz.

Kruse, A. & Maier, G. (2002). Höheres Erwachsenenalter und Bildung. In R. Tippelt (Hrsg.), *Handbuch Bildungsforschung* (S. 529–544). Wiesbaden: Springer VS. https://doi.org/10.1007/978-3-322-99634-3_29

Lang, F. (2005). Bildungspsychologie – ein erfolgsversprechender neuer Zuschnitt? *Psychologische Rundschau, 56*(4), 296–297. https://doi.org/10.1026/0033-3042.56.4.296

Langewand, A. (1997). Bildung. In D. Lenzen (Hrsg.), *Erziehungswissenschaft* (3. Aufl., S. 69–98). Reinbek: Rowohlt.

Leutner, D., Opfermann, M. & Schmeck, A. (2014). Lernen mit Medien. In T. Seidel & A. Krapp (Hrsg.), *Pädagogische Psychologie* (S. 297–322). Weinheim: Beltz.

Liessmann, K.P. (2017). *Bildung als Provokation*. Wien: Paul Zsolnay.

Longworth, N. & Davies, W.K. (2013). *Lifelong Learning: new vision, new implications, new roles for people organizations, nations and communities in the 21st century*. London: Routledge.

MacKay, T. (2002). The Future of Educational Psychology. *Educational Psychology in Practice, 18*(3), 245–253. https://doi.org/10.1080/0266736022000010276

Mc Guckin, C. & Minton, S.J. (2014). From theory to practice: Two ecosystemic approaches and their applications to understanding school bullying. *Australian Journal of Guidance and Counselling, 24*(1), 36–48. https://doi.org/10.1017/jgc.2013.10

Mulholland, P., Ivergård, T. & Kirk, S. (2005). Editorial: contemporary perspectives on learning for work. *Applied Ergonomics, 36*(2), 125–126. https://doi.org/10.1016/j.apergo.2004.09.010

Peterson, C.C. (2013). Lifespan developmental psychology. In C.C. Peterson, *Looking forward through the lifespan: developmental psychology* (6th ed., pp. 2–29). Melbourne: Pearson Australia.

Pimmer, C., Pachler, N. & Attwell, G. (2010). Towards Work-Based Mobile Learning: What We Can Learn from the Fields of Work-Based Learning and Mobile Learning. *International Journal of Mobile and Blended Learning, 2*(4), 1–18. https://doi.org/10.4018/jmbl.2010100101

Pintrich, P.R. (2000). Educational Psychology at the Millennium: A Look Back and a Look Forward. *Educational Psychologist, 35*(4), 221–226. https://doi.org/10.1207/S15326985EP3504_01

Prawat, R.S. & Worthington, V.L. (1998). Educational Psychology: Getting to the Heart of the Matter through Technology. *Applied Psychology: An International Review, 47*(2), 263–283. https://doi.org/10.1111/j.1464-0597.1998.tb00024.x

Rat der Europäischen Union. (2018). *Council Recommendation of 22 May 2018 on key competences for lifelong learning. A European reference framework*. Retrieved from https://eur-lex.europa.eu/legal-content/EN/TXT/PDF/?uri=CONSIL%3AST_9009_2018_INIT&from=EN

Richter, T., Souvignier, E., Hertel, S., Heyder, A. & Kunina-Habenicht, O. (2019). Positionspapier zur Lage der Pädagogischen Psychologie in Forschung und Lehre. *Psychologische Rundschau, 70*(2), 109–118. https://doi.org/10.1026/0033-3042/a000437

Röhr-Sendlmeier, U.M. & Salgert, K. (1995). Thementrends in der deutschsprachigen Pädagogischen Psychologie, Teil II – eine Analyse der Publikationen in sechs Zeitschriften von 1975 bis 1993. *Psychologie in Erziehung und Unterricht, 42*(3), 169–191.

Saar, E., Ure, O.B. & Holford, J. (Eds.). (2013). *Lifelong learning in Europe: national patterns and challenges*. Cheltenham: Edward Elgar Publishing.

Schmidt-Hertha, B. & Thalhammer, V. (2016). Informelles Lernen älterer Erwachsener. In M. Rohs (Hrsg.), *Handbuch Informelles Lernen* (S. 303–322). Wiesbaden: Springer VS.

Schneider, W. (1998). Die Zukunft der Pädagogischen Psychologie. *Psychologische Rundschau, 49*(2), 91–92.

Schober, B., Brandt, L., Kollmayer, M. & Spiel, C. (2016). Overcoming the ivory tower: Transfer and societal responsibility as crucial aspects of the Bildung-Psychology approach. *European Journal of Developmental Psychology, 13*(6), 636–651. https://doi.org/10.1080/17405629.2016.1231061

Schober, B., Finsterwald, M., Wagner, P., Lüftenegger, M., Aysner, M. & Spiel, C. (2007). TALK – A training program to encourage life-long learning in school. *Journal of Psychology, 215*(3), 183–193.

Skowronek, H. (1999). Bühler, Dewey und Pädagogische Psychologie im Kontext. *Zeitschrift für Pädagogische Psychologie, 13*(4), 187–190. https://doi.org/10.1024//1010-0652.13.4.187

Spiel, C. (2017). Bildung in einer digitalisierten Welt. In M. Kugler (Hrsg.), *Technologie im Gespräch 2017 – Digitalisierung* (S. 76–83). Wien: Amalthea Signum.

Spiel, C. (2020). Moving beyond the ivory tower – why researchers from the field of education should go ahead. *Zeitschrift für Pädagogische Psychologie, 34*(1), 1–8. https://doi.org/10.1024/1010-0652/a000260

Spiel, C., Lüftenegger, M., Schober, B. & Finsterwald, M. (2017). Lebenslang erfolgreich lernen – die LehrerInnen legen den Grundstein. In B. Kracke & P. Noack (Hrsg.), *Handbuch Entwicklungs- und Erziehungspsychologie* (S. 1–16). Berlin: Springer.

Spiel, C. & Reimann, R. (2005a). Bildungspsychologie. *Psychologische Rundschau, 56*(4), 291–294. https://doi.org/10.1026/0033-3042.56.4.291

Spiel, C. & Reimann, R. (2005b). Bildungspsychologie – auf dem Weg zum Erfolg? *Psychologische Rundschau, 56*(4), 300–301. https://doi.org/10.1026/0033-3042.56.4.300b

Spiel, C. & Reimann, R. (2006). Bildungspsychologie. In U. Kastner-Koller & P. Deimann (Hrsg.), *Psychologie als Wissenschaft* (S. 197–216). Wien: WUV.

Spiel, C., Reimann, R., Wagner, P. & Schober, B. (2008). Bildung-Psychology: The substance and structure of an emerging discipline. *Applied Developmental Science, 12*(3), 154–159. https://doi.org/10.1080/10888690802199426

Spiel, C., Reimann, R., Wagner, P. & Schober, B. (2010). Bildungspsychologie – eine Einführung. In C. Spiel, B. Schober, P. Wagner & R. Reimann (Hrsg.), *Bildungspsychologie* (S. 11–20). Göttingen: Hogrefe.

Spiel, C., Schober, B., Wagner, P. & Reimann, R. (2014). Das Strukturmodell der Bildungspsychologie – Ein analytischer Bezugsrahmen für moderne Pädagogik? In A. Ziegler & E. Zwick (Hrsg.), *Theoretische Perspektiven der modernen Pädagogik* (S. 59–71). Münster: LIT.

Spiel, C., Schober, B., Wagner, P., Reimann, R. & Strohmeier, D. (2016). Die Konzeption der Bildungspsychologie und das Potential ihres Strukturmodells. In D. Fickermann & H.-W. Fuchs (Hrsg.), *Bildungsforschung – disziplinäre Zugänge. Fragestellungen, Methoden und Ergebnisse* (S. 13–24). Münster: Waxmann.

Spiel, C., Schwartzman, S., Busemeyer, M., Cloete, N., Drori, G., Lassnigg, L. et al. (2018). The contribution of education to social progress. In International Panel on Social Progress (IPSP), *Rethinking Society for the 21st Century: Report of the International Panel on Social Progress* (pp. 753–778). Cambridge: Cambridge University Press. https://doi.org/10.1017/9781108399661.006

Staatssekretariat für Bildung, Forschung und Innovation (SBFI). (2019). *Personen ohne nachobligatorischen Abschluss im Fokus der Weiterbildungspolitik.* Verfügbar unter https://www.sbfi.admin.ch/sbfi/de/home/dienstleistungen/publikationen/publikationsdatenbank/s-n-2019-4/s-n-2019-4d.html

Stokes, D. E. (1997). *Pasteur's Quadrant. Basic Science and Technological Innovation.* Washington, D. C.: Brookings Institution Press.

Strohmeier, D., Wagner, P. & Schober, B. (Eds.). (2018). *Bildung-Psychology: Theory and practice of use inspired basic research.* London: Routledge.

Tenorth, H.-E. (2020a). Die Form der Bildung: Selbstkonstruktion in Wechselwirkung mit der Welt, in der Einheit von Prozess und Produkt. In H.-E. Tenorth, *Die Rede von Bildung. Tradition, Praxis, Geltung – Beobachtungen aus der Distanz* (S. 66–77). Stuttgart: J. B. Metzler. https://doi.org/10.1007/978-3-476-05669-6_5

Tenorth, H.-E. (2020b). Historische Konstanten in der Rede von Bildung. In H.-E. Tenorth, *Die Rede von Bildung. Tradition, Praxis, Geltung – Beobachtungen aus der Distanz* (S. 513–557). Stuttgart: J. B. Metzler. https://doi.org/10.1007/978-3-476-05669-6_25

Tippelt, R. & Gebrande, J. (2014). Neue Bildung über den Lebenslauf. In H.-W. Wahl & A. Kruse (Hrsg.), *Lebensläufe im Wandel: Entwicklung über die Lebensspanne aus Sicht verschiedener Disziplinen* (S. 260–271). Stuttgart: Kohlhammer.

Weinert, F. E. & De Corte, E. (2001). Educational research for educational practice. In N. J. Smelser & P. B. Baltes (Eds.), *International encyclopedia of the social and the behavioural sciences* (pp. 4316–4326). Oxford: Elsevier.

Teil I: Bildungskarriere

Kapitel 2

Bildungspsychologie des Säuglings- und Kleinkindalters

Stepanka Kadera & Sabine Walper

Inhaltsübersicht

1 Einführung

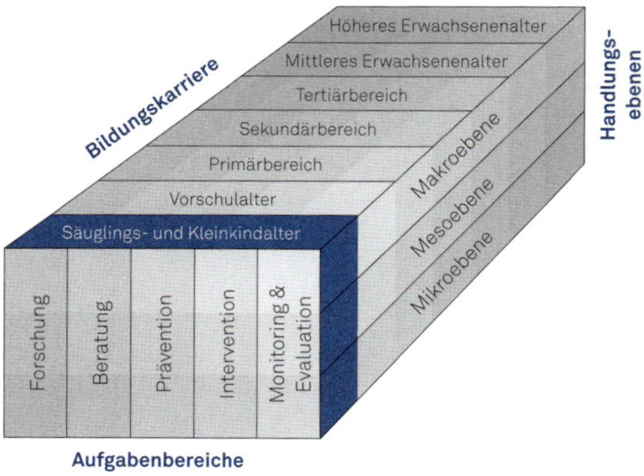

Kaum eine andere Entwicklungsphase ist von markanteren Entwicklungen gekennzeichnet als die des Säuglings- und Kleinkindalters, und keine andere Phase fordert Eltern mehr in der Betreuung ihres Nachwuchses, um seine körperlichen Bedürfnisse zu befriedigen und jene Stimulation zu gewährleisten, die für den großen Kompetenzzuwachs in dieser Entwicklungsphase unabdingbar ist (Bornstein, 2019; Sanders & Morawska, 2018). Eltern und – sofern vorhanden – Geschwister stellen den ersten und primären Entwicklungs- und Bildungskontext von Kindern dar, der nicht nur für das rein physische Überleben des Kindes, sondern auch den Verlauf zahlreicher Entwicklungsveränderungen in diesen ersten Lebensjahren entscheidend ist. Schon die Bezeichnungen einzelner Phasen innerhalb dieser ersten drei Lebensjahre verweisen darauf, dass hier in enger zeitlicher Abfolge „Meilensteine“ der Entwicklung zu meistern sind (siehe Kasten). In diesem Kapitel werden die Entwicklungsbesonderheiten im Säuglings- und Kleinkindalter als Basis von Bildungsprozessen und -verläufen erläutert. Danach wird auf die Bedeutung möglicher Risiko- und Schutzfaktoren, insbesondere sozioökonomischer Ressourcen, eingegangen. Anschließend werden praktische Implikationen für die Elternbildung und frühe Fremdbetreuung diskutiert sowie zukünftige Forschungsbereiche aufgezeigt.

Entwicklungsphasen im Säuglings- und Kleinkindalter

- Das *Säuglingsalter im weiteren Sinne* bezieht sich auf das erste Lebensjahr, also die Zeit, in der Kinder in der Regel gestillt werden und noch nicht laufen können.
- Innerhalb dieser Altersspanne umfassen die ersten drei Monate die *erweiterte Neugeborenenphase,* in der zahlreiche Besonderheiten der Motorik und neurologischer Funktionen dem spätfötalen Muster angeborener Reflexe folgen (z.B. Saugen, Suchen beim Berühren der Wange). Es lassen sich erste interindividuelle Unterschiede z.B. in der Erregungsregulation oder der Stabilität von Rhythmen der Körperfunktionen erkennen. Die Zeit zwischen dem 4. und 12. Lebensmonat macht das *Säuglingsalter im engeren Sinne* aus – eine Zeit, in der sich vor allem kognitive, aber auch soziale und emotionale Kompetenzen deutlich entwickeln (Elsner & Pauen, 2018).
- Das *Kleinkindalter* bezieht sich auf die Zeit des zweiten und dritten Lebensjahres zwischen Säuglingsalter und Kindergartenalter.

- Im englischen Sprachraum bezeichnet „*infancy*" die Phase der ersten eineinhalb bis zwei Lebensjahre, in denen Kinder in aller Regel noch nicht bzw. erst rudimentär der Sprache mächtig sind, während die Bezeichnung der „*toddler*"-Phase (etwa im zweiten und dritten Lebensjahr) darauf verweist, dass das Kind zwar schon auf eigenen Füßen steht, sich zunächst aber nur unsicher eigenständig fortbewegen kann (Bornstein, 2019; Levine & Munsch, 2020).
- In anderen Kulturen wird durch die Bezeichnung einzelner Entwicklungsphasen zum Teil auf andere Errungenschaften wie das erste soziale Lächeln der Kinder oder deren Fähigkeit eigenständig zu sitzen Bezug genommen (Bornstein, 2019). In allen Kulturen gilt jedoch diese erste Lebensphase des Kindes als eine besondere Phase, die durch ein markantes Entwicklungstempo gekennzeichnet ist und in der es einer intensiven Zuwendung bedarf.

Entwicklungs- und Bildungsprozesse im Säuglingsalter sind erst in jüngster Vergangenheit in den Fokus der Bildungsforschung gerückt, die Kinder typischerweise erst ab dem Kindergartenalter mit einbezogen hat (Becker-Stoll, Niesel & Wertfein, 2014; Köller et al., 2019). Zunehmend wurde deutlich, dass (informelle) Bildungsprozesse bereits mit der Geburt beginnen und die Wurzeln aller späteren Bildungsprozesse in der frühen Kindheit liegen. In dieser frühen Entwicklungsphase werden grundlegende Voraussetzungen für Lern- und Bildungsprozesse geschaffen, die als ein wichtiges Fundament für lebenslanges Lernen dienen. Damit ist auch das Wirkungspotenzial von (qualitativ hochwertigen) frühen Bildungsinvestitionen hoch, und so korrespondiert auch die Forcierung frühkindlicher Bildung mit deren empirisch belegten positiven Effekten auf spätere Schulkarrieren (Spieß, Schneider, Schwerdt & Lüdemann, 2016; Wehner, 2019).

Im Gegensatz dazu kann in der Entwicklungspsychologie die Säuglingsforschung auf eine lange Tradition zurückblicken (siehe Elsner & Pauen, 2018; Levine & Munsch, 2020). Zu den markantesten Erkenntnissen der letzten 40 Jahre gehört die Einsicht, wie beachtlich die sozialen, kommunikativen und kognitiven Fähigkeiten des Kindes schon weit vor Beginn der Sprachbeherrschung sind – Erkenntnisse, die wesentlich das Bild vom „kompetenten Säugling" geprägt haben (Kavsek, 1996; Ziegenhain & Gloger-Tippelt, 2013). Hierbei hat die Forschung sehr davon profitiert, dass sich auch andere Entwicklungswissenschaften mit dem Säuglings- und Kleinkindalter befassen (z. B. biologische Evolutions- und Verhaltensforschung, Entwicklungsphysiologie und -neurologie, Kulturanthropologie sowie Ethologie, siehe Berk, 2011; Elsner & Pauen, 2018). Gerade die frühen Jahre des Säuglings- und Kleinkindalters sind in jüngerer Vergangenheit vermehrt in den Mittelpunkt des Interesses gerückt, denn hier verdichtet sich die Frage nach dem Zusammenspiel von Anlage und Umwelt, nach der Bedeutung früher Erfahrungen für die weiteren Entwicklungsmöglichkeiten des Kindes und – damit verbunden – auch nach den Chancen früher Prävention und Intervention zur nachhaltigen Förderung der kindlichen Entwicklung.

2 Stand der Wissenschaft

2.1 Entwicklungen im Säuglingsalter aus der Bildungsperspektive

Kinder kommen keineswegs als unbeschriebenes Blatt zur Welt. Sie sind ausgestattet mit hilfreichen Reflexen (Saugen, Schlucken, Greifen), vorgeburtlich geübten Sinnesleistungen (Hören, Schmecken, Fühlen) und psychophysiologischen Teilsystemen, die sie auf ihre soziale Umwelt hin orientieren, Selbstregulation ermöglichen und so ihr Überleben sichern helfen. Insgesamt erweist sich das Verhalten von Säuglingen mit ihrer Fähigkeit zur Habituation, zur Orientierung und zur Selbstregulation als organisiert, aber es bestehen auch beträchtliche individuelle Unterschiede hinsichtlich Reife, Stabilität und Elastizität dieser Systeme (Brazelton, 2011). Insbesondere (zu) früh geborene Kinder sind im Nachteil.

Risiken für früh geborene Kinder

Früh geborene Kinder (Geburt vor der 37. Schwangerschaftswoche oder mit einem Geburtsgewicht von weniger als 2.500 Gramm) verfügen häufiger über geringere Möglichkeiten der Erregungskontrolle, d.h. sie sind schwerer zu besänftigen, ihre Informationsverarbeitung und -integration ist aufgrund einer höheren Reizschwelle erschwert, und auch hinsichtlich der Entwicklung komplexerer kognitiver Leistungen sowie der motorischen Kraft und Koordination sind sie im Nachteil (z.B. Levine & Munsch, 2020). Hinzu kommen oftmals neurologische und respiratorische Beeinträchtigungen mit Notwendigkeit der mechanischen Beatmung (Poets, Wallwiener & Vetter, 2012). Das „schwierige" Verhalten eines Neugeborenen kann es den Eltern erheblich erschweren, beidseitig befriedigende Interaktionen mit ihrem Kind aufzubauen, und mag so die Beziehung auch längerfristig negativ überschatten.

Säuglinge haben schon intrauterin Erfahrungen gesammelt, die ihr Erleben und Verhalten nach der Geburt beeinflussen. Selbst die hirnphysiologischen Entwicklungen, die sich schon während der Schwangerschaft vollziehen, sind nicht nur Resultat von Reifungsprozessen, sondern spielen mit Erfahrungen zusammen, die in der späten vorgeburtlichen Phase zunehmend auch externen Ursprungs sind (Johnson & de Haan, 2015). Beispiele für *vorgeburtliche Lernprozesse* anhand externer Reize sind die Ausrichtung auf die mütterliche Stimme (vor allem der allgemeine Sprechrhythmus, die Intonation und das Betonungsmuster), die Muttersprache und sprachrelevantes Lernen (Wahrnehmung der Lautkontraste, die insbesondere für phonologisch-prosodisches Sprachwissen und Bedeutungsunterscheidung relevant sind) (siehe Siegler, Saffran, Gershoff & Eisenberg, 2021; Weinert, 2020; Weinert & Grimm, 2018).

Im Verlauf der erweiterten Neugeborenenzeit stabilisiert sich das zunächst noch unreife Verhaltensrepertoire des Kindes und liefert damit die Grundlage für die großen Lernleistungen der folgenden Monate und Jahre, für deren Bewältigung es zentral auf die Unterstützung durch eine Betreuungsperson – in aller Regel die Eltern – angewiesen ist. Im Säuglingsalter ab rund drei Monaten bildet das Baby grundlegende Kompetenzen in allen bedeutenden Lebensfunktionen inklusive Fortbewegung, Nahrungsaufnahme und Kommunikation aus. Vom 3. oder 4. Lebensmonat bis Ende des ersten Lebensjahres entwickeln Säuglinge zahlreiche neue motorische Funktionen wie blickkontrolliertes Greifen, Sitzen, Krabbeln, Aufstellen etc. (siehe Elsner & Pauen, 2018). Ihre Sehfähigkeit verbessert sich, sodass auch das aktive visuelle Erkunden flüssiger wird. Die Wachphasen werden deutlich länger, und die Interaktion mit den Eltern gewinnt zunehmend den Charakter eines gesprächsähnlichen Austauschs mit Blicken, Mimik, Lauten und Gesten (Adamson, 2018). In diesem Lebensabschnitt findet auch ein starkes Gehirnwachstum statt (Diamond, 2000), das kognitive Veränderungen wie längere Aufmerksamkeitsphasen und zielgerichtetes Schauen befördert (Elsner & Pauen, 2018). Der neurologische Reifungsschub ermöglicht es Kindern im Alter von acht bis zwölf Monaten immer besser, dominante Reaktionstendenzen aufzuschieben bzw. zu unterdrücken und so Wahlmöglichkeiten hinsichtlich ihres Verhaltens zu gewinnen (Diamond, 1991). Auch die Gedächtnisleistungen steigern sich, wobei insbesondere im dritten Quartal des ersten Lebensjahres – parallel zu den neurologischen Veränderungen – ein merklicher Zuwachs beim Langzeitgedächtnis zu verzeichnen ist (Rovee-Collier, 1997).

Insgesamt weiten sich die kognitiven Fähigkeiten der Kinder im Säuglingsalter bedeutend aus (Goswami, 2001; Siegler et al., 2021). Noch vor Sprachbeginn sind Kinder fähig, Kontingenzen zu lernen, Kausalrelationen zu erfassen, Kategorien zu formen und Konzepte zu bilden. Jedoch können neue Wörter auch ohne die zugrun-

Tabelle 2.1: Sozio-emotionale Entwicklungsaufgaben im Säuglingsalter (nach Waters & Sroufe, 1983; siehe auch Baker, 2018)

Alter	Aufgabenbereich	Aufgaben der Bezugsperson
0–3 Monate	Physiologische Regulation (Reflexbewegungen, nicht nahrhaftes Saugen)	Behutsame, konsistente Pflegeroutinen, die u.a. die Regulierung von Schlaf- und Wachphasen unterstützen
3–6 Monate	Handhabung von Spannungen	Sensitive, kooperative Interaktion
6–12 Monate	Aufbau einer effektiven Bindung zu Bezugspersonen	Erreichbarkeit, Bereitschaft zu antworten/Feinfühlige Responsivität
12–18 Monate	Erfolgreiche Exploration	Sicherer Bezugspunkt

deliegenden Konzepte erlernt werden, wie aktuelle empirische Befunde belegen (Weinert & Grimm, 2018). Beim kognitiven *„Begreifen" der Umwelt* wird der motorischen Entwicklung und Wahrnehmung, insbesondere der Entwicklung des Greifens, eine wesentliche Rolle zugeschrieben (siehe Zimmer, 2019). Auch wenn Kinder schon in dieser sehr frühen Entwicklungsphase durchaus aktive Gestalter ihrer eigenen Entwicklung sind, kommt doch der sensitiven Kooperation seitens der Eltern, d.h. ihrem Aufgreifen und Beantworten kindlicher Signale und ihrer Unterstützung der kindlichen Exploration, eine zentrale Bedeutung zu. In Tabelle 2.1 werden zentrale Aufgaben der Bezugsperson aufgelistet und entsprechende Aufgabenbereiche je nach Alter, in dem die Aufgaben für gewöhnlich anstehen, erläutert.

2.2 Die frühe Eltern-Kind-Interaktion und die Entwicklung der Bindung als Voraussetzung für Bildung

Eltern sind in der frühen Entwicklungsphase ihrer Kinder auf vielfältige Weise gefordert. Bornstein (2019) unterscheidet vier übergeordnete Typen von Betreuungsleistungen, die in dieser Entwicklungsphase im Vordergrund stehen und für die Entwicklung der Kinder maßgeblich sind. Hierzu gehört neben der Sorge um das leibliche Wohl der Kinder auch schon die frühe Anleitung von Lernerfahrungen, zum einen im sozial-interaktiven Bereich, aber auch im Umgang mit der dinglichen Umwelt. Darüber hinaus nehmen Eltern durch die Gestaltung der kindlichen Umgebung Einfluss auf deren Lern- und Entwicklungsmöglichkeiten. So erwies sich etwa eine stimulierend und unterstützend gestaltete Umgebung als positiver Faktor für die motorische Entwicklung der Kinder zwischen dem 2. und 11. Lebensmonat (Abbott, Bartlett, Fanning & Kramer, 2000).

Vier übergeordnete Typen von elterlichen Betreuungsleistungen gegenüber ihren Säuglingen (nach Bornstein, 2019, S. 13 f.)

- *Körperlich-gesundheitliche Fürsorge (nurturant caregiving):* Schutz und Überwachung, Sorge für Gesundheit und körperliches Wohlbefinden
- *Soziale Anregung (social caregiving):* visuelle, verbale, affektive und körperliche Verhaltensweisen von Eltern, die diese nutzen, um ihren Säugling in interaktiven Austausch mit ihnen einzubeziehen (küssen, streicheln, lächeln, vokalisieren und spielerischer Face-to-face-Kontakt)
- *Anleitung (didactic caregiving):* vielfältige Strategien, die Eltern einsetzen, um ihren Säugling für die Umwelt außerhalb der Dyade zu interessieren und seine Interaktion mit der dinglichen Umwelt anzuregen
- *Gestaltung der materiellen Umwelt (material caregiving):* die Bereitstellung und das Arrangement der materiellen physischen Umweltgegebenheiten für den Säugling (z.B. Ausstattung mit Spielzeug und anderen stimulierenden Gegenständen bzw. Gegebenheiten, Begrenzung des Bewegungsraums)

Babys lernen vor allem „interaktiv“. Eine wesentliche Rolle spielt bei diesen Lernprozessen die wechselseitige Nachahmung, die schon bei Neugeborenen beobachtbar ist (siehe Bornstein, 2019; Gloger-Tippelt, 2018). Zunächst ist es aber vor allem die Mutter, die das Verhalten des Kindes nachahmt und die Mimik spiegelt, während Säuglinge erst zunehmend in die Lage versetzt werden, auch umgekehrt das Verhalten der Mutter nachzuahmen. Hierbei ist die *Synchronizität und Kontingenz* im Interaktionsverhalten mit der Betreuungsperson von besonderer Bedeutung. Reagiert die Mutter prompt und responsiv auf das Verhalten des Kindes, so investiert es beträchtliche Aufmerksamkeit und zeigt positives Interesse. Ist das Verhalten der Mutter jedoch nicht auf das des Kindes bezogen, so löst dies deutliches Unwohlsein bei den Kindern aus (Lengning & Lüpschen, 2019). In der Passung zwischen kindlichem Verhalten und dem ihrer Mütter gibt es bedeutsame interindividuelle Unterschiede. Insbesondere bei Müttern, für die aufgrund kontextueller und personeller Faktoren ein hohes Risiko für inadäquates Elternverhalten diagnostiziert wurde, ist die Synchronizität beeinträchtigt (Leclère et al., 2014). Diese Fähigkeiten lassen sich jedoch systematisch im Rahmen von Feinfühligkeitstrainings verbessern. Diese Trainings zielen darauf ab, die kommunikativen Signale der Kleinkinder wahrzunehmen, zu interpretieren und prompt und adäquat zu reagieren (Ziegenhain & Fegert, 2018).

Kommunikation und Spracherwerb beginnen lange vor den ersten Wortäußerungen der Kinder und sind deutlich von der Eltern-Kind-Interaktion und den Erfahrungen im familiären Umfeld in den ersten Lebensjahren abhängig (Roskos & Neumann, 1993). Hierbei greifen Eltern intuitiv auf ein spezielles Register der kindgerichteten Sprechweise zurück (Ammensprache oder „Motherese“), die in ihrer stimmlich erhöhten Prosodik für Säuglinge besonders attraktiv ist, und passen sich dem sprachlichen Stand und sprachlichen Fortschritten des Kindes an (Weinert & Grimm, 2018). Hierbei kommt der Prosodik sowohl eine aufmerksamkeitslenkende als auch verhaltensregulierende (beruhigende oder anregende) Funktion zu. Ab dem 6. Lebensmonat werden die Kinder zunehmend aktive Kommunikationspartner. In der Eltern-Kind-Interaktion schaffen Eltern die Grundstruktur und den Rahmen für den wechselseitigen Austausch und ermöglichen so den Kindern, ihren Beitrag zum Zwiegespräch im Rahmen des „Gerüsts“ zu leisten, das die Eltern bereitstellen („Scaffolding“). Diese Art der Strukturierung, die Raum für Eigenleistungen des Kindes lässt, unterstützt Lernfortschritte der Kinder in vielfältigen Entwicklungsbereichen (siehe auch Staples & Bates, 2018) und wirkt sich auch positiv auf die Entwicklung von prosozialem Verhalten aus (Köster, Cavalcante, Cruz de Carvalho, Resende & Kärtner, 2016).

Hinsichtlich der sprachlichen Stimulation, die Säuglinge erfahren, bestehen beträchtliche Variationen, insbesondere im Vergleich von Eltern mit höheren und niedrigeren Bildungsressourcen. Unterschiede im sprachlichen Input scheinen durchaus stabil zu sein, so wie auch insgesamt die Ansprache der Kinder im Säuglingsalter konstant bleibt. Bornstein (2019) hat die Stabilität individueller Unterschiede sowie die Kontinuität im Ausmaß einzelner mütterlicher Aktivitäten im Verlauf des Säuglingsalters ermittelt (siehe Tabelle 2.2). Demnach ist die Nutzung kindgerichteter Sprache (Motherese) im Säuglingsalter rückläufig, während didaktische Stimulation der Kinder durch ihre Mütter zunimmt, wobei allerdings in beiden Fällen die individuellen Unterschiede erhalten bleiben. Demgegenüber nimmt soziale Stimulation zugunsten der selbst erzeugten Stimulation und individuellen Impulse ab, ein Verhalten, bei dem sich interindividuelle Unterschiede als eher instabil erweisen.

Tabelle 2.2: Stabilität und Kontinuität in der Entwicklung mütterlicher Aktivitäten im Säuglingsalter ihrer Kinder (nach Bornstein, 2019, S. 15)

Entwicklungs-stabilität	**Entwicklungskontinuität**		
	Ja	**Nein**	
		Zunahme	**Abnahme**
Stabil	Sprache	Didaktische Stimulation	Kindgerichtete Sprechweise
Instabil	Soziales Spiel	Erwachsenen-sprache	Soziale Stimulation

Die Entwicklung der Bindungsbeziehung. Im Verlauf der ersten beiden Lebensjahre gewinnt die Beziehung zwischen primärer Betreuungsperson und Kind ihre spezifische Qualität, die sie gegenüber anderen Beziehungen heraushebt und für die sozial-emotionale Entwicklung der Kinder von besonderer Bedeutung ist. Nach John Bowlby (1984) sind Mutter und Kind mit komplementären Verhaltenssystemen ausgestattet, die sich im Verlauf der evolutionären Entwicklung aufgrund ihres Überlebensvorteils für die Kinder herausgebildet haben: das Bindungssystem (attachment system) des Kindes, das es bei Gefahr und Überlastung die Nähe zu der vertrauten Bindungsperson suchen lässt, und das Fürsorgesystem der Betreuungsperson, das entsprechendes Fürsorge- und Schutzverhalten aktiviert. Damit erschließt sich das Kind im Zuge seiner Bindungsentwicklung eine wichtige Ressource für die Bewältigung belastender Situationen und die interne Emotionsregulation (Grossmann & Grossmann, 2004).

Das Bindungsverhaltenssystem steht darüber hinaus in Wechselbeziehung zum kindlichen Explorationsverhaltenssystem, das Neugier und Erkundungsverhalten in der Auseinandersetzung mit der Umwelt anstößt und somit die verhaltensbiologische Grundlage für selbstgesteuertes Lernen liefert (Ahnert, 2019). Explorationsverhalten ist allerdings darauf angewiesen, dass das Bindungsverhaltenssystem beruhigt ist. Nur wenn sich das Kind sicher und geborgen fühlt, kann das Explorationsverhaltenssystem aktiviert werden und das Kind kann die Welt erkunden und erforschen (Becker-Stoll et al., 2014).

Entwicklung der sozial-emotionalen Bindung

Die Entwicklung der sozial-emotionalen Bindung erfolgt in vier Etappen:

1. In einer Vorphase der ersten beiden Lebensmonate ist das Kind noch nicht an eine spezifische Person gebunden, sondern sendet seine Signale noch ohne Bezug auf einzelne Personen aus.
2. Ab etwa drei Monaten richtet sich das Kind bevorzugt an eine oder wenige spezifische Personen.
3. Ab etwa sieben bis acht Monaten hat sich die Beziehung zu den spezifischen Betreuungspersonen (Mutter, Vater) intensiviert, sie werden mit dem kognitiven Entwicklungsschritt der Objekt- und Personenpermanenz vermisst, und das Kind kann sich aufgrund seiner motorischen Entwicklung nun aktiv in deren Nähe bringen.
4. Die Phase der zielkorrigierten Partnerschaft, in der das Kind sich in seiner Kommunikation auch an situativen Gegebenheiten orientiert, ist erst nach etwa drei Jahren erreicht.

Während die Entwicklung einer personenspezifischen Bindung in den ersten beiden Lebensjahren weitgehend umweltstabil (d.h. überwiegend genetisch festgelegt und von der Umwelt nur gering beeinflussbar) ist und selbst bei einem Minimum an Interaktionskontakt erfolgt, ist die Qualität dieser Bindungsbeziehung von den Besonderheiten dieser Interaktion abhängig. Zahlreiche Studien haben aufgezeigt, dass neben Temperamentsunterschieden der Kinder vor allem der mütterlichen *Feinfühligkeit* eine zentrale Rolle bei der Entwicklung einer *sicheren Bindung* ihres Kindes zukommt (De Wolff & van Ijzendoorn, 1997). Mütter, die feinfühlig auf die Bedürfnisse ihres Kindes reagieren, d.h. die Signale des Kindes erkennen, richtig interpretieren und prompt sowie angemessen darauf reagieren, stärken das Vertrauen des Kindes in eine hilfreiche Umwelt und fördern so sein Sicherheitsgefühl. Darüber hinaus bedeutet feinfühliges Verhalten auch die Förderung der kindlichen Kommunikationsfähigkeit bereits im vorsprachlichen Alter (siehe Otto, 2011). Auch die Feinfühligkeit der Väter hat sich für die weitere Entwicklung der Kinder als maßgeblich erwiesen. Bei ihnen scheint es vor allem das Terrain des Spiels und die kindgemäße Regulation damit verbundener Herausforderung zu sein, bei der die Feinfühligkeit zum Tragen kommt (Grossmann & Grossmann, 2004).

Nach Bowlby (1969) liefern die frühen Bindungserfahrungen Modellvorstellungen von Beziehungen, die in sog. „Arbeitsmodellen“ *(„internal working models“)* verinnerlicht werden und in späteren Situationen als Handlungsgrundlage für die Ausrichtung des eigenen Verhaltens dienen, allerdings auch durch neue Erfahrungen „überarbeitet“ werden können. Dass die Bindungsqualität für die spätere sozial-emotionale Entwicklung der Kinder relevant ist, zeigen zahlreiche Studien, nach denen sicher gebundene Kinder besser in Kindergarten und Schule zurechtkommen, konstruktiveres Konfliktverhalten und weniger Verhaltensprobleme zeigen (z.B. Bohlin, Hagekull & Rydell, 2000; siehe auch Gloger-Tippelt, 2018; Tippelt, 2013).

Zudem stellt die Bindungssicherheit des Kindes eine förderliche Basis für kognitive Bildungsprozesse dar. Tragfähige Bindungsbeziehungen, in denen die Eltern als stabile und vertrauensvolle Bezugspersonen fungieren und die Bedürfnisse des Kindes erfüllen, begünstigen u. a. die Entwicklung der Emotions- und Frustrationsregulation der Kinder (Boldt, Goffin & Kochanska, 2020). So wirkt sich die Bindungssicherheit positiv auf das schulische Engagement aus, indem sie die Bereitschaft unterstützen kann, sich auf das Lernen einzulassen und die sozialen und kognitiven Herausforderungen des schulischen Umfelds zu bewältigen (Drake, Belsky & Pasco Fearon, 2014; Sayedi, Yazdanbakhsh & Karami, 2017). Auch im Jugendalter finden sich signifikante Zusammenhänge zwischen einem sicheren Bindungsstil, (akademischer) Selbstwirksamkeit und den metakognitiven Fähigkeiten von Schüler*innen (Tavakolizadeh, Tabari & Akbari, 2015). Durch die Gewährung emotionaler Sicherheit unterstützen die Eltern die Selbstregulation ihrer Kinder, deren Umgang mit Frustrationen und Handlungssteuerung und leisten somit einen Beitrag zum späteren Bildungserfolg der Kinder (Ziegenhain & Gloger-Tippelt, 2013).

2.3 Kleinkinder und ihre Eltern

Im Kleinkindalter erweitert sich der Aktionsradius des Kindes mit der Fähigkeit, auf eigenen Füßen zu stehen und zu laufen, es entdeckt seinen eigenen Willen und kann sich nun aktiv den elterlichen Wünschen widersetzen. Es wird zunehmend über die Mutter-Kind-Dyade und den engeren Familienkreis in die soziale und kulturelle Gemeinschaft hinein geführt, und durch die erweiterten Möglichkeiten der mentalen Repräsentation verändert sich sein Erleben: Es gewinnt die Welt der Vorstellungen und Fantasie hinzu, die Möglichkeiten der Symbolisierung und Abstraktion durch Sprache, entdeckt die innere psychische Welt bei sich selbst und anderen und erfährt Regeln und Strukturen des sozialen Miteinanders (siehe Rauh, 2002; Verhoeven, van Baar & Dekovic, 2019). Diese Entwicklungen lassen sich entlang sechs zentraler Entwicklungsaufgaben beschreiben (siehe Kasten).

Entwicklungsaufgaben im Kleinkindalter (nach Verhoeven et al., 2019)

Entwicklungsaufgaben des Kleinkindalters umfassen
- die Entwicklung von Autonomie und Unabhängigkeit,
- die Fähigkeit, sich selbst zu erkennen, und damit verbundene Entwicklungen des Selbstkonzeptes und der Selbstreflexion,
- die Entwicklung von Fähigkeiten der Emotions- und Impulskontrolle,
- die Entwicklung von Empathie, Moral und Verhaltensstandards,
- die Entwicklung der Geschlechtsrollenidentität und -identifikation,
- das Hineinwachsen in die Gemeinschaft

Nicht nur die Sicherung des kindlichen Bedürfnisses nach sozialer Eingebundenheit, sondern auch die Orientierung an dem Grundbedürfnis von Kindern nach Autonomie und Kompetenzerleben stellen wesentliche Leitprinzipien für die Förderung einer anhaltenden Lernmotivation dar (Ryan & Deci, 2017): Kinder wollen den nächsten Entwicklungsschritt meistern und neue Kompetenzen entwickeln (Becker-Stoll et al., 2014). Im Verlauf des zweiten Lebensjahres entdecken sich Kinder zunehmend als Handlungsträger mit eigenem Willen und streben nun nach Eigenständigkeit in der Ausführung ihrer Handlungen. Mahler bezeichnet den hiermit verbundenen Entwicklungsprozess der Abgrenzung gegenüber anderen – vor allem der Mutter – als *Individuation,* die das Kind aus der anfänglichen Symbiose mit der Mutter herausführt und im günstigen Fall von der Mutter toleriert und durch die Gewährung entsprechender Handlungsspielräume unterstützt wird (Mahler, Pine & Bergman, 1980). Diese Abgrenzung ist anfangs noch unbeholfen und kann zu heftigen Trotzreaktionen führen, wenn Wollen und Können nicht zusammenpassen.

Die umgangssprachlich gut bekannte *„Trotzphase"* stellt Eltern nun vor andere Herausforderungen als die völlige Abhängigkeit des Säuglings. Widerstand und negatives Verhalten haben ihren Höhepunkt, wenn die Kinder etwa zwei Jahre alt sind. Typischerweise leitet dies die ersten erzieherischen Bemühungen der Eltern ein, die in den meisten Kulturen im zweiten bis dritten Lebensjahr des Kindes einsetzen – mögen sie auch in ihrer Form sehr unterschiedlich ausfallen (siehe Verhoeven et al., 2019). Kleinkinder provozieren viele Anweisungen und Ermahnungen seitens der Erwachsenen, teilweise zum Schutz vor physischen Gefahren oder aus Sorge um die Gegenstände in ihrer Umgebung, aber auch als Hinweise auf soziale Regeln und Normen.

Gleichwohl entwickeln Kinder in dieser Phase eine deutliche *Sozialisationsbereitschaft* (Kochanska & Murray, 2000) und sind zunehmend gewillt, der Anleitung eines Erwachsenen zu folgen und die eigenen Handlungen in dessen Ziele und Vorgaben einzufügen. Kooperation bei elterlichen Anweisungen (Compliance) gehört zum üblichen Repertoire im Kleinkindalter, soweit sie diese Anweisungen verstehen und befolgen können. Die Freude an den eigenen Kompetenzen, die Kinder erleben, wenn ihre Handlungen sich in die Anweisungen der Erwachsenen einpassen, scheinen eine wesentliche Grundlage für diese Sozialisationsbereitschaft der Kinder darzustellen (Verhoeven et al., 2019). Hierbei macht es jedoch einen wesentlichen Unterschied, welche Lenkungs- und Kontrollstrategien Eltern nutzen. Während Anleitung, Scaffolding (d.h. Unterstützung von Lernprozessen, Denkanstöße) und verhaltensbezogene Kontrolle, die auf Machtausübung verzichtet, mit einer höheren Kooperationsbereitschaft einhergeht, zeigen körperliche Strafen, Liebesentzug und andere Formen negative Effekte.

Erziehungspraktiken und -einstellungen sind nicht nur für die Kooperationsbereitschaft, sondern für einen breiten Bereich der kindlichen Entwicklung relevant.

Zahlreiche Forschungsarbeiten dokumentieren, dass liebevolle Zuwendung gepaart mit moderater Kontrolle ein günstiges Entwicklungsmilieu für die kindliche Verhaltens- und Kompetenzentwicklung darstellt (Baumrind, 2013; Larzelere, Morris & Harrist, 2013; Schneewind, 2019). Ein solcher *autoritativer Erziehungsstil,* wie ihn Baumrind (1988, 2013) charakterisierte, hat sich in vielfältiger Hinsicht für Kinder und auch Jugendliche als vorteilhaft erwiesen. Allerdings warnen Verhoeven et al. (2019) davor, den positiven Beitrag elterlicher Kontrolle im Kleinkindalter zu stark zu betonen. In dieser Phase scheinen eher die Eröffnung von Handlungsspielräumen und die Anleitung kindlicher Aktivitäten hilfreich zu sein.

Ein wesentlicher Entwicklungsschritt von Kindern im frühen Kleinkindalter ist die Fähigkeit, sich selbst im Spiegel zu erkennen (Aitken, Ruffman & Taumoepeau, 2020, Elsner & Pauen, 2018). Sie tritt mit etwa 18 Monaten auf und liefert den Auftakt für eine Reihe weiterer Entwicklungen im sozialen Bereich. Kinder beginnen, Personen zu vergleichen, und die spontane Nachahmung Gleichaltriger oder anderer Personen des gleichen Geschlechts nimmt zu. Nach Bischof-Köhler (1998) entwickelt sich in dieser Phase die *soziale Identität.* Fast gleichzeitig gewinnen die Kinder die Fähigkeit, die Aufmerksamkeitsrichtung ihres Interaktionspartners zu erkennen und ihr zu folgen. Dies liefert eine wichtige Voraussetzung dafür, den anderen als „Lehrer" nutzen zu können (Rauh, 2002).

Die Fähigkeit, sich selbst im Spiegel zu erkennen, liefert auch die Grundlage für die Fähigkeit zur *Empathie,* die im Gegensatz zur Gefühlsansteckung auf den anderen bezogen bleibt und dessen Gefühlszustand vom eigenen unterscheidet (Bischof-Köhler, 1998). Mit dieser frühen Form der Rollenübernahme beginnen Kinder, die Emotionen, aber auch Wünsche und Absichten anderer unabhängig von der eigenen Befindlichkeit oder den eigenen Handlungsintentionen zu repräsentieren. Sie stellt einen Vorläufer für die spätere Entwicklung einer „Theory of Mind" dar, d.h. für die Fähigkeit, den individuellen Informationsstand anderer zu berücksichtigen, wenn es etwa darum geht, deren (Fehl-)Handlungen vorherzusagen (Sodian, 2011). Diese Entwicklung im Verständnis dessen, was andere wissen und denken, vollzieht sich erst im Kindergartenalter. Prospektiv spielen hierbei aber auch die sozialen Interaktionen zwischen Eltern und Kindern im Kleinkindalter eine Rolle. Neigt die Mutter dazu, die Gedanken und Gefühle ihres Kindes im Gespräch treffend aufzugreifen und angemessen zu kommentieren, so befördert dies die spätere Entwicklung der Theory of Mind (Meins et al., 2002).

2.4 Risiko- und Schutzfaktoren

Kinder wachsen unter sehr unterschiedlichen Bedingungen auf, die Einfluss auf ihre Lern- und Entwicklungsmöglichkeiten haben. Wesentliche Bedeutung kommt hierbei der sozialen Herkunft zu, die an den sozioökonomischen Ressourcen der Familie festgemacht wird, allerdings häufiger auch weitere nachteilige Bedingungen umfasst (s. u.). Gefährdungen ergeben sich selten nur aus einzelnen Faktoren, sondern zumeist aus der Konstellation von Risikofaktoren, mit denen Kinder in dieser frühen Entwicklungsphase konfrontiert sind (siehe z. B. Laucht, Schmidt & Esser, 2000). Familiäre Bedingungen wie Armut, eine psychische Erkrankung eines Elternteils oder auch individuelle Faktoren wie eine Frühgeburt führen nicht zwangsläufig zu nachteiligen Folgen oder gar zu Entwicklungsstörungen, sondern bei umgrenzten Risikofaktoren und vor allem je nach den verfügbaren Bewältigungsressourcen können sich Kinder durchaus als resilient erweisen, d.h. trotz widriger Lebensumstände einen positiven Entwicklungsverlauf zeigen. Zu solchen Ressourcen zählen insbesondere die im Kasten aufgelisteten Faktoren.

Bewältigungsressourcen (nach Kaiser, 2019; Wustmann, 2016)

- Schützende individuelle Faktoren (z. B. positives Temperament, das soziale Unterstützung und Aufmerksamkeit bei den Betreuungspersonen hervorruft; intellektuelle Fähigkeiten; erstgeborenes Kind; Selbstregulationsfähigkeiten; Problemlösefähigkeiten; hohe Sozialkompetenz: Empathie/Kooperations- und Kontaktfähigkeit; gute Sprachfertigkeiten; soziale Perspektivübernahme; Verantwortungsübernahme)
- Schützende Faktoren innerhalb der Familie und im familiären Umfeld (z. B. eine verlässliche Bezugsperson, die Vertrauen und Autonomie fördert; autoritativer/demokratischer Erziehungsstil: emotional positives, unterstützendes, strukturierendes und wertschätzendes Erziehungsverhalten; Feinfühligkeit und Responsivität; Zusammenhalt, Stabilität und konstruktive Kommunikation in der Familie; unterstützendes familiäres Netzwerk)
- Ressourcen durch Bildungsinstitutionen (z. B. wertschätzendes Klima in Kindertageseinrichtungen; klare und konsistente Regeln und Strukturen; positive Peerkontakte; Zusammenarbeit mit dem Elternhaus und anderen sozialen Institutionen)
- Ressourcen im weiteren sozialen Umfeld (z. B. Ressourcen auf kommunaler Ebene: Angebote der Familienbildung, Beratungsstellen, Frühförderstellen; Vorhandensein prosozialer Rollenmodelle; Normen und Werte in der Gesellschaft)

Manche resiliente Kinder zeichnen sich schon im Alter von zwei Jahren durch ihr selbstständiges und selbstbewusstes, nach Autonomie strebendes Verhalten sowie durch ihre gut entwickelten Kommunikations- und Bewegungsfähigkeiten aus. Zudem zeigen resiliente Kinder die Fähigkeit, in schwierigen Situationen Hilfe zu erbitten. Als Resilienzmerkmale haben sich auch schützende und förderliche fächerübergreifende Faktoren im Schulsetting erwiesen, vor allem in Hinblick auf die schulischen Leistungen und Schulkarriere der Kinder (Paasch, 2014). Hinsichtlich der Resilienzförderung von Kindern in den ersten drei Lebensjahren besteht Konsens, dass Resilienz aufgrund der entwicklungsspezifischen Besonderheiten nicht im Rahmen eines (Kurs-)Programms gefördert werden sollte. Stattdessen wird empfohlen, Resilienz situativ im alltäglichen Leben zu stärken und zudem frühpädagogische Fachkräfte im Rahmen von Weiterbildungsprogrammen zu befähigen, Resilienzförderung in den Alltag zu integrieren (Kaiser & Fröhlich-Gildhoff, 2018).

Die Bedeutung der sozialen Herkunft. Zahlreiche Befunde machen darauf aufmerksam, wie unterschiedlich die Entwicklung von Kindern schon vorgeburtlich und in den frühen Jahren je nach den sozioökonomischen Ressourcen der Familie ausfällt (siehe Walper, 2008, Walper, Langmeyer & Wendt, 2015). Mütter mit geringer Bildung und aus deprivierten Familien nutzen seltener Vorsorgeuntersuchungen und zeigen ein ungünstigeres Gesundheitsverhalten während der Schwangerschaft, sodass Frühgeburten in diesen Gruppen gehäuft auftreten (Seccombe, 2000). Der sozioökonomische Status der Familie hängt auch mit weiteren Geburtsrisiken wie einem geringen Geburtsgewicht und intrauteriner Wachstumsretardierung zusammen (Madden, 2014). Gerade frühgeborene Kinder sind jedoch auf eine fürsorgliche Betreuung und einen unbelasteten Familienkontext angewiesen, sodass sich hier Risiken für die kindliche Entwicklung wechselseitig steigern. Zudem liefern Forschungsergebnisse Belege dafür, dass präventive Unterstützungsangebote der Frühen Hilfen überwiegend von Familien mit einem mittleren bis hohen Bildungsniveau in Anspruch genommen werden (Eickhorst et al., 2016). Insofern hängt der Faktor Bildung der Eltern stark mit weiteren Risikofaktoren zusammen wie etwa mangelnden finanziellen Ressourcen, ungünstigen Wohnverhältnissen, Belastungen des nachbarschaftlichen Milieus oder Gewalt im familiären oder sozialen Kontext.

Familiäre Hintergrundmerkmale der sozialen Herkunft (z. B. elterliche Bildung, Einkommen) wirken sich bereits früh auf die kognitive, sprachliche und sozio-emotionale Entwicklung von Kleinkindern aus (z. B. Weinert & Ebert, 2013). Anhand von Daten der Säuglingskohorte des Nationalen Bildungspanels (NEPS) wurden etwa Effekte der mütterlichen Bildung auf ihr Interaktionsverhalten in Mutter-Kind-Interaktionen sowie Assoziationen zwischen dem Interaktionsverhalten der Mütter und der Kinder beobachtet (Attig & Weinert, 2018). So zeigten Mütter mit geringeren Bildungsressourcen ein weniger anregungsreiches und positives Interaktionsverhalten, was auch seinerseits das weniger positive sozio-emotionale Verhalten der Kinder aus Familien mit geringeren elterlichen Bildungsressourcen erklärte. Demgegenüber unterschieden sich die Lernressourcen der Kinder – festgemacht an ihrer Habituationsstärke, d. h. der Abnahme visueller Aufmerksamkeit gegenüber ähnlichen Reizen – nicht nach den sozioökonomischen Ressourcen der Familie. Dies spricht dafür, dass sich die vielfach beobachteten Bildungsdisparitäten von Kindern unterschiedlicher sozialer Herkunft erst im Entwicklungsverlauf herausbilden.

Zentrale Bedeutung wird hier dem Anregungsgehalt der häuslichen Umwelt beigemessen, der oftmals bei Familien mit geringen Bildungs- und ökonomischen Ressourcen schwächer ausfällt. Dies betrifft neben der Verfügbarkeit von kindgerechten anregungsreichen Explorations- und Spielmöglichkeiten vor allem auch die Menge und Vielfalt sprachlicher Anregung (Hoff-Ginsberg, 2000). Damit ergeben sich Nachteile für die Sprach- sowie Intelligenzentwicklung und kognitive Leistungsfähigkeit der Kinder (Duncan & Brooks-Gunn, 1997). Hinsichtlich der Sprach- und Intelligenzentwicklung bestehen bereits im Alter von fünf Jahren gravierende Effekte dauerhafter Armut, die – wie zu erwarten – stärker ausfallen als die Auswirkungen zeitlich begrenzter Armutsphasen in den ersten Lebensjahren der Kinder (Duncan, Brooks-Gunn & Klebanov, 1994; Schoon, Jones, Cheng & Maughan, 2011). Aber auch kürzere Armutsepisoden machen sich in der Intelligenz- und Verhaltensentwicklung der Kinder negativ bemerkbar.

Die essenzielle Bedeutung von anregenden Erfahrungen für die geistige Entwicklung von (Klein-)Kindern konnte vielfach empirisch nachgewiesen werden. So wurde etwa der Anregungsgehalt familiärer Alltagspraktiken („Home Literacy Environment") für die sprachliche und kognitive Entwicklung der Kinder untersucht und Einflüsse auf die phonologische Bewusstheit und die Entwicklung sprachlicher Kompetenzen beschrieben (Wirth, Ehmig, Drescher, Guffler & Niklas, 2019). Auch weitere Effekte wie etwa Anregung durch Spielsachen, elterliches Annehmen oder elterliches Engagement auf die kognitive Entwicklung der Kinder (insbesondere Aufmerksamkeit, Gedächtnis, Problemlösefähigkeiten etc.) wurden vielfach belegt (Zimmermann & Spangler 2001). Einige dieser vorschulischen Kompetenzen, wie z.B. Wortschatz oder auch Zählfertigkeiten, konnten als bedeutsame Prädiktoren späterer Schulleistungen identifiziert werden (Ennemoser, Marx, Weber & Schneider, 2012). Mangelnde elterliche Förderung hängt wiederum mit späteren Bildungsmisserfolgen (bis hin zu Schulschwänzen und Schulabsentismus) von Kindern aus niedrigen Sozialschichten und/oder mit einem Migrationshintergrund zusammen (Fahrenholz, 2020).

Auch der Erwerb mathematischer Vorläuferfertigkeiten und pränumerischer Vorerfahrungen, die die Basis für die spätere Entwicklung des Zahlbegriffs und der arithmetischen Fertigkeiten darstellen, kann durch die familiäre Lernumwelt wesentlich unterstützt werden (Blevins-Knabe & Austin, 2016; Niklas, Cohrssen & Tayler, 2016). Mathematische Zusammenhänge können bereits im Kleinkindalter bei alltäglichen Aktivitäten thematisiert werden (z.B. Stufen zählen, Gewichts- und Mustervergleiche, Rhythmus klatschen oder Zahlenlieder singen), was zum spielerischen Aufbau der Rechenfähigkeiten führt. Als bedeutsame Einflussfaktoren haben sich in diesem Bereich insbesondere das Bildungsniveau der Eltern, die berichteten mathematischen Aktivitäten und deren Ausmaß sowie die familiären Ressourcen erwiesen (Cheung, Dulay & McBride, 2020).

3 Praktische Bedeutung

3.1 Die Rolle der Elternbildung

Die erweiterten Erkenntnisse über Entwicklungsprozesse in den ersten Lebensjahren sowie die Bedeutung der sozialen und gegenständlich-physikalischen Umwelt verändern auch unseren Blick auf die Möglichkeiten einer gezielten Förderung von Kindern schon in dieser frühen Phase. Sie eröffnen verbesserte Möglichkeiten, Entwicklungsgefährdungen frühzeitig zu diagnostizieren und Entwicklungsprozesse durch geeignete Maßnahmen anzuregen. Sie mögen Eltern aber auch vielfach verunsichern. Zwar verfügen Eltern in aller Regel über intuitive Kompetenzen im Umgang mit Säuglingen (Papousek, 2001), aber diese können durch z. B. widrige frühere und aktuelle Beziehungserfahrungen, Beeinträchtigungen des physischen und psychischen Wohlbefindens und individuelle Besonderheiten des Kindes beeinträchtigt sein.

Werdenden Eltern und Eltern von Säuglingen und Kleinkindern stehen mittlerweile zahlreiche Publikationen zur Verfügung, um sich über wesentliche Entwicklungen in den ersten Lebensjahren von Kindern zu informieren und Anregungen für eine optimale Betreuung und Förderung der Kinder zu erhalten. Hierzu zählen einschlägige Zeitschriften (z. B. *Eltern, Leben und Erziehen*), eine Vielzahl aktueller Buchpublikationen (z. B. Becker-Stoll, Beckh & Berkic, 2018, Largo, 2019; Pauen, 2020; Richter, 2020), aber auch Internetangebote wie www.babyundfamilie.de, das Online-Familienhandbuch (www.familienhandbuch.de) und die Services des Nationalen Zentrums Frühe Hilfen (www.fruehehilfen.de). Hinzu kommen Kursangebote für Eltern wie die traditionsreichen PEKiP-Gruppen, aber auch neue Angebote, die sich teilweise an alle Eltern wenden, teilweise spezifische Risiko- oder Problemgruppen ansprechen (siehe Kasten).

Unterscheidung von Präventionsangeboten nach Zielgruppen

- *Universelle Prävention* richtet sich an alle Eltern (und deren Kinder).
- *Selektive Prävention* richtet sich an Risikogruppen, z. B. sozial benachteiligte Familien oder Alleinerziehende.
- *Indizierte Prävention* richtet sich an Eltern und Kinder, bei denen schon merkliche Probleme in der Eltern-Kind-Interaktion oder der Entwicklung des Kindes aufgetreten sind.

Insbesondere der Kompetenzförderung von Kindern in den ersten Lebensjahren sind Programme wie Head Start (Opp & Fingerle, 2000) oder Opstapje gewidmet, die neben den Kindern auch die Eltern adressieren. Dies gilt speziell für das Präventionsprogramm Opstapje, das noch vor dem Kindergartenalter einsetzt und die kindliche Entwicklung in armutsgefährdeten Familien über eine Stärkung elterlicher Erziehungskompetenzen fördern will (Manstetten, Sann & Thurm, 2004; Sann, 2013). Hierbei erhalten Eltern im Rahmen von Hausbesuchen zahlreiche Anregungen dafür, wie sie Lernprozesse ihrer Kinder etwa durch das gemeinsame Betrachten von Bilderbüchern und durch Vorlesen unterstützen können. Gerade diese relativ einfachen Mittel zur Förderung kindlichen Lernens, die Eltern vielfach ohne besondere Förderabsicht, sondern eher aus dem Vergnügen an der Interaktion mit ihrem Kind heraus nutzen, haben sich als sehr förderlich für die kognitive und sprachliche Entwicklung von Kindern erwiesen (De Jong & Leseman, 2001; Leseman, Scheele, Mayo & Messer, 2007). Auch Becker-Stoll et al. (2014) betonen, dass Erwachsene, die Freude am Lernen und am Lernerfolg ihrer Kinder teilen und darüber hinaus auch Wertschätzung gegenüber den Lernprozessen ihrer Kinder ausdrücken, einen wichtigen Beitrag zum guten Start der Bildungsbiografie leisten.

Viele Programme zielen darauf ab, die Beziehung zwischen Eltern und ihren Kindern von Anbeginn auf sichere und tragfähige Füße zu stellen. Hierbei sind Erkenntnisse aus der *Bindungsforschung* besonders wertvoll. So konnte van den Boom in einer Trainingsstudie mit Müttern hoch irritierbarer Säuglinge zeigen, dass sich durch die Anleitung von feinfühligem Verhalten der Mütter (im Alter zwischen sechs und neun Monaten der Kinder) die Bindungsqualität der Kinder positiv beeinflussen lässt (van den Boom, 1994, 1995). Die Effekte erwiesen sich als durchaus nachhaltig und zeigten sich auch noch im Alter von drei Jahren in einer höheren Kooperationsbereitschaft der Kinder. Im deutschsprachigen Raum hat sich inzwischen der Kurs „Auf den Anfang kommt es an" etabliert (Ziegenhain, Gebauer, Künster, Thurn, Backes & Reichle, 2012), der auf die Stärkung der Beziehungs- und Erziehungskompetenzen gerade von jungen Eltern abzielt und die Zeit der Schwangerschaft bis zum Ende des ersten Lebensjahres ins Visier nimmt.

Die Erkenntnis, dass Eltern eine zentrale Bedeutung für die Entwicklung ihrer Kinder zukommt, hat auch Ansätze der Frühprävention beeinflusst. So wird zunehmend Wert darauf gelegt, Eltern einzubeziehen statt sich nur auf das Kind zu fokussieren (Verhoeven et al., 2019). Damit wird die Aufgabe, Kinder zu betreuen, zu erziehen und ihre Bildung voranzutreiben, zunehmend zu einer gemeinschaftlichen Aufgabe, bei der die Eltern als primäre Interaktionspartner*innen und Expert*innen ihrer Kinder eine wesentliche Ressource für professionelle Säuglings- und Kleinkindexpert*innen darstellen.

Praxisbeispiel:
Das Elternprogramm „Elternchance ist Kinderchance"

So hat im Jahr 2011 das Bundesministerium für Familie, Senioren, Frauen und Jugend das Elternprogramm „Elternchance ist Kinderchance" initiiert, das die präventive Funktion der Familienbildung bei Förderung gleicher Bildungschancen und positiv verlaufender Bildungs- und Entwicklungsprozesse von Kindern in den Fokus rückt (Beck, Schwaß & Stemmler, 2016; Müller et al., 2015). Mittels passgenauer qualifizierter Angebote der Familienbildung sollten Eltern bei der Förderung der Bildungsprozesse und der Kompetenzentwicklung ihrer Kinder unterstützt werden. Im Rahmen dieser deutschlandweiten Initiative wurden bis Ende 2014 über 5.500 Fachkräfte zu Elternbegleiter*innen qualifiziert. Diese Qualifizierung ermöglichte ihnen die Eltern gezielt bei Erziehungs- und Entwicklungsfragen der Kinder sowie bei Entscheidungen zu Bildungsverläufen und -übergängen zu begleiten und zu beraten. Primär sollte dieses Angebot Familien mit geringen sozioökonomischen Ressourcen zugutekommen. Den ersten Evaluationsbefunden zufolge kann die Elternbegleitung helfen, Ängste und Befürchtungen der begleiteten Eltern zu reduzieren. Zudem wiesen Eltern mit Begleitung ein erweitertes Bildungsverständnis sowie stärkere Berücksichtigung informeller Bildung auf. Darüber hinaus konnten durch die Begleitung positive Veränderungen des Familienlebens (etwa gemeinsame Spiele, Unternehmungen oder Gespräche) verzeichnet werden, die wiederum einen positiven Einfluss auf das elterliche erziehungsbezogene Kompetenzerleben nehmen.

3.2 Frühe Fremdbetreuung

Die nach wie vor steigende Nachfrage der Eltern nach Betreuungsplätzen lässt das Arbeitsfeld Frühe Bildung weiter expandieren (Autorengruppe Bildungsberichterstattung, 2020). Die Beschäftigungsquoten der Frauen sind in den letzten Jahrzehnten merklich gestiegen: je älter die Kinder werden, umso häufiger sind Mütter (wieder) erwerbstätig (Marold, 2009; Naegele & Hess, 2020). Vor allem höher qualifizierte Mütter streben vergleichsweise früh nach Geburt ihres Kindes wieder in den Beruf. Für alleinerziehende Mütter ist die Unterbringung kleiner Kinder während der Arbeitszeit nahezu unentbehrlich. Zudem führen der anhaltende Geburtenanstieg sowie die Zuwanderungsgewinne zu einem höheren Bedarf an Betreuungsplätzen für Kinder in der Kindertagesbetreuung. Dies sind wesentliche Gründe, um die Betreuungsmöglichkeiten auch für Kinder unter drei Jahren weiterhin auszubauen (siehe Statistisches Bundesamt, 2019, 2020b). Im Zuge der Stärkung der individuellen Betreuungsangebote und der Kindertagespflege werden wissenschaftlich begründete Standards für die Kinderbetreuung gesetzt (z.B. hinsichtlich der Fachkraft-Kind-Relationen und Gruppengrößen) (Viernickel, Fuchs-Rechlin, Strehmel, Preissing, Bensel & Haug-Schnabe, 2015) und Bildungspläne als notwendige Voraussetzung für die Absicherung der Bildungsqualität in Tageseinrichtungen entwickelt (Bayerisches Staatsministerium für Arbeit und Sozialordnung, Familie und Frauen [STMAS] & Staatsinstitut für Frühpädagogik, 2016; Cafuta, 2017; Charlotte-Bühler-Institut, 2009; Edelmann, Brandenberg & Mayr, 2013).

Die Eltern der unter 3-Jährigen nehmen die Betreuungsplätze zunehmend in Anspruch. In Deutschland wurde für diese Altersgruppe am Stichtag 30. September 2020 eine Betreuungsquote von 35 % ermittelt (2019: 34,3 %). In den östlichen Bundesländern Deutschlands waren durchschnittlich mehr als die Hälfte der unter 3-Jährigen in einer Tagesbetreuung (52,7 %), im Westen beläuft sich die Betreuungsquote auf knapp ein Drittel (31,0 %) (Statistisches Bundesamt, 2020a). Vor allem Kinder über 2 Jahre werden immer häufiger institutionell betreut (Autorengruppe Bildungsberichterstattung, 2020). In Österreich betrug im Jahr 2019/20 die Kinderbetreuungsquote inkl. der Tageselternbetreuung für unter 3-jährige Kinder 30,1 % (Statistik Austria, 2020). In der Schweiz galt für das Jahr 2018 eine Betreuungsquote von 33,8 % für unter 3-jährige Kinder (Bundesamt für Statistik [BFS], 2020).

Die Entwicklung und der Ausbau der U3-Betreuung im deutschsprachigen Raum wird evaluiert und etwa in Deutschland seit 2010 im Rahmen von Berichten zum Kinderförderungsgesetz („KiföG-Berichte“) veröffentlicht. In den Berichten stehen der quantitative Ausbau und die qualitativen Merkmale der Betreuungsangebote in Bezug auf Kinder aus der Perspektive der Eltern, der Jugendämter, der pädagogisch Tätigen in Kindertageseinrichtungen und der Tagespflegepersonen im Vordergrund (Bundesministerium für Familie, Senioren, Frauen und Jugend, 2015). Zudem berichtet alle zwei Jahre der „Länderreport Frühkindliche Bildungssysteme“ zum Stand der frühkindlichen Bildung in den 16 deutschen Bundesländern. Die 12. Ausgabe des Ländermonitorings beschreibt einen immer noch erheblichen Reformbedarf bei der Kindertagesbetreuung. Unter anderem wird auf die unterschiedlichen strukturellen Rahmenbedingungen wie die Personalausstattung und die damit verbundenen ungleichen Bildungs- und Entwicklungsbedingungen hingewiesen (Bock-Famulla, Münchow, Frings, Kempf & Schütz, 2020).

Für Kinder im Säuglings- und Kleinkindalter stehen unterschiedliche außerfamiliäre, öffentlich geförderte Kinderbetreuungsangebote zur Verfügung (siehe Tabelle 2.3; vgl. auch Tietze et al., 2013), wo inzwischen gut erprobte Eingewöhnungsmodelle eingesetzt werden (Roos & Roux, 2020). Diese Betreuungsangebote können integrativ und/oder inklusiv ausgerichtet werden und Kinder mit und ohne Behinderung gemeinsam betreuen (Böhm & Seichter, 2018).

Tabelle 2.3: Außerfamiliäre Betreuungsmöglichkeiten für Kinder unter 3 Jahren

Kinderkrippe	Einrichtung zur Betreuung von Säuglingen und Kleinkindern (6 Monate bis 3 Jahre) meist berufstätiger Eltern. Es handelt sich um Betreuung durch Pädagog*innen in kleinen Gruppen (6 bis 12 Kinder), halb- oder ganztägig gegen Entgelt.
Kindergruppe	Betreuungsinstitutionen für Kinder zwischen 1 und 3 Jahren, die in der Regel individuell z. B. durch Elterninitiativen organisiert sind.
Kindertagespflege	Form der familiennahen Betreuung von v. a. unter 3-jährigen Kindern außerhalb der Herkunftsfamilie. Die Betreuung erfolgt im familiären Umfeld der meist privaten Tagespflegepersonen (Tagesmütter).

Tabelle 2.3: Fortsetzung

Kooperationseinrichtung (auch Haus für Kinder)	Zusammenschluss von Krippe und Kindergarten in einer halb- oder ganztägigen Bildungs- und Betreuungseinrichtung, in der noch nicht schulpflichtige Kinder (sowohl im Krippen- als auch im Kindergartenalter) von qualifiziertem Kindergartenpersonal betreut werden.
Kindertagesheim	Kindergarten, in dem die Kinder ganztätig betreut werden (auch Kindertagesstätte genannt).

Der außerfamiliären Fremdbetreuung kleiner Kinder wurde lange Zeit im deutschsprachigen Raum eher skeptisch begegnet. Aufgrund der intensiven Betreuungsbedürfnisse von Säuglingen und Kleinkindern wurde vielfach die Familie - d.h. in der Praxis die Mutter - als der „investitionsbereiteste" und kompetenteste Kontext für die Betreuung und Förderung der Kinder betrachtet. Aktuelle Analysen belegen, dass die frühe Skepsis gegenüber nicht mütterlicher Kinderbetreuung im Westen Deutschlands spürbar zurückgegangen ist und im Osten ohnehin kaum besteht (Berth, 2019). Dabei dient der Ausbau der frühkindlichen Betreuungsmöglichkeiten nicht nur dem erhöhten Betreuungsbedarf der Eltern, sondern auch der gezielten Nutzung früher Bildungschancen und hierbei der kompensatorischen Förderung der Kinder. Da deutlich ist, dass nicht alle Eltern gleichermaßen in der Lage sind, ihre Kinder optimal zu fördern (Entleitner-Phleps & Walper, 2020), wird heute vor allem die Chance betont, durch die Tagesbetreuung in Institutionen mit professionell ausgebildeten Kindheitspädagog*innen mögliche Nachteile von Kindern aus sozial benachteiligten Familien auszugleichen, also durch die frühe Fremdbetreuung unterschiedliche Startchancen von Kindern wettzumachen und - bei hoher Qualität der Betreuung - Kinder gut zu fördern (Born-Rauchenecker, Vogtländer & Weber, 2020; Gloger-Tippelt, 2018). Insbesondere Kinder mit einer anderen Muttersprache als Deutsch profitieren vom Krippenbesuch, sofern die Betreuungs- und Einrichtungsqualität hoch ist. Beckh, Mayer, Berkic und Becker-Stoll (2014) konnten bei zweijährigen Kindern mit Migrationshintergrund beim Besuch einer Krippe mit hoher Einrichtungsqualität unter anderem einen größeren rezeptiven Wortschatz beobachten, während bei niedriger oder mittlerer Einrichtungsqualität keine Unterschiede erkennbar waren. Die Ergebnisse der NUBBEK-Studie belegen einen signifikanten Zusammenhang zwischen der Qualität der Erzieherin-Kind-Beziehung und den Kommunikationsfertigkeiten (inkl. rezeptivem Wortschatz in Deutsch), sozial-emotionalen Kompetenzen sowie einem geringeren Problemverhalten bei allen Kindern, unabhängig von dem Migrationshintergrund (Mayer, Beckh, Berkic & Becker-Stoll, 2015).

Bei eingeschränkter Erziehungsfähigkeit und/oder Erziehungsbereitschaft der Eltern kann das Kindeswohl in Gefahr sein. Manche Eltern legen ein Erziehungsverhalten und Verhaltensdispositionen an den Tag, die Schädigungseffekte nach sich ziehen, da die Grundbedürfnisse des Kindes verletzt oder dessen Fähigkeiten ignoriert werden (Walter, 2008; Witt, Sachser, Plener, Brähler & Fegert, 2019). Die pädagogischen Fachkräfte zählen in der Regel zu den bevorzugten Ansprechpartner*innen der Kinder und können die Kinder zudem über einen längeren Zeitraum beobachten, sodass auch negative Veränderungen eher sichtbar werden. Daher kommt den Kindertageseinrichtungen eine zentrale Lotsenfunktion zu, um den Eltern den Zugang zu geeigneten Hilfsangeboten aufzuzeigen (Maywald, 2013). Darüber hinaus haben die Kindertagesstätten einen eigenständigen Schutzauftrag, der im Jahr 2005 im Zuge der Ergänzung des § 8a im SGB VIII konkretisiert wurde. Diese Ergänzung verfolgt das Ziel, den Schutz der Kinder zu verbessern und auf der Gesetzesebene zu verankern (Espenschied, 2020).

Auf der Seite möglicher Risiken einer frühen Fremdbetreuung wird häufig die Frage diskutiert, ob eine Betreuung durch andere Personen ungünstige Auswirkungen auf die Qualität der Mutter-Kind-Bindung hat. Aktuelle Forschungsbefunde, die auch qualitative Besonderheiten der Fremdbetreuung berücksichtigen, zeigen, dass eine hohe Qualität der Betreuung eine unabdingbare Voraussetzung nicht nur für das physische und emotionale Wohlbefinden der Kinder, sondern auch für die Anregung und Aufrechterhaltung ihrer Bildungsbereitschaft und Lernfähigkeit darstellt (Ahnert, 2019). Die Bindungsbeziehung zu Eltern und Erzieher*innen steht hierbei nicht in einem Konkurrenzverhältnis, sondern reflektiert eher spezifische Interaktionserfahrungen der Kinder mit der jeweiligen Bindungsperson im jeweiligen Kontext. Wesentlich gefördert wird eine sichere Bindung im Familienkontext wie auch in kleinen Gruppen (z. B. bei der Betreuung durch eine Tagesmutter) vor allem durch die Feinfühligkeit, mit der die Betreuungsperson ihr Verhalten auf die Bedürfnisse des Kindes je nach Situation und Entwicklungsstand abstimmt (Ahnert, 2019). In größeren Gruppen kommt eher die Responsivität der Bezugspersonen im Gruppenkontext, also auch gegenüber den anderen Kindern, und ihr Gruppenmanagement zum Tragen (Ahnert, 2021). Die Zusammenhänge zwischen der Bindungsqualität in Beziehung zu den Eltern und der Betreuungsperson erweisen sich hierbei zwar als statistisch bedeutsam, sind jedoch nicht stark, sodass auch Kinder, die keine sichere Beziehung zu den Eltern aufweisen, durchaus eine sichere Beziehung zu ihrer Betreuungsperson in der Krippe bzw. Kindertagesbetreuung entwickeln können.

Für die Bindungsqualität der Kinder in Beziehung zu den Eltern erweist sich die Feinfühligkeit der Eltern als der stärkste Prädiktor, und zwar unabhängig davon, ob die Eltern familienergänzende Betreuungsangebote in Anspruch nehmen oder nicht (Zemp, Bodenmann & Zimmermann, 2019). So bleibt die Entwicklung der Mutter-Kind-Bindung an die Interaktionserfahrungen mit der Mutter gebunden, und ein direkter Einfluss von sozialen Erfahrungen, die das Kind in einer Tagesbetreuung macht, ist weitgehend nicht nachzuweisen. Auch gibt es keine Belege dafür, dass die Betreuung von Kleinkindern durch andere Personen als die Eltern zur problematischen Mutter-Kind-Beziehung führen würde (Ahnert & Lamb, 2011).

Das Zusammenspiel von familiärer und außerfamiliärer (institutioneller) Bildung und Erziehung hat auch weitere Vorteile. Außerfamiliäre Kinderbetreuung hat nicht nur eine kompensatorische Funktion für risikobehaftete Familien – Familien, die z. B. ökonomisch benachteiligt, stark arbeitsbelastet sind oder ein Kind in der Familie haben, das pflegeintensiv ist. Die vielfältigen sozialen Kontakte in Tagesbetreuung bergen auch Chancen z. B. für schüchterne Kinder, die schwerer zugänglich und weniger anpassungsfähig sind (Ahnert & Lamb, 2011, siehe auch Schmerse & Tietze, 2015).

4 Zukunft des Themas

Die Säuglings- und Kleinkindforschung sind stark wachsende Forschungsbereiche, in denen sich auch zukünftig zahlreiche Forschungsaktivitäten entfalten werden. Hierbei dürften folgende generelle Fragen von besonderem Interesse sein:

1. Wie greifen biologisch-physiologische Entwicklungsprozesse und Erfahrungslernen der Kinder ineinander? Inwieweit sind einzelne z. B. neurologische Veränderungen Schrittmacher für neue Lernerfahrungen und vice versa?
2. In welchen (sensiblen) Phasen bestehen besonders günstige Lernbedingungen dafür, die Entwicklung einzelner Kompetenzen voranzutreiben, und wann wären solche Interventionen kontraproduktiv, z. B. weil es eher einer Konsolidierung verfügbarer Kompetenzen bedarf? Welche Qualität und welchen Umfang sollten Anregungen haben und in welchem Alter der Kleinkinder sind sie am wirksamsten? Wie ausgeprägt sind in dieser Hinsicht individuelle Unterschiede, die auch bei einer gezielten Förderung zu berücksichtigen wären?
3. Welche spezifischen Anregungen und Lernbedingungen helfen beim Erwerb einzelner neuer Kompetenzen und welche stören? Sind hierbei wesentliche interindividuelle Unterschiede zu berücksichtigen (z. B. kulturelle Faktoren, Kind-Merkmale)? Wie lassen sich diese Erkenntnisse für die Praxis (Elternbildung und Professionalisierung frühpädagogischer Fachkräfte) nutzbar machen?
4. Wie wichtig sind frühe Erfahrungen und Entwicklungen für den späteren Entwicklungsverlauf? In welchem Maße und unter welchen Bedingungen lassen sich z. B. frühe Unterschiede in den individuellen kindlichen Kompetenzen später noch ausgleichen?

Bislang hat der Schwerpunkt der Säuglingsforschung in der Grundlagenforschung gelegen. Im Kleinkindalter sind mehr anwendungsbezogene Arbeiten entstanden, etwa im Hinblick auf die Möglichkeiten der Sprachförderung von Kindern oder zur Unterstützung motorischer Fertigkeiten, die auch für spätere kognitiv-schulische Anforderungen relevant sind. Allerdings überwiegt auch in diesem Alter noch die entwicklungspsychologische Grundlagenforschung. Dennoch sind die bildungspsychologischen Implikationen vieler einschlägiger Arbeiten nicht zu übersehen.

Sie sind vor allem dort erkennbar, wo Anregungsbedingungen und soziale Einflussfaktoren untersucht und hinsichtlich ihrer Wirkung auch über längere Zeit hinweg verfolgt wurden.

Mehr Aufmerksamkeit verdient auch die außerfamiliäre Kinderbetreuung. Sie ist nicht nur ein wichtiger Sozialisationskontext für Kinder, sondern hat auch Auswirkungen auf Familien, Volkswirtschaft und die Demografie der Gesellschaft (Schmerse & Tietze, 2015). Sie birgt viele positive Chancen, etwa als Voraussetzung für eine Erwerbstätigkeit der Mütter und damit bei der Vorbeugung familiärer Konflikte, aber auch im Hinblick auf die Erweiterung der sozialen Netzwerke von Kindern wie auch Eltern (Roßbach, 2005). Ein besseres institutionelles Platzangebot scheint auch junge Paare eher zu ermutigen, sich für ein erstes Kind zu entscheiden (wenngleich in dieser Hinsicht auch die Bedeutung der Großeltern als Ressource nicht zu unterschätzen ist; Hank, Kreyenfeld & Spieß, 2004). Allerdings wird es nicht minder darauf ankommen, den quantitativen Ausbau auch im Hinblick auf die Gewährleistung qualitativer Standards zu überwachen. Hierbei werden Säuglings- und Kleinkindforschung wesentlich gefragt sein.

Zusammenfassung

In der Entwicklungsphase des Säuglings- und Kleinkindalters wird die Basis für Lern- und Bildungsprozesse gelegt, wobei bereits vor der Geburt Lernprozesse z.B. anhand externer Reize oder mütterlicher Stimme stattfinden. Die sozialen, kommunikativen und kognitiven Fähigkeiten der Kleinkinder sind beachtlich: die Kinder sind weit vor Beginn der Sprachbeherrschung fähig, Kontingenzen zu lernen, Kausalrelationen zu erfassen, Kategorien und Konzepte zu formen. Der Anregungsgehalt familiärer Alltagspraktiken, die sich auf die sprachliche und kognitive Entwicklung auswirken („Home Literacy Environment") sowie der Erwerb von mathematischen Kompetenzen durch pränumerische Vorerfahrungen und die familiäre Lernumwelt („Home Numeracy Environment") wurden als Prädiktoren späterer Schulleistungen identifiziert. Zudem tragen die Eltern durch die Unterstützung kindlicher Regulation und die Gewährung emotionaler Sicherheit zum späteren Bildungserfolg ihrer Kinder bei. Insgesamt fördern individuelle, familiäre und kontextuelle Ressourcen die Resilienz von Kindern, die eine positive Entwicklung auch unter widrigen Umständen ermöglicht. Gerade im Säuglings- und Kleinkindalter kann außerfamiliäre Bildung, Betreuung und Erziehung eine wichtige Ergänzung zur familiären Betreuung darstellen und bei hoher Qualität viele Vorteile für die Kinder bringen.

Reflexionsfragen

1. Wodurch zeichnet sich die frühe Eltern-Kind-Interaktion aus? Wie entstehen tragfähige Bindungsbeziehungen und Bindungssicherheit als förderliche Basis von kognitiven Bildungsprozessen?
2. Welche schützenden Faktoren tragen zur Entstehung von Resilienz bei?
3. Welche Bedeutung haben soziale Herkunft und die vorhandenen sozioökonomischen Ressourcen für die Bildung und Entwicklung der Kinder?
4. Welche Implikationen ergeben sich aus den Erkenntnissen über Entwicklungsprozesse in den ersten Lebensjahren für die Elternbildung?
5. Welche Rolle spielt frühe Fremdbetreuung bei der Bildung und Entwicklung von Kleinkindern?

Weiterführende Literatur

Bornstein, M.H. (Ed.). (2019). *Handbook of parenting* (Vol. 1–5). London: Routledge.

Pianta, R.C. (Ed.). (2015). *Handbook of early childhood education*. New York: Guilford.

Sanders, M.R. & Morawska, A. (Ed.). (2018). *Handbook of parenting and child development across the lifespan*. Cham: Springer. https://doi.org/10.1007/978-3-319-94598-9

Literatur

Abbott, A., Bartlett, D.J., Fanning, J.K. & Kramer, J. (2000). Infant motor development and aspects of the home environment. *Pediatric Physical Therapy, 12,* 62–67.

Adamson, L.B. (2018). *Communication development during infancy*. London: Routledge. https://doi.org/10.4324/9780429501517

Ahnert, L. (Hrsg.). (2019). *Frühe Bindung: Entstehung und Entwicklung* (4. Aufl.). München: Ernst Reinhardt.

Ahnert, L. (2021). Attachment to child care providers. In R.A. Thompson, J.A. Simpson & L.J. Berlin (Eds.), *Attachment: The fundamental questions* (pp. 31–38). New York: Guilford.

Ahnert, L. & Lamb, M.E. (2011). Öffentliche Tagesbetreuung auf dem Prüfstand entwickungspsychologischer Forschung. In H. Keller (Hrsg.), *Handbuch der Kleinkindforschung* (4. Aufl., S. 330–364). Bern: Huber.

Aitken, J., Ruffman, T. & Taumoepeau, M. (2020). Toddlers' self-recognition and progression from goal- to emotion-based helping: A longitudinal study. *Child Development*, 91, 1219–1236. https://doi.org/10.1111/cdev.13304

Attig, M. & Weinert, S. (2018). Soziale Disparitäten im Kontext von Mutter-Kind-Interaktionen und frühen Entwicklungsmaßen von Kindern. *Frühe Bildung, 7*(1), 22–31. https://doi.org/10.1026/2191-9186/a000356

Autorengruppe Bildungsberichterstattung (Hrsg.). (2020). *Bildung in Deutschland 2020: Ein indikatorengestützter Bericht mit einer Analyse zu Bildung in einer digitalisierten Welt*. Bielefeld: wbv.

Baker, S. (2018). The Effects of Parenting on Emotion and Self-Regulation. In M.R. Sanders & A. Morawska (Eds.), *Handbook of Parenting and Child Development Across the Lifespan* (pp. 217–240). Berlin: Springer Nature.

Baumrind, D. (1988). Rearing competent children. In W. Damon (Ed.), *Child development today and tomorrow* (pp. 349–378). San Francisco, CA: Jossey-Bass.

Baumrind, D. (2013). Authoritative parenting revisited: History and current status. In R.E. Larzelere, A.S. Morris & A.W. Harrist (Eds.), *Authoritative parenting: Synthesizing nurturance and discipline for optimal child development* (pp. 11–34). Washington, D.C.: American Psychological Association. https://doi.org/10.1037/13948-002

Bayerisches Staatsministerium für Arbeit und Sozialordnung, Familie und Frauen (STMAS) & Staatsinstitut für Frühpädagogik. (2016). *Der Bayerische Bildungs- und Erziehungsplan für Kinder in Tageseinrichtungen bis zur Einschulung* (7. Aufl.). Berlin: Cornelsen Scriptor.

Beck, M., Schwaß, M. & Stemmler, M. (2016). *Nachbericht zur Evaluation des Bundesprogramms „Elternchance ist Kinderchance – Elternbegleitung der Bildungsverläufe der Kinder"*. Erlangen: FAU University Press.

Becker-Stoll, F., Beckh, K. & Berkic, J. (2018). *Bindung: eine sichere Basis fürs Leben*. München: Kösel.

Becker-Stoll, F., Niesel, R. & Wertfein, M. (2014). *Handbuch Kinderkrippe: So gelingt Qualität in der Tagesbetreuung*. Freiburg im Breisgau: Herder.

Beckh, K., Mayer, D., Berkic, J. & Becker-Stoll, F. (2014). Der Einfluss der Einrichtungsqualität auf die sprachliche und sozial-emotionale Entwicklung von Kindern mit und ohne Migrationshintergrund. *Frühe Bildung, 3,* 73–81. https://doi.org/10.1026/2191-9186/a000150

Berk, L.E. (2011). *Entwicklungspsychologie* (5. Aufl.). München: Pearson.

Berth, F. (2019). Vom Argwohn zur Akzeptanz: Der Wandel der Einstellungen zu nicht-mütterlicher Kinderbetreuung in Deutschland. *Diskurs Kindheits- und Jugendforschung, 14*(4), 446–459.

Bischof-Köhler, D. (1998). Zusammenhänge zwischen kognitiver, motivationaler und emotionaler Entwicklung in der frühen Kindheit und im Vorschulalter. In H. Keller (Hrsg.), *Lehrbuch der Entwicklungspsychologie* (S. 319–376). Bern: Huber.

Blevins-Knabe, B. & Austin, A.M.B. (Eds.). (2016). *Early Childhood Mathematics Skill Development in the Home Environment*. Berlin: Springer Nature. https://doi.org/10.1007/978-3-319-43974-7

Bock-Famulla, K., Münchow, A., Frings, J., Kempf, F. & Schütz, J. (2020). *Länderreport Frühkindliche Bildungssysteme 2019*. Gütersloh: Bertelsmann.

Bohlin, G., Hagekull, B. & Rydell, A. (2000). Attachment and social functioning: a longitudinal study from infancy to middle childhood. *Social Development, 9,* 24–40. https://doi.org/10.1111/1467-9507.00109

Böhm, W. & Seichter, S. (2018). *Wörterbuch der Pädagogik* (17. Aufl.). Paderborn: Schöningh.

Boldt, L.J., Goffin, K.C. & Kochanska, G. (2020). The Significance of Early Parent-Child Attachment for Emerging Regulation: A Longitudinal Investigation of Processes and Mechanisms From Toddler Age to Preadolescence. *Developmental Psychology, 56*(3), 341–443. https://doi.org/10.1037/dev0000862

Born-Rauchenecker, E., Vogtländer, A. & Weber, K. (Hrsg.). (2020). *Frühe alltagsintegrierte mathematische Bildung: Handreichung für Lehrende*. Seelze: Kallmeyer.

Bornstein, M.H. (Ed.). (2019). *Handbook of parenting*. London: Routledge.

Bowlby, J. (1969). *Attachment and Loss, Volume 1: Attachment*. London: Tavistock Publications.

Bowlby, J. (1984). *Bindung*. Frankfurt a. M.: Fischer.

Brazelton, B.T. (2011). *Neonatal Behavioral Assessment Scale* (4th ed.). London: Mac Keith Press.

Bundesamt für Statistik (BFS). (2020). *Erhebung zu Familien und Generationen (EFG).* Verfügbar unter https://www.bfs.admin.ch/bfs/de/home/statistiken/bevoelkerung/familien/familienergaenzende-kinderbetreuung.assetdetail.12927321.html

Bundesministerium für Familie, Senioren, Frauen und Jugend (2015). *Fünfter Bericht zur Evaluation des Kinderförderungsgesetzes.* Verfügbar unter https://www.fruehe-chancen.de/fileadmin/user_upload/kifoeg-2015-langfassung.pdf

Cafuta, S. (2017). *Die Implementierung des Bundesländerübergreifenden BildungsRahmenPlans für elementare Bildungseinrichtungen in österreichischen Kindergärten.* Münster: Waxmann.

Charlotte-Bühler-Institut (2009). *Bildungsplan-Anteil zur sprachlichen Förderung in elementaren Bildungseinrichtungen.* Wien: Bundesministerium für Unterricht, Kunst und Kultur (BMUKK).

Cheung, S.K., Dulay, K.M. & McBride, C. (2020). Parents' characteristics, the home environment, and children's numeracy skills: How are they related in low- to middle-income families in the Philippines? *Journal of Experimental Child Psychology, 192,* 104780. https://doi.org/10.1016/j.jecp.2019.104780

De Jong, P. & Leseman, P. (2001). Lasting effects of home literacy on reading achievement in school. *Journal of School Psychology, 39,* 389–414. https://doi.org/10.1016/S0022-4405(01)00080-2

De Wolff, M.S. & van Ijzendoorn, M.H. (1997). Sensitivity and attachment: A meta-analysis on parental antecedents of infant attachment. *Child Development, 68*(4), 571–591. https://doi.org/10.1111/j.1467-8624.1997.tb04218.x

Diamond, A. (1991). Neuropsychological insights into the meaning of object concept development. In S. Carey & R. Gelman (Eds.), *The epigenesis of mind. Essays on biology and cognition* (pp. 67–110). Hillsdale, NJ: Erlbaum.

Diamond, A. (2000). Close interrelation of motor development and cognitive development and of the cerebellum and prefrontal cortex. *Child Development, 71*(1), 44–56. https://doi.org/10.1111/1467-8624.00117

Drake, K., Belsky, J. & Pasco Fearon, R.M. (2014). From Early Attachment to Engagement with Learning in School: The Role of Self-Regulation and Persistence. *Developmental Psychology, 50*(5), 1350–1361. https://doi.org/10.1037/a0032779

Duncan, G.J. & Brooks-Gunn, J. (1997). Income effects across the life span: Integration and interpretation. In G.J. Duncan & J. Brooks-Gunn (Eds.), *The consequences of growing up poor* (pp. 596–610). New York: Russell Sage Foundation.

Duncan, G.J., Brooks-Gunn, J. & Klebanov, P.K. (1994). Economic deprivation and early childhood development. *Child Development, 65*(2), 296–318. https://doi.org/10.2307/1131385

Edelmann, D., Brandenberg, K. & Mayr, K. (2013). Frühkindliche Bildungsforschung in der Schweiz. In M. Stamm & D. Edelmann (Hrsg.), *Handbuch frühkindliche Bildungsforschung* (S. 165–181). Wiesbaden: Springer VS.

Eickhorst, A., Schreier, A., Brand, C., Lang, K., Liel, C., Renner, I. et al. (2016). Inanspruchnahme von Angeboten der Frühen Hilfen und darüber hinaus durch psychosozial belastete Eltern. *Bundesgesundheitsblatt, 59,* 1271–1280. https://doi.org/10.1007/s00103-016-2422-8

Elsner, B. & Pauen, S. (2018). Vorgeburtliche Entwicklung und früheste Kindheit (0–2 Jahre). In W. Schneider & U. Lindenberger (Hrsg.), *Entwicklungspsychologie* (8. Aufl., S. 163–189). Weinheim: Beltz.

Ennemoser, M., Marx, P., Weber, J. & Schneider, W. (2012). Spezifische Vorläuferfertigkeiten der Lesegeschwindigkeit, des Leseverständnisses und des Rechtschreibens: Evidenz aus zwei Längsschnittstudien vom Kindergarten bis zur 4. Klasse. *Zeitschrift für Entwicklungspsychologie und Pädagogische Psychologie, 44,* 53–67. https://doi.org/10.1026/0049-8637/a000057

Entleitner-Phleps, C. & Walper, S. (2020). Kindliches Wohlbefinden in unterschiedlichen Familienformen: Ein Fokus auf komplexe Stieffamilien. *Zeitschrift für Erziehungswissenschaft, 23,* 323–341. https://doi.org/10.1007/s11618-020-00936-y

Espenschied, M. (2020). *SGB VIII § 8a – Kindeswohlgefährdung. Handlungsstrategien und Professionalisierung der pädagogischen Fachkräfte.* Regensburg: Walhalla Fachverlag.

Fahrenholz, C. (2020). *Die Innerfamiliale Komponente: Bildungserfolge und -misserfolge von Kindern aus niedrigen Sozialschichten und/oder mit einem Migrationshintergrund.* Münster: LIT.

Gloger-Tippelt, G. (2018). Kindheit und Bildung. In R. Tippelt & B. Schmidt-Hertha (Hrsg.), *Handbuch Bildungsforschung* (4. Aufl., S. 781–799). Wiesbaden: Springer VS.

Goswami, U. (2001). *So denken Kinder. Einführung in die Psychologie der kognitiven Entwicklung.* Bern: Huber.

Grossmann, K. & Grossmann, K. E. (2004). *Bindungen: Das Gefüge psychischer Sicherheit.* Stuttgart: Klett-Cotta.

Hank, K., Kreyenfeld, M. & Spieß, K. (2004). Child Care and Fertility in Germany. *Zeitschrift für Soziologie, 33*(3), 228–244. https://doi.org/10.1515/zfsoz-2004-0303

Hoff-Ginsberg, E. (2000). Soziale Umwelt und Sprachlernen. In H. Grimm (Hrsg.), *Sprachentwicklung* (S. 463–494). Göttingen: Hogrefe.

Johnson, M. H. & de Haan, M. (2015). *Developmental cognitive neuroscience: an introduction.* Chichester: Wiley-Blackwell.

Kaiser, S. (2019). *Resilienzförderung bei Kindern unter drei Jahren. Ein Weiterbildungsprogramm für pädagogische Fachkräfte.* Wiesbaden: Springer.

Kaiser, S. & Fröhlich-Gildhoff, K. (2018). Alltagsintegrierte Resilienzförderung von Kindern in den ersten drei Lebensjahren. Eine explorative Studie. *Frühe Bildung, 7*(1), 12–21. https://doi.org/10.1026/2191-9186/a000355

Kavsek, M. (1996). *Visuelle Wahrnehmung in der frühesten Kindheit: Reflexion zum Stand der Forschung* (Berichte aus dem Psychologischen Institut der Universität Bonn, Band 22, Heft 3). Bonn: Rheinische Friedrich-Wilhelms-Universität.

Kochanska, G. & Murray, K. T. (2000). Mother-child mutually responsive orientation and conscience development: From toddler to early school age. *Child Development, 71*(2), 417–431. https://doi.org/10.1111/1467-8624.00154

Köller, O., Hasselhorn, M., Hesse, F. W., Maaz, K., Schrader, J., Solga, H. et al. (2019). *Das Bildungswesen in Deutschland: Bestand und Potenziale.* Bad Heilbrunn: Klinkhardt.

Köster, M., Cavalcante, L., Cruz de Carvalho, V., Resende, B. D. & Kärtner, J. (2016). Cultural influences on toddlers' prosocial behavior: How maternal task assignment relates to helping others. *Child Development, 87*(6), 1727–1738. https://doi.org/10.1111/cdev.12636

Largo, R. H. (2019). *Babyjahre: Entwicklung und Erziehung in den ersten vier Jahren.* München: Piper.

Larzelere, R. E., Morris, A. S. E. & Harrist, A. W. (2013). *Authoritative parenting: Synthesizing nurturance and discipline for optimal child development.* Washington, D. C.: American Psychological Association.

Laucht, M., Schmidt, M. H. & Esser, G. (2000). Risiko- und Schutzfaktoren in der Entwicklung von Kindern und Jugendlichen. *Frühförderung Interdisziplinär, 19*(3), 97–108.

Leclère, C., Viaux, S., Avril, M., Achard, C., Chetouani, M., Missonnier, S. & Cohen, D. (2014). Why synchrony matters during mother-child interactions: A systematic review. *PLOS One, 9*(12), e113571. https://doi.org/10.1371/journal.pone.0113571

Lengning, A. & Lüpschen, N. (2019). *Bindung* (2. Aufl.). München: Ernst Reinhardt.

Leseman, P. P. M., Scheele, A. F., Mayo, A. Y. & Messer, M. H. (2007). Home literacy as a special language environment to prepare children for school. *Zeitschrift für Erziehungswissenschaft, 10*(3), 334–355. https://doi.org/10.1007/s11618-007-0040-9

Levine, L. E. & Munsch, J. (2020). *Child Development From Infancy To Adolescence. An Active Learning Approach*. London: Sage Publications.

Madden, D. (2014). The relationship between low birth weight and socioeconomic status in Ireland. *Journal of Biosocial Science, 46*(2), 248–265. https://doi.org/10.1017/S0021932013000187

Mahler, M. S., Pine, F. & Bergman, A. (1980). *Die psychische Geburt des Menschen*. Frankfurt a. M.: Fischer.

Manstetten, A., Sann, A. & Thurm, K. (2004). *Opstapje: Schritt für Schritt. Vorstellung des Modellprogramms und der wissenschaftlichen Begleitung*. München: Deutsches Jugendinstitut.

Marold, J. (2009). Mütter im Spannungsfeld zwischen Kind und Beruf: Der Weg vom Ernährer- zum Zweiverdienermodell im Spiegel familienpolitischer und geschlechterkultureller Entwicklung in Deutschland, Dänemark und den Niederlanden. *Zeitschrift für Familienforschung, 21*(1), 54–85. https://doi.org/10.20377/jfr-230

Mayer, D., Beckh, K., Berkic, J. & Becker-Stoll, F. (2015). Erzieherin-Kind-Beziehungen und kindliche Entwicklung: Der Einfluss von Geschlecht und Migrationshintergrund. In B. Otyakmaz, B. Özlem & Y. Karakaşoğlu (Hrsg.), *Frühe Kindheit in der Migrationsgesellschaft. Erziehung, Bildung und Entwicklung in Familie und Kindertagebetreuung* (S. 145–158). Wiesbaden: Springer VS. https://doi.org/10.1007/978-3-658-07382-4_9

Maywald, J. (2013). *Kinderschutz in der Kita. Ein praktischer Leitfaden für Erzieherinnen und Erzieher*. Freiburg im Breisgau: Herder.

Meins, E., Ferryhough, C., Wainwright, R., Gupta, M. D., Fradley, E. & Tuckey, M. (2002). Maternal mind-mindedness and attachment security as predictors of theory of mind understanding. *Child Development, 73*(6), 1715–1726. https://doi.org/10.1111/1467-8624.00501

Müller, D., Beck, M., Gerleigner, S., Guglhör-Rudan, A., Hein, K., Schwaß, M. et al. (2015). *Evaluation des Bundesprogramms „Elternchance ist Kinderchance – Elternbegleitung der Bildungsverläufe der Kinder“: Abschlussbericht*. München: DJI.

Naegele, G. & Hess, M. (Hrsg.). (2020). *Alte und neue soziale Ungleichheiten bei Berufsaufgabe und Rentenübergang: Ergebnisse des EXTEND-Projektes*. Wiesbaden: Springer VS. https://doi.org/10.1007/978-3-658-31663-1

Niklas, F., Cohrssen, C. & Tayler, C. (2016). Parents supporting learning: A non-intensive intervention supporting literacy and numeracy in the home learning environment. *International Journal of Early Years Education, 24*(2), 121–142. https://doi.org/10.1080/09669760.2016.1155147

Opp, G. & Fingerle, M. (2000). Risiko und Resilienz in der frühen Kindheit am Beispiel von Kindern aus sozioökonomisch benachteiligten Familien: Amerikanische Erfahrungen mit Head Start. In H. Weiß (Hrsg.), *Frühförderung mit Kindern und Familien in Armutslagen* (S. 164–174). München: Ernst Reinhardt.

Otto, H. (2011). Bindung – Theorie, Forschung und Reform. In H. Keller (Hrsg.), *Handbuch der Kleinkindforschung* (4. Aufl., S. 390–429). Bern: Huber.

Paasch, D. (2014). *Familiäre Lebensbedingungen und Schulerfolg. Lässt sich bei sozial benachteiligten Schülerinnen und Schülern ein Einfluss von protektiven Faktoren auf die Schulleistungen und die Schulkarriere feststellen?* Münster: Waxmann.

Papousek, M. (2001). Intuitive elterliche Kompetenzen: Eine Ressource in der präventiven Eltern-Säuglings-Beratung und -Psychotherapie. *Frühe Kindheit, 4*, 4–10.

Pauen, S. (2020). *Was Babys denken: eine Geschichte des ersten Lebensjahres*. München: C. H. Beck.

Poets, C. F., Wallwiener, D. & Vetter, K. (2012). Zwei bis sechs Wochen zu früh geboren – Risiken für das weitere Leben. *Deutsches Ärzteblatt, 109*(43), 721–726.

Rauh, H. (2002). Vorgeburtliche Zeit und frühkindliche Entwicklung. In R. Oerter & L. Montada (Hrsg.), *Entwicklungspsychologie* (5. Aufl., S. 131–208). Weinheim: Beltz.

Richter, R. (2020). *Das Papa-Handbuch: Alles, was Sie wissen müssen zu Schwangerschaft, Geburt und dem ersten Jahr mit Baby*. München: GU.

Roos, J. & Roux, S. (Hrsg.). (2020). *Das große Handbuch Frühe Bildung in der Kita: Wissenschaftliche Erkenntnisse für die Praxis*. Hürth: Carl Link.

Roskos, K. & Neumann, S.B. (1993). Descriptive observation of adults' faciliation of literacy in young children's play. *Early Childhood Research Quarterly, 8*(1), 77–97. https://doi.org/10.1016/S0885-2006(05)80099-7

Roßbach, H.-G. (2005). Effekte qualitativ guter Betreuung, Bildung und Erziehung im frühen Kindesalter auf Kinder und ihren Familien. In Sachverständigenkommission Zwölfter Kinder- und Jugendbericht (Hrsg.), *Materialien zum Zwölften Kinder- und Jugendbericht* (S. 55–174). München: DJI.

Rovee-Collier, C. (1997). The development of infant memory. In N. Cowan (Ed.), *The development of memory in childhood* (pp. 5–40). Hove: Psychology Press.

Ryan, R.M. & Deci, E.L. (2017). *Self-determination theory: Basic psychological needs in motivation, development, and wellness*. New York: Guilford.

Sanders, M.R. & Morawska, A. (Ed.). (2018). *Handbook of parenting and child development across the lifespan*. Cham: Springer. https://doi.org/10.1007/978-3-319-94598-9

Sann, A. (2013). Praxisportrait: Spielend lernen mit Opstapje. In W. Stange, R. Krüger, A. Henschel & C. Schmitt (Hrsg.), *Erziehungs- und Bildungspartnerschaften: Praxisbuch zur Elternarbeit* (S. 115–122). Wiesbaden: Springer VS.

Sayedi, F., Yazdanbakhsh, K. & Karami, J. (2017). The relationship between attachment styles, self-regulation, and academic achievement in students. *International Journal of Educational and Psychological Researches, 3*(4), 250–254. https://doi.org/10.4103/jepr.jepr_63_16

Schmerse, D. & Tietze, W. (2015). Sozialisation in Krippe und Kindergarten. In K. Hurrelmann, U. Bauer, M. Grundmann & S. Walper (Hrsg.), *Handbuch Sozialisationsforschung* (8. Aufl., S. 414–436). Weinheim: Beltz Juventa.

Schneewind, K.A. (2019). *Familienpsychologie und systemische Familientherapie*. Göttingen: Hogrefe. https://doi.org/10.1026/02950-000

Schoon, I., Jones, E., Cheng, H. & Maughan, B. (2011). Family hardship, family instability, and cognitive development. *Journal of Epidemiology and Community Health, 66*(8), 716–722. https://doi.org/10.1136/jech.2010.121228

Seccombe, K. (2000). Families in Poverty in the 1990s: Trends, Causes, Consequences, and Lessons Learned. *Journal of Marriage and the Family, 62*(4), 1094–1113. https://doi.org/10.1111/j.1741-3737.2000.01094.x

Siegler, R., Saffran, J.R., Gershoff, E.T. & Eisenberg, N. (2021). *Entwicklungspsychologie im Kindes- und Jugendalter* (5. Aufl.). Berlin: Springer. https://doi.org/10.1007/978-3-662-62772-3

Sodian, B. (2011). Theory of mind in infancy. *Child Development Perspectives, 5*(1), 39–43. https://doi.org/10.1111/j.1750-8606.2010.00152.x

Spieß, C.K., Schneider, K., Schwerdt, G. & Lüdemann, E. (2016). Welche Erkenntnisse liefert die Bildungsökonomie? Ausgewählte Befunde aus drei Bildungsbereichen. In Bundesministerium für Bildung und Forschung (BMBF) (Hrsg.), *Bildungsforschung 2020: Zwischen wissenschaftlicher Exzellenz und gesellschaftlicher Verantwortung* (S. 223–256). Berlin: BMBF.

Staples, A.D. & Bates, J.E. (2018). Parenting of Infants and Toddlers. In M.R. Sanders & A. Morawska (Eds.), *Handbook of Parenting and Child Development Across the Lifespan* (pp. 585–608). Cham: Springer.

Statistik Austria. (2020). *Kindertagesheimstatistik 2019/20*. Wien: Bundesanstalt Statistik Österreich.

Statistisches Bundesamt. (2019). *Pressemitteilung Nr. 379 vom 26. September 2019*. Wiesbaden: Statistisches Bundesamt. Verfügbar unter https://www.destatis.de/DE/Presse/Pressemitteilungen/2019/09/PD19_379_225.html

Statistisches Bundesamt. (2020a). *Pressemitteilung Nr. 380 vom 30. September 2020*. Wiesbaden: Statistisches Bundesamt. Verfügbar unter https://www.destatis.de/DE/Presse/Pressemitteilungen/2020/09/PD20_380_225.html

Statistisches Bundesamt. (2020b). *Statistiken der Kinder- und Jugendhilfe: Kinder und tätige Personen in Tageseinrichtungen und in öffentlich geförderter Kindertagespflege am 01.03.2019*. Wiesbaden: Statistisches Bundesamt.

Tavakolizadeh, J., Tabari, J. & Akbari, A. (2015). Academic self-efficacy: Predictive role of attachment styles and meta-cognitive skills. *Procedia - Social and Behavioral Sciences, 171*, 113–120. https://doi.org/10.1016/j.sbspro.2015.01.096

Tietze, W., Becker-Stoll, F., Bensel, J., Eckhardt, A. G., Haug-Schnabel, G., Kalicki, B. et al. (Hrsg.). (2013). *NUBBEK - Nationale Untersuchung zur Bildung, Betreuung und Erziehung in der frühen Kindheit*. Weimar: das netz.

Tippelt, R. (2013). Bildung und Bindung - eine ambivalente, unsicher-vermeidende oder sichere Beziehung? *Zeitschrift für Pädagogik, 59*(6), 858–867.

van den Boom, D. C. (1994). The influence of temperament and mothering on attachment and exploration: An experimental manipulation of sensitive responsiveness among lower-class mothers with irritable infants. *Child Development, 65*(5), 1457–1477. https://doi.org/10.2307/1131511

van den Boom, D. C. (1995). Do first-year intervention effects endure? Follow-up during toddlerhood of a sample of Dutch irritable infants. *Child Development, 66*(6), 1798–1816. https://doi.org/10.2307/1131911

Verhoeven, M., van Baar, A. L. & Dekovic, M. (2019). Parenting Toddlers. In M. H. Bornstein (Ed.), *Handbook of parenting* (Vol. 1, pp. 56–80). London: Routledge.

Viernickel, S., Fuchs-Rechlin, K., Strehmel, P., Preissing, C., Bensel, J. & Haug-Schnabe, G. (2015). *Qualität für alle: Wissenschaftlich begründete Standards für die Kindertagesbetreuung*. Freiburg im Breisgau: Herder.

Walper, S. (2008). Sozialisation in Armut. In K. Hurrelmann, M. Grundmann & S. Walper (Hrsg.), *Handbuch der Sozialisationsforschung* (S. 204–214). Weinheim: Beltz.

Walper, S., Langmeyer, A. & Wendt, E.-V. (2015). Sozialisation in der Familie. In K. Hurrelmann, U. Bauer, M. Grundmann & S. Walper (Hrsg.), *Handbuch Sozialisationsforschung* (8. Aufl., S. 364–392). Weinheim: Beltz Juventa.

Walter, E. (2008). Erziehungsfähigkeit. In R. Volbert & M. Steller (Hrsg.), *Handbuch der Rechtspsychologie* (S. 595–600). Göttingen: Hogrefe.

Waters, E. & Sroufe, L. A. (1983). Social competence as a developmental construct. *Developmental Review, 3*(1), S. 79–97. https://doi.org/10.1016/0273-2297(83)90010-2

Wehner, U. (2019). Bildung von Geburt an denken. Von prinzipieller Reflexionszentrierung zu kritisch-responsiver Reflexionsorientierung. In G. E. Schäfer, R. Dreyer, M. Kleinow & J. M. Erber-Schropp (Hrsg.), *Bildung in der frühen Kindheit. Bildungsphilosophische, kognitionswissenschaftliche, sozial- und kulturwissenschaftliche Zugänge* (S. 45–61). Wiesbaden: Springer VS.

Weinert, S. (2020). Sprachentwicklung im Kontext anderer Entwicklungsbereiche. In S. Sachse, A.-K. Bockmann & A. Buschmann (Hrsg.), *Sprachentwicklung. Entwicklung - Diagnostik - Förderung im Kleinkind- und Vorschulalter* (S. 131–162). Berlin: Springer.

Weinert, S. & Ebert, S. (2013). Spracherwerb im Vorschulalter: Soziale Disparitäten und Einflussvariablen auf den Grammatikerwerb. *Zeitschrift für Erziehungswissenschaft, 16*, 303–332. https://doi.org/10.1007/s11618-013-0354-8

Weinert, S. & Grimm, H. (2018). Sprachentwicklung In W. Schneider & U. Lindenberg (Hrsg.), *Entwicklungspsychologie* (8. Aufl., S. 445–469). Weinheim: Beltz.

Wirth, A., Ehmig, S. C., Drescher, N., Guffler, S. & Niklas, F. (2019). Facets of the Early Home Literacy Environment and Children's Linguistic and Socioemotional Competencies. *Early*

Education and Development, 31(6), 892–909. https://doi.org/10.1080/10409289.2019.1706826

Witt, A., Sachser, C., Plener, P.L., Brähler, E. & Fegert, J.M. (2019). Prävalenz und Folgen belastender Kindheitserlebnisse in der deutschen Bevölkerung. *Deutsches Ärzteblatt International, 116*, 635–642.

Wustmann, C. (2016). *Resilienz. Widerstandsfähigkeit von Kindern in Tageseinrichtungen fördern* (6. Aufl.). Berlin: Cornelsen.

Zemp, M., Bodenmann, G. & Zimmermann, P. (2019). *Außerfamiliäre Betreuung von Kleinkindern. Bindungstheoretische Hinweise für Therapeuten, Pädagogen und Pädiater*. Wiesbaden: Springer. https://doi.org/10.1007/978-3-658-27596-9

Ziegenhain, U. & Fegert, J.M. (2018). *Entwicklungspsychologische Beratung für junge Eltern. Grundlagen und Handlungskonzepte für die Jugendhilfe*. Weinheim: Beltz Juventa.

Ziegenhain, U., Gebauer, S., Künster, A.K., Thurn, L., Backes, S. & Reichle, B. (2012). *Auf den Anfang kommt es an: Ein Kurs für junge Eltern* (2. Aufl.). Mainz: Landeszentrale für Gesundheitsförderung in Rheinland-Pfalz e.V. Verfügbar unter https://mffjiv.rlp.de/fileadmin/MFFJIV/Familie/Elternkursprogramm_Auf_den_Anfang_kommt_es_an.pdf

Ziegenhain, U. & Gloger-Tippelt, G. (2013). Bindung und Handlungssteuerung als frühe emotionale und kognitive Voraussetzungen von Bildung. *Zeitschrift für Pädagogik, 59*(6), 793–802.

Zimmer, R. (2019). *Handbuch Sinneswahrnehmung. Grundlagen einer ganzheitlichen Bildung und Erziehung*. Freiburg im Breisgau: Herder.

Zimmermann, P. & Spangler, G. (2001). Jenseits des Klassenzimmers. Der Einfluss der Familie auf Intelligenz, Motivation, Emotion und Leistung im Kontext der Schule. *Zeitschrift für Pädagogik, 47*(4), 461–479.

Kapitel 3

Bildungspsychologie des Vorschulalters

Stefan Faas & Wolfgang Tietze

Inhaltsübersicht

1 Einführung

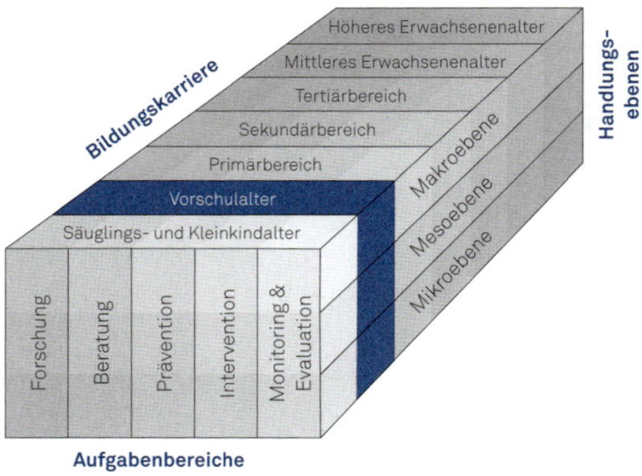

Der vorschulische Bildungsbereich ist eine der jüngeren, sich erst in den letzten Jahrzehnten durchgängig etablierenden Stufen der öffentlichen Bildungssysteme in den deutschsprachigen Ländern. Der Begriff wurde um 1970 eingeführt und bezeichnet in seiner engeren Bedeutung oft eine unmittelbar schulvorbereitend orientierte Förderung vor Beginn der Schulpflicht, z. B. in Form von Vorklassen für 5-Jährige. In einer weiter gefassten Geltung wurde er dann auf den Kindergartenbereich (3- bis 6-jährige Kinder) ausgedehnt. Heute kann man unter vorschulischer Bildung alle öffentlich verantworteten und geförderten Bildungsangebote in Kindertageseinrichtungen wie auch in der Kindertagespflege verstehen, und zwar für Kinder von Geburt an bis zum Schuleintritt. Vorschulische Bildung und Erziehung findet nicht zuletzt auch in den Familien statt (Roßbach, 2018; Tietze, 1998).

1.1 Entstehung von vorschulischen Betreuungs- und Bildungsangeboten

Institutionelle Betreuungs- und Bildungsangebote für Kinder im vorschulischen Alter haben im deutschsprachigen Raum eine lange Tradition. In ihren Anfängen wurden sie aber kaum unter dem Bildungsaspekt betrachtet. Vielmehr stand die sozialfürsorgerische Absicht im Vordergrund, durch die Betreuung ansonsten unbeaufsichtigter Kinder zur Stabilisierung von Familien beizutragen (Erning, 1997). Auch heute hat der Betreuungsaspekt – gerade mit Blick auf die Vereinbarkeit von Familie und Beruf – eine wenigstens gleiche Relevanz wie der Bildungsaspekt. Ähnliches gilt für die öffentlich verantwortete Kindertagespflege (Jurczyk et al., 2004). Historisch ist die Entstehung und Ausbreitung vorschulischer Angebote eng mit den im Zuge der Industrialisierung im 19. Jahrhundert sich verändernden Familienstrukturen verbunden. Die in diesem Kontext neu entstandenen Einrichtungen (Bewahranstalten, Kleinkinderschulen, Warteschulen) sollten mütterliche Erwerbstätigkeit und damit eine ökonomische und soziale Stabilisierung der Unterschichtshaushalte wie auch eine Erziehung der kleinen Kinder nach bürgerlichen (systemstabilisierenden) Ordnungsvorstellungen ermöglichen. Auch galt es einer physischen und psychischen Verwahrlosung vorzubeugen, Armenkassen der Gemeinden zu entlasten und das sich herausbildende Schulwesen von der teilweise übernommenen Bewahrfunktion für junge Kinder zu befreien (Paterak, 1999).

Eine zweite Linie der Ausbildung und Ausbreitung vorschulischer Einrichtungen, hier nun explizit unter dem Bildungsgesichtspunkt zu sehen, ist auf das Engste mit dem von Friedrich Fröbel 1840 begründeten *Kindergarten* und seinen Vorstellungen zu Erziehung und Bildung in früher Kindheit verknüpft. Diese folgten nicht einfach dem schulischen Vorbild – wenngleich schon Fröbel sich mit der Frage auseinandersetzte, wie frühkindliche und schulische Bildungsprozesse aufeinander abgestimmt werden können, sondern orientierten sich vielmehr an der kindlichen Entwicklung und den Lernweisen im vorschulischen Alter. Die kindliche Tätigkeit und das Spiel als bevorzugtes Medium der Weltaneignung wurden dabei zum zentralen Bezugspunkt (Fröbel, 1839/1982). Darüber hinaus ging es Fröbel um die Verbindung des Bildungsauftrages vorschulischer Einrichtungen „mit dem familienpädagogischen Prinzip einer gemeindeintegrierten und die Gemeinde integrierenden Stätte für Pflege und Spiel, für die Begegnung von Familien, Erwachsenen und Kindern" (Neumann, 1998, S. 30). Das heißt, die Familie als Ort vorschulischen Lernens und vorschulischer Bildung sowie die Frage ihrer Unterstützung wurde schon hier mitberücksichtigt. Wenn man so möchte, wurde hier die Idee der Familienzentren vorweggenommen. Das Konzept Fröbels prägte die Kleinkindpädagogik nicht nur in Deutschland und in den deutschsprachigen Ländern. Ablesbar ist dies daran, dass der Begriff *Kindergarten* als Lehnwort oder in Übersetzung Eingang in viele Sprachen gefunden hat (z. B. spanisch: jardín de infancia; russisch: detskiy sad).

1.2 Stellenwert und Verbreitung

Die vorangehend skizzierte Ambivalenz zwischen Bewahr- und Bildungsfunktion prägte die Entwicklung der vorschulischen Einrichtungen bis weit in das 20. Jahrhundert hinein. Lange Zeit stand dabei die Bewahrfunktion im Vordergrund. Erst mit dem Strukturplan des Deutschen Bildungsrats (1970) wurde in (West-)Deutschland der Kindergarten zur Elementarstufe des gesamten Bildungssystems deklariert. Aufgrund der Platzknappheit stand sein Bildungsangebot aber noch um 1970 nur einem Drittel der 3-bis 6-jährigen Kinder zur Verfügung und erst in den 1990er Jahren kam es im Zuge der Etablierung des Rechtsanspruchs auf einen Kindergartenplatz zu einem nachhaltigen Ausbau. Dieser Prozess wiederholte sich in der ersten Dekade des 21. Jahrhunderts für die Kinder im Alter von einem bis unter drei Jahren, für die im Jahr 2013 ein Rechtsanspruch auf einen Platz in einer Kindertageseinrichtung bzw. Kindertagespflegestelle eingeführt wurde (§ 24 SGB VIII). In Österreich verlief die Entwicklung ähnlich. Erst Ende der 1960er bzw. Anfang der 1970er Jahre rückte – im Zusammenhang mit neuen wissenschaftlichen Befunden zur Intelligenzentwicklung sowie zu Fragen der Motivations-, Lern- und Sozialisationsforschung – der Bildungsaspekt in den Mittelpunkt der öffentlichen Auseinandersetzung um vorschulische Erziehung und Betreuung. Ein verstärkter Ausbau der Kindergartenplätze erfolgte dann nachgelagert in den 1980er Jahren (Berger, 2005). Im Vergleich hierzu war das außerfamiliäre Betreuungsangebot in der

Schweiz immer schon begrenzter. So konnte in den 1960er/70er Jahren nur ein sehr geringer Teil der Kinder erwerbstätiger Mütter entsprechende öffentliche Betreuungsangebote in Anspruch nehmen. Vor diesem Hintergrund gewannen familieninterne Lösungen der Kinderbetreuung an Bedeutung (z.B. durch Großmütter); ebenso seit den 1970er Jahren Angebote der Kindertagespflege. Auch der Ausbau der Plätze erfolgte später und eingeschränkter, sodass sich generell in der Schweiz die Inanspruchnahme von Angeboten der öffentlichen Kindertagesbetreuung nicht in dem Maße entwickelt hat wie in Deutschland und Österreich (Bundesamt für Sozialversicherungen, 2013).

Neben dem quantitativen Ausbau lenkten Anfang der 2000er Jahre neue Forschungsbefunde zum frühkindlichen Lernen sowie nationale und internationale Bildungsstudien, nicht zuletzt das *Programme for International Student Assessment* (PISA), die öffentliche Aufmerksamkeit auf vorschulische Bildung. Kindertageseinrichtungen wurden in Deutschland und Österreich nun verstärkt als wichtige Bildungsinstanzen wahrgenommen, die Kinder auf das spätere schulische Lernen vorbereiten und in bedeutsamer Weise Bildungsbiografien mitbeeinflussen (Aktionsrat Bildung, 2012). Auch in der Schweiz haben die Ergebnisse dieser Studien den öffentlichen Diskurs über Bildung, Erziehung und Betreuung in der frühen Kindheit neu angestoßen, wenngleich zu konstatieren ist, dass dieser insgesamt kontroverser verlief. Das Bestreben, frühkindliche Bildung stärker institutionell zu verankern, traf hier bei verschiedenen gesellschaftlichen Gruppen auf „relativ vehementen Widerstand“ (Stamm, 2009, S. 17).

Aktuell besuchen in Deutschland rund 93 % der 3- bis 5-jährigen Kinder einen Kindergarten; von den unter 3-jährigen werden 34,3 % in einer Kindertageseinrichtung oder in der öffentlich geförderten Kindertagespflege betreut (Statistisches Bundesamt, 2019). In Österreich sind es 93,4 % der 3- bis 5-jährigen und 26,5 % der 0- bis 2-jährigen Kinder (Statistik Austria, 2019, S. 87). In der (deutschsprachigen) Schweiz variiert die Kindergartenbetreuungsquote stark nach Kantonen. Im Allgemeinen besuchen ca. 33,8 % der 0 bis 3 Jahre alten Kinder Kindertageseinrichtungen. Bei den älteren Vorschulkindern ist die Datenlage nicht eindeutig, da sie in der amtlichen Statistik zusammen mit den Kindern der Primarstufe angegeben werden. Für die Gruppe der 4- bis 12-Jährigen wird zusammenfassend eine Betreuungsquote in familienergänzenden Einrichtungen von 31,6 % ausgewiesen, wobei hier dann auch die Nachmittagsbetreuung von Schulkindern bzw. ein verschränkter Unterricht mit eingeschlossen sind (Bundesamt für Statistik, 2020, S. 3; Chiapparini, Thieme & Sauerwein, 2019).

1.3 Institutionell-organisatorische Merkmale

Der Besuch von Kindertageseinrichtungen (Kindergärten, Krippen) erfolgt freiwillig auf Wunsch der Eltern und ist im Gegensatz zu den sonstigen Institutionen der Allgemeinbildung im Regelfall beitragspflichtig. Das pädagogische Personal hat in den deutschsprachigen Ländern – im Gegensatz zu dem der anderen Bildungsstufen und auch im Gegensatz zur Situation in den meisten anderen europäischen Ländern (OECD, 2006) – zumeist keine akademische Ausbildung. Allerdings wurde eine solche in den letzten Jahren durch den kontinuierlichen Ausbau entsprechender Studiengänge gestärkt und die Quote in Deutschland auf ca. 5,4 % des Fachpersonals in Kindertageseinrichtungen angehoben (Niedersächsisches Institut für frühkindliche Bildung und Entwicklung, 2016). Im Jahr 2017 existierten 72 Studiengänge für Kindheitspädagog*innen an 55 deutschen (Fach-)Hochschulen (Autorengruppe Fachkräftebarometer, 2019, S. 137). Entwicklungen in diese Richtung sind auch für Österreich zu konstatieren (Hartel, Hollerer, Smidt, Walter-Laager & Stoll, 2018). Erste Studiengänge für Elementarpädagogik wurden im Wintersemester 2014/15 an der Fachhochschule Campus Wien sowie an der Universität Salzburg eingerichtet. Weitere Studiengänge, die sich explizit an Kindergartenpädagog*innen richten, finden sich an einzelnen öffentlichen bzw. privaten Pädagogischen Hochschulen in drei der vier Entwicklungsverbünden (Mitte: Salzburg, Oberösterreich; Nord-Ost: Niederösterreich, Wien; Süd-Ost: Burgenland, Kärnten). Dabei handelt es sich allerdings nicht um grundständige Studiengänge (Hover-Reisner, Paschon & Smidt, 2020; Koch, 2020). Auch in der Schweiz werden elementarpädagogische Studiengänge angeboten, allerdings sind diese ebenfalls nicht grundständig bzw. werden mit anderen Studienbereichen (z. B. Primarstufe) verknüpft.

Die administrative Zuordnung der Kindertageseinrichtungen tendiert nach wie vor stärker zum Sozial- als zum Bildungsbereich. In den zurückliegenden Jahren haben alle deutschen Bundesländer curriculare Rahmenpläne für die vorschulische Bildung erlassen und weiterentwickelt (Viernickel, 2008). In Österreich wurde 2009 ein bundesländerübergreifender BildungsRahmenPlan verabschiedet, der pädagogische Orientierungen für die Elementarbildung formuliert und dabei sechs zentrale Bildungsbereiche vorgibt (Hartel et al., 2018). Auch in der Schweiz gibt es eine öffentliche Debatte um einheitliche Regelungen und Orientierungen für den Elementarbereich. Auf der Grundlage des kooperativen Föderalismus, d. h. Gemeinden, Kantone und der Bund sind gemeinsam für das dezentralisierte Bildungssystem verantwortlich, fällt es aber schwer, bundeseinheitliche Regelungen zu finden. Auf der Ebene einzelner Kantone, insbesondere in der Deutschschweiz, wurden allerdings seit 1999 sogenannte kantonale Kindergarten-Lehrpläne entwickelt und in Kraft gesetzt (Netzwerk Kinderbetreuung Schweiz, 2010).

2 Stand der Wissenschaft

Die Reformdiskussion zur vorschulischen Erziehung in den 1960er und 1970er Jahren hat ein breites Spektrum unterschiedlicher pädagogischer Orientierungen und didaktischer Ansätze hervorgebracht; letztere wurden zumindest phasenweise intensiver theoretischer Erörterungen unterzogen bzw. im Rahmen von Modellprojekten wissenschaftlich begleitet (z. B. Wolf, Becker & Conrad, 1999). Zugänge empirischer Bildungsforschung haben dagegen im Vorschulbereich lange Zeit eine Vernachlässigung erfahren. Erst mit der Anfang der 2000er Jahre aufkommenden zweiten Reformdebatte zur vorschulischen Erziehung und Bildung, insbesondere nach Veröffentlichung der PISA-Ergebnisse, gewannen empirische Studien zunehmend an Bedeutung. Ein Grund für diese späte Akzentuierung empirischer Forschung im Vorschulbereich dürfte nicht zuletzt in der über viele Jahre marginalen Verankerung der Pädagogik der frühen Kindheit an den Universitäten zu sehen sein. Erst in den letzten 15 Jahren wurden in Deutschland frühpädagogische Studiengänge und vermehrt entsprechende Professuren eingerichtet; in Österreich und in der Schweiz begann dieser Prozess zeitlich etwas nachgelagert (siehe Abschnitt 1.3).

Wenn auch in den letzten Jahren die Forschungsinfrastruktur für empirische Forschung im Vorschulbereich gestärkt wurde, dominieren im deutschsprachigen Raum weiterhin theoretisch-konzeptionelle Zugänge und es mangelt an einer systematischen Zusammenführung einzelner Befunde in Forschungsübersichten (Schmidt & Smidt, 2018). Vor diesem Hintergrund ist immer noch ein Rückstand gegenüber der anglo-amerikanischen Forschung zu konstatieren. Letztere bleibt damit bis heute ein zentraler Bezugspunkt – insbesondere mit Blick auf Fragen der Wirksamkeit vorschulischer Erziehung und Bildung.

2.1 Theorien und Ansätze der frühen Bildung und Erziehung

Erste Theorien und Ansätze der frühen Bildung und Erziehung, verbunden mit der Idee, Kinder durch darauf bezogene Curricula und Materialien entsprechend zu fördern, entstehen im ausgehenden 18. und im 19. Jahrhundert – sieht man einmal von Comenius' früher Schrift „Informatorium der Mutterschul" ab (Neumann, 2006). Diese frühpädagogischen Ansätze basieren nicht auf bestimmten Lern- oder Entwicklungstheorien; vielmehr handelt es sich um holistische Konzepte, die sich aus (unterschiedlichen) philosophisch-weltanschaulichen Quellen speisen. Gleichwohl berücksichtigen sie – im Kontext anthropologischer Grundannahmen – Eigentümlichkeiten und Entwicklungsbesonderheiten kleiner Kinder, die auch nach heutigen Auffassungen von Bedeutung sind (z. B. Erning, 2004; Tietze, 1998). Zu den klassischen Ansätzen gehören der pädagogische Ansatz Friedrich Fröbels, die Montessori- und die Waldorf-Pädagogik. Während viele Elemente der Fröbel-Pädagogik in modernen Konzepten aufgegangen sind, konnten die Montessori- und Waldorf-Einrichtungen stärker ihre Identität bewahren. Die Nachfrage von Eltern nach solchen alternativen, ganzheitlichen Erziehungskonzepten für ihre Kinder ist offensichtlich nach wie vor groß. In Deutschland existieren gegenwärtig etwa 600 Montessori-Kinderhäuser und 550 Waldorfkindergärten, in Österreich ca. 65 Montessori-Kinderhäuser und fast 40 Waldorfkindergärten, in der deutschsprachigen Schweiz etwa 45 Montessori-Kinderhäuser und ca. 50 Kindergärten, die sich an der Waldorf-Pädagogik orientieren. Beide Ansätze sind weltweit verbreitet (Klein-Landeck & Pütz, 2019; Zander, 2019).

Klassische frühpädagogische Ansätze

- *Fröbel-Pädagogik:* Inspiriert von der Idee der Einheit von Individuum, Gott und Natur sah Friedrich Fröbel (1782–1852) ein Ziel darin, diese Einheit dem Kind anbahnend im Spiel erfahrbar zu machen. Er schuf Materialien („Spielgaben") wie Ball, Kugel, Zylinder, verschieden zugeschnittene Würfel, Legetäfelchen, Flecht- und Faltblätter und Perlenspiele als symbolischen Ausdruck dieser Idee. In angeleitetem und begleitetem Spiel sowie bei spezifischen Aktivitäten, zu denen auch Bewegungs- und Kreisspiele sowie Gartenarbeit gehörten, sah er die für diese Altersstufe angemessene Auseinandersetzung des Kindes mit der Welt, bildete seit 1839 „Spielführer" aus und schuf die Grundlage für den Beruf der Kindergärtnerin/Erzieherin. Der Fröbel-Kindergarten war bis weit ins 20. Jahrhundert die führende Konzeption in der Früherziehung (Heiland, 2003).
- *Montessori-Pädagogik:* Maria Montessori (1870–1952) verstand die kindliche Entwicklung als innengesteuerten Prozess, der von außen beeinflusst werden kann. Die frühkindliche Bildung fokussiert dabei aber – in Abgrenzung zu Fröbel – weniger auf die Auseinandersetzung mit Materialien, die abstrakte Symbole und Prinzipien repräsentieren, sondern ist im Kern Sinnesschulung. Vielfältige von ihr entwickelte Materialien sind vom Kind in einer bestimmten Weise zu nutzen; sie sind selbstkorrigierend, eine Anleitung durch den/die Erzieher*in ist nicht erforderlich. Indem Pädagog*innen die Umgebung des Kindes so gestalten, dass sie zu den Entwicklungsstadien, den sensiblen Perioden, passt, verschaffen sie dem Kind die Erfahrungen, die seine Entwicklung vorantreiben (Böhm, 2003).
- *Waldorf-Pädagogik:* Nach der anthroposophischen Grundlegung Rudolf Steiners (1861–1925) vollzieht sich die individuelle Entwicklung in Siebenjahresstufen, wobei der junge Mensch auf den drei Stufen bis zum 21. Lebensjahr ein jeweils neues Leib-Geist-Seele-Wesen darstellt. Im ersten Jahrsiebt steht nach anthroposophischer Auffassung die äußere körperliche Nachahmung im Zentrum kindlicher Tätigkeit. Das junge Kind ist dabei im Hinblick auf Leib, Geist und Seele durch einen hohen Grad an Plastizität gekennzeichnet. Vor diesem Hintergrund gilt es, dem Kind harmonische Sinneseindrücke zu vermitteln – durch runde Formen, sanfte Farben, wohltuende Klänge und Bewegungen (Eurythmie). In Spiel, Lied und Ausdrucksgestaltung wie auch in selbst geschaffenen Werkprodukten sowie bei Feiern sollen möglichst lebendige Eindrücke vermittelt werden. Naturmaterialien (z.B. schöne Steine, Kastanien, Holzwurzeln) sind dabei die bevorzugten Materialien. Vorgefertigtes Spielzeug ist dagegen zu vermeiden. Der pädagogischen Fachkraft und ihrer Vorbildfunktion kommt eine besondere Bedeutung zu (Ullrich, 2003).

Im Verlauf des 20. Jahrhunderts lässt sich zunehmend eine Anbindung der Frühpädagogik an einzelwissenschaftliche Ansätze beobachten. Dominant wurde in der ersten Hälfte des 20. Jahrhunderts der Bezug auf eine reifungstheoretisch orientierte Entwicklungspsychologie. G. Stanley Hall und Arnold Gesell versuchten reifungstheoretisch begründete Entwicklungsnormen für die unterschiedlichen Altersstufen zu etablieren (Nourot, 2005). Im Kern ging es darum, die jeweils erreichte Entwicklungsstufe eines Kindes mit den jeweiligen Fertigkeiten zu verbinden und auf dieser Grundlage den folgenden erzieherischen Prozess zu gestalten. In einer gewissen Weise fand dieser Ansatz im Konzept der „Developmentally Appropriate Practices" seine Fortsetzung (Bredekamp & Copple, 1997).

Reifungstheoretisch begründete Auffassungen mit der Vorstellung, dass Pädagogik die naturgegebene Entfaltung sicherzustellen und den Einfluss störender Umwelteinflüsse abzuwehren habe, bestimmten die theoretischen Orientierungen der Kindergartenpädagogik im deutschsprachigen Raum bis in die späten 1960er Jahre.

Im Fokus: Beispielhafte Auffassung der Vertreter*innen einer reifungstheoretischen Kindergartenpädagogik

„Wir wirken dem Treibhausklima der modernen Welt, die das Kind zu einer vorzeitigen Differenzierung seiner ganzheitlichen Antwort auf den Eindruck der Umwelt drängt, entgegen. ... Wir sind überzeugt, einen pädagogischen Widerstand gegen die durch unsere Zeitumstände immer stärker vorangetriebene Frühreife setzen zu müssen" (Hoffmann, 1968, zit. nach Tietze, 1993, S. 109).

Die milieu- und lerntheoretische Wende in der Frühpädagogik mit der Betonung früher Anregungen war zu diesem Zeitpunkt allerdings bereits voll im Gange (Roth, 1968). Die bis dahin geltende reifungstheoretisch begründete, auf Spielpflege und freie Entwicklung des Kindes angelegte Kindergartenpädagogik wurde als „inaktive Zuschauerpädagogik", die Kindergärten selbst als Einrichtungen diskreditiert, in denen die Kinder „künstlich dumm gehalten" würden (Lückert, zit. nach Tietze, 1993, S. 111). Die didaktische Umsetzung dieser veränderten Perspektive auf Bildung und Lernen in Kindertageseinrichtungen fand zum einen ihren Niederschlag in sogenannten funktionsorientierten Ansätzen (siehe Retter, 1978), zum anderen in wissenschafts- oder disziplinorientierten Ansätzen. Letztere wurden vor allem für die 5- bis 6-jährigen Kinder konzipiert und in den 1970er Jahren zumeist in Vorklassen und Eingangsstufen erprobt (Aden-Grossmann, 2002). Diese Ausrichtung kindlicher Erfahrungen und kindlichen Lernens auf ein „Später" (z.B. Schule, Bildungskarriere) wurde mit den situationsorientierten Ansätzen relativiert bzw. wieder „zurückgenommen". Kindliche Bildungsprozesse sollten sich nach diesen vielmehr auf das Hier und Jetzt, d.h. auf die aktuellen Lebenssituationen von Kindern und deren Bewältigung beziehen (siehe Zimmer, 2000). Eine so verstandene Situationsorientierung hat seit Mitte der 1970er Jahre bis in die 2000er Jahre hinein die frühpädagogische Praxis in den meisten Kindertageseinrichtungen maßgeblich geprägt.

Im Kontext der Ende der 1990er Jahre verstärkt aufkommenden Bildungsdebatte wurden solche Konzepte aber zunehmend hinterfragt. Die Kritik bezog sich schwerpunktmäßig auf die einseitige Orientierung an der Situation, bei Vernachlässigung eines bereichsspezifischen und an der Ausbildung bestimmter Fähigkeiten und Fertigkeiten orientierten Lernens. „Der frühe Beginn der Entwicklung von Kompetenzen weit vor Schulbeginn, die Bindung an bestimmte Lernbereiche und die besondere Bedeutung des Vorwissens bzw. des frühen Kompetenzerwerbs legen es nahe, dass es sinnvoll und notwendig ist, bereits im Kindergarten stärker als bisher bereichsspezifisch zu fördern, d.h., kindliche Kompetenzen gezielt in spezifischen Bildungsbereichen aufzubauen“ (Roßbach, 2006, S. 287). Ein weiterer Kritikpunkt war, dass keine ausreichenden empirischen Daten zur Umsetzung und Wirkung der Situationsorientierung vorlagen. Dabei ist zu berücksichtigen, dass die Debatten um frühpädagogische Ansätze (zu denen u.a. auch die Reggio-Pädagogik, die offene Kindergartenarbeit oder der Wald-Kindergarten gehören) insgesamt vor allem als Konzeptdebatten geführt wurden. Studien zur konkreten Implementierung pädagogischer Ansätze als auch zu den Effekten bei Kindern fehlten weitgehend.

Didaktische Ansätze

- *Funktionsorientierte Ansätze:* Im Gegensatz zu holistischen Konzepten bildet das Kind in dieser Perspektive einen psychologischen Apparat, dessen Einzelfunktionen (z.B. Wahrnehmung, Denken, Gedächtnis, Sprache, Bewegung, Empathie) durch gezieltes, letztlich aber auch isoliertes Training zu verbessern sind. Der Ansatz führte zu einem Boom an Lernspielen, Arbeitsblättern, Legematerialien, Puzzles, Memories, Lottospielen und Frühleseprogrammen und war im Engeren auf Schulvorbereitung gerichtet. „Der Begriff ‚funktions-orientierter Ansatz‘ ist ein Sammelbegriff für all jene Versuche, durch Trainingsprogramme und Übungsmaterialien eine Verbesserung des kindlichen Leistungs- und Entwicklungsstandes in den verschiedenen Persönlichkeitsbereichen zu erreichen“ (Retter, 1978, S. 138). Die Integration in ein übergeordnetes didaktisches Konzept blieb dabei offen.
- *Wissenschafts- oder disziplinorientierte Ansätze:* Vorschulisches Lernen wird hier nicht ausgehend von psychischen Funktionen gedacht, sondern von der Struktur spezifischer Lernbereiche bzw. zugrundeliegender Wissenschaftsdisziplinen, d.h. einem System von geordnetem Wissen, um Sacherfahrungen zu organisieren. Im Vordergrund steht die (fach-) didaktische Vermittlung elementarer wissenschaftlicher Begriffe und Prinzipien in verschiedenen Wissensbereichen (z.B. die Mengenbegriffe in der Mathematik), sodass spätere Bildungsstufen darauf aufbauen können. Vor diesem Hintergrund sollen auch die Inhalte und Ergebnisse vorschulischen Lernens sachlich richtig sein, „auch wenn sie in vereinfachender Form dargeboten und erworben werden“ (Belser, 1972, zit. nach Aden-Grossmann, 2002, S. 192).
- *Situationsorientierte Ansätze:* Kindliche Bildungsprozesse sollen an Alltagserfahrungen anknüpfen und sich in handelnder Auseinandersetzung mit der sozi-

alen und dinglichen Umwelt vollziehen. Das Kind, gekennzeichnet durch Spontanität und Neugier, wird als aktiver Gestalter seiner Umwelt betrachtet. Neugier und Wissbegier werden umgekehrt durch eine an Entwicklungsanreizen und Entfaltungsmöglichkeiten reiche Umwelt gefördert. Das Lernfeld ist nicht auf das enge institutionelle Setting begrenzt. Es geht vielmehr auch um eine Öffnung zu den vielfältigen außerinstitutionellen Lebensbezügen des Kindes, um generationsübergreifendes Lernen und um den Einbezug des Gemeinwesens. Funktionsbereiche wie Wahrnehmen, Sprache, Motorik, Denkfähigkeit werden nicht isoliert trainiert, sondern in Aneignungsprozessen gefördert, die in lebensnahes praktisches Handeln eingebunden sind. Die übergeordneten Erziehungs- und Bildungsziele werden mit den Begriffen „Autonomie", „Solidarität" und „Kompetenz" gefasst (Zimmer, 2000).

2.2 Konzeptioneller Rahmen einer empirischen Bildungsforschung im Vorschulbereich

Mit den holistischen pädagogischen Ansätzen korrespondieren in methodischer Hinsicht Forschungskonzeptionen, die global nach dem Effekt eines Ansatzes oder auch der Tatsache einer Frühkindlichen Bildung, Betreuung und Erziehung (FBBE) fragen. Das „Treatment" ist die Teilnahme vs. Nicht-Teilnahme (oder Teilnahme der Vergleichsgruppe an einem alternativen Programm) (siehe Hayes, Palmer & Zaslow, 1990).

Solche Untersuchungen haben zwar, speziell im Kontext globaler bildungspolitischer Entscheidungen, ihren Stellenwert, sie lassen jedoch die näheren pädagogischen Bedingungen und Prozesse außer Acht. Vor diesem Hintergrund haben sich in den letzten vier Jahrzehnten immer differenziertere Forschungskonzeptionen entwickelt, die die „Black Box" familienexterner Betreuungssettings in verschiedene qualitative Charakteristika auflösen und damit die *pädagogische Qualität* in ihren verschiedenen Dimensionen und Facetten sowie in ihrem Einfluss auf kurz-, mittel- und langfristige Bildungseffekte untersuchbar machen (siehe Abbildung 3.1).

Aktuell werden üblicherweise vier größere Qualitätsbereiche unterschieden: Prozess-, Struktur- und Orientierungsqualität sowie die Qualität des Familienbezugs (Kluczniok & Roßbach, 2014; Tietze et al., 2013). Sie sind wie folgt zu verstehen:

Bereiche/Ebenen pädagogischer Qualität

- *Orientierungsqualität* bezieht sich auf das Bild vom Kind, das die pädagogischen Fachkräfte verfolgen, ihre Auffassungen über Bildung und Entwicklung von Kindern, über Bildungsinhalte, über Erziehungsziele und Erziehungsmaßnahmen

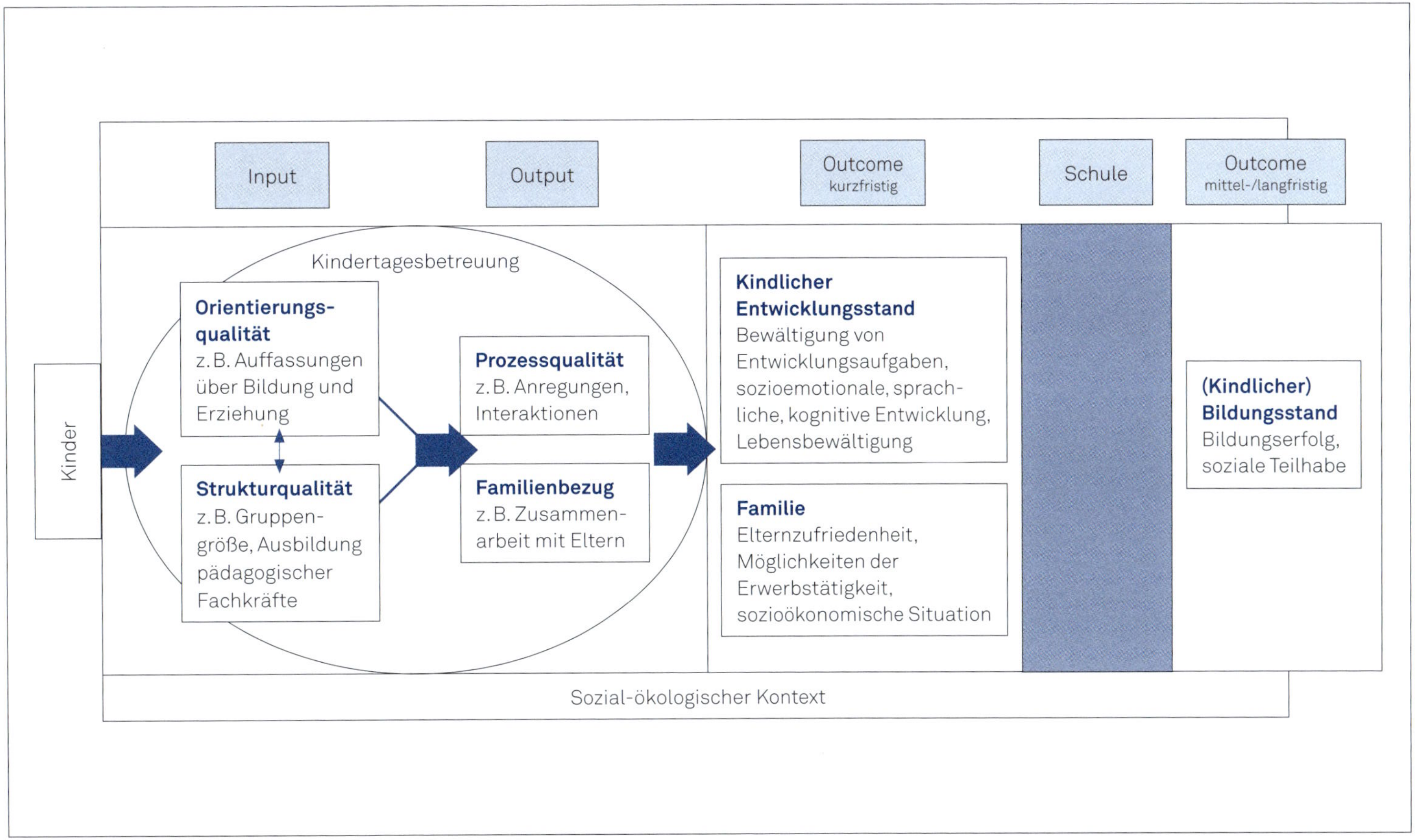

Abbildung 3.1: Konzeptioneller Rahmen für die Analyse vorschulischer Bildung und ihrer Effekte

sowie über die Aufgaben von Familie und Kindertageseinrichtung. In kollektivierter Form sind diese z.B. in Einrichtungskonzeptionen und Leitlinien des Trägers festgehalten.

- *Strukturqualität* bezeichnet die Rahmenbedingungen, die der Praxis vorgegeben sind und vorwiegend politisch geregelt werden bzw. reguliert werden müssen. Sie umfasst personale Merkmale wie das Ausbildungsniveau von pädagogischen Fachkräften oder auch die ihnen zugestandene Vor- und Nachbereitungszeit, Freistellung der Leitung, soziale Merkmale wie Gruppengröße, Fachkraft-Kind-Relation sowie räumlich-materiale Merkmale wie Anzahl und Größe der zur Verfügung stehenden Räume. Sie repräsentiert die zum Kind „distalen" Merkmale im Kindergartensetting.
- *Prozessqualität* umfasst dagegen die „proximalen" Merkmale. Sie erstreckt sich auf die Dynamik des pädagogischen Geschehens, auf den Umgang mit den Kindern, auf konkrete Anregungen, Interaktionen und Aktivitäten, die das Kind tagtäglich in der Kindergartengruppe mit der pädagogischen Fachkraft, den anderen Kindern und seiner räumlich-materialen Umwelt macht.
- *Qualität des Familienbezugs* bezieht sich auf die Passung zwischen dem pädagogischen Angebot der Kindertageseinrichtung und den Bedürfnissen und Lebensrhythmen der Familien der betreuten Kinder, die Zusammenarbeit zwischen der Kindertageseinrichtung und den Familien der Kinder sowie die Mitwirkungsmöglichkeiten für Eltern.

Der konzeptionelle Rahmen des in Abbildung 3.1 dargestellten Modells verdeutlicht darüber hinaus, dass Kinder mit unterschiedlichen Voraussetzungen und unterschiedlichem familiären Hintergrund in das System der Kindertagesbetreuung eintreten. Letzteres ist wiederum in bestimmte sozial-ökologische oder sozialräumliche Kontextbedingungen eingebettet, d.h. in die in einem Stadtteil bzw. einer Gemeinde gegebenen Beziehungsstrukturen, bestimmte sozioökonomische und kulturelle Rahmenbedingungen, vorhandene Bildungs- und Unterstützungsangebote etc. (Faas, 2020).

Von Interesse sind aber nicht nur kurzfristige, d.h. auf die Vorschulzeit bezogene, sondern auch mittel- und langfristige Bildungsoutcomes bei den Kindern, wobei im Hinblick auf letztere auch die Qualität der an die vorschulische Bildung anschließende Schule zu berücksichtigen ist. Besonders bei den langfristigen Outcomes spielen nicht nur pädagogisch-psychologische Maße in der kognitiv-schulleistungsbezogenen und der sozialen Domäne eine Rolle, sondern auch „molare" Maße wie allgemeiner Schulerfolg und breite Indikatoren des Lebenserfolgs wie späteres Einkommen, Abhängigkeit von sozialer Wohlfahrt etc. (Schweinhart et al., 2005). Bei all dem wirken weitere Einflüsse mit, besonders solche der Familie (Lehrl, Ebert, Blaurock, Roßbach & Weinert, 2020).

2.3 Institutionelle FBBE, späterer Bildungserfolg und pädagogische Qualität

Den Ausgangspunkt für die empirische Bildungsforschung im Bereich vorschulischer Bildung, Betreuung und Erziehung markieren Untersuchungen bzw. Befunde, die belegen, dass die Tatsache und die Dauer des Kindergartenbesuchs in einem positiven Zusammenhang mit dem späteren Schulerfolg stehen. In einer frühen, für Nordrhein-Westfalen repräsentativen Untersuchung an über 200 Grundschulklassen konnte Tietze (1987) zeigen, dass – bei Kontrolle anderer Faktoren – die Quoten der Zurückstellungen bei Schulbeginn, der Sitzenbleiber und der Überweisungen zur Sonderschule während der Grundschulzeit aus Grundschulklassen mit einem höheren Anteil kindergartengeförderter Kinder geringer ausfielen. In ähnlicher Perspektive berichtete Caille (2001) für Frankreich, dass der Besuch der école maternelle die Sitzenbleiberquoten von Kindern aus benachteiligten Familien bzw. solchen mit Migrationshintergrund um 9 % bis 17 % reduziert. In der *Internationalen Grundschul-Lese-Untersuchung* (IGLU) ergab sich, dass Leistungen von Viertklässler*innen in Lesen, Mathematik und Naturwissenschaften bei längerer Dauer der Kindergartenzeit höher ausfielen (Bos et al., 2003). Zusammen genommen verweisen solche Befunde auf die prinzipielle Bedeutung der Teilnahme an und der Dauer von FBBE für den Bildungserfolg von Kindern. Verschiedene weitere Studien konnten darüber hinaus zeigen, dass der zentrale Faktor für zu erwartende positive Auswirkungen auf die kindliche Entwicklung und späteren Bildungserfolg nicht die Teilnahme an sich ist, sondern die Qualität des konkreten pädagogischen Angebots (Anders & Wieduwilt, 2018, S. 52). Insofern rücken Fragen nach der Variationsbreite pädagogischer Qualität und deren Bedeutung für die Entwicklung und das Wohlbefinden von Kindern sowie nach der Relevanz bzw. der Effektgröße spezifischer Merkmale in den Vordergrund.

2.4 Erfassung der Qualität pädagogischer Prozesse und ihre Beziehung zur Struktur- und Orientierungsqualität

Mittlerweile besteht ein allgemeiner Konsens darüber, dass der Qualität pädagogischer Prozesse im skizzierten Zusammenhang eine besondere Bedeutung zukommt. Ihre Erfassung ist aufwendig, da sie direkte Beobachtung voraussetzt. Das international am weitesten verbreitete Instrument zur Erfassung pädagogischer Prozessqualität im Kindergarten ist die *Early Childhood Environment Rating Scale* von Harms, Clifford und Cryer (2005, 2015), die in verschiedenen Versionen und auch in einer aktuellen deutschsprachigen Fassung *(Kindergarten-Skala)* vorliegt (Tietze, Roßbach, Nattefort & Grenner, 2017). Zusammen mit den Varianten für den Krippen- und Tagespflegebereich *(Krippen-Skala, Tagespflege-Skala)* ergibt sich ein Instrumentenset für den gesamten Vorschulbereich. Besonders im anglo-amerikanischen Raum liegt eine Reihe weiterer Instrumente vor. Sie unterscheiden sich u.a. darin, welche Aspekte von pädagogischen Prozessen im Mittelpunkt stehen und ob eher die Qualität für einzelne Kinder (zielkindbezogene Qualität) oder jeweils die gesamte Kindergruppe fokussiert wird (siehe Kluczniok, 2018).

Zahlreiche Untersuchungen belegen einen substanziellen Zusammenhang zwischen auf dieser Grundlage erfassten Merkmalen der Prozessqualität bzw. deren Ausprägung und verschiedenen (vorgelagerten) Bedingungen der Strukturqualität. Häufig untersucht wurde der Zusammenhang zwischen der Qualifikation des pädagogischen Personals und der beobachtbaren Prozessqualität, wobei die Befunde insgesamt inkonsistent sind. Einzelne Studien fanden bei pädagogischem Personal mit formal höheren Bildungsabschlüssen und spezieller fachbezogener Ausbildung eine höhere Prozessqualität (z.B. Goelman et al., 2006; Pianta et al., 2005), während andere keine Beziehungen zwischen der Prozessqualität und dem Ausbildungs- und Weiterbildungsniveau des pädagogischen Personals zeigen konnten (Early et al., 2007; LoCasale-Crouch et al., 2007). Neuere Befunde legen den Schluss nahe, dass ein höheres Ausbildungsniveau ein zu „grobes Maß" darstellt, um die gegebene Qualität pädagogischer Prozesse bzw. ihre Auswirkungen auf die kindliche Entwicklung aufklären zu können (Sammons et al., 2017). Diese Interpretation unterstreicht eine vergleichende Studie von Mischo und Kolleginnen zum Kompetenzerwerb frühpädagogischer Fachkräfte in der Ausbildung an Fachschulen für Sozialpädagogik und in hochschulischen Studiengängen. Die Befunde sprechen weniger dafür, dass eine Höherqualifizierung an sich von Bedeutung ist, sondern legen vielmehr einen Effekt spezifischer Studienprogramme nahe (Mischo, 2017).

Zu den häufig untersuchten strukturellen Bedingungen gehören auch die Gruppengröße, der Erzieher-Kind-Schlüssel bzw. die Fachkraft-Kind-Relation. Letztere geht über den reinen Anstellungsschlüssel hinaus und beschreibt das tatsächlich in einem Betreuungssetting gegebene Verhältnis von anwesenden pädagogischen Fachkräften und Kindern (Viernickel & Fuchs-Rechlin, 2016). Empirische Studien konnten zeigen, dass sich eine günstigere Fachkraft-Kind-Relation positiv auf die Prozessqualität auswirkt (Groark, McCall, McCarthy, Eichner & Gee, 2013; NICHD Early Child Care Research Network, 2002a; Tietze, Roßbach & Grenner, 2005). Darüber hinaus legen einzelne Studien nahe, dass ein Zusammenhang zwischen einer kleineren Gruppengröße und einer hohen Prozessqualität besteht (Groark et al., 2013; Harrison, 2008). Widersprüchlich hierzu sind Ergebnisse der *Nationalen Untersuchung zur Bildung, Betreuung und Erziehung in der frühen Kindheit* (NUBBEK) in Deutschland. Die erfasste Prozessqualität fiel hier bei größerer Gruppengröße höher aus (Tietze et al., 2013). Die Autor*innen erklären diesen Widerspruch damit, dass möglicherweise größere Gruppen mit einer höheren personalen und organisationalen Konstanz sowie besseren materiellen und räumlichen Bedingungen einhergehen. Dies würde zu Befunden passen, die eine höhere Prozessqualität bei besseren räumlichen Bedingungen und bei mehr Vor- und Nachbereitungszeit des pädagogischen Personals bestätigen (Tietze et al., 2005). Des Weiteren fand sich in der NUBBEK-Studie bei einer geringeren Altersmischung der zu betreuenden Kinder eine höhere Qualität pädagogischer Prozesse, während ein höherer Anteil von Kindern mit Migrationshintergrund in den Gruppen mit niedrigeren Werten einherging. Bei offener Arbeit ergab sich gegenüber gruppenbezogener Arbeit für Kinder im Kindergartenalter eine höhere Prozessqualität (Tietze et al., 2013).

Auch für Aspekte der Orientierungsqualität wurden Zusammenhänge mit der Prozessqualität in Einrichtungen der Kindertagesbetreuung untersucht; allerdings ist die Datenlage hierzu eingeschränkter. Insgesamt ist aber davon auszugehen, dass sich stärker am einzelnen Kind ausgerichtete Orientierungen günstiger auf die Qualität des pädagogischen Settings auswirken. In einer Studie von Burchinal und Cryer (2003) zeigten sich beispielsweise negative Effekte traditioneller, wenig individuumsbezogener Überzeugungen der Erzieher*innen auf die Prozessqualität. In der Untersuchung von Tietze et al. (2005) gingen in der Tendenz subjektorientierte Einstellungen der Erzieher*innen positiv mit besserer pädagogischer Prozessqualität einher. Befunde aus der Längsschnittstudie *Bildungsprozesse, Kompetenzentwicklung und Selektionsentscheidungen im Vorschul- und Schulalter* (BiKS-3–10) unterstützen diese Interpretation. Eine zu starke Fokussierung auf die Schulvorbereitung stellte sich hier als weniger effektiv heraus; gemeint ist eine stark lehrgangsorientierte schulvorbereitende Einstellung, die mit einer einseitig programmbezogenen Förderpraxis einhergeht. Demgegenüber erwies sich eine vorschulische Förderung, die gleichzeitig die Beziehungsgestaltung betont und auf entsprechenden Orientierungen gründet, als erfolgreicher (Kluczniok, Anders & Ebert, 2011). Ähnliche Effekte finden sich auch in Studien, welche stärker die Auswirkungen von Curricula in den Blick nehmen. Curricula, die gezielte Förderung mit einer eher kindzentrierten Orientierung verbanden, führten zu einer besseren Prozessqualität in den Kindergruppen (Ansari & Purtell, 2017; Barnett et al., 2008). Insgesamt unterstützen diese Befunde die entwicklungspsychologisch begründete Auffassung, dass frühkindliche Bildung und Förderung schulisches Lernen im Sinne von „Unterricht“ nicht vorwegnehmen sollte (Roßbach, 2018).

Zusammenfassend ist festzuhalten, dass Variablen der Struktur- und Orientierungsqualität einen Rahmen für die Interaktionen bilden, die sich fördernd auf Bildung und Entwicklung der Kinder auswirken; sie ermöglichen eine hohe pädagogische Prozessqualität, ohne sie zu „determinieren“. Der Einfluss der einzelnen Variablen ist dabei aber meist eher gering, zusammen bilden sie jedoch wirkmächtige Bündel.

2.5 Bildungsoutcomes in kurz-, mittel- und langfristiger Perspektive

Die meisten Studien zur pädagogischen Qualität untersuchen deren Auswirkungen bzw. Zusammenhänge mit Bildungs- und Entwicklungsergebnissen der Kinder in kurzfristiger Perspektive, d.h. innerhalb der Vorschulaltersspanne. Die Kriteriumsmaße liegen dabei insbesondere im kognitiv-sprachlichen sowie im sozialen Bereich und schließen auch kritische Aspekte wie Verhaltensprobleme mit ein. In mittelfristiger Perspektive kommen meistens Schulleistungskriterien und Maße der sozialen Kompetenz und Integration wie auch des allgemeinen Schulerfolgs hinzu. Unter den langfristigen Kriteriumsmaßen sind solche zu Bildungsabschlüssen im jungen Erwachsenenalter, zur (Un-)Abhängigkeit von sozialer Wohlfahrt sowie zum Beschäftigungsstatus und Einkommen zu subsumieren. Bei diesen Studien handelt es sich zumeist um Feldstudien, die sich die gegebene Variabilität von Bedingungen zunutze machen, teilweise aber auch um experimentelle Studien, bei denen bestimmte Qualitätsbedingungen bewusst hergestellt und überwacht werden, um ihre Effekte zu ermitteln.

Methodisch korrekt sollte bei den meisten der überwiegend nicht experimentellen Studien von korrelativen Zusammenhängen zwischen pädagogischer Qualität und Outcomes bei Kindern gesprochen werden, da nie alle anderen potenziellen Einflussfaktoren zu kontrollieren sind. Die empirischen Ergebnisse sind in ihrer Zusammenschau jedoch so konsistent, dass von einer empirischen Evidenz der Effekte pädagogischer Qualität auf die sprachlich-kognitive und die soziale bzw. sozial-emotionale Entwicklung von Kindern ausgegangen werden kann.

Kurzfristige Effekte. Verschiedene nationale und internationale Studien zeigen, dass die pädagogische Qualität einer Kindertageseinrichtung der zentrale Faktor in Hinsicht auf zu erwartende Auswirkungen auf die Entwicklung von Kindern und deren späteren Bildungserfolg ist. Nach Befunden der Längsschnittstudie des *National Institute of Child Health and Human Development* (NICHD) ergeben sich beispielsweise bei höherer pädagogischer Qualität, speziell bei höherer Sensitivität und Responsivität der Erzieher*innen, günstigere Werte in der kognitiven und sprachlichen Entwicklung bei Vorschulkindern (NICHD Early Child Care Research Network, 2000, 2002b, 2003). Bryant et al. (2003) fanden in einer Langzeitstudie heraus, dass sich höhere pädagogische Qualität positiv auf die Schulfähigkeit der Kinder auswirkt – insbesondere mit Blick auf die Bereiche Sprache, Literacy und Mathematik. Gleichgerichtete Zusammenhänge finden sich auch in europäischen Studien. In der deutschen (Teil-)Studie von Tietze et al. (2005) ergab sich eine höhere Sprachleistung der 4½-Jährigen bei höherer (Struktur- und Prozess-) Qualität. Bei den 6-Jährigen zeigten sich – vor dem Eintritt in die Grundschule – eine höhere Sprachkompetenz und bessere Fertigkeiten in der Bewältigung von Alltagssituationen, wenn sie als 4-Jährige einen qualitativ besseren Kindergarten besucht hatten. Die Autor*innen schließen im Vergleich mit der altersabhängigen Entwicklung, dass die Qualitätsunterschiede bis zu einem Jahr Entwicklungsunterschied bei Kindern ausmachen können.

Stabile Beziehungen zwischen pädagogischer Qualität und der sprachlich-kognitiven Förderung werden auch in der vier Länder (Deutschland, Österreich, Portugal, Spanien) einbeziehenden European Child Care and Education-Study (ECCE

Study Group, 1999) und der englischen *Effective Provision of Pre-School Education-*Study (EPPE) (Sammons et al., 2002) berichtet (siehe Roßbach, 2005). Ebenso zeigten die Befunde der NUBBEK-Studie einen deutlichen Zusammenhang zwischen der pädagogischen Qualität und dem kognitiven Entwicklungsstand (Tietze et al., 2013). Darüber hinaus verweisen die im Rahmen der BiKS-Studie erhobenen Daten auf einen Zusammenhang zwischen einer hohen Qualität des frühpädagogischen Betreuungsangebots und numerischer Kompetenzen von Kindern zum Ende der Kindergartenzeit; eine hohe allgemeine sprachbezogene Förderqualität in Kindertageseinrichtungen wirkt sich positiv auf die Wortschatzentwicklung von Kindern aus. (Anders et al., 2013; Roßbach, Anders & Tietze, 2016).

Im Gegensatz zur sprachlich-kognitiven Entwicklung sind die Ergebnisse im sozialen Bereich weniger konsistent. Verschiedene breit angelegte und international streuende Untersuchungen belegen, dass höhere Qualität mit einer besseren sozialen Entwicklung der Kinder verbunden ist (Burchinal & Cryer, 2003; Burchinal, Peisner-Feinberg, Bryant & Clifford, 2000; Tietze et al., 2005). Auch die NUBBEK-Daten verweisen auf einen Zusammenhang zwischen einer höheren pädagogischen Qualität und einem positiveren Sozialverhalten der 4-Jährigen (Tietze et al., 2013). In der NICHD-Studie konnten dagegen keine solche Zusammenhänge gefunden werden. Hier war der Betreuungs*umfang* ein signifikanter Prädiktor, und zwar in dem Sinne, dass bei zeitlich längerer Betreuung die Kinder mehr Verhaltensprobleme im Alter von viereinhalb Jahren zeigten; ein Effekt, der bis zur 6. Klasse nachweisbar war (Belsky et al., 2007). Dieser Befund wurde in der Folge kontrovers diskutiert – zwischen einer generellen Skepsis gegenüber außerfamiliären Betreuungsangeboten (Horacek & Böhm, 2019) und einer relativierenden Interpretation, die nicht die Tatsache der Fremdbetreuung an sich, sondern das Ausmaß und spezifische Kontextbedingungen (insbesondere die Qualität des institutionellen Settings) hinterfragt (siehe Stamm, 2011).

Beispiel aus der Forschung: Nationale Untersuchung zur Bildung, Betreuung und Erziehung in der frühen Kindheit (NUBBEK) (Tietze et al., 2013)

Ausgehend von einer sozial-ökologischen Konzeption von Entwicklung untersuchte die NUBBEK-Studie Bildung und Erziehung in der frühen Kindheit in Abhängigkeit von verschiedenen Faktoren und Systemebenen. Die Qualität der pädagogischen Prozesse (Output) sowie des Familienbezugs wurden dabei als abhängig von vorgelagerten Inputfaktoren der Orientierungsqualität (z. B. pädagogische Konzeption) und der Strukturqualität (z. B. Ausbildung des pädagogischen Personals, Erzieher-Kind-Relation) betrachtet. Darüber hinaus war die Annahme zentral, dass von den vier Qualitätsbereichen (Orientierungs-, Struktur-, Prozessqualität und Qualität des Familienbezugs) ein Einfluss auf die kindliche Bildung und Entwicklung ausgeht, ebenso auf die Familiensituation (Outcomes). Analog zu dieser Konzeptualisierung außerfamiliärer Betreuungsformen wurde auch das familiäre Betreuungssetting der

Kinder entworfen; d.h., auch hier wurden Merkmale der Orientierungs-, Struktur- und Prozessqualität sowie des Bezugs zur außerfamiliären Betreuungsform betrachtet, ebenso deren Auswirkungen auf die kindliche Bildung und Entwicklung. Familiäre und außerfamiliäre Betreuungsformen wurden dabei als komplementär und in mannigfachen Wechselwirkungen stehend verstanden, auch als in spezifische soziale und kulturelle Kontexte eingebettet.

Im Rahmen der Studie konnte zum einen eine mehrstündige Erhebung in der Familie des jeweiligen Zielkindes, einschließlich eines ausführlichen Interviews mit der primären Bezugsperson, schriftlichen Fragebögen für Mütter bzw. Väter sowie Kindtestungen und Einschätzungen des kindlichen Bildungs- und Entwicklungsstandes durch die Eltern, realisiert werden. Zum anderen wurden Erhebungen im institutionellen Setting (Kindergarten, Krippe) bzw. der Kindertagespflege eines jeweiligen Zielkindes durchgeführt. Diese beinhalteten mehrstündige Beobachtungen zu pädagogischen Prozessen, Interviews und Fragebögen zu Aspekten der Orientierungs- und Strukturqualität sowie zur Einschätzung des Bildungs- und Entwicklungsstandes des jeweiligen Kindes in verschiedenen Bereichen.

Mittel- und langfristige Effekte. In der *Cost, Quality, and Outcomes*-Study (CQO) zeigten sich bei höherer Qualität bessere kognitive Outcomes; auch die Sprach- und Mathematikleistungen der Kinder waren am Ende der 2. Klasse besser (Peisner-Feinberg et al., 2001). Gleich gerichtete Effekte wurden am Ende der 2. Klasse in Bezug auf sprachliche Kompetenzen, Schulleistung, soziale Kompetenz und die Bewältigung von Alltagssituationen gefunden (ECCE Study Group, 1999). In der auf Deutschland bezogenen BiKS-Studie fanden sich Zusammenhänge zwischen der pädagogischen Qualität des Kindergartensettings und den mathematischen Fähigkeiten der Kinder gegen Ende der 1. Klasse und bis zur 3. Klasse (Anders et al., 2013; Lehrl, Kluczniok & Roßbach, 2016). In der englischen EPPE-Längsschnittuntersuchung zeigten Kinder aus Gruppen mit höherer (domänenspezifischer) Prozessqualität höhere Ausprägungen in Vorläuferfähigkeiten für Lesen, in der Entwicklung des Zahlbegriffes und im schlussfolgernden Denken. Bis zum Alter von 11 bzw. 14 Jahren hatten die Kinder mit höherer und mittlerer Prozessqualität im Vorschulbereich bessere Schulleistungen in Lesen, Mathematik und Naturwissenschaften als die, die einen Kindergarten mit niedriger Prozessqualität besuchten. Darüber hinaus fanden sich Hinweise auf einen positiven Zusammenhang zwischen der im Kindergartensetting erfahrenen Prozessqualität und dem sozial-emotionalen Entwicklungsstand der Kinder (Sammons et al., 2008; Sylva, Melhuish, Sammons, Siraj-Blatchford & Taggart, 2011). Neuere Untersuchungen verweisen auf einen Zusammenhang zwischen erfahrener Anregungsqualität in Kindertageseinrichtungen und der Entwicklung von Selbstregulation und prosozialem Verhalten am Ende der Primarschule (Sylva, Sammons, Melhuish, Siraj & Taggart, 2020). In der amerikanischen NICHD-Längsschnittstudie hatte die über mehrere Messzeitpunkte zusammengefasste pädagogische Prozessqualität Auswirkungen auf verschiedene kognitiv-sprachliche und schulleistungsbezogene Fähigkeiten während der Grundschulzeit. Am Ende der 5. Klasse war dieser Effekt allerdings nur noch beim Wortschatz signifikant (Belsky et al., 2007; NICHD Early Child Care Research Network, 2005). Positive Zusammenhänge zwischen der Kindergartenqualität und kognitiv-sprachlichen Fähigkeiten als auch der Schulleistungen (z. B. in den Bereichen Lesen und Mathematik) zeigten sich auch über das Jugendalter hinweg; ebenso – wenn auch nicht durchgehend – mit Blick auf Aspekte der sozial-emotionalen Entwicklung (z. B. weniger Verhaltensschwierigkeiten) (Vandell et al., 2010, 2016).

Die angeführten Studien legen einen bedeutsamen Einfluss der pädagogischen Qualität in vorschulischen Betreuungssettings auf spätere Bildungsoutcomes nahe. Bei Langzeiteffekten früher Qualität scheint die Qualität der sich anschließenden Schule ebenfalls eine wichtige Rolle zu spielen, wenngleich diese oftmals nicht kontrolliert wird bzw. kontrolliert werden kann. In der für die USA repräsentativen *Early Childhood Longitudinal-Study* (ECLS) glichen sich die Rückstände in schulischen Maßen von Kindern, die keine vorschulische Erziehung erfahren hatten, aus. Voraussetzung hierfür war, dass sie in ihrer Klasse qualitativ hochwertigen Leseunterricht erfuhren. Umgekehrt blieben die Differenzen bestehen, wenn die Kinder größere Grundschulklassen mit eher schlechtem Leseunterricht besuchten (Magnuson, Ruhm & Waldfogel, 2007). In der deutschen Untersuchung von Tietze et al. (2005) zeigte sich, dass die Kindergartenqualität genauso viel Varianz in verschiedenen kognitiv-schulleistungsbezogenen Maßen am Ende der 2. Grundschulklasse erklärt wie die aktuelle Grundschulqualität.

2.6 Kompensatorische Förderung

Häufig wird an gute pädagogische Qualität in Kindertageseinrichtungen die Erwartung geknüpft, dass Kinder aus benachteiligten Milieus besonders davon profitieren. Solche kompensatorischen Effekte sind durch verschiedene Untersuchungen belegt. Allerdings ist die Befundlage hierzu uneinheitlich. Während beispielsweise im Rahmen der NICHD-Studie Befunde vorliegen, die auf einen gewissen kompensatorischen Effekt hinsichtlich der sprachlich-kognitiven Entwicklung verweisen, d. h. nahelegen, dass der Besuch einer qualitativ hochwertigen Kindertageseinrichtung soziale Benachteiligung abmildern kann (z. B. Dearing, McCartney & Taylor, 2009), können andere Studien solche Effekte nicht bestätigen (Burchinal & Cryer, 2003; Peisner-Feinberg et al., 2001). Ähnlich stellt sich die Befundlage für den sozial-emotionalen Entwicklungsbereich dar (hierzu auch Anders et al., 2013).

Kompensatorisch angelegte Vorschulprogramme bzw. empirische Untersuchungen hierzu finden sich in den USA seit Beginn der 1970er Jahre. Als sich der in die Förderwirkung des breit angelegten *Head-Start-Programms* gesetzte Optimismus nicht erfüllte, wurden in der Folge verschiedene Curricula entwickelt und systematisch erprobt (z. B. Perry Preschool Project, Abecedarian Project). Kompensatorisch angelegte Förderprogramme richten sich dabei speziell an Kinder aus sozial benachteiligten Familien und sind anspruchsvoll konzeptualisiert; d.h., sie umfassen in der Regel neben einer qualitativ hochwertigen Kindertagesbetreuung auch familienbezogene Interventionen. Studien zur Umsetzung bzw. Wirkung solcher kombinierter Programme, die die Förderung eines Kindes in einer Einrichtung mit einer Elternkomponente zur Stärkung deren Erziehungskompetenz verbinden, konnten zeigen, dass Kinder aus benachteiligten Familien von diesen sowohl im sprachlich-kognitiven als auch im sozial-emotionalen Bereich nachhaltig profitieren (z.B. Miller, Farkas & Duncan, 2016; Ramey et al., 2000; Schweinhart et al., 2005). Von reinen Elternbildungsprogrammen, auch wenn solche Hausbesuche beinhalten, ist dagegen kaum eine nachhaltige (kognitive) Förderung der Kinder zu erwarten (Sweet & Appelbaum, 2004).

Solche Befunde unterstreichen die Bedeutung der Qualität des Familienbezugs von Kindertageseinrichtungen (siehe Abbildung 3.1 auf Seite 73) und legitimieren die in den letzten Jahren auch im deutschsprachigen Raum forcierte Weiterentwicklung von Kindertageseinrichtungen zu Familienzentren. Angesprochen sind Einrichtungen, die unter ihrem Dach Angebote der Kindertagesbetreuung – als Kern einer frühen Förderung von Kindern – sowie flankierend der Familien- und Elternbildung bereitstellen und miteinander verzahnen. Zentraler Orientierungspunkt für die Entwicklung solcher Konzepte in Deutschland war der Ansatz der *Early Excellence Centres* bzw. des diesen rahmenden *Sure-Start-Programms* in England. Dieser begegnet den komplexen Bedürfnissen von Familien mit Angeboten für Kinder und Eltern aus einer Hand. Evaluationsstudien zeigen, dass entsprechende Einrichtungen nachhaltig die soziale Situation von Familien – insbesondere von Familien in belasteten Lebenssituationen – stabilisieren und in positiver Weise die Entwicklung von Kindern unterstützen können (Melhuish, Belsky & Barnes, 2010).

3 Praktische Bedeutung

Angesichts der empirisch belegten Bedeutung pädagogischer Qualität für die kindliche Bildung und Entwicklung stellt sich die Frage nach Verbesserungsmöglichkeiten. Mit Bezug auf Abschnitt 2.2 können solche in allen vier Qualitätsbereichen, d.h. der *Orientierungs-*, *Struktur-* und *Prozess*qualität sowie der *Qualität des Familienbezugs,* angesetzt werden. Die seit Anfang der 2000er Jahre in allen deutschen Bundesländern aufgelegten curricularen Rahmenpläne wie auch die Vorschrift, einrichtungsspezifische Konzeptionen zu entwickeln (§ 22a Abs. 1 SGB VIII), sind Maßnahmen zur Verbesserung der *Orientierungsqualität;* auch der österreichische *BildungsRahmenPlan* und die kantonalen Kindergarten-Lehrpläne in der Schweiz sind hier einzuordnen. Die Anhebung der Erzieher*innenausbildung bzw. die Einrichtung frühpädagogischer Studiengänge (Viernickel, 2008) sowie Maßnahmen zur Verbesserung der Fachkraft-Kind-Relation, der Stärkung der Einrichtungsleitungen (z.B. durch Leitungsfreistellung), der Verbesserung von Weiterbildungsstrukturen etc., die aktuell in Deutschland insbesondere mit dem 2019 in Kraft getretenen *„Gesetz zur Weiterentwicklung der Qualität und zur Verbesserung der Teilhabe in Tageseinrichtungen und in der Kindertagespflege (KiQuTG)"* forciert werden, dienen der Verbesserung der *Strukturqualität*. Daneben wird über vielfältige Fortbildungen und Trainings von Erzieher*innen und ganzen Teams versucht, die pädagogische *Prozessqualität* direkt zu verbessern und günstigere Outcomes bei den Kindern zu erzielen. Studien zur Wirksamkeit solcher Interventionen sind allerdings rar. Fukkink und Lont (2007) fanden in ihrer Metaanalyse von 17 (quasi-) experimentellen Untersuchungen einen mittleren positiven Trainingseffekt auf die pädagogische Prozessqualität und bestimmte Child-Outcome-Variablen. Ergebnisse einer neueren Metaanalyse von Egert, Fukkink und Eckhardt (2018) bestätigen diesen Zusammenhang.

Die frühe Frage von Arnett (1989) „Does training matter?" kann nach der gegebenen Forschungslage generell bejaht werden. Effekte dürften jedoch von der Art des Trainings, seiner Struktur, Form und Dauer abhängig sein. Darüber hinaus ist

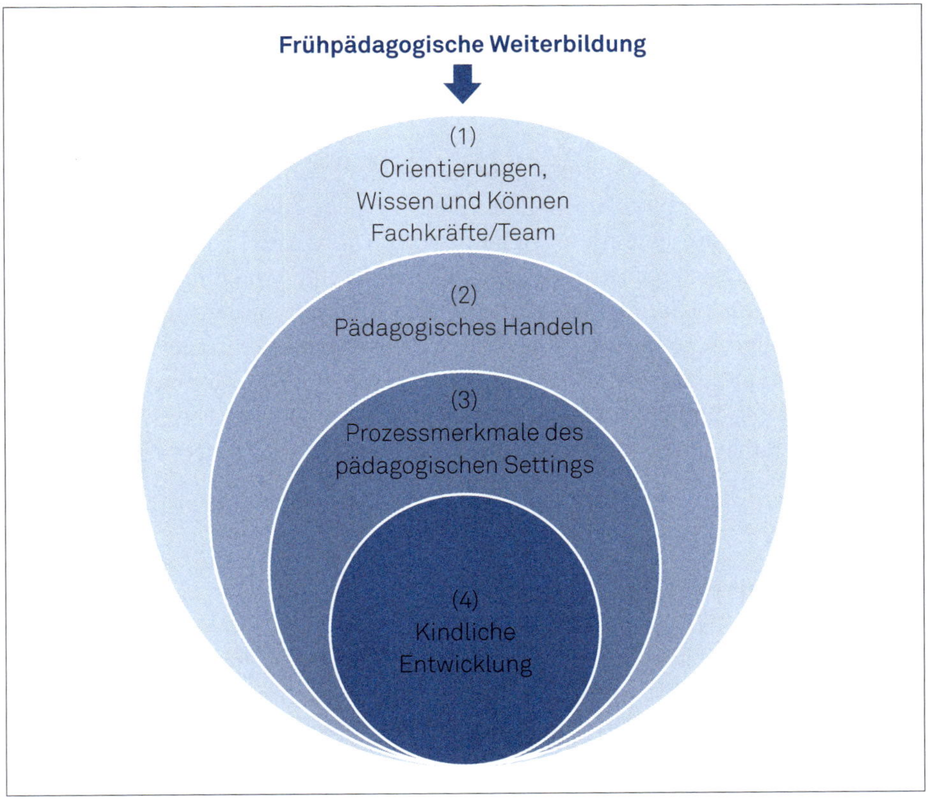

Abbildung 3.2: Wirkungsebenen frühpädagogischer Weiterbildung

zu berücksichtigen, dass Weiterbildungsangebote auf verschiedenen Ebenen wirken und diese eine unterschiedliche Nähe bzw. Distanz zur direkten Intervention aufweisen (siehe Abbildung 3.2); d.h., die distalen Ebenen sind nur indirekt über Weiterbildungsangebote zu beeinflussen (Faas, Dahlheimer & Thiersch, 2016). Vor diesem Hintergrund gewinnt die Frage nach Strategien zur Implementierung von Weiterbildungsinhalten in die pädagogische Praxis an Bedeutung (Faas et al., 2016). Ergebnisse empirischer Evaluationsstudien legen nahe, dass Weiterbildungen insbesondere dann messbare Veränderungen nach sich ziehen, wenn sie konkrete Handlungspraktiken vermitteln und deren Umsetzung im Alltag systematisch durch entsprechende Beratungs- oder Coachingangebote begleitet wird (Faas & Dahlheimer, 2015; Roßbach, Sechtig & Freund, 2010).

Insgesamt dürfte die Verbesserung pädagogischer Prozessqualität in vorschulischen Bildungskontexten davon abhängen, inwiefern es gelingt, über Ausbildung, Weiterbildung oder Maßnahmen pädagogischer Steuerung bestimmte entwicklungsförderliche Output-Merkmale in vorschulischen Bildungs- und Betreuungssettings zu etablieren: z.B. eine pädagogische Anregung und Förderung, die sowohl an der Lebenssituation der Kinder als auch an bestimmten Sachinhalten und den Erfordernissen ihrer Vermittlung orientiert sind, die sowohl intensive Interaktionen mit pädagogischen Fachkräften im Sinne „gemeinsam geteilter Denkprozesse“ als auch mit anderen Kindern bereithalten, in der Kinder maximal selbstständig und erfolgreich agieren können etc. (Tietze & Viernickel, 2016; Anders & Wieduwilt, 2018).

Anstrengungen zur Verbesserung der *Qualität des Familienbezugs* lassen sich als Anerkennung des empirisch belegbaren Stellenwertes der Familie für die frühe Bildung von Kindern begreifen (Tietze, 2008). Diese drückt sich in einer (auch international zu beobachtenden) Tendenz der Fortentwicklung von Kindertageseinrichtungen zu Familienzentren aus. Ziel solcher Einrichtungen ist es, über niederschwellige Angebote für Eltern in Kindertageseinrichtungen deren Erziehungskompetenz zu stärken und damit neben der direkten Förderung von Kindern indirekt über die Familien zur Verbesserung ihrer Bildung und Lebenssituation beizutragen (Schubert, Roux & Sechtig 2019; Stöbe-Blossey, Mirau & Tietze, 2008).

4 Zukunft des Themas

Institutionelle FBBE hat in den zurückliegenden Jahren eine starke quantitative Expansion erfahren – verbunden mit einem Bedeutungszuwachs der Bildungsfunktion. Die Betreuungsfunktion, die Eltern die Vereinbarkeit von Familie und Beruf ermöglichen soll, hat dadurch aber nicht an Bedeutung verloren. Die Effekte, die von einer qualitativ guten institutionellen FBBE auf die Bildung und Entwicklung von Kindern ausgehen, sind insgesamt bedeutend, wenngleich sie in ihrem Stellenwert gegenüber dem Einfluss der pädagogischen Qualität in den Familien nicht überschätzt werden dürfen. Gleichzeitig haben die frühpädagogischen Einrichtungen auch Rückwirkungen auf das sozial-emotionale Beziehungsgefüge in den Familien, einschließlich ihrer Freundschafts- und Netzwerkbildungen im sozialen Umfeld (Tietze et al., 2005).

Vor diesem Hintergrund überraschen die zunehmende Anerkennung der Bedeutung pädagogischer Qualität von Kindertageseinrichtungen sowie die fachwissenschaftliche, fachpolitische und fachpraktische Fokussierung auf diese nicht. Entsprechend wurden in den deutschsprachigen Ländern in den letzten zwei Jahrzehnten verschiedene Strategien und Maßnahmen zur Anregung guter Qualität in Kindertageseinrichtungen initiiert und umgesetzt. Zu nennen sind die Einführung von Bildungs- und Erziehungsplänen, die Einrichtung kindheitspädagogischer Studiengänge, die Entwicklung und Implementierung von Sprachförderprogrammen oder Programmen zur Unterstützung von Kindern und Familien mit Migrationshintergrund etc. Darüber hinaus sind Träger um gutes Personal und gute Konzepte bemüht, investieren in die Weiterbildung ihrer Fachkräfte, in die Ausstattungen ihrer Einrichtungen etc. Solche Initiativen und Maßnahmen auf der Input-Ebene (siehe Abbildung 3.1 auf Seite 73) sind notwendig. Aus Steuerungsperspektive haben sie aber vor allem die Funktion zu informieren und Orientierung zu geben bzw. die für gute Qualität erforderlichen Rahmenbedingungen zur Verfügung zu stellen. Das tatsächliche pädagogische Handeln, d.h. die konkreten Interaktionen sowie die sich darauf gründenden (Bildungs-)Erfahrungen von Kindern bzw. deren Qualität (Output), berühren sie aber nur indirekt. Eine nachhaltige Qualitätsverbesserung kann entsprechend nicht allein auf dieser Grundlage sichergestellt werden (Tietze et al. 2013).

Vor diesem Hintergrund wird auf verschiedenen Ebenen, national und international, die Einführung und Implementierung von Qualitätsmonitoringsystemen diskutiert bzw. vorangetrieben – verstanden als Voraussetzung für die Gewährleistung hoher Qualität in frühkindlichen Betreuungssettings (Klinkhammer, Schäfer, Harring & Gwinner, 2017; OECD, 2015). Dahinter steht nicht zuletzt die Annahme, dass mit der empirischen Erfassung, Dokumentation und Bearbeitung von Stärken und Schwächen konkreter pädagogischer Praxis in Kindertageseinrichtungen die pädagogische Arbeit vor Ort nachhaltig verbessert bzw. bestehende gute Fachpraxis effektiv gesichert werden kann. Allerdings fehlen aktuell noch hinreichend belastbare empirische Befunde, um die Wirkungen, Mechanismen und Wirkungsweisen von Monitoring- bzw. darauf aufbauenden Qualitätsentwicklungsverfahren aufklären zu können (Goffin & Barnett, 2015). Insgesamt reiht sich dieses Forschungsdesiderat ein in ein ganzes Bündel von Themen, das der weiterführenden wissenschaftlichen Bearbeitung bedarf, aber auch Politik und Fachpraxis weiter herausfordern wird. Es umfasst – neben Fragen der effektiven Steuerung des frühpädagogischen Systems – auch die Notwendigkeit einer weiteren Untersuchung ausgewählter Dimensionen und Merkmale pädagogischer Qualität, ihrer Bedeutung für die kindliche Entwicklung sowie der Wirksamkeit pädagogischer Programme und Interventionen in diesem Zusammenhang. Dabei sind zunehmend auch neue Perspektiven zu beobachten, z.B. die Berücksichtigung sogenannter „*21st Century Skills*“ wie z.B. metakognitive Kompetenzen (Sylva et al., 2020) oder des Sozialraums als sozial-ökologischer Rahmen von Erziehung und Bildung (Faas, 2020; Schelle, 2020). Nicht zuletzt ist die Entwicklung professioneller Handlungskompetenz in der Aus- und Weiterbildung von frühpädagogischen Fachkräften in den Blick zu nehmen.

Zusammenfassung

Der vorschulische Bereich hat sich erst in den letzten Jahrzehnten als erste Stufe der öffentlichen Bildungssysteme in den deutschsprachigen Ländern etabliert. Dennoch haben Kindertageseinrichtungen eine lange Tradition, wenngleich sie lange Zeit vor allem mit ihrer Betreuungsfunktion assoziiert wurden. Erst infolge von PISA gewann die Bildungsfunktion vorschulischer Einrichtungen nachhaltig an Bedeutung. Durch den in der Folge veränderten fachöffentlichen Diskurs und entsprechende bildungspolitische Weichenstellungen rückten Fragen nach der Qualität des frühkindlichen Bildungssystems und dem Lernen der Kinder mehr und mehr in den Vordergrund. Dies ging einher mit der Entwicklung und Umsetzung neuer pädagogischer Konzepte, der Implementierung von Bildungs- und Erziehungsplänen für den Elementarbereich, Reformen der Ausbildung und der Einführung frühpädagogischer Studiengänge sowie der Stärkung und dem Ausbau frühpädagogischer Weiterbildung. Nicht zuletzt gewannen auch Forschung zu frühkindlicher Bildung und pädagogischer Qualität sowie Fragen nach einer effektiveren pädagogischen Steuerung an Bedeutung. Der forschungsbezogene Diskurs vollzog sich dabei – auf der Basis entsprechender Studien – in drei Wellen: In den frühen Arbeiten standen zunächst Fragen nach generellen Unterschieden in der Entwicklung von Kindern, die eine Fremdbetreuung während des Tages erhalten, und solchen, die ausschließlich zu Hause (damals i.d.R. von ihren Müttern) betreut und erzogen werden, im Mittelpunkt. In späteren Studien und Auseinandersetzungen verlagerte sich der Fokus dann mehr und mehr auf die Auswirkungen und die Variationsbreite von Qualität, die in der sozialen Wirklichkeit von Kindertageseinrichtungen gegeben ist. Ab den 2000er Jahren rückten dann stärker Fragen nach den Effekten bzw. Effektgrößen bestimmter Merkmale pädagogischer Qualität (z.B. pädagogischer Interaktionen, Zusammenarbeit mit Eltern) und dem Einfluss der Familie bzw. der familiären Anregungsqualität in den Blick (Tietze, 2004). Aktuell kann eine zunehmende Berücksichtigung systemischer Perspektiven in Bezug auf Forschung zur frühpädagogischen Qualität beobachtet werden (z.B. Leal, Gamelas, Barros & Pessanha, 2018; Sheridan & Pramling Samuelson, 2013); gemeint ist eine stärkere soziale und kulturelle Kontextualisierung entsprechender Forschungsbefunde und -diskurse.

Reflexionsfragen

1. Welchen Stellenwert hat der vorschulische Bildungsbereich und wie hat sich dies historisch gewandelt?
2. Welche theoretischen und didaktischen Ansätze haben das frühpädagogische Feld geprägt und wie sind diese heute zu bewerten?
3. Welche vier Qualitätsbereiche werden gewöhnlich bei der Konzeptualisierung empirischer Untersuchungen zu vorschulischer Bildung und ihren Effekten unterschieden?
4. Welche Bedeutung hat die in einer Kindertageseinrichtung gegebene pädagogische Qualität für die Entwicklung und Bildung von Kindern?
5. Was sind aktuelle Herausforderungen der vorschulischen Bildung, Betreuung und Erziehung?

Weiterführende Literatur

Anders, Y. & Roßbach, H. G. (2019). Qualität in der Kindertagesbetreuung. In O. Köller, M. Hasselhorn, F.W. Hesse, K. Maaz, J. Schrader, H. Solga et al. (Hrsg.), *Das Bildungswesen in Deutschland: Bestand und Potenziale* (S. 441–470). Bad Heilbrunn: Klinkhardt.

Hartel, B., Hollerer, L., Smidt, W., Walter-Laager, C. & Stoll, M. (2018). Elementarpädagogik in Österreich. Voraussetzungen und Wirkungen elementarer Bildung. In S. Breit, F. Eder, K. Krainer, C. Schreiner, A. Seel & C. Spiel (Hrsg.), *Nationaler Bildungsbericht Österreich 2018, Band 2: Fokussierte Analysen bildungspolitischer Schwerpunktthemen* (S. 183–224). Graz: Leykam.

Roßbach, H. G. & Spieß, C. K. (2019). Frühe Bildung in Kindertageseinrichtungen: Rahmenbedingungen und Entwicklungen. In O. Köller, M. Hasselhorn, F.W. Hesse, K. Maaz, J. Schrader, H. Solga et al. (Hrsg.), *Das Bildungswesen in Deutschland: Bestand und Potenziale* (S. 409–440). Bad Heilbrunn: Klinkhardt.

Literatur

Aden-Grossmann, W. (2002). *Kindergarten. Eine Einführung in seine Entwicklung und Pädagogik.* Weinheim: Beltz.

Aktionsrat Bildung (2012). *Professionalisierung in der Frühpädagogik: Qualifikationsniveau und -bedingungen des Personals in Kindertagesstätten.* Münster: Waxmann.

Anders, Y. Große, C., Roßbach, H.-G., Ebert, S., Kuger, S., Lehrl, S. et al. (2013). Preschool and primary school influences on the development of children's early numeracy skills between the ages of 3 and 7 years in Germany. *School Effectiveness and School Improvement, 24*(2), 195–211. https://doi.org/10.1080/09243453.2012.749794

Anders, Y. & Wieduwilt, N. (2018). Die „Sustained Shared Thinking and Emotional Well-Being (SSTEW)"-Skala. *Frühe Bildung, 7*(1), 52–54. https://doi.org/10.1026/2191-9186/a000361

Ansari, A. & Purtell, K. M. (2017). Activity settings in full-day kindergarten classrooms and children's early learning. *Early Childhood Research Quarterly, 38,* 23–32. https://doi.org/10.1016/j.ecresq.2016.09.003

Arnett, J. (1989). Caregivers in Day-Care Centers: Does Training Matter? *Journal of Applied Developmental Psychology, 10*(4), 541–552. https://doi.org/10.1016/0193-3973(89)90026-9

Autorengruppe Fachkräftebarometer (2019). *Fachkräftebarometer Frühe Bildung 2019.* München: DJI.

Barnett, W. S., Jung, K., Yarosz, D. J., Thomas, J., Hornbeck, A., Stechuk, R. & Burns, S. (2008). Educational effects of the Tools of the Mind curriculum: A randomized trial. *Early Childhood Research Quarterly, 23,* 299–313. https://doi.org/10.1016/j.ecresq.2008.03.001

Belsky, J., Vandell, D. L., Burchinal, M., Clarke-Stewart, K. A., McCartner, K. & Owen, M. T. (2007). Are there long-term effects of early child care? *Child Development, 78*(2), 681-701. https://doi.org/10.1111/j.1467-8624.2007.01021.x

Berger, M. (2005). *Recherchen zum Kindergarten in Österreich: Gestern - Heute - Morgen.* Verfügbar unter https://www.kindergartenpaedagogik.de/fachartikel/kinderbetreuung-in-anderen-laendern/1240

Böhm, W. (2003). Maria Montessori (1870–1952). In H.-E. Tenorth (Hrsg.), *Klassiker der Pädagogik: Von John Dewey bis Paulo Freire* (Bd. 2, S. 74–88). München: C. H. Beck.

Bos, W., Lankes, E.-M., Prenzel, M., Schwippert, K., Valtin, R. & Walther, G. (Hrsg.). (2003). *Erste Ergebnisse aus IGLU. Schülerleistungen am Ende der vierten Jahrgangsstufe im internationalen Vergleich.* Münster: Waxmann.

Bredekamp, V. S. & Copple, C. (1997). *Developmentally Appropriate Practice in Early Childhood Programs.* Washington, D. C.: NAEYC.

Bryant, D., Maxwell, K., Taylor, K., Poe, M., Peisner-Feinberg, E. & Bernier, K. (2003). *Smart Start and preschool child quality in NC: Change over time and relation to children's readiness.* Chapel Hill, NC: FPG Child Development Institute.

Bundesamt für Sozialversicherungen (BSV). (2013). *Familienergänzende Kinderbetreuung.* Verfügbar unter https://www.geschichtedersozialensicherheit.ch/institutionen/kantonale-lokale-und-private-institutionen/familienergaenzende-kinderbetreuung

Bundesamt für Statistik (BFS). (Hrsg.). (2020). *Familien- und schulergänzende Kinderbetreuung im Jahr 2018: Grosseltern, Kindertagesstätten und schulergänzende Einrichtungen leisten den grössten Betreuungsanteil.* Neuchâtel: BFS.

Burchinal, M. R. & Cryer, D. (2003). Diversity, child care quality, and developmental outcomes. *Early Childhood Research Quarterly, 18,* 401–426. https://doi.org/10.1016/j.ecresq.2003.09.003

Burchinal, M. R., Peisner-Feinberg, E., Bryant, D. M. & Clifford, R. (2000). Children's social and cognitive development and child-care quality: Testing for differential associations related to poverty, gender, or ethnicity. *Applied Developmental Science, 4,* 149–165. https://doi.org/10.1207/S1532480XADS0403_4

Caille, J.-P. (2001). Scolarisation à 2 ans et réussite de la carrière scolaire au début de l'école élémentaire. *Education & Formations, 60,* 7–18.

Chiapparini, E., Thieme, N. & Sauerwein, M. (2019). Tagesschulen in der Schweiz. Ein neues und herausforderndes Handlungsfeld der Sozialen Arbeit. *Schweizerische Zeitschrift für Soziale Arbeit, 1,* 157–173.

Dearing, E., McCartney, K. & Taylor, B. A. (2009). Does higher quality early child care promote low-income children's math and reading achievement in middle childhood? *Child Development, 80*(5), 1329–1349. https://doi.org/10.1111/j.1467-8624.2009.01336.x

Deutscher Bildungsrat (1970). *Strukturplan für das Bildungswesen.* Stuttgart: Klett.

Early, D.M., Maxwell, K.M., Burchinal, M., Alva, S., Bender, R.H., Bryant, D. et al. (2007). Teachers' education, classroom quality and young children's academic skills. Results from seven studies of preschool programs. *Child Development, 78*(2), 558–580.

Egert, F., Fukkink, R.G. & Eckhardt, A.G. (2018). Impact of in-service professional development programs for early childhood teachers on quality ratings and child outcomes: A meta-analysis. *Review of Educational Research, 88*(3), 401–433. https://doi.org/10.3102/0034654317751918

Erning, G. (1997). Geschichte der öffentlichen Kleinkinderziehung – von der Bewahranstalt zur Bildungsanstalt. In M. Liedtke (Hrsg.), *Handbuch der Geschichte des bayerischen Bildungswesens* (Bd. 4., S. 718–745). Bad Heilbrunn: Klinkhardt.

Erning, G. (2004). Bildungsförderung in einem klassischen frühpädagogischen Konzept: Die Entwicklung des Kindergartens. In G. Faust, M. Götz, H. Hacker & H.-G. Roßbach (Hrsg.), *Anschlussfähige Bildungsprozesse im Elementar- und Primarbereich* (S. 27–48). Bad Heilbrunn: Klinkhardt.

European Child Care and Education (ECCE) Study Group (1999). *School-age assessment of child development: Long-term impact of pre-school experiences on school success, and family-school relationships* (Report written by W. Tietze, J. Hundertmark-Mayser & H.-G. Roßbach. Report submitted to European Union DG XII: Science, Research and Development. RTD Action: Targeted Socio-Economic Research). Brüssel: EU.

Faas, S. (2020). Sozialräumliche Perspektiven auf sprachliche Bildung und Förderung von Mehrsprachigkeit in Kindertageseinrichtungen – Potentiale von Familienzentren. In Baden-Württemberg Stiftung (Hrsg.), *Sprachentwicklung und Mehrsprachigkeit in Kinder- und Familienzentren stärken* (S. 46–55). Tübingen: Narr Francke.

Faas, S. & Dahlheimer, S. (2015). Effekte von Fortbildungen im Elementarbereich. Zu Fragen des Messens und Bewertens im Kontext von Programmevaluationen. In A. Schmitt, M. Morfeld, E. Sterdt & L. Fischer (Hrsg.), *Evidenzbasierte Praxis und Politik in der Frühpädagogik. Ein Tagungsbericht* (S. 66–82). Halle (Saale): Mitteldeutscher Verlag.

Faas, S., Dahlheimer, S. & Thiersch, R. (2016). Bildungsgerechtigkeit – Ziel und Anspruch frühpädagogischer Qualifizierungsprogramme. Vergleichende Evaluation der Programme „Chancen – gleich!" und „frühstart Rheinland-Pfalz!". *Zeitschrift für Grundschulforschung, Bildung im Elementar- und Primarbereich, 1,* 34–51.

Fröbel, F. (1839/1982). Die Bildung der Kinder vor dem schulfähigen Alter, und die Ausführung einer Bildungsanstalt zu Erziehern und Pflegern in dem angegebenen Alter, besonders die Bildung zu Lehrern an Kleinkinderschulen betreffend. In K.-H. Günther & H. König (Hrsg.), *„Kommt, lasst uns unseren Kindern leben!" Aus dem pädagogischen Werk eines Menschenerziehers, Bd. III* (S. 184–188). Berlin: Volk und Wissen.

Fukkink, R.G. & Lont, A. (2007). Does training matter? A meta-analysis and review of caregiver training studies. *Early Childhood Research Quarterly, 22,* 294–311. https://doi.org/10.1016/j.ecresq.2007.04.005

Goelman, H., Forer, B., Kershaw, P., Doherty, G., Lero, D. & LaGrange, A. (2006). Towards a predictive model of quality in Canadian child care centers. *Early Childhood Research Quarterly, 21,* 280–295. https://doi.org/10.1016/j.ecresq.2006.07.005

Goffin, S.G. & Barnett, W.S. (2015). Assessing QRIS as a change agent. *Early Childhood Research Quarterly, 30*(1), 179–182. https://doi.org/10.1016/j.ecresq.2014.08.005

Groark, C.J., McCall, R.B., McCarthy, S.K., Eichner, J.C. & Gee, A.D. (2013). Structure, caregiver-child interactions, and children's general physical and behavioral development in three central American institutions. *International Perspectives in Psychology: Research, Practice, Consultation, 2*(3), 207–224. https://doi.org/10.1037/ipp0000007

Harms, T., Clifford, R.M. & Cryer, D. (2005). *Early Childhood Environment Rating Scale. Revised Edition (ECERS-R).* New York: Teacher College Press.

Harms, T., Clifford, R.M. & Cryer, D. (2015). *Early Childhood Environment Rating Scale. Third Edition (ECERS-3)*. New York: Teacher College Press.

Harrison, L.J. (2008). Does child care quality matter? Associations between socio-emotional development and non-parental child care in a representative sample of Australian children. *Family Matters, 79,* 14–25.

Hartel, B., Hollerer, L., Smidt, W., Walter-Laager, C. & Stoll, M. (2018). Elementarpädagogik in Österreich. Voraussetzungen und Wirkungen elementarer Bildung. In S. Breit, F. Eder, K. Krainer, C. Schreiner, A. Seel & C. Spiel (Hrsg.), *Nationaler Bildungsbericht Österreich 2018, Band 2: Fokussierte Analysen bildungspolitischer Schwerpunktthemen* (S. 183–224). Graz: Leykam.

Hayes, C.D., Palmer, J.L. & Zaslow, M.J. (Eds.). (1990). *Who cares for America's children? Child Care Policy for the 1990s*. Washington, D.C.: National Academy Press.

Heiland, H. (2003). Zur Aktualität von Fröbels Erziehungskonzept. Fröbels Konzeption der Elementarbildung. In H. Heiland & K. Neumann (Hrsg.), *Fröbels Pädagogik verstehen, interpretieren, weiterführen* (S. 177–190). Würzburg: Königshausen & Neumann.

Horacek, U. & Böhm, R. (2019). Sind Kleinkinder in den ersten 3 Lebensjahren in Kitas gut aufgehoben? *Pädiatrie, 31*(3), 50–52. https://doi.org/10.1007/s15014-019-1673-x

Hover-Reisner, N., Paschon, A. & Smidt, W. (Hrsg.). (2020). *Elementarpädagogik im Aufbruch: Einblicke und Ausblicke*. Münster: Waxmann.

Jurczyk, K., Rauschenbach, T., Tietze, W., Keimeleder, L., Schneider, K., Schumann, M. et al. (2004). *Von der Tagespflege zur Familientagesbetreuung. Zur Zukunft öffentlich regulierter Kinderbetreuung in Privathaushalten*. Weinheim: Beltz.

Klein-Landeck, M. & Pütz, T. (2019). *Montessori-Pädagogik: Einführung in Theorie und Praxis*. Freiburg: Herder.

Klinkhammer, N., Schäfer, B., Harring, D. & Gwinner, A. (Hrsg.). (2017). *Qualitätsmonitoring in der frühkindlichen Bildung und Betreuung. Ansätze und Erfahrungen aus ausgewählten Ländern*. München: DJI.

Kluczniok, K. (2018). Pädagogische Qualität im Kindergarten. In T. Schmidt & W. Smidt (Hrsg.), *Empirische Forschung in der Pädagogik der frühen Kindheit* (S. 407–426). Münster: Waxmann.

Kluczniok, K., Anders, Y. & Ebert, S. (2011). Fördereinstellungen von Erzieherinnen. Einflüsse auf die Gestaltung von Lerngelegenheiten im Kindergarten und die kindliche Entwicklung früher numerischer Kompetenzen. *Frühe Bildung, 0,* 13–21. https://doi.org/10.1026/2191-9186/a000002

Kluczniok, K. & Roßbach, H.-G. (2014). Conceptions of educational quality for kindergartens. *Zeitschrift für Erziehungswissenschaft, 17*(6), 145–158. https://doi.org/10.1007/s11618-014-0578-2

Koch, B. (2020). *Die Bachelorstudien Elementarpädagogik an Österreichs Hochschulen: Bestandsaufnahme und Entwicklungsmöglichkeiten*. Münster: LIT.

Leal, T., Gamelas, A.M., Barros, S. & Pessanha, M. (2018). Quality of early childhood education environments: Discussion on the concept of quality and future perspectives. In A. Gregoriadis, V. Grammatikopoulos & E. Zachopoulou (Eds.), *Professional development and quality in early childhood education. Comparative European Perspectives* (pp. 29–58). Cham: Palgrave Macmillan. https://doi.org/10.1007/978-3-319-64212-3_3

Lehrl, S., Ebert, S., Blaurock, S., Roßbach, H.G. & Weinert, S. (2020). Long-term and domain-specific relations between the early years home learning environment and students' academic outcomes in secondary school. *School Effectiveness and School Improvement, 31*(1), 102–124. https://doi.org/10.1080/09243453.2019.1618346

Lehrl, S., Kluczniok, K. & Roßbach, H.G. (2016). Longer-term associations of preschool education: The predictive role of preschool quality for the development of mathematical skills through elementary school. *Early Childhood Research Quarterly, 36,* 475–488. https://doi.org/10.1016/j.ecresq.2016.01.013

LoCasale-Crouch, J., Konold, T., Pianta, R., Howes, C., Burchinal, M., Bryant, D. et al. (2007). Observed classroom quality profiles in state-funded pre-kindergarten programs and associations with teacher, program, and classroom characteristics. *Early Childhood Research Quarterly, 22,* 3–17. https://doi.org/10.1016/j.ecresq.2006.05.001

Magnuson, K.A., Ruhm, C. & Waldfogel, J. (2007). The persistence of preschool effects: Do subsequent classroom experiences matter? *Early Childhood Research Quarterly, 22,* 18–38. https://doi.org/10.1016/j.ecresq.2006.10.002

Melhuish, E., Belsky, J. & Barnes, J. (2010). Evaluation and value of Sure Start. *Archives of Disease in Childhood, 95*(3), 159–161. https://doi.org/10.1136/adc.2009.161018

Miller, E.B., Farkas, G. & Duncan, G.J. (2016). Does Head Start differentially benefit children with risks targeted by the program's service model? *Early Childhood Research Quarterly, 34*(1), 1–12. https://doi.org/10.1016/j.ecresq.2015.08.001

Mischo, C. (2017). Professionalisierung kindheitspädagogischer Fachkräfte: Das Projekt „Ausbildung und Verlauf von Erzieherinnen-Merkmalen (AVE)". In C. Gräsel & K. Trempler (Hrsg.), *Entwicklung von Professionalität pädagogischen Personals. Interdisziplinäre Betrachtungen, Befunde und Perspektiven* (S. 93–112). Wiesbaden: Springer VS. https://doi.org/10.1007/978-3-658-07274-2_6

Netzwerk Kinderbetreuung Schweiz (Hrsg.). (2010). *Grundlagenpapier Bildungspläne für die familien- und schulergänzende Kinderbetreuung.* Zofingen: Netzwerk Kinderbetreuung.

Neumann, K. (1998). Kleinkindheit im Wandel. In W.E. Fthenakis & M.R. Textor (Hrsg.), *Qualität von Kinderbetreuung. Konzepte, Forschungsergebnisse, internationaler Vergleich* (S. 27–36). Weinheim: Beltz.

Neumann, K. (2006). Klassiker der Pädagogik der frühen Kindheit. In L. Fried & S. Roux (Hrsg.), *Pädagogik der frühen Kindheit. Handbuch und Nachschlagewerk* (S. 107–118). Weinheim: Beltz.

NICHD Early Child Care Research Network. (2000). The relation of child care to cognitive and language development. *Child Development, 71,* 960–980. https://doi.org/10.1111/1467-8624.00202

NICHD Early Child Care Research Network. (2002a). Child-care structure → process → outcome: Direct and indirect effects of child-care quality on young children's development. *Psychological Science, 13,* 199–206. https://doi.org/10.1111/1467-9280.00438

NICHD Early Child Care Research Network. (2002b). Early child care and children's development prior to school entry: Results from the NICHD Study of Early Child Care. *American Educational Research Journal, 39,* 133–164. https://doi.org/10.3102/00028312039001133

NICHD Early Child Care Research Network. (2003). Does quality of child care affect child outcomes at age 4½? *Developmental Psychology, 39,* 451–469. https://doi.org/10.1037/0012-1649.39.3.451

NICHD Early Child Care Research Network. (2005). Early child care and children's development in the primary grades: Follow-up results from NICHD Study of Early Child Care. *American Educational Research Journal, 42*(3), 537–570. https://doi.org/10.3102/00028312042003537

Niedersächsisches Institut für frühkindliche Bildung und Entwicklung (Nifbe). (2016). *5,4 % der KiTa-Fachkräfte haben Hochschulabschluss.* Verfügbar unter https://www.nifbe.de/infoservice/aktuelles/1003-5-4-der-kita-fachkraefte-haben-hochschulabschluss

Nourot, P.M. (2005). Historical perspectives on early childhood education. In J.L. Roopnarine & J.E. Johnson (Eds.), *Approaches to early childhood education* (4th ed., pp. 3–43). Upper Saddle River, NJ: Pearson.

Organisation for Economic Co-operation and Development (OECD). (2006). *Starting Strong II. Early Childhood Education and Care*. Paris: OECD.

Organisation for Economic Co-operation and Development (OECD). (2015). *Starting Strong IV: Monitoring Quality in Early Childhood Education and Care*. Paris: OECD.

Paterak, H. (1999). *Institutionelle Früherziehung im Spannungsfeld normativer Familienmodelle und gesellschaftlicher Realität*. Münster: Waxmann.

Peisner-Feinberg, E.S., Burchinal, M.R., Clifford, R.M., Culkin, M.L., Howes, C., Kagan, S.L. et al. (2001). The relation of preschool child-care quality to children's cognitive and social developmental trajectories through second grade. *Child Development, 72*, 1534–1553. https://doi.org/10.1111/1467-8624.00364

Pianta, R., Howes, C., Burchinal, M., Bryant, D., Clifford, R., Early, D. et al. (2005). Features of pre-kindergarten programs, classrooms, and teachers: Do they predict observed classroom quality and child-teacher interactions? *Applied Developmental Science, 9*, 144–159. https://doi.org/10.1207/s1532480xads0903_2

Ramey, C.T., Campbell, F.A., Burchinal, M., Skinner, M.L., Gardner, D.M. & Ramey, S.L. (2000). Persistent effects of early childhood education on high-risk children and their mothers. *Applied Developmental Science, 4*(1), 2–14. https://doi.org/10.1207/S1532480XADS0401_1

Retter, H. (1978). Typen pädagogischer und didaktischer Ansätze im Elementarbereich. In R. Dollase (Hrsg.), *Handbuch der Früh- und Vorschulpädagogik* (Bd. 2, S. 135–150). Düsseldorf: Schwann.

Roßbach, H.-G. (2005). Effekte qualitativ guter Betreuung, Bildung und Erziehung im frühen Kindesalter auf Kinder und ihre Familien. In Sachverständigenkommission Zwölfter Kinder- und Jugendbericht (Hrsg.), *Bildung, Betreuung und Erziehung von Kindern unter sechs Jahren* (Bd. 1, S. 55–174). München: DJI.

Roßbach, H.-G. (2006). Institutionelle Übergänge in der Frühpädagogik. In L. Fried & S. Roux (Hrsg.), *Pädagogik der frühen Kindheit. Handbuch und Nachschlagewerk* (S. 280–292). Weinheim: Beltz.

Roßbach, H.-G. (2018). Bildungsorte in der frühen Kindheit: Familie und Kindertageseinrichtung. In O. Kapella, N.F. Schneider & H. Rost (Hrsg.), *Familie – Bildung – Migration: Familienforschung im Spannungsfeld zwischen Wissenschaft, Politik und Praxis* (S. 127–137). Opladen: Budrich. https://doi.org/10.2307/j.ctvddzpz0.12

Roßbach, H.-G., Anders, Y. & Tietze, W. (Hrsg.). (2016). *Evaluation des Bundesprogramms „Schwerpunkt-Kitas Sprache & Integration"*. Bamberg: Universität Bamberg.

Roßbach, H.-G., Sechtig, J. & Freund, U. (2010). *Empirische Evaluation des Modellversuchs „Kindergarten der Zukunft in Bayern – KIDZ". Ergebnisse der Kindergartenphase*. Bamberg: Universität Bamberg.

Roth, H. (Hrsg.). (1968). *Begabung und Lernen*. Stuttgart: Klett.

Sammons, P., Grabbe, Y., Sylva, K., Meljuish, E., Siraj-Blatchford, I., Taggart, B. et al. (2002). *Measuring the Impact of Pre-school on Children's Progress Over the Pre-school Period. The effective provision of pre-school education (EPPE) project: technical paper 8a*. London: University of London, Institute of Education.

Sammons, P., Grabbe, Y., Sylva, K., Meljuish, E., Siraj-Blatchford, I., Taggart, B. et al. (2008). Children's Cognitive Attainment and Progress in English Primary School During Key Stage 2: Investigating the potential continuing influences of pre-school education. *Zeitschrift für Erziehungswissenschaft, Sonderheft 11*, 179–197.

Sammons, P., Sylva, K., Hall, J., Siraj, I., Melhuish, E., Taggart, B. & Mathers, S. (2017). *Establishing the effects of quality in early childhood: comparing evidence from England*. Retrieved from https://ore.exeter.ac.uk/repository/bitstream/handle/10871/26994/early%20education%202017.pdf?sequence=1&isAllowed=y

Schelle, R. (2020). Der Sozialraum und seine Bedeutung für die Qualität im Elementarbereich. *Zeitschrift für Grundschulforschung, 13*(2), 179–192. https://doi.org/10.1007/s42278-020-00081-9

Schmidt, T. & Smidt, W. (2018). Empirische Forschung in der Pädagogik der frühen Kindheit – eine Einführung. In T. Schmidt & W. Smidt (Hrsg.), *Empirische Forschung in der Pädagogik der frühen Kindheit* (S. 9–19). Münster: Waxmann.

Schubert, T., Roux, S. & Sechtig, J. (2019). Sprachbildungsorientierte Zusammenarbeit von Eltern und pädagogischen Fachkräften in Kinderund Familienzentren im Sozialraum. In C. Donie, F. Foerster, M. Obermayr, A. Deckwerth, G. Kammermeyer, G. Lenske et al. (Hrsg.), *Grundschulpädagogik zwischen Wissenschaft und Transfer* (S. 358–365). Wiesbaden: Springer VS. https://doi.org/10.1007/978-3-658-26231-0_45

Schweinhart, L. J., Montie, J., Xiang, Z., Barnett, W. S., Belfield, C. R. & Nores, M. (2005). *Lifetime Effects. The High/Scope Perry Preschool Study through Age 40*. Ypsilanti, MI: High/Scope Press.

Sheridan, S. & Pramling Samuelson, I. (2013). Preschool a source for young children's learning and well-being. *International Journal of Early Years Education, 21*(2–3), 207–222. https://doi.org/10.1080/09669760.2013.832948

Stamm, M. (2009). *Frühkindliche Bildung in der Schweiz: Eine Grundlagenstudie im Auftrag der Schweizerischen UNESCO-Kommission*. Fribourg: Université de Fribourg.

Stamm, M. (2011). Wie viel Mutter braucht das Kind? – Theoretische Befunde und empirische Fakten zur Frage der Nützlichkeit oder Schädlichkeit von früher familienexterner Betreuung. *Diskurs Kindheits- und Jugendforschung, 6*(1), 7–8.

Statistik Austria. (Hrsg.). (2019). *Kindertagesheim-Statistik*. Wien: Statistik Austria.

Statistisches Bundesamt (2019). *Betreuungsquote von Kindern unter 6 Jahren nach Bundesländern*.

Stöbe-Blossey, S., Mirau, S. & Tietze, W. (2008). Von der Kindertageseinrichtung zum Familienzentrum – Konzeption, Entwicklungen und Erprobung des Gütesiegels „Familienzentrum NRW“. *Zeitschrift für Erziehungswissenschaft, Sonderheft 11*, 105–122.

Sweet, M. A. & Appelbaum, M. I. (2004). Is home visiting an effective strategy? A meta-analytic review of home visiting programs for families with young children. *Child Development, 75*(5), 1435–1456. https://doi.org/10.1111/j.1467-8624.2004.00750.x

Sylva, K., Melhuish, E., Sammons, P., Siraj-Blatchford, I. & Taggart, B. (2011). Preschool quality and educational outcomes at age 11: Low quality has little benefit. *Journal of Early Childhood Research, 9*(2), 109–124. https://doi.org/10.1177/1476718X10387900

Sylva, K., Sammons, P., Melhuish, E., Siraj, I. & Taggart, B. (2020). Developing 21st Century Skills in Early Childhood: the contribution of process quality to self-regulation and pro-social behaviour. *Zeitschrift für Erziehungswissenschaft, 23*, 465–484. https://doi.org/10.1007/s11618-020-00945-x

Tietze, W. (1987). A Structural Model for the Evaluation of Preschool Effects. *Early Childhood Research Quarterly, 2*(2), 133–153. https://doi.org/10.1016/0885-2006(87)90040-8

Tietze, W. (1993). Institutionelle Erfahrungsfelder für Kinder im Vorschulalter: Zur Entwicklung vorschulischer Erziehung in Deutschland. In W. Tietze & H.-G. Roßbach (Hrsg.), *Erfahrungsfelder in der frühen Kindheit: Bestandsaufnahme, Perspektiven* (S. 98–125). Freiburg: Lambertus.

Tietze, W. (1998). Vorschulerziehung. In D. Lenzen (Hrsg.), *Pädagogische Grundbegriffe* (Bd. 2, S. 1590–1604). Reinbek: Rowohlt.

Tietze, W. (2004). Pädagogische Qualität in Familie, Kindergarten und Grundschule und ihre Bedeutung für die kindliche Entwicklung. In G. Faust, M. Götz, H. Hacker & H.-G. Roßbach (Hrsg.), *Anschlussfähige Bildungsprozesse im Elementar- und Primarbereich* (S. 139–153). Bad Heilbrunn: Klinkhardt.

Tietze, W. (2008). Sozialisation in Krippe und Kindergarten. In K. Hurrelmann, M. Grundmann & S. Walper (Hrsg.), *Handbuch Sozialisationsforschung* (S. 274–289). Weinheim: Beltz.

Tietze, W., Becker-Stoll, F., Bensel, J., Eckhardt, A. G., Haug-Schnabel, G., Kalicki, B. et al. (Hrsg.). (2013). *Nationale Untersuchung zur Bildung, Betreuung und Erziehung in der frühen Kindheit (NUBBEK)*. Weimar: das netz.

Tietze, W., Roßbach, H.-G. & Grenner, K. (2005). *Kinder von 4 bis 8 Jahren. Zur Qualität der Erziehung und Bildung in Kindergarten, Grundschule und Familie*. Weinheim: Beltz.

Tietze, W., Roßbach, H.-G., Nattefort, R. & Grenner, K. (2017). *Kindergarten-Skala (KES-RZ). Revidierte Fassung mit Zusatzmerkmalen*. Weimar: das netz.

Tietze, W. & Viernickel, S. (Hrsg.). (2016). *Pädagogische Qualität in Kindertageseinrichtungen. Ein Nationaler Kriterienkatalog*. Weimar: das netz.

Ullrich, H. (2003). Rudolf Steiner (1861–1925). In H.-E. Tenorth (Hrsg.), *Klassiker der Pädagogik: Von John Dewey bis Paulo Freire* (Bd. 2, S. 61–73). München: C. H. Beck.

Vandell, D. L., Belsky, J., Burchinal, M., Steinberg, L., Vandergrift, N. & NICHD Early Child Care Research Network. (2010). Do effects of early child care extend to age 15 years? Results from the NICHD study of early child care and youth development. *Child Development, 81*(3), 737–756. https://doi.org/10.1111/j.1467-8624.2010.01431.x

Vandell, D. L., Burchinal, M. & Pierce, K. M. (2016). Early child care and adolescent functioning at the end of high school: Results from the NICHD Study of Early Child Care and Youth Development. *Developmental Psychology, 52*(10), 1634–1654. https://doi.org/10.1037/dev0000169

Viernickel, S. (2008). Reformmodelle für die Ausbildung des frühpädagogischen Fachpersonals. *Zeitschrift für Erziehungswissenschaft, Sonderheft 11,* 123–138.

Viernickel, S. & Fuchs-Rechlin, K. (2016). Fachkraft-Kind-Relationen und Gruppengrößen in Kindertageseinrichtungen. In S. Viernickel, K. Fuchs-Rechlin, P. Strehmel, C. Preissing, J. Bensel & G. Haug-Schnabel (Hrsg.), *Qualität für alle: Wissenschaftlich begründete Standards für die Kindertagesbetreuung* (S. 11–130). Freiburg: Herder.

Wolf, B., Becker, P. & Conrad, S. (Hrsg.). (1999). *Der Situationsansatz in der Evaluation. Ergebnisse der Externen Empirischen Evaluation des Modellvorhabens „Kindersituationen"*. Landau: Verlag Empirische Pädagogik.

Zander, H. (2019). *Die Anthroposophie. Rudolf Steiners Ideen zwischen Esoterik, Weleda, Demeter und Waldorfpädagogik*. Paderborn: Schöningh. https://doi.org/10.30965/9783657792252

Zimmer, J. (2000). Der Situationsansatz in der Diskussion und Weiterentwicklung. In W. E. Fthenakis & M. R. Textor (Hrsg.), *Pädagogische Ansätze im Kindergarten* (S. 94–114). Weinheim: Beltz.

Kapitel 4

Bildungspsychologie des Primärbereichs

Birgit Spinath

Inhaltsübersicht

1 Einführung

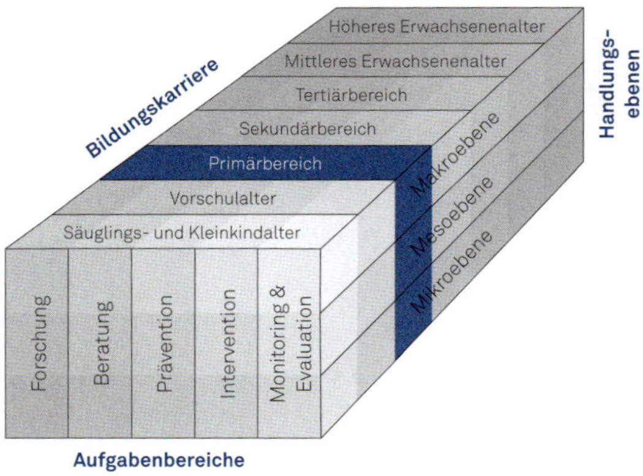

Wenn von Bildung im Primärbereich die Rede ist, so steht die Institution im Vordergrund, die in Deutschland Grundschule, in Österreich Volksschule und in der Schweiz Primarschule genannt wird. Dieser Schulform kommt in der bildungspsychologischen Forschung und Praxis aus verschiedenen Gründen besonders große Bedeutung zu. Wenn nicht eine Kindergartenpflicht besteht (was seit 2010 in Österreich der Fall ist, ebenso wie in einigen Teilen der Schweiz), ist die Grundschule die erste familienexterne Institution, der ein gewichtiger Teil des Bildungs- und Erziehungsauftrages zukommt. Damit steht die Grundschule ganz besonders in der Aufmerksamkeit von Eltern, die sich um das Wohlergehen und die Leistungsfähigkeit ihrer Kinder sorgen. Von Grundschullehrkräften wird ein besonderes Maß an pädagogisch-psychologischer Eignung erwartet, um Schüler*innen einen guten Einstieg in die Bildungslaufbahn zu ermöglichen. Die Erfahrungen in der Grundschule gelten als prägend für die gesamte weitere Bildungskarriere eines Kindes, sowohl was die grundsätzliche Einstellung zur Schule angeht, als auch in Bezug auf die Leistungen und die Entscheidung für eine weiterführende Schulform. Die Lehrkräfte unterrichten typischerweise ein breites Fächerspektrum und begleiten eine Gruppe von Schüler*innen häufig über die gesamte Primarschulzeit. Auch dadurch sind Grundschullehrkräfte im Vergleich zu Lehrpersonen in anderen Schulformen prägender für die Schüler*innen.

Die Grundschule wird häufig als einzige echte Gesamtschule im deutschsprachigen Raum bezeichnet. Hier werden Kinder gemeinsam unterrichtet, die nicht nur das gesamte Leistungsspektrum abbilden, sondern auch sehr unterschiedliche kulturelle und sozioökonomische Hintergründe aufweisen. Dies bringt für die Lehrkräfte besondere Herausforderungen mit sich. Grundschullehrende sollten nicht nur einen motivierenden Unterricht gestalten, sondern auch individuelle Stärken und Schwächen ihrer Schüler*innen erkennen und daraufhin gezielt Maßnahmen ergreifen. Besondere Begabungen (z.B. Hochbegabung) sowie Teilleistungsstörungen (z.B. Lese-Rechtschreibschwäche) oder Störungen des Arbeits- und Sozialverhaltens (z.B. Aufmerksamkeits- und Aktivitätsstörungen) werden häufig in der Grundschule diagnostiziert. Für einige Kinder stellt sich sogar die Frage, ob die Regelschule der richtige Förderort ist. Die Entscheidung für eine Förderschule ist dabei ebenso lebenslang prägend wie die Übergangsentscheidung am Ende der Grundschule, die in ein nach Leistungen stratifiziertes weiterführendes Schulsystem mündet. Zwar besteht theoretisch die Möglichkeit eines späteren Wechsels, jedoch wird diese selten genutzt.

In diesem Kapitel wird die Situation im Primärbereich in Deutschland, Österreich und der Schweiz dargestellt. Trotz der Unterschiede zwischen diesen Ländern sowie der durch die föderale Struktur bedingten Unterschiede innerhalb jedes Landes überwiegen die Gemeinsamkeiten hinsichtlich der Bildungsstrukturen und der sich daraus ergebenden Probleme.

Im folgenden Kasten werden die Bildungsziele der Grundschule zusammengefasst. Die Inhalte gelten für alle deutschsprachigen Länder in ähnlicher Weise.

Bildungsziele der Grundschule

„Der Auftrag der Grundschule besteht darin, Kindern eine grundlegende schulische Bildung zu ermöglichen. Dazu gehören vor allem die Schlüsselkompetenzen des Lesens und Schreibens sowie der Mathematik, die eine Basis nicht nur für alle anderen Bildungsbereiche der Grundschule, sondern auch für weiterführende Bildung sowie für lebenslanges Lernen und selbstständige Kulturaneignung darstellen. In diesem Sinne werden die Zielhorizonte der Grundschulbildung beschrieben, die den Erwerb und die Erweiterung grundlegender und anschlussfähiger Kompetenzen umfassen. Die länderübergreifenden Bildungsstandards in den Fächern Deutsch und Mathematik für den Primärbereich, Jahrgangsstufe 4 (Beschlüsse der KMK vom 15.10.2004) sind dabei leitend. Eine Orientierung geben auch der Gemeinsame europäische Referenzrahmen für Sprachen (GER) sowie der Perspektivrahmen Sachunterricht." (Deutsche Kultusministerkonferenz, 1970, in der Fassung von 2015, S. 9)

Dieser Text ist von der deutschen Kultusministerkonferenz im Jahr 1970 verabschiedet und seitdem mehrfach ergänzt und überarbeitet worden. Zum Beispiel hat der Passus über die Bildungsstandards erst nach deren Formulierung im Jahr 2004 Eingang in das Dokument gefunden.

2 Stand der Wissenschaft

2.1 Bildungsvoraussetzungen der Schüler*innen

Die Grundschulzeit ist in kognitiver Hinsicht eine sehr fruchtbare Phase, denn in der frühen und mittleren Kindheit ist das Lernpotenzial besonders groß. Dies ermöglicht die Bewältigung einer ganzen Reihe herausfordernder Entwicklungsaufgaben (siehe Kasten).

Entwicklungsaufgaben während der Grundschulzeit

In der Entwicklungstheorie von Havighurst (1972) fällt der Besuch der Grundschule in den Abschnitt der mittleren Kindheit (von 6 bis 12 Jahren). Die vorrangigen Entwicklungsaufgaben in diesem Alter sind das Erlernen bzw. der Erwerb von:

- physischen Fähigkeiten für normale Spiele (z. B. Ballwerfen),
- angemessenen Einstellungen zu sich selbst,
- angemessenem Umgang mit Gleichaltrigen,
- geschlechtstypischen Verhaltensweisen,
- grundlegenden Fertigkeiten wie Lesen, Schreiben, Rechnen,
- Konzepten und Fertigkeiten für den Alltag,
- moralischen Vorstellungen und Werten,
- persönlicher Unabhängigkeit,
- Einstellungen gegenüber sozialen Gruppen und Institutionen.

Während sich seit der Formulierung durch Havighurst für spätere Entwicklungsphasen durch gesellschaftlichen Wandel Veränderungen in den vorrangigen Aufgaben ergeben haben, sind die Entwicklungsaufgaben für die frühe und mittlere Kindheit weitgehend unverändert geblieben.

Eng geknüpft an die Entwicklung der kognitiven Ressourcen ist auch die Entwicklung der Lern- und Leistungsmotivation. Durch gesteigerte kognitive Ressourcen wird die Selbst- und Fremdwahrnehmung zunehmend genauer und differenzierter (vgl. Dweck, 2002; Harter, 2012). Verschiedene Informationsquellen werden zur Beurteilung eigener und fremder Leistungen herangezogen und es entsteht die Vorstellung von Fähigkeit als überdauernder Eigenschaft der Person. Vorstellungen über Fähigkeiten sind wichtige Elemente der Lern- und Leistungsmotivation, wie im Folgenden dargestellt wird.

Bis etwa zum Alter von 6 Jahren haben Kinder keine konsistente Vorstellung von Fähigkeit als einer Eigenschaft, die Personen innewohnt (vgl. Dweck, 2002; Harter, 2012). Die meisten Kinder im Vorschulalter glauben, bei allen Tätigkeiten zu den Besten zu gehören und mit Anstrengung alles erreichen zu können. Kurz nach Schuleintritt, etwa im Alter von 7 Jahren, entwickeln Kinder ein gesteigertes Interesse an sozialen Vergleichen. Gleichzeitig bietet die Schule die Möglichkeit, solche Vergleiche anzustellen. Die Ausdifferenzierung verschiedener kognitiver Schemata sorgt dafür, dass die so gewonnenen Informationen zunehmend die Wahrnehmung eigener und fremder Fähigkeiten beeinflussen. So etwa werden Fähigkeiten bei der Beurteilung von Personen jetzt unterschieden von anderen Domänen, wie z. B. Sozialverhalten, Moral oder Körperliches. Die Fähigkeiten wiederum werden in verschiedene Domänen unterteilt, wie Mathematik, Sprache etc. Zunehmend wird Fähigkeit nicht mehr an einzelnen Handlungsergebnissen festgemacht, sondern als abstrakte Eigenschaft verstanden. Zusammengenommen führen diese Entwicklungen dazu, dass Fähigkeit als mehr oder weniger stabile Eigenschaft wahrgenommen wird und Fähigkeitswahrnehmungen realistischer werden. Realistischer bedeutet, dass die Fähigkeitswahrnehmungen stärker mit Kriterien wie dem Abschneiden in Leistungstests oder Einschätzungen von Lehrpersonen und Eltern übereinstimmen. Da sich die meisten Kinder bis zum Beginn der Grundschule überoptimistisch wahrgenommen haben, bedeutet dies, dass die Fähigkeitswahrnehmungen im Allgemeinen negativer werden. Im Alter von etwa 10 Jahren haben die meisten Kinder ein Konzept von Fähigkeit im Sinne einer der Person innewohnenden Kapazität erworben und können zuverlässig zwischen Anstrengung und Fähigkeit als Ursache von Leistungsergebnissen unterscheiden.

Die beschriebenen Veränderungen tragen dazu bei, dass Kinder die Aufgabe bewältigen, ein angemessenes Selbstbild zu entwickeln (vgl. Havighurst, 1972). Allerdings bereiten diese Veränderungen auch die Grundlage für ungünstige motivationale Entwicklungen. So entwickeln einige Schüler*innen unrealistisch negative Fähigkeitsselbstkonzepte und glauben nicht daran, ihre Fähigkeiten maßgeblich verändern zu können (vgl. Dweck, 2002; Harter, 2012). Auch das Absinken der schulbezogenen intrinsischen Motivation über die Grundschulzeit hinweg wird häufig als Folge negativer werdender Fähigkeitsselbstwahrnehmungen angesehen (z. B. Wigfield & Eccles, 2000, 2020). Längsschnittliche Überprüfungen erbrachten jedoch keine Belege für die Annahme, dass die negativer werdenden Fähigkeitsselbstwahrnehmungen in der Grundschule die Ursache sinkender Lernmotivation sind (z. B. Spinath & Spinath, 2005; Spinath & Steinmayr, 2008). Die Frage, warum die schulbezogene Motivation, beginnend in der Grundschule, über die Schulzeit sinkt und bei nicht wenigen Schüler*innen zu massiver Schulunlust führt, bleibt vorerst ungeklärt. Hypothesen über die Ursachen liegen sowohl für die hier aufgeführten Entwicklungsbedingungen der Schüler*innen (vor allem negativere Fähigkeitsselbstwahrnehmungen) als auch über Bedingungen des Schulkontextes (z. B. vermehrte normative Bewertungen durch Noten) vor (vgl. „Leistungsbeurteilung“ in Abschnitt 2.3).

2.2 Bildungsverlauf

Einschulung. In allen deutschsprachigen Ländern besteht für Kinder, die das 6. Lebensjahr vollendet haben, Schulpflicht. In der Schweiz beginnt die Primarschule und damit die Schulpflicht bereits mit 4 Jahren, wobei die ersten beiden Jahre entweder als Kindergarten oder Eingangsstufe organisiert sind. Die Festlegung der Altersgrenze auf die Vollendung des 6. Lebensjahres ist eine gesellschaftliche Konvention, die sich damit begründen lässt, dass die überwiegende Mehrheit der Kinder in diesem Alter den Anforderungen gewachsen ist, die das schulische Lernen an sie stellt. Allerdings gibt es auch Kinder, für die dies nicht zutrifft, etwa weil sie in ihrer Entwicklung verzögert sind. Andere Kinder besitzen dagegen bereits deutlich früher die Voraussetzungen für eine erfolgreiche Einschulung. Wieder andere Kinder finden aufgrund besonderer Bedürfnisse in einer regulären Grundschule nicht die passenden Förderbedingungen und sollten daher von Anfang an eine besondere Schule besuchen. Und schließlich gibt es Kinder, die zwar grundsätzlich aufgrund ihrer kognitiven Leistungsfähigkeit für eine Regelgrundschule geeignet wären, die jedoch zum Zeitpunkt der Einschulung Lerndefizite in spezifischen Bereichen aufweisen, welche nicht allein durch Zurückstellung aufgeholt werden können (z. B. mangelnde Kenntnis der Unterrichtssprache). Diese unterschiedlichen Bedürfnisse von Kindern sollen durch geeignete diagnostische Verfahren möglichst früh erkannt werden, um darauf reagieren zu können.

Während im Zusammenhang mit Schuleingangsdiagnostik lange Zeit vor allem die Frage nach Einschulung oder Zurückstellung im Vordergrund stand, besteht seit Ende der 1990er Jahre Konsens darüber, dass stattdessen die frühzeitige Feststellung von Förderbedarfen eigentliches Ziel moderner Schuleingangsdiagnostik sein muss (vgl. Kammermeyer & Martschinke, 2018). Im Zuge der Kritik an den Zielen der traditionellen Schuleingangsdiagnostik sind auch die Begriffe Schulreife und Schulfähigkeit kritisch diskutiert worden. Unter *Schulreife* kann „die Fähigkeit des Kindes, sich in Gemeinschaft Gleichaltriger durch planmäßige Arbeit die traditionellen Kulturgüter anzueignen“ (Hetzer, 1948, S. 63) verstanden werden. Der aus der Biologie stammende Reife-Begriff impliziert dabei eine biologische Determiniertheit dieser Fähigkeiten. Diese Vorstellung und die daraus abzuleitende Maßnahme der Zurückstellung von noch nicht „reifen“ Kindern werden heute größtenteils zurückgewiesen. Um die Rolle von Lernprozessen bei der Erlangung von Fähigkeiten für erfolgreiches schulisches Lernen zu betonen, wurde der Begriff der Schulreife durch den der Schulfähigkeit ersetzt. Unter *Schulfähigkeit* kann das Vorhandensein derjenigen Voraussetzungen verstanden werden, die Kindern erfolgreiches schulisches Lernen im Klassenverband ermöglichen. Dazu gehören körperliche, kognitive, motivationale, emotionale und soziale Merkmale.

Vor der Einschulung findet in den deutschsprachigen Ländern in der Regel eine schulärztliche Untersuchung statt. Diese wird als Screening durchgeführt und beinhaltet die Feststellung des körperlichen Entwicklungsstandes des Kindes und der allgemeinen gesundheitlich bedingten Leistungsfähigkeit einschließlich der Sinnesorgane. Eine pädagogisch-psychologische Untersuchung zu Schulbeginn ist hingegen nicht verpflichtend. Da unter anderem mit dem zunehmenden Anteil von Kindern mit Migrationshintergrund in deutschsprachigen Schulen nicht mehr davon ausgegangen werden kann, dass alle Kinder bei der Einschulung hinreichende Sprachkenntnisse besitzen, um dem Unterricht folgen zu können, werden vor Schulbeginn verbreitet Sprachstandstests durchgeführt (Kammermeyer & King, 2018). Um die Möglichkeit zur kompensatorischen Förderung zu geben, sollten diese Tests mindestens ein Jahr vor Schulbeginn durchgeführt werden, wie dies etwa in Österreich geschieht. Ausgehend von einem förderorientierten Verständnis von Schuleingangsdiagnostik werden in der Zeit vor Schulbeginn neben dem Sprachverständnis verstärkt auch andere Vorläuferfähigkeiten für schulische Lernprozesse diagnostiziert. So kann z. B. mithilfe des *Bielefelder Screenings* (Jansen, Mannhaupt, Marx & Skowronek, 2002) bereits im Kindergarten die phonologische Bewusstheit überprüft werden, die eine wesentliche Vorläuferfähigkeit für den Schriftspracherwerb darstellt.

Ziele moderner Schuleingangsdiagnostik

Moderne Schuleingangsdiagnostik ist förderorientiert, nicht selektionsorientiert. Förderbedarfe, wie etwa geringes Sprachverständnis oder mangelnde phonologische Bewusstheit (eine der Voraussetzungen für den Schriftspracherwerb), sollen möglichst deutlich vor Schulbeginn diagnostiziert werden, um rechtzeitig Fördermaßnahmen einleiten zu können.

Besondere Förderbedarfe. Die Feststellung spezifischer Förderbedarfe kann vor der Einschulung, kurz danach oder im weiteren Verlauf des Schulbesuchs stattfinden. Obwohl besonderer Förderbedarf über das gesamte Leistungsspektrum hinweg auftreten kann, so gilt doch die größte Aufmerksamkeit der Diagnostik und Förderung von Kindern am unteren Ende des Leistungsspektrums.

Im Falle von Defiziten in Bezug auf schulisches Lernen gilt es, durch diagnostische Verfahren den Schweregrad und die Spezifität bzw. Breite der Beeinträchtigung abzuklären und im Anschluss daran geeignete Fördermethoden auszuwählen. Bei einer umgrenzten Beeinträchtigung, die z. B. nur das Lesen oder Rechtschreiben oder nur das Rechnen betrifft, spricht man von einer Teilleistungsstörung. Solche umschriebenen Defizite können in der Regel durch gezielte kompensatorische Förderung während der Regelbeschulung behandelt werden.

Je nach Art und Umfang des festgestellten Förderbedarfs muss die Entscheidung getroffen werden, ob Schüler*innen unter den üblichen Bedingungen einer Regelschule angemessen gefördert werden können oder ob eine spezielle Förderung entweder auf einer Förderschule (Österreich und Schweiz: Sonderschule) oder durch sonderpädagogische Maßnahmen an einer Regelschule (integrierter Unterricht von Kindern mit und ohne Behinderung) erforderlich ist. Seit Inkrafttreten der UN-Behindertenrechtskonvention werden zunehmend mehr Schüler*innen mit sonderpädagogischen Förderbedarfen an Regelschulen unterrichtet. In Österreich und der Schweiz war dieser Anteil auch bereits vor Ratifizierung der Konvention größer als in Deutschland. Im Schuljahr 2018/19 wurden in Deutschland 3,1 % aller Schüler*innen von Beginn an in einer Förderschule unterrichtet (Autorengruppe Bildungsberichterstattung, 2020, S. 100 ff.). Der Anteil der Jungen war dabei rund doppelt so hoch wie der der Mädchen. Darüber hinaus wurden weitere 1,3 % aller Schüler*innen mit Förderbedarfen an Regelgrundschulen unterrichtet.

Insgesamt entfällt der größte Anteil des Förderbedarfs auf den Bereich Sprache (32 %). In Österreich hatten im Schuljahr 2015/16 rund 2 % der Eingeschulten diagnostizierten sonderpädagogischen Förderbedarf, wobei 65 % davon in einer Regelschule unterrichtet wurden (Oberwimmer, Vogtenhuber, Lassnigg & Schreiner, 2018, S. 129). In der Schweiz wurden im selben Schuljahr 3,4 % der Schüler*innen nach einem besonderen Lehrplan unterrichtet, entweder in Sonderklassen oder Sonderschulen (Schweizerische Koordinationsstelle für Bildungsforschung, 2018, S. 44 ff.).

Im Laufe der Grundschulzeit werden die meisten Förderbedarfe entdeckt. Förderbedarfe können in einem umgrenzten Bereich (z. B. Lese-Rechtschreibschwäche, Dyskalkulie) auftreten oder das gesamte Leistungsspektrum (z. B. Lernbehinderung, geistige Behinderung) umfassen. Je nach Breite und Schwere der Normabweichung wird entschieden, welche Art und welcher Ort der Förderung angemessen sind.

Übergangsentscheidung. Die Grundschule dauert in Deutschland und Österreich überwiegend 4, in der Schweiz mindestens 6 Jahre (inklusive der Eingangsstufe 8 Jahre). In allen drei deutschsprachigen Ländern erfolgt nach der Grundschule ein Wechsel in ein nach Leistungen stratifiziertes Schulsystem der Sekundarstufe I mit zwei oder mehr Schultypen (oder auch Profilen). In Deutschland und Österreich fällt damit im internationalen Vergleich sehr früh eine Entscheidung für einen bestimmten Bildungsweg, die weitreichende Konsequenzen hat. Dies ist in dem Maße problematisch, wie die Kriterien zur Entscheidung unzuverlässig und die getroffenen Entscheidungen schwer revidierbar sind. Zwar sind die Bildungssysteme theoretisch durchlässig und ermöglichen Mobilität. Es ist jedoch faktisch so, dass die zum Ende der Grundschulzeit getroffene Entscheidung für eine Schulform im weiteren Verlauf der Schullaufbahn nur selten revidiert wird und den weiteren Bildungsweg vorprägt (vgl. Deutschland: Bellenberg, 2012; Österreich: Schlögl & Lachmayr, 2004; Schweiz: Trautwein, Baeriswyl, Lüdtke & Wandeler, 2008). Anders als theoretisch vorgesehen, gibt es in den stratifizierten Schulsystemen so gut wie keine Aufwärtsmobilität: Während es relativ leicht ist, von einer höheren in eine niedrigere Schulform „abzusteigen“, schaffen vergleichsweise wenige Schüler*innen den Sprung in die nächsthöhere Schulform (z. B. Autorengruppe Bildungsberichterstattung, 2020, S. 111 ff.). Dies liegt unter anderem auch daran, dass ein Wechsel mit Aufwand und Veränderungen einhergeht, die häufig gescheut werden, sodass selbst, wenn die Leistungsvoraussetzungen gegeben sind, der Wechsel unwahrscheinlich wird. Daher kommt der Entscheidung am Ende der Grundschule eine enorm wichtige Rolle zu.

Die Verfahren beim Übertritt von der Grundschule in die Sekundarstufe I ähneln sich in allen drei deutschsprachigen Ländern, indem jeweils die bislang erzielten Noten und/oder eine darauf beruhende Empfehlung der abgebenden Schule für den weiteren Bildungsverlauf wesentlich sind. Leichte Akzentverschiebungen gibt es jeweils bei der Rolle, die den Eltern in dem Prozess zukommt, dem Einsatz oder Verzicht auf objektive Leistungstests und dem Gewicht der Noten. In Deutschland folgt das Vorgehen bei der Entscheidungsfindung einer Empfehlung der Kultusministerkonferenz, wobei die Bundesländer Spielräume in der konkreten Ausgestaltung haben. In dem Beschluss „Übergänge von einer Schulart in die andere" (Deutsche Kultusministerkonferenz, 1966) heißt es, dass die Übergangsentscheidung auf der Grundlage der festgestellten Kenntnisse und Fertigkeiten der Schüler*innen sowie Eignung, Neigung und Wille zu geistiger Arbeit zu fällen sei. Zentrales Kriterium sind dabei die erworbenen Noten, insbesondere in den Fächern Deutsch und Mathematik. Dem Lehrendenurteil über die Leistungen kommt bei diesem Vorgehen die wichtigste Rolle bei der Übergangsempfehlung zu. Die Übergangsempfehlung soll jedoch nicht nur die Leistungen der Schüler*innen berücksichtigen, sondern auch alle weiteren für den Schulerfolg wichtigen Eigenschaften (z. B. Arbeitsbereitschaft). Außerdem darf die Entscheidung nicht ausschließlich auf der Grundlage einer Prüfung von wenigen Stunden oder Tagen beruhen. Somit werden die Ergebnisse der am Ende der 3. Klasse stattfindenden Vergleichsarbeiten (VERA; vgl. Abschnitt 2.3) nur als ein Indikator unter mehreren bei der Empfehlung berücksichtigt. Außerdem bestehen Unterschiede darin, ob die Übergangsempfehlung der Grundschule bindend ist. Mehr und mehr deutsche Bundesländer haben das Elternwahlrecht für die weiterführenden Schulen eingeführt. Es werden jedoch weiterhin Empfehlungen durch die Schulen ausgesprochen. In der Schweiz kommen zum Teil objektive Leistungstests bei der Übergangsentscheidung zum Einsatz (Baeriswyl, Wandeler, Trautwein & Oswald, 2006). Diese dienen jedoch nicht als einziges Kriterium. Die abgebende Schule hat die Aufgabe, die Eltern bei der Schulwahl zu beraten, und tut dies vor allem auf der Grundlage von Noten und Testergebnissen. In Österreich ist der erfolgreiche Abschluss der Volksschule Voraussetzung für den Übertritt, während die Noten lediglich für den Besuch der Allgemeinbildenden höheren Schule (AHS) relevant sind.

Die Praxis, die Übergangsempfehlungen vor allem auf Noten sowie andere Lehrendenurteile zu stützen, und dabei auf den Einsatz standardisierter Diagnoseverfahren zu verzichten, kann in mehrerlei Hinsicht als problematisch gelten. Insbesondere die Tatsache, dass sich Lehrkräfte bei der Vergabe von Noten und daraus folgenden Empfehlungen auch an einem klasseninternen Bezugsrahmen (soziale Bezugsnorm) orientieren, führt zu Ungerechtigkeiten bei der Vergabe von Bildungschancen. Kinder in leistungsstärkeren Klassen haben bei gleicher objektiver Leistung in der Regel schlechtere Noten als in einer leistungsschwächeren Klasse und haben so häufig geringere Chancen, für eine höhere Schulform empfohlen zu werden (Trautwein & Baeriswyl, 2007). Es fehlt ein allgemein verbindlicher Maßstab, der die Leistung anhand von Kriterien bewertet, die für alle Schüler*innen gleich sind. Bildungsstandards formulieren zwar, was Schüler*innen wann können sollen, jedoch bieten sie einigen Interpretationsspielraum und eigenen sich so nur eingeschränkt als kriterialer Maßstab. Des Weiteren bilden Schulnoten die Kompetenzen von Schüler*innen, gemessen mit standardisierten Leistungstests, zwar recht gut, jedoch bei Weitem nicht perfekt ab (vgl. Bos et al., 2004). Damit führen Übergangsempfehlungen, die auf Noten statt auf Leistungstests beruhen, zu anderen Entscheidungen, als sie rein aufgrund der Leistung der Schüler*innen zu treffen wären. Dies wird in dem Maße als ungerecht empfunden, wie tatsächlich oder vermeintlich sachfremde Größen Einfluss auf die Übergangsempfehlung nehmen. Besonders stark problematisiert wird in diesem Zusammenhang, dass nach den Ergebnissen von Leistungstests gleich gute Schüler*innen je nach ihrem sozialen Hintergrund unterschiedliche Empfehlungen erhalten. Kinder aus Familien mit geringerem sozioökonomischem Status haben geringere Chancen auf eine Empfehlung für eine höhere Schulform als leistungsgleiche Kinder aus Familien mit höherem sozioökonomischem Status (Dumont, Maaz, Neuman & Becker, 2014; Hußmann et al., 2017, S. 244 ff.).

Die beschriebenen Probleme hinsichtlich der Gültigkeit der Lehrer*innenurteile für die Übergangsentscheidung lassen sich eindämmen, indem auch die Ergebnisse objektiver Leistungstests bei der Übergangsempfehlung berücksichtigt werden. Als Reaktion auf die aktuellen Studien zu Übergangsentscheidungen sind daher neue Bemühungen um objektive Schulleistungstests entstanden, die beispielsweise in Form von Lernstandserhebungen am Ende der Grundschulzeit einen Beitrag zu Übergangsempfehlungen leisten könnten (vgl. VERA in Abschnitt 2.3). Neben der Verbesserung der Kriterien, auf deren Grundlage die Übergangsentscheidung beruht, werden Probleme beim Übergang von der Grundschule in die Sekundarstufe auch dadurch versucht zu mildern, indem die Grundschulzeit verlängert und die Anzahl der Schultypen in der Sekundarstufe I verringert wird. Dies sind jedoch halbherzige Ansätze, die das Problem entweder zeitlich nach hinten verschieben oder durch die Reduktion der Abstufungen nur augenscheinlich verringern. Ein Ansetzen an solchen Rahmenbedingungen kann jedoch nicht zur Lösung führen. Letztlich kann nur ein Ansetzen an dem, was vermittelt wird und welche Kompetenzen erworben werden, zur gerechten Verteilung von Bildungschancen führen.

Übergangsempfehlungen

Die Übergangsempfehlung am Ende der Primarschulzeit soll nicht nur auf die Leistungen der Schüler*innen gegründet sein, sondern auch weitere für den Schulerfolg wichtige Eigenschaften berücksichtigen, wie z.B. Arbeitsbereitschaft. Problematisch ist, dass Lehrkräften über die Klassen hinweg kein kriterialer Maßstab zur Beurteilung der Leistungen zur Verfügung steht. Dadurch fließen Größen in das Lehrer*innenurteil ein, die tatsächlich oder vermeintlich nicht mit der wahren Eignung der Schüler*innen in Beziehung stehen, wie etwa das Leistungsniveau der Klasse und der sozioökonomische Status der Eltern.

2.3 Bildungskontext

Die Primarschule weist im Vergleich zu anderen Schultypen einige Besonderheiten auf. Eine umfassende Betrachtung aller relevanten Merkmale des Bildungskontextes kann im Rahmen des vorliegenden Kapitels nicht geleistet werden. Stattdessen werden exemplarisch zwei Merkmale herausgegriffen, die für den Primärbereich von besonderer Bedeutung sind. Für die *Leistungsbeurteilung* trifft das zu, weil Noten in der Grundschule immer wieder Gegenstand wissenschaftlicher und ideologischer Debatten sind. Als zweites wird ein Blick auf *Merkmale von Grundschullehrkräften* geworfen, um der häufig klischeehaften Wahrnehmung von Lehrer*innen im Allgemeinen und Grundschullehrkräften im Besonderen empirische Befunde entgegenzusetzen.

Leistungsbeurteilung. Zu den besonders stark beforschten und kontrovers diskutierten Aspekten des Bildungskontextes in der Grundschule zählt die Art der Leistungsbeurteilung. Anders als in den weiterführenden Schulformen gibt es in der Grundschule sowohl Verbalberichtszeugnisse als auch Ziffernoten. Im 1. Schuljahr erfolgt in den deutschsprachigen Ländern überwiegend zunächst eine Leistungsbewertung in Form eines Berichts, mit dessen Hilfe die individuellen Fortschritte, Stärken und Schwächen in einzelnen Lernbereichen beschrieben werden. Erst ab dem 2. oder 3. Schuljahr werden Zeugnisse mit Ziffernoten ausgestellt. Neben den Fachnoten können die Zeugnisse auch Beurteilungen des Lernverhaltens im Unterricht und des Sozialverhaltens in der Schule allgemein enthalten.

Die Praxis der Leistungsbeurteilung ist im Allgemeinen, jedoch in der Grundschule besonders heftiger Kritik ausgesetzt. Insbesondere in den als für die weitere Schulzeit prägend wahrgenommenen ersten Schuljahren sollte Kritiker*innen zufolge eine Leistungsbewertung durch Noten nicht stattfinden. Der folgende Kasten fasst die wichtigsten Kritikpunkte an Ziffernoten zusammen. Diese Kritik stützt sich in der Regel nicht auf empirische Forschungsergebnisse, sondern geht mit bestimmten Weltanschauungen einher. Es gibt wenige Studien, die Auskunft über die Auswirkung von Noten geben, da sich die nötigen experimentellen Bedingungen in realen Schulsettings kaum realisieren lassen und Studien im Labor Zweifel an der Übertragbarkeit der Ergebnisse aufwerfen. Am meisten empirische Evidenz gibt es zu der Frage, inwiefern Lehrer*innenurteile über Leistungen die tatsächlichen Leistungen gut wiedergeben. Entgegen weitverbreiteten Annahmen bilden Noten den Leistungsstand von Schüler*innen innerhalb eines gegebenen Referenzrahmens (z.B. einer Klasse) sehr gut ab. Dies zeigt sich in der hohen Übereinstimmung von Lehrer*innenurteilen mit objektiven Leistungstestmaßen (r=.60–.70; Metaanalysen von Hoge & Coladarci, 1989; Südkamp, Kaiser & Möller, 2012). Auch für die Grundschulzeit liegen die Korrelationen zwischen Lehrkräfteeinschätzungen und Leistungstestergebnissen im Bereich von r=.60 (z.B. Karing, 2009). Diese hohe Validität von Noten impliziert, dass auch die Objektivität und die Reliabilität von Ziffernoten hoch sein müssen. Leider wird dieser Sachverhalt immer wieder falsch dargestellt, indem darauf hingewiesen wird, dass verschiedene Lehrkräfte, wenn man sie bittet, die Arbeit eines Schülers oder einer Schülerin zu benoten, zu sehr unterschiedlichen Urteilen kämen. Dies ist jedoch nicht verwunderlich, hat doch diese Art der Aufgabenstellung nichts mit der Notenvergabe unter realen Bedingungen zu tun, denn es fehlt ein Referenzrahmen. Gibt man Lehrkräften hingegen einen Klassensatz von schriftlichen Arbeiten, so kommen sie zu hoch übereinstimmenden Beurteilungen (Ingenkamp, 1989). Noten besitzen demnach durchaus gute messtheoretische Eigenschaften und geben den Leistungsstand im Vergleich zu einer Referenzgruppe sehr gut wieder.

Kritik an Ziffernoten (vgl. Becker & von Hentig, 1983; Brügelmann, 2006)

Ziffernoten wird vorgeworfen, dass sie

- schulische Leistungen nicht gut abbilden (Diskussion um Objektivität, Reliabilität und Validität von Lehrer*innenbeurteilungen),
- mehr demotivieren als motivieren,
- das Verhältnis zwischen Lehrenden und Lernenden belasten,
- zu sozialen Vergleichen und damit zu Konkurrenzdenken anregen,
- keine Informationen über Wege zur Verbesserung liefern (Produkt- statt Prozessorientierung),
- einseitig Schwerpunkte auf gut messbare Leistungen legen und dabei soziales Lernen und kreative Leistungen vernachlässigen,
- Lernen im Gleichschritt voraussetzen und damit einer Individualisierung des Unterrichts durch Freiarbeit und innere Differenzierung entgegenstehen,
- als Fachnoten das Festhalten an Fächergrenzen implizieren und fächerübergreifendem Lernen und Arbeiten (z.B. Projektunterricht) entgegenstehen.

Wenngleich Noten innerhalb von Klassen die Leistungen sehr zuverlässig widerspiegeln, so ist ein Vergleich über Klassen hinweg, wie er etwa beim Übergang in die Sekundarstufe I angestellt wird, aufgrund einer Orientierung der Lehrkräfte am klasseninternen Bezugsrahmen problematisch. Dies ist umso kritischer, je größer die Unterschiede zwischen dem Leistungsniveau der Klassen sind. Umso beeindruckender ist es, dass sich Schulnoten auch über Klassen hinweg immer wieder als gute Prädiktoren für zukünftige Leistungen erweisen (Metaanalysen von Baron-Boldt, Schuler & Funke, 1988; Trapmann, Hell, Weigand & Schuler, 2007). Dabei sind insbesondere gemittelte Zeugnisnoten aussagekräftig, während jede einzelne Note fehleranfällig und daher weniger prädiktiv ist. Außer der Tatsache, dass Schulabschlussnotendurchschnitte über verschiedene Domänen hinweg und über einen langen Zeitraum entstanden sind, erfassen sie außer dem Leistungsstand auch weitere erfolgsrelevante Merkmale, wie die Anstrengungsbereitschaft oder Selbstdisziplin. So ist es zu erklären, dass auch für den Grundschulübergang gilt, dass die durch die Grundschulempfehlung getroffenen Prognosen, welche vor allem auf den Noten beruhen, ganz überwiegend zutreffend sind (vgl. van Ophuysen, 2018).

Die Befundlage zu der Frage nach den Auswirkungen von Noten auf Motivation und Leistung ist in einer Metaanalyse von Koenka und anderen (2019) zusammengefasst worden. Es zeigte sich, dass Noten im Vergleich zu keinem Feedback schwache negative Effekte auf eher intrinsische Motivationsarten hatten, mittelstarke positive Effekte auf eher extrinsische und ebenfalls einen schwach positiven Effekt auf die Leistung (die Motivation wurde auf der Dimension intrinsisch-extrinsisch klassifiziert). Betrachtete man nur Grundschüler*innen, so gab es keine Effekte auf die intrinsische Motivation und der positive Effekt auf die Leistung war sogar mittelstark. Wurden Noten mit Kommentaren verglichen, so zeigte sich ein stark positiver Effekt von aufgabenfokussierten Kommentaren auf die Leistung, während eher global-emotionale Kommentare keine Effekte aufwiesen. Schwierig ist bei der Interpretation der Befunde, dass Studien mit sehr unterschiedlichen Designs zusammengefasst wurden. Eine Studie aus dem deutschen Schulsystem machte sich eine natürlich auftretende Variation zunutze: Rosenfeld und Valtin (1997) erfassten Fähigkeitsselbstkonzepte, Lernfreude und Leistungsängstlichkeit in den Klassenstufen 2 bis 4, die entweder mit Ziffernoten oder Verbalberichten beurteilt worden waren. Es zeigten sich keinerlei Unterschiede zwischen den Gruppen (vgl. ähnliche Ergebnisse bei Wagner & Valtin, 2003). Dieses Ergebnis ist insofern nicht verwunderlich, als viele Verbalzeugnisse lediglich eine Übersetzung von Ziffernoten in Sätze beinhalten und nur selten dem Anspruch an ausführliche Lernentwicklungsberichte genügen (Benner & Ramseger, 1985; Maier, 2002). Die Überlegenheit dieser alternativen Beurteilungsformen konnte empirisch bislang nicht nachgewiesen werden.

Bei genauerem Hinsehen geht es in der Debatte um Ziffernoten und andere Beurteilungsformen nicht um Zahlen versus Buchstaben. Vielmehr befürworten Gegner*innen von Ziffernoten häufig komplett andere pädagogische Konzepte als die heute gängigen. Dazu gehören die Abschaffung des Fächerunterrichts zugunsten fächerübergreifender Unterrichtsformen wie Projektarbeit, ein größtmögliches Maß an Individualisierung des Unterrichts, sodass nicht alle zum gleichen Zeitpunkt die gleichen Fähigkeiten erwerben, die Veränderung der Lehrer*innenrolle weg von Prüfenden hin zum Beratenden und die Schaffung eines kooperativeren Klimas im Klassenzimmer. Ziffernoten werden häufig als stellvertretendes Merkmal eines traditionellen Unterrichts angesehen und daher so scharf kritisiert. Überzeugende empirische Belege, die für die Wirksamkeit alternativer Konzepte und gegen Ziffernoten sprechen, gibt es bislang jedoch nicht.

Merkmale von Grundschullehrkräften. Wie die meisten Berufe, die im öffentlichen Interesse stehen, so hat auch das Grundschullehramt ein bestimmtes Image. Das Lehramtsstudium für die Grundschule gilt als ein wenig wissenschaftliches, kurzes Studium, das in einen sicheren Beruf führt, der genügend Zeit für die eigene Familie lässt (siehe Kasten). Diesem Image entsprechend wird der Beruf überwiegend von Frauen ausgeübt. Als Grund für die Studien- und Berufswahl wird von Grundschullehrkräften vor allem die Freude an der pädagogischen Arbeit mit Kindern hervorgehoben (z. B. Ulich, 2004). Daraus wird häufig geschlossen, Grundschullehrkräfte besäßen wenig fachliches und wissenschaftliches Interesse und womöglich auch nicht die nötigen kognitiven und motivationalen Voraussetzungen für ein wissenschaftliches Studium (Gold & Giesen, 1993). Dieser Vorstellung widersprechen Befunde einer Studie von Spinath, van Ophuysen und Heise (2005), denen zufolge Studierende des Lehramts für Primarstufe hinsichtlich ihrer Intelligenz und Leistungsmotivation ein Profil aufweisen, das dem von Gymnasiallehrkräften sehr ähnlich ist. Das Stereotyp, dass unter den Lehramtsstudierenden die zukünftigen Grundschullehrkräfte die schlechtesten Bildungsvoraussetzungen besäßen, kann auf dieser Grundlage nicht bestätigt werden.

Ausbildung von Primarschullehrer*innen

In der Lehrer*innenbildung müssen theoretisch-wissenschaftliche und praktische Inhalte und Kompetenzen vermittelt werden. Diese gliedern sich in fachliche, fachdidaktische und bildungswissenschaftliche Anteile. Es ist eine Herausforderung, diese Anteile aufeinander abzustimmen und zu einer ganzheitlichen Ausbildung zusammenzuführen. Dies geschieht entweder in einem mehrphasigen oder aber integrierten Ausbildungsmodell. In Deutschland besteht die Lehramtsausbildung für alle Stufen aus zwei Phasen, von denen die erste schwerpunktmäßig theoretisch-wissenschaftlicher Natur ist, während die zweite Phase hohe praktische Anteile hat. Für Grundschullehrkräfte findet der erste Teil der Ausbildung in Deutschland überwiegend an Universitäten statt (außer in Baden-Württemberg, wo die Grundschullehrkräfte an Pädagogischen Hochschulen ausgebildet werden). Die erste Phase dauert 5 Jahre und gliedert sich in einen Bachelor sowie einen Master. Die zweite Phase der Lehrer*innenbildung in Deutschland ist das Referendariat, das an Schulen und seminaristischen Einrichtungen stattfindet (Staatliche Seminare für Lehrerbildung). In Österreich und der Schweiz erfolgt die Ausbildung für das Primarlehramt in der Regel an Pädagogischen Hochschulen. Hier reicht ein Bachelor of Arts (BA) in Primary Education in Kombination mit einem Lehrdiplom, um in der Primarstufe zu unterrichten, während für andere Schulformen auch ein Master erforderlich ist.

Da in der Primarschule die Lehrkräfte überwiegend weiblich sind, soll hier auch auf die Vermutung eingegangen werden, dass der hohe Frauenanteil bei den Lehrkräften Nachteile für Schülerinnen und insbesondere Schüler mit sich bringe. Unter dem Stichwort der Feminisierung der Schule wird die These vertreten, dass die überwiegend weiblichen Lehrkräfte Regeln in den Schulen etablierten (z. B. hohe Wertschätzung von regelkonformem Verhalten), mit denen Jungen schlechter zurechtkämen, und/oder dass Jungen weniger gut gefördert würden (Hannover, 2011; Heyder & Kessels, 2013; Skelton, 2002). Genährt wird diese Vermutung durch die Tatsache, dass Mädchen im Vergleich zu Jungen über die gesamte Schulzeit hinweg bessere Schulnoten bekommen (Kuhl & Hannover, 2012). Es gibt inzwischen aussagekräftige Studien, die zeigen, dass das Geschlecht der Lehrkraft für die Leistungen von Jungen und Mädchen irrelevant ist (z. B. für den

Grundschulkontext: Helbig, 2012a; Neugebauer, Helbig & Landmann, 2011; vgl. Helbig, 2011). Auch zeigen sich in der schulbezogenen Motivation keine Unterschiede bei Jungen oder Mädchen in Abhängigkeit des Geschlechts der Lehrperson (z. B. Marsh, Martin & Cheng, 2008; Martin & Marsh, 2005). Die Antworten auf die Frage nach geschlechtsstereotypen Leistungsdisparitäten dürften weniger im Geschlecht der Lehrperson zu suchen sein, als vielmehr in den geschlechtsspezifischen Stereotypen, die in der Gesellschaft allgegenwärtig sind (z. B. Helbig, 2012b). Die Überzeugungen, dass Lesen weiblich und Mathematik männlich ist, und dass Jungen häufig zwar begabter als Mädchen seien, sich jedoch nicht anstrengten, sind weiterhin weit verbreitet. Damit perpetuieren Lehrkräfte durch stereotype Überzeugungen geschlechtstypische Leistungsunterschiede, wobei Lehrkräften im vorschulischen Bereich und der frühen Schulzeit dabei besondere Bedeutung zukommt (z. B. Kuhl & Hannover, 2012; Wolter, Braun & Hannover, 2015).

Will man nun nicht nur die Bildungsvoraussetzungen, sondern die berufsbezogenen Kompetenzen der Grundschullehrkräfte einschätzen, so ist festzustellen, dass es hierüber nur wenige Befunde gibt. Eine Grundlage für eine solche Einschätzung bilden z. B. die von Oser und Oelkers (2001) oder von der Deutschen Kultusministerkonferenz (2004) formulierten Standards für die Lehrer*innenbildung. In Deutschland liegen bislang lediglich bildungswissenschaftliche, nicht jedoch fachbezogene und fachdidaktische Standards vor. In diesen bildungswissenschaftlichen Standards für die Lehrer*innenbildung werden die vier Kompetenzbereiche *Unterrichten, Erziehen, Beurteilen* und *Innovieren* ausgewiesen und in insgesamt 11 Kompetenzen unterteilt. Für den Kompetenzbereich *Beurteilen* liegt eine Reihe von Befunden über die diagnostische Urteilsgüte von Lehrkräften vor, die im Folgenden kurz zusammengefasst werden.

Laut bildungswissenschaftlichen Standards sollen Lehrkräfte in der Lage sein, Lernvoraussetzungen und Lernprozesse korrekt zu diagnostizieren, um Schüler*innen gezielt fördern und Eltern beraten zu können (Kompetenz 7). Davon abgegrenzt wird die Forderung, dass Lehrkräfte Leistungen anhand transparenter Bewertungsmaßstäbe diagnostizieren sollen (Kompetenz 8). Zahlreiche Studien zeigen, dass Lehrkräfte sehr gute Leistungsdiagnosen erstellen (Metaanalysen von Hoge & Coladarci, 1989; Südkamp, Kaiser & Möller, 2012). Dies gilt jedoch nur, wenn als Maß für die Güte der Einschätzung die Korrelation zwischen dem Lehrer*innenurteil und einem objektiven Leistungstest herangezogen wird (Einschätzung des relativen Leistungsniveaus). Was Lehrkräften hingegen nicht gut gelingt, ist die Einschätzung des absoluten Leistungsniveaus (z. B. Schrader, Helmke, Hosenfeld, Halt & Hochweber, 2006; Schrader & Helmke, 1987). Beispielsweise wurden Lehrkräften in einer Ergänzungsstudie von PISA aufgefordert, einzuschätzen, wie viele ihrer Schüler*innen aufgrund geringer Lesefähigkeit Schwierigkeiten beim Übergang in den Beruf haben würden (Deutsches PISA-Konsortium, 2001, S. 119). Da solche Urteile über die absolute oder an Kriterien gemessene Leistung im Schulalltag so gut wie nie gefordert sind, kommt es bei solchen Urteilen häufig zu Über- oder Unterschätzungen (vgl. Schrader & Praetorius, 2018). Die Diagnose von Leistungsvoraussetzungen wie z. B. Intelligenz, Motivation, Prüfungsängstlichkeit fällt Lehrkräften insgesamt noch schwerer: Weder die relative Ordnung innerhalb ihrer Klasse noch das absolute Niveau der Merkmalsausprägungen kann zufriedenstellend genau eingeschätzt werden (Spinath, 2005). Ein Vergleich der Diagnosegüte von Grundschullehrkräften mit derjenigen von Gymnasiallehrkräften hat ergeben, dass erstere sowohl bei kognitiven als auch bei anderen Merkmalen akkuratere Diagnosen stellten (Karing, 2009).

Da die Diagnosegüte in der Grundschule aufgrund der Übergangsentscheidung in die Sekundarstufe eine große Bedeutung hat, gibt es verschiedene Bemühungen, diese zu verbessern. Zum Beispiel wurden in Deutschland Vergleichsarbeiten am Ende der Grundschulzeit eingeführt, um ein vom Referenzrahmen unabhängiges Leistungsmaß zu haben, an dem sich Lehrkräfte orientieren können. Gleichzeitig wurde das Projekt VERA initiiert, um mit den Vergleichsarbeiten die Güte diagnostischer Lehrer*innenurteile zu verbessern (Helmke, Hosenfeld & Schrader, 2004). Die Lehrkräfte wurden gebeten, Einschätzungen der Aufgabenschwierigkeit der Vergleichsarbeiten und des Abschneidens der von ihnen unterrichteten Klassen vorzunehmen, bevor diese die vergleichenden Schulleistungstests bearbeiten. Anhand der Rückmeldungen der Diagnosegüte sowie individueller Reflexionen konnten mögliche Gründe für Fehldiagnosen erarbeitet werden. Gründe für Fehleinschätzungen können sein: das Fehlen eines allgemein verbindlichen, kriterienorientierten Maßstabs, Tendenzen zur Strenge oder Milde, unterschiedliche Gewichtungen von Teilaspekten etc.

Vergleichsarbeiten in der Grundschule (VERA)

Vergleichsarbeiten sind standardisierte Leistungstests, die in Deutschland flächendeckend am Ende der 3. und 8. Klasse durchgeführt werden. Sie sind Bestandteil der von der Kultusministerkonferenz beschlossenen Bildungsmonitoring-Strategie und dienen der Überprüfung der bundesweit gültigen Bildungsstandards. Anders als bei anderen Schulleistungsuntersuchungen steht bei VERA die Unterrichts- und Schulentwicklung im Vordergrund. Die Ergebnisse der Leistungstests sollen von den Lehrkräften reflektiert und zur Verbesserung ihres Unterrichts genutzt werden (z. B. Groß Ophoff, Koch & Hosenfeld, 2019). Zudem sollen die Ergebnisse den Lehrkräften und Schulen Hinweise darüber liefern, in welchen Bereichen die Schüler*innen Stärken aufweisen und in welchen Bereichen besondere Schwerpunkte im Unterricht gesetzt werden müssen, damit die Bildungsstandards möglichst gut erreicht werden. Gleichzeitig erhalten Lehrkräfte durch VERA eine Leistungsmessung, die sich nicht am klasseninternen Bezugsrahmen orientiert und so Vergleiche über Klassen, Schulen, Bezirke, Bundesländer und weiteres mehr erlaubt. Die Ergebnisse von VERA können auch als Grundlage für Übergangsempfehlungen in die Sekundarstufe herangezogen werden.

2.4 Bildungsergebnisse

In diesem Abschnitt soll anhand von drei Themen beleuchtet werden, welche Bildungsergebnisse im Primärbereich erzielt werden. Als erstes werden dazu Befunde aus dem international vergleichenden Bildungsmonitoring herangezogen, speziell aus PIRLS. Darüber hinaus wird auf das für die Grundschule wichtige Thema der verschiedenen Methoden des Schriftspracherwerbs eingegangen sowie auf Befunde zum Fremdsprachenlernen in dieser frühen Schulphase.

Als Folge der internationalen Schulleistungsuntersuchungen haben die deutschsprachigen Länder ein umfangreiches Bildungsmonitoring eingeführt, mit dessen Hilfe die an verschiedenen Stationen des Bildungssystems erzielten Ergebnisse erhoben und bewertet werden können. Unter *Bildungsmonitoring* versteht man die systematische, empirische Gewinnung von Indikatoren der Bildungsqualität. Bildungsmonitoring wird dabei als wesentlicher Baustein für die Sicherung der Bildungsqualität angesehen. Im Folgenden werden einige zentrale Erkenntnisse der größten internationalen Schulleistungsstudie für den Primärbereich dargestellt, die international unter dem Namen PIRLS firmiert (*Progress in International Reading Literacy Study;* in Deutschland bekannt unter dem Namen IGLU: Internationale Grundschul-Lese-Untersuchung). Da die Schweiz sich an PIRLS (und TIMSS: Trends in International Mathematics and Science Study) nicht beteiligt hat, bezieht sich die Darstellung lediglich auf Deutschland und Österreich.

Progress in International Reading Literacy Study (PIRLS)

Die Schulleistungsstudie PIRLS wird alle 5 Jahre in inzwischen 50 Ländern durchgeführt. Deutschland hat flächendeckend in den Jahren 2001, 2006, 2011 und 2016 teilgenommen, Österreich nahm erstmalig im Jahr 2006 teil, und die Schweiz beteiligte sich bislang nicht an PIRLS. Erhoben werden Lesekompetenzen von Grundschulkindern am Ende der 4. Jahrgangsstufe, wobei auch fachspezifisches Leseverständnis in Mathematik und Naturwissenschaften geprüft wird. Ziel der Studie ist es, Indikatoren für die Güte von Bildungssystemen im internationalen Vergleich zur Verfügung zu stellen, die den teilnehmenden Ländern Ansatzpunkte für Maßnahmen zur Qualitätsverbesserung liefern. Neben der Schulleistung werden auch umfangreiche Hintergrundinformationen (z. B. zum familiären Kontext) erfasst.

In PIRLS 2016 erreichten deutsche und österreichische Grundschüler*innen ähnliche Leistungen im Lesen, die im Durchschnitt der teilnehmenden Länder lagen (vgl. Hußmann et al., 2017; Wallner-Paschon, Itzlinger-Bruneforth & Schreiner, 2017). Während in Österreich nach 4 Jahren Schule die Streuung der Leistungen vergleichsweise gering war, waren in Deutschland die interindividuellen Leistungsunterschiede relativ groß. Im 10-Jahres-Trend, also dem Vergleich der Leistungen zwischen den Jahren 2006 und 2016, zeigte sich für Österreich keine Veränderung in der Leseleistung, für Deutschland jedoch eine signifikante Verschlechterung. In

Anbetracht der zahlreichen Maßnahmen zur Verbesserung der schulischen Bildungsqualität, die ab den 2000er Jahren implementiert wurden, enttäuschen diese Ergebnisse. Ein Blick auf Leistungsdisparitäten zeigt, dass der Vorsprung von Mädchen gegenüber Jungen im Lesen, der in allen teilnehmenden Ländern zu beobachten war, in Österreich und Deutschland vergleichsweise gering ausfiel. Hingegen waren die Unterschiede zwischen Kindern, die ein- bzw. mehrsprachig aufwachsen, sowohl in Österreich als auch in Deutschland relativ groß, nämlich zu Ungunsten der mehrsprachlich Aufwachsenden.

Den Ergebnissen in Bezug auf die Leistungen entsprechen diejenigen zur Lesefreude. Während in Österreich eine im internationalen Vergleich durchschnittliche Freude am Lesen beobachtet wurde, war diese in Deutschland unterdurchschnittlich ausgeprägt. In beiden Ländern waren hingegen die Leseselbstkonzepte, also das Zutrauen in die eigenen Lesefähigkeiten, überdurchschnittlich.

Zusammenfassend kann festgestellt werden, dass die Indikatoren für die Leseleistung und -motivation in Deutschland und Österreich ähnlich durchwachsen ausfallen. Wenn sich Unterschiede ergaben, dann war immer Deutschland im Nachteil. Beide Länder können vor dem Hintergrund umfangreicher Bemühungen um die Verbesserung der Schulqualität in den letzten Jahren und Jahrzenten mit diesen Ergebnissen nicht zufrieden sein.

Eine wichtige Aufgabe der ersten Schuljahre ist die Vermittlung von grundlegenden Kompetenzen des Lesens und Schreibens. Für diesen Schriftspracherwerb sind unterschiedliche Methoden entwickelt worden. Die Ansätze können unter anderem dahingehend unterschieden werden, ob sie in strukturierter, vom Einfachen zum Komplexeren arbeitenden Vorgehensweise auf die Vermittlung der Regelhaftigkeit von Sprache hinarbeiten (z.B. durch Erarbeiten einer Fibel), oder aber, ob sie den Lernprozess offen gestalten und Lernende Zusammenhänge selbst entdecken lassen. Innerhalb dieser beiden Methodengruppen gibt es wiederum verschiedene Ansätze (z.B. Anlaut- oder Ganzwortmethode auf der einen und Schreiben durch Lesen, Schreibwerkstatt auf der anderen Seite). Durch die Geschichte des Schriftspracherwerbs zieht sich ein Methodenstreit, der in Anbetracht sinkender Rechtschreibleistungen von Grundschüler*innen (z.B. Stanat, Schipolowski, Rjosk, Weirich & Haag, 2017) auch die Aufmerksamkeit einer breiten Öffentlichkeit erfährt. Insbesondere die freien Lernmethoden, bei denen die Kinder mit geringer Struktur und zum Teil sogar ohne Korrektur von Rechtschreibfehlern lernen, werden für sich verschlechternde Leistungen verantwortlich gemacht.

Die wissenschaftliche Befundlage zu diesem Thema ist vergleichsweise dünn und zudem aufgrund der methodischen Probleme schwer zu interpretieren. Dies liegt zum einen daran, dass die Vielfalt an Ansätzen mit zum Teil gleichen, zum Teil unterschiedlichen Elementen einen Überblick erschwert. Hinzu kommt, dass es selten Studien gibt, deren Designs und Auswertungen eindeutige Schlüsse zulassen. Sowohl die Erfassung von Ausgangs- und Rahmenbedingungen der untersuchten Klassen als auch die Klärung der Durchführungstreue im Sinne der Ansätze lassen häufig zu wünschen übrig (vgl. Bremerich-Vos & Wendt, 2019).

In einer narrativen Literaturübersicht konstatieren Brügelmann und Brinkmann (2012), die selbst Anhänger einer freien Lernmethode (Spracherfahrungsansatz) sind, klare Vorteile von lautorientierten Ansätzen zu Beginn des Schriftspracherwerbs und keine Vorteile stärker strukturierter Verfahren am Ende der Primärschulzeit. Die Metaanalyse von Funke (2014) kommt zu dem Ergebnis, dass die Methode Lesen durch Schreiben im Vergleich zum fibelbasierten Schriftspracherwerb zwar bis zum Ende der 1. Klasse mit schlechteren Leistungen einherging, von der 2. bis zur 4. Klasse jedoch keine Unterschiede zu beobachten waren. Folgt man diesen Überblicksarbeiten, so sollten die Effekte der unterschiedlichen Ansätze im Allgemeinen weniger groß sein als vermutet. Allerdings gibt es Hinweise darauf, dass leistungsschwächere Schüler*innen von einem stärker strukturierten Schriftspracherwerb profitieren (z. B. Deimel, Ziegler & Schulte-Körne, 2005; Hatz & Sachse, 2014).

Zusammenfassend kann zu unterschiedlichen Methoden des Schriftspracherwerbs festgehalten werden, dass die Befundlage mit Vorsicht dahingehend zu interpretieren ist, dass die Effekte unterschiedlicher Methoden im Allgemeinen geringer sind als zu vermuten ist, dass jedoch insbesondere Leistungsschwächere von strukturierteren Ansätzen profitieren dürften. Im Sinne einer Angleichung von Bildungschancen wären somit strukturiertere Methoden zu bevorzugen.

Da die Grundschulzeit entwicklungspsychologisch betrachtet durch sehr gute Bildungsvoraussetzungen gekennzeichnet ist (z. B. in motivationaler Hinsicht), liegt es nahe, in dieser Zeit nicht nur die Landessprache zu vermitteln, sondern auch mit der Vermittlung von Fremdsprachen zu beginnen. Dies folgt der Überlegung, dass es für das Erlernen von Sprachen sensible Phasen gibt, über die hinaus ein Erwerb auf Muttersprachniveau nicht mehr möglich ist. Da das Beherrschen von Fremdsprachen insbesondere in multilingualen Staatenverbünden als sehr wünschenswert gilt, lernen in der EU fast alle Grundschüler*innen bereits mindestens eine Fremdsprache. Damit ist die Erwartung verbunden, dass der frühe Fremdsprachenunterricht nicht nur kurzfristig, sondern auch langfristig zu besseren Fremdsprachleistungen führt. Allerdings liegen zu dieser Fragestellung bislang kaum aussagekräftige Befunde vor. In einer Übersichtsarbeit kommen Fleckenstein, Möller und Baumert (2020) zu dem Ergebnis, dass der frühe Einsatz des Fremdsprachenlernens nicht zu mittel- oder langfristig besseren Ergebnissen führt. Bei späterem Einsetzen des Fremdsprachenunterrichts werden die Vorsprünge schnell und fast vollständig eingeholt. Auch zeigte sich, dass Kinder mit Migrationshintergrund durch das Erlernen einer dritten Sprache überfordert werden können. Als mögliche Gründe für diese enttäuschenden Ergebnisse werden die Qualität des Fremdsprachenunterrichts sowie die Ausbildung von Grundschullehrkräften ebenso diskutiert wie die didaktischen Brüche, die beim Übergang in die Sekundarstufe erfolgen (z. B. höherer Grad an formalisiertem Lernen im Vergleich zu informellerem, spielerischerem Lernen).

3 Praktische Bedeutung

Wie können Verbesserungen der Bildungsqualität im Primärbereich erzielt werden? Das Bildungsmonitoring soll eine Grundlage dafür bilden, die Schulsysteme weiterzuentwickeln (vgl. Kapitel 13 „Bildungsmonitoring und Evaluation“). Praktische Implikationen sind jedoch aus Schulleistungsuntersuchungen, die eben nicht darauf ausgelegt sind, Ursache-Wirkungszusammenhänge zu untersuchen, nur sehr vorsichtig zu ziehen. Es kann zwar formuliert werden, welche Zustände verändert werden sollten, häufig jedoch nicht, durch welche Mittel dies zu bewerkstelligen ist. In diesem Sinne sind Empfehlungen für die Praxis, wie sie aus internationalen Schulleistungsuntersuchungen abzuleiten sind, eher Beschreibungen von Verbesserungsbedarfen, nicht jedoch bereits Mittel, um diese Ziele zu erreichen. Der folgende Kasten gibt wieder, welche Empfehlungen das Autorenteam von PIRLS-Deutschland auf der Basis der Ergebnisse von 2016 ableitete.

Handlungsfelder und Maßnahmen zur Verbesserung der Bildungsqualität in Anbetracht der Ergebnisse von PIRLS 2016 (Hußmann et al., 2017, S. 26)

- Verstärkung des kognitiven Anregungspotenzials im Leseunterricht
- gezielte Förderung für lesestarke Schüler*innen
- gezielte Förderung für leseschwächere Schüler*innen
- Verbesserung der Leseleistung bei „wissensbasierten“ Leseaufgaben
- verstärkter Einsatz von Sachtexten im Leseunterricht
- Verbesserung der Chancengerechtigkeit für Schüler*innen unabhängig von ihrem Geschlecht, ihrer sozialen Herkunft, ihrem Migrationshintergrund oder anderen Merkmalen
- Förderung gezielter Elternarbeit
- Verbesserung der Lehrer*innenaus- und -fortbildung
- Ausweitung und Verbesserung von Aus- und Fortbildungsangeboten gezielt im Bereich des adaptiven Unterrichtens
- Verstärkung des Angebots an Ganztagsgrundschulen
- Erhöhung der Durchlässigkeit im Schulsystem
- verstärkte Implementation von Leseförderung in der Sekundarstufe I
- Sicherung einer qualitativ hochwertigen Bildung und Erziehung im Elementarbereich

Um konkretere Empfehlungen geben zu können, sind Wirksamkeitsstudien nötig, die, anders als die Schulleistungsuntersuchungen, nicht nur beobachten, sondern systematisch vermutete Wirkfaktoren variieren. Auf diese Weise kann die Konfundierung durch individuelle Schüler*innenmerkmale, allgemeine Entwicklungsstände und Faktoren des Bildungskontextes aufgehoben werden, die sonst eine eindeutige Interpretation von Ergebnissen unmöglich macht. Kontrollierte Schulversuche mit streng experimentellen Bedingungen würden klarere Ergebnisse zur Wirksamkeit von Lehr-Lernarrangements garantieren, werden jedoch so gut wie nie realisiert. Dies liegt unter anderem daran, dass Schulversuche ein sensibles Thema sind, zu dem ein Commitment von vielen verschiedenen Akteur*innen gegeben sein muss (Bildungsadministration, Lehrkräfte, Eltern etc.). Auch ethische Bedenken stehen echten Experimenten in der Schulpraxis häufig entgegen.

4 Zukunft des Themas

Was sind die zukünftigen Herausforderungen und Aufgaben für die Bildungspsychologie im Primärbereich hinsichtlich Forschung und Praxis? Im Folgenden werden nur einige Themen aufgegriffen. Die Auswahl richtet sich nach den in diesem Kapitel besprochenen Themen.

Wendet man den Blick zunächst auf den Bereich der Forschung, so gilt es, die Bemühungen im Bereich des Bildungsmonitorings beizubehalten und zu verstärken. Neben den in Wellen durchgeführten Schulleistungsstudien wie PIRLS besteht ein Bedarf an spezifisch auf einzelne Teilbereiche und Fragestellungen zugeschnittenen Studien. Während es die Aufgabe der großen Schulleistungsuntersuchungen ist, den Status quo zu erfassen, können kleinere Studien mit längsschnittlichen oder intervenierenden Designs die hinter diesen Ergebnissen liegenden Ursachen analysieren. Bislang gibt es erstaunlich wenig gesicherte Erkenntnisse über die Wirksamkeit bestimmter Unterrichtsformen (z.B. offener Unterricht, jahrgangsstufenübergreifender Unterricht etc.). Auch fehlen Studien zu den vermuteten negativen Auswirkungen von Noten in der Grundschule, die immer wieder thematisiert werden und daher dringend beforscht werden sollten. Insgesamt zu wenig beforscht sind auch die Wirkungen alternativer Schul- und Unterrichtskonzepte, wie sie etwa in Waldorfschulen praktiziert werden. Eine große Schwierigkeit liegt hierbei darin, dass sich neben den didaktischen Konzepten dieser besonderen Schulen im Vergleich zu Regelschulen auch die Grundpopulation der Schüler*innen und Eltern unterscheidet, sodass unterschiedliche Bildungsresultate nicht eindeutig den Unterschieden in der Didaktik zugeschrieben werden können. Großer Forschungsbedarf besteht auch bezüglich der Kompetenzen von Lehrkräften. In dem hier exemplarisch besprochenen Bereich der diagnostischen Kompetenzen fehlt es bislang an Interventionsstudien, die zeigen, wie die Urteilsgüte von Lehrkräften in Bezug auf Voraussetzungen für Leistung, aber auch die Diagnose des eigenen Unterrichts verbessert werden kann. Aufgrund des nach wie vor bestehenden Übergangs auf eine andere Schulform am Ende der Primarzeit sind die dort gestellten Prognosen von enormer Bedeutung. Als letztes großes Forschungsfeld soll die Entwicklung der Bildungsvoraussetzungen der Grundschüler*innen genannt werden. Mit dem Ziel, langfristig ungünstige

Entwicklungen zu verhindern, werden auch weiterhin die Veränderungen motivationaler und emotionaler Faktoren große Aufmerksamkeit auf sich ziehen. Beispielsweise gilt es zu klären, warum die schulbezogene Lernmotivation im Laufe der Grundschule sinkt und inwiefern Unterrichtsbedingungen diesen Trend beeinflussen können.

In Bezug auf die Praxis in den Grundschulen sind eine Reihe von Veränderungen als Reaktion auf Herausforderungen bereits angestoßen worden. Zu den wichtigsten Maßnahmen der Qualitätssicherung gehören die Bildungsstandards, die kompetenzorientierte Bildungsziele formulieren, und deren Überprüfung. Diese Bildungsstandards sollen den Wandel von der Inputorientierung zur Outputorientierung in die Schulen tragen. Die Herausforderung für die Schulen besteht darin, ihren Unterricht so zu entwickeln, dass möglichst viele Schüler*innen am Ende der Grundschulzeit die Bildungsstandards erfüllen. Dies darf jedoch nicht durch ein „Teaching-to-the-Test“ erreicht werden, bei dem ausschließlich testrelevante Inhalte zulasten weiterer wichtiger Bildungsziele unterrichtet werden. Stattdessen sollte das Niveau anderer, nicht durch die Bildungsstandards erfasster Kompetenzen beibehalten oder ebenfalls verbessert werden (z. B. soziale Kompetenzen). Weitere Veränderungen betreffen unter anderem die Einführung fester Schulöffnungszeiten (Stichwort: verlässliche Betreuungsangebote), die Weiterentwicklung von flexiblen Schuleingangsphasen und den Ausbau von Ganztagsschulen. Auszubauen ist des Weiteren der Bereich der Sprachstandsdiagnostik und der Sprachförderung. Diese Aufgaben sollten jedoch nicht noch zusätzlich den Grundschullehrkräften aufgebürdet werden. Für solche, wie für alle zusätzlichen Aufgaben, die die Förderung in bestimmten Bereichen betreffen, sind besonders geschulte Pädagog*innen sowie Psycholog*innen nötig. Die Förderung der Arbeit solcher multiprofessionellen Teams (ergänzt z. B. durch Sozialarbeiter*innen, Sprachtherapeut*innen) ist eine weitere Aufgabe für die praktische Arbeit in den Grundschulen.

Zusammenfassung

Die Primar- oder Grundschulzeit bietet einen reichen Fundus an bildungspsychologischen Fragestellungen, die für Forschung und Praxis relevant sind. Das vorliegende Kapitel konnte sich diesen nur exemplarisch widmen, indem Bereiche fokussiert wurden, die besonderes Forschungsinteresse auf sich gezogen haben. Es ist festzustellen, dass sich verschiedene Merkmale der Primarschule (z. B. im Bereich der Lehrkräftebildung, der Gestaltung des Übergangs in die Sekundarschule) sowie die Ergebnisse, die sie hervorbringt, in den letzten Jahren in vielerlei Hinsicht verändert hat. Als vor rund 10 Jahren die erste Fassung dieses Kapitels veröffentlicht worden ist, lautete das abschließende Fazit, dass in der Grundschule die Welt noch in Ordnung sei. Dies stützte sich vor allem auf die guten Ergebnisse in Schulleistungsuntersuchungen, aber auch die Zufriedenheit der Eltern mit dieser Schulform. Inzwischen sind die Bildungsergebnisse in allen drei hierbetrachteten Ländern nicht mehr so gut, und es gibt auch im Primärbereich zahlreiche Verbesserungsbedarfe. Der

Bildungsforschung werden demzufolge die Themen in diesem Bereich so bald nicht ausgehen. Mit entsprechender Spannung ist abzuwarten, wo die Primarschule in weiteren 10 Jahren stehen wird und was es dann an dieser Stelle zu berichten gibt.

Reflexionsfragen

1. Welche Besonderheiten weist die Schule im Primärbereich im Vergleich zu anderen Schultypen auf?
2. Welche kognitiven und motivationalen Bildungsvoraussetzungen zeichnen Schüler*innen im Primärbereich aus?
3. Wie könnte die Leistungsbeurteilung in den frühen Schuljahren verändert werden, um möglichst vielen ihrer Funktionen gerecht zu werden?
4. Welches sind zentrale Befunde zu Bildungsergebnissen im Primärbereich?
5. Welchen offenen Fragen sollte sich die Forschung im Primärbereich widmen?

Weiterführende Literatur

Dweck, C.S. (2002). The development of ability conceptions. In A. Wigfield & J.S. Eccles (Eds.), *Development of Achievement Motivation* (pp. 57–88). San Diego: Academic Press.

Groß Ophoff, J., Koch, U. & Hosenfeld, I. (2019). Vergleichsarbeiten in der Grundschule von 2004 bis 2014: Trends in der Akzeptanz und Auseinandersetzung mit Rückmeldungen. In J. Zuber, H. Altrichter & M. Heinrich (Hrsg.), *Bildungsstandards zwischen Politik und schulischem Alltag* (S. 205–228). Wiesbaden: Springer VS.

Hußmann, A., Wendt, H., Bos, W., Bremerich-Vos, A., Kasper, D., Lankes, E.-M., McElvany, N. et al. (Hrsg.). (2017). *IGLU 2016: Lesekompetenzen von Grundschulkindern in Deutschland im internationalen Vergleich.* Münster: Waxmann.

Literatur

Autorengruppe Bildungsberichterstattung (Hrsg.). (2020). *Bildung in Deutschland 2020*. Verfügbar unter https://www.bildungsbericht.de/de/bildungsberichte-seit-2006/bildungsbericht-2020/bildung-in-deutschland-2020

Baeriswyl, F., Wandeler, C., Trautwein, U. & Oswald, K. (2006). Leistungstest, Offenheit von Bildungsgängen und obligatorische Beratung von Eltern: Reduziert das Deutschfreiburger Übergangsmodell die Effekte des sozialen Hintergrunds bei Übergangsentscheidungen? *Zeitschrift für Erziehungswissenschaft, 9,* 373–392. https://doi.org/10.1007/s11618-006-0056-6

Baron-Boldt, J., Schuler, H. & Funke, U. (1988). Prädiktive Validität von Schulabschlussnoten: Eine Metaanalyse. *Zeitschrift für Pädagogische Psychologie, 2,* 79–90.

Becker, H. & Hentig, H. von (Hrsg.). (1983). *Zensuren. Lüge – Notwendigkeit – Alternativen.* Frankfurt a. M.: Ullstein.

Bellenberg, G. (2012). *Schulformwechsel in Deutschland. Durchlässigkeit und Selektion in den 16 Schulsystemen der Bundesländer innerhalb der Sekundarstufe.* Gütersloh: Bertelsmann. Verfügbar unter https://www.bertelsmann-stiftung.de/fileadmin/files/BSt/Publikationen/GrauePublikationen/GP_Schulformwechsel_in_Deutschland.pdf

Benner, D. & Ramseger, J. (1985). Zwischen Ziffernzensur und pädagogischem Entwicklungsbericht: Zeugnisse ohne Noten in der Grundschule. *Zeitschrift für Pädagogik, 31,* 151–174. Verfügbar unter https://www.pedocs.de/volltexte/2019/18158/pdf/ZfPaed_2_1985_Benner_Ramseger_Zwischen_Ziffernzensur.pdf

Bos, W., Voss, A., Lankes, E.-M., Schwippert, K., Thiel, O. & Valtin, R. (2004). Schullaufbahnempfehlungen von Lehrkräften für Kinder am Ende der vierten Jahrgangsstufe. In W. Bos, E.-M. Lankes, M. Prenzel, K. Schwippert, R. Valtin & G. Walther (Hrsg.), *IGLU – Einige Länder der Bundesrepublik Deutschland im nationalen und internationalen Vergleich* (S. 191–228). Münster: Waxmann.

Bremerich-Vos, A. & Wendt, H. (2019). Zur Nutzung von Laut-bzw. Anlauttabellen im Deutschunterricht der Grundschule. *Zeitschrift für Angewandte Linguistik, 70,* 19–36. https://doi.org/10.1515/zfal-2019-2015

Brügelmann, H. (2006). *Sind Noten nützlich und nötig? Zifferzensuren und ihre Alternativen im empirischen Vergleich. Eine wissenschaftliche Expertise des Grundschulverbandes, erstellt von der Arbeitsgruppe Primarstufe an der Universität Siegen.* Frankfurt a. M.: Grundschulverband e.V. Verfügbar unter https://www.pedocs.de/volltexte/2020/18828/pdf/Bruegelmann_2014_Sind_Noten_nuetzlich.pdf

Brügelmann, H. & Brinkmann, E. (2012). *Freies Schreiben im Anfangsunterricht? Eine kritische Übersicht über Befunde der Forschung.* Verfügbar unter http://www.leseforum.ch/bruegelmann_brinkmann_2012_2.cfm

Deimel, W., Ziegler, A. & Schulte-Körne, G. (2005). *Modell Schriftsprach-Moderatoren (MSM): Zwischenbericht der wissenschaftlichen Begleitung nach zwei Jahren.* Verfügbar unter http://www.kjp.med.uni-muenchen.de/download/MSM-Zwischenbericht.pdf

Deutsche Kultusministerkonferenz (1966). *Übergänge von einer Schulart in die andere.* Bonn: Sekretariat der Ständigen Konferenz der Kultusminister der Länder in der Bundesrepublik Deutschland.

Deutsche Kultusministerkonferenz (1970/2015). *Empfehlungen zur Arbeit in der Grundschule.* Bonn: Sekretariat der Ständigen Konferenz der Kultusminister der Länder in der Bundesrepublik Deutschland. Verfügbar unter https://www.kmk.org/fileadmin/Dateien/veroeffentlichungen_beschluesse/1970/1970_07_02_Empfehlungen_Grundschule.pdf

Deutsche Kultusministerkonferenz (2004). *Standards für die Lehrerbildung: Bildungswissenschaften.* Bonn: Sekretariat der Ständigen Konferenz der Kultusminister der Länder in der Bundesrepublik Deutschland. Verfügbar unter https://www.kmk.org/fileadmin/Dateien/veroeffentlichungen_beschluesse/2004/2004_12_16-Standards-Lehrerbildung-Bildungs wissenschaften.pdf

Deutsches PISA-Konsortium (Hrsg.). (2001). *PISA 2000: Basiskompetenzen von Schülerinnen und Schülern im internationalen Vergleich.* Opladen: Leske + Budrich.

Dumont, H., Maaz, K., Neuman, M. & Becker, M. (2014). Soziale Ungleichheiten beim Übergang von der Grundschule in die Sekundarstufe I. Theorie, Forschungsstand, Interventions- und Fördermöglichkeiten. *Zeitschrift für Erziehungswissenschaft, 17,* 141–165. https://doi.org/10.1007/s11618-013-0466-1

Dweck, C.S. (2002). The development of ability conceptions. In A. Wigfield & J.S. Eccles (Eds.), *Development of Achievement Motivation* (pp. 57–88). San Diego: Academic Press.

Fleckenstein, J., Möller, J. & Baumert, J. (2020). Ist jünger immer besser? Frühes Fremdsprachenlernen in der Grundschule. *Zeitschrift für Pädagogische Psychologie, 34,* 133–148. https://doi.org/10.1024/1010-0652/a000267

Funke, R. (2014). Erstunterricht nach der Methode „Lesen durch Schreiben" und Ergebnisse schriftsprachlichen Lernens: Eine metaanalytische Bestandsaufnahme. *Didaktik Deutsch: Halbjahresschrift für die Didaktik der deutschen Sprache und Literatur, 20,* 21–41.

Gold, A. & Giesen, H. (1993). Leistungsvoraussetzungen und Studienbedingungen bei Studierenden verschiedener Lehrämter. *Psychologie in Erziehung und Unterricht, 40,* 111–124.

Groß Ophoff, J., Koch, U. & Hosenfeld, I. (2019). Vergleichsarbeiten in der Grundschule von 2004 bis 2015: Trends in der Akzeptanz und Auseinandersetzung mit Rückmeldungen. In J. Zuber, H. Altrichter & M. Heinrich (Hrsg.), *Bildungsstandards zwischen Politik und schulischem Alltag* (S. 205–228). Wiesbaden: Springer VS. https://doi.org/10.1007/978-3-658-22241-3_9

Hannover, B. (2011). Ist die Überrepräsentanz von Frauen im Bildungssystem für den geringeren Bildungserfolg von Jungen verantwortlich? Eine Diskussion der empirischen Evidenz. In E. H. Witte & J. Doll (Hrsg.), *Sozialpsychologie, Sozialisation und Schule* (S. 233–245). Lengerich: Pabst.

Harter, S. (2012). *The construction of the self: Developmental and sociocultural foundations* (2nd ed.). New York: Guilford.

Hatz, H. & Sachse, S. (2014). Differenzielle Effekte des schriftsprachlichen Anfangsunterrichts: Zu den Einflüssen unterschiedlicher pädagogisch-fachdidaktischer Unterrichtskonzeptionen auf die Entwicklung von Lesen und Schreiben. In S. Sallat, M. Spreer & C. W. Glück (Hrsg.), *Sprache professionell fördern: Kompetent, vernetzt, innovativ* (S. 100–106). Idstein: Schulz-Kirchner.

Havighurst, R. J. (1972). *Developmental Tasks and Education.* New York: McKay.

Helbig, M. (2011). Es sind nicht die Lehrerinnen: Empirische Belege zum Geschlecht der Lehrkraft und dem Schulerfolg der Kinder. *Gender Open Repositorium, 37,* 20–31.

Helbig, M. (2012a). Boys do not benefit from male teachers in their reading and mathematics skills: Empirical evidence from 21 European Union and OECD countries. *British Journal of Sociology of Education, 33,* 661–677. https://doi.org/10.1080/01425692.2012.674782

Helbig, M. (2012b). Warum bekommen Jungen schlechtere Schulnoten als Mädchen? Ein sozialpsychologischer Erklärungsansatz. *Zeitschrift für Bildungsforschung, 2,* 41–54. https://doi.org/10.1007/s35834-012-0026-4

Helmke, A., Hosenfeld, I. & Schrader, F.-W. (2004). Vergleichsarbeiten als Werkzeug für die Verbesserung der diagnostischen Kompetenz von Lehrkräften. In R. Arnold & C. Griese (Hrsg.), *Schulleitung und Schulentwicklung* (S. 119–144). Baltmannsweiler: Schneider.

Hetzer, H. (1948). *Kind und Jugendlicher in der Entwicklung.* Wolfenbüttel: Wolfenbütteler Verlagsanstalt.

Heyder, A. & Kessels, U. (2013). Is school feminine? Implicit gender stereotyping of school as a predictor of academic achievement. *Sex Roles, 69,* 605–617. https://doi.org/10.1007/s11199-013-0309-9

Hoge, R. D. & Coladarci, T. (1989). Teacher-based judgements of academic achievement: A review of literature. *Review of Educational Research, 59,* 297–313. https://doi.org/10.3102/00346543059003297

Hußmann, A., Wendt, H., Bos, W., Bremerich-Vos, A., Kasper, D., Lankes, E.-M., McElvany, N. et al. (Hrsg.). (2017). *IGLU 2016: Lesekompetenzen von Grundschulkindern in Deutschland im internationalen Vergleich.* Münster: Waxmann.

Ingenkamp, K. (1989). Die diagnostische Problematik des Aufsatzes als Prüfungsinstrument und die Bemühungen zur Verbesserung der Bewertungsqualität. In K. Ingenkamp (Hrsg.), *Diagnostik in der Schule* (S. 55–94). Weinheim: Beltz.

Jansen, H., Mannhaupt, G., Marx, H. & Skowronek, H. (2002). *Bielefelder Screening zur Früherkennung von Lese-Rechtschreibschwierigkeiten (BISC)* (2. Aufl.). Göttingen: Hogrefe.

Kammermeyer, G. & King, S. (2018). Überblick über die wichtigsten Sprachstands-Verfahren im Vorschulbereich. In W. Schneider & M. Hasselhorn (Hrsg.), *Schuleingangsdiagnostik* (S. 63–86). Göttingen: Hogrefe.

Kammermeyer, G. & Martschinke, S. (2018). Schulreife und Schulfähigkeit. In D. H. Rost, J. R. Sparfeldt & S. R. Buch (Hrsg.), *Handwörterbuch Pädagogische Psychologie* (5. Aufl., S. 716–727). Weinheim: Beltz.

Karing, C. (2009). Diagnostische Kompetenz von Grundschul- und Gymnasiallehrkräften im Leistungsbereich und im Bereich Interessen. *Zeitschrift für Pädagogische Psychologie, 23,* 197–209. https://doi.org/10.1024/1010-0652.23.34.197

Koenka, A. C., Linnenbrink-Garcia, L., Moshontz, H., Atkinson, K. M., Sanchez, C. E. & Cooper, H. (2019). A meta-analysis on the impact of grades and comments on academic motivation and achievement: A case for written feedback. *Educational Psychology, 41,* 922–947. https://doi.org/10.1080/01443410.2019.1659939

Kuhl, P. & Hannover, B. (2012). Differenzielle Benotungen von Mädchen und Jungen. *Zeitschrift für Entwicklungspsychologie und Pädagogische Psychologie, 44,* 153–162. https://doi.org/10.1026/0049-8637/a000066

Maier, M. (2002). *Das Verbalzeugnis in der Grundschule: Anspruch und Wirklichkeit.* Landau: Verlag Empirische Pädagogik.

Marsh, H. W., Martin, A. J. & Cheng, J. H. S. (2008). A multilevel perspective on gender in classroom motivation and climate: Potential benefits of male teachers for boys? *Journal of Educational Psychology, 100,* 78–95. https://doi.org/10.1037/0022-0663.100.1.78

Martin, A. & Marsh, H. (2005). Motivating boys and motivating girls: Does teacher gender really make a difference? *Australian Journal of Education, 49,* 320–334. https://doi.org/10.1177/000494410504900308

Neugebauer, M., Helbig, M. & Landmann, A. (2011). Unmasking the myth of the same-sex teacher advantage. *European Sociological Review, 27,* 669–689. https://doi.org/10.1093/esr/jcq038

Oberwimmer, K., Vogtenhuber, S., Lassnigg, L. & Schreiner, C. (Hrsg.). (2018). *Nationaler Bildungsbericht Österreich 2018: Das Schulsystem im Spiegel von Daten und Indikatoren.* Graz: Leykam.

Oser, F. & Oelkers, J. (2001). Standards: Kompetenzen von Lehrpersonen. In F. Oser & J. Oelkers (Hrsg.), *Die Wirksamkeit der Lehrerbildungssysteme. Von der Allrounderbildung zur Ausbildung professioneller Standards* (S. 215–342). Zürich: Rüegger.

Rosenfeld, H. & Valtin, R. (1997). Zur Entwicklung schulbezogener Persönlichkeitsmerkmale bei Kindern im Grundschulalter: Erste Ergebnisse aus dem Projekt NOVARA. *Unterrichtswissenschaft, 25,* 316–330.

Schlögl, P. & Lachmayr, N. (2004). *Motive und Hintergründe von Bildungsentscheidungen in Österreich.* Wien: oibf – Österreichisches Institut für Berufsbildungsforschung. Verfügbar unter https://oeibf.at/wp-content/plugins/zotpress/lib/request/request.dl.php?api_user_id=2190915&dlkey=DD5Y7MVZ&content_type=application/pdf

Schrader, F.-W. & Helmke, A. (1987). Diagnostische Kompetenz von Lehrern: Komponenten und Wirkungen. *Empirische Pädagogik, 1,* 27–52.

Schrader, F.-W., Helmke, A., Hosenfeld, I., Halt, A. C. & Hochweber, J. (2006). Komponenten der Diagnosegenauigkeit von Lehrkräften: Ergebnisse aus Vergleichsarbeiten. In F. Eder, A. Gastager & F. Hofmann (Hrsg.), *Qualität durch Standards? Beiträge zur 67. AEPF-Tagung in Salzburg* (S. 265–278). Münster: Waxmann.

Schrader, F.-W. & Praetorius, A.-K. (2018). Diagnostische Kompetenz von Eltern und Lehrern. In D.H. Rost, J.R. Sparfeldt & S.R. Buch (Hrsg.), *Handwörterbuch Pädagogische Psychologie* (S. 92–98). Weinheim: Beltz.

Schweizerische Koordinationsstelle für Bildungsforschung (SKBF). (2018). *Bildungsbericht Schweiz 2018*. Aarau: SKBF. Verfügbar unter http://www.skbf-csre.ch/fileadmin/files/pdf/bildungsberichte/2018/Bildungsbericht_Schweiz_2018.pdf

Skelton, C. (2002) The 'feminisation of schooling' or 're-masculinising' primary education? *International Studies in Sociology of Education, 12,* 77–96. https://doi.org/10.1080/09620210200200084

Spinath, B. (2005). Akkuratheit der Einschätzung von Schülermerkmalen durch Lehrer/innen und das Konstrukt der diagnostischen Kompetenz. *Zeitschrift für Pädagogische Psychologie, 19,* 85–95. https://doi.org/10.1024/1010-0652.19.12.85

Spinath, B. & Spinath, F.M. (2005). Longitudinal analysis of the link between learning motivation and competence beliefs among elementary school children. *Learning and Instruction, 15,* 87–102. https://doi.org/10.1016/j.learninstruc.2005.04.008

Spinath, B. & Steinmayr, R. (2008). Longitudinal analysis of intrinsic motivation and competence beliefs: Is there a relation over time? *Child Development, 79,* 1555–1569. https://doi.org/10.1111/j.1467-8624.2008.01205.x

Spinath, B., van Ophuysen, S. & Heise, E. (2005). Individuelle Voraussetzungen von Studierenden zu Studienbeginn: Sind Lehramtsstudierende so schlecht wie ihr Ruf? *Psychologie in Erziehung und Unterricht, 52,* 186–197.

Stanat, P., Schipolowski, S., Rjosk, C., Weirich, S. & Haag, N. (Hrsg.). (2017). *IQB-Bildungstrend 2016. Kompetenzen in den Fächern Deutsch und Mathematik am Ende der 4. Jahrgangsstufe im zweiten Ländervergleich*. Münster: Waxmann.

Südkamp, A., Kaiser, J. & Möller, J. (2012). Accuracy of teachers' judgments of students' academic achievement: A meta-analysis. *Journal of Educational Psychology, 104,* 743–762. https://doi.org/10.1037/a0027627

Trapmann, S., Hell, B., Weigand, S. & Schuler, H. (2007). Die Validität von Schulnoten zur Vorhersage des Studienerfolgs – eine Metaanalyse. *Zeitschrift für Pädagogische Psychologie, 21,* 11–27. https://doi.org/10.1024/1010-0652.21.1.11

Trautwein, U. & Baeriswyl, F. (2007). Wenn leistungsstarke Klassenkameraden ein Nachteil sind: Referenzgruppeneffekte bei Übergangsentscheidungen. *Zeitschrift für Pädagogische Psychologie, 21,* 119–133. https://doi.org/10.1024/1010-0652.21.2.119

Trautwein, U., Baeriswyl, F., Lüdtke, O. & Wandeler, C. (2008). Die Öffnung des Schulsystems: Fakt oder Fiktion? Empirische Befunde zum Zusammenhang von Grundschulübertritt und Übergang in die gymnasiale Oberstufe. *Zeitschrift für Erziehungswissenschaft, 11,* 1–18. https://doi.org/10.1007/s11618-008-0043-1

Ulich, K. (2004). *Ich will Lehrer/in werden: Eine Untersuchung zu den Berufsmotiven von Studierenden*. Weinheim: Beltz.

van Ophuysen, S. (2018). Die Übergangsempfehlung als Aufgabe von Grundschullehrkräften. Theorie und Forschungsstand. In R. Porsch (Hrsg.), *Der Übergang von der Grundschule auf weiterführende Schulen* (S. 89–113). Stuttgart: UTB.

Wagner, C. & Valtin, R. (2003). Noten oder Verbalbeurteilungen? Die Wirkung unterschiedlicher Bewertungsformen auf die schulische Entwicklung von Grundschulkindern. *Zeitschrift für Entwicklungspsychologie und Pädagogische Psychologie, 45,* 27–36. https://doi.org/10.1026//0049-8637.35.1.27

Wallner-Paschon, C., Itzlinger-Bruneforth, U. & Schreiner, C. (Hrsg.). (2017). *PIRLS 2016. Die Lesekompetenz am Ende der Volksschule. Erste Ergebnisse*. Graz: Leykam.

Wigfield, A. & Eccles, J.S. (2000). Expectancy-value theory of achievement motivation. *Contemporary Educational Psychology, 25,* 68–81. https://doi.org/10.1006/ceps.1999.1015

Wigfield, A. & Eccles, J.S. (2020). 35 years of research on students' subjective task values and motivation: A look back and a look forward. In A. Elliot (Ed.), *Advances in motivation science* (Vol. 7, pp. 161–198). New York: Elsevier.

Wolter, I., Braun, E. & Hannover, B. (2015). Reading is for girls!? The negative impact of preschool teachers' traditional gender role attitudes on boys' reading related motivation and skills. *Frontiers in Psychology, 6*:1267. https://doi.org/10.3389/fpsyg.2015.01267

Kapitel 5

Bildungspsychologie des Sekundärbereichs

Kristina Stockinger, Anne C. Frenzel, Thomas Götz & Reinhard Pekrun

Inhaltsübersicht

1 Einführung

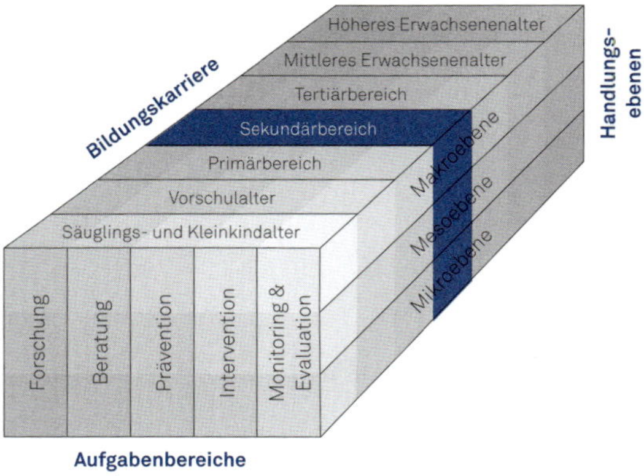

Zentraler Gegenstand der Bildungspsychologie des Sekundärbereichs ist die Kompetenz- und Persönlichkeitsentwicklung im Sekundarschulwesen, also von der 5. bzw. 7. Klassenstufe bis zum Schulabschluss (wobei sich je nach [Bundes-]Land Unterschiede ergeben, siehe Abschnitt 2). Dabei handelt es sich um klassische Themenfelder der Bildungspsychologie, welche die Besonderheiten der kognitiven, emotional-motivationalen und sozialen Entwicklung im mittleren Kindes- und im Jugendalter umspannen (Wacker, 2019). Gesellschaftlicher Auftrag von Schule ist es, gezielt auf die Entwicklung aller Mitglieder der heranwachsenden Generation Einfluss zu nehmen, um den Fortbestand und die Entwicklung der Gesellschaft zu sichern (Fend, 2009). Im Sekundärbereich rückt in diesem Zusammenhang neben der im schulischen Bildungsauftrag verankerten Vermittlung von Wissen und Fertigkeiten zunehmend auch die Förderung eigen- und sozialverantwortlicher Einstellungen und Verhaltensweisen in den Vordergrund, welche dem Erziehungsauftrag zuzuordnen ist. Im Unterschied zur familiären Sozialisation unterliegt Schule einer direkten gesellschaftlichen Steuerung; und im Unterschied zu nachschulischen Bildungsinstitutionen, die jeweils für Teilgruppen der Bevölkerung relevant werden, handelt es sich um eine flächendeckende Einflussnahme auf sich entwickelnde Individuen.

2 Struktur des Sekundarschulwesens

In diesem Abschnitt werden wesentliche Merkmale gegliederter Sekundarstufen skizziert, wie sie vor allem in Deutschland, aber auch Österreich und der Schweiz üblich sind (Wacker, 2019). Ziel ist es aufzuzeigen, wie das Sekundarschulwesen grundlegend aufgebaut ist, in seiner Form aber sowohl über die Länder hinweg als auch innerhalb der Länder variieren kann. Hierdurch sollen Rahmenbedingungen für die oben genannten Entwicklungsprozesse im Kindes- und Jugendalter ersichtlich werden.

Der Besuch des Sekundärbereichs ist für Schüler*innen generell verpflichtend, wobei in Deutschland zwischen der Vollzeit- (9 bzw. 10 Jahre, je nach Bundesland) und der daran anschließenden Teilzeit- bzw. Berufsschulpflicht (3 Jahre) zu unterscheiden ist. In Österreich beträgt die allgemeine Schulpflicht derzeit 9, in der Schweiz i. d. R. 11 Jahre. Im internationalen Vergleich erfolgt in den meisten Bundesländern bzw. Regionen Deutschlands und Österreichs nach der 4. Klassenstufe ein sehr früher Eintritt in den Sekundärbereich, in der Schweiz dagegen erfolgt die Trennung der Schüler*innen erst nach der 6. Klassenstufe. Der Übertritt geht dabei in diesen Ländern mit einer leistungsbedingten Selektion der Schüler*innen und einem Wechsel vom Klassen- zum Fachlehrkraftsprinzip einher. Damit fallen feste, Lernende über mehrere Schuljahre hinweg begleitende, Bezugspersonen weg und Lernen wird im Vergleich zur Primarstufe weitgehend fachspezifisch organisiert.

Horizontal gliedert sich der Sekundarschulbereich nach ISCED-2011 (International Standard Classification of Education; OECD, 2015) in die Stufen I und II. Die Sekundarstufe I umfasst in Deutschland die Klassenstufen 5 bis 10, in Österreich und der Schweiz (i. d. R.) die Stufen 7 bis 9, wobei verschiedene Schulformen und -bezeichnungen existieren. In Deutschland lassen sich aus vertikaler Ordnungsperspektive dreigliedrige und zweigliedrige Systeme unterscheiden. Dreigliedrige Systeme sehen eine Aufteilung in Haupt- bzw. Mittelschulen, Realschulen und Gymnasien vor, zweigliedrige eine pädagogische und organisatorische Zusammenlegung von Haupt-/Mittel- und Realschulen, die neben dem Gymnasium existieren. In Österreich besuchen Jugendliche im Anschluss an die Primarstufe üblicherweise entweder die Neue Mittelschule (ehem. Hauptschule) oder die Unterstufe der Allgemeinbildenden Höheren Schule (AHS). In der Schweiz variieren die Systeme je nach Kanton. Die Sekundarstufe I umfasst dabei drei verschiedenartig leistungsdifferenzierte Modelle (geteilt, kooperativ oder integriert bzw. Schulen mit Grund- versus erweiterten Ansprüchen).

Begründet wird und wurde diese Aufgliederung primär mit der Notwendigkeit leistungsbezogener Differenzierung, die eine optimale Passung zwischen schulischen Anforderungen bzw. Angeboten und leistungsbezogenen Voraussetzungen der Lernenden ermöglichen soll. Diese Gliederung wird im Zuge aktueller Debatten um Inklusion und Bildungsgerechtigkeit immer stärker infrage gestellt. Inzwischen ist ein deutlicher Trend hin zu zweigliedrigen Sekundarsystemen zu verzeichnen (Drewek, 2019; siehe Dedering & Holtappels, 2018). Durch diese Veränderung der Schullandschaft verändert sich auch die Schüler*innenschaft des deutschen Gymnasiums bzw. vergleichbarer Schulformen in anderen Ländern zunehmend in Richtung sozialer und leistungsbezogener Heterogenität, da v. a. an diesen „höheren" Schulen die Schüler*innenzahlen kontinuierlich steigen, was neue Chancen, aber auch Herausforderungen für Lehrkräfte birgt. Verbunden ist dieser Wandel laut Dedering und Holtappels (2018, S. 434 f.) damit, dass „der Gymnasialbesuch zum Garanten für die Wahrungen verschiedener Optionen, also eine Schulwahl für alle Fälle [geworden ist], zumal sie [auch] die Chancen für den Eintritt in attraktive Ausbildungsberufe in aller Regel steigert" (siehe auch z. B. Oberwimmer, Vogtenhuber, Lassnigg & Schreiner, 2019, zu aktuellen Zahlen aus Österreich).

Der Sekundärbereich II beginnt in Deutschland und der Schweiz (i. d. R.) ab Jahrgangsstufe 10, in Österreich ab Stufe 9, wobei sich je nach Qualifikation im Sekundärbereich I unterschiedliche Schullaufbahnoptionen ergeben, die unterschiedliche Abschlüsse zur Weiterqualifikation ermöglichen und unterschiedlich viele Jahrgangsstufen umfassen. In Deutschland mündet der Besuch von Fachoberschulen, Berufsfachschulen oder auch dualen Systemen der Berufsausbildung (Berufsschule und Betrieb) in berufsqualifizierende Abschlüsse oder die Fachhochschulreife; den Besuch von Berufsoberschulen in der fachgebundenen Hochschulreife; und den Besuch der gymnasialen Oberstufe in der allgemeinen Hochschulreife. In Österreich schließt an die AHS-Unterstufe die AHS-Oberstufe mit Möglichkeit zum Erwerb der allgemeinen Hochschulreife (Matura) an, daneben existieren verschiedene Höhere und Mittlere Berufsbildende Schulen sowie dezidierte Polytechnische bzw. Berufsschulen, die parallel zu einer Ausbildung im dualen System verpflichtend besucht werden. Der Sekundärbereich II in der Schweiz gliedert sich wiederum in allgemeinbildende Schulen (Gymnasium; Fachmittelschulen) und berufliche Grundbildungsformen (üblicherweise in dualem Format).

Im Gymnasialbereich in Deutschland wurde dabei beispielsweise im Rahmen der G8-Reform (2001–2007) eine Verkürzung der Schulzeit bis zum Abitur von 13 auf 12 Jahre diskutiert. Das ökonomisch begründete Kernziel der Reform bestand darin, das vergleichsweise hohe Erwerbseintrittsalter deutscher Absolvent*innen zu senken. Dies wurde in der Mehrzahl der deutschen Bundesländer umgesetzt, in fast allen aber inzwischen wieder zugunsten des G9-Formats aufgegeben. Die Reform war äußerst umstritten, u.a. aufgrund der erhöhten wöchentlichen Arbeitsbelastung, die sich für Schüler*innen ergab, oder auch der Auswirkungen auf die weitere Bildungslaufbahn der Abiturient*innen (siehe Deutsches Institut für Wirtschaftsforschung, 2017, für eine Übersicht).

Der Sekundarschulbereich ist für Jugendliche durch einschneidende Übergänge und Wechsel sowie Gelegenheiten zur Erlangung von Abschlüssen geprägt, die für die Bildungskarriere zentral sind. Diese stellen Sekundarschüler*innen vor besondere Herausforderungen und erfordern besondere Begleitung.

3 Stand der Wissenschaft

„Bildung“ lässt sich produkt- und prozessorientiert verstehen. *Bildung als Produkt* bezieht sich auf Kompetenzen und Persönlichkeitsmerkmale, die von Lernenden erworben werden sollten (Götz, Frenzel & Pekrun, 2018). *Bildung als Prozess* umfasst alle selbst- und fremdinitiierten Entwicklungen, die zum Erwerb dieser Kompetenzen und Merkmale beitragen können. Diese Entwicklungen werden zum einen von personeninternen individuellen Voraussetzungen beeinflusst (z.B. kognitive Grundfähigkeiten oder Lernmotivation), zum anderen von Lern- und Entwicklungsumwelten wie der Familie und der Bildungsinstitutionen. Im Sekundarschulalter spielen hier zudem die Schulklasse, außerschulische Peergruppen und

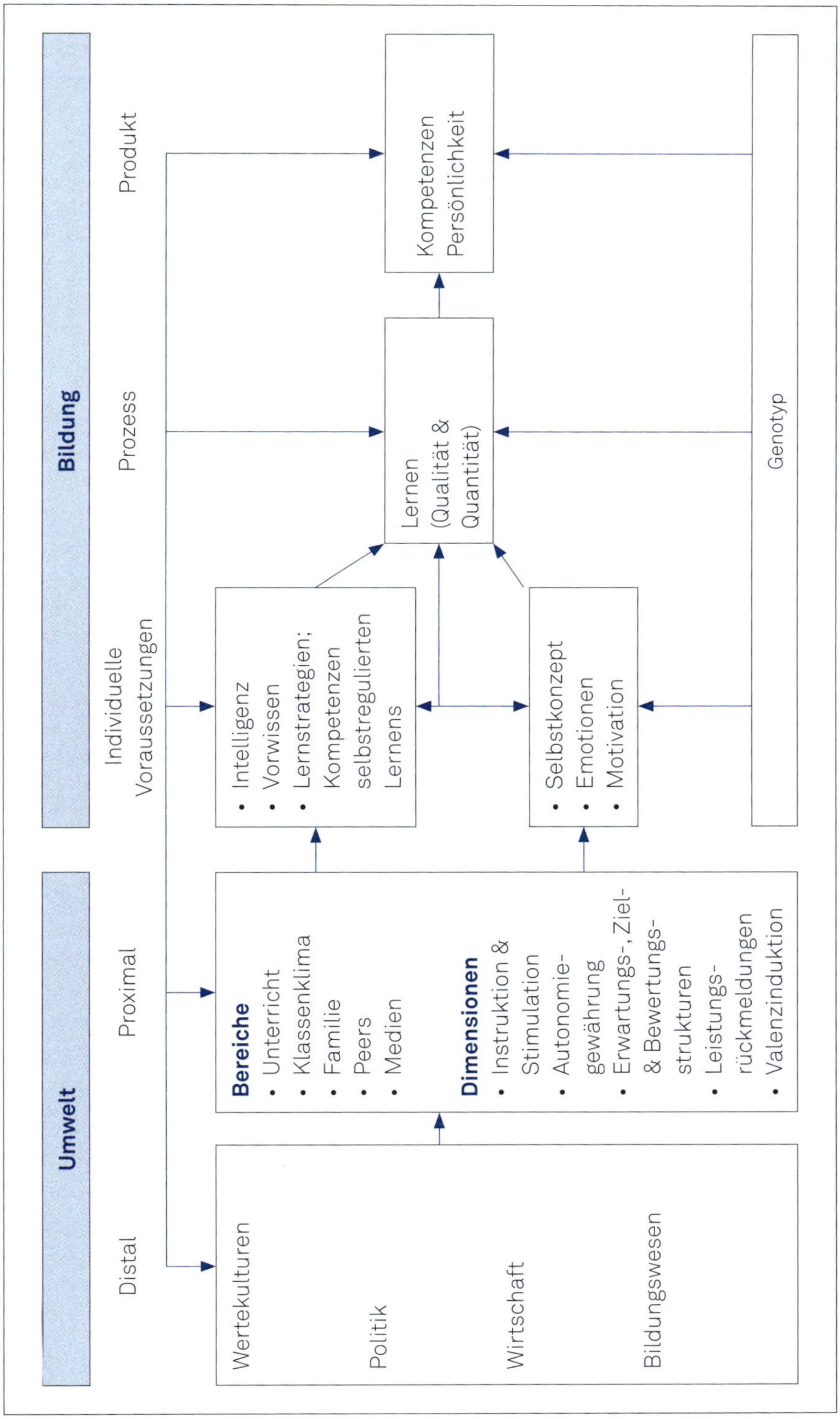

Abbildung 5.1: Rahmenmodell zu schulischen Bildungsprozessen (adaptiert nach Götz et al., 2018)

die Medien eine bedeutende Rolle (proximale Umwelten; siehe Abbildung 5.1; adaptiert nach Götz et al., 2018). Diese Umwelten sind ihrerseits von der jeweiligen Schule, dem Schulsystem (siehe Abschnitt 2) und gesellschaftlichen Rahmenbedingungen (distale Umwelten) abhängig.

Bildung und Bildungsbedingungen stehen dabei typischerweise in Wechselwirkungen: So nimmt beispielsweise der Unterricht Einfluss auf Schüler*innen, diese wirken aber ihrerseits auf den Unterricht zurück. Ferner ist zu bedenken, dass Kompetenzen und Merkmale von Schüler*innen häufig sowohl als Ergebnisse wie als Bedingungen von Bildung aufzufassen sind. So sind beispielsweise Lernbereitschaften von Schüler*innen zum einen Voraussetzung für den Erwerb kognitiver Kompetenzen, zum anderen aber auch selbst anzustrebende Bildungsziele.

Im Folgenden wird auf zentrale Befunde und besondere Entwicklungen im Sekundarschulalter eingegangen, die sich auf die folgenden drei Bereiche konzentrieren: (1) kognitive Kompetenzen, (2) lern-/leistungsbezogene Emotionen und Motivation und (3) Lernstrategien und selbstreguliertes Lernen. Anschließend wird (4) die Rolle von Lernumwelten, Bezugsgruppen und Entwicklungsübergängen im Sekundärbereich diskutiert.

3.1 Kognitive Kompetenzen

Aufgabe der Sekundarschulen ist es, Schüler*innen über die in der Primarstufe erworbenen Basiskompetenzen hinaus weiterführende Kompetenzen zu vermitteln, die für nachschulische Ausbildung, Beruf und die Teilhabe an einer demokratischen Gesellschaft benötigt werden. Im Unterschied zu allgemeinen kognitiven Fähigkeiten wie Intelligenz werden unter Kompetenzen Dispositionen verstanden, die sich auf bestimmte Sachinhalte und Handlungsbereiche, also auf spezifische Domänen beziehen. Schule kann zwar die Entwicklung allgemeiner kognitiver Fähigkeiten positiv beeinflussen (Cliffordson & Gustafsson, 2008), in gezielter Weise aber dient schulischer Unterricht zunächst dem Aufbau von Kompetenzen in Domänen wie Muttersprache, Fremdsprachen, Mathematik, Naturwissenschaften, Sport, Musik und den Bildenden Künsten. Im Sekundärbereich erfolgt Unterricht dabei aufgrund der vorherrschenden Organisationsstruktur fachspezifisch. In diesem Zusammenhang wird immer wieder kritisch diskutiert, ob solche fachgebundenen Vermittlungsstrukturen für den Erwerb fächerübergreifender Kompetenzen und die Fähigkeit zum Wissenstransfer zur Lösung neuartiger Probleme hinreichend effektiv sind, und es wird verstärkt zum Einsatz transferfördernder Unterrichtsmethoden wie fächerübergreifender Projektarbeit aufgerufen (siehe Koch-Priewe, Köker & Störtländer, 2019).

Durchschnittliche Kompetenzentwicklung. Längsschnittstudien zeigen, dass durchschnittliche, über Teilkompetenzen und Schüler*innen hinweg gemittelte

Kompetenzwerte über die Klassenstufen des Sekundarschulwesens hinweg in aller Regel ansteigen. So zeigen z.B. die Daten des „Projekts zur Analyse der Leistungsentwicklung in Mathematik“ (PALMA; Pekrun et al., 2007), dass mit Testverfahren erhobene durchschnittliche Kompetenzwerte in Mathematik von Klassenstufe zu Klassenstufe zunehmen. Der mittlere Zuwachs eines Schuljahres beträgt dabei in etwa eine halbe Standardabweichung der Werteverteilung innerhalb der Klassenstufen, ist also bereits für einen kurzen Zeitraum recht substanziell.

Angesichts der vielfältigen Kritik an der Leistungsfähigkeit schulischer Institutionen ist dies ein keineswegs trivialer Befund. Zu folgern ist, dass die Sekundarschule dem gesellschaftlichen Auftrag zur Kompetenzentwicklung in der Regel, d.h. in den meisten Fächern und bei den meisten Schüler*innen, gerecht wird. Dies legen auch Befunde internationaler Schulleistungsstudien wie dem *Programme for International Student Assessment* (PISA) der OECD *(Organisation for Economic Co-operation and Development)* nahe, die seit 2000 in dreijährigem Rhythmus stattfinden und Kompetenzen 15-Jähriger in den Bereichen Lesen, Mathematik und Naturwissenschaften erfassen. Besondere Einblicke liefert in diesem Zusammenhang u.a. die deutsche PISA 2012 I-Plus Ergänzungsstudie, in der knapp 4.900 Schüler*innen ein Jahr nach der Haupterhebung 2012 (9. Jahrgangsstufe) am Ende der 10. Jahrgangsstufe erneut an Leistungserhebungen teilnahmen. Zur Auswertung wurden sowohl die internationalen PISA-Kompetenzstandards als auch national-curriculare Bildungsstandards herangezogen. Während sich die Leistungen der Schüler*innen in den PISA-Kompetenzbereichen im Verlauf eines Schuljahres im Mittel nur geringfügig verbesserten, waren in Bezug auf die nationalen Bildungsstandards durchaus bedeutsame Verbesserungen in Mathematik und den Naturwissenschaften für Schüler*innen aller Schularten zu verzeichnen (Reiss, Klieme, Köller & Stanat, 2017).

Auch die länderspezifische Betrachtung der (querschnittlich erfassten) Leistungen der jeweils teilnehmenden Kohorten der sieben PISA-Erhebungswellen seit 2000 bieten Einblicke in die Leistungsentwicklungen von Schüler*innen und die Leistungsfähigkeit des Bildungssystems. So sind in Deutschland, Österreich und der Schweiz seit der ersten Erhebungswelle deutliche Fortschritte in den mathematischen, naturwissenschaftlichen und leseverständnisbezogenen Kompetenzen zu verbuchen, und die Leistungen liegen inzwischen über dem internationalen OECD-Durchschnitt. Allerdings zeigt sich auch, dass die Kompetenzwerte in den deutschsprachigen Ländern zuletzt wieder leicht rückläufig waren (siehe Kasten).

Variation der Kompetenzentwicklung. Gleichzeitig zeigen die Befunde aber auch, dass Entwicklungsverläufe und resultierende Kompetenzniveaus zwischen Kompetenzbereichen, Schüler*innen, Klassen, Schulen und Ländern nach wie vor erheblich variieren. Wissen zu dieser Variation ist ein zentrales Verdienst von Vergleichsuntersuchungen wie PISA.

Befunde von PISA 2018

An der siebten PISA-Erhebungswelle 2018 (OECD, 2019) nahmen in Deutschland 5.451, in Österreich 6.802 und in der Schweiz 5.822 15-jährige Schüler*innen teil, deren Kompetenzen im Lesen, Mathematik und Naturwissenschaften im internationalen Vergleich jeweils im bzw. leicht über dem OECD-Durchschnitt liegen. Dabei ist festzuhalten, dass die Leistungen in allen drei Kompetenzbereichen im Vergleich zu früheren Erhebungswellen in allen drei Ländern auf ähnliche Weise rückläufig sind und nach wie vor weit hinter denen der Schüler*innen der Spitzenreiter-Länder liegen (eine Ausnahme bilden weiterhin die starken Mathematikleistungen Schweizer Schüler*innen). Eine genauere Betrachtung der Ergebnisse im Lesen, dem Fokus der siebten Erhebungswelle, bietet Anlass zur Sorge, ist doch der Anteil leseschwacher Jugendlicher (unter Kompetenzstufe II: Herstellung einfacher Verknüpfungen) in allen drei Ländern im Vergleich zu anderen im Schnitt lesestarken Ländern verhältnismäßig groß und auch bedeutsam gestiegen.

Auch bleibt die Streuung der Kompetenzwerte alarmierend hoch: Schulen gelingt es in sehr unterschiedlichem Maße, Schüler*innen Kompetenzen in diesen drei Bereichen zu vermitteln. Der Kompetenzerwerb Jugendlicher hängt in Deutschland, Österreich und auch der Schweiz überdurchschnittlich stark mit dem sozioökonomischen Status zusammen. In Deutschland beispielsweise haben sich statusbedingte Unterschiede im Kompetenzniveau seit 2009 um etwa 9 % vergrößert. Gerade Schüler*innen mit Migrationshintergrund aller drei Länder sind nach wie vor benachteiligt und schnitten im Bereich Lesekompetenz deutlich schlechter ab als Schüler*innen ohne Migrationshintergrund. Insgesamt ist der Anteil leistungsschwacher Migrant*innen in Deutschland, Österreich und auch der Schweiz international betrachtet besonders hoch. Interessant ist dabei, dass sich deutsche Schüler*innen mit Migrationshintergrund in der 2. Generation gegenüber früheren PISA-Erhebungen deutlich verbessert haben, was zumindest darauf hindeutet, dass das Bildungssystem bedeutend zur gesellschaftlichen Integration beitragen kann. Der Erwerb grundlegender Kompetenzen hängt in Deutschland, Österreich und der Schweiz dennoch weiterhin stark von der sozialen Herkunft der Schüler*innen ab. Geschlechterdisparitäten setzen sich ebenfalls fort: Hier schneiden Mädchen in allen drei Ländern im Lesen deutlich besser ab als Jungen. Der Leistungsvorsprung von Jungen im Bereich Mathematik fällt vergleichsweise geringer, aber nach wie vor signifikant aus. Lediglich in den Naturwissenschaften herrscht quasi „Gleichstand" zwischen den Geschlechtern.

Bedingungen der Kompetenzentwicklung. Kognitive Grundfertigkeiten bzw. *Intelligenz* sind zentraler Prädiktor schulischer Kompetenzentwicklung, was sich in recht hohen Korrelationen um r =.50 mit Schulleistung manifestiert (Steinmayr, Sauer & Gamsjäger, 2018). Gleichzeitig handelt es sich bei Intelligenz um das am umfassendsten beforschte Konstrukt im Bereich interindividueller Unterschiede, das reliabel, valide und differenziert diagnostiziert werden kann (Stern & Neubauer, 2016).

Intelligenz

Intelligenz umfasst die kognitive Fähigkeit zum schlussfolgernden und abstrakten Denken, zum Planen und auch zum Lernen aus Erfahrung (z.B. Gottfredson, 1997). Das Cattell-Horn-Carroll (CHC)-Modell stellt dabei ein umfassendes, differenziertes Strukturmodell der Intelligenz dar, das verschiedene frühere Modelle integriert und heute als „State-of-the-Art“ gilt (Stern & Neubauer, 2016). Intelligenz wird hier hierarchisch konzeptualisiert, wobei der sogenannte allgemeine „g-Faktor“ die Spitze und höchste Abstraktionsstufe der im Modell abgebildeten intellektuellen Fähigkeiten darstellt. Konzeptualisiert wird „g“ als ein Generalfaktor (oder „grundlegende Fähigkeit“), der verschiedene intellektuelle Teilleistungen (z.B. räumlich-visuelles Denken; sprachbezogene Aufgaben) beeinflusst.

Auch das domänenspezifische *(Vor-)Wissen* zählt zu den wichtigsten Determinanten der schulischen Leistungsentwicklung und erzielt in einigen Studien eine höhere Vorhersagekraft als Intelligenz (z.B. Hattie, 2009). Insgesamt nimmt die Bedeutung von Intelligenz mit zunehmender Expertise in einer Domäne zugunsten der Rolle des Vorwissens ab (Steinmayr et al., 2018).

3.2 Leistungsbezogene Persönlichkeit: Selbstkonzept, Emotionen und Motivation

Ein zentraler Beitrag der Bildungspsychologie liegt in der Erforschung der leistungsbezogenen Persönlichkeit. Selbstkonzepte, Emotionen und Motivation sind hierbei zentrale Stellschrauben, die im Sekundärbereich bedeutende Entwicklungen durchlaufen.

Selbstkonzept. Im Bereich der leistungsbezogenen Identitätsentwicklung wurden vor allem die *Fähigkeitsselbstkonzepte* von Schüler*innen untersucht. Dieses Konstrukt bezeichnet eine mentale Repräsentation der eigenen Fähigkeiten in einem bestimmten Handlungsbereich (z.B. „In Mathematik bin ich begabt“). Die Forschung zeigt, dass Fähigkeitsselbstkonzepte domänenspezifisch organisiert sind, Schüler*innen sich in verschiedenen Fächern also nicht als gleichermaßen kompetent einschätzen. Eine solche Ausdifferenzierung der Selbstkonzepte verstärkt sich im Entwicklungsverlauf der Sekundarstufe noch (Möller, Pohlmann, Köller & Marsh, 2009). Insbesondere sind mathematische und sprachliche Selbstkonzepte bei Schüler*innen im Sekundärbereich in der Regel unkorreliert. Es ergibt also wenig Sinn, von *dem* Fähigkeitsselbstkonzept eines Lernenden zu sprechen. Dies steht im Kontrast zu den meist deutlich positiven Korrelationen der tatsächlichen Leistungen in mathematisch-naturwissenschaftlichen und sprachlichen Fächern. Wie lässt sich diese Diskrepanz erklären? Hinweise hierzu liefert das *Internal/External Frame of Reference-Modell* von Marsh

(1986; siehe Kasten) zur Wirkung schulischer Leistungen auf Fähigkeitsselbstkonzepte, das inzwischen umfassend empirisch bestätigt ist (z.B. Marsh et al., 2018).

Längsschnittliche Untersuchungen haben zudem gezeigt, dass Fähigkeitsselbstkonzepte ihrerseits Lernleistungen positiv beeinflussen: Vertrauen in eigene Kompetenzen schafft günstige Voraussetzungen für Lernen (Marsh et al., 2018), wobei Zusammenhänge zwischen Selbstkonzept und Schulnoten innerhalb eines Faches typischerweise um $r = .50$ liegen, womit höhere Selbstkonzepte mit besseren Leistungen einhergehen (Möller et al., 2009).

Das Internal/External Frame of Reference-Modell

In diesem Modell wird angenommen, dass selbstbezogene Fähigkeitseinschätzungen auf Vergleichsprozessen zweierlei Art beruhen: Zum einen vergleichen Schüler*innen ihre Leistungen mit denen anderer Schüler*innen (externaler Bezugsrahmen), zum anderen mit ihren eigenen Leistungen in anderen Fächern (internaler Bezugsrahmen). Da Leistungen über Schulfächer hinweg positiv korreliert sind, legt der externale Bezugsrahmen eine Ähnlichkeit der Fähigkeiten in unterschiedlichen Fächern nahe. Legt man nur diesen Bezugsrahmen zugrunde, müssten Selbstkonzepte zu diesen Fähigkeiten ebenso wie die Leistungen selbst positiv korreliert sein. Im internalen Abgleich aber fällt die Unterschiedlichkeit der eigenen Möglichkeiten in verschiedenen Fächern ins Auge. Im Sinne dieses Bezugsrahmens müssten fachbezogene Fähigkeitseinschätzungen negativ korreliert sein. Im Ergebnis sind die Zusammenhänge zwischen Selbstkonzepten zu unterschiedlichen Fächergruppen deutlich geringer als Zusammenhänge der jeweiligen Fachleistungen. Aktuelle Befunde legen nahe, dass sich solche Bezugsrahmeneffekte erst im Sekundarschulbereich vollumfänglich entwickeln, etwa aufgrund der zunehmenden Salienz von Fachgrenzen durch fachgebundene Beschulung. Weidinger, Steinmayr und Spinath (2019) zeigen, dass im Grundschulbereich keine systematischen Vergleichseffekte für Selbstkonzepte in den Fächern Mathematik und Deutsch zu finden und diese Selbstkonzepte positiv korreliert sind.

Emotionen. Zu den leistungsrelevanten Prozessen, die von Selbstkonzepten beeinflusst werden, zählen *Emotionen* von Schüler*innen. Besonders umfassend untersucht worden ist hier vor allem *Prüfungs-/Leistungsangst,* die auch zu den am häufigsten berichteten Emotionen von Lernenden gehört (Pekrun, 2018; Zeidner, 2014). Aber auch andere leistungsbezogene Emotionen wie Lernfreude, Stolz, Ärger, Scham, Hoffnungslosigkeit oder Langeweile werden häufig berichtet und zunehmend erforscht. Auch PISA befasst sich neben der Untersuchung fachlicher Kompetenzen von Schüler*innen zunehmend mit deren emotionalem Erleben im schulischen Leistungskontext. Hierbei konnte für den Sekundärbereich gezeigt werden, dass Freude am Lernen in den naturwissenschaftlichen Fächern zwischen der PISA 2006- und PISA 2015-Erhebung in etwa einem Drittel der hierzu befragten Länder signifikant zugenommen hat (OECD, 2017). Dabei berichten aber auch 66 % der Schüler*innen in länderübergreifenden Analysen, sich häufig über schlechte Noten zu sorgen, und 55 % vor Prüfungen trotz guter Vorbereitung sehr nervös zu sein. Diese Trends spiegeln sich z. B. auch in den Angaben deutscher Teilnehmer*innen wider. Diese schulbezogenen Emotionen wiederum stehen in einem systematischen Zusammenhang mit der PISA-Testleistung: In 52 von 55 befragten Ländern ergaben sich negative Korrelationen zwischen schulbezogener Angst und Leistung im Bereich Naturwissenschaften. Für Freude an naturwissenschaftlichem Lernen ergaben sich hingegen in den 68 hierzu befragten Ländern positive Korrelationen mit Leistung.

Wie kommen solche Zusammenhänge zwischen Emotionen und Leistung zustande? Experimentelle Studien zeigen, dass Prüfungsangst Leistung bei schwierigen, komplexen Aufgaben beeinträchtigen kann: Die mit Angst verbundenen Sorgen um möglichen Misserfolg und seine Konsequenzen verbrauchen Kapazität des Arbeitsgedächtnisses, die folglich für die Aufgabenbearbeitung fehlt. Angst interferiert also mit der Aufgabenbearbeitung (*Interferenztheorien* zu Prüfungsangst; Zeidner, 2014). Ferner reduziert Angst intrinsische (aus der Lerntätigkeit selbst resultierende) Motivation und Interesse. Gleichzeitig kann Angst allerdings auch extrinsische (auf Ergebnisse von Lernen und deren Anreize bezogene) Motivation erzeugen, erhöhte Anstrengung zu investieren, um Misserfolg zu vermeiden (Pekrun, 2018; Zeidner, 2014). Dementsprechend ambivalent können die Folgen für resultierende Lernleistungen im Einzelfall sein. Typischerweise ist allerdings mit insgesamt negativen Wirkungen zu rechnen. Entsprechend fallen auch die Korrelationen mit Indikatoren für schulische Leistungen in der Regel negativ aus (um $r = -.30$; Götz & Hall, 2013).

Wirkungen von Angst in Leistungssituationen

- Verbrauch kognitiver Ressourcen (→ geringere Aufmerksamkeit auf Aufgaben)
- Reduktion von Interesse und intrinsischer Motivation (→ reduzierte Anstrengung)
- Steigerung extrinsischer Motivation zur Misserfolgsvermeidung (→ erhöhte Anstrengung)

Umfassend thematisiert werden Leistungsemotionen in der *Kontroll-Wert-Theorie* (siehe Pekrun, 2018). Sie beinhaltet zum einen Annahmen zu Bedingungen von retrospektiven Ergebnisemotionen, die sich auf vorhandene Erfolge und Misserfolge beziehen (z. B. Stolz, Scham; Weiner, 1985). Des Weiteren macht sie Annahmen zu prospektiven, zukunftsgerichteten Ergebnisemotionen (z. B. Hoffnung, Angst) und Tätigkeitsemotionen (z. B. Lernfreude, Langeweile). Zentrale Überlegung ist, dass Leistungsemotionen auf zwei Arten von subjektiven Einschätzungen („Appraisals“) beruhen, nämlich der erlebten Kontrollierbarkeit von leistungsbezogenem Handeln, Erfolg und Misserfolg einerseits und dem subjektiven Wert von Leistungshandeln und seinen Folgen andererseits. Lernfreude z.B. wird der Theorie zufolge von Lernenden dann erlebt, wenn sie sich kompetent genug fühlen und gleichzeitig auch das Lernmaterial für interessant und persönlich bedeutsam erachten. Angst entsteht, wenn Misserfolge drohen, die nicht hinreichend kontrollierbar sind, deren Vermeidung aber subjektiv wichtig wäre (für vertiefende Zusammenfassungen siehe Pekrun, 2018).

Ob Leistungen als kontrollierbar und wichtig angesehen werden, hängt wesentlich von den eigenen Erfolgs- und Misserfolgserfahrungen ab. Schulische Erfolge und Misserfolge sind damit eine bedeutsame Quelle von Leistungsemotionen. Da Emotionen ihrerseits aber wie vermerkt auch Lernprozesse entscheidend beeinflussen können, ist – ähnlich wie bei Fähigkeitsselbstkonzepten – von wechselseitigen Beeinflussungen (reziproker Kausalität) im Verhältnis von Lernleistungen und Emotionen bei Schüler*innen auszugehen. Vorliegende Daten aus der PALMA-Längsschnittuntersuchung zur emotionalen Entwicklung von Schüler*innen der Jahrgangsstufen 5 bis 10 bestätigen diese Annahme (Pekrun, Lichtenfeld, Marsh, Murayama & Götz, 2017). Insgesamt zeigen sich in diesen Untersuchungen positive Wechselwirkungen für positive, und negative Wechselwirkungen für negative Leistungsemotionen mit Schulnoten.

Das Spektrum der bildungspsychologischen Emotionsforschung hat sich in den letzten Jahren beachtlich erweitert. Zu zentralen aktuellen Entwicklungen gehören die Betrachtung nicht nur leistungsbezogener, sondern auch weiterer bildungspsychologisch relevanter Emotionen wie jene, die sich auf wissensgenerierende Prozesse beziehen (epistemische Emotionen; z.B. Neugier, Verwirrung). Auch Untersuchungen zum Einfluss von Kontextbedingungen auf emotionales Erleben von Lernenden (z.B. Unterrichtsqualität; demografische und soziokulturelle Bedingungen) oder Feldstudien zur Analyse emotionaler Ansteckungsprozesse zwischen Lehrkräften und Schüler*innen im Klassenzimmer stehen vermehrt im Forschungsfokus (siehe Loderer, Pekrun, Vogl & Schubert, 2021, für einen Überblick).

Motivation und Interesse. Bei *Leistungsmotivation* handelt es sich um Motivation zu Handlungen, die eine Selbstbewertung anhand eines Gütemaßstabs ermöglichen (Heckhausen & Heckhausen, 2018). Zur Erklärung werden oft erwartungswerttheoretische Ansätze herangezogen, die annehmen, dass Leistungsmotivation dann entsteht, wenn günstige Leistungserwartungen vorhanden sind und Leistung bzw. Leistungshandeln als subjektiv wichtig erlebt werden (Eccles & Wigfield, 2002). Ergänzt werden diese Ansätze u.a. durch die Forschung zu selbstbezogenen Zielen von Schüler*innen im Leistungskontext. Im weit verbreiteten 2×2-Modell von Elliot und McGregor (2001) werden solche Ziele nach Art des Gütemaßstabs einerseits und der Valenz von Leistung andererseits klassifiziert (siehe Tabelle 5.1). In diesem Sinne wird unterschieden zwischen Lernzielen (Kompetenzsteigerung als Ziel) und Performanzzielen (im Sozialvergleich überlegene Leistung als Ziel), wobei es sich jeweils um Annäherungsziele (Erreichen von Erfolg) oder Vermeidungsziele (Meiden von Misserfolg) handeln kann. Ziele dieser Art wirken sich bedeutend auf Emotionen, Motivation und Lernleistungen aus (Götz, Sticca, Pekrun, Murayama & Elliot, 2016; McGregor & Elliot, 2002; zu einem weiter differenzierten Modell von Leistungszielen siehe auch Elliot, Murayama & Pekrun, 2011).

Tabelle 5.1: 2 × 2-Modell der selbstbezogenen Ziele im Leistungskontext

	Annäherung	**Vermeidung**
Kompetenz/ Lernen	Kompetenzsteigerung: Besser als zuvor	Kompetenzverlust: Schlechter als zuvor
Performanz	Erfolg im Sozialvergleich: Besser als andere	Misserfolg im Sozialvergleich: Schlechter als andere

Theorien zu Leistungsmotivation und Zielen im Leistungskontext lassen häufig außer Acht, dass die Motivation von Schüler*innen lerngegenstands- bzw. fachspezifisch ausgeprägt ist. Anders ist dies bei Ansätzen zum *Interesse* von Schüler*innen. Das Phänomen Interesse wird verstanden als eine motivationale Beziehung zwischen dem*der Lernenden und einem spezifischen Lerngegenstand (Gegenstandsinteresse) bzw. einer spezifischen Lerntätigkeit (Tätigkeitsinteresse). Die Fachspezifität von Interesse liegt auf der Hand: Kaum ein*e Schüler*in ist an allen Schulfächern und Themen gleichermaßen interessiert. Vielmehr ist Interesse gerichtet und spezifisch und diese Spezifität ist ein wesentliches Element einer gelungenen Identitätsentwicklung im Sekundarschulalter. Mit anderen Worten: Eine zunehmende Ausdifferenzierung der eigenen fachlichen Interessen stellt eine wichtige Entwicklungsaufgabe für Jugendliche dar (siehe den nachfolgenden Abschnitt „Entwicklungsverläufe").

Gleichzeitig kann Interesse aber erfolgreich durch gezielte Interventionsmaßnahmen motivations- und leistungsförderlich gesteigert werden (z. B. Gaspard, Trautwein & Hasselhorn, 2019). Ähnlich wie für Leistungsemotionen zeigen neuere Untersuchungen, dass auch Interesse und Leistung sich wechselseitig beeinflussen, und zwar positiv: Erfolg begünstigt fachliches Interesse, welches wiederum schulische Anstrengung und daraus resultierende Leistung steigert (Jansen, Lüdtke & Schroeders, 2016).

Interesse und intrinsische Motivation begünstigen zudem den Einsatz tiefergehender Lernstrategien (Renninger & Hidi, 2015), die wiederum nachhaltiges Lernen ermöglichen. Hinzu kommt, dass die Entwicklung von fachbezogenem Interesse für nachschulische Ausbildungs- und Berufsentscheidungen von zentraler Bedeutung sein dürfte. Ein Beispiel ist die mangelnde Nutzung von Ausbildungs- und Berufsmöglichkeiten in Naturwissenschaften oder Ingenieurswesen in vielen OECD-Ländern, die vermutlich weniger auf Kompetenzprobleme als vielmehr unter anderem auf Stereotype in Bezug auf spezifische Fächer und mangelndes Interesse bei vielen Jugendlichen in diesen Ländern zurückzuführen ist. Das Geschlecht spielt hier zudem eine wichtige Rolle: Es zeigen sich nach wie vor von Gender-Stereotypen geprägte Unterschiede in den Berufswünschen deutscher Jugendlicher im Sekundärbereich. So gaben in PISA 2018 etwa ein Viertel der in Mathematik und Naturwissenschaften leistungsstarken Jungen an, später im Ingenieurswesen oder im naturwissenschaftlichen Kontext tätig sein zu wollen, wohingegen dies nur auf etwa ein Achtel der in diesen Kompetenzbereichen leistungsstarken Mädchen zutraf (OECD, 2019). Zu den bei Mädchen beliebtesten Berufen zählen weiterhin Tätigkeiten im Gesundheitswesen, im Lehramt oder im erzieherischen Bereich. Solche Trends legen die Vermutung nahe, dass geschlechtsspezifische Muster in der schulischen und beruflichen Interessensentwicklung noch immer von gesellschaftlich tradierten Stereotypen beeinflusst werden, die die Bildungspolitik bislang nicht aufzulösen vermocht hat und die sich auch in fachspezifischen Unterschiedenen in Kompetenzüberzeugungen und Leistungsemotionen von Schüler*innen widerspiegeln (Beilock, Gunderson, Ramirez & Levine, 2010).

Entwicklungsverläufe. Wie vermerkt, zeigt die Forschung, dass Selbstkonzepte, Emotionen und Motivation und Schulleistungen durch reziproke Effekte miteinander verbunden sind. Ihr Aufbau erfolgt wesentlich im Vor- und Grundschulalter (siehe Kapitel 4 „Bildungspsychologie des Primärbereichs"), während sich in der Sekundarschulzeit durchschnittliche Fähigkeitsselbstkonzept- und Prüfungsangstwerte kaum noch verändern (z. B. Muenks, Wigfield & Eccles, 2018). Anders ist dies bei denjenigen Emotions- und Motivationsvariablen, die in stärkerem Maße von Werteinschätzungen abhängen. Eine Vielzahl von Studien zeigt, dass es im Laufe der Sekundarschulzeit zu einer Abnahme der Werte für Lernfreude, Interesse und intrinsische Lernmotivation kommen kann (z. B. Gaspard, Lauermann, Rose, Wigfield & Eccles, 2019), während die erlebte Langeweile von Schüler*innen im Durchschnitt eher zunimmt (Pekrun et al., 2017; Vierhaus, Lohaus & Wild, 2016).

Allerdings ist bei der Interpretation solcher Befunde Vorsicht geboten. Zwar kann ein Mangel an Motivierungsqualität des Unterrichts hier eine gewichtige Rolle spielen. In Rechnung zu stellen ist aber auch, dass, wie zuvor erwähnt, eine Differenzierung eigener Interessen wesentlich zu den Aufgaben der Identitätsentwicklung im Jugendalter zählt und die Vorstellung davon, was es bedeutet, sich für etwas zu „interessieren" sich im Jugendalter verändert (siehe hierzu Frenzel, Pekrun, Dicke & Götz, 2012). Eine solche Interessendifferenzierung hat zwangsläufig zur Folge, dass zwar das individuelle Interesse an einigen ausgewählten Fächern hoch bleibt, dafür aber das Interesse an den jeweils anderen Fächern sinkt.

3.3 Lernstrategien und selbstreguliertes Lernen

Auch die Entwicklung von Kompetenzen zu selbstreguliertem Lernen ist zentrale Aufgabe der Sekundarschule, bildet es doch die Voraussetzung für das heutige Bildungsideal des lebenslangen Lernens (OECD, 2016). Eine Selbstregulation des Lernens mit einem gezielten Einsatz spezifischer Lernstrategien setzt einen Stand der metakognitiven Entwicklung voraus, der häufig erst im Sekundarschulalter erreicht wird.

Selbstregulation des Lernens bezieht sich auf eine selbstständige Planung, Durchführung und Bewertung von Lernhandlungen. Abbildung 5.2 zeigt ein Modell, in dem das Zusammenwirken von interner und externer Lernsteuerung für Handlungen in diesen Phasen veranschaulicht wird (adaptiert nach Schiefele & Pekrun, 1996; siehe Nett & Götz, 2019, für einen Überblick über verschiedene Modelle selbstregulierten Lernens). In jeder der drei Phasen (Planung, Durchführung und Bewertung von Lernhandlungen) beinhaltet Selbstregulation ein komplexes

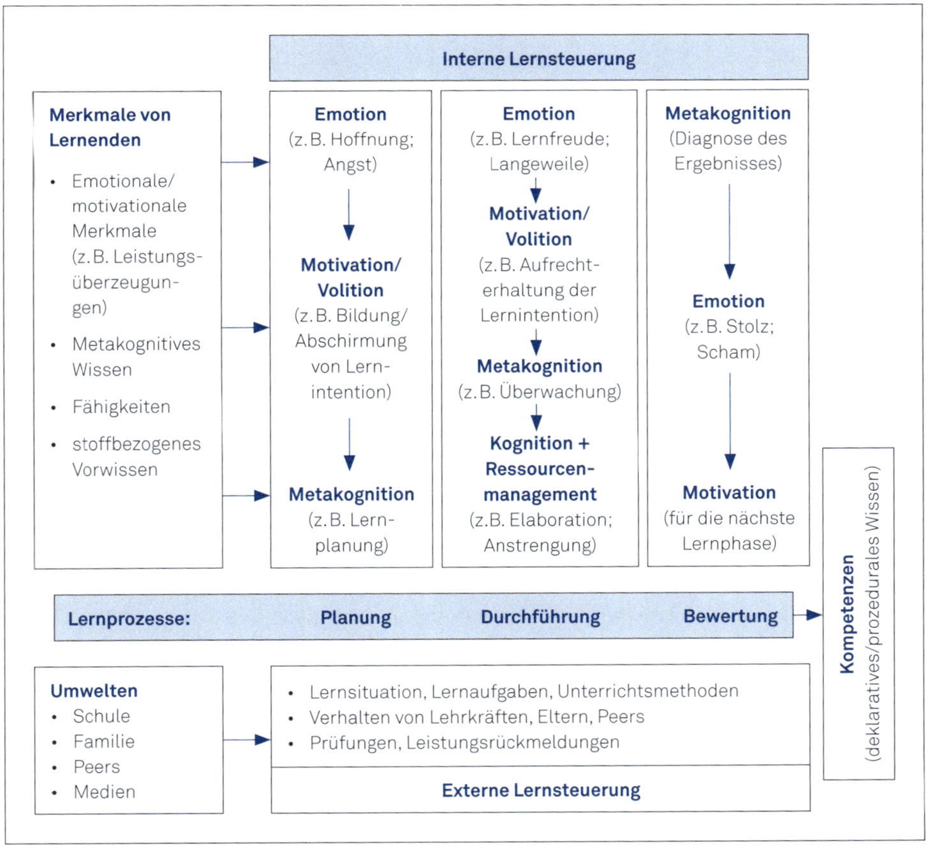

Abbildung 5.2: Ablauf und Komponenten von selbstreguliertem Lernen (Schiefele & Pekrun, 1996; adaptierte Version)

Zusammenspiel von emotionalen, motivationalen, kognitiven und metakognitiven Abläufen (Götz, 2006; Nett & Götz, 2019). Zentral ist dabei das Setzen von Zielen beim Lernen, die Umsetzung dieser Ziele in konkrete Lernintentionen, die volitionale Abschirmung der Intentionen gegenüber konkurrierenden Handlungsimpulsen (z. B. mit Freunden chatten, statt zu lernen), die Differenzierung der Intentionen in Gestalt einer Handlungsplanung und schließlich die Umsetzung dieser Planung in eine Lernhandlung. Hinzu treten die nachfolgende handlungsbegleitende Kontrolle und situative Feinadjustierung der Lernhandlung und die anschließenden Bewertungen ihrer Resultate. Drei Gruppen von Lernstrategien spielen in diesem Ablauf eine zentrale Rolle (siehe Kasten; vgl. auch Nett & Götz, 2019).

Lernstrategien: Gruppierung und Abgrenzung von „Lernstilen“

Gängigen Taxonomien zufolge lassen sich Lernstrategien in drei Gruppen einteilen:
- *Kognitive Lernstrategien:* Methoden der Aufnahme, Verarbeitung, Speicherung und Verwendung von Lerninformation (z. B. Elaborieren, Organisieren, kritisches Prüfen, Wiederholen),
- *Metakognitive Lernstrategien:* Planung, Überwachung und Bewertung von Lernhandlungen und -resultaten,
- *Ressourcenorientierte Strategien:* Einsatz von eigenen Ressourcen (z. B. Anstrengung, Aufmerksamkeit) und Steuerung von Lernsituationen (z. B. Gestaltung des Arbeitsplatzes; Lehrkräfte oder Eltern um Hilfe bitten).

Diese Beispiele lassen erkennen, dass es sich bei Lernstrategien um Kognitionen und Verhaltensweisen handelt, die von Lernenden gezielt, also abgestimmt auf Lerngegenstand, Lernsituation und Vorwissen, eingesetzt werden (Nett & Götz, 2019). Im Unterschied hierzu nehmen Vertreter*innen des Konzepts von „Lernstilen“ an, dass Lernende überdauernde Präferenzen für bestimme Lernverhaltensweisen entwickeln. Lernmaterial und Aufgabenstellungen müssten dieser Sichtweise zufolge an die entsprechenden Lernstile von Schüler*innen angepasst werden. Inzwischen liegen jedoch zahlreiche wissenschaftliche Arbeiten vor, die das Konzept – bzw. den „Mythos“ – der Lernstile infrage stellen: Die Annahme, dass bestimmte Materialien nur für bestimmte Lerntypen geeignet sind, ist empirisch nicht haltbar und wird in der pädagogisch-psychologischen Praxis zunehmend kritisiert (Nett & Götz, 2019). Stattdessen lautet die Devise, Lernenden ein möglichst breites Repertoire an Lernstrategien zu vermitteln, das effektives Lernen je nach situativen Voraussetzungen ermöglicht.

In der Forschung zum selbstregulierten Lernen im Sekundarschulalter werden das Zusammenspiel der Komponenten des Lernprozesses und ihre Wirkungen auf Lernleistungen untersucht. Selbstkonzepten und aufgabenbezogenen Selbstwirksamkeitserwartungen – also Erwartungen, eine definierte Handlung erfolgreich ausführen zu können – kommt dabei eine zentrale Steuerungsfunktion zu (siehe Abschnitt 3.2). Vertrauen in eigene Kompetenzen wirkt sich positiv auf lernbezogene Emotionen, Anstrengungsbereitschaft und den Einsatz tiefergehender Lernstrategien aus, was zu besseren Lernleistungen führen sollte. Allerdings konnten empirische Studien bislang nicht hinreichend bestätigen, dass Tiefenstrategien den Oberflächenstrategien (z. B. rigides Wiederholen) im Hinblick auf schulischen Erfolg tatsächlich überlegen wären. Zu den möglichen Gründen zählt, dass die zuverlässige Messung von Lernstrategien weiterhin ein notorisches Problem für die Forschung darstellt (siehe hierzu Nett & Götz, 2019). Auch dürfte für Lernerfolge weniger die Häufigkeit des Einsatzes einer einzelnen Strategie als vielmehr Kompetenzen zu einem situationsadäquat orchestrierten Zusammenspiel unterschiedlicher Strategien wesentlich sein.

Hinzu kommt, dass sich Prüfungen auch im Sekundärbereich häufig auf Faktenwissen anstelle von Verständnis-/Transferleistungen beziehen; hierfür kann ein Einsatz von Wiederholungsstrategien durchaus angemessen sein. Tatsächlich scheinen viele Schüler*innen gegen Ende der Sekundarstufe I eher zu einem Einsatz von Wiederholungsstrategien zu neigen. Dies haben z. B. die PISA-Erhebungen 2003 für deutsche Schüler*innen gezeigt (Pekrun & Zirngibl, 2004; siehe auch Artelt, Naumann & Schneider, 2010 für ähnliche Muster, auch für Österreich, nicht aber die Schweiz, wo Elaborationsstrategien überwogen). Zudem beinhaltet effektives selbstreguliertes Lernen, dass Lernende ihr strategisches Verhalten auf ihre Ziele, Vorwissen und emotional-motivationales Befinden abstimmen (Nett & Götz, 2019) bzw. ungünstige Motivation und Emotionen (z. B. Langeweile oder Angst) so regulieren, dass Anstrengungsbereitschaft, Lernqualität und Wohlbefinden aufrechterhalten bzw. gesteigert werden. In der Tat werden emotions- und motivationsregulatorische Kompetenzen heute als zentrale Stellschrauben selbstregulierten Lernens betrachtet und in jüngerer Zeit intensiver erforscht (siehe Harley, Pekrun, Taxer & Gross, 2019; Miele & Scholer, 2018).

3.4 Proximale Lernumwelten

Neben der Kompetenz- und Merkmalsentwicklung von Schüler*innen sind schulische und außerschulische Lernumwelten (siehe Abbildung 5.1 und deren Einführung auf Seite 127) sowie Übergänge und Beziehungen zwischen diesen Umwelten zentrale Gegenstände der Bildungspsychologie des Sekundärbereichs. Es haben sich verschiedene Forschungstraditionen entwickelt, die bildungspsychologisch relevante Merkmale des jeweiligen Umweltbereichs untersuchen. Hierzu gehört etwa Forschung zur Qualität von Unterricht (Helmke, 2017; Praetorius, Klieme, Herbert & Pinger, 2018), zum Klassenklima (Eder, 2018; Grewe, 2017), zu häuslichen Lernumwelten (z. B. Otterpohl & Wild, 2018), zu Peerbeziehungen (z. B. Kessels & Hannover, 2020) und zu Medien (z. B. Horz & Ulrich, 2015). Bei gemeinsamer Betrachtung von Erkenntnissen dieser Forschungstraditionen kristallisieren sich einige übergreifende Kerndimensionen (siehe Abbildung 5.1) zur

Beschreibung umweltbedingter Einflüsse auf schulisches Lernen und Leistung heraus. Diese werden im Folgenden mit Fokussierung auf einschlägige Befunde der Forschung zu Unterrichtsqualität und häuslichen Lernumwelten erläutert (Götz et al., 2018; Loderer et al., 2021).

Zentrale Dimensionen von Lernumwelten

Instruktion und Stimulation. Für kumulative Lernprozesse ist zunächst entscheidend, wie viel Zeit zur Verfügung steht. Dies gilt auch für den Kompetenzerwerb im Sekundärbereich. Dabei ist zwischen verfügbarer und genutzter Lehr- und Lernzeit zu unterscheiden: Nicht immer werden Schulstunden (Instruktion) tatsächlich für Unterrichtszwecke genutzt, und nicht immer verbringen Schüler*innen ihre Hausaufgabenzeit tatsächlich damit, sich mit dem Stoff auseinanderzusetzen (Spiel, Wagner & Fellner, 2002; siehe auch Flunger et al., 2017, zum Hausaufgabenverhalten von Schweizer Schüler*innen der Sekundarstufe I). Die verfügbare Lehr-Lernzeit ist im schulischen Unterricht institutionell definiert und gibt den Möglichkeitsrahmen für Lernen vor. Direkt lernwirksam allerdings sind nur die aktiv genutzten Zeiten in denen Lernende sich aktiv mit Inhalten auseinandersetzen. In der Regel zeigt sich: Je mehr Zeit investiert wird, desto größer die Lernerfolge (unter sonst gleichen Bedingungen; siehe auch Helmke, 2017).

Ob verfügbare Lehr-Lernzeiten tatsächlich genutzt werden, wird wesentlich durch die Klassenführung der Lehrkraft gesteuert (Helmke, 2017; Korpershoek, Harms, de Boer, van Kuijk & Doolaard, 2016), kann aber auch von der Gestaltung häuslicher Lernumwelten (z.B. Störungen bei Hausaufgaben) abhängen. Ferner beeinflusst die kognitive Qualität von Inhalten, Aufgabenstellungen und Unterstützungsangeboten, die Lehrkräfte oder Eltern bereitstellen, inwiefern Lernzeiten gehaltvoll genutzt werden. Klare Strukturierung und verständliche Erklärungen sind hierbei besonders zentral (Hattie, 2009; Helmke, 2017; Praetorius et al., 2018). Daten aus PISA zeigen, dass bereits in der Grundschulzeit beginnende kognitive Förderung und fachliche Unterstützung durch Eltern sowie die Verfügbarkeit kognitiv-anregender materieller Ressourcen im häuslichen Bereich mit höheren Testleistungen im Jugendalter bzw. Sekundärbereich stehen (Jude, Hertel, Kuger & Sälzer, 2016).

Autonomiegewährung. Entscheidend ist ferner, inwieweit Autonomie zur selbstständigen Aufgabenbearbeitung in Einzel- oder Gruppenarbeit gewährt wird und in welcher Weise diese durch Lehrkräfte und Eltern unterstützt wird. Altersangemessene Handlungsspielräume beim Lernen sind zentral für den Erwerb von sowie Vertrauen in eigene Problemlösekompetenzen. Wenn Schüler*innen Aufgaben oder Inhalte gemäß ihrer eigenen Interessen wählen können oder Eltern Freiräume in der Gestaltung der häuslichen Lernsituation ermöglichen, sind unter der Voraussetzung hinreichender Kompetenzen zu selbstreguliertem Lernen positive Wirkungen auf eine tiefergehende Verarbeitung von Aufgabeninformationen zu erwarten. Im Sekundärbereich kommt dem Aufbau entsprechender regulatorischer Kompetenzen gerade auch im Hinblick auf eigenverantwortliches, lebenslanges Lernen eine besondere Bedeutung zu.

Erwartungs-, Ziel- und Bewertungsstrukturen. Selbstkonzepte, Emotionen, Motivation und Lernverhalten werden maßgeblich von Leistungserwartungen von Bezugspersonen wie Lehrkräften und Eltern beeinflusst. Solche Erwartungen werden durch explizite Äußerungen, aber auch vorherrschende Ziel- und Bewertungsstrukturen transportiert. Sie bestimmen, ob Leistungsergebnisse als Erfolge oder Misserfolge interpretiert werden. Zentral ist hierbei zunächst, inwiefern Erwartungen, die von Bezugspersonen an Schüler*innen kommuniziert werden, auch ein Vertrauen der Bezugsperson in deren schulische Kompetenzen und Erfolgschancen signalisieren (siehe PISA 2015 zu angstreduzierenden Wirkungen elterlicher Ermutigung v. a. für Schülerinnen). Gleichzeitig sollten diese aber auch realistisch sein, um übermäßigen Leistungsdruck zu vermeiden.

Zu unterscheiden sind ferner Strukturen, die an sozialvergleichenden Bezugsnormen orientiert sind, von Strukturen, bei denen kriteriale und individuelle Bezugsnormen im Vordergrund stehen. Bei Verwendung sozialvergleichender Bezugsnormen werden Leistungen auf der Grundlage eines Vergleichs mit den Leistungen anderer bewertet. Bei kriterialen Bezugsnormen werden Leistungen an der Erreichung von Lernzielen gemessen, bei individuellen Bezugsnormen am individuellen Lernfortschritt. Im Unterschied zu kriterialen und individuellen Bezugsnormen beinhalten sozialvergleichende Strukturen, dass Erfolgschancen limitiert sind: Im Abgleich mit anderen kann nicht jeder erfolgreich sein. Folglich haben solche Strukturen bei vielen Schüler*innen negative Wirkungen auf Fähigkeitsselbstkonzepte, während Emotionen wie Prüfungsangst und Hoffnungslosigkeit gesteigert werden. Ferner ist das Klassenklima unter sozialvergleichenden Bewertungsstrukturen eher durch Performanzziele gekennzeichnet (Orientierung an kompetitiver Leistungserbringung), unter kriterialen und individuellen Bewertungsstrukturen eher durch Lernziele (Orientierung am Lernfortschritt; Murayama & Elliot, 2012).

Leistungsrückmeldungen/-konsequenzen. Leistungsrückmeldungen sind eine wichtige Informationsquelle für Schüler*innen, die deren Kompetenzüberzeugungen und damit einhergehende Emotionen und Motivation für Lernen beeinflussen können. Entscheidend ist nicht nur das Ergebnis (z. B. Bestanden/Nicht Bestanden), sondern auch die Art und Weise, wie Feedback formuliert wird. Lernzielorientierte Rückmeldungen etwa, die Anstrengung und den Einsatz angemessener Lernstrategien als zentrale Ursachen für Erfolge betonen, sollten emotions-, motivations- und damit auch leistungsförderliche Wirkungen entfalten (Loderer et al., 2021).

Valenzinduktion. Schulische und häusliche Lernumwelten spielen auch für die Entwicklung von Werten und Interessen von Schüler*innen eine zentrale Rolle.

Wesentlich sind der Enthusiasmus und die Emotionen von Lehrkräften, die per „Emotionsansteckung“ Lernfreude und Valenzen bei Schüler*innen induzieren können (und umgekehrt; Frenzel, Becker-Kurz, Pekrun, Götz & Lüdtke, 2018). Aber auch direkte Wertbekundungen („Das sieht nach einer spannenden Aufgabe aus!“ bzw. „Diese Prüfung ist für euch wirklich wichtig!“) und indirekte, z. B. durch Erwartungen kommunizierte Wertorientierungen von Bezugspersonen („Ich mochte Mathe auch immer am liebsten!“), können Wertüberzeugungen von Schüler*innen nachhaltig prägen. Im Sekundärbereich gewinnt dabei die in Peergruppen vorherrschende Wertstruktur, gerade auch während der Pubertät, an besonderer Bedeutung für Entwicklung von Interessenstrukturen (Bischof-Köhler, 2011). Gleichzeitig legen Befunde nahe, dass elterliche Zuwendung und Bekundung von Interesse an schulischen Belangen auch bei Schüler*innen im Sekundärbereich nicht nur deren emotionales Wohlbefinden, sondern auch deren Wissenserwerb positiv beeinflusst (OECD, 2017).

Bezugsgruppen und Entwicklungsübergänge

Sozial- und entwicklungspsychologische Studien weisen auf die zentrale Rolle von schulischen Bezugsgruppen und Entwicklungsübergängen für individuelle Entwicklungsverläufe von Schüler*innen im Sekundärbereich hin (Helsper & Kramer, 2019). Bei der Verwendung sozialer Bezugsnormen zur schulischen Leistungsbewertung kommt z. B. dem *Sozialvergleich* im Jugendalter eine zentrale Rolle zu, da er identitätsrelevante Informationen zur eigenen Person liefert. Ein solcher Vergleich orientiert sich i. d. R. an den eigenen Bezugsgruppen der Jugendlichen. Die Forschung zum Sekundärbereich zeigt, dass die Bezugsgruppe der eigenen Schulklasse dabei besonders wesentlich ist. So orientieren sich insbesondere Fähigkeitsselbsteinschätzungen am Bezugsrahmen, den diese Gruppe zur Verfügung stellt. Zu den Konsequenzen zählt der auf den ersten Blick paradox erscheinende *Big-Fish-Little-Pond-Effekt* auf die Selbstkonzeptentwicklung (BFLP; Marsh, 1987), der inzwischen als empirisch gut gesichert gilt (Marsh, Parker, Guo, Pekrun & Basarkod, 2020).

Der Big-Fish-Little-Pond-Effekt

Dieser Effekt beschreibt das Phänomen, dass die *eigene Leistungsposition* in einem bestimmten Fach (z. B. Mathematik) innerhalb der eigenen Klasse einen *positiven* Effekt auf das Fähigkeitsselbstkonzept in dieser Domäne hat: Je besser man im Vergleich zu anderen in der Gruppe ist, desto günstiger verläuft die Entwicklung des Selbstkonzepts. Gleichzeitig aber übt das *Leistungsniveau der Gesamtklasse* in diesem Fach einen *negativen* Effekt auf das Fähigkeitsselbstkonzept in diesem Fach aus: Je leistungsstärker die Mitschüler*innen im Durchschnitt in einem Fach sind, desto geringer ist das individuelle Selbstkonzept in diesem Fach. Das liegt darin begründet, dass in einer vergleichsweise leistungsstarken Klasse die individuellen Erfolgschancen geringer sind. Wenn man sich in einer Klasse mit hohem Leistungsniveau befindet, ist es wahrscheinlicher, dass die eigene Leistungsposition in der Klasse nicht so günstig ist. In Bezug auf das Selbstkonzept ist es also günstiger, ein „big fish" in einer leistungsschwachen als ein „small fish" in einer leistungsstarken Klasse zu sein.

Fischteich-Effekte auf das Selbstkonzept wirken sich auch auf Motivation und Emotionen von Schüler*innen aus. So zeigen aktuelle Befunde: Unter sonst gleichen Bedingungen erleben Schüler*innen in leistungsstarken Klassen weniger Lernfreude und mehr negative Emotionen wie Angst und Hoffnungslosigkeit (Pekrun, Murayama, Marsh, Götz & Frenzel, 2019).

Entscheidend sind Bezugsgruppeneffekte auch für psychosoziale Wirkungen von *Entwicklungsübergängen* innerhalb der Schullaufbahn. Hierbei kann es sich um einen individuellen Schulwechsel oder Klassenwiederholung handeln, aber auch um normative Übergänge von einer Schulstufe zur nächsten (Helsper & Kramer, 2019). In den deutschsprachigen Ländern sind für den Sekundärbereich vor allem der Übergang von der Grundschule in eine Schule der Sekundarstufe und von dieser in nachschulische Ausbildungs- und Berufskarrieren entscheidend. In Deutschland ist der Übergang von der Grundschule in Schulen des gegliederten Sekundarschulwesens (Haupt- bzw. Mittelschule, Realschule, Gymnasium) besonders intensiv untersucht worden – er geht mit einem Wechsel der Bezugsgruppe einher. Während die Schulklassen der Grundschule Schüler*innen aller Leistungsniveaus umfassen, sind Gymnasiast*innen nach dem Übertritt mit einer Bezugsgruppe leistungsstärkerer Mitschüler*innen konfrontiert, Mittelschüler*innen hingegen mit einer Bezugsgruppe weniger leistungsstarker Schüler*innen. Bei Gymnasiast*innen verringern sich damit – unter Verwendung sozialvergleichender, am Klassenmaßstab orientierter Normen – die Chancen zu guten Leistungsbewertungen, während sie für Mittelschüler*innen steigen. Dies hat im Durchschnitt zur Folge, dass Fähigkeitsselbstkonzeptwerte bei Gymnasiast*innen absinken und bei Mittelschüler*innen ansteigen (Überblick in Trautwein & Lüdtke, 2010). In ähnlicher Weise gilt auch für hochbegabte Schüler*innen, dass ihre Zusammenfassung in Begabtenklassen neben Vorteilen (Preckel et al., 2019) auch psychosoziale Kosten mit sich bringt (Preckel, Zeidner, Götz & Schleyer, 2008).

4 Praktische Bedeutung

Die Bildungspsychologie des Sekundärbereichs hält eine Fülle von direkt oder mittelbar anwendbaren Erkenntnissen bereit. Zahlreiche Verfahren und Programme der Diagnostik und Evaluation, der Optimierung von Lernen und Unterricht und der Prävention sowie therapeutischen Behandlung von Schwierigkeiten wurden entwickelt, die direkt in der Praxis des Sekundärbereichs eingesetzt werden können. Gegenstände dieser Verfahren sind Fähigkeiten, Kompetenzen und Persönlichkeitsmerkmale von Schüler*innen ebenso wie Unterricht und psychosoziale Lernumwelten (zu ausgewählten Beispielen siehe Tabelle 5.2).

Tabelle 5.2: Praxisorientierte Verfahren und Programme für den Sekundärbereich – Beispiele

	Diagnostik und Evaluation	Optimierung und Prävention	Therapie
Fähigkeiten, Kompetenzen	Diagnostik von Begabungen (z. B. Wechsler-Intelligenztest für Kinder bis 16;11 Jahre, 5. Version; Wechsler, 2017)	Kognitives Training für Schüler*innen zu induktivem Denken (Klauer, 2001, 2014); Programme zur Hochbegabtenförderung (z. B. Preckel & Baudson, 2013)	Therapie bei kognitiven Leistungsproblemen (z. B. Lese-Rechtschreibstörung; Schulte-Körne & Galuschka, 2019)
Persönlichkeit, Verhalten	Diagnostik von Selbstkonzepten, Emotionen, Motivation (z. B. Differentielles Leistungsangst-Inventar; Rost & Schermer, 2007; Motivationsdiagnostik; Gaspard et al., 2019)	Training selbstregulierten Lernens (z. B. Nett & Götz, 2019); Prävention von emotionalen Problemen (z. B. Prüfungsangst; Bilz, 2016)	Therapie von Leistungs-/Prüfungsangst (Suhr-Dachs & Döpfner, 2015; Zeidner, 2014)
Unterricht, Klassenumwelt	Erfassung von Unterrichtsqualität (Helmke, 2017) und Lernklima (z. B. Linzer Fragebogen zum Schul- und Klassenklima; Eder, 1998; Eder & Mayr, 2000)	Trainings zum Lehrkraftverhalten (z. B. Toepell, 2009); Förderung des Klassenklimas (z. B. Haep & Steins, 2016)	Training von prosozialem Verhalten für Schüler*innen (z. B. Petermann & Petermann, 2017)

Neben solchen direkt anwendbaren Programmen ergeben sich aber auch aus den oben beschriebenen Erkenntnissen der psychologischen Forschung zur Bildung im Sekundärbereich Folgerungen für die Praxis. Im Bereich des Erwerbs von Kompetenzen lässt sich beispielsweise ableiten, in welcher Weise Lehr-Lernzeiten,

Aufgabeninhalte und Motivierungsqualität (z.B. über Valenzinduktionen) von Unterricht optimiert werden können, um einen nachhaltigen Kompetenzaufbau zu erreichen (siehe hierzu Abschnitt 3.4). Ähnliches gilt für den Aufbau von leistungsbezogenen Kompetenzüberzeugungen, lerngünstigen Emotionen, Interesse und die Entwicklung von Kompetenzen zur Selbstregulation. Neben der Verbesserung von Unterrichtsqualität dürfte dabei einer Optimierung schulischer Bewertungsstrukturen eine zentrale Rolle zukommen. Darüber hinaus zeigt die psychologische Bildungsforschung, welche zunehmende Bedeutung den Peers für Bildungsprozesse im Sekundarschulalter zukommt, welche zentrale Rolle aber auch das Elternhaus in dieser Altersstufe noch spielt.

Aus den oben beschriebenen Befunden der Bildungspsychologie lassen sich auch Schlussfolgerungen für die psychologische Beratung von Lernenden und ihren Angehörigen (z.B. Eltern oder auch Lehrkräfte) ableiten. Hierzu zählt auf Basis der Erkenntnisse zum selbstregulierten Lernen eine differenzierte und zielgenaue individuelle Lernberatung. Die Erkenntnisse zu Kompetenz- und Interessenentwicklung in der Adoleszenz sowie zu Selbstkonzepten erlauben eine ausgewogene Schul- und Berufslaufbahnberatung unter Beachtung der bestmöglichen Kompetenz- und Leistungsförderung. Schließlich geht es im Sekundärbereich ganz wesentlich darum, Schüler*innen auf den Übergang in die Studien-, Berufs- und Arbeitswelt vorzubereiten, sie zu informieren und ihnen Orientierung zu geben. Dies spiegelt sich auch im aktuellen Beschluss der Kultusministerkonferenz (KMK, 2017) zu „Empfehlungen zur Beruflichen Orientierung an Schulen" wider. Zentrales Ziel ist hierbei, Schüler*innen in den verschiedenen Bildungseinrichtungen des Sekundärbereichs mithilfe mehrjähriger Beratungsprogramme zu befähigen, den Übergangsprozess „eigenverantwortlich und erfolgreich zu gestalten" (KMK, 2017, S. 2). Die Bildungspsychologie kann hier wichtige Impulse geben, wie solche Beratungsprogramme erfolgreich gestaltet werden können.

5 Zukunft des Themas

Der Bildungspsychologie ist es gelungen, zentrale Aspekte von Bildungsprozessen im Sekundarschulwesen der wissenschaftlichen Beschreibung und Erklärung zugänglich zu machen und die Resultate Bildungspolitik, Bildungspraxis und der allgemeinen Öffentlichkeit zur Verfügung zu stellen. Und doch sind einige Fragestellungen unbeantwortet geblieben sowie – gerade auch im Zuge der Veränderung der Schullandschaften – neue Fragen aufgeworfen worden, die es auch in Bezug auf die Besonderheiten des Lernens im Sekundärbereich, wie sie in diesem Kapitel skizziert wurden, zu beleuchten gilt.

Modellierung von Prozessen. Bildungsprozesse sind durch Dynamik, ein Zusammenwirken vielfältiger interner und externer Einflüsse und Wechselwirkungen gekennzeichnet. Die Bildungspsychologie ist aber nach wie vor durch querschnittliche Untersuchungen und Modelle zu unidirektionalen Ursache-Wirkungs-Prozessen gekennzeichnet. Umfassende Analysen von Entwicklungsverläufen über die breite Spanne der Sekundarschulzeit, die je nach Bildungswesen und individueller Biografie von der mittleren Kindheit bis in die späte Adoleszenz bzw. das frühe Erwachsenenalter reicht, stehen weiterhin aus. Eine Ausnahme ist das 2009 initiierte Nationale Bildungspanel (NEPS) in Deutschland, das Bildungsprozesse, Kompetenzentwicklung und motivationale Entwicklungsverläufe über die gesamte Lebensspanne untersucht (Autorengruppe Bildungsberichterstattung, 2020). Eine weitere spannende Entwicklung ist hier die zunehmende Verwendung von Forschungsdesigns, bei denen die Teilnehmer*innen durch digitale mobile Geräte mehrfach befragt werden und so dynamische Entwicklungen innerhalb von Personen über die Zeit hinweg abgebildet werden können (sog. *Experience-Sampling*-Studien; z. B. Nett, Götz & Hall, 2011) oder auch automatisch-technologiegestützer Methoden der automatischen Erfassung von Emotionen im Bereich *Affective Computing* (z. B. D'Mello, Dieterle & Duckworth, 2017).

Integrative Theoriebildung. Wie andere Disziplinen unterliegt auch die heutige Bildungspsychologie einem hohen Grad an Spezialisierung. Dementsprechend häufig handelt es sich bei neuen Theorien um Partialtheorien zu Teilphänomenen, die ohne hinreichende Integration bleiben. Es fehlt an Modellbildungen, die Vernetzungen, Rückwirkungen und Nebenwirkungen thematisieren und eine konzeptuelle Integration komplementärer Mechanismen erlauben. Modelle zum Zusammenwirken unterschiedlicher psychischer Teilfunktionen (z. B. Emotion, Motivation und Kognition) von Bildungsprozessen sind dabei ebenso erforderlich wie Theorien zum oft vernachlässigten Zusammenwirken unterschiedlicher Lernumwelten, also z. B. dem spezifischen Zusammenwirken von Schule, Peergruppe und Familie im Sekundarschulalter.

Gestaltung und Evaluation von Bildungsprogrammen. Aufgabe der Bildungspsychologie ist es nicht nur, historisch vorfindliche Bildungsprozesse zu untersuchen und Programme einer am Einzelfall orientierten Prävention und Therapie von Störungen zu entwickeln. In Zusammenarbeit mit Pädagogik, Fachdidaktiken, Bildungspolitik und Schulpraxis sollte die Bildungspsychologie darüber hinaus auch Möglichkeiten zu einer zukunftsorientierten Gestaltung von Bildungssystemen und Bildungsprogrammen entwerfen und evaluieren. Dabei gilt es auch, aktuelle Entwicklungen und Herausforderungen in Bezug auf die sich wandelnde Schüler*innenschaft und Schullandschaft im Sekundarschulbereich, wie zu Beginn dieses Kapitels skizziert, verstärkt in den Blick zu nehmen. Zentrale Stichworte sind hierbei Digitalisierung (z. B. auch im Zuge der vorübergehenden Verbreitung von Homeschooling aufgrund der Corona-Pandemie; OECD, 2020), Inklusion und Heterogenität sowie eng damit verbundene Forderung nach Bildungsgerechtigkeit. Zwei Prämissen gilt es dabei zu bedenken, nämlich (1) das Grundrecht auf Persönlichkeitsentfaltung von Kindern mit geistiger und/oder körperlicher Behinderung und (2) die heute weit verbreitete, aber vielleicht problematische Überzeugung, dass inklusive Bildung für *alle* Schüler*innen effektiver ist als segregierende Schulformen. Bislang hat sich die Bildungspsychologie – insbesondere im Sekundärbereich – wenig mit diesen Themen auseinandergesetzt. Systematische Vergleichsstudien zu Chancen und Risiken inklusiven versus segregierten Unterrichtens im Sekundärbereich sind noch immer spärlich, insbesondere für den deutschsprachigen Raum.

Zusammenfassung

Der Übergang vom Primar- in den Sekundarschulbereich beinhaltet eine Vielzahl an Veränderungen für Schüler*innen, die für deren kognitive, emotional-motivationale und soziale Entwicklung von zentraler Bedeutung sind. Hierzu gehören veränderte Schul- und Unterrichtsstrukturen (z.B. Fachlehrkraftsprinzip), steigende Lernanforderungen sowohl im Hinblick auf Quantität als auch Komplexität von Inhalten und auch zunehmende Ansprüche an Schüler*innen, das eigene Lernen selbst zu regulieren. Gleichzeitig werden im Sekundärbereich die Grundsteine für tertiäre Bildungsbestreben und berufliche Werdegänge gelegt und die Erziehung hin zur gesellschaftlichen Partizipation rückt in den Vordergrund. Die Entwicklungsaufgaben für Schüler*innen sind in diesem Bildungsabschnitt daher vielfältig. Aufgabe des Sekundarschulwesens ist es, diese Prozesse zu begleiten und durch entsprechende Lern- sowie Beratungsangebote Orientierung zu bieten, bildet die Schule doch einen zentralen – wenn auch zeitweiligen – Lebensraum für Jugendliche. Durch die im Kapitel skizzierte bedeutende Rolle der Gestaltung schulischer wie auch außerschulischer Lernumgebungen im Sekundärbereich ergibt sich die grundlegende Möglichkeit zur positiven Einflussnahme auf kognitive, emotional-motivationale und soziale Entwicklungsverläufe in der mittleren Kindheit und Jugend. Dennoch steht die Bildungspolitik auch heute vor großen und teils neuen Herausforderungen für die Gestaltung effektiver Schulumwelten: Diese betreffen sowohl die sich veränderten Schüler*innenschaften und damit einhergehende Fragen z.B. zum Umgang mit Heterogenität bzw. Inklusion als auch sich verändernde Schullandschaften z.B. im Hinblick auf notwendige Digitalisierungsprozesse. Diesen und weiteren Fragen muss sich die Bildungspsychologie des Sekundärbereichs stellen, um sinnvolle Entwürfe für zukunftsträchtige Bildungssysteme und -programme zu generieren.

Reflexionsfragen

1. Was sind wesentliche Strukturmerkmale des Bildungswesens im Sekundärbereich? Welche psychologischen Rahmenbedingungen bietet es für die Entwicklung von Schüler*innen?
2. Die Forschung zeigt, dass sich schulische Selbstkonzepte, lernbezogene Emotionen, Motivation und Interesse am Lernen im Verlauf der Sekundarschulzeit zunehmend „ausdifferenzieren". Was ist damit gemeint und welche Konsequenzen ergeben sich daraus (z. B. im Hinblick auf Fördermaßnahmen)?
3. Wie hängen schulische Selbstkonzepte, Emotionen und Motivation jeweils mit Kompetenzerwerb bzw. schulischer Leistung zusammen? Welche gemeinsamen Wirkungsmuster lassen sich über den Verlauf der Sekundarschulzeit erkennen?
4. Wie beeinflussen schulische und außerschulische Umwelten das Lernen im Sekundärbereich? Welche Faktoren gewinnen in dieser Schulstufe womöglich an besonderer Bedeutung für Schüler*innen?
5. Welche Aufgaben und Herausforderungen ergeben sich für die Bildungspolitik des Sekundärbereichs insbesondere für die Gestaltung von Bildungsprogrammen?

Weiterführende Literatur

Götz, T. (Hrsg.). (2017). *Emotion, Motivation und selbstreguliertes Lernen* (2. Aufl.). Paderborn: Schöningh.

Linnenbrink-Garcia, L., Patall, E. A. & Pekrun, R. (2016). Adaptive motivation and emotion in education: Research and principles for instructional design. *Policy Insights from the Behavioral and Brain Sciences, 3,* 228–236. https://doi.org/10.1177/2372732216644450

Lipnevich, A. A., Preckel, F. & Roberts, R. D. (Eds.). (2016). *Psychosocial skills and school systems in the 21st century: Theory, research, and practice.* Cham: Springer. https://doi.org/10.1007/978-3-319-28606-8

Lohaus, A. (Hrsg). (2018). *Entwicklungspsychologie des Jugendalters.* Berlin: Springer. https://doi.org/10.1007/978-3-662-55792-1

Pekrun, R. (2017). Emotion and achievement during adolescence. *Child Development Perspectives, 11*(3), 215–221. https://doi.org/10.1111/cdep.12237

Urhahne, D., Dresel, M. & Fischer, F. (Hrsg.). (2019). *Psychologie für den Lehrberuf.* Berlin: Springer. https://doi.org/10.1007/978-3-662-55754-9

Literatur

Artelt, C., Naumann, J. & Schneider, W. (2010). Lesemotivation und Lernstrategien. In E. Klieme et al. (Hrsg.), *PISA 2009: Bilanz nach einem Jahrzehnt* (S. 73–112). Münster: Waxmann.

Autorengruppe Bildungsberichterstattung (Hrsg.). (2020). *Bildung in Deutschland kompakt 2020: Zentrale Befunde des Bildungsberichts*. Bielefeld: wbv.

Beilock, S. L., Gunderson, E. A., Ramirez, G. & Levine, S. C. (2010). Female teachers' math anxiety affects girls' math achievement. *Proceedings of the National Academy of Sciences, 107*(5), 1860–1863. https://doi.org/10.1073/pnas.0910967107

Bilz, L. (2016). Ängste bei Schülerinnen und Schülern: Prävention und Intervention im schulischen Kontext. In M. Schweer (Hrsg.), *Lehrer-Schüler-Interaktion* (S. 365–386). Wiesbaden: Springer.

Bischof-Köhler, D. (2011). *Soziale Entwicklung in Kindheit und Jugend*. Stuttgart: Kohlhammer.

Cliffordson, C. & Gustafsson, J.-E. (2008). Effects of age and schooling on intellectual performance. *Intelligence, 36*(2), 143–152. https://doi.org/10.1016/j.intell.2007.03.006

Dedering, K. & Holtappels, H. G. (2018). Schulische Bildung. In R. Tippelt & B. Schmidt (Hrsg.), *Handbuch Bildungsforschung* (4. Aufl., S. 431–455). Wiesbaden: Springer VS.

Deutsches Institut für Wirtschaftsforschung (DIW). (2017, Mai). *G8 Reform*. Verfügbar unter https://www.diw.de/de/diw_01.c.502914.de/presse/glossar/g8_reform.html

D'Mello, S., Dieterle, E. & Duckworth, A. (2017). Advanced, analytic, automated (AAA) measurement of engagement during learning. *Educational Psychologist, 52*(2), 104–123. https://doi.org/10.1080/00461520.2017.1281747

Drewek, P. (2019). Dreigliedriges Schulsystem. In M. Harring, C. Rohlfs & M. Gläser-Zikuda (Hrsg.), *Handbuch Schulpädagogik* (S. 84–93). Münster: Waxmann.

Eccles, J. S. & Wigfield, A. (2002). Motivational beliefs, values, and goals. *Annual Review of Psychology, 53,* 109–32. https://doi.org/10.1146/annurev.psych.53.100901.135153

Eder, F. (1998). *Linzer Fragebogen zum Schul- und Klassenklima für die 8.–13. Klasse (LFSK* 8–13). Göttingen: Hogrefe.

Eder, F. (2018). Schul- und Klassenklima. In D. H. Rost, S. Buch & J. Sparfeldt (Hrsg.), *Handwörterbuch Pädagogische Psychologie* (S. 696–707). Weinheim: Beltz.

Eder, F. & Mayr, J. (2000). *Linzer Fragebogen zum Schul- und Klassenklima für die 4.–8. Klassenstufe (LFSK* 4–8). Göttingen: Hogrefe.

Elliot, A. J. & McGregor, H. A. (2001). A 2 × 2 achievement goal framework. *Journal of Personality and Social Psychology, 80*(3), 501–519. https://doi.org/10.1037/0022-3514.80.3.501

Elliot, A. J., Murayama, K. & Pekrun, R. (2011). A 3 × 2 achievement goal model. *Journal of Educational Psychology, 103,* 632–648. https://doi.org/10.1037/a0023952

Fend, H. (2009). *Neue Theorie der Schule. Einführung in das Verstehen von Bildungssystemen* (2. Aufl.). Wiesbaden: Verlag für Sozialwissenschaften. https://doi.org/10.1007/978-3-531-91788-7

Flunger, B., Trautwein, U., Nagengast, B., Lüdtke, O., Niggli, A. & Schnyder, I. (2017). A person-centered approach to homework behavior: Students' characteristics predict their homework learning type. *Contemporary Educational Psychology, 48,* 1–15. https://doi.org/10.1016/j.cedpsych.2016.07.002

Frenzel, A. C., Becker-Kurz, B., Pekrun, R., Götz, T. & Lüdtke, O. (2018). Emotion transmission in the classroom revisited: A reciprocal-effects model of teacher and student enjoyment. *Journal of Educational Psychology, 110,* 628–639. https://doi.org/10.1037/edu0000228

Frenzel, A. C., Pekrun, R., Dicke, A.-L. & Götz, T. (2012). Beyond quantitative decline: Conceptual shifts in adolescents' development of interest in mathematics. *Developmental Psychology, 48,* 1069–1082. https://doi.org/10.1037/a0026895

Gaspard, H., Lauermann, F., Rose, N., Wigfield, A. & Eccles, J.S. (2019). Cross-domain trajectories of students' ability self-concepts and intrinsic values in math and language arts. *Child Development, 91*(5), 1800–1818. https://doi.org/10.1111/cdev.13343

Gaspard, H., Trautwein, U. & Hasselhorn, M. (Hrsg.). (2019). *Diagnostik und Förderung von Motivation und Volition*. Göttingen: Hogrefe. https://doi.org/10.1026/03001-000

Gottfredson, L.S. (1997). Mainstream science on intelligence: An editorial with 52 signatories, history, and bibliography. *Intelligence, 24*(1), 13–23. https://doi.org/10.1016/S0160-2896(97)90011-8

Götz, T. (2006). *Selbstreguliertes Lernen. Förderung metakognitiver Kompetenzen im Unterricht der Sekundarstufe*. Donauwörth: Auer.

Götz, T., Frenzel, A.C. & Pekrun, R. (2018). Psychologische Bildungsforschung. In R. Tippelt & B. Schmidt (Hrsg.), *Handbuch Bildungsforschung* (4. Aufl., S. 73–99). Wiesbaden: Springer.

Götz, T. & Hall, N.C. (2013). Emotion and achievement in the classroom. In J. Hattie & E.M. Anderman (Eds.), *International guide to student achievement* (pp. 192–195). New York: Routledge.

Götz, T., Sticca, F., Pekrun, R., Murayama, K. & Elliot, A. (2016). Intraindividual relations between achievement goals and discrete achievement emotions: An experience sampling approach. *Learning and Instruction, 41,* 115–125. https://doi.org/10.1016/j.learninstruc.2015.10.007

Grewe, N. (2017). Soziale Interaktion und Klassenklima. In M.K.W. Schweer (Hrsg.), *Lehrer-Schüler-Interaktion* (S. 547–560). Wiesbaden: Springer.

Haep, A. & Steins, G. (2016). Soziales Lernen in der Schule. In M. Roth, V. Schönefeld & T. Altmann (Hrsg.), *Trainings- und Interventionsprogramme zur Förderung von Empathie* (S. 25–39). Berlin: Springer.

Harley, J., Pekrun, R., Taxer, J.L. & Gross, J.J. (2019). Emotion regulation in achievement situations: An integrated model. *Educational Psychologist, 24,* 1–21. https://doi.org/10.1080/00461520.2019.1587297

Hattie, J.A.C. (2009). *Visible learning. A synthesis of over 800 meta-analyses relating to achievement*. London: Routledge.

Heckhausen, J. & Heckhausen, H. (Hrsg.). (2018). *Motivation und Handeln* (5. Aufl.). Berlin: Springer. https://doi.org/10.1007/978-3-662-53927-9

Helmke, A. (2017). *Unterrichtsqualität und Lehrerprofessionalität. Diagnose, Evaluation und Verbesserung des Unterrichts* (7. Aufl.). Seelze: Kallmeyer.

Helsper, W. & Kramer, R.-T. (2019). Schulische Übergänge – Herausforderungen für Schülerinnen und Schüler und Lehrpersonen. In M. Harring, C. Rohlfs & M. Gläser-Zikuda (Hrsg.), *Handbuch Schulpädagogik* (S. 573–585). Münster: Waxmann.

Horz, H. & Ulrich, I. (2015). Lernen mit Medien. In H. Reinders, H. Ditton, C. Gräsel & B. Gniewosz (Hrsg.), *Empirische Bildungsforschung* (S. 25–39). Wiesbaden: VS Verlag für Sozialwissenschaften.

Jansen, M., Lüdtke, O. & Schroeders, U. (2016). Evidence for a positive relation between interest and achievement: Examining between-person and within-person variation in five domains. *Contemporary Educational Psychology, 46,* 116–127. https://doi.org/10.1016/j.cedpsych.2016.05.004

Jude, N., Hertel, S., Kuger, S. & Sälzer, C. (2016). Die Lernumgebung in der Familie und die elterliche Unterstützung. In K. Reiss, C. Sälzer, A. Schiepe-Tiska, E. Klieme & O. Köller (Hrsg.), *PISA 2015* (S. 349–374). Münster: Waxmann.

Kessels, U. & Hannover, B. (2020). Gleichaltrige. In E. Wild & J. Möller (Hrsg.), *Pädagogische Psychologie* (3. Aufl., S. 290–308). Berlin: Springer.

Klauer, K.J. (2001). Training des induktiven Denkens. In K.J. Klauer (Hrsg.), *Handbuch Kognitives Training* (2. Aufl., S. 165–202). Göttingen: Hogrefe.

Klauer, K.J. (2014). Training des induktiven Denkens – Fortschreibung der Metaanalyse von 2008. *Zeitschrift für Pädagogische Psychologie, 28,* 5–19. https://doi.org/10.1024/1010-0652/a000123

Kultusministerkonferenz (KMK). (2017, 07. Dezember). *Empfehlungen zur Beruflichen Orientierung an Schulen.* Berlin: Konferenz der Kultusminister der Länder in der Bundesrepublik Deutschland. Verfügbar unter https://www.kmk.org/fileadmin/Dateien/veroeffentlichungen_beschluesse/2017/2017_12_07-Empfehlung-Berufliche-Orientierung-an-Schulen.pdf

Koch-Priewe, B., Köker, A. & Störtländer, C. (2019). Fachunterricht und Fachdidaktik. In M. Harring, C. Rohlfs & M. Gläser-Zikuda (Hrsg.), *Handbuch Schulpädagogik* (S. 418–426). Münster: Waxmann.

Korpershoek, H., Harms, T., de Boer, H., van Kuijk, M. & Doolaard, S. (2016). A meta-analysis of the effects of classroom management strategies and classroom management programs on students' academic, behavioral, emotional, and motivational outcomes. *Review of Educational Research, 86*(3), 643–680. https://doi.org/10.3102/0034654315626799

Loderer, K., Pekrun, R., Vogl, E. & Schubert, S. (2021). Leistungsemotionen in der Schule: Theoretische Grundlagen und aktuelle Befunde. In C. Rubach & R. Lazarides (Hrsg.), *Emotionen in Schule und Unterricht* (S. 18–44). Leverkusen: Budrich.

Marsh, H.W. (1986). Verbal and math self-concepts: An internal/external frame of reference model. *American Educational Research Journal, 23,* 129–149. https://doi.org/10.3102/00028312023001129

Marsh, H.W. (1987). The big-fish-little-pond effect on academic self-concept. *Journal of Educational Psychology, 79,* 280–295. https://doi.org/10.1037/0022-0663.79.3.280

Marsh, H.W., Parker, P.D., Guo, J., Pekrun, R. & Basarkod, G. (2020). Psychological comparison processes and self-concept in relation to five distinct frame-of-reference effects: Pan-human cross-cultural generalizability over 68 countries. *European Journal of Personality, 34,* 180–202. https://doi.org/10.1002/per.2232

Marsh, H.W., Pekrun, R., Murayama, K., Arens, A.K., Parker, P.D., Guo, J. & Dicke, T. (2018). An integrated model of academic self-concept development: Academic self-concept, grades, test scores, and tracking over six years. *Developmental Psychology, 54,* 263–280. https://doi.org/10.1037/dev0000393

McGregor, H.A. & Elliot, A.J. (2002). Achievement goals as predictors of achievement-relevant processes prior to task engagement. *Journal of Educational Psychology, 94,* 381–395. https://doi.org/10.1037/0022-0663.94.2.381

Miele, D.B. & Scholer, A.A. (2018). The role of metamotivational monitoring in motivation regulation. *Educational Psychologist, 53,* 1–21. https://doi.org/10.1080/00461520.2017.1371601

Möller, J., Pohlmann, B., Köller, O. & Marsh, H.W. (2009). A meta-analytic path analysis of the internal/external frame of reference model of academic achievement and academic self-concept. *Review of Educational Research, 79,* 1129–1167. https://doi.org/10.3102/0034654309337522

Muenks, K., Wigfield, A. & Eccles, J.S. (2018). I can do this! The development and calibration of children's expectations for success and competence beliefs. *Developmental Review, 48,* 23–39. https://doi.org/10.1016/j.dr.2018.04.001

Murayama, K. & Elliot, A.J. (2012). The competition-performance relation: A meta-analytic review and test of the opposing processes model of competition and performance. *Psychological Bulletin, 138,* 1035–1070. https://doi.org/10.1037/a0028324

Nett, U. & Götz, T. (2019). Selbstreguliertes Lernen. In D. Urhahne, M. Dresel & F. Fischer (Hrsg.), *Psychologie für den Lehrberuf* (S. 67–84). Berlin: Springer.

Nett, U., Götz, T. & Hall, N.C. (2011). Coping with boredom in school: An experience sampling perspective. *Contemporary Educational Psychology, 36*(1), 49–59. https://doi.org/10.1016/j.cedpsych.2010.10.003

Oberwimmer, K., Vogtenhuber, S., Lassnigg, L. & Schreiner, C. (Hrsg.). (2019). *Nationaler Bildungsbericht* Österreich *2018, Band 1*. Graz: Leykam.

Organisation for Economic Co-operation and Development (OECD). (2015). *ISCED 2011 Operational Manual. Guidelines for classifying national education programmes and related qualifications*. Paris: OECD.

Organisation for Economic Co-operation and Development (OECD). (2016). *Education at a Glance 2016: OECD Indicators*. Paris: OECD.

Organisation for Economic Co-operation and Development (OECD). (2017). *PISA 2015 results (Volume III): Students' well-being*. Paris: OECD.

Organisation for Economic Co-operation and Development (OECD). (2019). *PISA 2018 results (Volume I): What students know and can do*. Paris: OECD.

Organisation for Economic Co-operation and Development (OECD). (2020). *Education responses to COVID-19: Embracing digital learning and online collaboration*. Retrieved from https://read.oecd-ilibrary.org/view/?ref=120120544-8ksud7oaj2&title=EducationresponsestoCovid-19 Embracingdigitallearningandonlinecollaboration

Otterpohl, N. & Wild, E. (2018). Kooperation zwischen Elternhaus und Schule im Kontext der schulischen Leistungsentwicklung. In B. Kracke & P. Noack (Hrsg.), *Handbuch Entwicklungs- und Erziehungspsychologie* (S. 293–306). Berlin: Springer.

Pekrun, R. (2018). Control-value theory: A social-cognitive approach to achievement emotions. In G.A.D. Liem & D.M. McInerney (Eds.), *Big theories revisited 2: A volume of research on socio-cultural influences on motivation and learning* (pp. 162–190). Charlotte, NC: Information Age Publishing.

Pekrun, R., Lichtenfeld, S., Marsh, H.W., Murayama, K. & Götz, T. (2017). Achievement emotions and academic performance: Longitudinal models of reciprocal effects. *Child Development, 88,* 1653-1670. https://doi.org/10.1111/cdev.12704

Pekrun, R., Murayama, K., Marsh, H.W., Götz, T. & Frenzel, A.C. (2019). Happy fish in little ponds: Testing a reference group model of achievement and emotion. *Journal of Personality and Social Psychology, 117,* 166–185. https://doi.org/10.1037/pspp0000230

Pekrun, R., vom Hofe, R., Blum, W., Götz, T., Wartha, S., Frenzel, A. & Jullien, S. (2007). Projekt zur Analyse der Leistungsentwicklung in Mathematik (PALMA). Entwicklungsverläufe, Schülervoraussetzungen und Kontextbedingungen von Mathematikleistungen in der Sekundarstufe I. In M. Prenzel & L. Allolio-Näcke (Hrsg.), *Untersuchungen zur Bildungsqualität von Schule* (S. 21–53). Münster: Waxmann.

Pekrun, R. & Zirngibl, A. (2004). Schülermerkmale in Mathematik. In PISA-Konsortium Deutschland (Hrsg.), *PISA 2003. Der Bildungsstand der Jugendlichen in Deutschland – Ergebnisse des zweiten internationalen Vergleichs* (S. 191–210). Münster: Waxmann.

Petermann, F. & Petermann, U. (2017). *Training mit Jugendlichen: Aufbau von Arbeits- und Sozialverhalten* (10. Aufl.). Göttingen: Hogrefe. https://doi.org/10.1026/02814-000

Praetorius, A.-K., Klieme, E., Herbert, B. & Pinger, P. (2018). Generic dimensions of teaching quality: The German framework of three basic dimensions. *ZDM Mathematics Education, 50,* 407–426. https://doi.org/10.1007/s11858-018-0918-4

Preckel, F. & Baudson, T. (2013). *Hochbegabung: Erkennen, Verstehen, Fördern*. München: C.H. Beck. https://doi.org/10.17104/9783406653346

Preckel, F., Schmidt, I., Stumpf, E., Motschenbacher, M., Vogl, K., Scherrer, V. & Schneider, W. (2019). High-ability grouping: Benefits for gifted students' achievement development without costs in academic self-concept. *Child Development, 90,* 1185–1201. https://doi.org/10.1111/cdev.12996

Preckel, F., Zeidner, M., Götz, T. & Schleyer, E. (2008). Female 'Big Fish' swimming against the tide: The 'Big-Fish-Little-Pond Effect' and gender ratio in special gifted classes. *Contemporary Educational Psychology, 33*,78–96. https://doi.org/10.1016/j.cedpsych.2006.08.001

Reiss, K., Klieme, E., Köller, O. & Stanat, P. (Hrsg.). (2017). *PISA Plus* 2012–*2013: Kompetenzentwicklung im Verlauf eines Schuljahres* (Zeitschrift für Erziehungswissenschaft - Sonderheft, Band 33). Wiesbaden: Springer VS. https://doi.org/10.1007/978-3-658-15027-3

Renninger, A. & Hidi, S. (Eds.). (2015). *The power of interest for motivation and engagement*. New York: Routledge. https://doi.org/10.4324/9781315771045

Rost, D.H. & Schermer, F.J. (2007). *Differentielles Leistungsangst-Inventar (DAI)* (2. Aufl.). Frankfurt a. M.: Pearson Assessment.

Schiefele, U. & Pekrun, R. (1996). Psychologische Modelle des fremdgesteuerten und selbstgesteuerten Lernens. In F.E. Weinert (Hrsg.), *Psychologie des Lernens und der Instruktion* (Enzyklopädie der Psychologie, Serie Pädagogische Psychologie, Bd. 2, S. 249–278). Göttingen: Hogrefe.

Schulte-Körne, G. & Galuschka, K. (2019). *Lese-/Rechtschreibstörung (LRS)*. Göttingen: Hogrefe. https://doi.org/10.1026/02721-000

Spiel, C., Wagner, P. & Fellner, G. (2002). Wie lange arbeiten Kinder zu Hause für die Schule? Eine Analyse in Gymnasium und Grundschule. *Zeitschrift für Entwicklungspsychologie und Pädagogische Psychologie, 34*, 125–135. https://doi.org/10.1026//0049-8637.34.3.125

Suhr-Dachs, L. & Döpfner, M. (2015). *Leistungsängste. Therapieprogramm für Kinder und Jugendliche mit Angst- und Zwangsstörungen (THAZ) - Band 1* (2. Aufl.). Göttingen: Hogrefe. https://doi.org/10.1026/02695-000

Steinmayr, R., Sauer, J. & Gamsjäger, E. (2018). Prognose von Schulerfolg. In D.H. Rost, S. Buch & J. Sparfeldt (Hrsg.), *Handwörterbuch Pädagogische Psychologie* (S. 653–665). Weinheim: Beltz.

Stern, E. & Neubauer, A. (2016). Intelligenz: Kein Mythos, sondern Realität. *Psychologische Rundschau, 67*, 15–27. https://doi.org/10.1026/0033-3042/a000290

Toepell, S. (2009). *Lehrertrainings im deutschen Sprachraum*. München: Hubert Utz.

Trautwein, U. & Lüdtke, O. (2010). Referenzgruppeneffekte. In W. Bos, E. Klieme & O. Köller (Hrsg.), *Schulische Lerngelegenheiten und Kompetenzentwicklung* (S. 11–30). Münster: Waxmann.

Vierhaus, M., Lohaus, A. & Wild, E. (2016). The development of achievement emotions and coping/emotion regulation from primary to secondary school. *Learning and Instruction, 42*, 12–21. https://doi.org/10.1016/j.learninstruc.2015.11.002

Wacker, A. (2019). Sekundarstufe I. In M. Harring, C. Rohlfs & M. Gläser-Zikuda (Hrsg.), *Handbuch Schulpädagogik* (S. 127–137). Münster: Waxmann.

Wechsler, D. (2017). *Wechsler Intelligence Scale for Children - Fifth Edition (WISC-V). Deutsche Bearbeitung von F. Petermann*. Frankfurt a. M.: Pearson Assessment.

Weidinger, A.F., Steinmayr, R. & Spinath, B. (2019). Ability self-concept formation in elementary school: No dimensional comparison effects across time. *Developmental Psychology, 55*, 1005–1018. https://doi.org/10.1037/dev0000695

Weiner, B. (1985). An attributional theory of achievement motivation and emotion. *Psychological Review, 92*, 548–573. https://doi.org/10.1037/0033-295X.92.4.548

Zeidner, M. (2014). Anxiety in education. In R. Pekrun & L. Linnenbrink-Garcia (Eds.), *International handbook of emotions in education* (pp. 265–288). New York: Routledge.

Kapitel 6

Bildungspsychologie des Tertiärbereichs

Cornelia Gräsel & Michael Rochnia

Inhaltsübersicht

1 Einführung

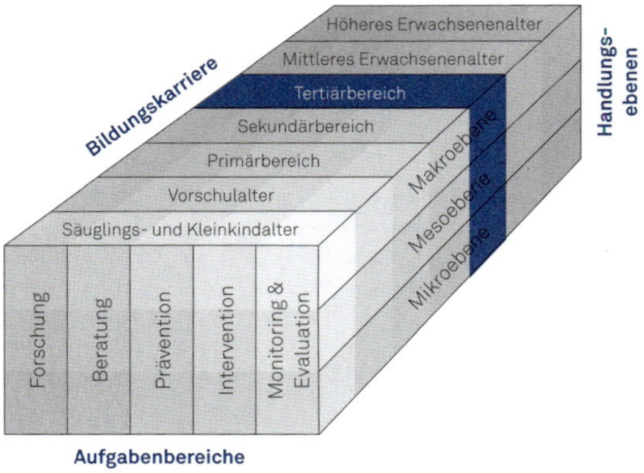

Dieses Kapitel befasst sich mit Bildungsprozessen und -ergebnissen in der ersten Phase nach der schulischen Qualifikation, die in einer Institution des tertiären Bereichs absolviert wird. Der Tertiärbereich schließt an den sekundären Bereich und damit an die Phase der schulischen Allgemeinbildung an. Menschen, die in den Tertiärbereich einmünden, sind also Jugendliche (Beginn einer Ausbildung) oder junge Erwachsene (Beginn eines Studiums). Dies deutet die Heterogenität des Tertiärbereichs an. Da im Sekundärbereich unterschiedliche Bildungsabschlüsse erreicht werden können, treten Lernende mit heterogenen Lernvoraussetzungen in die differenzierten Angebote des tertiären Bereichs ein.

Tertiärbereich

Der tertiäre Bereich des Bildungswesens bezeichnet in Deutschland, Österreich, der Schweiz, Belgien und Luxemburg die primäre berufsqualifizierende Stufe des Bildungssystems (Autorengruppe Bildungsberichterstattung, 2020; BQ-Portal, n.d.; Bundesministerium für Bildung, und Forschung [BMBF], 2020; Luxembourg Centre for Educational Testing [LUCET], 2018; Staatssekretariat für Bildung, Forschung und Innovation [SBFI], 2020). Dabei stellt der Tertiärbereich ein heterogenes Feld dar, welches mindestens in berufsbildende Einrichtungen und Hochschulen dekomponiert werden kann. In beiden Teilbereichen verfolgt tertiäre Bildung zwei zentrale Aufgaben: (1) Integration in die Gesellschaft und (2) Generierung von Arbeitsfähigkeit (Dobischat & Düsseldorff, 2018).

Streng genommen ist die von uns verwendete Definition des Tertiärbereichs (siehe Kasten) vereinfacht, da die berufliche Bildung sich über mehrere Stufen des Bildungssystems erstreckt. Elemente der Berufsbildung werden unter anderem im Sekundärbereich II und im Tertiärbereich angeboten (Autorengruppe Bildungsberichterstattung, 2020). Wir ziehen daher eine pragmatische Grenze und ordnen die berufliche Bildung dem Tertiärbereich zu.

In berufsbildenden Institutionen steht die Vermittlung praktischer Fähigkeiten für definierte Berufe im Vordergrund, wobei die duale Ausbildung den Kern bildet, also die Qualifizierung an den beiden Lernorten Ausbildungsplatz und Berufsschule (Wittmann, 2020). Um ihre Aufgaben zu realisieren, bedient sich die Berufsschule besonderer didaktischer Prinzipien. Kennzeichnend für die Berufsschule ist eine Ausrichtung der Lehre an Lernfeldern und Handlungen (Harney,

2008). Das didaktische Prinzip der Lernfeldorientierung ist eine Art, die zu lehrenden Inhalte zu organisieren (Bader & Müller, 2002). Damit korrespondiert die *Handlungsorientierung*. Der Begriff bezeichnet das Einüben zentraler beruflicher Handlungen mit dem Ziel, Auszubildende eines Tätigkeitsfeldes für die Praxis vorzubereiten (Czycholl & Ebner, 2006).

Der Bildungsauftrag von Hochschulen unterscheidet sich stark, je nach Art der Institution. Viele Universitäten in den deutschsprachigen Ländern nehmen für sich die Umsetzung des humboldtschen Bildungsideals in Anspruch. Dazu gehört die Einführung der Studierenden in die Wissenschaft in einer Gemeinschaft von Forschenden und Lernenden – und damit verbunden die Einheit von Forschung und Lehre. Eine wichtige Aufgabe der Universitäten besteht traditionell in der Qualifizierung des wissenschaftlichen Nachwuchses, weswegen sie Promotions- und Habilitationsrecht haben. „Universitäre Bildung" bedeutet in einem humboldtschen Sinne aber nicht nur wissenschaftliche Auseinandersetzung mit einem Fach, sondern auch Allgemeinbildung, insbesondere eine Selbstkonstruktion des Subjekts unter dem Primat des Gebrauchs der eigenen Vernunft (siehe Tenorth, 2010). Fachhochschulen bzw. Hochschulen für Angewandte Wissenschaften wurden erst in den 1970er bis 1990er Jahren des 20. Jahrhunderts etabliert. Sie haben auf Hochschulniveau einen stärkeren Berufs- und Praxisbezug als Universitäten und in aller Regel kein Promotions- und Habilitationsrecht. Schließlich existiert eine Fülle verschiedener Hochschultypen mit fachlichen Schwerpunkten, und zwar sowohl mit Promotions- und Habilitationsrecht (z.B. Musik- und Kunsthochschulen, Pädagogische Hochschulen in Deutschland) als auch ohne (z.B. Hochschulen für öffentliche Verwaltung, Polizeihochschulen, Duale Hochschulen, Pädagogische Hochschulen in der Schweiz und in Österreich).

Für den tertiären Bildungsbereich liegen vergleichsweise wenige Forschungsarbeiten aus der Psychologie vor. Dem mittlerweile umfangreichen und differenzierten Kenntnisstand über Unterrichtsqualität an allgemeinbildenden Schulen stehen beispielsweise wenige empirische Arbeiten aus Berufsschulen und Hochschulen gegenüber (Braun, 2011). Der nächste Abschnitt stellt für den Bereich der Berufs- und der Hochschulbildung die wichtigsten theoretischen und empirischen Ergebnisse der Bildungspsychologie vor. Dabei werden jeweils drei Leitfragen beantwortet, die die Schwerpunkte der bildungspsychologischen Forschung abdecken:

1. Wie verläuft der Übergang vom sekundären zum tertiären Bildungsbereich und was beeinflusst die Entscheidungen, die an diesem Übergang stattfinden (z.B. Art der Ausbildung, Wahl des Hochschultyps)?
2. Wie untersucht die Bildungspsychologie den Bildungsverlauf sowie den Kompetenzerwerb in den Institutionen der tertiären Bildung?
3. Welche bildungspsychologischen Erkenntnisse gibt es zur Gestaltung förderlicher Lernumgebungen im tertiären Bereich?

2 Stand der Wissenschaft

2.1 Berufliche Bildung

Wie in der Einleitung bereits angerissen, ist berufliche Bildung von der Allgemeinbildung über seine Funktion abgrenzbar. Dobischat und Düsseldorff (2018) schreiben ihr folgende zentrale Funktionen zu: Berufliche Bildung ist ein hochrelevanter Faktor für Erhalt und Steigerung der Wirtschaftskraft einer Nation, indem sie das Arbeitsvermögen einer Gesellschaft reproduziert. In Hinblick auf die Qualifikationsfunktion ist die Berufsbildung spezifischer als akademische Bildung und bereitet auf ein relativ klares Berufsziel vor. Viele Studiengänge hingegen qualifizieren für ein Tätigkeitsfeld, welches über ein klares Berufsziel hinausgeht (Reinmann, 2015). So bereitet beispielsweise das Studium der Wirtschaftswissenschaften für eine breite Palette beruflicher Tätigkeiten in verschiedenen Feldern vor und ist weniger spezifisch als die Ausbildung zum/zur Bankkaufmann/-frau oder ein Meisterbrief im Maler*innen- und Lackierer*innenhandwerk. Berufsbildung erfüllt auch eine Integrationsfunktion: Sie integriert Menschen über den Erwerb von Beschäftigungsfähigkeit sozial und ökonomisch in die Gesellschaft.

Vor allem die duale Ausbildung gilt in Deutschland als wirtschaftliches wie auch bildendes Glanzstück der Berufsbildung (Baethge, 2008, S. 545). Das duale System ist auch in Österreich, Luxemburg, Dänemark, den Niederlanden und der Schweiz etabliert (Busse, Frommberger & Meijer, 2016; Institut für Bildungsforschung der Wirtschaft [IBW], 2019; LUCET, 2018; SBFI, 2020). Ein gemeinsames Kennzeichen der dualen Systeme dieser Länder ist die Kombination der Lernorte Betrieb und Schule (Krekel & Walden, 2016). Allerdings fällt die Gestaltung des dualen Systems in den Ländern unterschiedlich aus (siehe z. B. www.apprenticeship-toolbox.eu).

Die Besonderheit der dualen Ausbildung lag darin begründet, dass sie aufgrund der Vergütung der Auszubildenden sowie aufgrund der Kombination aus Theorie und Praxis als besonders attraktiv galt. Aktuell ist allerdings eine Verschiebung im Tertiärbereich weg von beruflicher hin zu akademischer Bildung zu konstatieren (Dobischat & Düsseldorff, 2018). Im Jahr 2013 lag die Zahl der Studienanfänger*innen beispielsweise in Deutschland erstmalig über den Neuzugängen zur dualen Ausbildung (z. B. Autorengruppe Bildungsberichterstattung, 2014, Tab. E1–2A). Im Folgenden beantworten wir die oben aufgeführten Leitfragen für den Bereich der beruflichen Bildung.

Übergang von der Schule zum berufsbildenden Tertiärbereich. Da der tertiäre Bereich an den Sekundärbereich anschließt, werden im sekundären Bereich Entscheidungen mit Tragweite für die Berufsbildung getroffen. Das Wählen eines Berufs, sei es durch Studium oder Ausbildung, liegt daher an der Schnittstelle zwischen Sekundar- und Tertiärbereich. Dabei gilt die Berufswahl als eine der wichtigsten beruflichen Entscheidungen, die Menschen zu treffen haben (Kanning, 2020). Wir erläutern daher im Folgenden aus Perspektive der Bildungspsychologie, wie Menschen sich für einen Beruf entscheiden.

Eine klassische psychologische Perspektive auf berufliche Orientierung ist Hollands (1997) Theorie beruflicher Interessen- und Persönlichkeitstypen. Obgleich mehr als 20 Jahre alt, wird dieser Ansatz auch gegenwärtig noch in Forschung (Blossfeld, Roßbach & von Maurice, 2011) und Praxis (Berufsberatung) rezipiert und genutzt. Die im Kasten dargestellte Typologie von Holland (1997) geht im Wesentlichen davon aus, dass Menschen Berufe wählen, die zu ihrer Persönlichkeit und ihren Interessen passen. Metaanalysen zeigen, dass eine Kongruenz zwischen Interessen-/Persönlichkeitstyp und Arbeitsumwelt positiv mit Wohlbefinden, Arbeitszufriedenheit und -leistung korreliert (Nye, Su, Rounds & Drasgow, 2012; Spokane, Meir & Catalano, 2000; Tsabari, Tziner & Meir, 2005).

Interessen- und Persönlichkeitstypen (RIASEC-Typologie; Holland, 1997)

- *Praktisch-technische Orientierung:* In diesen Typus fallen handwerklich und technisch geprägte Berufe.
- *Intellektuell-forschende Orientierung:* Personen mit dieser Orientierung werden von Berufen mit naturwissenschaftlichen und mathematischen Problemen angezogen.
- *Künstlerisch-sprachliche Orientierung:* Diese Orientierung fokussiert auf künstlerische und kulturelle Tätigkeiten.
- *Soziale Orientierung:* Menschen, die sich für pädagogische Berufe interessieren, fallen in diesen Typus.
- *Unternehmerische Orientierung:* Dazu zählen Tätigkeiten in der Wirtschaft und Öffentlichkeitsarbeit.
- *Konventionelle Orientierung:* Unter diesem Typus werden Berufe mit strukturierenden Aufgaben im Service- und Dienstleistungsbereich subsumiert.

Aktuellere Ansätze zur Berufswahl theoretisieren neben Interesse und Persönlichkeit die Relevanz weiterer Faktoren. Die Weiterentwicklung der sozial-kognitiven Theorie berücksichtigt die Funktion von Selbstwirksamkeitserwartungen und Ergebniserwartungen für die Berufswahl (Lent, Brown & Hacket, 1994; Lent & Brown, 2013). Auf ein Beispiel übertragen besagt die Theorie, dass Menschen Berufe ergreifen, die sie sich zutrauen. Wer eine Ausbildung im Maler*innenhandwerk beginnt, tut dies in der Überzeugung, die Anforderungen des Bereichs gut bewältigen zu können. Dabei berücksichtigt die Theorie ebenfalls, dass Umwelteinflüsse – aber auch persönliche Faktoren – als Hindernisse für die Wahl eines bestimmten Berufs fungieren können (Hirschi, 2008).

Ein weiterer unbestrittener Einflussfaktor auf die Berufswahl ist der Zufall (Hirschi & Baumeler, 2020). Die *Happenstance Learning Theory* von Krumboltz (2009) adressiert diesen Punkt. Da Berufswahlprozesse von zufällig auftretenden Chancen oder Hindernissen geprägt sind, sollten Menschen kontextsensitiv agieren können. Eine Theorie, welche die Berufswahl in einen größeren gesellschaftlichen Kontext einbettet, ist die *Psychology of Working Theory* (Duffy, Blustein, Diemer & Autin, 2016), die eine sozialkritische Ausrichtung aufweist: Aufgrund ihrer gesellschaftlichen Position können Menschen aus weniger privilegierten Schichten ihre Berufswahl kaum steuern, da ihre Umweltbedingungen selbstgesteuerte Entscheidungen erschweren.

Zusammenfassend verdeutlichen die dargestellten Theorien, dass die Berufswahl ein komplexer Prozess ist, welcher nicht auf Interesse und Persönlichkeit verengt werden kann. Die Umwelt mit ihren vielschichtigen Einflüssen, Hindernissen und (zufälligen) Gelegenheiten bildet den Hintergrund für die Entscheidungen selbst sowie für die Konstruktion von subjektivem Sinn, der mit der Entscheidung einhergeht (siehe Hirschi & Baumeler, 2020).

Empirische Studien nehmen in den Blick, unter welchen Bedingungen berufliche Orientierungsprozesse gelingen (Rahn, Brüggemann, Hartkopf & Fuhrmann, 2020). Generell verdeutlichen Studien, dass Schüler*innen bereits in der Sekundarstufe I die Berufswahl als wichtiges biografisches Ereignis erachten und das Berufswahlengagement in allen Schulformen im Laufe des Bildungsprozesses zunimmt (Rahn, Brüggemann & Hartkopf, 2014). Eine günstige Ausgangslage für die Berufswahl ist die sogenannte *Origin-Haltung* (Hartkopf, 2016). Damit ist die Überzeugung von Menschen gemeint, dass sie ihre Berufsorientierung selbst im Rahmen ihrer Möglichkeiten gestalten können. Generell scheint sich eine frühe Planung der Berufswahl auszuzahlen: Jugendliche mit einem konkreten Berufswunsch haben eine 1,7-fach höhere Chance, eine Ausbildung zu beginnen, als Jugendliche ohne Berufswunsch (Rahn et al., 2014). Es ist daher sinnvoll, junge Menschen bei der beruflichen Orientierung zu unterstützen. Schüler*innen bewerten Berufsorientierungsmaßnahmen insgesamt positiv, allerdings ergeben sich Unterschiede zwischen den Schulformen. In der 10. Klasse von Haupt- und Gesamtschulen steigen Berufswahlreife und Berufswahlsicherheit stärker an als in anderen Schulformen (ebd.). Ungeachtet der Unterstützung zeigt sich jedoch, dass die Berufswahl in der Regel das Resultat eines Kompromisses ist (Granato & Eberhard, 2016; Granato & Ulrich, 2020), bei dem vier wichtige Aspekte in Betracht gezogen werden: ein hohes Einkommen, gute Arbeitsmarktchancen, Aufstiegsmöglichkeiten sowie Zeit für Familie, Freunde und eigene Interessen. Diese Rangfolge verdeutlicht die Relevanz der Rahmenbedingungen eines Berufs neben den eigentlichen antizipierten beruflichen Tätigkeiten.

Bildungsverlauf und Kompetenzerwerb im berufsbildenden Tertiärbereich. Im Zuge der 2000er Jahre hat der Kompetenzbegriff in der beruflichen Bildung Einzug erhalten und sich dort etabliert (Beck, 2018; Gonon, 2019); gegenwärtig werden Bildungsziele im Berufsbereich mit Kompetenzen formuliert. Dabei liegt der

Fokus auf der sogenannten beruflichen Handlungskompetenz, welche in Teilkompetenzen dekomponiert wird (Nickolaus, 2011). Kaspar et al. (2016) beispielsweise zerlegen kompetentes Handeln in der Altenpflege in mehrere Kompetenzfacetten wie beispielsweise Klientenzentrierung, daneben wird Fachwissen berücksichtigt. Generell zeigte sich, dass Auszubildende in der Pflege- und Gesundheitsbranche sowie Medizinische Fachangestellte Routineanforderungen sicher bewältigen, aber Defizite bei der Bewältigung von nicht routinierten Anforderungen haben (Seeber, 2016; Seeber, Ketschau & Rüter, 2016). Auch für den kaufmännischen und gewerblich-technischen Berufsbereich wurden Kompetenzen modelliert und mittels Tests gemessen. Dabei zeigte sich, dass kaufmännische Kompetenz auf Fachwissen basiert (Winther & Klotz, 2014). Speziell für angehende Industriekaufleute fand sich eine breite Streuung im Vorwissen und der Fähigkeit berufliche Probleme zu lösen (Seifried et al., 2016). Für Auszubildende der Kfz-Mechatronik existieren vergleichbare Befunde. Da Fachwissen eng mit beruflicher Leistung korreliert, sollte der Vermittlung fachlichen Wissens zukünftig eventuell mehr Beachtung geschenkt werden (Behrendt, Abele & Nickolaus, 2017). Analog dazu zeigten sich Schwächen im Reparatur-Handlungswissen, was auf Defizite im Problemlösen hindeutet. Parallel zu berufsspezifischen Kompetenzen sind Basiskompetenzen wie Lesen und Mathematik relevant für den Erwerb von beruflicher Handlungskompetenz (Behrendt, Nickolaus & Seeber, 2017). Zentral für Menschen, die in ihren Berufen gute Leistungen erbringen, bleibt jedoch die Problemlösekompetenz gepaart mit Fachwissen (Achtenhagen & Baethge, 2007). Gerade hinsichtlich der Problemlösekompetenz zeigen Auszubildende der oben genannten Bereiche Förderbedarf.

Insgesamt verdeutlichen die empirischen Befunde, dass domänenspezifisches Vor- und Fachwissen die Problemlösekompetenz vorhersagt, Ausbildungsinteresse und berufliche Selbstwirksamkeit aber eher für das Selbstkonzept relevant sind (Nickolaus, 2011). Zusammenfassend verdeutlicht der Stand der Wissenschaft zum Kompetenzerwerb in der Berufsbildung, dass eine qualitativ hochwertige Ausbildung zahlreiche berufsspezifische Kompetenzen unter der Berücksichtigung von kognitiven und motivationalen Dispositionen zum Problemlösen fördern muss (Köller, Nagy & Retelsdorf, 2017). Im Folgenden widmen wir uns dem Thema, wie dies durch wirksame Lernumgebungen realisiert werden kann.

Gestaltung von Lernumgebungen im berufsbildenden Tertiärbereich. Die duale Berufsbildung, die für viele Berufe (z. B. im Handwerk oder im kaufmännischen Bereich) qualifiziert, zeichnet sich durch die Besonderheit aus, dass Lernende an zwei Lernorten ausgebildet werden. Berufsfachschüler*innen sind zwar nicht wie duale Auszubildende betrieblich organisiert, werden jedoch über Praktika an den Lernort Praxis angebunden. Hinter diesen Strukturen steht die Idee, dass berufliche Bildung praktische und theoretische Elemente beinhaltet, aber auch allgemeinbildende Inhalte aufgreift. Dabei werden praktische Elemente im Betrieb durch die Verbindung von Arbeit und Lernen vermittelt; in der Schule stehen die theoretischen Inhalte im Vordergrund (Reetz & Seyd, 2006). Auszubildende bewältigen Arbeitsaufgaben und lösen im Berufsfeld aufkommende Probleme (Reetz & Seyd, 2006). Hierbei wird prozedurales Wissen erworben und der/die Ausbildende fungiert mehr als Begleitung und weniger als Lehrende*r (Reetz, 2002). Generell kann gesagt werden, dass beide Lernorte so gestaltet werden sollten, dass sie auf kohärente Weise den Kompetenzerwerb unterstützen (Frieling, 2006).

Dies wirft die Frage auf, durch welche Methoden möglichst lernwirksame Lernumgebungen generiert werden können. Lange Zeit war Frontalunterricht das prägende Element des Berufsschulunterrichts (Pätzold, Klusmeyer, Wingels & Lang, 2003). Erst in den 2000er Jahren – parallel zur Kompetenzorientierung in der Berufsbildung – erodierte seine Vormachtstellung. Zunehmend fanden selbstgesteuertes Lernen und Handlungsorientierung Einzug in die Gestaltung von berufsschulischen Lernumgebungen (Bonz, 2006; Nickolaus 2006). Dass sich die Förderung selbstregulierten Lernens in der Berufsbildung schwierig gestaltet, zeigt die Studie von Tiaden (2006) – ein Training zu metakognitiven und kognitiven Strategien zog nur teilweise positive Effekte nach sich. Dieser Befund legt nahe, dass metakognitive und kognitive Strategien in kurzen Trainings kaum ausreichend vermittelt werden und ihre Förderung daher als langfristige Aufgabe verstanden werden sollte. Insbesondere bedürfen Berufslernende zur Erprobung neuer Strategien ausreichend Zeit und komplexe Anforderungen, welche nicht durch Automatismen bewältigt werden können (Tiaden, 2006). Lernumgebungen im Tertiärbereich sollten aus diesen Gründen die Metakognition der Auszubildenden fördern. Cattaneo und Motta (2021) zeigen in einer Studie mit Kochlehrlingen, dass die Förderung der Metakognition die Reflexion beruflichen Handelns fördert und bessere Arbeitsleistungen ermöglicht.

Ein anderer Ansatz, lernwirksame berufliche Lernumgebungen zu entwickeln, fokussiert auf die Vermittlung anwendbaren Wissens durch problemorientierte Lernumgebungen. Empirische Studien im kaufmännischen und technischen Feld begründen die Relevanz, bereits in der Ausbildung die Bewältigung von berufsspezifischen Problemen zu üben oder zumindest anzubahnen (siehe Abele, Walker & Nickolaus, 2014; Seifried et al., 2016; Siegfried et al., 2019). Aktuell erfährt der Ansatz durch die Digitalisierung neuen Auftrieb. Digitale Lernumgebungen können das Lernen anhand eines Problems erleichtern, gleichzeitig schafft die digitale Transformation selbst neue Herausforderungen, auf die Schüler*innen vorbereitet werden müssen (Wittmann & Weyland, 2020). Kompetenzerwerb in der beruflichen Bildung sollte jedoch nicht auf den Lernort Schule verengt werden – Betriebe sind der Ort, an dem realistische Probleme quasi „natürlich" auftreten. Es ist daher anzuraten, die Lernorte Schule und Betrieb enger zu verbinden, und auch dafür bilden digitale Technologien eine Ressource. Digitalisierung ermöglicht *Erfahrräume,* in denen Bilder, Videos, Audioaufnahmen und Texte gesammelt und mit Gleichaltrigen, Lehrkräften und Vorgesetzten thematisiert werden können (Cattaneo & Aprea, 2018). Lernwirksame Lernumgebungen des Tertiärbereichs sollten daher die Bearbeitung von Problemen sowie das Nachdenken darüber ermöglichen und eine passende digitale Infrastruktur anbieten.

Zu beachten ist allerdings, dass Klassen der berufsschulischen Bildungsgänge von unterschiedlichen kognitiven Voraussetzungen der Schüler*innen geprägt sind (Erlebach, Leske & Frank, 2020). Lehrkräfte sind daher aufgefordert, diese Heterogenität bei der Unterrichtsplanung systematisch zu berücksichtigen. Eine Möglichkeit dafür bietet beispielsweise das *Analyseraster Technischer Wissensinhalte* (ArTWin; Erlebach et al., 2020), mit dem ein Lerngegenstand auf verschiedene relevante Vorwissenselemente analysiert werden kann.

Die Gestaltung von wirksamen Lernumgebungen kann nicht auf die Auswahl von Zugangsweisen und Methoden verkürzt werden – Lehrkräfte benötigen eine Vielfalt fachdidaktischer Kompetenzen, die hochspezifisch sind und seit einigen Jahren in großer Detailliertheit Gegenstand der Forschung werden (siehe Frank, Bernholt & Parchmann, 2016). Beispielsweise untersuchen Köpfer, Krille, Bushyla und Seifried (2020), welche didaktischen Kompetenzen für den Unterricht im Rechnungswesen erforderlich sind und wie man Schüler*innen in einem produktiven Umgang mit Fehlern unterstützen kann. Insgesamt gibt es eine Tendenz, wie in der Allgemeinen Bildung auch in der Berufsbildung stärker die Qualität von Ausbildungsangeboten zu untersuchen. Die (zukünftige) Steigerung der Erkenntnis bedeutet aber nicht die Umsetzung in der Praxis der beruflichen Bildung. Auch im Berufsbildungsbereich verläuft der Transfer von Innovationen nicht unproblematisch und bedarf der fortwährenden Mitarbeit zahlreicher Akteure (Fischer & Arnold-Wirth, 2013).

2.2 Hochschulen

Seit Ende der 90er Jahre befindet sich das Hochschulwesen in den deutschsprachigen Ländern in einem Wandel, der hier skizziert werden soll (siehe Teichler, 2018): (1) Im Zuge des Bologna-Prozesses, also der Etablierung europaweit einheitlicher Studiengänge, wurden in den deutschsprachigen Ländern neue Studiengänge eingeführt. Der erste akademische Grad wird nun in der Regel im Rahmen eines Bachelorstudiums erworben; darauf aufbauend werden Masterprogramme angeboten. (2) Das Hochschulwesen erfuhr eine deutliche Expansion; in allen deutschsprachigen Ländern wuchs der Anteil der Personen eines Jahrganges, die eine Hochschule besuchen. Gleichzeitig bieten in vielen Ländern immer vielfältigere Institutionen Hochschulstudiengänge an. (3) Die Steuerung der Hochschulen hat sich weg von staatlicher Lenkung hin zu institutionellem Management verändert. Dazu gehört die Einführung von Leistungsvereinbarungen zwischen den verantwortlichen Regierungen mit den einzelnen Hochschulen und damit die Vergabe von Mitteln (bzw. eines Teils der Mittel) in Abhängigkeit vom Erreichen von Zielen – zum Teil in Konkurrenz unter den Hochschulen (siehe Müller-Böling, 2000). Angesichts des tiefgreifenden Wandels des Hochschulwesens gewinnt die Hochschulforschung an Bedeutung. Im Folgenden werden – orientiert an den einleitend genannten Fragen – die wichtigsten bildungspsychologischen Erkenntnisse dargestellt.

Übergang von der Schule in die Hochschule. Wie sich Schüler*innen für welches Hochschulstudium entscheiden, ist deutlich weniger untersucht als Entscheidungen in anderen Bildungsübergängen. Ob und welches Hochschulstudium gewählt wird, ist dabei durch vorangegangene Bildungsentscheidungen – insbesondere Kurs- und Schwerpunktwahlen in der Sekundarstufe – beeinflusst (Watermann, Daniel & Maaz, 2014). Der Übergang bestätigt damit die soziale und geschlechtsspezifische Schwerpunktwahl in der Sekundarstufe und damit auch die bis zu diesem Übergang entstandenen sozialen und geschlechtsspezifischen Disparitäten (Becker, 2017). Allerdings spielt der soziale Hintergrund der Studierenden bei der Wahl des Hochschultyps und der Fächer eine große Rolle (siehe Lörz, 2019): Die Studiengänge der Medizin und der Rechtswissenschaft werden z. B. überproportional von Studierenden aus Familien mit höherem sozioökonomischen Status besucht. In den Ingenieur-, den Natur- und den Sozialwissenschaften finden sich mehr Studierende aus Arbeiterfamilien, wobei deren Anteil aufgrund der Bildungsexpansion und dem damit verbundenen höheren Bildungsabschluss der Eltern seit den 90er Jahren insgesamt deutlich zurückgeht (Becker, 2017).

Ein wichtiges Feld psychologischer Forschung beim Übergang an die Hochschulen stellt die Auswahl von (geeigneten) Studierenden dar. In vielen Studiengängen – in medizinischen Fächern, Architektur, Psychologie usw. – ist die Anzahl der Bewerber*innen zumeist deutlich höher als die Zahl der Studienplätze. Während in der Schweiz alle Bürger*innen mit Matura (Abitur) einen Anspruch auf einen Platz in einem beliebigen Studiengang (außer in der Medizin) haben, liegt in Deutschland und Österreich die Auswahl der Studierenden in der Hand der einzelnen Hochschulen, die dafür verschiedene Verfahren verwenden können. Zur Bewertung dieser verschiedenen Verfahren lassen sich die Gütekriterien quantitativer Forschung heranziehen: Reliabilität, Objektivität und Validität. Bei Auswahlverfahren von Hochschulen kommt der *prognostischen Validität,* also der Vorhersagegüte des Verfahrens, besondere Bedeutung zu. Zusätzlich muss die ökonomische Handhabung betrachtet werden.

Prognostische Validität von Hochschulauswahlverfahren

Die prognostische Validität eines Auswahlverfahrens bezieht sich auf den Zusammenhang zwischen dem Ergebnis des Verfahrens (z. B. der Note, dem Testwert) und einem zeitlich später liegenden Erfolgskriterium. Hochschulauswahlverfahren zielen in der Regel darauf ab, den Studienerfolg vorherzusagen; in empirischen Studien werden zum Beispiel Noten im Verlauf oder am Ende des Studiums, die Studiendauer oder der Studienabbruch als Kriterien verwendet. Zwei mögliche Fehler schränken die prognostische Validität ein: Fehler 1. Art, die dadurch entstehen, dass Bewerber*innen ausgewählt werden, die das Erfolgskriterium nicht erreichen (falsch positiv Beurteilte) und Fehler 2. Art, die dadurch entstehen, weil Kandidat*innen nicht berücksichtigt werden, obwohl sie das Kriterium erreicht hätten (falsch negativ Beurteilte). Das Faktum, dass von Studienbewerber*innen, die nicht aufgenommen wurden, keine Informationen über die Erreichung vs. Nicht-Erreichung des Erfolgskriteriums vorliegen, beeinträchtigt die Abschätzung der beiden Fehler.

Interviews mit Bewerber*innen werden zwar von den Hochschulen häufig als geeignet für die Auswahl betrachtet, aber zahlreiche Studien weisen darauf hin, dass sie psychometrisch eher problematisch sind. In einer Metaanalyse mit internationalen Studien war die prognostische Validität von Gesprächen deutlich geringer als jene von Noten oder Studieneingangstests; erhöht werden konnte sie durch einen hohen Strukturierungsgrad der Gespräche (Hell, Trapmann, Weigand & Schuler, 2007). Ein wesentlicher Kritikpunkt an Interviews ist zudem der hohe Zeit- und Personalaufwand. Auf der Basis der bestehenden Forschung ist dementsprechend nur eingeschränkt zu Interviews als Auswahlverfahren zu raten.

Die *Verwendung von Abiturnoten* ist eine ökonomische Form der Auswahl von Studierenden. Empirische Studien verweisen auch darauf, dass die Abiturnote in der prognostischen Validität für den Studienerfolg durch kein anderes einzelnes Verfahren übertroffen wird (Rindermann & Oubaid, 1999). Allerdings lassen sich auch Schulnoten kritisch betrachten, da diese wegen der überwiegenden Verwendung der sozialen Bezugsnorm zwischen einzelnen Klassen bzw. Schulen nur eingeschränkt vergleichbar sind (Köller, Baumert & Schnabel, 1999). Die Durchschnittsnote im Abitur ist günstiger für die Auswahl von Studierenden als spezifische Fachnoten, weil Beurteilungsfehler und -tendenzen einzelner Lehrpersonen weniger zum Tragen kommen.

Studierfähigkeitstests sind hinsichtlich ihrer Objektivität und Reliabilität positiv zu bewerten, auch ihre prognostische Validität ist vergleichsweise hoch. Allerdings liegen nur für wenige Studienfächer, vor allem für medizinische Fächer, inhaltlich passende und geprüfte Verfahren vor. Die Entwicklung psychometrisch geeigneter Verfahren ist aufwendig; ihre Durchführung ist jedoch relativ ökonomisch zu gestalten. Viele Vertreter*innen der psychologischen Diagnostik empfehlen daher, Abiturnoten möglichst mit Testverfahren zu kombinieren.

Eine etwas andere Möglichkeit sind *Leistungsmessungen in der Studieneingangsphase* (Spiel, Litzenberger & Haiden, 2007). Diese Tests, die in Österreich eingesetzt wurden, beziehen sich auf studienfachspezifische Kenntnisse, die zuvor in der Lehre vermittelt wurden, und erfassen in den Lehrveranstaltungen erworbenes Wissen sowie weitergehende Fähigkeiten wie Verständnis und Transfer des Gelernten. Hinsichtlich der Objektivität und der Reliabilität der Verfahren sind sie bei entsprechender Konstruktion und sorgfältiger Durchführung ähnlich wie Testverfahren zu bewerten. Eingangsverfahren können nicht nur zur Auswahl eingesetzt werden, sondern auch als Anregung zur Selbstreflexion über die eigenen

Kompetenzen und Neigungen sowie als Instrument der Selbstselektion betrachtet werden. Diese Verfahren können somit dazu beitragen, dass sich die Studierenden gezielter mit den Anforderungen der jeweiligen Studiengänge befassen. Dieselbe Funktion erfüllen Studieneingangsprüfungen, die zunehmend mehr eingesetzt werden. Die Vorbereitung dafür erfolgt durch die Studierenden selbst auf Basis der zur Verfügung gestellten Unterlagen.

Kompetenzerwerb und Bildungsverlauf in der Hochschule. In den letzten Jahren wurde stark diskutiert, was der Mehrwert akademischer Bildung ist und inwieweit es für moderne Gesellschaften wichtig ist, den Anteil der Hochschulabsolvent*innen zu steigern (siehe Zlatkin-Troitschanskaia, Pant & Hannover, 2016). In diesem Zusammenhang wurde die Frage aufgeworfen, welche Kompetenzen Studierende in den Hochschulen erwerben sollen. Unstrittig ist, dass Fachwissen und fachlich akzentuierte wissenschaftliche Fähigkeiten in akademischen Feldern den Kern der Kompetenz darstellen. Diskutiert wird, welche überfachlichen Kompetenzen im 21. Jahrhundert für erfolgreiche berufliche Akademiker*innen nötig sind. Neben kommunikativen und sozialen Fähigkeiten sind dies z. B. Medienkompetenz oder auch die Fähigkeit zur Selbstregulation (Steuer, Engelschalk, Eckerlein & Dresel, 2019). Insgesamt steht die Forschung zur theoretischen Konzeptualisierung von im Studium zu erwerbenden Kompetenzen und die Messung von Kompetenzen im Vergleich zur Schule erst am Anfang (siehe Zlatkin-Troitschanskaia, Pant & Greiff, 2019). Die meisten jüngeren Arbeiten liegen zum Bereich der Lehrer*innenbildung vor, die im deutschsprachigen Bereich in der Forschungsförderung derzeit große Beachtung findet (z. B. Kunter et al., 2013). Es gibt auch nur wenige empirische Arbeiten, die Prüfungsergebnisse aus dem Studium mit standardisierten Kompetenztests vergleichen, weil für den Hochschulbereich nur wenige standardisierte fachspezifische Tests vorliegen. Insgesamt finden sich mäßig positive Zusammenhänge zwischen Prüfungsergebnissen und standardisierten Tests (siehe Schneider & Mustafić, 2015).

Mit den Verfahren der Studieneingangsdiagnostik wurde implizit bereits auf eine wichtige Forschungsfrage der Bildungspsychologie verwiesen, nämlich die nach den Personen, die das Studium abbrechen. Da die leistungsorientierten Steuerungssysteme für Hochschulen in der Regel die Anzahl der Studienabsolvent*innen berücksichtigen, ist es für diese Institutionen wichtig, zu wissen, wie viele Studierende aus welchen Gründen ihr Studium beenden. In der Forschung wird Studienabbruch enger definiert, nämlich als Verlassen des Hochschulsystems ohne ersten Abschluss. Fachwechsel, Standortwechsel, Wechsel des Hochschultyps usw. sind nach dieser Definition daher kein Studienabbruch (Heublein & Wolter, 2011, S. 216). Um Studienabbrecher*innen zu erfassen, sind also Längsschnittstudien erforderlich, die die Versuchspersonen auch nach dem Verlassen einer Hochschule begleiten. Wie die einschlägigen Statistiken zeigen, ist der Anteil der Studienabbrecher*innen relativ hoch; in Deutschland liegt er ca. bei 25 % (Autorengruppe Bildungsberichterstattung, 2020); in der Schweiz niedriger (ca. 15 %; Schweizerische Koordinationsstelle für Bildungsforschung, 2018) und in Österreich ist er u. a. wegen der geringen Selektivität der Zulassung mit ca. 35 % höher (Bundesministerium für Bildung, Wissenschaft und Forschung, 2020)[1]. Die Fächerunterschiede sind dabei erheblich: In den MINT-Fächern (Mathematik, Informatik, Naturwissenschaften, Technik) und den Geisteswissenschaften brechen relativ viele Studierende ab, in den Wirtschafts-, Rechts- und Sozialwissenschaften sind es etwas und in den Lehramtsstudiengängen deutlich weniger. Am niedrigsten fallen die Abbruchquoten in der Medizin aus (Heublein & Schmelzer, 2018). Allerdings gibt es hier in allen drei deutschsprachigen Ländern eine Beschränkung der Studienplätze und entsprechende Aufnahmeverfahren.

Für den Studienabbruch zeichnen sich in empirischen Studien drei Hauptursachen ab, die bei den Studierenden selbst liegen (Behr, Giese, Teguim & Theune, 2020): (1) Leistungsprobleme der Studierenden, also schlechte schulische Vorbildung, fehlende Kompetenzen, Strategien und mangelndes akademisches Selbstkonzept, (2) finanzielle Probleme im Studium und (3) mangelnde Studienmotivation bzw. geringe Studienzufriedenheit (z. B. falsche Erwartungen in Bezug auf das Studienfach, sinkendes Fachinteresse oder auch eine schlechte Einschätzung der Arbeitsmarktchancen, siehe z. B. Richardson, Abraham & Bond, 2012). Neben diesen Gründen sind es Merkmale des Studiums, die die Abbruchwahrscheinlichkeit beeinflussen (siehe Isleib, Woisch & Heublein, 2019). Insbesondere die Studienbedingungen und Studienanforderungen sind in empirischen Untersuchungen wichtige Faktoren. Als wichtige Variable hat sich in vielen Studien zudem die soziale und akademische Integration der Studierenden herausgestellt (Tinto, 1993). Integration – so die Theorie – führt zu einer starken Identifikation mit der Hochschule und dadurch zu weniger Studienabbrüchen. Es zeigen sich auch soziale und ethnische Unterschiede im Studienabbruch, die nicht auf Leistungseffekte zurückzuführen sind und auf eine zu geringe soziale Integration bzw. Unterstützung „nicht traditioneller Studierender" hinweisen (Klein & Müller, 2020). Die Entscheidung, das Studium abzubrechen, ist dabei ein längerer Abwägungsprozess, der sich über mehrere Semester hinziehen kann, und in dem verschiedene Ursachen kumulieren und die innere Distanz zum Studium wächst.

Im Fokus: Welche Variablen hängen mit Prüfungsleistungen im Studium zusammen?

Eine wichtige bildungspsychologische Frage lautet, welche Personenmerkmale mit guten Prüfungsleistungen im Studium zusammenhängen. Welche Rolle spielen Intelligenz oder Persönlichkeitsmerkmale? Welche die akademischen Vorleistungen aus der Sekundarstufe? Eine Metaanalyse von Richardson, Abraham und Bond (2012) fasst den Forschungsstand dazu zusammen.

1 Die Zahlen sind nicht direkt vergleichbar und zu unterschiedlichen Zeitpunkten erhoben. Sie sollen nur einen Eindruck geben, dass sich Abbruchquoten je nach Eingangs- und Studienbedingungen an Hochschulen zwischen Ländern deutlich unterscheiden.

In den Analysen wurden 241 Datensätze reanalysiert und insgesamt mehr als 50 Variablen berücksichtigt, die Studienleistungen vorhersagen. Als wichtige Korrelate erwiesen sich – neben den Noten in der Sekundarstufe – die Fähigkeit zur Anstrengungsregulation, also Lernstrategien, mit denen begründet entschieden wird, in welche Lernhandlungen Aufwand investiert wird. Auch das positive akademische Selbstkonzept, also die Erwartung, durch eigenes Handeln gute Leistungen zu erzielen, hing vergleichsweise eng mit guten Noten zusammen. Insgesamt konnten jene Variablen die Prüfungsleistung gut vorhersagen, die mit dem Setzen und Erreichen akademischer Ziele zusammenhängen; die intrinsische Motivation war aus dem Set der motivationalen Variablen dagegen weniger relevant. Auch demografische Merkmale, Persönlichkeitseigenschaften (untersucht wurden die *Big Five* der Persönlichkeitspsychologie) sowie die Intelligenz wiesen nur geringe Zusammenhänge mit den Studienleistungen auf.

Es ist allerdings zu beachten, dass dieses Review ausschließlich englischsprachige Zeitschriften sowie europäische und nordamerikanische Studien einschließt. Zudem berücksichtigt die Metaanalyse viele korrelative Studien. Ob zwischen z. B. Selbstwirksamkeitserwartung und guten Noten kausale Beziehungen bestehen, kann damit nicht beantwortet werden.

Gestaltung von Lernumgebungen in der Hochschule. Wie Lernumgebungen so gestaltet werden können, dass sie den Kompetenzerwerb der Studierenden möglichst gut unterstützen, ist ein wichtiges Forschungsfeld für die Bildungspsychologie. In der klassischen Hochschuldidaktik hat man sich mit bestimmten Veranstaltungsformen und deren lernförderlicher Gestaltung befasst. Im Folgenden sollen zentrale hochschuldidaktische Veranstaltungsformen unter Rückgriff auf die Beiträge in Schneider und Mustafić (2015) zusammengefasst werden.

Vorlesungen sind eine geeignete Lehrform für die Wissensvermittlung – auch wenn sie kritisch betrachtet werden. Für Lernziele, die komplexe Konzepte oder anwendbare Fähigkeiten beinhalten, sind Vorlesungen dagegen weniger geeignet. Die Qualität von Vorlesungen ist für den Lernerfolg entscheidend; empirisch haben sich folgende Merkmale als bedeutsam erwiesen: eine nachvollziehbare Struktur, Klarheit und Verständlichkeit, die Verfolgung transparenter Lehrziele sowie eine nicht zu hohe Informationsdichte. Förderlich wirkt sich zudem aus, wenn Studierende die Lehrenden als freundlich und wertschätzend erleben. Die regelmäßige Teilnahme von Studierenden an Vorlesungen ist mit einem höheren Lernerfolg assoziiert. Eine Metaanalyse (Bernard et al., 2004) verglich digital angebotene mit Präsenzvorlesungen. Insgesamt konnten für die Veränderungen von Einstellungen (z. B. gegenüber den unterrichteten Inhalten) und das kontinuierliche Studierverhalten (im Gegensatz zu Dropout) keine großen Unterschiede gefunden werden. In Bezug auf die Lernerfolge gab es einen differenzierteren Befund: Als synchrones Angebot waren Präsenzvorlesungen den digitalen leicht überlegen. Die asynchron nutzbaren Veranstaltungen erzielten aber größere Lernerfolge bei den Studierenden als die Präsenzveranstaltungen. Die Unterschiede innerhalb der Gruppen fielen sehr hoch aus – die Art der Darbietung (präsent vs. digital) klärte dagegen insgesamt nur wenig Varianz auf. Bei *Seminaren* dagegen zeigt sich ein bedeutsamer Präsenzeffekt; hier sind medienvermittelte Formen deutlich unterlegen. Ein wichtiger Bestandteil des Arbeitens in Seminaren ist das Lesen von Texten, die in der gesamten Seminargruppe oder in kooperativen Kleingruppen diskutiert werden. Für das Lesen von Texten erweist es sich auch in der Hochschule als sinnvoll, Lesestrategien zu integrieren, z. B. durch klare Zielstellungen für die Lektüre.

Ein wichtiges Thema der Hochschuldidaktik war und ist die Frage, inwieweit Kurse oder sogar ganze Curricula problemorientiert gestaltet werden sollten. Ausgangspunkt für die *Implementation problemorientierten Lernens* waren Studien, die nachwiesen, dass Studierende häufig „träges Wissen" erwerben, das sie in realen Problemsituationen nicht anwenden können (Gruber, Mandl & Renkl, 2000). In der Medizin werden seit den 1970er Jahren unter dem Stichwort *Problem-Based Learning* (PBL) Kurse bzw. Curricula gestaltet, bei denen den Lernenden Darstellungen von Patient*innen präsentiert werden, die in Kleingruppen bearbeitet werden. Der Ablauf der Problembearbeitung lässt sich verkürzt folgendermaßen zusammenfassen: Analyse der Probleme, Hypothesenbildung, Identifikation von Wissenslücken und Formulierung von Lernzielen, individuelle Bearbeitung von Materialien, Zusammentragen der Informationen in der Gruppe und Anwendung des Gelernten auf den Fall. Zum PBL liegen mittlerweile mehrere Metaanalysen vor (siehe Hmelo, 2004; Leary, Walker, Shelton & Fitt, 2013). Dabei zeigen sich zusammenfassend folgende Ergebnisse: Betrachtet man das Abschneiden in traditionellen Prüfungen, dann lässt sich in der Regel kein bedeutsamer Unterschied zwischen problemorientierten und konventionellen Curricula/Kursen finden. Die Studien, die sich mit den Fähigkeiten zum selbstgesteuerten Lernen und der Studienmotivation bzw. -zufriedenheit befassen, weisen jedoch auf eine Überlegenheit von PBL in diesen Variablen hin. Hinsichtlich anwendbaren Wissens und praktischer Kompetenzen gibt es ebenfalls Hinweise für ein etwas besseres Abschneiden der Studierenden aus problemorientierten Lehr-Lernangeboten. Allerdings müssen einige Voraussetzungen beachtet werden, wenn problemorientiertes Lernen in der Hochschullehre implementiert werden soll: Studierende benötigen Unterstützung, damit sie die Probleme mit geeigneten Lernstrategien bearbeiten und für ihren Wissens- und Kompetenzerwerb nutzen können. Dies trifft insbesondere dann zu, wenn die Probleme nicht individuell, sondern in Gruppen bearbeitet werden. In aktuellen Studien wird die Frage untersucht, wie problemorientiertes Lernen digital unterstützt werden kann, z. B. durch die Verwendung von Computersimulationen. Die Verwendung von Simulationen erweist sich dabei in verschiedenen Fächern und Inhaltsgebieten als hoch lernwirksam (Chernikova et al., 2020).

Neben der Frage, wie bestimmte curriculare Bestandteile – Module, Vorlesungen oder Seminare – gestaltet werden können, rücken die Mikro-Strukturen des Lehrens und Lernens in aktuellen Studien in den Vordergrund. Damit schließt die

Lehr-Lernforschung im Bereich der Hochschule an die aktuelle Forschung zur Unterrichtsqualität in der Schule an. Diese zeigt, dass es nicht die Methoden oder allgemeine Herangehensweisen sind, die Unterricht effektiv werden lassen. Vielmehr sind es sogenannte Basisdimensionen, z. B. die Unterstützung des Lernens durch die Lehrenden oder die kognitive Aktivierung (Praetorius, Klieme, Herbert & Pinger, 2018).

Im Fokus: Wie kann man die Lehrqualität an Hochschulen verbessern?

Auf der Basis eines systematischen Reviews, in das 36 Metaanalysen einbezogen wurden, haben Schneider und Preckel (2017, S. 593) Aspekte zusammengestellt, die den Kompetenzerwerb der Lernenden unterstützen und die einfach zu implementieren sind. Die Reihenfolge orientiert sich an den Effektstärken, die die Maßnahmen auf die Leistung der Studierenden hatten; hier sind die effektivsten sieben genannt:

- Studierende zu größerer Anwesenheit ermutigen
- Aktivierende Fragen stellen und Diskussionen ermöglichen
- Klare Lernziele des Kurses formulieren
- Offene Fragen stellen
- Beziehungen zwischen den Inhalten und den Lernenden herstellen
- Detailliertes, aufgabenbezogenes und auf Verbesserungen abzielendes Feedback geben
- Studierende freundlich und respektvoll behandeln

Die *Corona-Pandemie* hat in vielen Ländern einen enormen Digitalisierungsschub ausgelöst, weil für mindestens zwei Semester fast der gesamte Studienbetrieb in das Internet verlegt wurde und zu einer intensiven Nutzung verschiedener Lernplattformen (z. B. Moodle), Videokonferenzen, tutoriellen Lernprogrammen usw. führte. Derzeit untersuchen zahlreiche Studien, welche Effekte das mit sich brachte. Erste Ergebnisse geben Hinweise darauf, dass die Studierenden im Sommersemester 2020 mit den Lernangeboten recht zufrieden waren; sie berichten aber über mangelnde Motivation und Probleme mit der Selbststeuerung (z. B. Winde, Werner, Gumbmann & Hieronimus, 2020). Bei der anstehenden Frage, wie die Errungenschaften dieses erzwungenen Digitalisierungsschubs für das Lehren und Lernen an Hochschulen genutzt werden können, sollte neben allgemeinen hochschuldidaktischen Fragen insbesondere auf eine Unterstützung des selbstgesteuerten Lernens der Studierenden geachtet werden (z. B. Wagner, Schober, Gradinger, Reimann & Spiel, 2010).

3 Praktische Bedeutung

In den vorangegangenen Abschnitten wurde implizit bereits auf die praktische Bedeutung der Bildungspsychologie für den tertiären Bereich hingewiesen. Eine zentrale Leistung der Bildungspsychologie ist die Erklärung von Berufslaufbahnen und Lernprozessen im Tertiärbereich. Diese Erkenntnisse bilden den Ausgangspunkt für Forschungsaktivität oder Beratung.

In der Berufsberatung werden psychologische Theorien und Instrumente verwendet, beispielsweise Fragebögen zu beruflichen Interessen oder der Selbstwirksamkeit. Auch Interventionen zur Unterstützung der Berufswahl stützen sich auf psychologische Modelle. Die unter dem Punkt *„Übergang von der Schule zum berufsbildenden Tertiärbereich“* in Abschnitt 2.1 dargestellten Berufswahltheorien verdeutlichen, dass die Berufswahl ein mehrdimensionaler Prozess ist, in den Interessen, Fähigkeiten, Umwelteinflüsse, soziale Faktoren und sogar Zufälle einfließen. So dienen Ansätze zur Interessendiagnostik Praktiker*innen und Adressat*innen von Berufsberatung als Hilfsmittel bei der Erkundung von Interessen, beispielsweise *Explorix* (Joerin Fux, Stoll, Bergmann & Eder, 2013). Parallel dazu existieren Ansätze der Berufsberatung, welche analog zu den Berufswahltheorien über Interessen hinausgehen. Im *Life-Designing-Ansatz* reflektieren Menschen, die vor einer Berufswahl stehen, neben ihren Interessen ihre Werte, beruflichen Erwartungen und sozialen Beziehungen (Rübner & Höft, 2019). In der aktualisierten Version des Cognitive Information Processing-Ansatzes (Peterson, Sampson, Lenz & Reardon, 2002) wird die Entscheidung für einen Beruf als zu lösendes komplexes Problem verstanden.

Auch der Messung von Kompetenzen im beruflichen Bereich kommt eine praktische Relevanz zu: Eine an Evidenz orientierte Bildungspolitik bedarf als Steuerungsgrundlage valider und reliabler Kompetenzmessungen (Winther & Klotz, 2014). Eine zentrale Praxisempfehlung, die aus der Forschungsinitiative ASCOT+ (Laufzeit: 2011–2015) des Bundesministeriums für Bildung und Forschung (BMBF; siehe www.ascot-vet.net) hervorging, war die Verwendung von Kompetenzmessungen für die Leistungsbewertung der Auszubildenden und die Gestaltung von Lernumgebungen sowie Curricula. Die Bewertung der Leistung von Auszubildenden sollte weniger aufgabenorientiert erfolgen, sondern Kompetenzen als wissenschaftlich fundierte Kriterien berücksichtigen. Dies und die Verwendung von beruflichen Problemen als Lerngelegenheiten stellen eine realistischere und damit handlungsorientiertere Ausbildung in Aussicht. Guter Unterricht greift Vorwissen auf, vermittelt Fachwissen und übt das Lösen von berufsspezifischen Problemen. Ansätze zur Messung beruflicher Kompetenzen von Zugewanderten befinden sich gegenwärtig zumindest in der Entwicklung (Köller et al., 2017; Weber & Mühlemann, 2018).

Auch für den Hochschulbereich zeigt sich die praktische Relevanz psychologischer Forschung. Entsprechende Erkenntnisse werden beispielsweise für folgende Aufgaben an Hochschulen genutzt: (1) die Unterstützung bzw. Beratung von Jugendlichen für die Wahl einer Institution des tertiären Sektors, (2) die Auswahl von Studierenden unter der Frage der Eignung, (3) die Gestaltung von Prüfungs- und Testaufgaben für die Diagnostik fachlicher und überfachlicher Kompetenzen, (4) die Gestaltung lernförderlicher Lernumgebungen, auch mit der Unterstützung digitaler Medien, (5) die Unterstützung der Voraussetzungen der Lernenden, z.B. durch Strategietrainings (Selbststeuerung, Textverstehen) sowie (6) die Evaluation der Institutionen und ihrer Lernangebote (z.B. Befragungen zur wahrgenommenen Qualität des Unterrichts/der Hochschullehre, Durchführung von Akkreditierungen).

Die von uns dargestellten Ansätze zur Gestaltung von lernwirksamen Lernumgebungen leisten einen Beitrag zur Qualität von Unterricht. Forschung zur Lehrer*innenbildung verdeutlicht, dass pädagogisch-psychologisches sowie fachdidaktisches Wissen positiv mit der Unterrichtsqualität zusammenhängt (Voss, Kunina-Habenicht, Hoehne & Kunter, 2015). Die bildungswissenschaftliche Qualifizierung von angehenden Lehrkräften und bereits beruflich tätigen Lehrer*innen leistet demnach einen Beitrag dazu, Schüler*innen möglichst konstruktiv zu unterstützen und störungsarm kognitiv aktivierend zu unterrichten.

4 Zukunft des Themas

Der Tertiärbereich hat sich in den vergangenen Jahren grundlegend geändert. Inwieweit diese Veränderungen von Dauer sind und welche weiteren Reformen stattfinden werden, ist schwer zu prognostizieren. Abschließend sollen einige Spekulationen über die Zukunft bildungspsychologisch relevanter Themen angestellt werden.

Im Vergleich zum historisch etablierten dualen System ist die Tendenz weg von der Ausbildung in Richtung Studium relativ neu. Es bleibt offen, wie der Stellenwert der Berufsbildung sich zukünftig entwickeln wird. Probleme wie der Fachkräftemangel sind eine Herausforderung für die Berufsbildung, die sich künftig möglicherweise stärker an Menschen mit geringen Kompetenzen wenden und diese qualifizieren muss. Die Übergänge zwischen den verschiedenen Bildungseinrichtungen – zwischen der beruflichen Bildung und den Hochschulen – sind bereits in den letzten Jahren flexibler geworden, und es ist anzunehmen, dass diese Flexibilität noch steigen wird. Es ist zu erwarten, dass sich in Zukunft neuartige Forschungs- und Beratungsprojekte entwickeln werden, die auf die Anerkennung und Anrechnung von Kompetenzen abzielen, um dadurch die Durchlässigkeit zwischen Bildungssystemen und Bildungsinstitutionen zu erhöhen. In diesem Zusammenhang wird es umso dringlicher sein, fachliche und überfachliche Kompetenzen besser als heute diagnostizieren zu können.

Es ist ferner anzunehmen, dass der Tertiärsektor wegen der steigenden Flexibilität und Durchlässigkeit für Personen aus verschiedenen Lebensaltern an Bedeutung gewinnen wird, also stärker ein Teil des lebenslangen Lernens werden wird. Damit im Zusammenhang steht, dass sich durch den Einsatz digitaler Medien die zukünftigen Angebote im tertiären Bereich noch stärker verändern werden. Neben dem reinen Online-Lernen haben sich inzwischen viele Lernformen verbreitet, die computergestütztes Lernen mit klassischer Präsenzlehre verbinden (sog. Blended Learning). Die Corona-Pandemie hat diese Entwicklung enorm dynamisiert. Für die Qualität der Lernangebote im tertiären Bereich wird es in Zukunft von entscheidender Bedeutung sein, mit welcher Qualität digital gelehrt und gelernt wird. Auch bei dieser Entwicklung können entsprechend qualifizierte Psycholog*innen nicht nur durch Forschung, sondern auch durch die Mitarbeit in Schulen und Hochschulen unterstützen.

Zusammenfassung

Der tertiäre Bereich ist die primäre berufsqualifizierende Stufe des Bildungssystems, die berufsbildende Einrichtungen und Hochschulen umfasst. Das Kapitel enthält folgende Kernaussagen: (1) Die Entscheidungsprozesse für einen Beruf bzw. für einen konkreten Studiengang sind komplex. In sie fließen Merkmale der Person (Interessen, Selbstkonzept) und der Umwelt (Zugangsvoraussetzungen, Stellen- bzw. Studienangebote) ein. Die Unterstützung junger Menschen in diesen Entscheidungsprozessen kann eine wichtige Aufgabe von praktisch tätigen Psycholog*innen in diesem Feld sein. (2) Für den Bildungserfolg im Tertiärbereich sind neben fachlichen Kompetenzen auch übergreifende von Bedeutung, beispielsweise Problemlösekompetenz und soziale Fähigkeiten. Erst in den letzten Jahren werden verstärkt Arbeiten durchgeführt, die für den tertiären Bereich – für die Berufsbildung wie für die Hochschulen – Kompetenzen modellieren und messen. Diese Arbeiten sind gerade in Hinblick auf eine größere Flexibilität zwischen den verschiedenen Zweigen und Institutionen des tertiären Bereichs wichtig, z. B. als Grundlage für Anerkennungsverfahren. (3) In Hinblick auf die Gestaltung effektiver Lernumgebungen zeichnen sich ähnliche Befunde ab wie für den schulischen Bereich: Lernförderlich sind z. B. Lerngelegenheiten, die Verständnis und Transfer unterstützen, den Lernenden unterstützende Rückmeldungen bieten und einen klaren Bezug zu Lernzielen aufweisen. Im tertiären Bereich kommt insbesondere der Untersuchung problem- und handlungsorientierter Lernumgebungen eine große Rolle zu. Zudem rückt die Verwendung digitalen Lernens derzeit in den Forschungsfokus. Die praktische Bedeutung psychologischer Arbeiten liegt zum einen in der Information von Lehrenden im tertiären Bereich, z. B. zu Themen der Berufs- und Studienwahl, Gestaltung von Lerngelegenheiten und Prüfungen. Zudem können auf der Basis psychologischer Erkenntnisse Instrumente und Interventionen bereitgestellt werden, z. B. Verfahren zur Kompetenzmessung oder Trainingsverfahren.

Reflexionsfragen

1. Können Sie Ihre Entscheidung für ein Studium (oder einen vorausgegangenen Beruf) auf der Basis wissenschaftlicher Theorien und Befunde erklären?
2. Nennen Sie theoretisch und empirisch fundierte Merkmale einer lernwirksamen Lernumgebung im Tertiärbereich.
3. Erläutern Sie die Begriffe Lernfeld- und Handlungsorientierung als didaktische Merkmale der Berufsbildung in Grundzügen.
4. Überlegen Sie: Welche Praxisrelevanz können Ergebnisse bildungspsychologischer Arbeiten aus dem Tertiärbereich für den von Ihnen angestrebten Beruf haben?
5. Was sind zukünftige Herausforderungen und Themen des Tertiärbereichs?

Weiterführende Literatur

Arnold, R., Lipsmeier, A. & Rohs, M. (Hrsg.). (2020). *Handbuch Berufsbildung* (3. Aufl.). Wiesbaden: Springer VS. https://doi.org/10.1007/978-3-658-19312-6

Brüggemann, T. & Rahn, S. (Hrsg.). (2020). *Berufsorientierung* (2. Aufl.). Stuttgart: UTB.

Isleib, S., Woisch, A. & Heublein, U. (2019). Ursachen des Studienabbruchs: Theoretische Basis und empirische Faktoren. *Zeitschrift für Erziehungswissenschaft, 22,* 1047–1076. https://doi.org/10.1007/s11618-019-00908-x

Schneider, M. & Mustafić, M. (Hrsg.). (2015). *Gute Hochschullehre: Eine evidenzbasierte Orientierungshilfe*. Berlin: Springer.

Literatur

Abele, S., Walker, F. & Nickolaus, R. (2014). Zeitökonomische und reliable Diagnostik beruflicher Problemlösekompetenzen bei Auszubildenden zum KFZ-Mechatroniker. *Zeitschrift für Pädagogische Psychologie, 28,* 167–179. https://doi.org/10.1024/1010-0652/a000138

Achtenhagen, F. & Baethge, M. (2007). Kompetenzdiagnostik als Large-Scale-Assessment im Bereich der beruflichen Aus- und Weiterbildung. *Zeitschrift für Erziehungswissenschaft, 8,* 51–70.

Autorengruppe Bildungsberichterstattung (Hrsg.). (2014). *Bildung in Deutschland 2014*. Bielefeld: Bertelsmann. Verfügbar unter https://www.bildungsbericht.de/de/bildungsberichte-seit-2006/bildungsbericht-2014/pdf-bildungsbericht-2014/bb-2014.pdf

Autorengruppe Bildungsberichterstattung (Hrsg.). (2020). *Bildung in Deutschland 2020*. Bielefeld: wbv. Verfügbar unter https://www.bildungsbericht.de/de/bildungsberichte-seit-2006/bildungsbericht-2020/bildung-in-deutschland-2020

Bader, R. & Müller, M. (2002). Vom Lernfeld zur Lernsituation: Typisierung der Transformationsarbeit in den Schulen. *Zeitschrift für Berufs- und Wirtschaftspädagogik, 98,* 71–85.

Baethge, M. (2008). Das berufliche Bildungswesen Deutschlands am Beginn des 21. Jahrhunderts. In K. Cortina, J. Baumert, A. Leschinsky, U. Mayer & L. Trommer (Hrsg.), *Das Bildungswesen in der Bundesrepublik Deutschland* (S. 541–597). Reinbek: Rowohlt.

Beck, K. (2018). „Beruflichkeit“ als wirtschaftspädagogisches Konzept. In J. Schlicht & U. Moschner (Hrsg.), *Berufliche Bildung an der Grenze zwischen Wirtschaft und Pädagogik: Reflexionen aus Theorie und Praxis* (S. 19–36). Wiesbaden: Springer VS.
Becker, R. (2017). Entstehung und Reproduktion dauerhafter Bildungsungleichheiten. In R. Becker (Hrsg.), *Lehrbuch der Bildungssoziologie* (3. Aufl.). Wiesbaden: Springer VS.
Behr, A., Giese, M., Teguim, K. & Theune, K. (2020). Dropping out from Higher Education in Germany. An empirical evaluation of determinants for bachelor students. *Open Education Studies, 2,* 126–148. https://doi.org/10.1515/edu-2020-0104
Behrendt, S., Abele, S. & Nickolaus, R. (2017). Struktur und Niveaus des Fachwissens von Kfz-Mechatronikern gegen Ende der formalen Ausbildung. *Journal of Technical Education, 1,* 46–75.
Behrendt, S., Nickolaus, R. & Seeber, S. (2017). Entwicklung der Basiskompetenzen im Übergangssystem. *Unterrichtswissenschaft, 45,* 51–66.
Bernard, R.M., Abrami, P.C., Lou, Y., Borokhovski, E., Wade, A., Wozney, L. et al. (2004). How does distance education compare with classroom instruction? A meta-analysis of the empirical literature. *Review of Educational Research, 74,* 379–439. https://doi.org/10.3102/0034 6543074003379
Blossfeld, H.-P., Roßbach, H.-G. & Maurice, J. von (Eds.). (2011). *Education as a lifelong process: The German National Educational Panel Study (NEPS).* Wiesbaden: Springer VS.
Bonz, B. (2006). *Methodik: Lern-Arrangements in der Berufsbildung.* Baltmannsweiler: Schneider.
BQ-Portal (n. d.). *Länderprofil Belgien.* Verfügbar unter https://www.bq-portal.de/db/Länder-und-Berufsprofile/belgien
Braun, E. (2011). Psychologische Zugänge zur Hochschulforschung. *Journal für Wissenschaft und Bildung, 20,* 74–90.
Bundesministerium für Bildung und Forschung (2020). (BMBF). *Materialien zur sozialen Lage der Studierenden.* Wien: BMBF.
Busse, G., Frommberger, D. & Meijer, K. (2016). *Internationales Handbuch der Berufsbildung.* Bielefeld: wbv.
Cattaneo, A. & Aprea, C. (2018). Visual Technologies to Bridge the Gap Between School and Workplace in Vocational Education. In D. Ifenthaler (Ed.), *Digital Workplace Learning* (pp. 251–270). Cham: Springer.
Cattaneo, A. & Motta, E. (2021). „I Reflect, Therefore I Am ... a Good Professional“: On the Relationship between Reflection-on-Action, Reflection-in-Action and Professional Performance in Vocational Education. *Vocations and Learning, 14,* 185–204. https://doi.org/10.1007/s12186-020-09259-9
Chernikova, O., Heitzmann, N., Stadler, M., Holzberger, D., Seidel, T. & Fischer, F. (2020). Simulation-based learning in Higher Education: A Meta-Analysis. *Review of Educational Research, 90,* 499–541. https://doi.org/10.3102/0034654320933544
Czycholl, R. & Ebner, H. (2006). Handlungsorientierung in der Berufsbildung. In R. Arnold & A. Lipsmeier (Hrsg.), *Handbuch der Berufsbildung* (2. Aufl., S. 44–54). Wiesbaden: Verlag für Sozialwissenschaften.
Dobischat, R. & Düsseldorff, K. (2018). Berufliche Bildung und Berufsbildungsforschung. In R. Tippelt & B. Schmidt-Hertha (Hrsg.), *Handbuch Bildungsforschung* (S. 457–484). Wiesbaden: Springer.
Duffy, R.D., Blustein, D.L., Diemer, M.A. & Autin, K.L. (2016). The Psychology of Working Theory. *Journal of Counseling Psychology, 63,* 127–148. https://doi.org/10.1037/cou0000140
Erlebach, R., Leske, P. & Frank, C. (2020). Ein Analyseraster Technischer Wissensinhalte als Grundlage für eine lebenswelt- und ressourcenorientierte Unterrichtsplanung. *Berufs- und Wirtschaftspädagogik Online, 38.*

Fischer, M. & Arnold-Wirth, B. (2013). Wirkungs- und Implementationsforschung im Bereich berufsbildender Schulen: Erfahrungen und Perspektiven. In E. Severing & R. Weiß (Hrsg.), *Qualitätsentwicklung in der Berufsbildungsforschung* (S. 73–87). Bonn: BIBB.

Frank, C., Bernholt, S. & Parchmann, I. (2016). Modellierung des Zusammenhangs allgemeiner und beruflicher Kompetenz für die Domäne Chemie. *Zeitschrift für die Didaktik der Naturwissenschaften, 22,* 43–60. https://doi.org/10.1007/s40573-015-0040-x

Frieling, E. (2006). Lernen und Arbeiten. In R. Arnold & A. Lipsmeier (Hrsg.), *Handbuch der Berufsbildung* (2., Aufl., S. 315–327). Wiesbaden: Verlag für Sozialwissenschaften.

Gonon, P. (2019). Berufsbildung und Globalisierung: Vom Kerschensteiner- zum Kompetenz-Modus. In M. Pilz, K. Breuing & S. Schumann (Hrsg.), *Berufsbildung zwischen Tradition und Moderne* (S. 213–295). Wiesbaden: Springer.

Granato, M. & Eberhard, V. (2016). Jugendliche mit Migrationshintergrund: Berufsorientierungen und Erwartungen an den zukünftigen Beruf. In Bundesinstitut für Berufsbildung (Hrsg.), *Datenreport zum Berufsbildungsbericht 2016* (S. 205–208). Bielefeld: Bertelsmann.

Granato, M. & Ulrich, J. G. (2020). Berufsorientierung von Jugendlichen unter den Bedingungen eines Ausbildungsmarktes: Welche Sicht haben Jugendliche auf Berufe? In T. Brüggemann & S. Rahn (Hrsg.), *Berufsorientierung* (2. Aufl., S. 157–177). Stuttgart: UTB.

Gruber, H., Mandl, H. & Renkl, A. (2000). Was lernen wir in Schule und Hochschule: Träges Wissen? In H. Mandl & J. Gerstenmaier (Hrsg.), *Die Kluft zwischen Wissen und Handeln: Empirische und theoretische Lösungsansätze* (S. 139–156). Göttingen: Hogrefe.

Harney, K. (2008). Berufsbildung als Gegenstand der Schulforschung. In W. Helsper & J. Böhme (Hrsg.), *Handbuch der Schulforschung* (S. 321–340). Wiesbaden: VS Verlag für Sozialwissenschaften.

Hartkopf, E. (2016). Die Berufswahlreife – Zur Struktur und Relevanz eines vielgesichtigen Konstrukts für die Berufsorientierungs- und Übergangsforschung. *Zeitschrift für Berufs- und Wirtschaftspädagogik, 112,* 60–79.

Hell, B., Trapmann, S., Weigand, S. & Schuler, H. (2007). Die Validität von Auswahlgesprächen im Rahmen der Hochschulzulassung: Eine Metaanalyse. *Psychologische Rundschau, 58,* 93–102. https://doi.org/10.1026/0033-3042.58.2.93

Heublein, U. & Schmelzer, R. (2018). *Die Entwicklung der Studienabbruchquoten an den deutschen Hochschulen. Berechnungen auf Basis des Absolventenjahrgangs 2016 (DZHW-Projektbericht).* Hannover: DZHW.

Heublein, U. & Wolter, A. (2011). Studienabbruch in Deutschland: Definition, Häufigkeit, Ursachen, Maßnahmen. *Zeitschrift für Pädagogik, 11,* 214–236.

Hirschi, A. (2008). Kognitive Laufbahntheorie und ihre Anwendung in der beruflichen Beratung. In D. Lage & A. Hirschi (Hrsg.), *Berufliche Übergänge. Psychologische Grundlagen der Berufs-, Studien- und Laufbahnberatung* (S. 9–34). Zürich: LIT.

Hirschi, A. & Baumeler, F. (2020). Berufswahltheorien – Entwicklung und Stand der Diskussion. In T. Brüggemann & S. Rahn (Hrsg.), *Berufsorientierung* (2. Aufl., S. 31–42). Stuttgart: UTB.

Hmelo, C. E. (2004). Problem-based learning: What and how do students learn? *Educational Psychology Review, 16,* 235–266. https://doi.org/10.1023/B:EDPR.0000034022.16470.f3

Holland, J. L. (1997). *Making vocational choices: A theory of vocational personalities and work environments.* Englewood Cliffs, NJ: Prentice Hall.

Institut für Bildungsforschung der Wirtschaft (IBW). (2019). *Das österreichische Bildungssystem.* Verfügbar unter https://ibw.at/bibliothek/id/495/

Isleib, S., Woisch, A. & Heublein, U. (2019). Ursachen des Studienabbruchs: Theoretische Basis und empirische Faktoren. *Zeitschrift für Erziehungswissenschaft, 22,* 1047–1076. https://doi.org/10.1007/s11618-019-00908-x

Joerin Fux, S., Stoll, F., Bergmann, C. & Eder, F. (2013). *Das Werkzeug zur Berufswahl und Laufbahnplanung (EXPLORIX). Deutschsprachige Adaptation und Weiterentwicklung des Self-Directed Search (SDS) nach John L. Holland*. Bern: Huber.

Kanning, U.P. (2020). Berufsorientierungstests. In T. Brüggemann & S. Rahn (Hrsg.), *Berufsorientierung* (2. Aufl., S. 360–373). Stuttgart: UTB.

Kaspar, R., Döring, O., Wittmann, E., Hartig, J., Weyland, U., Nauerth, A. et al. (2016). Competencies in Geriatric Nursing: Empirical Evidence from a Computer-Based Large-Scale Assessment Calibration Study. *Vocations and Learning, 9,* 185–206. https://doi.org/10.1007/s12186-015-9147-y

Klein, D. & Müller, L. (2020). Soziale, ethnische und geschlechtsspezifische Ungleichheiten beim Studienabbruch: Welche Rolle spielen akademische Leistungen vor und während des Studiums? *Zeitschrift für empirische Hochschulforschung, 4,* 13–31. https://doi.org/10.3224/zehf.v4i1.03

Köller, O., Baumert, J. & Schnabel, K. (1999). Wege zur Hochschulreife: Offenheit des Systems und Sicherung vergleichbarer Standards. *Zeitschrift für Erziehungswissenschaft, 2,* 385–422.

Köller, O., Nagy, G. & Retelsdorf, J. (2017). Non scholae, sed vitae discimus: Schulische Bildung als Kernressource für eine erfolgreiche berufliche Bildung. *Unterrichtswissenschaft, 45,* 2–4.

Köpfer, P., Krille, C., Bushyla, K. & Seifried, J. (2020). Ausprägung und Förderung fachdidaktischer Kompetenzen von (angehenden) Lehrkräften an kaufmännischen Schulen: Zum konstruktiven Umgang mit Fehlern im Rechnungswesenunterricht. *Berufs- und Wirtschaftspädagogik Online,* 6. Verfügbar unter https://www.bwpat.de/profil6_wuttke/koepfer_etal_profil6.pdf

Krekel, E. & Walden, G. (2016). Exportschlager Duales System der Berufsbildung? In L. Bellmann, G. Grözinger & M. Wenzel (Hrsg), *Bildung in der Wissensgesellschaft* (S. 55–70). Marburg: Metropolis.

Krumboltz, J.D. (2009). The Happenstance Learning Theory. *Journal of Career Assessment, 17,* 135–154. https://doi.org/10.1177/1069072708328861

Kunter, M., Klusmann, U., Baumert, J., Richter, D., Voss, T. & Hachfeld, A. (2013). Professional Competence of Teachers: Effects on Instructional Quality and Student Development. *Journal of Educational Psychology, 105,* 805–820. https://doi.org/10.1037/a0032583

Leary, H., Walker, A., Shelton, B.E. & Fitt, M.H. (2013). Exploring the Relationships Between Tutor Background, Tutor Training, and Student Learning: A Problem-based Learning Meta-Analysis. *Interdisciplinary Journal of Problem-Based Learning, 7,* 40–66. https://doi.org/10.7771/1541-5015.1331

Lent, R.W. & Brown, S.D. (2013). Social cognitive model of career self-management: Toward a unifying view of adaptive career behavior across the life span. *Journal of Counseling Psychology, 60,* 557–568. https://doi.org/10.1037/a0033446

Lent, R.W., Brown, S.D. & Hackett, G. (1994). Towards a unifying social cognitive theory of career and academic interest, choice, and performance. *Journal of Vocational Behavior, 45,* 79–122. https://doi.org/10.1006/jvbe.1994.1027

Lörz, M. (2019). Intersektionalität im Hochschulbereich: In welchen Bildungsphasen bestehen soziale Ungleichheiten nach Migrationshintergrund, Geschlecht und sozialer Herkunft – und inwieweit zeigen sich Interaktionseffekte? *Zeitschrift für Erziehungswissenschaft, 22,* 101–124. https://doi.org/10.1007/s11618-019-00885-1

Luxembourg Centre for Educational Testing (LUCET). (2018). *Nationaler Bildungsbericht Luxemburg 2018*. Luxembourg: SCRIPT.

Müller-Böling, D. (2000). *Die entfesselte Hochschule*. Gütersloh: Bertelsmann.

Nickolaus, R. (2006). *Didaktik – Modelle und Konzepte beruflicher Bildung*. Baltmannsweiler: Schneider.

Nickolaus, R. (2011). Die Erfassung fachlicher Kompetenzen und ihrer Entwicklungen in der beruflichen Bildung – Forschungsstand und Perspektiven. In O. Zlatkin-Troitschanskaia (Hrsg.), *Stationen Empirischer Bildungsforschung* (S. 331–351). Wiesbaden: VS Verlag für Sozialwissenschaften. https://doi.org/10.1007/978-3-531-94025-0_24

Nye, C.D., Su, R., Rounds, J. & Drasgow, F. (2012). Vocational interests and performance: A quantitative summary of over 60 years of research. *Perspectives on Psychological Science, 7,* 384–403. https://doi.org/10.1177/1745691612449021

Pätzold, G., Klusmeyer, J., Wingels, J. & Lang, M. (2003). Lehr-Lern-Methoden in der beruflichen Bildung. Eine empirische Untersuchung in ausgewählten Berufsfeldern. *Beiträge zur Berufs- und Wirtschaftspädagogik,* 18. Oldenburg: BIS.

Peterson, G.W., Sampson, J.P., Jr., Lenz, J.G. & Reardon, R.C. (2002). A cognitive information processing approach in career counseling with adults. In S.G. Niles (Ed.), *Adult career development: Concepts, issues and practices* (pp. 98–117). Broken Arrow, OK: National Career Development Association.

Praetorius, A.-K., Klieme, E., Herbert, B. & Pinger, P. (2018). Generic dimensions of teaching quality: The German framework of three basic dimensions. *Zeitschrift für Didaktik der Mathematik, 50,* 407–426. https://doi.org/10.1007/s11858-018-0918-4

Rahn, S., Brüggemann, T. & Hartkopf, E. (2014). *Das Berufsorientierungspanel (BOP): Abschlussbericht zur regionalen Paneluntersuchung „Berufsorientierung- und Übergangsprozesse Jugendliche im Rhein-Erft-Kreis“.* Münster: Ecotransfer.

Rahn, S., Brüggemann, T., Hartkopf, E. & Fuhrmann, C. (2020). Berufliche Orientierungs- und Übergangsprozesse Jugendlicher in der Sekundarstufe I im Spiegel einer regionalen Panelstudie. In T. Brüggemann & S. Rahn (Hrsg.), *Berufsorientierung* (2. Aufl., S. 141–156). Stuttgart: UTB.

Reetz, L. (2002). Überlegungen zu einer zukunftsgerichteten Rolle der Ausbilder. *Zeitschrift für Berufs- und Wirtschaftspädagogik, 98,* 8–25.

Reetz, L. & Seyd, W. (2006). Curriculare Strukturen beruflicher Bildung. In R. Arnold & A. Lipsmeier (Hrsg.), *Handbuch der Berufsbildung* (2. Aufl., S. 227–259). Wiesbaden: Verlag für Sozialwissenschaften.

Reinmann, G. (2015). Forschungs- und Berufsorientierung in der Lehre aus hochschuldidaktischer Sicht. In P. Tremp (Hrsg.), *Forschungsorientierung und Berufsbezug im Studium* (S. 41–61). Bielefeld: Bertelsmann.

Richardson, M., Abraham, C. & Bond, R. (2012). Psychological correlates of university students' academic performance: A systematic review and meta-analysis. *Psychological Bulletin, 138,* 353–387. https://doi.org/10.1037/a0026838

Rindermann, H. & Oubaid, V. (1999). Auswahl von Studienanfängern durch Universitäten – Kriterien, Verfahren und Prognostizierbarkeit des Studienerfolgs. *Zeitschrift für Differentielle und Diagnostische Psychologie, 20,* 172–191. https://doi.org/10.1024//0170-1789.20.3.172

Rübner, M. & Höft, S. (2019). Berufswahl als mehrdimensionaler Prozess. In S. Kauffeld & D. Spurk (Hrsg.), *Handbuch Karriere und Laufbahnmanagement* (S. 39–62). Wiesbaden: Springer.

Schneider, M. & Mustafić, M. (Hrsg.). (2015). *Gute Hochschullehre: Eine evidenzbasierte Orientierungshilfe.* Berlin: Springer.

Schneider, M. & Preckel, F. (2017). Variables associated with achievement in Higher Education: A systematic review of meta-analyses. *Psychological Bulletin, 143,* 565–600. https://doi.org/10.1037/bul0000098

Schweizerische Koordinationsstelle für Bildungsforschung (SKBF). (2018). *Bildungsbericht Schweiz 2018.* Aarau: SKBF.

Seeber, S. (2016). Vom Domänenmodell zum Kompetenzmodell: Konturen eines Assessmentdesigns zur Messung beruflicher Fachkompetenzen bei Medizinischen Fachangestellten.

Berufs- und Wirtschaftspädagogik Online, 4. Verfügbar unter http://www.bwpat.de/profil4/seeber_profil4.pdf

Seeber, S., Ketschau, T. & Rüter, T. (2016). Struktur und Niveau beruflicher Fachkompetenz Medizinischer Fachangestellter. *Unterrichtswissenschaft, 44,* 185–203.

Seifried, J., Rausch, A., Kögler, K., Brandt, S., Eigenmann, R., Schley, T. et al. (2016). Problemlösekompetenz angehender Industriekaufleute: Konzeption des Messinstruments und ausgewählte empirische Befunde (DomPL-IK). In K. Beck, M. Landenberger & F. Oser (Hrsg.), *Technologiebasierte Kompetenzmessung in der beruflichen Bildung: Ergebnisse aus der BMBF-Förderinitiative ASCOT* (S. 119–138). Bielefeld: Bertelsmann.

Siegfried, C., Kögler, K., Rausch, A., Seifried, J., Wuttke, E. & Eigenmann, R. (2019). Individuelle und kontextuelle Einflussfaktoren domänenspezifischer Problemlösekompetenz in der kaufmännischen Ausbildung. *Zeitschrift für Erziehungswissenschaft, 22,* 989–1017. https://doi.org/10.1007/s11618-019-00892-2

Spiel, C., Litzenberger, M. & Haiden, D. (2007). Bildungswissenschaftliche und psychologische Aspekte von Auswahlverfahren. In C. Badelt, W. Wegscheider & H. Wulz (Hrsg.), *Hochschulzugang in Österreich* (S. 479–552). Graz: Grazer Universitätsverlag.

Spokane, A.R., Meir, E.I. & Catalano, M. (2000). Person-environment congruence and Holland's theory: A review and reconsideration. *Journal of Vocational Behavior, 57,* 137–187. https://doi.org/10.1006/jvbe.2000.1771

Staatssekretariat für Bildung, Forschung und Innovation (SBFI). (2020). *Berufsbildung in der Schweiz. Fakten und Zahlen 2020.* Bern: SBFI.

Steuer, G., Engelschalk, T., Eckerlein, N. & Dresel, M. (2019). Assessment and relationships of conditional motivational regulation strategy knowledge as an aspect of undergraduates' self-regulated learning competencies. *Zeitschrift für Pädagogische Psychologie, 33,* 95–104. https://doi.org/10.1024/1010-0652/a000237

Teichler, U. (2018). Hochschulbildung. In R. Tippelt & B. Schmidt-Hertha (Hrsg.), *Handbuch Bildungsforschung* (S. 505–548). Wiesbaden: Springer VS.

Tenorth, H.E. (2010). Was heißt Bildung in der Universität? Oder: Transzendierung der Fachlichkeit als Aufgabe universitärer Studien. *Journal für Wissenschaft und Bildung, 19,* 119–134.

Tiaden, C. (2006). *Selbstreguliertes Lernen in der Berufsbildung: Lernstrategien messen und fördern* (Dissertation). Universität Basel. Verfügbar unter https://edoc.unibas.ch/532/

Tinto, V. (1993). *Leaving College: Rethinking the Causes and Cures of Student Attrition.* Chicago: University of Chicago Press https://doi.org/10.7208/chicago/9780226922461.001.0001

Tsabari, O., Tziner, A. & Meir, E.I. (2005). Updated meta-analysis on the relationship between congruence and satisfaction. *Journal of Career Assessment, 13,* 216–232. https://doi.org/10.1177/1069072704273165

Voss, T., Kunina-Habenicht, O., Hoehne, V. & Kunter, M. (2015). Stichwort Pädagogisches Wissen von Lehrkräften: Empirische Zugänge und Befunde. *Zeitschrift für Erziehungswissenschaft, 18,* 187–223. https://doi.org/10.1007/s11618-015-0626-6

Wagner, P., Schober, B., Gradinger, P., Reimann, R. & Spiel, C. (2010). E-Learning unterstützte Förderung von selbstreguliertem Lernen an der Universität. *Zeitschrift für Pädagogische Psychologie, 24,* 289–303. https://doi.org/10.1024/1010-0652/a000022

Watermann, R., Daniel, A. & Maaz, K. (2014). Primäre und sekundäre Disparitäten des Hochschulzugangs. *Zeitschrift für Erziehungswissenschaft, 17,* 233–261. https://doi.org/10.1007/s11618-013-0470-5

Weber, S. & Mühlemann, S. (2018). Berufliche Bildung im Spiegel der Zuwanderung von Geflüchteten und Migranten. *Unterrichtswissenschaft, 46,* 1–5. https://doi.org/10.1007/s42010-017-0011-7

Winde, M., Werner, S. D., Gumbmann, B. & Hieronimus, S. (2020). *Hochschulen, Corona und jetzt? Wie Hochschulen vom Krisenmodus zu neuen Lehrstrategien für die digitale Welt gelangen* (Future Skills – Diskussionspapier 4). Essen: Stifterverband. Verfügbar unter https://www.stifterverband.org/medien/hochschulen-corona-und-jetzt

Winther, E. & Klotz, V. K. (2014). Spezifika der beruflichen Kompetenzdiagnostik – Inhalte und Methodologie. *Zeitschrift für Erziehungswissenschaft, 17,* 9–32. https://doi.org/10.1007/s11618-013-0455-4

Wittmann, E. (2020). System, Struktur und Organisation der Berufsbildung in Deutschland. In R. Arnold, A. Lipsmeier & M. Rohs (Hrsg.), *Handbuch Berufsbildung* (3. Aufl., S. 15–26). Wiesbaden: Springer VS.

Wittmann, E. & Weyland, U. (2020). Berufliche Bildung im Kontext der digitalen Transformation. *Zeitschrift für Berufs- und Wirtschaftspädagogik, 117,* 269–291. https://doi.org/10.25162/zbw-2020-0012

Zlatkin-Troitschanskaia, O., Pant, H. A. & Greiff, S. (2019). Assessing generic and domain-specific academic competencies in Higher Education. *Zeitschrift für Pädagogische Psychologie, 33,* 91–93. https://doi.org/10.1024/1010-0652/a000236

Zlatkin-Troitschanskaia, O., Pant, H. A. & Hannover, B. (2016). Editorial zum Themenheft „Kompetenzen in der Hochschulbildung". *Zeitschrift für Erziehungswissenschaft, 19,* 275–298.

Kapitel 7

Bildungspsychologie des mittleren Erwachsenenalters

Christian Harteis & Hans Gruber

Inhaltsübersicht

1 Einführung

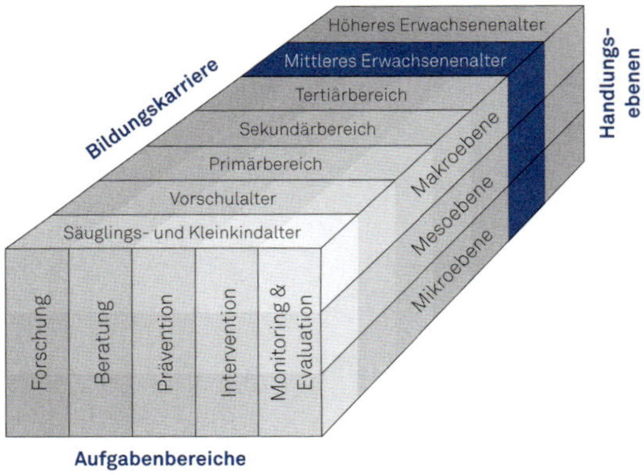

Die Phase des mittleren Erwachsenenalters ist in entwicklungspsychologischen Kategorien die längste der menschlichen Entwicklungsphasen. Sie umfasst die Zeit vom 30. bis zum 65. Lebensjahr, wobei einige Ansätze die frühe Grenze bei 35 Jahren (Berk, 2005) und einige die späte Grenze bei 60 Jahren ziehen (Krampen & Reichle, 2008). Nimmt man die großzügig gesetzten Grenzen zum Maßstab, umfasst die Gruppe der mittleren Erwachsenen in etwa die Hälfte der Bevölkerung in Europa (United Nations, 2017). Der Lebensalltag im mittleren Erwachsenenalter stellt gesellschaftlich, kulturell und ökonomisch Herausforderungen dar. Daraus ergeben sich Lern- und Entwicklungsaufgaben und damit auch Fragen der Bildung, wobei im idealtypischen Biografieverlauf in diese Lebensphase die Konsolidierung der privaten und beruflichen Situation, das Einnehmen der gesellschaftlichen Position und die Realisierung von Lebenszielen fällt.

Es existieren verschiedene entwicklungspsychologische Ansätze, die jeweils unterschiedliche Aspekte des Lebensalltags Erwachsener (Krampen & Reichle, 2008) fokussieren. Ein Beispiel stellt Kohlbergs Theorie der Moralentwicklung dar, die als Stufenmodell angelegt ist. Die Idee dabei ist, dass die Bewältigung einer Stufe als Lernleistung gedacht und Voraussetzung für die Bewältigung einer nächsthöheren Stufe ist. In das mittlere Erwachsenenalter fallen die postkonventionellen Stufen der Moralentwicklung – die Orientierung am sozialen Ausgleich und gesellschaftlichen Konsens sowie an prinzipiellen Werten und ethischen Prinzipien (die klassischen Arbeiten von Kohlberg, 1984, wurden im deutschsprachigen Raum vor allem von Oser kritisiert und weiterentwickelt, z. B Drahmann & Oser, 2019). In einer weiteren klassischen Arbeit postulierte Havighurst (1948/1972) für diese Lebensphase als wesentliche Entwicklungsaufgaben die Unterstützung der eigenen Kinder bei der Ausbildung einer eigenständigen und verantwortlichen Persönlichkeit, die Entfaltung sinnvoller Freizeitaktivitäten, die Entwicklung sozialer und politischer Verantwortung sowie die Verwirklichung im Berufsleben (Schneider & Lindenberger, 2018).

Was Bildung im mittleren Erwachsenenalter von Bildung bis zum tertiären Bereich unterscheidet, ist die individuelle Perspektive auf Selbstverwirklichung, auf gleichberechtigte gesellschaftliche Teilhabe und die Vereinbarkeit von Familie und Beruf. Gesellschaftliche Teilhabe setzt wiederum ökonomische Unabhängigkeit voraus, sodass Bildung im mittleren Erwachsenenalter häufig auf die

Erzielung von Bildungserträgen im Erwerbsleben ausgerichtet ist. Bildungspolitische Publikationen der Europäischen Union begründen die Notwendigkeit lebenslangen Lernens als Grundlage für die Aufrechterhaltung von Wettbewerbs- und Beschäftigungsfähigkeit, die beide als Voraussetzung zur gesellschaftlichen Teilhabe betrachtet werden (Kommission der Europäischen Gemeinschaften, 2000). Es hat sich die Auffassung durchgesetzt, dass eine einmal abgeschlossene berufliche Ausbildung keineswegs sämtliche Herausforderungen der Zukunft vorwegnehmen, sondern bestenfalls die Grundlage für lebenslanges Lernen legen könne.

Eine bildungspsychologische Betrachtung des Themas bedarf einer Klärung des Verhältnisses von Lernen und Bildung. Lernen wird gemeinhin als dauerhafte, auf Erfahrung basierte Veränderung des Verhaltens bzw. des Verhaltenspotenzials eines Individuums verstanden (Gage & Berliner, 1996). Die Pädagogische Psychologie stellt eine Fülle an theoretischen Modellen und empirischen Befunden zur Verfügung, die Erklärungen von Lernprozessen erlauben und so das Phänomen Lernen verstehen helfen. Die Bewältigung von o.g. Entwicklungsaufgaben sowie von Anpassungen an Veränderungen in der Lebenswelt sind Lernprozesse. Man kann also sagen, dass die bildungspolitische Forderung nach lebenslangem Lernen eine Banalität einfordert, da jeder Mensch durch die Bewältigung von Lebensanforderungen über die gesamte Lebenszeit lernt (Harteis, 2020). Das Problem besteht jedoch darin, dass mit der Forderung der Bildungspolitik nach lebenslangem Lernen nicht (nur) diese alltäglichen Lernleistungen gemeint sind, sondern auch solche, die den o.g. Zwecken der ökonomischen Verwertbarkeit dienen.

Die Bestimmung dessen, was unter Bildung zu verstehen ist, ist in der erziehungswissenschaftlichen und pädagogischen Literatur weniger eindeutig geklärt. Gemeinsam ist den prominentesten Bildungstheorien die Idee, dass Bildung einem Individuum eine emanzipierte, autonome und selbstverantwortete Lebensführung ermöglicht. Dabei kann Bildung sowohl als Produkt (z.B. Selbstverwirklichung) als auch als Prozess (z.B. die Lernprozesse, die zur Selbstverwirklichung führen) verstanden werden. Unter Bildung subsumieren sich also nicht alle Lernprozesse, sondern lediglich solche, die den im Bildungsverständnis inhärenten Zielverständnissen dienen. Diese sind in der Regel auf sehr abstraktem Level gedacht und (eventuell auch) formuliert.

Für die weitere Betrachtung von Bildung im mittleren Erwachsenenalter ist also zur Kenntnis zu nehmen, dass Bildung Lernen voraussetzt, aber nicht jedes Lernen als Bildung bezeichnet wird bzw. zu Bildung führt. Daher soll im weiteren Verlauf dem Lernen Erwachsener breite Aufmerksamkeit entgegengebracht werden, ohne dabei die Kontexte von Lernen und Bildung zu vernachlässigen. Als Bildungsarbeit soll die Ermöglichung von Lernprozessen – ob in spezifischen Lehr-Lernarrangements oder im Alltag – verstanden werden.

2 Stand der Wissenschaft

2.1 Bildungskontexte Erwachsener

Bei der Betrachtung der Bildungskontexte Erwachsener ist zunächst die Struktur der Erwachsenenbildung zu klären, es sind die Einrichtungen zu betrachten, die Erwachsenen Bildungsangebote unterbreiten, um daran anschließend Ziele zu unterscheiden, die Erwachsene mit der Wahrnehmung von Bildungsangeboten verfolgen.

Struktur der Erwachsenenbildung

In Abgrenzung von den teilweise staatlich sehr streng kontrollierten Bildungsbereichen der Schulen, Hochschulen und beruflichen Ausbildung wird der Bereich der Erwachsenenbildung als der quartäre Bildungssektor bezeichnet. Im Zuge der vom Deutschen Bildungsrat (1966–1975) veranlassten Bildungsreformen in Deutschland wurden Studiengänge eingerichtet, die für den Erwachsenenbildungsbereich spezifische Qualifikationen vermittelten. Es setzte ein Professionalisierungsschub ein und der Begriff des quartären Bildungsbereichs etablierte sich (Nuissl, 2018). Ähnlich stellt sich die Situation in Österreich und der Schweiz dar (Schläfli & Sgier, 2014; Schneeberger, Petanovitsch & Schlögl, 2008).

Der quartäre Bildungssektor umfasst den gesamten Bereich der Erwachsenenbildung, die sich in die Bereiche Weiterbildung und nicht institutionalisierte Erwachsenenbildung unterscheiden lässt (siehe Abbildung 7.1). Als Weiterbildung wird die „Fortsetzung oder Wiederaufnahme organisierten Lernens nach Abschluss

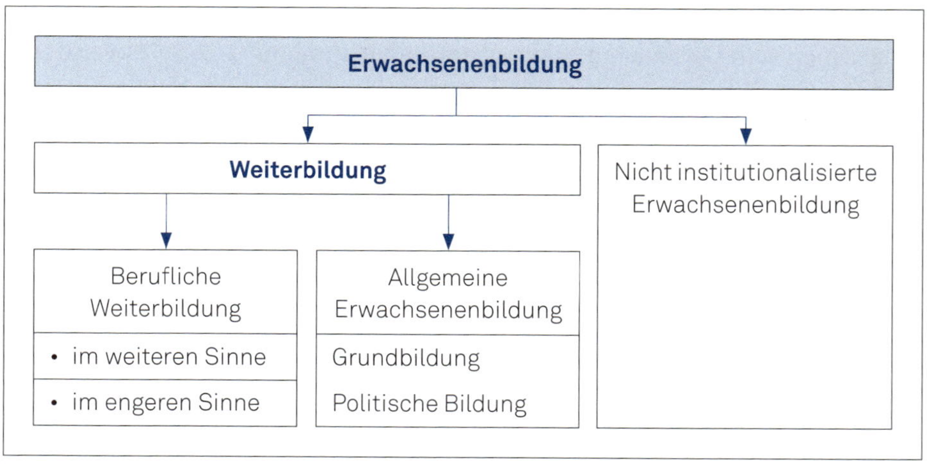

Abbildung 7.1: Struktur des quartären Bildungssektors

einer unterschiedlich ausgedehnten ersten Bildungsphase“ (Deutscher Bildungsrat, 1970, S. 51) verstanden. Damit ist ein weites Feld von Bildungsmaßnahmen beschrieben, die sich entweder auf berufliche Erwerbstätigkeit beziehen (berufliche Weiterbildung) oder auf persönliche Interessen bezogen sind (Allgemeine Erwachsenenbildung). Daneben existiert das weite Feld der nicht institutionalisierten Erwachsenenbildung, das jene Lernumgebungen umfasst, die nicht im Kontext pädagogischer Bildungsinstitutionen angesiedelt sind – also z. B. der Arbeitsplatz, Bibliotheken oder Museen. Die Unterscheidung in diese verschiedenen Bereiche ist vor allem deshalb relevant, weil in jedem Bereich von spezifischen Voraussetzungen der Adressat*innen – insbesondere in motivationaler und emotionaler Hinsicht – auszugehen ist.

Der Bereich der beruflichen Weiterbildung ist durch seinen funktionalen, auf berufliche Verwertungsinteressen bezogenen Charakter auf einen enger begrenzten Inhaltsbereich ausgerichtet als der Bereich der Allgemeinen Erwachsenenbildung. Während im Bereich der beruflichen Weiterbildung nicht immer die uneingeschränkte Freiwilligkeit der Teilnahme vorausgesetzt werden kann – z. B. wenn Beschäftigte zur Teilnahme verpflichtet werden (z. B. Kurse zur Arbeitssicherheit), ist im Bereich der Allgemeinen Erwachsenenbildung von freiwilliger Teilnahme auszugehen. Zudem werden Maßnahmen der Allgemeinen Erwachsenenbildung üblicherweise in der Freizeit wahrgenommen, häufig auch in kleineren Zeiteinheiten als im Bereich der beruflichen Weiterbildung.

Erwachsene lernen jedoch nicht ausschließlich in Einrichtungen der Erwachsenenbildung, sondern in erheblichem Ausmaß außerhalb solcher Bildungsträger. Hierzu zählt die gezielte Nutzung einer öffentlichen Bibliothek ebenso wie der Besuch eines Museums. Diesem Bereich des Lernens Erwachsener wurde bis Ende der 1990er Jahre noch kaum Aufmerksamkeit entgegengebracht (Prenzel, Mandl & Reinmann-Rothmeier, 1997). Die letzten Bildungsberichte weisen jedoch seit gut zwanzig Jahren stete Zuwächse für Museumsbesuche aus (Institut für Museumsforschung, 2019). Schließlich bietet die alltägliche Lebenswelt – sei es im privaten oder beruflichen Raum – eine Vielfalt an Lerngelegenheiten und Lernanlässen. Der Bereich des informellen Lernens – also des Lernens ohne primäre Lernabsicht außerhalb von pädagogischen Settings (siehe Kasten) – ist ein bedeutsames Feld der Bildung Erwachsener, das seit den 1990er Jahren zunehmende Aufmerksamkeit in der erziehungswissenschaftlichen und psychologischen Forschung findet (Gruber & Harteis, 2011).

Abgrenzung verschiedener Lernzusammenhänge Erwachsener (nach Erpenbeck & Sauter, 2007)

- *Formelles Lernen:* Formelles Lernen findet in expliziten Lehr-Lernarrangements in Bildungseinrichtungen statt und ist auf definierte Lernziele und Lernzeiten hin ausgerichtet. Formelles Lernen zielt auf eine Zertifizierung des Lernerfolgs ab.

- *Nonformelles Lernen:* Nonformelles Lernen findet nicht in Bildungseinrichtungen statt und zielt nicht auf eine Zertifizierung des Lernerfolgs ab. Es findet beispielsweise beim Museumsbesuch oder der Nutzung einer öffentlichen Bibliothek statt, die durchaus auch strukturierte Lehr-Lernarrangements enthalten können, aber nicht müssen.
- *Informelles Lernen:* Informelles Lernen umfasst all jenes Lernen durch Erfahrung im Alltag oder am Arbeitsplatz. Es kann zielorientiert sein, muss es aber nicht. Es findet auch beiläufiges Lernen statt, das gänzlich unbeabsichtigt ist.

Institutionen der Erwachsenenbildung

Im Bereich der Erwachsenenbildung herrscht das freie Spiel von Angebot und Nachfrage. Dem Staat fällt lediglich eine subsidiäre Rolle zu, die keine direkte Regelung von Bildungsangeboten erlaubt, sondern allenfalls eine indirekte - aber de facto nicht unerhebliche - Steuerung über die Ausschüttung von Fördermitteln ermöglicht (Alt, Sauter & Tillmann, 1994; Egetenmeyer, 2014). Damit arbeiten Bildungseinrichtungen im quartären Sektor auf einer anderen Basis als Einrichtungen in den anderen Bereichen organisierten Lehrens und Lernens. In den primären, sekundären und tertiären Bildungsbereichen gelten ausgehandelte, oft überregionale Curricula und Prüfungsordnungen, die jene Inhalte umfassen, die in einzelnen Domänen als Wissenskanon verstanden werden. Sie eröffnen die Anschlussfähigkeit innerhalb des gestuften Schulsystems und ermöglichen Übergänge vom allgemeinen in das Berufsbildungssystem sowie schließlich die Eingliederung in das Beschäftigungssystem. Im quartären Bildungsbereich fehlen derlei klare Regelungen weitgehend, vielmehr soll das freie Marktprinzip die Bedienung des Bildungsbedarfs und die Qualität von Bildungsangeboten durch Pluralität und Wettbewerb sicherstellen.

Aus diesen besonderen Rahmenbedingungen von Bildungseinrichtungen im quartären Sektor ergeben sich Problem- und Spannungsfelder, die den Erfolg oder Misserfolg von Erwachsenenbildung erheblich beeinflussen. Allgemein lassen sich drei Arten von Einrichtungen der Erwachsenenbildung unterscheiden:

- *Öffentliche Bildungseinrichtungen.* Staatliche oder gemeinschaftliche Einrichtungen folgen in erster Linie einem durch Träger definierten Auftrag, ein allgemein zugängliches Bildungsangebot bereitzustellen. Häufig ist der Haushalt (weitgehend) durch Träger gesichert.
- *Kommerzielle Bildungseinrichtungen.* Kommerzielle Bildungsanbieter adressieren in der Regel ein konkretes Zielpublikum und bieten normalerweise mehr als nur einzelnen Kund*innen ihre Bildungsangebote an. Sie sind in der Regel auf einen breiten Stamm an Kund*innen angewiesen. Die ökonomische Sicherheit ist vom Erfolg am Weiterbildungsmarkt abhängig.
- *Betriebliche Bildungseinrichtungen.* Größere Unternehmen betreiben eigene Bildungsabteilungen, die in der Regel allein für die Bedarfe der Belegschaft des

Unternehmens zuständig sind. Es hängt vom Einzelfall ab, ob solche Bildungsabteilungen als Stabsabteilungen eines Unternehmens angelegt sind und daher durch das Unternehmen finanziert werden oder ob sie als Profit Center geführt sind und mit ihrer Bildungsarbeit Gewinne erzielen müssen.

Bezogen auf die tatsächlich realisierten Bildungsangebote entfielen 2018 in Deutschland im Markt ca. 30 % auf öffentliche Einrichtungen, ca. 22 % auf kommerzielle Anbieter und ca. 45 % auf betriebliche Bildungseinrichtungen (Autorengruppe Bildungsberichterstattung, 2020). In der Schweiz wird eine entsprechende Anbieterstatistik nicht erhoben (Schläfli & Sgier, 2014), für Österreich wurden vor längerer Zeit ein Anteil von 47 % für gemeinnützige und 12 % für öffentliche Einrichtungen ausgewiesen, auf kommerzielle Anbieter entfielen 37 % (Schneeberger et al., 2008).

Bildungsanlässe und Bildungsziele Erwachsener

Weil die Erwachsenenbildung marktförmig strukturiert ist, spielen zum einen Bildungsanlässe eine grundlegende Rolle für die tatsächliche Realisierung von Bildungsangeboten, zum anderen die individuellen Zielsetzungen der Lernenden.

Bildungsanlässe. *Demografie*. Die Bevölkerungsentwicklung hat einen großen Einfluss auf künftige Bildungsbedarfe. Die UN prognostiziert für Europa einen Zuwachs des Anteils Älterer an der Bevölkerung: 2015 lag der Anteil der unter 15-Jährigen bei 15,8 %, der 15- bis 64-Jährigen bei 66,6 % und der über 64-Jährigen bei 17,6 %. Für 2050 werden in dieser Reihenfolge 15,0 %, 57,2 % und 27,8 % vorhergesagt – bei insgesamt sinkender Bevölkerungszahl (United Nations, 2017). Damit verändert sich einerseits die Altersstruktur der Teilnehmenden an der Erwachsenenbildung, andererseits verändern sich aber auch die Anforderungen an die Erwerbsarbeit, weil das Erwerbspersonenpotenzial schrumpft. Aus beiden Entwicklungen können sich neue Bildungsbedarfe ergeben (z. B. spezifische Bildungsangebote für ältere Menschen).

Technologie. Die im Moment wichtigste Entwicklung ist die Digitalisierung der Lebens- und Arbeitswelt. Unter dem Label Industrie 4.0 werden Visionen der Arbeitsteilung bei der Herstellung von Gütern und Dienstleistungen auf Basis von Softwarealgorithmen und Künstlicher Intelligenz beschrieben, die auf die Vernetzung von Menschen, Maschinen und Gütern abzielen und flexible Abläufe ermöglichen sollen, die sowohl von Menschen als auch von Computern gesteuert werden können (Maier, Engels & Steffen, 2020). Die Corona-Pandemie hat den Prozess der Vernetzung über Heimarbeit zumindest in einigen Teilen der Erwerbsarbeit beschleunigt (Institut für Arbeitsmarkt- und Berufsforschung, 2020).

Bislang ist es noch schwer einzuschätzen, welche Auswirkungen die digitalisierten Lebens- und Arbeitsumgebungen auf berufliche und alltagsweltliche Anforderungen haben und wie sich Gewinne und Verluste verteilen werden. Im Bereich der Erwerbsarbeit wird sowohl der drohende Verlust von Arbeitsplätzen diskutiert als auch ein möglicher Anstieg des Bedarfs an qualifizierter Arbeit (Harteis, 2018).

Ökonomie. Makroökonomisch wird trotz unterschiedlicher Modellierungen wirtschaftlicher Entwicklungen ein anhaltend scharfer globaler Wettbewerb um Ressourcen – Bodenschätze, Rohstoffe, aber auch Arbeitskräfte – prognostiziert. Somit wird weiterhin ein starker Wettbewerb auf allen Waren- und Dienstleistungsmärkten zu erwarten sein – mit noch unklaren Auswirkungen auf Bildungsanlässe Erwachsener. Asien könnte schon auf absehbare Zeit Nordamerikas bisher dominierende Stellung im globalen Wirtschaftsraum übernehmen. Durch die Bildungsexpansion in China (Schulte, 2014) werden künftig auf allen Qualifikationsebenen Arbeitskräfte in einem Umfang in den globalen Markt eintreten, der zahlenmäßig den europäischen und nordamerikanischen Ländern weit überlegen ist. Auch hier ist die Auswirkung auf Bildungsbedarfe Erwachsener noch nicht absehbar.

Bildungsziele. Im Rahmen der angedeuteten sozialen, technischen und ökonomischen Entwicklungen sind folgende Zielsetzungen denkbar, mit denen Erwachsene Bildungsangebote wahrnehmen:

- *Anpassung.* Die Lebens- und Arbeitswelt war seit jeher Wandlungen unterworfen, an die die Menschen sich anpassen mussten. Dies wird auch künftig so sein, sodass in der Erwachsenenbildung Teilnehmende zu erwarten sind, die sich an veränderte Arbeits- und Lebensverhältnisse anpassen wollen oder müssen.
- *Verbesserung.* Ein gängiges Ziel einer Weiterbildungsteilnahme ist der Wunsch nach Verbesserung. Aufstiegsfortbildung fußt auf Ambitionen der Verbesserung beruflicher oder auch ehrenamtlicher Tätigkeiten.
- *Neu- und Umorientierung.* Persönliche, wirtschaftliche oder regionale Gründe können eine Erwerbstätigkeit unmöglich machen, sodass ein neues Berufsfeld erschlossen werden muss. Inwieweit sich eine neue berufliche Ausrichtung verwirklichen lässt, hängt von individuellen Präferenzen und den Gegebenheiten der regionalen Infrastruktur ab.

Eine der Besonderheiten von Bildung im mittleren Erwachsenenalter besteht also darin, dass die Lernenden in der Regel konkrete Ziele verfolgen, die über verschiedene Personen hinweg variieren. Wenn oben die Freiwilligkeit der Teilnahme (für die meisten Fälle) als Besonderheit der Erwachsenenbildung skizziert wurde, kommt an dieser Stelle eine Heterogenität an Zielsetzungen hinzu, die vielfältige, möglicherweise auch widersprüchliche Erwartungen begründen.

2.2 Lernen im mittleren Erwachsenenalter

Wie eingangs dargelegt, setzt Bildung Lernen voraus. Daher lohnt sich eine ausführliche Darstellung, welche Besonderheiten Lernen im mittleren Erwachsenenalter aufweist.

Lernfähigkeit. Obwohl sich die Menschheit schon seit jeher erfolgreich an neue Bedingungen angepasst hat, kam im frühen 20. Jahrhundert (bereits bei Thorndike, Bregman, Tilton & Woodyard, 1928) mit der Adoleszenz-Maximum-These die Idee auf, in der Spanne des mittleren Erwachsenenalters ließe die Lernfähigkeit nach. Sie fußte auf der Beobachtung, dass es Lernenden mit steigendem Alter schwerer fällt, eine Fülle neuer Information rasch zu verarbeiten und korrekt wiederzugeben. Diese schon im Alter von etwa 25 Jahren einsetzende Schwäche lässt sich tatsächlich empirisch belegen (Krampe, 2007). Allerdings stellt die rasche Informationsverarbeitung nur einen kleinen Ausschnitt von Lernprozessen dar. Wie reichhaltig und facettenreich Lernen im Erwachsenenalter ausfällt, zeigen längsschnittliche Untersuchungen von Intelligenzverläufen im Lebenslauf (Moran, 2013). Es lassen sich zwei Formen der Intelligenz unterscheiden, die sich über die Lebensspanne hinweg unterschiedlich entwickeln. Während die fluide Intelligenz, die grundlegende Informationsverarbeitungsprozesse beschreibt, tatsächlich über die Lebensspanne hinweg nachlässt, nimmt die kristalline Intelligenz bis in das hohe Alter tendenziell zu (Rost, 2013). Kristalline Intelligenz zeigt sich beispielsweise in der Nutzung von Erfahrung und Alltagswissen bei der Problemlösung (Schaefer & Bäckman, 2007). So ist zu konstatieren, dass die Lernfähigkeit nicht mit zunehmendem Alter sinkt, sich aber die Lernvoraussetzungen mit zunehmendem Alter verändern.

Anwendungsbezug. Erwachsene sind außerhalb von Bildungseinrichtungen im Beruf wie in der Lebenswelt mit realen Problemen konfrontiert, deren Bewältigung in der Regel eine andere Form des Denkens und Lernens erfordert, als dies in schulischen Settings üblich ist (Billett, 1998). Erwachsene müssen, um die realen Probleme lösen zu können, in der Lage sein, ihr Wissen adäquat zu nutzen. Resnick (1987) beschrieb in einem viel beachteten Paper die Unterschiede des Lernens innerhalb und außerhalb von Schule. Im Wesentlichen argumentiert sie, dass Lernen Erwachsener außerhalb von Schule in der Regel kooperativ stattfindet, unter Einsatz von Werkzeugen (i.S. v. Theorien als Hilfsmittel) und anwendungsbezogen. Bei dieser Form des Lernens werde Wissen aufgebaut, das zur Lösung praktischer Probleme genutzt werden kann. Beim schulischen Lernen – individuell, abstrakt und theoriegeleitet – werde hingegen oft träges Wissen aufgebaut, d.h. Wissen, das nicht für die Lösung von Problemen genutzt werden kann. Ob diese pauschale Kritik heute noch trägt, kann angesichts der kompetenzorientierten Ausrichtung der Bildungsstandards (Köller, 2018) diskutiert werden.

Erwachsene verfügen über reichhaltige individuelle Erfahrungen, die in Lehr-Lernprozessen zu berücksichtigen sind. Daher ist es bei ihnen umso wichtiger, die Rolle des Vorwissens für weiteres Lernen zu betrachten. Diese Erkenntnis fand in die Forschung erst seit Ende der 1970er Jahre Eingang. Simon und Simon (1978) untersuchten, wie sich Personen unterschiedlichen Expertisegrades beim Lösen physikalischer Probleme unterscheiden. Es zeigte sich, dass Expert*innen auf Basis ihres Vorwissens die Richtung des Lösungswegs antizipieren können und daher in der Lage sind, Probleme von der Aufgabenstellung ausgehend zu lösen. Noviz*innen sind dazu nicht in der Lage. Sie müssen sich bei der Problemlösung immer wieder die Aufgabenstellung in Erinnerung rufen.

Vorwissen. Die zentrale Herausforderung für Bildungsarbeit besteht in der Förderung anwendbaren Wissens. Dazu muss man verschiedene Formen und Qualitäten von Wissen unterscheiden, um den Erwerb anwendbaren Wissens von der Informationsverarbeitung, über die Repräsentation bis hin zum Abruf zu verstehen.

De Jong und Ferguson-Hessler (1996) legten eine anschauliche Unterscheidung von Wissensformen vor, die vor Augen führt, dass Wissensbestände unterschiedlich gut artikulierbar oder direkt instruktional zu vermitteln sind. Beide Aspekte sind für Bildungsarbeit, die zu anwendbarem Wissen führen soll, eine Herausforderung: Erstens muss akzeptiert werden, dass schlecht artikulierbares Wissen (z. B. situationales Wissen) als Vorwissen das Lernen Erwachsener wesentlich beeinflusst. Zweitens ist anzuerkennen, dass wichtige Teile anwendbaren Wissens (z. B. prozedurales Wissen) nur schwer direkt instruktional zu vermitteln sind. Die in Tabelle 7.1 genannten Wissensarten können also als Vorwissen Bildungsarbeit beeinflussen; sie können aber auch das Ergebnis von Bildungsarbeit darstellen.

Tabelle 7.1: Wissensarten und deren Merkmale nach de Jong und Ferguson-Hessler (1996)

Wissensarten	**Situationales Wissen**	Wissen über Situationen, die oft auftauchen; Wissen über darin zu beachtende Informationen
	Konzeptuelles Wissen	Statisches Wissen über Fakten, Begriffe und Prinzipien
	Prozedurales Wissen	Wissen über erfolgreiche Handlungen
	Strategisches Wissen	Metakognitives Wissen über die Gestaltung des Problemlösens; Handlungspläne
Wissensmerkmale	**Hierarchischer Status**	Extremwerte „oberflächlich“ vs. „tief verarbeitet“
	Innere Struktur	Extremwerte „isolierte“ vs. „vernetzte Wissenseinheiten“
	Automatisierungsgrad	Extremwerte „deklarativ“ (explizites Faktenwissen) und „kompiliert“ (routinisiertes Prozedurenwissen)
	Modalität	„bildlich“ vs. „propositional-analytisch“
	Allgemeinheitsgrad	„generell“ vs. „domänenspezifisch“

In diesem Text bislang unbeachtet blieb die Frage, wie weit Lernen und Können von individuellen und Umwelteinflüssen geprägt ist. Hierauf geht der folgende Kasten ein.

Im Fokus: Zum Verhältnis von Person- und Umwelteinflüssen beruflichen Lernens und Könnens

Zentraler Gegenstand der Expertiseforschung ist das Können von Expert*innen. Eine grundlegende Annahme besteht darin, dass Wissen die entscheidende Grundlage von Können darstellt. Die individuelle Entwicklung von Wissensstrukturen ist jedoch nur eine Seite der Medaille, denn ein weiteres wichtiges Merkmal von Expertise ist, dass Expert*innen auch in überraschenden, neuartigen Situationen adäquat handeln können, also ihr Wissen auch flexibel anwenden können.

Adaptive Expertise. Hatano und Inagaki (1986) brachten den Begriff der adaptiven Expertise in Abgrenzung von routinierter Expertise in die Diskussion ein. Er beschreibt die zunehmende Flexibilität von Expert*innen, mit sich ändernden Situationen und Kontexten umzugehen. Sie gehen davon aus, dass sich die Fähigkeit der flexiblen Wissensanwendung in unterschiedlichen Situationen aus gezielten Denkvorgängen ergibt, die auf eine De-Situationalisierung von Erfahrungen abzielen. Die fortgesetzte Erfahrung domänenspezifischer Situationen und die gezielte Denkarbeit der Loslösung von der konkreten Situation führen zum Aufbau generalisierter mentaler Modelle. Mithilfe mentaler Simulationen können Expert*innen diese mentalen Modelle verfeinern und ausdifferenzieren, um ein tieferes Verständnis von neuen Situationen aufzubauen. Solche mentalen Modelle „passen" dann für verschiedenartige Kontexte. Aus bildungspsychologischer Sicht interessiert die Frage, wie der Aufbau adaptiver Expertise unterstützt werden kann. Lin, Schwartz und Bransford (2007) benannten hierfür vier Bedingungen:

1. regelmäßige Konfrontation mit Problemen, für die das Vorwissen nicht anwendbar erscheint, sowie Erfahrungen mit erwartungswidrigen Ergebnissen bei der Lösung von Problemen,
2. regelmäßige kritische Auseinandersetzung mit der eigenen Leistung, in Selbstreflexion, mit Peers oder mit Coaches,
3. Unabhängigkeit von externalen Belohnungen,
4. Einbettung in eine Referenzgruppe von Expert*innen, die bei der Bewertung von Erfahrungen eine Außensicht beitragen können.

2.3 Prinzipien der Bildungsarbeit für Personen im mittleren Erwachsenenalter

Die dargestellten gesellschaftlichen, technologischen und ökonomischen Entwicklungen werten die Bedeutung lebenslangen Lernens und der Erwachsenenbildung auf. Gleichzeitig verändern sich die Formen betrieblicher Arbeitsorganisation, das Prinzip der Beruflichkeit tritt in den Hintergrund und die Tätigkeitsprofile verschiedener Berufe nähern sich an (Beck, 2019; Geißler, 1996; Zutavern & Seifried, 2019). Dies führt auf Nachfrageseite für berufliche und betriebliche Weiterbildung zu ausdifferenzierten und individuellen Bedarfen, die nur mehr eingeschränkt mit standardisierten und auf einzelne Berufe ausgerichteten Programmen bedient werden können. Schon seit Mitte der 1990er Jahre wird daher dieser Bereich der Erwachsenenbildung unter den Schlagworten der Dienstleistung und Kundenorientierung diskutiert (Reuther, Weiß & Winkels, 1996; Schönfeld & Stöbe, 1995). Aktuell befeuert die fortschreitende Digitalisierung Hoffnungen, kleine und große Bildungshappen („Learning Nuggets", Microteaching) zu etablieren, um damit effektiver und zielgenauer Bedarfe adressieren zu können (Baumgartner, 2014; Giurgiu, 2017). Damit scheint die schon in den 1990er Jahren aufgekeimte vergebliche Hoffnung wiederzukehren, mit derlei E-Learning-Angeboten ließen sich alle Probleme – und insbesondere das Kostenproblem – einfach lösen.

Im Folgenden wird auf die Bildungsprinzipien Teilnehmer*innen-, Bedarfs- und Handlungsorientierung eingegangen, weil diese die meistdiskutierten und allgemeinsten Prinzipien sind, denen sich andere (wie z. B. Anwendungsorientierung) unterordnen lassen (Fleige, Gieseke, von Hippel, Käpplinger & Robak, 2019; Gieseke & Ludwig, 2011; Hall & Krekel, 2008). Es ist allerdings darauf hinzuweisen, dass diese Prinzipien weder trennscharf sind noch einander ausschließen (Schrader, 2018).

Teilnehmer*innenorientierung. Im Bereich der Erwachsenenbildung spielt der Begriff der Teilnehmer*innenorientierung als Ausrichtung auf die individuellen Bedürfnisse der Lernenden eine große Rolle, allerdings versteht man darunter durchaus Unterschiedliches. Tietgens (1980) meint damit einen Antizipationsprozess, der didaktische Entscheidungen der Lehrperson auf Basis umfassender Daten über die Lernenden prägt. Vor dem Hintergrund bildungstheoretischer Erwägungen entscheidet die Lehrperson im Wissen über die Lernenden vorweg, mit welchem didaktischen Vorgehen die Bildungsziele erreicht werden können. Hier ist der Begriff Teilnehmer*innenorientierung also nicht im Sinne konkreter Lehr-Lernprozesse gedacht, sondern stellt die (längerfristige) Entwicklung der Lernenden im Sinne der bildungstheoretischen Erwägungen in den Mittelpunkt. Schiersmann (2007) verwendet für dieses Verständnis den Begriff der Subjektorientierung; Pfeiffer (1993) spricht von Adressat*innenorientierung.

Es verwundert nicht, dass angesichts begrifflicher Unschärfen und der Heterogenität der Zielgruppen und Veranstaltungen ein empirischer Nachweis von Wirkungen der Teilnehmer*innenorientierung nicht gelingt (Stanik & Fritsch, 2020). Schon Tietgens (1997) war skeptisch bezüglich der Bildungswirksamkeit von Ansätzen, die eine Abgrenzung, Zuordnung und Typisierung von Zielgruppen, Teilnehmer*innen und Adressat*innen verfolgen. Sie seien unzureichend, da eine ausreichende Homogenität in den entsprechenden Personengruppen kaum erreicht werden könne. Denn „was für Lernen letztlich relevant ist, das sind die Mentalitäten, aber gerade die sind vorab schwer zu beschreiben, geschweige denn zu definieren" (S. 482). Insofern – so sein Urteil – seien diese Begriffe keineswegs so prägnant, wie man auf den ersten Blick annehmen könnte. Vielmehr seien sie „eine rhetorische Formel für die Öffentlichkeitsarbeit, für das Wecken der Aufmerksamkeit im Kreise Lernungewohnter" (S. 482).

Bedarfsorientierung. Während das Prinzip der Teilnehmer*innenorientierung auf die individuellen Bedürfnisse der Lernenden ausgerichtet ist, bezieht sich das Prinzip der Bedarfsorientierung auf aggregierte Bedarfe. Solche können beispielsweise von Kollektiven oder Organisationen (z. B. Verbände, Kammern, Betriebe) geäußert werden (z. B. wenn neue Hygienekonzepte erarbeitet und in der Arbeitswelt ausgerollt werden müssen). Dies zeigt, dass die Abgrenzung der Begriffe Bedarf und Bedürfnis wichtig ist, allerdings wird sie im Diskurs um Erwachsenenbildung kaum vorgenommen. So bezeichnet etwa Gieseke (2008) „Bedarfe und Bedürfnisse ... [als] weiche, offene Begriffe. Dennoch suggerieren sie, man könne Bedarfe und Bedürfnisse eindeutig empirisch-analytisch ableiten" (S. 29). Jechle, Kolb und Winter (1994) merken an, „Bedarf an Weiterbildung ergibt sich aus technischen und gesellschaftlich-politischen Entwicklungen ... Mit dem Begriff Bedarf wird die Einsicht in die Notwendigkeit bezeichnet, ein aus diesen Entwicklungen sich ergebendes Defizit zu beseitigen" (S. 4).

Eine Voraussetzung für die Umsetzung des Prinzips der Bedarfsorientierung wäre die präzise Operationalisierung dessen, was als Bedarf angenommen wird. Hier sind jedoch gewisse Grenzen gesetzt, denn es liegt ein empirisches Problem vor, weil es *den* Bedarf gar nicht gibt. Es existiert eine Vielzahl Lerninteressen, allerdings jeweils vor dem Hintergrund individueller Kontexte, individueller Lebenssituationen und Lebensbiografien sowie mit verschiedenen Stabilitätseigenschaften (konstant, temporär, variabel, stabil). Diese Lerninteressen sind in ihrer Gesamtheit so unterschiedlich und heterogen, dass eine Orientierung an der Gesamtheit nicht möglich ist. Somit kann eine bedarfsorientierte Bildungsarbeit allenfalls auf einen Ausschnitt dieser Gesamtheit ausgerichtet sein.

Letztlich sind die handelnden Personen in der Erwachsenenbildung dafür verantwortlich, den für sie relevanten Bildungsbedarf zu identifizieren, weil sie ihr Angebot entsprechend ausrichten müssen. Hierfür stehen die klassischen Erhebungsmethoden der empirischen Sozialforschung (z. B. Fragebögen, Interviews, Beobachtungen) zur Verfügung. Da der Bedarf gebündelte Bildungsinteressen widerspiegelt, kann der Fall eintreten, dass ein für eine Teilgruppe (z. B. ein Berufsfeld, ein Betrieb) diagnostizierter Bildungsbedarf nicht mit individuellen Interessen einzelner potenzieller Teilnehmender übereinstimmt (wenn z. B. die Einführung neuer Technologie und die dazugehörige Schulung zu einer Einschränkung des individuellen Handlungsbereich eines Beschäftigten führt). Daher wird Bedarfsorientierung im Bereich der (allgemeinen) Erwachsenenbildung auch kritisch gesehen (von Hippel, 2017).

Handlungsorientierung. Mit Hofer (1981) kann Handeln definiert werden als „eine zielgerichtete Tätigkeit, in der ein Handelnder mit ihm geeignet und akzeptabel erscheinenden Mitteln versucht, einen für ihn befriedigenden Zustand zu erreichen oder zu erhalten“ (S. 159). Handlungsorientierung als Ziel von Erwachsenenbildung heißt demnach, den Lernenden nicht allein eine Erweiterung ihrer Handlungsmöglichkeiten angedeihen zu lassen. Vielmehr soll ihnen auch Wissen zur Erweiterung ihrer Reflexionsfähigkeit von Handlungszielen und Möglichkeiten vermittelt werden sowie auch Wissen zur Erweiterung der Methoden zur konkreten Realisierung von Handlungszielen in verschiedenen Kontexten (Hof, 1999).

In der Geschichte der Bildungswissenschaften hat das Prinzip der Handlungsorientierung eine lange Tradition (Czycholl & Ebner, 1995; Herkner & Pahl, 2020), nicht jedoch – wie man vermuten könnte – als didaktisches Prinzip. Das Prinzip Handlungsorientierung ist vielmehr ein Ziel von Erwachsenenbildung, und zwar im Sinne eines Gestaltungsprinzips für Lehr-Lernarrangements (Reinmann-Rothmeier & Mandl, 1996).

Die schon erörterten Merkmale des Lernens Erwachsener legen Gestaltungsformen für Lehr-Lernarrangements nahe, die der konstruktivistischen Idee des Lehrens und Lernens sowie dem Bildungsziel (beruflicher) Handlungskompetenz folgen (Bader, 1989; Rebmann, 2020).

3 Praktische Bedeutung

Die praktische Bedeutung des bislang Beschriebenen lässt sich auf verschiedenen Ebenen ableiten. Wenn das wirkliche Leben das Curriculum der Bildungsarbeit Erwachsener schreibt, dann sind zunächst einmal die Schlussfolgerungen für die Mikroebene der Individuen, also der Erwachsenen als Person, zu beschreiben. Individuen fügen sich im beruflichen Leben zu Institutionen (z.B. Unternehmen) zusammen, sodass Schlussfolgerungen auf Mesoebene von Institutionen zu benennen sind. Das Gefüge von Individuen und Institutionen fügt sich schließlich auf gesellschaftlicher Makroebene zusammen, für die wiederum eigene Schlussfolgerungen zu ziehen sind.

3.1 Mikroebene Individuum

Das berufliche und private Leben in der heutigen Zeit stellt Erwachsene – wie in diesem Kapitel in Beispielen angedeutet – vor eine Vielzahl von Problemen, sodass die Frage naheliegt, welche Kompetenzen bei deren Bewältigung hilfreich sind. Hierfür gibt es einige wichtige Kandidaten:

- *Kompetenz zur Kollaboration*. Obwohl in jüngerer Zeit die Individualisierung der Lebenswelt vorangeschritten ist, zeigt sich im beruflichen wie im privaten Leben die Bedeutung der Zusammenarbeit. Fast alle modernen Arbeitstätigkeiten erfordern Zusammenarbeit. In Zeiten der Digitalisierung von Produktionsprozessen und der zunehmenden Mensch-Maschine-Interaktion wird Zusammenarbeit noch wichtiger, aber auch schwieriger, weil Kontakte zwischen Menschen zunehmend über digitale Systeme vermittelt werden.

- *Dialektische Kompetenz.* Viele Arbeitsplätze erfordern die Einnahme multipler Perspektiven, wenn verschiedene Interessen des eigenen Betriebs, der Kund*innen sowie der Zulieferbetriebe im weitgehend deregulierten Handeln abzuwägen sind. So muss sich beispielsweise jede*r Verkäufer*in die Frage stellen, ob sie*er Kund*innen ein möglicherweise fehlerhaftes oder minderwertiges Produkt verkaufen soll. Es mag im Interesse des Betriebs sein, dieses Produkt verkaufen zu können. Gleichzeitig kann das Interesse an Kund*innenbindung höher zu gewichten sein, allemal jedoch das Interesse der Kund*innen an einwandfreien Produkten. Noch deutlicher tritt die Bedeutung dieser Kompetenz in der Alltagswelt zutage, in der – vermittelt über digitale Blasen in den sozialen Medien – Verschwörungstheorien und eine Radikalisierung politischer Botschaften zu beobachten sind. Hier muss eine eigene Position für Diskussionen mit Familie und Bekannten gefunden werden.
- *Kompetenz zur Koordination öffentlicher und privater Argumentation.* Anschließend an eine dialektische Kompetenz, in konkreten Handlungssituationen eine angemessene Entscheidung zu treffen, ist in Hinblick auf widersprüchliche öffentliche Staats- oder Betriebsinteressen und private Interessen ein Standpunkt zu entwickeln. In der Arbeitswelt mag eine strategische Veröffentlichung von Arbeitsergebnissen zu entscheiden sein, die vom Kenntnisstand abweichen. So zeigt der VW-Skandal (die Installation einer Software in Autos, die eine Einhaltung von Umweltnormen nur am Teststand möglich machte), in welchem Ausmaß Beschäftigte besseren Kenntnisstand aus Betriebsinteresse zurückzuhalten bereit sind, um ihre Anstellung nicht zu gefährden. Ein weiteres Beispiel findet sich zu Beginn der Corona-Pandemie in der zunächst kritischen Diskussion um die Wirkung von Mund-Nasen-Bedeckungen, die zu jener Zeit nicht im ausreichenden Umfang zur Verfügung standen. Im privaten Bereich ist diese Kompetenz insbesondere im ehrenamtlichen Bereich oder Vereinsleben bedeutsam, wo in gewissen Situationen die Zurückstellung eigener Interessen erforderlich sein kann.
- *Kompetenz zum Verstehen von Systemen.* Die Ausdifferenzierung und Digitalisierung der Lebens- und Arbeitswelt konfrontiert Erwachsene mit Entscheidungssituationen, die in Teilen intransparent sind und für die nur unvollständige Informationen vorliegen. Triviale Fragen und ebensolche Antworten sind für die Lösung solcher Probleme nicht tauglich. In Bezug auf die Digitalisierung spricht man in diesem Zusammenhang von Computational Thinking, was die Fähigkeit zum kompetenten und selbstbestimmten Umgang mit digitalen Systemen und sozialen Medien beschreibt und beispielsweise die Kenntnis der Wirkungsweise von Computeralgorithmen beinhaltet.

- *Kompetenz zu effizienten Abschätzungen.* In den letzten Jahrzehnten wird eine Beschleunigung des Lebens konstatiert, da sich Informationen in Windeseile verbreiten, Prozesse der Arbeitsteilung zunehmend rationalisiert und effektiviert werden und globale Reisetätigkeit die Überwindung großer Entfernungen ermöglicht. In solchen Umgebungen sind langwierige Entscheidungsfindungen nicht ratsam, vielmehr sind rasche und adäquate Entscheidungen gefordert. Hier spielen natürlich Vorwissen und Erfahrung eine maßgebliche Rolle.

In der Zusammenschau dieser fünf Kompetenzen wird deutlich, dass im beruflichen, wie im privaten Alltag Erwachsener auf Zusammenarbeit und auf die Verteilung von Wissen und Fähigkeiten abgezielt wird, weil die Kompetenzen nicht bei allen Personen gleichermaßen ausgeprägt sein können (Gruber & Rehrl, 2010). Zeitgemäße Bildungsangebote für Erwachsene sollten daher auf die Entwicklung oder den Ausbau dieser Kompetenzen ausgerichtet sein, um ihrem Bildungsanspruch gerecht zu werden.

3.2 Mesoebene Institutionen

In Hinblick auf die Mesoebene sind zwei Arten von Institutionen zu unterscheiden: Institutionen der Privatwirtschaft und des öffentlichen Lebens, die Erwachsenen als Einrichtungen der Erwerbsarbeit dienen, sowie Bildungseinrichtungen der Erwachsenenbildung, die Bildungsangebote für Erwachsene mittleren Alters liefern.

Institutionen der Privatwirtschaft und des öffentlichen Lebens. Institutionen der Privatwirtschaft sind kommerzielle Betriebe, staatliche oder kommunale (auch gemeinnützige) Verwaltungs- oder Dienstleistungsbetriebe und Einrichtungen von Kammern, Gewerkschaften, Interessensverbänden oder Parteien. Sie alle eint die Herausforderung, sich in einem volatilen Umfeld behaupten zu müssen (Schöni, 2006). Hierfür entscheidend ist die Belegschaft in diesen Organisationen. Seit sich die Paradigmen der Globalisierung und die Liberalisierung der Ökonomie durchgesetzt haben, scheint festzustehen, dass ein erreichter Status nicht vor weiteren Lernanforderungen schützt, sondern dass lebenslanges Lernen gefordert ist.

Eine der Voraussetzungen für die Fähigkeit lebenslangen Lernens ist eine gute Basis formaler Qualifikation (Hof, 2020). Die wird zum einen über eine berufliche oder akademische Ausbildung erworben, zum anderen über Teilnahme an beruflicher Weiterbildung erweitert oder neu ausgerichtet. Organisationen können hierzu dadurch einen wichtigen Beitrag leisten, dass sie gut ausbilden und die Weiterbildung ihrer Beschäftigten unterstützen. In Zeiten eines Fachkräftemangels sind innerbetriebliche Entwicklungsmöglichkeiten ein wichtiges Kriterium bei der Personalrekrutierung und -bindung.

Schon seit einiger Zeit ist der größte Teil der beruflichen Weiterbildung von Betrieben finanziert (Autorengruppe Bildungsberichterstattung, 2020). Es profitieren aber vor allem beruflich Bessergestellte von Weiterbildung, und zwar sowohl in Hinblick auf Weiterbildungsteilnahme als auch in der Erzielung von Bildungserträgen. Zudem kann auch eine Diskrepanz auftreten zwischen betrieblichen Zielvorstellungen für Weiterbildung, die mit (unmittelbaren) betrieblichen Interessen begründet werden und individuellen Zielvorstellungen Beschäftigter, die ihre individuelle Entwicklung auch an langfristigen Ambitionen ausrichten. All das, was oben zum Entstehen von Bildungsbedarfen und Bildungsanlässen beschrieben wurde, verdeutlicht diffuse, komplexe Entwicklungen, die teilweise disruptiv vonstattengehen. Konkrete Prognosen scheinen unmöglich zu sein, sodass die Fokussierung von Weiterbildung allein auf die betrieblichen Zielvorstellungen als eine zu eng gedachte Weiterbildungsstrategie erscheint. Sinnvoller dürfte ein Ausgleich von Interessen zwischen Betrieb und Beschäftigten sein, wie es ja auch mit der Tarifautonomie (d.h. die ausschließliche Zuständigkeit von Vertretungen der Arbeitgeber*innen und Arbeitnehmer*innen für die Aushandlung der Löhne und Gehälter) erfolgreich bei der Findung angemessener Entlohnung stattfindet.

Jedoch können formale Bildungsangebote die konkreten Anforderungen künftiger Entwicklungen genauso wenig in Gänze vorwegnehmen, wie es im allgemeinen und wissenschaftlichen Diskurs gelingt. Die tatsächlichen Anpassungsleistungen müssen in der Praxis erbracht werden. Daher gewinnt das Thema Lernen am Arbeitsplatz an Bedeutung, das seit den 1990er Jahren mit Begriffen wie Lernende Organisation und Lernkultur in betrieblichen Organisationskonzepten zunehmende Beachtung findet. Im Bereich bildungswissenschaftlicher Forschung etablierte sich mittlerweile der durchaus eigenständige und publikationsstarke Forschungsbereich *Workplace Learning* (Gruber & Harteis, 2011).

Institutionen haben durch die Art der Organisation ihrer Arbeit direkten Einfluss auf die Förderung des Lernens am Arbeitsplatz. In einer Zusammenschau der Forschung zu lernförderlichen Arbeitsbedingungen (Dehnbostel, 2007; Frieling, Bernard, Bigalk & Müller, 2006; Harteis, 2002; Rausch, 2011) können folgende Voraussetzungen als zentral benannt werden (vgl. auch Kasten „Lernen im betrieblichen Arbeitsalltag“):

- Beschäftigte haben Handlungs- und Entscheidungsspielraum.
- Die Arbeitsaufgaben sind vielfältig und fordernd.
- Die Interaktions- und Kooperationsstrukturen zwischen Beschäftigten und Vorgesetzten sind in Ordnung.
- Es herrscht eine ausgeprägte Lern- und Fehlerkultur.
- Die Beschäftigten erhalten Feedback zu ihrer Arbeit.
- Die Beschäftigten haben Partizipationsmöglichkeiten.

Lernen im betrieblichen Arbeitsalltag

Seit den 1990er Jahren veränderte sich in gängigen Managementkonzepten der grundlegende Blick auf die Beschäftigten. Waren zu Zeiten fließbandgestützter Massenproduktion im Sinne Taylors und Fords die Arbeitskräfte beliebig austauschbar, so sind heutzutage die Beschäftigten mit ihren individuellen Fähigkeiten gefordert, Wandel und Unsicherheit zu bewältigen, die die wirtschaftliche Entwicklung aufwirft. Die individuellen Fähigkeiten der Beschäftigten wurden als „Humankapital" als betriebliche Ressource entdeckt, die im betrieblichen Arbeitsalltag zum einen fortentwickelt und zum anderen genutzt werden soll (Gonschorrek, 2003).

Moderne Industrieunternehmen verstehen sich daher als „Lernende Organisationen", die den Beschäftigten Bedingungen im Arbeitsalltag bieten, die Lernprozesse im Rahmen des betrieblichen Wertschöpfungsprozesses unterstützen. In diesem Zusammenhang wird dann von „Lernkultur" gesprochen (Höhne, Bräutigam, Longmuß & Schindler, 2017). Wie schwer es jedoch ist, eine solche Kultur zu etablieren, zeigt eine Studie in Industrieunternehmen.

Zwar können sich Betriebe eine lernorientierte Unternehmensphilosophie verordnen, aber es kommt natürlich auch auf das Handeln der Beschäftigten an. Dass Philosophie und Wirklichkeit auseinanderklaffen können, zeigt eine Studie, in der Beschäftigte befragt wurden, wie weit sie ihren Arbeitsalltag so erleben, dass ihre individuelle Kompetenzentwicklung gefördert und ihr Können gefordert würde (Harteis, 2002). Die Ergebnisse belegen, dass sich die Beschäftigten aufgrund vielfältig wahrgenommener Anforderungen und Projektarbeiten auf der einen Seite in ihrem Können gefordert und gefördert erleben. Aufschlussreicher war auf der anderen Seite jedoch die Kehrseite der Fragestellung, bei der dieselben Beschäftigten Verbesserungsvorschläge entwickeln und diskutieren sollten. Ihre nachdrücklichsten Forderungen waren, vonseiten der Führungsebene mehr Mut aufzubringen, festgefahrene Routinen und Strukturen zu verändern sowie eine Erweiterung auf ganzheitliche Arbeitsaufgaben und einen stärkeren Erfahrungsaustausch unter Kolleg*innen zu erreichen. Sie sprachen damit Aspekte an, die in einer Lernenden Organisationen eigentlich längst realisiert hätten sein müssen. Bei der Suche nach den Ursachen für das Erleben starrer Strukturen, eingeschränkter Aufgabenbereiche oder unzureichender Kommunikation zeigte sich, dass stets das Handeln Einzelner als auslösender Faktor benannt wurde. Einzelpersonen folgen in ihren Verhaltensweisen eben nicht immer den programmatischen Vorgaben des Unternehmens, sondern ebenso prinzipiellen Handlungsmaximen und situativen Einflüssen.

Diese Befunde sind von besonderer Relevanz für die Forschungspraxis im Bereich arbeitsplatznahen Lernens. Die bloße Behauptung, in Unternehmen werde auf Lernen Wert gelegt, kann fragwürdig sein, selbst wenn sie sich auf empirische Befunde stützt, die konkrete Beispiele für das Fördern von Lernen zeigen. Denn bei umgekehrter Fragestellung nach Hemmnissen für Kompetenzentwicklung würde die gleiche Stichprobe vermutlich ebenfalls verwertbare Befunde liefern. Eine seriöse Analyse betrieblicher Lernkultur sollte sich daher insbesondere negativen Einflüssen auf arbeitsplatznahes Lernen widmen.

Betriebe verstärken auch ihre Ausrichtung auf informelle Lernprozesse und scheinen sich gleichzeitig zunehmend aus formellen Bildungsbemühungen zurückziehen (Schiersmann, 2007). Die Hinwendung zu informellen Lernprozessen birgt für die Bildungsforschung wie für die Praxis der Personalentwicklung neue Herausforderungen, da der Nachweis und die Zertifizierung von informell erworbenen Kompetenzen schwierig sind. Noch ist nicht abzusehen, wie die – stets geforderte und durch Entlassungspraxis häufig erzwungene – berufliche Mobilität in Zeiten individualisierter Bildungskarrieren gewährleistet werden kann. Es scheint in der Verantwortung der Einzelperson zu liegen, bei einem Arbeitsplatzwechsel eine taugliche Dokumentation individueller Kompetenz zu erbringen. Damit dürften sich die derzeit laufenden Diskussionen um Ausgrenzungstendenzen des schulischen Bildungssystems in Zukunft auch auf die Bildungsphase des mittleren Erwachsenenalters ausweiten.

Je stärker Institutionen Arbeitsplätze aufweisen, die den o.g. Merkmalen einer lernförderlichen Arbeitsumgebung Rechnung tragen, desto besser sind die Voraussetzungen für Lernen am Arbeitsplatz. Auch beim Lernen am Arbeitsplatz ist zur Kenntnis zu nehmen, dass die berufliche Stellung die Unterstützung des Lernens am Arbeitsplatz insofern beeinflusst, als Bessergestellte nach wie vor mehr Unterstützung erfahren (Harteis, Billett, Goller, Rausch & Seifried, 2015; siehe Kasten „Der Matthäus-Effekt beim Lernen am Arbeitsplatz").

Beispiel aus der Forschung: Der Matthäus-Effekt beim Lernen am Arbeitsplatz (Harteis et al., 2015)

Lernen am Arbeitsplatz ist nicht selbstverständlich, sondern braucht ein unterstützendes Umfeld, das Handlungsspielräume bietet, anregende Aufgaben stellt und ein psychologisch sicheres Klima bietet. Es lassen sich auch wichtige individuelle Merkmale benennen, die Auswirkungen auf Lernen am Arbeitsplatz haben können. Hier ist zuerst das Alter zu benennen. Als ältere Beschäftigte werden in der Regel solche mit einem Lebensalter von 50 Jahren aufwärts bezeichnet und ihnen werden – ohne empirische Evidenz – z.T. negative Attribute (z.B. reduzierte Lernfähigkeit und reduzierter Lernwille, Widerstand gegen Veränderung) zugeschrieben, die für Lernen am Arbeitsplatz relevant sind. Gleichzeitig nimmt mit zunehmendem Lebensalter die Zeitspanne ab, in der ein Betrieb (Vorgesetzte wie Kolleg*innen) von Lernerfolgen profitieren kann. Insofern könnten Betriebe die Förderung des Lernens am Arbeitsplatz mit zunehmendem Alter als weniger attraktiv und lohnend einschätzen. Schließlich ist die berufliche Stellung ein relevanter Einflussfaktor auf das Lernen am Arbeitsplatz, da einfachere Tätigkeiten weniger Lernanreize bieten als komplexe Tätigkeiten, möglicherweise auch weniger Veränderungen unterliegen und einen geringeren Zugang zu materialen und sozialen Ressourcen bieten.

Anhand einer deutschen Gelegenheitsstichprobe ($n = 459$) über verschiedene Arbeitsplätze und Orte hinweg wurde in einer exemplarischen Studie untersucht, ob

Alter oder berufliche Stellung einen Unterschied in Hinblick auf die Förderung des Lernens am Arbeitsplatz machen. Die berufliche Stellung wurde gemäß der ISCO-Klassifizierung (International Standard Classification of Occupations) vorgenommen, die als internationale Standardklassifizierung zehn Berufsklassen unterscheidet (z. B. Manager*innen, Professionals, Techniker*innen an der Spitze der Rangliste sowie Maschinenführer*innen und einfache Berufe, Angelernte am Ende der Rangliste). Die Unterstützung des Lernens am Arbeitsplatz wurde mit dem Instrument ELMA (Fragebogen zu erlebens- und lernförderlichen Merkmalen der Arbeitsaufgabe; Rausch, 2012) gemessen.

In aller Kürze lassen sich die Ergebnisse so zusammenfassen, dass der in der Weiterbildungsbeteiligung öfters beobachtete Matthäus-Effekt („wer hat, dem wird gegeben") festgestellt wurde: In Hinblick auf das Alter (unterschieden wurden die Altersklassen < 30, 31 – 40, 41 – 50, > 50) konnten in einigen Teilskalen (Schwierigkeitsgrad der Arbeitsanforderungen, Freiheitsgrade im Arbeitshandeln) altersspezifische Unterschiede in unterschiedlichen Ausprägungen festgestellt werden. Die Unterschiede in Hinblick auf die berufliche Stellung waren in allen Teilskalen signifikant, überwiegend mit großen Effektstärken. So muss festgestellt werden, dass die berufliche Stellung die bedeutsamste Einflussgröße auf die Förderung des Lernens am Arbeitsplatz darstellt. Je höher die berufliche Stellung, desto größer fällt die Unterstützung aus.

Bildungseinrichtungen der Erwachsenenbildung. Der quartäre Bildungssektor wird über das Verhältnis von Angebot und Nachfrage geregelt. Damit herrschen das Marktprinzip und der Wettbewerb zwischen Bildungseinrichtungen. Die Ausführungen zu Bildungsanlässen und Prinzipien der Erwachsenenbildung legen nahe, dass Bildungseinrichtungen flexibel auf Anforderungen und Marktentwicklungen reagieren müssen. Ein Zeichen hierfür ist die Personalstruktur in Bildungseinrichtungen, die nur in kleinen Teilen durch unbefristete Arbeitsverträge gekennzeichnet ist und in erheblichem Umfang Honorarkräfte oder befristete Beschäftigungsverhältnisse umfasst (Martin et al., 2016).

Ein wichtiger Faktor für Wettbewerbsvorteile von Bildungseinrichtungen der Erwachsenenbildung dürfte die Qualität der Bildungsangebote sein. Aber die Qualität von Bildung kann nicht wie die Gebrauchsqualität von Produkten, sondern allenfalls in einem Aushandlungsprozess zwischen den Beteiligten beschrieben werden (Heid, 2000). Auf struktureller Ebene ist ein Großteil der Bildungseinrichtungen nach den gängigen Verfahren des Qualitätsmanagements (Deutsche Industrienorm DIN ISO 9000 ff., European Foundation for Quality Management EFQM, Akkreditierungs- und Zulassungsverordnung Arbeitsförderung AZAV) zertifiziert, was ihnen aber in der Regel lediglich die Teilnahme am Wettbewerb ermöglicht. Diese Verfahren erfordern eine systematische Evaluation der Bildungsangebote, die jedoch noch lange nicht flächendeckend entsprechend dem Stand der Evaluationsforschung durchgeführt wird.

3.3 Makroebene Gesellschaft

Auf gesellschaftlicher Ebene wird die Bedeutung von Bildung und lebenslangem Lernen für die Aufrechterhaltung von Beschäftigungsfähigkeit betont. In der Folge sollen den Unternehmen kompetente Beschäftigte zur Verfügung stehen, um die Wettbewerbsfähigkeit der Unternehmen im globalen Markt zu gewährleisten. Erfolgreiche Unternehmen schließlich sichern gesellschaftlichen Wohlstand.

Aus diesem Gedanken ergibt sich eine staatliche Verpflichtung, sämtliche Bildungssektoren zu stärken, aber insbesondere die Teilnahme an Erwachsenenbildung zu fördern. Dies geschieht zum einen über gesetzliche Regelungen der Weiterbildungsförderung, zum anderen über öffentliche Ausschreibungen. In Deutschland regelt das Sozialgesetzbuch die Förderung von Einzelpersonen, Ausschreibungen richten sich an Bildungseinrichtungen. Im Gesetz zur Förderung der beruflichen Weiterbildung im Strukturwandel (unter dem Namen Qualifizierungschancengesetz in Deutschland am 1.1.2019 in Kraft getreten) ist z.B. geregelt, dass Unternehmen unterschiedlicher Größe unterschiedliche staatliche Zuschüsse zu Weiterbildungskosten (bis zu 100% für Kleinstunternehmen) und Arbeitsentgelt während der Maßnahme (bis zu 90% für Kleinstunternehmen) erhalten können. Mit diesem Gesetz wird gezielt der digitale Wandel der Arbeitswelt adressiert. In Österreich ist die staatliche Förderung der Erwachsenenbildung seit 1973 gesetzlich geregelt. Das Gesetz erfuhr Änderungen in den Jahren 1990 und 2003 und verpflichtet den Staat auf die Förderung sowohl allgemeiner Erwachsenenbildung als auch beruflicher Weiterbildung (Förderungsgesetz). In der Schweiz liegt die Verantwortung für Weiterbildung bei den einzelnen Kantonen. Die hohe Bedeutung allgemeiner und beruflicher Bildung für Erwerbsbeteiligung und somit gesellschaftlichen Wohlstand belegt der OECD-Bericht zu Bildung und Beschäftigung (OECD, 2020).

4 Zukunft des Themas

Die Bedeutung der Bildung für das mittlere Erwachsenenalter wird in Zukunft nicht sinken. Bei steigender Lebenserwartung und weiterhin stagnierender Geburtenrate (1,54 Geburten pro Frau im Jahr 2020 in Deutschland, 1,52 in der Schweiz, 1,46 in Österreich) ist ein steigender Anteil älterer Menschen zu erwarten, wodurch das Erwerbspersonenpotenzial sinkt. Es sind die Erwachsenen mittleren Alters, die mit ihrer Erwerbstätigkeit zur Aufrechterhaltung des Sozialsystems beitragen müssen (Statistisches Bundesamt, 2019). Als Maßnahmen werden u.a. die Erhöhung der Frauenerwerbsquote, die Reduktion der Erwerbslosenquote sowie die Erhöhung der Produktivität vorgeschlagen. Es ist naheliegend, dass die berufliche Aus- und Weiterbildung sowie Lernen am Arbeitsplatz wichtige Komponenten solcher Maßnahmen darstellen und daher künftig in ihrer Bedeutung eher steigen werden.

Die Gesellschaft differenziert sich zunehmend aus, weswegen sich immer mehr Partikularinteressen formieren – soziale Medien und das Internet beschleunigen diese Entwicklungen. Die Herausforderungen für Erwachsene, in einer solchen Gemengelage kompetent und unabhängig einen informierten Standpunkt zu entwickeln, werden eher zunehmen. Formale und informelle Lernprozesse sind hierfür grundlegend. Die absehbaren Entwicklungen der alltäglichen Lebenswelt lassen eine steigende Bedeutung der Bildungsarbeit für Erwachsene mittleren Alters prognostizieren.

Die empirische Bildungsforschung bearbeitet den Bereich der Erwachsenenbildung bereits vielfältig, Beispiel hierfür sind die im Zwei- bzw. Dreijahresrhythmus erstellten Bildungsberichte oder die Gutachten des Aktionsrates Bildung. Gleichwohl bestehen noch Lücken, die es künftig zu schließen gilt. Wenn Argumente für eine steigende Bedeutung der Erwachsenenbildung vorgebracht werden, sollte in gleicher Weise Forschung zur Wirkung von Weiterbildung in einem höheren Auflösungsgrad erfolgen, als dies bislang der Fall ist. Auch ist es Aufgabe empirischer Bildungsforschung, soziale Effekte gesellschaftlicher, ökonomischer und technologischer Entwicklung zu analysieren. Die Digitalisierung der Arbeitswelt führt zu veränderten Berufsanforderungen, und es ist noch unklar, ob damit die gesellschaftliche Segregation eher verschärft oder eher überwunden wird.

Zusammenfassung

Das mittlere Erwachsenenalter ist eine Lebensphase, in der sich gewöhnlich die Konsolidierung der beruflichen und privaten Situation vollzieht. Diese Altersgruppe umfasst in Europa in etwa die Hälfte der Bevölkerung und dürfte daher die Hauptzielgruppe für die Erwachsenenbildung darstellen. Die Bildungskontexte Erwachsener wurden als marktgesteuert beschrieben, denn die Angebote der Erwachsenenbildung regeln sich über Angebot und Nachfrage. Dies führt zu einem heterogenen Feld an Erwartungen und Zielsetzungen, die Erwachsene in die Bildungsarbeit einbringen. Sie können sich aus demografischen, technologischen und wirtschaftlichen Überlegungen speisen und auf die Anpassung an oder Verbesserung von Verhältnissen abzielen oder auf eine Neu- und Umorientierung. Als wichtigste Prinzipien der Erwachsenenbildung gelten Teilnehmer*innenorientierung, Bedarfsorientierung und Handlungsorientierung, die aber oft nur schwer zu präzisieren sind. Schließlich werden die Schlussfolgerungen auf individueller (Mikroebene), institutioneller (Mesoebene) und gesellschaftlicher (Makroebene) Ebene skizziert.

Reflexionsfragen

1. Welche Vor- und Nachteile sehen Sie - insbesondere aus Perspektive des Lehrpersonals - in der Tatsache, dass die Regulierung des quartären Bildungsbereichs über das Wechselspiel zwischen Angebot und Nachfrage geregelt ist?
2. Die Spezifika des Erwachsenenlernens wurden im Kontrast zum schulischen Lernen dargestellt. Sehen Sie trotzdem noch Berechtigung für (teilweisen) Input im Frontalunterricht in der Erwachsenenbildung?
3. Wo sehen Sie die Grenze, bis zu der sich die Prinzipien der Teilnehmer*innen- und Bedarfsorientierung in der Bildungsarbeit für Erwachsene realisieren lassen?
4. Welchen neuen Bildungsbedarf Erwachsener erwarten Sie aufgrund der Megatrends Globalisierung und Digitalisierung?
5. Welche Möglichkeiten sehen Sie, die Qualität von Bildungsangeboten für Erwachsene zu operationalisieren?

Weiterführende Literatur

Arnold, R., Lipsmeier, A. & Rohs, M. (Hrsg.). (2020). *Handbuch Berufsbildung* (3. Aufl.). Wiesbaden: Springer VS. https://doi.org/10.1007/978-3-658-19312-6

Gruber, H. & Harteis, C. (2018). *Individual and social influences on professional learning. Supporting the acquisition and maintenance of expertise*. Cham: Springer. https://doi.org/10.1007/978-3-319-97041-7

Hippel, A. von, Kulmus, C. & Stimm, M. (2019). *Didaktik der Erwachsenen- und Weiterbildung*. Paderborn: Schöningh.

Siebert, H. (2019). *Didaktisches Handeln in der Erwachsenenbildung* (8. Aufl.). Augsburg: Ziel.

Thomas, O., Metzger, D. & Niegemann, H. (Hrsg.). (2019). *Digitalisierung in der Aus- und Weiterbildung. Virtual und Augmented Reality für Industrie 4.0*. Wiesbaden: Springer Gabler.

Tippelt, R. & Hippel, A. von (Hrsg.). (2018). *Handbuch Erwachsenenbildung/Weiterbildung* (6. Aufl.). Wiesbaden: Springer VS. https://doi.org/10.1007/978-3-531-19979-5

Literatur

Alt, C., Sauter, E. & Tillmann, H. (1994). *Berufliche Weiterbildung in Deutschland. Strukturen und Entwicklungen*. Bielefeld: Bertelsmann.

Autorengruppe Bildungsberichterstattung (Hrsg.). (2020). *Bildung in Deutschland 2020*. Bielefeld: wbv. Verfügbar unter https://www.bildungsbericht.de/de/bildungsberichte-seit-2006/bildungsbericht-2020/bildung-in-deutschland-2020

Bader, R. (1989). Berufliche Handlungskompetenz. *Die berufsbildende Schule, 41*, 73–77.

Baumgartner, P. (2014). Lernen in Häppchen. Microlearning als Instrument der Personalentwicklung. *Personal Manager, 201*(1), 20–22.

Beck, K. (2019). „Beruflichkeit" als wirtschaftspädagogisches Konzept – ein Vorschlag zur Begriffsbestimmung. In J. Seifried, K. Beck, B.-J. Ertelt & A. Frey (Hrsg.), *Beruf, Beruflichkeit, Employability* (S. 19–34). Bielefeld: wbv.
Berk, L. E. (2005). *Entwicklungspsychologie* (3. Aufl.). München: Pearson.
Billett, S. (1998). Ontogeny and participation in communities of practice: A socio-cognitive view of adult development. *Studies in the Education of Adults, 30*(1), 21–34. https://doi.org/10.1080/02660830.1998.11730670
Czycholl, R. & Ebner, H. G. (1995). Handlungsorientierung in der Berufsbildung. In R. Arnold & A. Lipsmeier (Hrsg.), *Handbuch Berufsbildung* (S. 39–49). Wiesbaden: VS Verlag für Sozialwissenschaften.
Dehnbostel, P. (2007). *Lernen im Prozess der Arbeit*. Münster: Waxmann.
De Jong, T. & Ferguson-Hessler, M. G. M. (1996). Types and qualities of knowledge. *Educational Psychologist, 31,* 105–113. https://doi.org/10.1207/s15326985ep3102_2
Deutscher Bildungsrat (1970). *Empfehlungen der Bildungskommission: Strukturplan für das Bildungswesen*. Stuttgart: Klett.
Drahmann, M. & Oser, F. (2019). Ethos, Moral und Werte – eine begriffliche und sachliche Klärung unterschiedlicher Konzepte. In C. Cramer & F. Oser (Hrsg.), *Ethos: interdisziplinäre Perspektiven auf den Lehrerinnen- und Lehrerberuf* (S. 37–55). Münster: Waxmann.
Egetenmeyer, R. (2014). Im Fokus: International-vergleichende Forschung in der Erwachsenenbildung/Weiterbildung; zwischen bildungspolitischer Steuerung und disziplinärer Konfiguration. *REPORT – Zeitschrift für Weiterbildungsforschung, 2014*(2), 15–28. https://doi.org/10.3278/REP1402W015
Erpenbeck, J. & Sauter, W. (2007). *Kompetenzentwicklung im Netz: New Blended Learning mit Web 2.0*. Neuwied: Luchterhand.
Fleige, M., Gieseke, W., von Hippel, A., Käpplinger, B. & Robak, S. (2019). *Programm- und Angebotsentwicklung in der Erwachsenen- und Weiterbildung*. Bielefeld: wbv.
Frieling, E., Bernard, H., Bigalk, D. & Müller, R. F. (2006). *Lernen durch Arbeit: Entwicklung eines Verfahrens zur Bestimmung der Lernmöglichkeiten am Arbeitsplatz*. Münster: Waxmann.
Gage, N. L. & Berliner, D. C. (1996). *Pädagogische Psychologie* (5. Aufl.). Weinheim: Beltz.
Geißler, K. A. (1996). Abschied bei laufendem Betrieb – die Krise des dualen Systems der industriellen Berufsausbildung. In I. Weilnböck-Buck, G. Dybowski & B. Buch (Hrsg.), *Bildung – Organisation – Qualität. Zum Wandel in den Unternehmen und den Konsequenzen für die Berufsbildung* (S. 41–58). Bielefeld: Bertelsmann.
Gieseke, W. (2008). *Bedarfsorientierte Angebotsplanung in der Erwachsenenbildung*. Bielefeld: wbv.
Gieseke, W. & Ludwig, J. (Hrsg.). (2011). *Hans Tietgens. Ein Leben für die Erwachsenenbildung*. Berlin: Humboldt Universität zu Berlin.
Giurgiu, L. (2017). Microlearning an evolving elearning trend. *Scientific Bulletin, 22*(1), 18–23. https://doi.org/10.1515/bsaft-2017-0003
Gonschorrek, U. (2003). *Bildungsmanagement in Unternehmen, Verwaltungen und Non-Profit-Organisationen*. Berlin: BWV.
Gruber, H. & Harteis, C. (2011). Researching workplace learning in Europe. In M. Malloch, L. Cairns, K. Evans & B. O'Connor (Eds.), *The SAGE handbook of workplace learning* (pp. 224–235). Dordrecht: Sage.
Gruber, H. & Rehrl, M. (2010). Netzwerkforschung. In R. Tippelt & B. Schmidt (Hrsg.), *Handbuch Bildungsforschung* (3. Aufl., S. 967–981). Wiesbaden: VS Verlag für Sozialwissenschaften.
Hall, A. & Krekel, E. M. (2008). Berufliche Weiterbildung Erwerbstätiger: Zur Erklärungskraft tätigkeitsbezogener Merkmale für das Weiterbildungsverhalten. *REPORT – Zeitschrift für Weiterbildungsforschung, 2008*(1), 65–77.

Harteis, C. (2002). *Kompetenzfördernde Arbeitsbedingungen. Zur Konvergenz ökonomischer und pädagogischer Prinzipien betrieblicher Personal- und Organisationsentwicklung.* Wiesbaden: Deutscher Universitätsverlag. https://doi.org/10.1007/978-3-322-90562-8

Harteis, C. (2018). Machines, change, work: An educational view on the digitalization of work. In C. Harteis (Ed.), *The impact of digitalization in the workplace - an educational view* (pp. 1–10). Cham: Springer.

Harteis, C. (2020). Die Forderung nach lebenslangem Lernen: Zwischen Banalität, Herausforderung und Zumutung. In H. Gembris, S. Herbst, J. Menze & T. Krettenauer (Hrsg.), *Lebenslanges Lernen in der Musikpädagogik. Theorie und Praxis* (S. 37–50). Münster: LIT.

Harteis, C., Billett, S., Goller, M., Rausch, A. & Seifried, J. (2015). Effects of age, gender, and occupation on perceived workplace learning support. *International Journal of Training Research, 13*(1), 64–81. https://doi.org/10.1080/14480220.2015.1051349

Hatano, G. & Inagaki, K. (1986). Two courses of expertise. In H.W. Stevenson, H. Azuma & K. Hakuta (Eds.), *Child development and education in Japan. A series of books in psychology* (pp. 261–272). New York: Freeman.

Havighurst, R.J. (1972). *Developmental tasks and education* (3rd ed.). New York: Addison-Wesley. (Original erschienen 1948)

Heid, H. (2000). Qualität. Überlegungen zur Begründung einer pädagogischen Beurteilungskategorie. *Zeitschrift für Pädagogik, Beiheft 16,* 41–51.

Herkner, V. & Pahl, J.-P. (2020). Handlungsorientierung in der Berufsbildung. In R. Arnold, A. Lipsmeier & M. Rohs (Hrsg.), *Handbuch Berufsbildung* (2. Aufl., S. 189–203). Wiesbaden: Springer VS.

Hippel, A. von (2017). Theoretische Perspektiven auf Programmplanung in der Erwachsenenbildung. *Zeitschrift für Weiterbildungsforschung, 40*(2), 199–209. https://doi.org/10.1007/s40955-017-0090-4

Hof, C. (1999). Prinzipien einer handlungsorientierten Didaktik. In J.H. Knoll (Hrsg.), *Studienbuch Grundlagen der Weiterbildung* (S. 194–202). Neuwied: Luchterhand.

Hof, C. (2020). Lebenslanges Lernen. In C. Hof (Hrsg.), *Zeit im Lebensverlauf* (S. 179–184). Bielefeld: transcript.

Hofer, M. (1981). Handlung und Handlungstheorien. In H. Schiefele & A. Krapp (Hrsg.), *Handlexikon zur Pädagogischen Psychologie* (S. 159–166). München: Ehrenwirth.

Höhne, B.P., Bräutigam, S., Longmuß, J. & Schindler, F. (2017). Agiles Lernen am Arbeitsplatz. Eine neue Lernkultur in Zeiten der Digitalisierung. *Zeitschrift für Arbeitswissenschaft, 71*(2), 110–119. https://doi.org/10.1007/s41449-017-0055-x

Institut für Arbeitsmarkt- und Berufsforschung (IAB). (2020). *Befunde der IAB-Forschung zur Corona-Krise - Zwischenbilanz und Ausblick.* Nürnberg: IAB. Verfügbar unter http://doku.iab.de/grauepap/2020/IAB_Befunde_COVID-19.pdf

Institut für Museumsforschung (2019). *Museen und Ausstellungen.* Hamburg: Statista.

Jechle, T., Kolb, M. & Winter, A. (1994). Bedarfsermittlung in der Weiterbildung. *Unterrichtswissenschaft, 22,* 3–22.

Kohlberg, L. (1984). *Essays on moral development.* San Francisco, CA: Jossey Bass.

Köller, O. (2018). Bildungsstandards. In R. Tippelt & B. Schmidt (Hrsg.), *Handbuch Bildungsforschung* (4. Aufl., S. 625–648). Wiesbaden: Springer VS.

Kommission der Europäischen Gemeinschaften (2000). *Memorandum über Lebenslanges Lernen.* Brüssel: EU.

Krampe, R.T. (2007). Wissenserwerb und Expertise. In J. Brandtstädter & U. Lindenberger (Hrsg.), *Entwicklungspsychologie der Lebensspanne* (S. 221–244). Stuttgart: Kohlhammer.

Krampen, G. & Reichle, B. (2008). Entwicklungsaufgaben im frühen Erwachsenenalter. In R. Oerter & L. Montada (Hrsg.), *Entwicklungspsychologie* (6. Aufl., S. 333–409). Weinheim: Beltz.

Lin, X., Schwartz, D.L. & Bransford, J.D. (2007). Intercultural adaptive expertise: Explicit besides implicit lessons from Dr. Hatano. *Human Development, 50,* 65–72. https://doi.org/10.1159/000097686

Maier, G., Engels, G. & Steffen, E. (Hrsg.). (2020). *Handbuch Gestaltung digitaler und vernetzter Arbeitswelten.* Berlin: Springer. https://doi.org/10.1007/978-3-662-52979-9

Martin, A., Lencer, S., Schrader, J., Koscheck, S., Ohly, H., Dobischat, R., Elias, A. & Rosendahl, A. (2016). *Das Personal in der Weiterbildung.* Bielefeld: wbv.

Moran, J.M. (2013). Lifespan development: The effects of typical aging on theory of mind. *Behavioural Brain Research, 237,* 32–40. https://doi.org/10.1016/j.bbr.2012.09.020

Nuissl, E. (2018). Weiterbildung/Erwachsenenbildung. In R. Tippelt & B. Schmidt-Hertha (Hrsg.), *Handbuch Bildungsforschung* (S. 485–504). Wiesbaden: Springer VS.

Organisation for Economic Co-operation and Development (OECD). (2020). *Bildung auf einen Blick* 2020 – *OECD-Indikatoren.* Bielefeld: wbv.

Pfeiffer, W. (1993). Adressatenorientierte Programmplanung in der Erwachsenenbildung. *Hessische Blätter für Volksbildung, 43,* 352–362.

Prenzel, M., Mandl, H. & Reinmann-Rothmeier, G. (1997). Ziele und Aufgaben der Erwachsenenbildung. In F.E. Weinert & H. Mandl (Hrsg.), *Psychologie der Erwachsenenbildung* (Enzyklopädie der Psychologie, Serie Pädagogische Psychologie, Bd. 4, S. 1–44). Göttingen: Hogrefe.

Rausch, A. (2011). *Erleben und Lernen am Arbeitsplatz in der betrieblichen Ausbildung.* Wiesbaden: VS Verlag für Sozialwissenschaften. https://doi.org/10.1007/978-3-531-93199-9

Rausch, A. (2012). *Fragebogen zu erlebens- und lernförderlichen Merkmalen der Arbeitsaufgabe. Skalendokumentation.* Bamberg: Universität Bamberg.

Rebmann, K. (2020). Didaktik und Methodik der beruflichen Weiterbildung. In R. Arnold, A. Lipsmeier & M. Rohs (Hrsg.), *Handbuch Berufsbildung* (2. Aufl., S. 399–410). Wiesbaden: Springer VS.

Reinmann-Rothmeier, G. & Mandl, H. (1996). Wissen und Handeln. *Grundlagen der Weiterbildung, 7,* 122–127.

Resnick, L.B. (1987). Learning in and out school. *Educational Researcher, 16*(9), 13–20.

Reuther, U., Weiß, R. & Winkels, S. (1996). *Kundenorientierung in der Weiterbildung. Neue Formen der Kooperation zwischen Betrieben und Bildungsanbietern.* Köln: DIV.

Rost, D.H. (2013). *Handbuch Intelligenz.* Weinheim: Beltz.

Schaefer, S. & Bäckman, L. (2007). Normales und pathologisches kognitives Altern. In J. Brandtstädter & U. Lindenberger (Hrsg.), *Entwicklungspsychologie der Lebensspanne* (S. 245–268). Stuttgart: Kohlhammer.

Schiersmann, C. (2007). *Berufliche Weiterbildung.* Wiesbaden: VS Verlag für Sozialwissenschaften.

Schläfli, A. & Sgier, I. (2014). *Porträt Weiterbildung Schweiz* (3. Aufl.). Bielefeld: wbv.

Schneeberger, A., Petanovitsch, A. & Schlögl, P. (2008). *Entwicklung und Stand der Erwachsenenbildung in Österreich.* Wien: Bundesministerium für Unterricht, Kunst und Kultur.

Schneider, W. & Lindenberger, U. (Hrsg.). (2018). *Entwicklungspsychologie* (8. Aufl.). Weinheim: Beltz.

Schönfeld, M. & Stöbe, S. (1995). *Weiterbildung als Dienstleistung: Die Zusammenarbeit zwischen Bildungsträgern und Betrieben bei der Qualifizierung von Beschäftigten.* Neuwied: Luchterhand.

Schöni, W. (2006). *Handbuch Bildungscontrolling: Steuerung von Bildungsprozessen in Unternehmen und Bildungsinstitutionen.* Glarus: Somedia.

Schrader, J. (2018). *Lehren und Lernen in der Erwachsenen- und Weiterbildung.* Bielefeld: wbv.

Schulte, B. (2014). Chinas Bildungssystem im Wandel: Elitenbildung, Ungleichheiten, Reformversuche. In D. Fischer & C. Müller-Hofstede (Hrsg.), *Länderbericht China* (Bd. 1501, S. 499–541). Bonn: Bundeszentrale für politische Bildung.

Simon, D.P. & Simon, H.A. (1978). Individual differences in solving physics problems. In R.S. Siegler (Ed.), *Children's thinking: What develops?* (pp. 325–348). Hillsdale, NJ: Erlbaum.

Stanik, T. & Fritsch, L.M. (2020). Theoretische Begründungen und empirische Erfassbarkeit von Teilnehmerorientierung in der institutionalisierten Erwachsenenbildung. In O. Dörner, C. Iller, I. Schüßler, H. v. Felden & S. Lerch (Hrsg.), *Erwachsenenbildung und Lernen in Zeiten von Globalisierung, Transformation und Entgrenzung* (S. 341–351). Opladen: Budrich.

Statistisches Bundesamt (2019). *Bevölkerung im Erwerbsalter sinkt bis 2035 voraussichtlich um 4 bis 6 Millionen* (Pressemitteilung Nr. 242 vom 27. Juni 2019). Wiesbaden: Statistisches Bundesamt.

Thorndike, E.L., Bregman, E.O., Tilton, J. & Woodyard, E. (1928). *Adult learning.* New York: Macmillan.

Tietgens, H. (1980). Teilnehmerorientierung als Antizipation. In G. Breloer, H. Dauber & H. Tietgens (Hrsg.), *Teilnehmerorientierung und Selbststeuerung in der Erwachsenenbildung* (S. 97–104). Braunschweig: Westermann.

Tietgens, H. (1997). Allgemeine Bildungsangebote. In F.E. Weinert & H. Mandl (Hrsg.), *Psychologie der Erwachsenenbildung* (Enzyklopädie der Psychologie, Serie Pädagogische Psychologie, Bd. 4, S. 469–506). Göttingen: Hogrefe.

United Nations (2017). *World population prospects: The 2017 revision.* New York: United Nations, Department of Economic and Social Affairs.

Zutavern, S. & Seifried, J. (2019). Employer-Branding als Beitrag zur Employability und Beruflichkeit. In J. Seifried, K. Beck, B.-J. Ertelt & A. Frey (Hrsg.), *Beruf, Beruflichkeit, Employability* (S. 179–214). Bielefeld: wbv.

Kapitel 8

Bildungspsychologie des höheren Erwachsenenalters

Heike Heidemeier & Ursula M. Staudinger

Inhaltsübersicht

1 Einführung

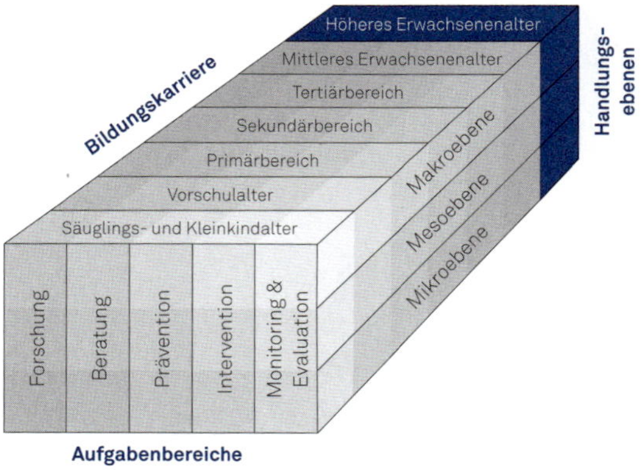

Der Begriff „höheres Erwachsenenalter" bezieht sich auf den Lebensabschnitt, der mit dem Eintritt in das Rentenalter beginnt. Ziel des vorliegenden Kapitels ist es, die individuelle und gesellschaftliche Bedeutung von Bildung in dieser Lebensphase zu diskutieren. Dazu geht das Kapitel zunächst der Frage nach, wie die demografische Entwicklung Anforderungen an das dritte Lebensalter verändert und welche Rolle dabei dem lebenslangen Lernen zukommt. Gleichzeitig soll so aufgezeigt werden, dass der hohe Wert von Bildung und Kompetenz (im Sinne kultureller Basiskompetenzen) bis ins höhere Erwachsenenalter bestehen bleibt. Vor diesem Hintergrund sichtet das Kapitel in einem zweiten Schritt den Stand der Wissenschaft zu den Voraussetzungen, unter denen lebenslanges Lernen bis ins höhere Erwachsenenalter am ehesten gelingt. Diese werden unter dem Konzept des „selbstregulierten Lernens" zusammengefasst. Auf diese Weise werden neben kognitiven auch motivationale und sozio-emotionale Voraussetzungen des lebenslangen Lernens in den Blick genommen. Zudem wird individuelles Verhalten auch durch gesellschaftliche Rahmenbedingungen beeinflusst. Hierzu zählen Altersbilder und an Lebensphasen orientierte Erwartungen (Staudinger, 2000) ebenso wie die Struktur und die Qualität von Bildungsangeboten. Kulturhistorisch gesehen ist das Alter, und vor allem das hohe Alter, eine junge Erscheinung. Dies bedeutet auch, dass kulturelle Vorstellungen und Angebote – Bildungsangebote eingeschlossen – für diese Altersphase weniger entwickelt sind (Baltes, Lindenberger & Staudinger, 2006). Dies aufgreifend geht das Kapitel in einem dritten Schritt auf bestehende Strukturen von Bildungsangeboten, deren Nutzung durch Ältere, und Ansatzpunkte zur Optimierung ein. Dabei werden auch Chancen und Herausforderungen, die im Zuge der fortschreitenden Digitalisierung entstehen, diskutiert.

1.1 Warum lebenslang Lernen?

Warum ist die fortgesetzte Bildungsbeteiligung der Älteren im Interesse des Einzelnen und der Gesellschaft? Um diese Frage zu beantworten, ist es sinnvoll, sich damit zu beschäftigen, welche möglichen Folgen die Entwicklung der Bevölkerungsstruktur und der Anstieg der durchschnittlichen Lebenserwartung hat. Vor dem Hintergrund der demografischen Entwicklung ergeben sich neue Anforderungen an das dritte Lebensalter. Diese drücken sich in einer zweifachen Herausforderung aus: Auf der einen Seite stellt sich die volkswirtschaftliche Frage nach dem Erhalt der Wirtschaftsleistung und der Finanzierung der sozialen Sicherungssysteme. Auf der anderen Seite steht die individuelle Herausforderung, eine lange Lebenszeit im Ruhestand aktiv zu gestalten und die verlängerte Lebenszeit mit hoher Lebensqualität zu füllen (siehe Staudinger, 2003). Zur erfolgreichen Bewältigung beider Herausforderungen spielen Bildung und lebenslanges Lernen eine wichtige Rolle.

1.2 Demografische Entwicklung und gesellschaftlicher Wandel

In nahezu allen Industrienationen wächst die Zahl von Menschen im Rentenalter sowie deren Anteil an der Gesamtbevölkerung. Die grafische Darstellung der Bevölkerungsstruktur wandelt sich im Zeitraum von 1900 bis zum Jahr 2030 von einer Pyramide über eine Tanne zu einem Pilz. Diese Entwicklung wird durch zwei Trends begründet: Zum einen ist mit zunehmender Wohlfahrt und steigendem Einkommen die Geburtenrate gesunken, sodass der Anteil der jüngeren Kohorten an der Gesamtbevölkerung abnimmt. Zum anderen steigt durch verbesserte Lebensbedingungen und medizinischen Fortschritt die Lebenserwartung und damit der relative Anteil der älteren Kohorten an der Bevölkerung. (Weitere Faktoren wie der Wanderungssaldo, also die Differenz zwischen Einwanderung und Auswanderung, bleiben hier unberücksichtigt). In Deutschland ist beispielsweise der Anteil der unter 20-Jährigen an der Bevölkerung von 28 % im Jahr 1960 auf 18 % im Jahr 2022 zurückgegangen. Im gleichen Zeitraum stieg der Anteil der über 67-Jährigen von 10 auf 20 %; und wird im Jahr 2060 voraussichtlich 28 % betragen (Datenquelle: Statistisches Bundesamt, 2022).

Aus diesen Verschiebungen ergibt sich ein potenzieller Anstieg des Altenquotienten. Der Altenquotient gibt die Belastung einer Volkswirtschaft an, die sich aus dem Verhältnis der Bevölkerung im produktiven Alter (die den Wohlstand erwirtschaftet und den Großteil der Steuern aufbringt) zu der aus Altersgründen nicht mehr erwerbstätigen Bevölkerung ergibt. Hierzu wird der Quotient aus dem Anteil der über 65-Jährigen zu dem der 20- bis 64-Jährigen gebildet. Im europäischen Durchschnitt betrug der Altenquotient im Jahr 2000 noch 27 %. Im Jahr 2016 hatte er bereits einen Wert von etwas über 40 % erreicht; und im Jahr 2070 wird er voraussichtlich auf fast 70 % ansteigen (Europäische Kommission, 2018). Aus einem solchen Anstieg entsteht eine Belastung der Volkswirtschaft, falls das Inaktivwerden von Personen im Rentenalter nicht durch eine Zunahme der Erwerbsbeteiligung in der Gesamtbevölkerung oder durch Zuwanderung ausgeglichen wird. Vor diesem Hintergrund sind auch die strategischen Ziele der Europäischen Union zu sehen, wonach eine Erhöhung der Erwerbsbeteiligungsquote auf 75 % im Jahr 2020 in allen Mitgliedstaaten angestrebt wird. Die deutschsprachigen Länder haben dieses Ziel im Jahr 2020 tatsächlich bereits erreicht (Österreich: 77%, Deutschland: 81%, Schweiz: 83%). Hinter diesem Erfolg verbergen sich zwei wesentliche Trends: die zunehmende Erwerbsbeteiligung von Frauen und Älteren. So stieg die Erwerbsquote der 55- bis 64-Jährigen in Deutschland von 58% im Jahr 2010 auf 73% im Jahr 2019 verglichen mit anderen Altersgruppen überproportional an. In der Schweiz liegt die Erwerbsquote dieser Altersgruppe auf dem gleichen Niveau; während in Österreich die traditionell geringere Erwerbsbeteiligung der Älteren mit einem Wert von 55% etwas stärkeren Bestand hat (Datenquelle: Eurostat, 2022). Dennoch bleibt festzuhalten, dass Projektionen bis zum Jahr 2060 eine Abnahme des Arbeitskräfteangebots selbst bei hoher Zuwanderung vorhersagen (Fuchs, Söhnlein & Weber, 2017). Interessanterweise ergibt sich aus solchen Projektionen ein weiterer Hinweis auf die wichtige Rolle von Bildung: Das zu erwartende weitere Ansteigen des Bildungsstandes der Bevölkerung – gemessen am Anteil derer, die über einen tertiären Bildungsabschluss verfügen – kann den potenziell negativen Folgen eines Arbeitskräftemangels durch erhöhte Produktivität entgegenwirken (Kluge, Zagheni, Loichinger & Vogt, 2014).

1.3 Die individuelle Bedeutung von Bildung im Alter

Durch Bildung entsteht die Grundlage für den Erwerb und Erhalt kognitiver Fähigkeiten. Dabei kommt der formalen Schulbildung eine besondere Rolle zu. Der Schulabschluss ist ein Indikator für das erreichte Niveau der kulturellen Basiskompetenzen (im Sinne kognitiver Fähigkeiten, die für den Umgang mit textlicher und numerischer Information notwendig sind) vor dem Eintritt in das Erwerbsleben. Dieses Ausgangsniveau bleibt neben dem sozioökonomischen Status des Elternhauses ein zentraler Prädiktor für Kompetenzunterschiede im Erwachsenenalter (Organisation für wirtschaftliche Zusammenarbeit und Entwicklung [OECD], 2013). Bemerkenswerterweise leistet die ausgeübte berufliche Tätigkeit einen ähnlich hohen Beitrag zur Aufklärung von Unterschieden in den Basiskompetenzen. Im Erwachsenenalter lässt der prädiktive Wert des Schulabschlusses zusehends nach, während geistiger Aktivität, die durch berufliche Anforderungen angeregt wird, eine zunehmende Bedeutung zukommt. Auch geistige Beschäftigung im privaten Bereich, wie das Lesen von Büchern, Computernutzung, und das Erlernen neuer Kenntnisse und Fertigkeiten, besitzt einen nachweislichen Einfluss auf die Entwicklung der Basiskompetenzen im Erwachsenenalter (auch nach Kontrolle anderer wichtiger erklärender Faktoren; OECD, 2013).

Das erreichte Niveau der Basiskompetenzen ist wiederum ein guter Prädiktor für eine Vielzahl wünschenswerter Ergebnisse. Beispielsweise ist es in den OECD-Staaten für Personen mit hohem Kompetenzniveau etwa doppelt so wahrscheinlich, erwerbstätig zu sein, als für Personen, deren Basiskompetenzen auf einem elementaren Niveau liegen. Die Wahrscheinlichkeit, ein hohes Einkommen zu erwirtschaften, ist fast dreimal so hoch (OECD, 2013). Auch die Häufigkeit, mit der Personen bis zum Erreichen der gesetzlichen Rentenaltersgrenze und darüber hinaus einer Erwerbsarbeit nachgehen, ist unter Personen mit höheren Kompetenzwerten und höherer beruflicher Stellung größer. Zudem sagt das Niveau kultureller Basiskompetenzen Einstellungen und Verhalten vorher, das für lebenslanges Lernen wichtig ist, wie etwa die Teilnahme an Weiterbildung und informelles Lernen am Arbeitsplatz. Auch bürgerschaftliches Engagement, politische Teilhabe und das Vertrauen in die eigene Gesellschaft wird durch das Niveau der kognitiven Basiskompetenzen vorhergesagt. Umfassende empirische Belege für die dargestellten Effekte finden sich beispielsweise in der internationalen Vergleichsstudie „Programme for the International Assessment of Adult Competencies (PIAAC)“ der Organisation für wirtschaftliche Zusammenarbeit und Entwicklung (OECD, 2013).

Der hohe individuelle Wert, der Bildung im Allgemeinen zukommt, zeigt sich auch im Gesundheitsstatus eines Menschen. Personen mit höherer Bildung sind im Mittel gesünder als andere. Dies liegt wesentlich daran, dass höher Gebildete mehr als andere über psychosoziale Ressourcen verfügen. Zu diesen zählen beispielsweise die Wahrnehmung von Kontrolle über das eigene Leben, das Selbstwertgefühl, die wahrgenommene soziale Unterstützung und eine geringe Häufigkeit von sozialen Konflikten. Die sogenannten psychosozialen Ressourcen schützen vor psychologischer und physiologischer Belastung und begünstigen zudem einen gesundheitsförderlichen Lebensstil (Gallo, Bogart, Vranceanu & Matthews, 2005). Lebensstilfaktoren kommt eine hohe Bedeutung für ein gesundes Altern zu. Das biologische Altern ist letztendlich unaufhaltsam. Dennoch kann ein gesundheitsförderlicher Lebensstil das Fortschreiten physiologischer Alternsprozesse günstig beeinflussen. So können ein hoher Bildungsstand sowie ein geistig und körperlich aktiver Lebensstil beispielsweise das Auftreten von Demenzerkrankungen in ein höheres Alter verschieben (Livingston et al., 2020; Stern, 2006). Ein Befund wie dieser wird so interpretiert, dass die Reservekapazität des Gehirns bei höher gebildeten beziehungsweise geistig aktiveren Personen größer ist und der Krankheitsverlauf dadurch erst zu einem späteren Zeitpunkt merkliche Auswirkungen zu zeigen beginnt (Livingston et al., 2020).

2 Stand der Wissenschaft

2.1 Bildung im Alter: Voraussetzungen lebenslangen Lernens

Angesichts des hohen Nutzens von Bildung und Kompetenzerwerb stellt sich die Frage, wie lebenslanges Lernen bis ins höhere Erwachsenenalter hinein gefördert werden kann. Was sind die wichtigsten Voraussetzungen, die Menschen mitbringen müssen, um lebenslang zu lernen? Welche Auswirkungen hat das Alter auf diese Voraussetzungen? Entwickeln sich Nachteile für Ältere hinsichtlich wichtiger Lernvoraussetzungen, können diese kompensiert werden, oder besitzen Ältere sogar Vorteile für die Bewältigung bestimmter Lernaufgaben? Fragen wie diese sind wichtig, da sie helfen, mögliche Besonderheiten des Lernens über den Lebenslauf hinweg zu erkennen und diese bei der Planung und Unterstützung von Lernaktivitäten zu berücksichtigen. Dabei sind wesentliche Voraussetzungen des lebenslangen Lernens psychologischer und sozialer Natur. Neben der Frage, was Individuen in ihrem Berufsleben tun können (Kompetenz), stellt sich die Frage, was sie im Laufe ihres Lebens tun wollen (Motivation), und inwiefern sie Gelegenheit haben, dies auch zu tun (Gelegenheitsstrukturen). Im Folgenden diskutieren wir daher die Entwicklung psychologischer Voraussetzungen für lebenslanges Lernen und die Veränderung sozialer Rollen beziehungsweise beruflicher Entwicklungsmöglichkeiten im Lebensverlauf.

2.2 Psychologische Voraussetzungen lebenslangen Lernens: Kompetenz und Motivation

Psychologische Voraussetzungen des lebenslangen Lernens lassen sich durch Rahmenmodelle des selbstregulierten Lernens zusammenfassen. Der Begriff des selbstregulierten Lernens betont, dass neben kognitiven auch motivationale und sozio-emotionale Voraussetzungen für das Lernen in außerschulischen und anderen non-formalen Instruktionskontexten wichtig sind, um Lernprozesse zu initiieren und zum Erfolg zu bringen. Ein solches Rahmenmodell zeigt Abbildung 8.1 (Baumert, Fend, O'Neil & Peschar, 1998).

Kognitive Voraussetzungen. Verändern sich die kognitiven Voraussetzungen für lebenslanges Lernen im höheren Erwachsenenalter? Die ersten Altersvergleiche zur Intelligenzentwicklung im Erwachsenenalter haben zu Ergebnissen geführt, die heute unter der Bezeichnung „Defizitmodell der Intelligenzentwicklung" zusammengefasst werden. Danach schien das Alter mit relativ früh einsetzenden und daraufhin zunehmenden Defiziten in allgemeinen Intelligenzleistungen einherzugehen. Dieses einfache „Defizitmodell" wurde durch Befunde aus längsschnittlichen Kohortensequenzdesigns infrage gestellt (Schaie, 1996). Auf der Grundlage dieser Studien ergab sich ein differenzierteres Bild von altersgebundenen Intelligenzveränderungen: Heute unterscheidet die Psychologie zwei Kategorien intellektueller Funktionen, nämlich die Mechanik und Pragmatik der Kognition (Baltes, 1990; Desjardins & Warnke, 2012). Die Bedeutung dieser beiden Funktionen und ihre Entwicklung im Lebensverlauf wird im folgenden Kasten genauer dargestellt.

Kognitive Voraussetzungen

- Aufmerksamkeit, kognitive Kontrolle und Verarbeitungsgeschwindigkeit
- vorhandene Wissensstrukturen (deklaratives und prozedurales Wissen)
- Lernstrategien (Memorieren, Elaborieren, Strategien der Kontrolle)
- implizite Theorien über Lernen und Fähigkeiten

Motivationale Voraussetzungen

- motivationale Präferenzen (Quellen der Motivation; Instrumentalität etc.)
- selbstbezogene Kognitionen (Selbstkonzept, Selbstwirksamkeit etc.)
- Zielorientierung (Aufgaben- vs. Ego-Bezug)
- Handlungskontrolle und volitionale Strategien
- Einstellungen gegenüber lebenslangem Lernen

Sozio-emotionale Voraussetzungen

- Präferenzen für Lernstile (unabhängig, kompetetiv, kooperativ)
- soziale Fertigkeiten (Fähigkeit zur Teamarbeit, Kooperation und Konfliktlösung)

Abbildung 8.1: Voraussetzungen selbstregulierten Lernens (nach Baumert et al., 1998)

Im Fokus: Pragmatik und Mechanik der Kognition

Die Mechanik der Kognition beruht auf den neurophysiologischen Grundlagen der menschlichen Intelligenz, wie sie im Laufe der Evolution entstanden sind, während die Pragmatik abhängig von Kultur und Wissenserwerb ist (Koevolution). Kognitive Fähigkeiten, die deutlich von der Mechanik abhängen (z. B. Auffassungsgeschwindigkeit, basale kognitive Operationen wie Kategorisieren und Vergleichen), zeigen eine kontinuierliche Abnahme im Erwachsenenalter, die weitgehend linear verläuft, bevor sie im hohen Alter eine Beschleunigung erfahren kann. Pragmatische Fähigkeiten zeigen dagegen schwach positive Zusammenhänge mit dem Alter bis ins fünfte oder gar sechste Lebensjahrzehnt, bevor auch sie einen Abfall erleben (Desjardins & Warnke, 2012; Salthouse, 2004; Stern & Grabner, 2014; siehe Abbildung 8.2).

Dabei sind die beiden Komponenten geistiger Entwicklung nicht unabhängig voneinander. Die Entwicklung der Mechanik stellt eine Voraussetzung für die Entwicklung der Pragmatik, das heißt für den Erwerb und die Nutzung von Wissen, dar. So argumentiert die Investment-Theorie von Cattell (1971), dass sich interindividuelle Unterschiede in der fluiden Intelligenz (Mechanik) im Erwerb kristalliner Intelligenz (Pragmatik) niederschlagen, da es keine kristallinen Leistungen ohne das vorangegangene „Investment“ fluider Fähigkeiten gibt.

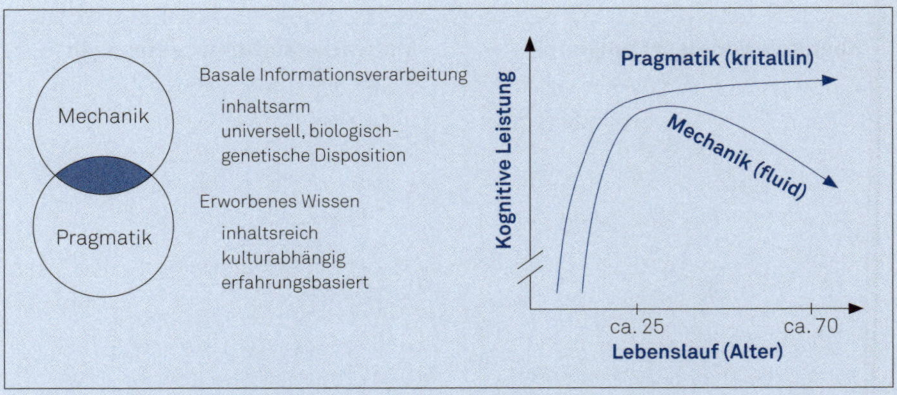

Abbildung 8.2: Zwei Komponenten der Kognition: fluide Mechanik und kristalline Pragmatik. Die linke Abbildung veranschaulicht die Inhalte der zwei Komponenten, die rechte deren Entwicklung über den Lebensverlauf (nach Baltes, Staudinger & Lindenberger, 1999; Cattell, 1971)

Wichtig für die Frage nach dem Erhalt der Leistungsfähigkeit Älterer sind Einsichten der Expertiseforschung, wonach es möglich ist, trotz altersbedingter Verluste in den physiologischen Leistungsvoraussetzungen eine hohe Leistungsfähigkeit zu erhalten. Personen, die hoch geübt sind, also über einen langen Zeitraum viele Stunden in eine Leistungsdomäne investiert haben, können ihre Leistungsfähigkeit in dieser Domäne oft langfristig aufrechterhalten. Hinter dieser Fähigkeit, altersbedingte Verluste auszugleichen, liegen drei wesentliche Mechanismen: der Erwerb eines hohen Standes an domänenspezifischem Wissen, eine erfolgreiche Kompensation von Verlusten und fortgesetztes Üben (Horton, Baker & Schorer, 2008). Mit der Zeitdauer, über die eine Person in einer Domäne hoch involviert und in die Weiterentwicklung ihrer Fähigkeiten investiert bleibt, sinkt die ansonsten stets anzutreffende positive Korrelation zwischen allgemeiner Intelligenz und Leistung (Horn & Masunaga, 2006). Dies weist darauf hin, dass es Expert*innen gelingt, ihre Leistung von der begrenzenden Leistungsfähigkeit der Mechanik (d.h. von Verarbeitungsgeschwindigkeit und -kapazität) abzukoppeln. Dies gelingt durch den umfangreichen Erwerb von Wissen und Erfahrung im Gebiet der Expertise. Expert*innen integrieren Fachwissen und Erfahrungswissen in größere bedeutsame Einheiten, als Novizen dies tun. Beispielsweise kann ein Psychotherapeut deklaratives Fachwissen durch jahrelange Erfahrung in der Behandlung von Klienten so transformieren, dass es in Form von fallbezogenen Schemata im Gedächtnis repräsentiert ist, wodurch Wissen leichter zugänglich und flexibel anwendbar wird. Des Weiteren schützen Expert*innen ihre einmal erreichte Leistungsfähigkeit vor altersbedingten Verlusten durch Kompensation und fortgesetztes, gezieltes Üben („selective maintenance"): Sie nutzen ihr umfangreiches domänenspezifisches Wissen auch, um effektive Strategien zu entwickeln, die Verluste im Bereich der Mechanik ausgleichen können. Dabei bleiben ein hohes zeitliches Investment in die Domäne der Expertise und zielgerichtetes Üben eine wesentliche Leistungsvoraussetzung (Ericsson, Krampe & Tesch-Römer, 1993; Horton et al., 2008). Expert*innen zeichnen sich durch eine hohe Anstrengungsbereitschaft aus, die sich darin ausdrückt, dass sie gezielt Kenntnisse und Fertigkeiten vertiefen, die für eine hohe Leistungsfähigkeit notwendig sind.

Motivationale Voraussetzungen. Die Bedeutung der Motivation als Voraussetzung für Leistung nimmt mit dem Alter sogar zu. Die mit dem Alter einsetzende Verringerung von Verarbeitungskapazität und -geschwindigkeit bewirkt, dass neue oder schwierige Aufgaben älteren Erwachsenen mehr Anstrengung abverlangen als jüngeren. Im Experiment zeigt sich dies im subjektiven Anstrengungsempfinden sowie in physiologischen Korrelaten geistiger Anstrengung, wie etwa der Responsivität des systolischen Blutdrucks. In diesem Sinne wird das Lösen neuer oder schwieriger Aufgaben angesichts der dafür notwendigen hohen Anstrengung mit dem Alter „kostspieliger". So erklärt sich auch, wieso die Bedeutung der Motivation für die Bewältigung schwieriger Aufgaben mit dem Alter zunimmt. Dabei ist ein Merkmal der Motivation von besonderer Bedeutung: das Ausmaß, in dem eine Tätigkeit intrinsisch motiviert ist (Heidemeier & Staudinger, 2014). Ist eine Handlung intrinsisch motiviert - beispielsweise, weil sie in Zusammenhang mit persönlich wichtigen Zielen steht oder unmittelbar Freude bereitet - ist ihre Ausführung im Vergleich zu einer extrinsisch (z.B. durch Vorgaben oder Belohnung) motivierten Handlung tatsächlich weniger anstrengend. Gleichzeitig ist die Bereitschaft, sich kognitiv anzustrengen, bei einer intrinsisch motivierten Handlung größer (Ennis, Hess & Smith, 2014). Auch am Arbeitsplatz durchgeführte Studien bestätigen, dass ältere Arbeitnehmer*innen sich stärker als jüngere durch intrinsisch belohnende Tätigkeitsmerkmale motiviert fühlen (Inceoglu, Segers & Bartram, 2012; Kooij, de Lange, Jansen, Kanfer & Dikkers, 2011). Intrinsisch belohnend sind Tätigkeiten dann, wenn sie psychologische Grundbedürfnisse des Menschen befriedigen. Zu diesen Grundbedürfnissen zählen das Erleben von Autonomie (d.h., entscheiden zu können, was, wann, wie getan wird), die Chance, Wissen und Fähigkeiten angemessen einsetzen zu können, und die Möglichkeit, durch die Tätigkeit emotional bedeutsame zwischenmenschliche Kontakte zu erlangen (Ryan & Deci, 2000). Der Wunsch, zentrale psychologische Bedürfnisse zu befriedigen, erklärt auch wesentlich, was Menschen dazu motiviert, im Rentenalter erwerbstätig zu bleiben. Dies wird durch den Kasten „Erwerbstätigkeit im Rentenalter und ihre Gründe" auf Seite 223 veranschaulicht. Umgekehrt ist der Anreiz entsprechend gering, Tätigkeiten auszuüben, die wenig psychologische Bedürfnisbefriedigung versprechen.

Hinter der mit dem Alter ansteigenden Bedeutung der intrinsischen Motivation stehen neben dem altersbedingten Verlust fluider Leistungsfähigkeit auch alterskorrelierte Veränderungen im Bereich der Motivation selbst. Der instrumentelle Wert, den Menschen extrinsischen Belohnungen zuschreiben, wie etwa einer Gehaltserhöhung oder einer Beförderung, ist unter Älteren geringer (Kooij et al., 2011).

Dies liegt an veränderten Lebenszielen, aber auch an herabgesetzten Erfolgserwartungen. Betrachtet man Investments über die Lebensspanne, so stehen für jüngere Erwachsene die Vorbereitung auf das Erwerbsleben, die Etablierung im Beruf und die Gründung einer eigenen Familie als wesentliche Lebensaufgaben im Vordergrund. In späteren Lebensphasen treten an diese Stelle zusehends die Suche nach Lebenssinn und Generativität sowie der Erhalt von Aktivität und Gesundheit (Kanfer & Ackerman, 2004).

Ältere glauben allerdings auch weniger stark als Jüngere, dass sie im Beruf erfolgreich lernen und weiter befördert werden können. Hinter den herabgesetzten Erfolgserwartungen der Älteren verbergen sich auf motivationaler Ebene vor allem eine verringerte Selbstwirksamkeit und negative Altersstereotype. In diesem Sinne ist das Selbstkonzept der Älteren (d.h. selbstbezogenes Wissen und auf die eigene Person bezogene Überzeugungen) wichtig, um zu verstehen, warum Ältere sich weniger an kontinuierlichem Lernen und Weiterbildung beteiligen (Maurer, 2001). Auf der Grundlage ihres Selbstkonzepts generieren Menschen Erfolgserwartungen. Hierzu zählt die Erwartung, eine gewünschte Handlung aufgrund eigener Fähigkeiten erfolgreich ausführen zu können. Diese sogenannte „Selbstwirksamkeitserwartung“ beeinflusst die Entscheidungen einer Person, wie z.B. die Entscheidung, an einem Weiterbildungskurs teilzunehmen. Gleichzeitig reduziert eine hohe Selbstwirksamkeit das Erleben von psychischem Stress bei der Ausführung einer Handlung, wie der Teilnahme an einem Weiterbildungskurs. Allgemeine Einstellungen gegenüber lebenslangem Lernen – dessen Voraussetzungen, Bedeutung, Nutzen und Angemessenheit in der eigenen Lebenssituation – wirken sich in ähnlicher Weise aus. Persönliche Vorstellungen über das Alter werden bereits von jungen Menschen verinnerlicht. Im Alter werden diese dann zu Selbststereotypen, welche die Selbstwirksamkeit untergraben können (für einen Überblick über die Wirkung von Alters-Selbststereotypen siehe Levy, 2003). Eine Studie zur Wirkung von Altersbildern zeigt der folgende Kasten.

Beispiel aus der Forschung: „Was Hänschen nicht lernt, lernt Hans nimmermehr“

In drei Studien wurden ältere Personen gefragt, inwiefern sie dem Sprichwort „Was Hänschen nicht lernt, lernt Hans nimmermehr“ zustimmen. Im Jahr 1977 bejahte fast die Hälfte der Befragten (47 %) die Aussage dieses Sprichworts. Zehn Jahre später, 1987, wurde Erwachsenen die gleiche Frage gestellt; mit wenig verändertem Ergebnis: 45 % bejahten die Aussage. Erst weitere zehn Jahre später zeichnete sich eine positivere Einschätzung der Lernvoraussetzungen Älterer ab. Die Zustimmung sank in den 90er Jahren auf 33 % (Röhr-Sendlmeier & Käser, 1999). Die Befragungen zeigten dabei auch, dass die Überzeugung, im Alter weiterhin erfolgreich lernen zu können, mit der Lernbiografie zusammenhängt. Unter Personen mit höherer Schulbildung fiel die Zustimmung zum Hänschen-Satz schon in den 70er Jahren deutlich geringer aus (25 %). Allgemein gilt, dass Personen, die im Laufe ihres Lebens über längere Zeiträume gelernt und dabei positive Lernerfahrungen gemacht haben, eine größere Affinität zu fortgesetztem Lernen entwickeln und eher glauben, dass der fortgesetzte Erwerb von Bildung einen persönlichen Nutzen erbringt (OECD, 2007). Vor diesem Hintergrund ist es auch eine Bildungsaufgabe, positive Altersbilder im öffentlichen Bewusstsein zu verbreiten, die Leitbilder und Verhaltensmodelle für ein aktives Altern zur Verfügung stellen.

Sozio-kognitive und emotionale Voraussetzungen. Die dritte Komponente des selbstregulierten Lernens umfasst Fähigkeiten, die für das Lernen in sozialen Kontexten wichtig sind. Dabei handelt es sich um einen Fähigkeitsbereich, in dem Ältere Jüngeren sogar überlegen sein können (z. B. Kunzmann, Stange & Jordan, 2005; Staudinger & Fleeson, 1996). Empirische Befunde sprechen dafür, dass ältere im Vergleich zu jungen Erwachsenen emotional stabiler sind und über ein höheres emotionales Wohlbefinden verfügen (Carstensen et al., 2011). Hinter diesem Zugewinn an emotionalem Wohlbefinden steht zum einen die stabilere Lebenswelt Älterer, in der tägliche Stressoren weniger häufig sind (Charles et al., 2010), und zum anderen ein flexibler Einsatz von Strategien der Emotionsregulation (Benson et al., 2019). Zudem konzentrieren Ältere ihre sozialen Aktivitäten stärker auf emotional bedeutsame, positive Kontakte (English & Carstensen, 2014). Ausgedehnte Netzwerke von „Bekannten“ und Kontakte, die vor allem instrumentelle Unterstützung bieten, sind für sie weniger wichtig (Zhaoyang, Sliwinski, Martire & Smyth, 2019).

Mit dem Alter ändern sich auch die sozialen Rollen, die Menschen typischerweise einnehmen. Diese Änderungen drücken sich in alterskorrelierten Veränderungen der Persönlichkeit aus. Auf diese Weise nehmen im Lauf des Lebens die Big-Five-Eigenschaften „emotionale Stabilität“ (geringer Neurotizismus), „Gewissenhaftigkeit“ und „Verträglichkeit“ höhere Werte an. Diese Veränderungen sind vorteilhaft für das Lernen in sozialen Kontexten (wie etwa dem Arbeitsplatz), da sie mit erhöhter Belastbarkeit, Zuverlässigkeit und Besonnenheit sowie mit zwischenmenschlichem Vertrauen und Nachsicht einhergehen. In diesem Sinne werden die Voraussetzungen für lebenslanges Lernen mit dem Alter eher günstiger (Staudinger, 2005). Allerdings nimmt das Persönlichkeitsmerkmal „Offenheit für Erfahrung“, das den Erwerb von Wissen erleichtert, mit dem Alter ab. Diese Abnahme ist ebenfalls Ausdruck von sich ändernden sozialen Rollen. In den für ältere Erwachsene typischen Rollen kommt dem Erwerb von Intellekt eine geringere Bedeutung zu als etwa in der Vorbereitungsphase auf den Eintritt in das Erwerbsleben.

Beides – das verbesserte emotionale Wohlbefinden und die Anpassung der Persönlichkeit an veränderte Rollen im Lebenslauf – ist deshalb relevant, weil sich die Produktivität älterer Menschen oft innerhalb von Netzwerken aus persönlich bedeutsamen sozialen Beziehungen entfaltet. Ältere geben bis etwa zum 75. Lebensjahr mehr Unterstützung an andere als sie erhalten (Wagner, Schütze & Lang, 1999). Im Kontext der Familie bestehen solche Unterstützungsleistungen typischerweise aus Geld und Hilfe bei der Kinderbetreuung, wodurch viele berufstätige Eltern unentgeltlich entlastet werden. Genauso erbringen Personen im Rentenalter unentgeltliche (d. h., informelle) Leistungen in der Pflege von Angehörigen. In Deutschland beispielsweise ist der Anteil der informell Pflegenden mit circa 12 % unter den 55- bis 64-Jährigen am höchsten; er liegt aber auch unter Personen, die älter als 65 Jahre sind, zwischen 6 und 8 % (Geyer & Schulz, 2014).

2.3 Soziale Rollen und psychosoziale Ressourcen als Voraussetzung lebenslangen Lernens

Aus einer soziologischen Perspektive betrachtet ergeben sich durch den Übergang in den Ruhestand Verluste von sozialen Rollen, die das Erwerbsleben und das Familienleben bereitgestellt hat. Die Disengagement-Theorie (Cumming & Henry, 1961) postulierte in diesem Zusammenhang, dass das Aufgeben von sozialen Rollen im Ruhestand funktional und letztendlich unvermeidlich sei. Im Gegensatz dazu entwickelte die Aktivitätstheorie die Vorstellung, dass der Rückzug aus sozialen Rollen bei älteren Menschen durch gesellschaftliche Strukturen bedingt ist; und Ältere sich in ihren psychologischen Bedürfnissen nicht von Menschen im mittleren Erwachsenenalter unterscheiden (Havighurst, Neugarten & Tobin, 1968). Eine Aufgabe beim Übergang in den Ruhestand ist es daher, die Rollen des mittleren Erwachsenenlebens durch neue Rollen zu ersetzen, um so Aktivität und soziale Eingebundenheit zu bewahren. „Erfolgreiches Altern" gelingt gerade durch das fortgesetzte Streben nach und dem Erhalt wichtiger Ressourcen (Freund & Riediger, 2001; Hobfoll, 2001). Zu diesen zählen begrenzt verfügbare, objektive und soziale Ressourcen (wie Geld, Zeit, und soziale Unterstützung) sowie innerpsychische Ressourcen, die vor psychischem Stress schützen (wie wahrgenommene Kontrolle, Selbstwertgefühl und Optimismus). Auch wenn die Disengagement-Theorie heute wenige Anhänger findet, so gilt dennoch, dass Menschen durch kulturell und gesellschaftlich geprägte Erwartungen darin beeinflusst werden, was sie als für ihr Lebensalter angemessenes Verhalten ansehen. Die Soziologie beschreibt dieses Phänomen unter dem Begriff der „Institutionalisierung des Lebenslaufs" (Kohli, 1985).

Lebenslauf als soziale Institution

Der Lebenslauf als soziale Institution bindet Normen und Rollen an bestimmte Lebensphasen. Der Lebenslauf ist in diesem Sinn eine strukturierende Institution, die nicht nur Orientierung bietet, sondern auch Sequenzen möglicher Positionen und Rollenerwartungen vorgibt. Rollen folgen einer zeitlichen Struktur und sind daher an das chronologische Alter gebunden. Der Lebenslauf ist dabei traditionell mit einer Dreiteilung in Vorbereitung, Erwerbsphase und Ruhestandsphase um das Erwerbsleben herum organisiert.

Der traditionellen Dreiteilung des Lebenslaufs entsprechend ist der Erwerb von formaler Bildung auch heute noch stark auf die Vorbereitungsphase, das heißt, auf die erste Phase des traditionell dreiteiligen Lebenslaufs beschränkt. Im Zuge von Individualisierung und Enttraditionalisierung wiederholen sich allerdings Bildungs-, Erwerbs- und Erholungsphasen zusehends auch über den Lebenslauf verteilt und damit in allen Altersphasen. Gleichzeitig ist die nachberufliche Lebensphase zu einer eigenständigen und ausgedehnten Zeitspanne geworden, die potenziell genutzt werden kann, um neue Lebensziele zu verwirklichen. In welchem Ausmaß Menschen solche Möglichkeiten nutzen können, wird allerdings nicht nur durch Kompetenz und Motivation beeinflusst, sondern auch durch vorgegebene Anforderungen, wie formale Bildungsvoraussetzungen zur Nutzung von Bildungsangeboten, und Gelegenheitsstrukturen, wie Chancen auf eine attraktive und altersgerechte Entwicklung der eigenen beruflichen Aufgaben und Rollen.

Ein zentraler Prädiktor für den Erhalt von Chancen und Gelegenheitsstrukturen ist wieder die persönliche Bildungsbiografie. Je höher der erste Bildungsabschluss und je qualifizierter die ausgeübte berufliche Tätigkeit ist, desto wahrscheinlicher ist es, dass Betroffene sich im Laufe ihres Berufslebens beruflich weiterentwickeln und ein Karriereplateau vermeiden können, und dabei kontinuierlich lernen, um Wissen und Fertigkeiten auf einem aktuellen Stand zu halten (Heckhausen, Shane & Kanfer, 2017; OECD, 2000). Informelles Lernen am Arbeitsplatz sowie Fort- und Weiterbildung wirken sich dabei im Laufe des Erwachsenenlebens zunehmend seltener kompensierend auf das Fehlen formaler Qualifizierung aus. Tatsächlich kommt es eher zu einer Verstärkung von sozialen Ungleichheiten (z. B. im Hinblick auf das Geschlecht und den sozioökonomischen Status), da der Besitz von formaler Bildung die Beteiligung an Bildungsaktivitäten vorhersagt, und umgekehrt auch Bildungsanbieter formale Bildungsabschlüsse zur Zugangsvoraussetzung machen. Letzteres benachteiligt ältere Kohorten und insbesondere weibliche Mitglieder dieser Kohorten, da diese vergleichsweise seltener über höhere formale Abschlüsse verfügen (siehe auch Staudinger & Baumert, 2007). Entsprechend ist es wichtig, dass Bildungsangebote neben den Zielen und Bedürfnissen der Älteren auch deren formalen Bildungsvoraussetzungen gerecht werden.

3 Praktische Bedeutung

3.1 Die gesellschaftliche Bedeutung von Bildung im höheren Erwachsenenalter

Das Bildungsverhalten von Menschen kann man als eine besondere Form der gesellschaftlichen Partizipation betrachten. Ein Leben lang bleibt Bildung explizit und implizit Voraussetzung für den Zugang zu Chancen und Teilhabe. Dies gilt nicht nur für den Zugang zu Chancen auf dem Arbeitsmarkt, sondern auch für andere gesellschaftliche Bereiche, in denen Gestaltung und Einflussnahme möglich sind. Dabei ist der einmalige Erwerb einer Berufsqualifizierung zunehmend weniger hinreichend, um über den Lebenslauf fortgesetzt Erfolge im Erwerbsleben sowie gesellschaftliche Teilhabe zu erlangen (Staudinger, 2007). Vor diesem Hintergrund ist die Förderung von lebenslangem Lernen zu einem Konzept der Politik geworden.

Tatsächlich zeigen empirische Befunde, dass der Erwerb höherer Qualifikationen in mittleren und späteren Lebensabschnitten mit wünschenswerten Ergebnissen einhergeht, wie etwa dem Ausüben einer Erwerbstätigkeit, ehrenamtlichem Engagement oder der Teilnahme an Weiterbildung. Der Erwerb höherer Qualifikationen ist auch in diesen Lebensabschnitten mit einem Zuwachs im Bereich der Basiskompetenzen gemessen auf der PIAAC-Skala (siehe Abschnitt 1.3) verbunden (Desjardins, 2019). In diesem Sinn bleibt Bildung im höheren Erwachsenenalter eine wichtige volkswirtschaftliche „Investition", die zur Sicherung des Bedarfs an erwerbs- und ehrenamtlich tätigen Personen beiträgt. Das Ziel, das produktive Potenzial der Älteren besser zu erschließen, steht entsprechend hinter der Erklärung der UNESCO zum lebenslangen Lernen als einem Zukunftsfaktor. Diese Erklärung enthielt bereits 1997 anlässlich der fünften Weltkonferenz für Erwachsenenbildung (CONFINTEA V) den Aufruf, die Bildungsmöglichkeiten von Älteren an die Möglichkeiten anderer Altersgruppen anzugleichen (UNESCO Institute for Lifelong Learning, 1997). Auch die europäische Sozialpolitik enthält Empfehlungen, wonach die Mitgliedsstaaten versuchen sollten, Personen im Vorruhestand und Ruhestand für die Übernahme gesellschaftlich wichtiger Tätigkeiten zu gewinnen (Kommission der Europäischen Gemeinschaften, 2000). Zu diesem Zweck sollten die Mitgliedsstaaten unterstützende Bildungsangebote einrichten. Diese zu gestalten ist angesichts der zunehmenden Professionalisierung und Technisierung vieler Aufgaben und Dienstleistungen ein wichtiger Aufgabenbereich von Bildungspsycholog*innen. Unterstützende Bildungsangebote können Ältere für ein bürgerschaftliches Engagement qualifizieren und denjenigen bessere Chancen auf eine Erwerbstätigkeit im Ruhestandsalter eröffnen, die sich eine Erwerbstätigkeit wünschen, diesen Wunsch aber bisher nicht umsetzen konnten. Tatsächlich möchten nicht wenige Menschen ihre berufliche Tätigkeit über das Renteneintrittsalter hinaus fortsetzen. Laut Analysen des Instituts für Arbeitsmarkt- und Berufsforschung tun dies in Deutschland auch 31 % der Frauen und 28 % der Männer in den ersten drei Jahren nach dem Übergang in die Altersrente. Unter den nicht erwerbstätigen Rentenbezieher*innen würden 13 % der Frauen und 20 % der Männer gerne eine Erwerbstätigkeit aufnehmen (Anger, Trahms & Westermeier, 2018). Dabei spielt der Wunsch, mehr Geld zu verdienen, keineswegs immer eine zentrale Rolle.

Über die Gründe, warum Rentenbezieher*innen einer Erwerbsarbeit nachgehen, informiert der folgende Kasten.

Im Fokus: Erwerbstätigkeit im Rentenalter und ihre Gründe

Wie Tabelle 8.1 zeigt, sind sowohl Frauen als auch Männer in den ersten drei Jahren nach Renteneintritt deutlich häufiger erwerbstätig, wenn sie über ein hohes Haushaltseinkommen verfügen. (Das zusätzlich zur Rente erwirtschaftete Einkommen wurde für die Kategorisierung in die drei Einkommensgruppen nicht einbezogen). Während 29% der befragten Rentnerinnen und 26% der befragten Rentner mit einem Haushaltseinkommen von weniger als 1.000 Euro erwerbstätig sind, erhöhen sich diese Prozentwerte bei einem Haushaltseinkommen von über 2.500 Euro auf 58% beziehungsweise 59%. Ein solches Ergebnis weist eindrücklich darauf hin, dass die fortgesetzte Erwerbstätigkeit im Rentenalter für viele nicht durch einen Mangel an finanziellen Ressourcen motiviert ist.

Tabelle 8.1: Haushalteinkommen und Erwerbstätigkeit in den ersten drei Jahren nach Renteneintritt. Datenquelle: Nationales Bildungspanel (NEPS SC6 8.0.0), Wellen 2012/2013 bis 2015/2016. Berechnungen des Instituts für Arbeitsmarkt- und Berufsforschung (Anger et al., 2018).

	Frauen			Männer		
Haushalts-einkommen (Rente)	**erwerbs-tätig**	**Beschäftigungs-wunsch vorhanden**		**erwerbs-tätig**	**Beschäftigungs-wunsch vorhanden**	
		ja	**nein**		**ja**	**nein**
< 1.000€	29	21	50	26	9	66
1.000–2.500€	26	6	68	16	19	65
> 2.500€	58	2	40	59	5	36

Dies findet auch Bestätigung durch die Selbstauskunft derjenigen Rentnerinnen und Rentner, die erwerbstätig sind oder sich eine Erwerbstätigkeit wünschen: Intrinsische Motive, wie der Wunsch nach sozialem Kontakt, Freude an der Arbeit, sowie der Wunsch nach einer bedeutsamen Aufgabe, werden mit größerer Häufigkeit als Grund für die Erwerbstätigkeit genannt als mangelnde finanzielle Ressourcen (siehe Abbildung 8.3) Dies heißt aber nicht, dass die finanzielle Situation des Betroffenen den Wunsch zu arbeiten nicht beeinflusst. Insbesondere Frauen im Ruhestandsalter berichten nicht selten, dass sie das zusätzliche Geld brauchen. Frauen verfügen auch häufiger als Männer über geringe Rentenansprüche.

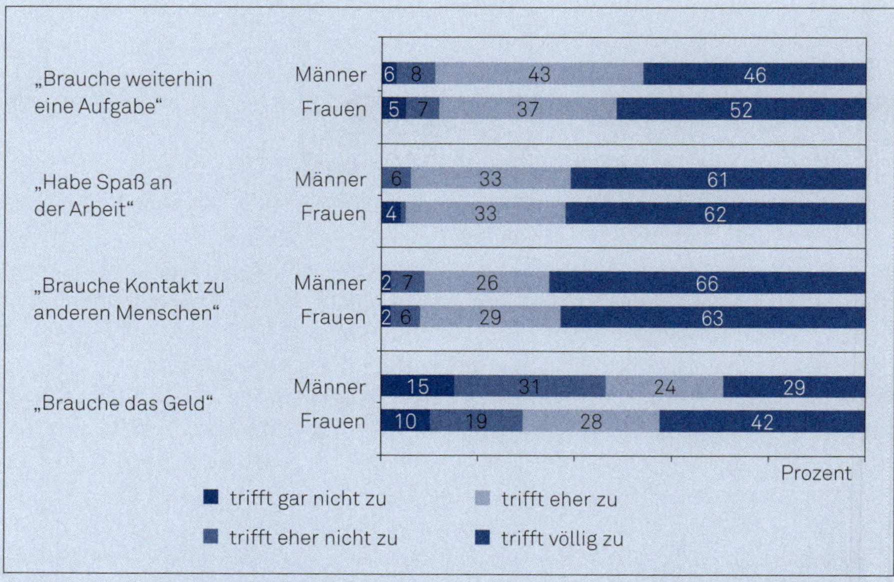

Abbildung 8.3: Motive für eine Erwerbstätigkeit im Rentenalter. Datenquelle: Nationales Bildungspanel (NEPS SC6 8.0.0), Wellen 2012/2013 bis 2015/2016. Berechnungen des Instituts für Arbeitsmarkt- und Berufsforschung (Anger et al., 2018).

3.2 Angebotsstrukturen und Formen des Lernens

Bildungsangebote lassen sich in formale und entsprechend zertifizierte Kurse oder Programme, nicht formale, aber professionell organisierte Angebote (Kurse, die zu keinem Zertifikat führen) und informelles Lernen einteilen. Zu den Hauptanbietern formaler oder teil-formaler Bildung zählen Hochschulen, Volkshochschulen und Akademien. Während Ältere traditionell vor allem das Kursangebot von Volkshochschulen und Akademien nutzen, ist berufliche und auch nachberufliche Weiterbildung zusehends Aufgabe der Hochschulen. Der Bedarf an wissenschaftlich fundierter Weiterbildung wird weiter ansteigen, da ein wachsender Anteil der Erwerbstätigen über einen Hochschulabschluss verfügt und die Weiterbildungsbeteiligung von Hochschulabsolvent*innen überdurchschnittlich hoch ist. Dies bewirkt nicht nur, dass Hochschulen sich für berufsbegleitende Studiengänge und neue Gruppen von Studierenden weiter öffnen werden. Hochschulen werden auch im Bereich der nachberuflichen Bildung zu Institutionen des lebensbegleitenden Lernens: Sie machen Studienangebote, die sich an Ältere richten. Die Nutzung dieser Angebote kann Teil einer aktiven Lebensgestaltung sein, indem sie Personen in der nachberuflichen beziehungsweise nachfamiliären Lebensphase Gelegenheit bietet, soziale Kontakte zu pflegen und die eigenen Fähigkeiten weiterhin einzusetzen und zu erweitern.

Zu den bekannteren Beispielen für solche Studienangebote zählt der bereits 1980 eingerichtete Studiengang „Weiterbildendes Studium für Seniorinnen und Senioren" an der Technischen Universität Dortmund. Der Studiengang vergibt Studienplätze an Personen im Alter von über 50 Jahren, wobei Zugangsvoraussetzungen und die Teilnahmegebühr pro Semester bewusst niedrig gehalten werden. Ziel des Studienganges ist es, Personen nach der Berufs- oder Familienphase für ein bürgerschaftliches Engagement zu qualifizieren. Nach 40 Jahren des Bestehens teilt die Hochschule mit, dass etwa 1300 Senior*innen den Studiengang absolviert haben, von denen circa 85 % eine ehrenamtliche Tätigkeit im sozialen Bereich, in Kultur und Bildung oder in der Freizeitarbeit ausüben. Andere nachberufliche Studienangebote benennen keine so konkreten qualifikatorischen Ziele wie die Vorbereitung auf ein bürgerschaftliches Engagement. Stattdessen bieten sie die Möglichkeit, Allgemeinbildung wissenschaftlich fundiert zu vertiefen. Als Beispiel sei das Weiterbildungsprogramm „Studium Generale – Das nachberufliche Studium an der Universität Wien" genannt. Die angebotenen Studiengänge enden mit einem akademischen Abschluss als „Akademische/r Absolvent/in" oder „Master of Arts (MA)" und bieten die Möglichkeit, ein breites Spektrum von Fachinhalten zu belegen, das von Zeitgeschichte und Wirtschaft über Botanik und Chemie bis zur Theologie reicht.

Des Weiteren ist die Vermittlung von „Gesundheitsbildung" ein wichtiges Anliegen des lebensbegleitenden Lernens. Dem Gesundheitszustand kommt neben der materiellen Absicherung eine große Bedeutung für die gesellschaftliche Partizipation der Älteren zu (siehe Alterssurvey; Deutsches Zentrum für Altersfragen, 2006). Entsprechend können Bildungsangebote zur Gesundheitsförderung einen relevanten Beitrag zur Eindämmung von Kosten in den nationalen Gesundheitssystemen leisten (OECD, 2007). Aufgabe der Gesundheitsbildung ist es dabei, Wissen über Gesundheitshandeln und gesundheitsförderliche Lebensbedingungen zu verbreiten (wozu das Vermeiden schädlicher Verhaltensweisen, wie Rauchen und Alkoholkonsum, genauso gehört wie das Umsetzen förderlicher Verhaltensweisen, wie etwa der Fähigkeit, sich eigene Mahlzeiten zuzubereiten und sich körperlich zu betätigen). Eine weitere Aufgabe der Gesundheitsbildung besteht darin, Menschen zu befähigen, Entscheidungen über die Inanspruchnahme von präventiven, kurativen, rehabilitativen und pflegerischen Maßnahmen der Gesundheitsversorgung zu treffen. Letzteres spielt vor allem für die Bewältigung chronischer Erkrankungen eine wichtige Rolle. Altern beinhaltet Veränderung auf physiologischer, psychologischer und sozialer Ebene. Die aufgrund solcher Veränderungen notwendig werdenden Anpassungsleistungen im Denken, Wollen und Handeln können ebenfalls im Rahmen von Bildungsangeboten unterstützt werden. So können Ältere lernen, Altersverluste möglichst weitgehend durch ausgleichende Fertigkeiten, verstärktes Üben oder technische Hilfen zu kompensieren. Die dabei zum Einsatz kommenden Bewältigungsstrategien beschreibt das SOC-Konzept („Selective Optimization with Compensation“). Als Metatheorie von Entwicklung im Lebensverlauf postuliert dieses Konzept, dass Individuen lernen können, im Lebensverlauf erfahrene Verluste durch eine selektive Konzentration auf wichtige Ziele und die Optimierung der Mittel, um diese Ziele zu erreichen, zu kompensieren (Baltes & Baltes, 1990; Baltes et al., 2006).

4 Zukunft des Themas

In einer Diskussion um zukünftige Herausforderungen darf die Frage nach den Kompetenzen Erwachsener im Umgang mit digitalen Technologien nicht fehlen. Im Zuge der Digitalisierung ist es zusehends unerlässlich, alltägliche und berufliche Anforderungen mithilfe von digitalen Technologien bewältigen zu können. Internationale Vergleichsstudien wie PIAAC (siehe Abschnitt 1.3) bezeichnen die hierfür nötigen Fähigkeiten als „technologiebasierte Problemlösekompetenz“. Technologiebasiertes Problemlösen umfasst die Nutzung von Rechentechnologie, Kommunikationswerkzeugen und Netzwerken mit dem Ziel, Informationen zu beschaffen, Informationen zu bewerten, und mit anderen zu kommunizieren, um auf diese Weise berufliche und alltagsbezogene Probleme zu lösen (OECD, 2013). Aufgaben stellen „Probleme“ dar, wenn sie sich nicht mit einfachen Routineprozessen lösen lassen. Dies ist beispielsweise dann der Fall, wenn eine Lösung das Festlegen von Zielen und eine Planung in dem Sinne erfordert, dass adäquate Verfahrensweisen und Werkzeuge ausgewählt werden müssen. Auch das Ausfindigmachen und Bewerten einzelner Informationen in einem größeren Informationsangebot erfordert Problemlösekompetenz.

In der internationalen Vergleichsstudie PIAAC wird das technologiebasierte Problemlösen in drei Kompetenzstufen untergliedert. Bezogen auf diese Unterteilung zeigt sich, dass in den OECD-Staaten nur ein geringer Anteil der erwachsenen Bevölkerung, nämlich 5,8 %, die höchste Kompetenzstufe III erreicht (OECD, 2013). Zusätzlich bestehen deutliche Unterschiede zwischen den Altersgruppen (siehe Kasten). Diese Altersunterschiede gehen auf eine Besonderheit im Erwerb der technologiebasierten Problemlösefähigkeit zurück. Diese Besonderheit besteht darin, dass technologiebasierte Problemlösekompetenzen zumeist erst durch eine Auseinandersetzung mit Anforderungen aus dem Beruf oder einem Hochschulstudium erworben werden. So weisen Schüler*innen nach ihrem Schulabgang im Mittel geringere Kompetenzwerte im technologiebasierten Problemlösen auf als Erwachsene im Alter von mindestens 25 Jahren. Erst durch die Aufnahme eines Studiums und nach Abschluss von mehreren Studienjahren wächst der Anteil derer, die Kompetenzwerte auf Stufe II und III erreichen, deutlich an. Dies liegt daran, dass ein Studium, und dabei insbesondere ein Studium technischer Fächer, den Einsatz von digitaler Technologie verlangt und so den Kompetenzerwerb im Bereich des technologiebasierten Problemlösens anstößt.

Im Fokus: Altersunterschiede in der technologiebasierten Problemlösekompetenz

Im Durchschnitt der an PIAAC beteiligten Staaten verteilen sich die Kompetenzwerte der erwachsenen Bevölkerung auf die Kompetenzstufen des technologiebasierten Problemlösens wie folgt: Stufe I und darunter: 42 %; Stufe II: 28 %; Stufe III: 6 %. (Die Werte addieren sich nicht zu 100 % aufgrund von Testverweigerung, fehlender Computererfahrung und anderen Gründen).

Kompetenzwerte auf einem Niveau von Stufe II und III werden als wünschenswert angesehen. Fasst man die Anteile von Personen auf Stufe II und III zusammen, erhält man somit einen Indikator für den Anteil von Personen, die über ein wünschenswertes Mindestmaß an technologiebasierter Problemlösekompetenz verfügen. Dieser Anteil unterscheidet sich zwischen den Altersgruppen (25- bis 34-Jährige vs. 55- bis 65-Jährige) beziehungsweise zwischen Personen mit und ohne Hochschulabschluss deutlich (siehe Tabelle 8.2).

Tabelle 8.2: Anteile von Personen in den Kompetenzstufen II und III. Datenquelle: Survey of Adult Skills (PIAAC) (Daten der Jahre 2012 und 2015; OECD 2013, 2016), Tabellen A3.3 (P) und A3.7 (P).

	Gesamtbevölkerung	Altersgruppe		Tertiärer Abschluss	
		25–34	55–65	ja	nein
Wünschenswerte Kompetenzwerte erreicht (Stufe II oder III)	34 %	45 %	11 %	48 %	7 %

Personen ohne Hochschulabschluss sehen sich im Beruf aber ebenfalls der Erwartung ausgesetzt, digitale Technologien nutzen und/oder deren Nutzung erlernen zu können. Vor diesem Hintergrund bleibt es eine wichtige Aufgabe der Erwachsenenbildung, Personen mit geringer digitaler Kompetenz Chancen auf eine Nachqualifizierung zu bieten. Hierzu zählen Bildungsangebote, die das Erlernen von berufs- oder tätigkeitsspezifischer Software ermöglichen, genauso wie Angebote, die das Erlernen allgemeiner Software-Anwendungen – wie Webbrowser, E-Mail oder Videochat – unterstützen. Der persönliche Nutzen, der aus solchen Kenntnissen entstehen kann, zeigt sich auch am Beispiel von „Social Media“ (d. h., von internetbasierten Medien, die es ermöglichen, Inhalte zu generieren und mit anderen Menschen zu teilen). Forschungsbefunde zeigen, dass die Nutzung von sozialen Medien Personen im Ruhestandsalter effektiv dabei hilft, bedeutsame soziale Kontakte – unabhängig von Ort und Zeit – zu pflegen. Unter alleinlebenden Personen wirkt die so entstehende Verbundenheit mit anderen Menschen erfolgreich Gefühlen von Einsamkeit und Depressivität entgegen (z. B. Cotten, Ford,

Ford & Hale, 2014; Deters & Mehl, 2013). Online-Gemeinschaften und Diskussionsforen bieten zudem Information und soziale Unterstützung bei der Bewältigung schwieriger Lebenssituationen, wie sie etwa durch gesundheitliche Beeinträchtigungen entstehen (Leist, 2013).

In allen Bereichen der Bildung bleibt es dabei eine besondere Herausforderung für Bildungsanbieter, benachteiligte und bildungsferne Personengruppen (z. B. Personen mit geringer formaler Bildung oder niedrigem sozioökonomischem Status) zu erreichen. Diese Personengruppen sind deshalb schwerer zu bedienen, weil sie nach Abschluss ihrer Schulzeit weniger mit lernförderlichen Aufgaben in Berührung gekommen sind. Die Betroffenen haben auf diese Weise weniger positive Erwartungen an den Nutzen von Bildung erworben. Zudem haben sie weniger Gelegenheit gehabt, positive Erfahrungen mit Lernanforderungen zu machen, wodurch eine wichtige Quelle der Selbstwirksamkeit fehlt (Maurer, 2001). In diesem Zusammenhang verdient auch der Zugang, den bildungsferne Personen zu Informationen über Bildungsangebote haben, Aufmerksamkeit: „Zu lernen, was es zu lernen gibt“ stellt eine Metaebene des lebenslangen Lernens dar, auf der bildungsferne Personen besondere Unterstützung benötigen. Unterschiede zwischen den Kohorten betreffen dabei nicht nur die formalen Voraussetzungen der Bildungsbeteiligung. Auch Unterschiede im Niveau kognitiver Grundkompetenzen dürfen nicht übersehen werden: Personen im Rentenalter weisen häufiger Basiskompetenzen auf lediglich elementarem Niveau auf als jüngere Kohorten. Dennoch wird dieser Personengruppe vergleichsweise wenig Aufmerksamkeit im Bereich der elementaren Bildung geschenkt; und dies, obwohl durch geringe Grundbildung denkbar schlechte Voraussetzungen für ein aktives und gesundes Altern entstehen.

Abschließend bleibt anzumerken, dass lebenslanges Lernen sich keineswegs nur auf formale Bildungsangebote stützt. Erwachsene erwerben im Alltag – am Arbeitsplatz genauso wie in der Freizeit – Kenntnisse, Fertigkeiten und Kompetenzen, für die sie keinen Nachweis erhalten. Die so erworbenen Fähigkeiten sind aber essenzieller Bestandteil des lebenslangen Lernens und können auch auf dem Arbeitsmarkt wertvoll sein. Entsprechend hat die europäische Kommission Empfehlungen entwickelt, informell erworbene Fähigkeiten zu bewerten, zu dokumentieren und zu zertifizieren (Europäische Kommission, 2012).

Zusammenfassung

Welche Schlussfolgerungen ergeben sich aus dem skizzierten Forschungsstand für die Optimierung von Bildungsprozessen im Alter? Insgesamt kann festgehalten werden, dass altersabhängige Veränderungen auf psychologischer Ebene (Kognition, Motivation, sozio-emotionale Fähigkeiten) der Beteiligung Älterer an Bildungsaktivitäten wenig im Wege stehen. Im Bereich der sozio-emotionalen Voraussetzungen des Lernens können ältere Personen sogar Vorteile mitbringen. Dies legt nahe, dass auch im höheren Erwachsenenalter erfolgreich gelernt werden kann. Um solche Erfolge zu unterstützen, gilt es, Bildungsangebote an alterskorrelierte Veränderungen in der Verarbeitungskapazität und Geschwindigkeit anzupassen. Hinzu kommt, dass der Erwerb von neuem Wissen und neuen Fertigkeiten im Alter anstrengender wird und daher stärker von der Lernmotivation abhängig ist. Entsprechend wichtig ist es, den motivationalen Voraussetzungen und der Lebenssituation Älterer in der Gestaltung von Bildungsangeboten gerecht zu werden. So sind Lernformen wichtig, die eine aktive und die eigene Erfahrung nutzende Aneignung von Lerninhalten ermöglichen, eine positive Wahrnehmung der eigenen Kompetenz fördern und auf persönlich bedeutsame Ziele ausgerichtet sind. Eine Einteilung der Kursangebote nach altersspezifischen Zielgruppen ist dabei oft weniger angemessen. Ältere folgen in ihrem Verhalten im Bereich der Bildung einer allgemeinen Einsicht der Marktforschung, wonach speziell für Ältere entworfene Produkte gerne zum Ladenhüter werden. Lediglich auf bestimmte Lebenslagen und deren Lernanforderungen zugeschnittene Themen legen eine altersspezifische Angebotsgestaltung nahe. Neben dem Ausbau ausreichend attraktiver und differenzierter Bildungsangebote sind dabei auch Strategien der Qualitätssicherung gefragt. In diesem Zusammenhang ist der Ruf nach einer stärkeren Professionalisierung im Bereich der Erwachsenenbildung unverändert aktuell. Nur Bildungsangebote, die attraktiv sind und eine hohe Qualität aufweisen, können neue Formen der Produktivität und Partizipation Älterer effektiv fördern.

Reflexionsfragen

1. Was wird sich durch den demografischen Wandel in unserer Gesellschaft verändern? Welche positiven und negativen Erwartungen verbinden Sie damit?
2. Welche psychologischen Grundbedürfnisse stehen hinter dem Wunsch zu arbeiten?
3. Was ist „Expertise"? Inwiefern ist das Konzept wichtig, um den Erhalt von Leistungsfähigkeit im Alter zu verstehen?
4. Warum weisen ältere Kohorten niedrigere Werte im Bereich der technologiebasierten Problemlösefähigkeit auf als jüngere Kohorten?
5. Wie könnten Weiterbildungsangebote auch bildungsfernere Gruppen besser erreichen?
6. Reflektieren Sie, inwiefern Sie „lebenslang lernen" (oder auch nicht).

Weiterführende Literatur

Baltes, P.B., Staudinger, U.M. & Lindenberger, U. (1999). Lifespan psychology: Theory and application to intellectual functioning. *Annual Review of Psychology, 50*(1), 471–507. https://doi.org/10.1146/annurev.psych.50.1.471

Hamm, J., Heckhausen, J., Shane, J. & Lachman, M. (2020). Risk of cognitive declines with retirement: Who declines and why? *Psychology and Aging, 35*(3), 449–457. https://doi.org/10.1037/pag0000453

Heckhausen, J., Shane, J. & Kanfer, R. (2017). Competence and motivation at work throughout adulthood: Making the most of changing capacities and opportunities. In A.J. Elliot, C.S. Dweck & D.S. Yeager (Eds.), *Handbook of competence and motivation* (pp. 449–470). New York: Guilford.

Horton, S., Baker, J. & Schorer, J. (2008). Expertise and aging: Maintaining skills throughout the lifespan. *European Review of Aging and Physical Activity, 5,* 89–96. https://doi.org/10.1007/s11556-008-0034-5

Kanfer, R. & Ackerman, P. (2004). Aging, adult development, and work motivation. *The Academy of Management Review, 29*(3), 440–458. https://doi.org/10.2307/20159053

Lindenberger, U., Smith, J., Mayer, K.U. & Baltes, P.B. (Hrsg.). (2010). *Die Berliner Altersstudie*. Berlin: Akademie Verlag.

Literatur

Anger, S., Trahms, A. & Westermeier, C. (2018). *Erwerbstätigkeit nach dem Übergang in Altersrente: Soziale Motive überwiegen, aber auch Geld ist wichtig* (IAB-Kurzbericht, Nr. 24/2018). Nürnberg: Institut für Arbeitsmarkt- und Berufsforschung.

Baltes, P.B. (1990). Entwicklungspsychologie der Lebensspanne. Theoretische Ansätze. *Psychologische Rundschau, 23,* 611–626.

Baltes, P.B. & Baltes, M. (1990). Psychological perspectives on successful aging: The model of selective optimization with compensation. In P.B. Baltes & M. Baltes (Eds.), *Successful aging: Perspectives from the social sciences* (pp. 1–33). Cambridge: Cambridge University Press. https://doi.org/10.1017/CBO9780511665684.003

Baltes, P.B., Lindenberger, U. & Staudinger, U.M. (2006). Lifespan theory in developmental psychology. In R.M. Lerner (Ed.), *Handbook of Child Psychology* (6th ed., Vol. 1, pp. 569–664). New York: Wiley.

Baltes, P.B., Staudinger, U.M. & Lindenberger, U. (1999). Lifespan psychology: Theory and application to intellectual functioning. *Annual Review of Psychology, 50*(1), 471–507. https://doi.org/10.1146/annurev.psych.50.1.471

Baumert, J., Fend, H., O'Neil, H.F. & Peschar, J.L. (1998). *Prepared for life-long learning: Frame of reference for the measurement of self-regulated learning as a cross-curricular competency (CCC) in the PISA project*. Paris: Organisation for Economic Co-operation and Development (OECD).

Benson, L., English, T., Conroy, D.E., Pincus, A.L., Gerstorf, D. & Ram, N. (2019). Age differences in emotion regulation strategy use, variability, and flexibility: An experience sampling approach. *Developmental Psychology, 55*(9),1951–1964. https://doi.org/10.1037/dev0000727

Carstensen, L.L., Turan, B., Scheibe, S., Ram, N., Ersner-Hershfield, H., Samanez-Larkin, G.R. et al. (2011). Emotional experience improves with age: Evidence based on over 10 years of experience sampling. *Psychology and Aging, 26*(1), 21–33. https://doi.org/10.1037/a0021285

Cattell, R.B. (1971). *Abilities: Their structure, growth, and action*. New York: Houghton Mifflin.

Charles, S.T., Luong, G., Almeida, D.M., Ryff, C., Sturm, M. & Love, G. (2010). Fewer ups and downs: Daily stressors mediate age differences in negative affect. *The Journals of Gerontology, Series B, Psychological sciences and social sciences, 65B*(3), 279–286. https://doi.org/10.1093/geronb/gbq002

Cotten, S.R., Ford, G., Ford, S. & Hale, T.M. (2014). Internet use and depression among retired older adults in the United States: A longitudinal analysis. *The Journals of Gerontology, Series B, Psychological Science and Social Sciences, 69*(5),763–71. https://doi.org/10.1093/geronb/gbu018

Cumming, E. & Henry, W. (1961). *Growing Old: The process of disengagement*. New York: Basic Books.

Desjardins, R. (2019). The relationship between attaining formal qualifications at older ages and outcomes related to active ageing. *European Journal of Education, 54*(1), 30–47. https://doi.org/10.1111/ejed.12315

Desjardins, R. & Warnke, A.J. (2012). *Ageing and Skills. A review and analysis of skill gain and skill loss over the lifespan and over time* (OECD Education Working Papers No. 72). Paris: OECD Publishing.

Deters, F. & Mehl, M. (2013). Does posting Facebook status updates increase or decrease loneliness? An online social networking experiment. *Social Psychological and Personality Science, 4*, 579–586. https://doi.org/10.1177/1948550612469233

Deutsches Zentrum für Altersfragen (2006). Alterssurvey: Tätigkeiten und Engagement in der zweiten Lebenshälfte. *Informationsdienst Altersfragen, 33*(2), 2–5.

English, T. & Carstensen, L.L. (2014). Selective narrowing of social networks across adulthood is associated with improved emotional experience in daily life. *International Journal of Behavioral Development, 38*(2), 195–202. https://doi.org/10.1177/0165025413515404

Ennis, G.E., Hess, T.M. & Smith, B.T. (2014). The impact of age and motivation on cognitive effort: Implications for cognitive engagement in older adulthood. *Psychology and Aging, 28*(2), 495–504. https://doi.org/10.1037/a0031255

Ericsson, K.A., Krampe, R.T. & Tesch-Römer, C. (1993). The role of deliberate practice in the acquisition of expert performance. *Psychological Review, 100*, 363–406. https://doi.org/10.1037/0033-295X.100.3.363

Europäische Kommission (2012). Council Recommendation of 20 December 2012 on the validation of non-formal and informal learning. *Official Journal of the European Union, 398*, 1–5.

Europäische Kommission (2018). *The 2018 ageing report: Economic and budgetary projections for the EU member states (2016*–2070). Retrieved from https://ec.europa.eu/info/sites/default/files/economy-finance/ip079_en.pdf

Eurostat (2022). *Erwerbstätigenquote älterer Erwerbstätiger, Altersgruppe der 55-64-Jährigen*. Verfügbar unter https://ec.europa.eu/eurostat/de/web/products-datasets/product?code=tesem050

Freund, A.M. & Riediger, M. (2001). What I have and what I do: The role of resource loss and gain throughout life. *Applied Psychology: An International Review, 50*, 370–380.

Fuchs, J., Söhnlein, D. & Weber, B. (2017). *Projektion des Erwerbspersonenpotenzials bis 2060: Arbeitskräfteangebot sinkt auch bei hoher Zuwanderung* (IAB-Kurzbericht, Nr. 6). Nürnberg: Institut für Arbeitsmarkt- und Berufsforschung.

Gallo, L.C., Bogart, L.M., Vranceanu, A.-M. & Matthews, K.A. (2005). Socioeconomic status, resources, psychological experiences, and emotional responses: A test of the reserve capacity model. *Journal of Personality and Social Psychology, 88*(2), 386–399. https://doi.org/10.1037/0022-3514.88.2.386

Geyer, J. & Schulz, E. (2014). Who cares? Die Bedeutung der informellen Pflege durch Erwerbstätige in Deutschland. *DIW Wochenbericht, 14*, 294–301.

Havighurst, R.J., Neugarten, B.L. & Tobin, S.N. (1968). Disengagement and patterns of aging. In B.L. Neugarten (Ed.), *Middle Age and Aging: A Reader in Social Psychology* (pp. 161–172). Chicago, IL: University of Chicago Press.

Heckhausen, J., Shane, J. & Kanfer, R. (2017). Competence and motivation at work throughout adulthood: Making the most of changing capacities and opportunities. In A.J. Elliot, C.S.

Dweck & D.S. Yeager (Eds.), *Handbook of competence and motivation* (pp. 449–470). New York: Guilford.

Heidemeier, H., & Staudinger, U.M. (2014). Age differences in achievement goals and motivational characteristics of work in an ageing workforce. *Ageing and Society, 35,* 809–836. https://doi.org/10.1017/S0144686X13001098

Hobfoll, S.E. (2001). The influence of culture, community, and the nested-self in the stress process: Advancing Conservation of Resources theory. *Applied Psychology: An International Review, 50,* 337–370. https://doi.org/10.1111/1464-0597.00062

Horn, J. & Masunaga, H. (2006). A merging theory of expertise and intelligence. In K.A. Ericsson, N. Charness, P.J. Feltovich & R.R. Hoffman (Eds.), *The Cambridge handbook of expertise and expert performance* (pp. 587–611). New York: Cambridge University Press. https://doi.org/10.1017/CBO9780511816796.034

Horton, S., Baker, J. & Schorer, J. (2008). Expertise and aging: Maintaining skills throughout the lifespan. *European Review of Aging and Physical Activity, 5,* 89–96. https://doi.org/10.1007/s11556-008-0034-5

Inceoglu, I., Segers, J. & Bartram, D. (2012). Age-related differences in work motivation. *Journal of Occupational and Organizational Psychology, 85,* 300–329. https://doi.org/10.1111/j.2044-8325.2011.02035.x

Kanfer, R. & Ackerman, P.L. (2004). Aging, adult development, and work motivation. *Academy of Management Review, 29,* 440–458. https://doi.org/10.2307/20159053

Kluge, F., Zagheni, E., Loichinger, E. & Vogt, T. (2014). The advantages of demographic change after the wave: Fewer and older, but healthier, greener, and more productive? *PLoS ONE, 9*(9), e108501. https://doi.org/10.1371/journal.pone.0108501

Kohli, M. (1985). Die Institutionalisierung des Lebenslaufs: Historische Befunde und theoretische Argumente. *Kölner Zeitschrift für Soziologie und Sozialpsychologie, 1,* 1–29.

Kommission der Europäischen Gemeinschaften (2000). *Memorandum über Lebenslanges Lernen.* Verfügbar unter https://www.hrk.de/uploads/tx_szconvention/memode.pdf

Kooij, D.T.A.M., De Lange, A.H., Jansen, P.G.W., Kanfer, R. & Dikkers, S.E. (2011). Age and work-related motives: Results of a meta-analysis. *Journal of Organizational Behavior, 32,* 197–225. https://doi.org/10.1002/job.665

Kunzmann, U., Stange, A. & Jordan, J. (2005). Positive emotionality and lifestyle in adulthood: Do you do what you feel? *Personality and Social Psychology Bulletin, 31,* 574–588. https://doi.org/10.1177/0146167204271586

Leist, A. (2013). Social media use of older adults: A mini-review. *Gerontology, 59*(4), 378–384. https://doi.org/10.1159/000346818

Levy, B.R. (2003). Mind matters: Cognitive and physical effects of aging self-stereotypes. *The Journals of Gerontology, Series B, Psychological Sciences and Social Sciences, 58B*(4), 203–211. https://doi.org/10.1093/geronb/58.4.P203

Livingston, G., Huntley, J., Sommerlad, A., Ames, D., Ballard, C., Banerjee, S. et al. (2020). Dementia prevention, intervention, and care: 2020 report of the Lancet Commision. *The Lancet, 396*(10248), 413–446. https://doi.org/10.1016/S0140-6736(20)30367-6

Maurer, T.J. (2001). Career-relevant learning and development, worker age, and beliefs about self-efficacy for development. *Journal of Management, 27,* 123–140. https://doi.org/10.1177/014920630102700201

Organisation for Economic Co-operation and Development (OECD). (2000). *Literacy in the information age. Final report of the international adult literacy survey.* Paris: OECD Publishing.

Organisation for Economic Co-operation and Development (OECD). (2007). *Understanding the social outcomes of learning.* Paris: OECD Publishing.

Organisation for Economic Co-operation and Development (OECD). (2013). *OECD Skills Outlook 2013: First Results from the Survey of Adult Skills*. Paris: OECD Publishing.

Organisation for Economic Co-operation and Development (OECD). (2016). *Skills Matter: Further Results from the Survey of Adult Skills, OECD Skills Studies*, Paris: OECD Publishing. https://doi.org/10.1787/9789264258051-en

Röhr-Sendlmeier, U.M. & Käser, U. (1999). Bedingungen für die Weiterbildung im höheren Erwachsenenalter: Befragungsergebnisse aus drei Jahrzehnten im Vergleich. *Pädagogische Rundschau, 53*, 697–716.

Ryan, R.M. & Deci, E.L. (2000). Self-determination theory and the facilitation of intrinsic motivation, social development, and well-being. *American Psychologist, 55*, 68–78. https://doi.org/10.1037/0003-066X.55.1.68

Salthouse, T. (2004). What and when of cognitive ageing. *Current Directions in Psychological Science, 13*(4),140–144. https://doi.org/10.1111/j.0963-7214.2004.00293.x

Schaie, K.W. (1996). *Adult intellectual development: The Seattle Longitudinal Study*. New York: Cambridge University Press.

Statistisches Bundesamt (2022). *Bevölkerung in Deutschland*. Verfügbar unter https://service.destatis.de/bevoelkerungspyramide/index.html

Staudinger, U.M. (2000). Eine Expertise zum Thema „lebenslanges Lernen“ aus der Sicht der Lebensspannen-Psychologie. In F. Achtenhagen & W. Lempert (Hrsg.), *Lebenslanges Lernen im Beruf: Seine Grundlegung im Kindes- und Jugendalter* (3. Aufl., S. 90–110). Opladen: Leske + Budrich.

Staudinger, U.M. (2003). Das Alter(n): Gestalterische Verantwortung für den Einzelnen und die Gesellschaft. Aus Politik und Zeitgeschichte. *Beilage zur Wochenzeitung Das Parlament, B 20*, 35–42.

Staudinger, U.M. (2005). Personality and aging. In M. Johnson, V.L. Bengtson, P.G. Coleman & T. Kirkwood (Eds.), *Cambridge handbook of age and ageing* (pp. 237–244). Cambridge, UK: Cambridge University Press.

Staudinger, U.M. (2007). Dynamisches Personalmanagement als eine Antwort auf den demographischen Wandel. In W. Ballweiser & C. Börsig (Hrsg.), *Demographischer Wandel als unternehmerische Herausforderung: Kongressdokumentation zum 60. Deutschen Betriebswirtschaftstag* (S. 35–48). Stuttgart: Schäffer-Poeschel.

Staudinger, U.M. & Baumert, J. (2007). Bildung und Lernen jenseits der 50: Plastizität und Realität. In P. Gruss (Hrsg.), *Die Zukunft des Alterns. Die Antwort der Wissenschaft* (S. 240–257). München: C.H. Beck.

Staudinger, U.M. & Fleeson, W. (1996). Self and personality in old and very old age: A sample case of resilience? *Development and Psychopathology, 8*, 867–885. https://doi.org/10.1017/S0954579400007471

Stern, E. & Grabner, R. (2014). Die Erforschung menschlicher Intelligenz. In L. Ahnert (Hrsg.), *Theorien in der Entwicklungspsychologie* (S. 174–201). Berlin: Springer VS.

Stern, Y. (2006). Cognitive Reserve and Alzheimer Disease. *Alzheimer Disease & Associated Disorders, 20*(3), 69–74. https://doi.org/10.1097/00002093-200607001-00010

Wagner, M., Schütze, Y. & Lang, F.R. (1999). Social relationships in old age. In P.B. Baltes & K.U. Mayer (Eds.), *The Berlin Aging Study: Aging from 70 to 100* (pp. 282–301). New York: Cambridge University Press.

UNESCO Institute for Lifelong Learning (1997). *Fifth International Conference on Adult Education (1997) - CONFINTEA V*. Retrieved from https://uil.unesco.org/adult-education/confintea/fifth-conference

Zhaoyang, R., Sliwinski, M. J., Martire, L. M. & Smyth, J. M. (2019). Social interactions and physical symptoms in daily life: quality matters for older adults, quantity matters for younger adults. *Psychology & Health, 34*(7), 867–885. https://doi.org/10.1080/08870446.2019.1579908

Teil II: Aufgabenbereiche

Kapitel 9

Bildungspsychologische Forschung

Marion Händel & Albert Ziegler

Inhaltsübersicht

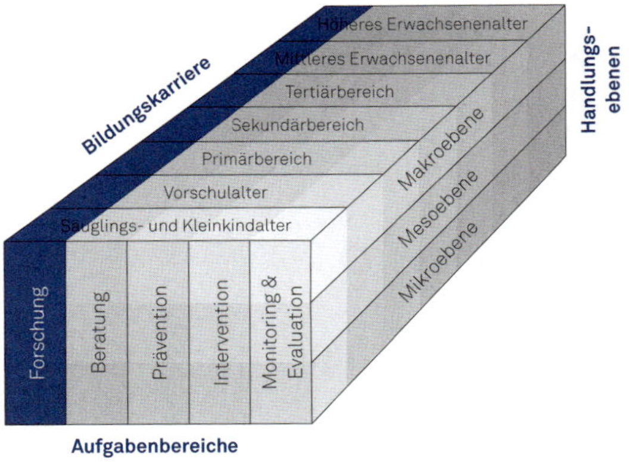

Die Bildungspsychologie umfasst auf der zweiten Strukturierungsebene des vorgeschlagenen Strukturmodells fünf Aufgabenbereiche. Dieser Beitrag fokussiert den Aufgabenbereich Forschung und basiert auf der unten im Kasten stehenden Definition bildungspsychologischer Forschung. Offensichtlich lässt sich darin „Bildung" durch Begriffe wie Denken, Gedächtnis oder Werbung ersetzen, ohne dass der Charakter einer wissenschaftlichen Definition verlorenginge. Ihre besondere Pointe bezieht diese Definition somit aus dem Begriff „Bildung". Gemeinsam mit dem Substantiv Psychologie bildet es die Nominalkomposition Bildungspsychologie, die eine Teildisziplin der Psychologie bezeichnet (Spiel & Reimann, 2005). Ihre Forschungsaktivitäten richten sich insbesondere auf die Entwicklung, Optimierung, Nutzung und Evaluation von Bildungsangeboten und auf individuelle Bildungsprozesse, ihre Charakteristika, Förderung, Ergebnisse und ihren Stellenwert für das Erreichen persönlicher Ziele.

Bildungspsychologische Forschung

Bildungspsychologische Forschung untersucht Phänomene der Bildung aus psychologischer Sicht. Es handelt sich dabei um eine systematische, methodengeleitete Suche nach neuen Erkenntnissen, deren Erfolg anhand von Qualitätsmaßstäben beurteilt werden kann.

1 Einführung

Wissenschaftliche Teildisziplinen lassen sich in immanente und exoterische unterteilen. So sind beispielsweise Denk- und Gedächtnispsychologie immanente Teildisziplinen der Psychologie, da Denken und Gedächtnis theoretische Terme dieser Wissenschaft darstellen. Markt- und Werbepsychologie sind dagegen exoterische Teildisziplinen, da weder der Markt noch die Werbung theoretische Begriffe der Psychologie sind.

Immanente und exoterische Teildisziplinen

Immanente Teildisziplinen sind auf Fragestellungen innerhalb ihrer „Mutterwissenschaft" spezialisiert. Exoterische Teildisziplinen untersuchen aus der Perspektive der „Mutterwissenschaft“ Fragestellungen, die außerhalb dieser angesiedelt sind. Ein Beispiel für eine exoterische Teildisziplin ist die Bildungspsychologie.

Auf den ersten Blick mag es verwundern, wieso sich überhaupt exoterische Teildisziplinen bilden können. Plausibel erschiene es wohl eher, dass eine Wissenschaft Forschungsfragen ausschließlich aus sich selbst heraus hervorbringt und sich bei der Erklärung ihrer Forschungsbefunde vollständig auf ihre eigenen theoretischen Terme beschränkt. Im Folgenden werden daher sowohl extradisziplinäre als auch intradisziplinäre Gründe für die Etablierung einer exoterischen Teildisziplin vorgestellt.

Extradisziplinäre Gründe für das Entstehen einer exoterischen Teildisziplin. Gesellschaften sind für ihr Funktionieren genauso auf Wissen angewiesen, wie dies Individuen für das Erreichen ihrer Ziele sind. Das Bedürfnis nach informierten Entscheidungen steigt immer dann rasant an, wenn die Tragweite und Folgenschwere von Entscheidungen hoch ist und/oder falls es sich um immer wiederkehrende Probleme handelt. Ist in einer solchen Situation der Wissensbestand einer Wissenschaft geeignet zur Entscheidungsoptimierung beizutragen, und lassen zudem künftige Forschungsaktivitäten dieser Wissenschaft weiteres relevantes Wissen erwarten, *kann* sich eine exoterische Teildisziplin herausbilden. So entdeckten beispielsweise in der Vergangenheit Werbemacher, wie hilfreich psychologische Forschungsergebnisse sein können, und fragten in der Folgezeit gezielt weitere Forschungsergebnisse nach. Dies führte zur Etablierung der Werbepsychologie und ihres Forschungsapparats (Felser, 2015).

Bekanntermaßen ist die Psychologie ein gefragter Auskunftsgeber nicht nur in der Werbebranche, sondern in sehr unterschiedlichen Bereichen. Davon zeugt die Existenz spezieller psychologischer Teildisziplinen wie zum Beispiel Arbeits- und Pädagogische Psychologie, Gesundheits- und Rechtspsychologie, Medien- und Marktpsychologie, Religions- und Politische Psychologie, Umwelt- und Verkehrspsychologie. Die Aufzählung dieser exoterischen Teildisziplinen der Psychologie lässt einerseits vermuten, dass gesellschaftliche Funktionsbereiche und Handlungskontexte ein hohes Maß an Relevanz haben müssen, damit sie einer Wissenschaft genügend Anreize zur Spezialisierung bieten können. Sie veranschaulicht andererseits den enorm großen Anwendungsbereich psychologischen Wissens. Und in der Tat erscheint die Psychologie geeignet, gerade auch zum Thema Bildung wertvolle Beiträge zu leisten. Sie befasst sich wissenschaftlich fundiert mit vielfältigen Aspekten dieser Thematik. Insbesondere beruhen Bildungsprozesse auf Lernen, einem der Kernkonzepte der Allgemeinen Psychologie (Byrne, 2002). Die potenziellen Beiträge der Psychologie umfassen aber fast ihr gesamtes Kompetenzspektrum. So ist etwa Bildung durch Übung, Training oder Gestaltung anregender, informativer, sozialer und räumlicher Kontexte gestaltbar. Personen unterscheiden sich in der Wahrnehmung, Aneignung und Nutzung von Bildungsangeboten. Es lassen sich beispielsweise entwicklungsabhängige Muster erkennen. Die Vielzahl der psychologischen Teildisziplinen, die unmittelbar wichtige Beiträge zum Verständnis und zur optimalen Steuerung von Bildungsprozessen leisten könnten, ist so groß, dass man durchaus von einer Querschnittsaufgabe für die gesamte Psychologie sprechen kann. Kurzum: Psychologie erscheint aus der Perspektive des Bildungssektors betrachtet schon jetzt als ein attraktiver Kooperationspartner, gezielte bildungspsychologische Forschungen versprechen sogar eine enorm gesteigerte Attraktivität.

Intradisziplinäre Gründe für das Entstehen einer exoterischen Teildisziplin. Umgekehrt kann die Frage gestellt werden, weshalb eine Wissenschaft Interesse haben sollte, sich für extradisziplinäre Fragestellungen zu öffnen. Auf den vorliegenden Kontext gemünzt bedeutet dies, warum die Psychologie das Thema Bildung (als Produkt und Prozess) für derart bedeutungsvoll erachten sollte, dass sie dafür eigens eine neue Teildisziplin etabliert. Bei der Beantwortung dieser Frage spielen neben Aspekten der Praxisrelevanz unter dem Gesichtspunkt von Forschung drei Gründe eine besondere Rolle: Forschungsinteressen, Forschungsmöglichkeiten und Gewinnung von Forschungsressourcen.

Eine neue Teildisziplin muss erstens weiten Teilen der „Mutterdisziplin" Forschungsfelder für vielfältige Fragestellungen bieten. Spricht sie ein Fach nicht in seiner Breite an, würde sie wahrscheinlich allenfalls als wichtige Spezialfragestellung einer bereits bestehenden Teildisziplin fungieren. Man kann mit Fug und Recht annehmen, dass ein Forschungsgegenstand *psychologische Aspekte der Bildung* sicherlich sehr viele Teildisziplinen der Psychologie anspricht, sodass er nicht mehr nur exklusiv von einer psychologischen Teildisziplin für sich reklamiert würde. So finden die Schwerpunktfächer der Psychologie wie Allgemeine Psychologie, Persönlichkeits-, Entwicklungs- und Sozialpsychologie und Psychologische Diagnostik beim Thema Bildung sicherlich genauso fruchtbare und vielversprechende Forschungsfelder wie viele weitere Teildisziplinen, allen voran die Pädagogische Psychologie und mit etwas Abstand unter anderem Medienpsychologie, Klinische Psychologie und Organisationspsychologie. In der Tat belegt ein Blick in die wissenschaftlichen Zeitschriften, die sich schwerpunktmäßig mit bildungspsychologischen Themen befassen, wie bunt gefächert die intradisziplinäre Verortung der publizierenden Forscher*innen in der Psychologie ist.

Eine potenzielle Teildisziplin sollte gute Forschungsbedingungen und einen guten empirischen Zugang bieten. Auch dies ist bei der Thematik Bildung ohne Zweifel gegeben, da nicht nur ein passives, sondern sogar ein aktives Interesse an bildungspsychologischer Forschung besteht: (Bildungs-)Psycholog*innen wird der Zugang nicht nur gewährt. Um ihr Engagement beispielsweise bei der Entwicklung von Unterrichtsprogrammen, Interventionen oder Evaluationen wird sogar geworben. Ferner sind Untersuchungen relativ leicht durchzuführen und

Untersuchungsteilnehmer*innen recht einfach zu rekrutieren. Dem nicht zu leugnenden Handicap, dass in der Regel strikte experimentelle Kontrollen im Vergleich zu Laborstudien schwieriger zu realisieren sind, steht der Vorteil größerer ökologischer Validität gegenüber.

Neben Forschungsinteressen und Forschungsmöglichkeiten bildet die Aussicht, Forschungsressourcen für das eigene Fach zu gewinnen, einen weiteren gewichtigen intradisziplinären Grund für die Etablierung einer neuen Teildisziplin. Der Begriff Ressource ist hierbei weit gefasst und reicht von Forschungsgeldern bis hin zu Forschungsreputation (und der damit selbstverständlich verbundenen Möglichkeit, weitere Forschungsmittel zu akquirieren). Vor dem Hintergrund der gegenwärtig enormen Bedeutung des Themas Bildung, seiner Präsenz in Öffentlichkeit und Medien sowie den zurzeit fließenden Forschungsmitteln besteht wohl Konsens, dass die Psychologie ein hohes Interesse daran haben sollte, sich dem Thema Bildung zuzuwenden.

2 Wissenschaftstheoretische Aspekte bildungspsychologischer Forschung

Die Güte von Forschung ist Gegenstand der Wissenschaftstheorie. Ihre Aufgabe besteht darin, Forschungsaktivitäten einer Wissenschaft zu beschreiben und zu bewerten sowie im optimalen Fall, präskriptive Vorgaben zu machen. Wirft man jedoch einen Blick in die wissenschaftstheoretische Literatur, verwirrt diese mehr durch die Heterogenität der Standpunkte und Empfehlungen, als dass man Orientierung gewinnen könnte. So finden sich unter anderem die Ansätze Rationalismus (Aune, 1970; Cottingham, 1984) und Kritischer Rationalismus (Popper, 1968), Empirismus (Hume, 1955; Kenny, 1986), Logischer (Stove, 1973) und Konstruktiver Empirismus (van Fraassen, 1980), Konstruktivismus (Ernest, 1994; Maturana & Varela, 1980) und Reismus (Lejewski, 1976; Woleński, 1996), Skeptizismus (Russell, 1948), Relativismus (Berger & Luckmann, 1966; Feyerabend, 1962), Funktionalismus (Fodor, 2003, Levin, 1985) und Pragmatismus (Aune, 1970; Wiener, 1966), Evolutionäre (Campbell, 1974) und Naturalistische Epistemologie (Quine, 1969) – um nur einige der Hauptansätze zu nennen.

Leider ist es nicht einmal in Ansätzen möglich, ein gemeinsames Extrakt dieser Wissenschaftstheorien zu benennen. Ohne einen metatheoretischen Rahmen kann eine Bildungspsychologie jedoch keine rationale Forschung leisten, weil dann beispielsweise Methodenfragen nicht entscheidbar wären. Es scheint, als müsse sie sich ihren methodologischen Rahmen selbst zimmern; in der Wissenschaftstheorie liegt er jedenfalls nicht bereit.

Ziel bildungspsychologischer Forschung ist die Erstellung eines Aussagesystems in Form einer wissenschaftlichen Theorie, dessen wissenschaftliche Überprüfung methodischen Gütekriterien genügen muss (Gadenne, 1986). Die vordringliche Frage gilt dabei dem Wirklichkeitsausschnitt, auf den sich diese Forschung bezieht. Allerdings sieht man sich hier mit dem Problem konfrontiert, dass der Forschungsgegenstand bildungspsychologischer Forschung nicht durch natürliche Begriffe wie Sonne, Baum oder Sauerstoff konstituiert wird. Er wird also nicht einfach vorgefunden, sondern Forschende müssen ihn konstruieren und erschließen.

Geht man plausiblerweise davon aus, dass der Gegenstand einer Wissenschaft identisch ist mit ihrem Forschungsgegenstand, dann finden sich bereits erste sehr brauchbare und diskutierbare Vorschläge in der metatheoretischen bildungspsychologischen Arbeit bei Spiel und Reimann (2005). Die Autorin und der Autor haben in dieser richtungweisenden Arbeit den Gegenstand der Bildungspsychologie anhand einer auf axiomatischen Vorüberlegungen beruhenden dreidimensionalen Listendefinition konstituiert. Ihr Strukturmodell bestimmt auf der zeitlichen Dimension Abschnitte der Bildungskarriere, die vorerst noch eng an westlichen Leitvorstellungen orientiert ist. Es werden weiter drei an systemtheoretische Vorläufer anknüpfende Handlungsebenen benannt sowie fünf Aufgabenbereiche. Neben Beratung, Prävention, Intervention sowie Bildungsmonitoring und Evaluation ist einer davon die Forschung selbst.

3 Qualitätsmerkmale bildungspsychologischer Forschung

Bildungspsychologische Forschung kann auf vielfältige Weise betrieben werden: Als Labor- und Feldforschung, experimentell und explorativ, im Längsschnitt oder im Querschnitt, als Einzelfallstudie oder in Form von Handlungsforschung, als qualitative oder quantitative Forschung (Lewis-Beck, Bryman & Liao, 2004). Im Prinzip bleibt es dem*der Forscher*in überlassen, welche Forschungsmethode am besten geeignet zur Erreichung der Forschungsziele erscheint. Doch gleichgültig, welche Methode gewählt wird, muss die Forschung bestimmten Qualitätsmaßstäben genügen (siehe auch Kerlinger, 1986). Die fünf zentralen Forderungen werden im Folgenden besprochen.

3.1 Randomisierung

Randomisierung erfolgt am besten in einem zweistufigen Prozess. Erstens sollten Personen zufällig ausgewählt und zweitens anschließend zufällig einer Bildungsbedingung zugewiesen werden. Ein solches Verfahren stellt bereits die interne Validität einer Studie sicher, das heißt die Ergebnisse sind zumindest für die Personengruppe der Stichprobe gültig (Shadish, Cook & Campbell, 2002).

Allerdings muss die Randomisierung auch methodisch einwandfrei vorgenommen werden. Die Folgen eines Misslingens wurden erstmals durch die Ergebnisse einer der berühmtesten Studien der Wissenschaftsgeschichte, dem sogenannten Lanarkshire Milchexperiment, der Forschergemeinde ins Bewusstsein gerufen (Student, 1931). Ziel der britischen Forschungsstudie war es festzustellen, ob die Verteilung von Milch positive Konsequenzen zeigt. Obwohl die viele tausend Schüler*innen umfassende Untersuchung sehr sorgfältig geplant war, darunter auch Zufallsauswahlen der teilnehmenden Schüler*innen und Zufallszuweisungen zur Treatmentbedingung, entpuppten sich die Ergebnisse als wertlos. Lehrkräfte hatten die Randomisierung unterlaufen, indem sie die Milch nicht an die zufällig ausgewählten Schüler*innen verteilten, sondern an die Bedürftigen.

Randomisierung

Messergebnisse sind vielfältigen Einflüssen ausgesetzt. Um zu verhindern, dass diese systematisch in eine bestimmte Richtung beeinflussen, werden verschiedene Zufallszuweisungen, das heißt Randomisierungen, vorgenommen.

Der zweistufige Randomisierungsprozess ist in der bildungspsychologischen Forschungspraxis oft nicht realisierbar. So können beispielsweise Schüler*innen nicht per Zufall bestimmten Schulformen wie Grund-/Primar-/Volksschule, der allgemeinbildenden höheren Schule/Gymnasium/Kantonsschule oder Realschulen zugewiesen werden. Dem stehen Hindernisse wie die Erfüllung von Leistungsvoraussetzungen, Alter, Bildungsentscheidungen der Erziehungsberechtigten etc. im Wege. In solchen Fällen muss man sich mit quasi-experimentellen Designs behelfen, das heißt auf die zufällige Zuweisung von Versuchspersonen zu Parallelgruppen verzichten.

Da quasi-experimentelle Designs die interne Validität gefährden und vermutlich beeinträchtigen, müssen bestimmte Vorsichtsmaßnahmen getroffen werden. So sollte in Prätests die Vergleichbarkeit der Treatmentbedingungen überprüft werden. Doch auch die Vergleichbarkeit wird oft nicht realisierbar sein. Es muss daher von der Möglichkeit Gebrauch gemacht werden, unterschiedliche Voraussetzungen in der statistischen Auswertung zu kontrollieren. Allerdings ist es schlichtweg unmöglich, alle potenziell relevanten Ausgangsunterschiede zu berücksichtigen. Ferner sind die Möglichkeiten solcher Nachadjustierungen begrenzt (z.B. Pedhazur, 1997). Das Problem der Randomisierung kann daher als ein hartnäckiges und wahrscheinlich auch bleibendes Ärgernis bildungspsychologischer (Feld-)Forschung angesehen werden. Neben der erwähnten statistischen Kontrolle wird man sich daher auf absehbare Zeit mit theoretischen Abschätzungen der verzerrenden Wirkung suboptimaler Randomisierung behelfen müssen.

3.2 Kontrolle

Bildungspsychologisch relevante Prozesse finden in konkreten Handlungskontexten statt. Spiel und Reimann (2005) unterscheiden dabei Mikro-, Meso- und Makroebene (vgl. auch Kapitel 1). Beispielsweise kann die Mitarbeit einer Schülerin im Mathematikunterricht nicht allein durch in der unmittelbaren Situation wirkende Prozesse erklärt werden. Angemessene Erklärungen umfassen weitere Handlungsebenen wie Klasse, Schule, Familie, Gesellschaft und sogar Kultur. Den Einfluss all dieser Variablen zu kontrollieren, ist unmöglich. Bildungspsychologische Forschung muss daher durch verschiedene Maßnahmen versuchen, den Einfluss von Störvariablen, die die Interpretation der Ergebnisse erschweren, möglichst gering zu halten. Die drei wichtigsten Strategien neben der statistischen Kontrolle (siehe Abschnitt 3.1) sind die Herstellung standardisierter Untersuchungsbedingungen, Selektion und Stratifizierung.

Kontrolle

In Bezug auf empirische Studien meint der Begriff Kontrolle das Bemühen, den Einfluss der Randbedingungen einer Untersuchung zu minimieren.

Eine Standardisierung der Untersuchungsbedingungen – auch als Durchführungsobjektivität bezeichnet – hat offensichtlich die Folge, das „Rauschen" in den Daten zu verringern. Als Rauschen erscheinen Bildungspsycholog*innen dabei Fluktuationen in den Messungen, die sie sich nicht erklären können.

Es gibt aber auch systematische Einflüsse, welche die Daten bekanntermaßen beeinflussen, die jedoch aus irgendwelchen Gründen nicht erfasst werden können. Wenn man beispielsweise weiß, dass Elterneinstellungen Bildungsentscheidungen von Mädchen im mathematisch-naturwissenschaftlichen Bereich beeinflussen (siehe Schober, 2002), so könnten im Sinne der Kontrolle des Einflusses elterlicher Einstellungen ausschließlich Mädchen von Eltern mit ähnlicher Einstellung in die Untersuchung aufgenommen werden (Selektion). Hierdurch könnte der Einfluss elterlicher Einstellungen auf die Streuung der Daten minimiert werden. Wendet man hingegen alternativ die Strategie der Stratifizierung an, würden die Eltern anhand ihrer Einstellungen in verschiedene Gruppen eingeteilt. Der Einfluss ihrer Einstellungen würde somit bereits explizit bei der Gestaltung des Untersuchungsdesigns kontrolliert. Bei der Auswertung der Ergebnisse können anschließend Aussagen zu den jeweiligen Elterngruppen gemacht werden. Der Vorteil dieser Strategien besteht darin, dass sie Streuungen der Daten innerhalb der einzelnen Untersuchungsgruppen verringern und somit die Wahrscheinlichkeit, einen Effekt zu finden, vergrößern.

3.3 Objektivität

Im letzten Abschnitt wurde bereits die Durchführungsobjektivität als strikte Standardisierung der Untersuchungsbedingungen erwähnt. Zusätzlich werden Auswertungs- und Interpretationsobjektivität unterschieden. Ihr Name deutet schon an, dass es keine Rolle spielen sollte, wer die Daten bildungspsychologischer Untersuchungen auswertet oder interpretiert.

Objektivität

Objektivität ist ein Gütemerkmal empirischer Forschung. Sie bezeichnet die Unabhängigkeit der Messergebnisse von den die Untersuchung durchführenden Forscher*innen, Forschungsgruppen oder Forschungsinstitutionen.

Bei der Auswertung bildungspsychologischer Datensätze sind einige Grundsätze zu beachten, die leider immer wieder verletzt werden. So ist im Einklang mit dem von Spiel und Reimann (2005) vorgelegten Strukturmodell der Bildungspsychologie (vgl. auch Kapitel 1) zu konstatieren, dass Bildung auf mehreren Handlungsebenen geschieht. Aus diesem Grund sollten für viele Fragestellungen die Auswertungseinheiten nicht nur auf einer Ebene angesiedelt sein (beispielsweise die Motivation von Lernenden), sondern auch weitere Ebenen berücksichtigt werden (Motivation der Lehrkräfte, Schulklima, Eigenheiten des nationalen Bildungssystems etc.). Konkret könnte dies beispielsweise bedeuten, dass anstatt einfacher varianzanalytischer Designs hierarchische lineare Modelle (Raudenbush & Bryk, 2002) verwendet werden müssten. Ein weiteres Auswertungsproblem ist oftmals die unterschiedliche Bewertung von Rechenvoraussetzungen (z. B. Normalverteilungsannahme; Einfluss von Ausreißern, inhomogenen Varianzen und schiefen Verteilungen von Residuen) und die daraus resultierenden abweichenden Verwendungen von Auswertungsverfahren. Einen Ausweg könnte die Standardisierung von Interpretationen darstellen. Beispielsweise wird in vielen wissenschaftlichen Zeitschriften, die bildungspsychologische Arbeiten publizieren, neben einer Angabe der Irrtumswahrscheinlichkeit auch die Angabe von Effektstärken verlangt. Dies ist begrüßenswert, da Effektstärken im Gegensatz zur Irrtumswahrscheinlichkeit nicht von der Stichprobengröße abhängig sind. Die Standardisierung der Bewertungen, wie beispielsweise 0,5 sei eine mittlere Effektstärke (Cohen, 1988), ist dagegen häufig irreführend – zum einen, da Effektstärken testabhängig sind, zum anderen, da die Wirksamkeit eines Treatments immer nur in Relation zu anderen Treatments mit demselben Interventionsziel zu vergleichen ist, das heißt Effektstärken sind ausschließlich als relatives und nicht als absolutes Maß zu interpretieren (Glass, McGaw & Smith, 1981; Olejnik & Algina, 2000). Darüber hinaus sind in der Interpretation von Effektstärken Kosten und Nutzen für die Bildungsinstitutionen sowie für die lehrenden und lernenden Akteur*innen abzuwägen.

Aus der Not nur schwer herzustellender Interpretationsobjektivität lässt sich für die Bildungspsychologie zumindest eine Konsequenz ziehen und eine Hoffnung ableiten. Die Konsequenz besteht in der Forderung nach rigider Transparenz, sodass jederzeit nachvollziehbar ist, wie jemand im Forschungsprozess zur eigenen Interpretation gelangte (Open Science; siehe Kasten in Abschnitt 4.2). Die Hoffnung besteht darin, dass abweichende Interpretationen keineswegs ein Unglück sein müssen, sondern auch Grundvoraussetzung einer fruchtbaren Diskussionskultur sind.

3.4 Reliabilität

Die Begriffsbestimmung von Reliabilität (siehe Kasten) muss in zweierlei Hinsicht präzisiert werden. Gemeint ist nicht, wie genau gemessen wird, also beispielsweise wie fein die Messskala unterteilt ist. Ob nun beispielsweise Schüler*innen dem oberen, mittleren und unteren Leistungsdrittel oder der oberen und unteren Leistungshälfte zugeordnet werden sollen, sagt daher noch nichts über die Messgüte aus. Wohl aber, ob diese Zuordnungen korrekt erfolgten. Weiter impliziert eine hohe Reliabilität keineswegs, dass tatsächlich die intendierte Größe gemessen wurde. Beispielsweise mag ein Leistungstest zwar sehr zuverlässig messen, doch könnte es der Fall sein, dass er nicht nur Leistung, sondern auch Prüfungsängstlichkeit, Motivation und Konzentration erfasst.

Reliabilität

Reliabilität ist ein Gütemerkmal empirischer Forschung. Sie bezeichnet die Zuverlässigkeit einer Messung, die umso höher ist, je geringer der Messfehler ist.

Es gibt verschiedene Techniken, die Reliabilität einer Messung abzuschätzen (Fisseni, 2004; Heller, 1984). Bildungspsychologische Studien sind dabei vor allem mit zwei Problemen konfrontiert. Erstens sind standardisierte Messinstrumente rar, weshalb beispielsweise zur Erfassung der Schulleistung die Reliabilität der verwendeten Messinstrumente oft nur an der jeweiligen Untersuchungsstichprobe abgeschätzt werden kann. Ein zweites Problem stellen die vielen hoch inferenten Messungen dar, also solche, in die Urteile und Schlussfolgerungen einfließen (Ingenkamp & Lissmann, 2008). Wenn beispielsweise bei der Unterrichtsbeobachtung oft nicht einmal genau abschätzbar ist, ob sich eine Schülerin gemeldet hat, dann kann man sich die Schwierigkeiten der Bildungsexpert*innen der OECD vorstellen, die nach einem, wenige Tage umfassenden, Besuch die nationale Bildungsqualität im Vorschulbereich abschätzen müssen. Die Möglichkeit ist nicht unplausibel, dass eine andere Delegation zu einem anderen Ergebnis gelangen würde, da die Beantwortung einer solchen komplexen Fragestellung kaum auf der Basis von ausschließlich niedrig inferenten Messungen möglich ist.

3.5 Validität

Messungen psychologischer Größen lassen sich nie direkt vornehmen. Sie bedürfen der Operationalisierung, das heißt der Überführung der Konstrukte in ein geeignetes Messverfahren. Die Validitätsproblematik lässt sich daher in zwei Teilfragestellungen aufspalten: (1) Was ist die beste Operationalisierung der zu messenden bildungspsychologischen Größe? (2) Wie gut ist die Operationalisierung gelungen?

Validität

Validität ist ein Gütemerkmal empirischer Forschung. Sie bezeichnet die Gültigkeit einer Messung, das heißt ob tatsächlich die intendierte Größe erfasst wurde.

Die erste Fragestellung nach der besten Operationalisierung ist zwar noch ungelöst, doch finden sich eine Menge brauchbarer Hinweise in einschlägigen Methodenhandbüchern (z.B. Babbie, 2020). Allerdings garantieren diese längst nicht Konsens. Ein prominentes Beispiel eines Dissenses zwischen Bildungswissenschaftler*innen ist die unterschiedliche Auffassung bezüglich dessen, was in der internationalen Bildungsstudie PISA gemessen wird (Baumert, Brunner, Lüdtke & Trautwein, 2007; Rindermann, 2007). Obwohl niemand ernsthaft daran zweifelt, dass die PISA-Konstrukteur*innen große Sorgfalt bei der Operationalisierung des Konstrukts Literacy walten ließen, wird kritisiert, dass gar nicht Literacy, sondern eigentlich Intelligenz gemessen wurde. Die zweite Fragestellung bezieht sich auf eine Abschätzung der erzielten Validität. Auch hier sind keine endgültigen Lösungen in Sicht, doch sehr hilfreiche Vorarbeiten verfügbar. Neben theoriegeleiteten Beurteilungen gibt es sogar quantitative Schätzungen in Form von Validitätskoeffizienten (Katzer, Cook & Crouch, 1998). Beispielsweise liefert die Multitrait-Multimethod-Analyse anhand von Korrelationskoeffizienten Informationen zur konvergenten und diskriminanten Validität (Eid, Nussbeck & Lischetzke, 2006).

4 Fehlerquellen bildungspsychologischer Forschung

Bildung und die mit ihr verbundenen Ziele und Methoden sind ein hoch brisantes politisches und weltanschauliches Thema. Bildungspsychologie ist daher wie kaum eine andere Wissenschaftsdisziplin der Gefahr von Verzerrungen und Irrtümern ausgesetzt. Aus diesem Grund soll an dieser Stelle eine Systematik der fünf wichtigsten Fehlerquellen gegeben werden, die in Abbildung 9.1 grafisch zusammengefasst sind.

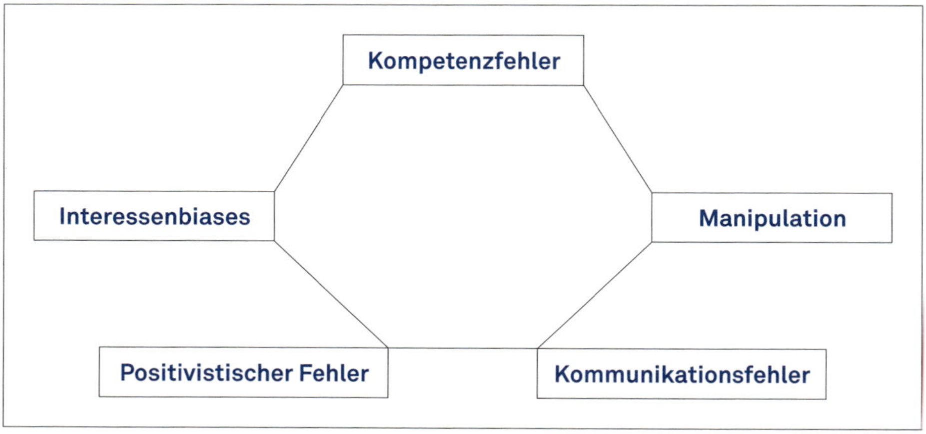

Abbildung 9.1: Fehlerquellenpentagramm bildungspsychologischer Forschung

4.1 Kompetenzfehler

Kompetenzfehler können auftreten, wenn Forschende allgemein akzeptierte Standards ihres Faches nicht beherrschen. Unkenntnisse können sich auf Theorien, Erhebungsmethoden, (statistische) Auswertungsverfahren etc. beziehen. Sie sollten keinesfalls als ein Ärgernis angesehen werden, das allenfalls zweitklassige Wissenschaftler*innen betrifft. Bereits eine Teildisziplin wie die Bildungspsychologie ist derart komplex, umfassend und informationsreich, dass kein*e Forscher*in mehr alle ihre Facetten gleichermaßen kompetent beherrscht. So kann beispielsweise die gängige Praxis des Peer-Reviews wissenschaftlicher Arbeiten mit der anschließend eingeräumten Möglichkeit ihrer Verbesserung als eine wissenschaftspolitische Praxis gewertet werden, Kompetenzfehler möglichst auszuschließen. Die im optimalen Fall recht elaborierten Fachgutachten geben den einzelnen Forscher*innen hilfreiche Hinweise zur Verbesserung ihrer Arbeit.

Viele weithin verbreitete Kompetenzmängel haben das Interesse der Forschungsgemeinde stimuliert und führten zu einer bunten Ratgeberkultur. Zwei der bekanntesten Fallen, in die Forscher*innen immer wieder hineintappen, sollen im Folgenden kurz vorgestellt werden. Der ökologische Fehler beruht darauf, dass Gruppendaten überinterpretiert werden. Seinen Namen verdankt er William Robinson, der in einer Bildungsstudie auf ihn stieß (Robinson, 1950). Untersuchungsgegenstand waren die Lesefertigkeiten in den damals 48 Bundesstaaten der USA. Dabei wurden Immigrant*innen mit in Amerika geborenen Bürger*innen verglichen. Der Hauptbefund war ein deutlicher Zusammenhang zwischen der Lesefertigkeit und der Anzahl von Immigrant*innen in einem Bundesstaat. Robinson warnte jedoch davor, die Korrelation von .53 so zu interpretieren, dass Immigrant*innen über eine höhere Lesefertigkeit verfügten. Tatsächlich lag die Korrelation auf individueller Ebene bei –.11! Es stellte sich heraus, dass Immigrant*innen verstärkt dort siedelten, wo die Lesefertigkeit durchschnittlich höher war. Robinson warnte davor, Schlussfolgerungen bezüglich Individuen auf der Basis von Gruppendaten zu ziehen.

Ein weiterer verbreiteter Fehler ist die *kausale Interpretation* korrelativer Zusammenhänge (Hooke, 1983). Wenn zwei Variablen P und Q korrelieren, so kann dies zumindest vier Gründe haben: (1) P verursacht Q, (2) Q verursacht P, (3) beide sind durch eine weitere Variable verursacht oder (4) die Korrelation war zufällig. So trivial dies scheint, werden in der Praxis doch viele Fehler begangen. Den hohen statistischen Zusammenhang von verkaufter Eiscreme und Anzahl Ertrunkener an Stränden werden die Wenigsten als Beleg für die Gefährlichkeit von Eiscreme interpretieren. Ganz offensichtlich ist die Anzahl von Personen an den Stränden Grund dieser Korrelation. Allerdings kann gerade die Häufigkeit als Drittvariable die Interpretation vieler bildungspsychologischer Befunde erschweren. Beispielsweise wurde das Bild von Hochbegabten als „Problemkinder“ stark durch Untersuchungen geprägt, die an Hochbegabtenberatungsstellen durchgeführt wurden (Freeman, 1979; Grassinger, 2009). Es ist jedoch offensichtlich, dass in dieser Stichprobe Hochbegabte mit Problemen überrepräsentiert sind.

4.2 Manipulation

Manipulation meint den bewussten Versuch, die Ergebnisse und die Rezeption von Forschungsstudien zu steuern. Theoretisch kann dies auf sehr vielfältige Weise geschehen. Beispielsweise können in Interviews die Antworten durch geschickte Formulierung der Fragen in eine bestimmte Richtung gelenkt werden. Nachdem die Daten vorliegen, kann ihre Rezeption durch eine selektive Auswahl, unangemessene statistische Verfahren oder verzerrte Darstellungen, beispielsweise in Form irreführender Grafiken, manipuliert werden (Tufte, 1997).

Es ist naiv zu hoffen, die Bildungspsychologie würde frei sein von Manipulationsversuchen. So besteht kein Grund anzunehmen, dass sich in ihr aus irgendeinem Grund weniger schwarze Schafe tummeln sollten als es gemeinhin in der Wissenschaft der Fall ist (Jaffe & Spirer, 1987). Im Gegenteil steht zu erwarten, dass die Politisierung und Ideologisierung von Bildung zu vielerlei Beeinflussungsversuchen führt, gegenüber denen sich nicht alle Bildungspsycholog*innen als resistent erweisen werden. So wird sicherlich manche Institution die Vergabe von weiteren Forschungsgeldern an die Willfährigkeit bildungspsychologischer Forschender knüpfen. Eine Wissenschaftsgemeinde, die Transparenz und Nachvollziehbarkeit als Forschungstugend einfordert, das heißt Open Science realisiert (Renkewitz & Heene, 2019; siehe Kasten), kann dem entgegenwirken.

Im Fokus: Manipulationsversuchen durch Open Science entgegenwirken

Unter Open Science (Offene Wissenschaft) wird verstanden, dass der gesamte wissenschaftliche Prozess (von der Methode über erhobene Daten hin zu Publikationen) öffentlich zugänglich gemacht wird, das heißt es wird ein barrierearmer Zugang zu wissenschaftlichem Vorgehen, Daten und Erkenntnissen ermöglicht mit dem Ziel, Forschung transparenter und replizierbarer zu machen. Aktuelle Befragungen zum derzeitigen Umgang mit Forschungsdaten zeigen, dass zwar noch sehr wenige Forscher*innen (nur jede*r Zehnte) Open Data nutzen (siehe die Erhebung zum Umgang mit Forschungsdaten aus Österreich; Bauer et al., 2015). Vielversprechend sind jedoch die Ergebnisse einer Befragung von Mitgliedern der Deutschen Gesellschaft für Psychologie zu ihren Einstellungen in Bezug auf Open Science, die zeigen, dass mit Open Science mehr Hoffnungen als Ängste verbunden werden (Abele-Brehm, Gollwitzer, Steinberg & Schönbrodt, 2019). Im Folgenden wird insbesondere auf Aspekte der Open Science eingegangen, die relevante Gegenmaßnahmen für die Manipulation sind. Darüber hinaus seien der Vollständigkeit halber Open Source, Open Access und Open Educational Resources (OER) als Aspekte von Open Science genannt.

1. Zum adäquaten Umgang mit Forschungsdaten im Sinne einer Erhöhung der Qualität wissenschaftlicher Forschung liefern sowohl der Schweizerische Nationalfonds (SNF) als auch die Deutsche Forschungsgemeinschaft (DFG) aktuelle Leitlinien (siehe auch die Konkretisierung für das Fach Psychologie; Schönbrodt, Gollwitzer & Abele-Brehm, 2017)[1]. In der bildungspsychologischen Praxis wird *Open Data* bereits bei großangelegten Studien gelebt – so sind beispielsweise die Messinstrumente und die Daten der internationalen PISA-Studie oder auch der deutschen Längsschnittstudie Nationales Bildungspanel (NEPS; Blossfeld, von Maurice & Schneider, 2011) allen Forschenden zugänglich.
2. Neben der Zugänglichkeit von Daten können Präregistrierungen vor der Manipulation von Forschungsergebnissen schützen. Hierzu wurden im letzten Jahrzehnt verschiedene Plattformen realisiert, wie beispielsweise das Open Science Framework (OSF) oder PreReg vom Leibniz-Zentrum für Psychologische Information und Dokumentation (ZPID)[2]. Die zugrundeliegende Idee von *Open Methodology* ist, die geplante Forschungsmethodik über den gesamten Forschungsprozess hinweg zu dokumentieren, womit möglichen Manipulationen wie beispielsweise dem sogenannten Harking (post-hoc Aufstellung von Hypothesen nach der Datenanalyse) oder p-Hacking entgegengewirkt werden kann (Rubin, 2017).
3. Zentrale bildungspsychologische Forschungsarbeiten sollten obligatorisch ein Peer-Reviewsystem durchlaufen, bei dem sie von kompetenten Fachvertreter*innen begutachtet werden. Im sogenannten *Open Peer Review* wird auf eine transparente und nachvollziehbare Qualitätssicherung geachtet mit dem Ziel einer offenen und ehrlichen Begutachtung und Minimierung der Gefahr von Plagiaten oder unwissenschaftlicher Begutachtung im Sinne einer persönlichen Vorteilsnahme.

---

1 SNF: https://www.snf.ch/de/FAiWVH4WvpKvohw9/thema/forschungspolitische-positionen; DFG: https://www.dfg.de/download/pdf/foerderung/grundlagen_dfg_foerderung/forschungsdaten/leitlinien_forschungsdaten.pdf

2 Open Science Framework: https://osf.io/; PreReg: https://prereg-psych.org

Diese drei Gegenmaßnahmen im Sinne der Open Science-Bewegung sind bereits heute zumindest in Teilen in der Bildungspsychologie realisiert. Darüber hinaus sollten Replikationsstudien durchgeführt werden, was insbesondere durch eine transparente Dokumentation des Forschungsprozesses im Sinne von Open Science ermöglicht wird (Shrout & Rodgers, 2018). Eine weitere Gegenmaßnahme beruht auf der Bildung einer eigenen Fachvertretung mit den ihr eigenen Möglichkeiten, insbesondere jenen zur Bildung von Ethikkommissionen und zum Aussprechen von Sanktionen.

4.3 Kommunikationsfehler

Die Ergebnisse bildungspsychologischer Forschung werden Fachkolleg*innen sowie der Öffentlichkeit kommuniziert. Idealerweise werden sämtliche Ergebnisse mitgeteilt. In der Praxis ist es jedoch häufig so, dass nur eine Auswahl weitergegeben wird. Dies ist beispielsweise dann gerechtfertigt, wenn Störungen während der Datenerhebung auftreten oder sich Daten als messfehlerbehaftet herausstellen. Inakzeptabel ist jedoch beispielsweise der sogenannte Publikationsbias (auch als „file-drawer problem“ bezeichnet). Er bezeichnet die Tendenz, vor allem statistisch signifikante Befunde zu berichten, also nur solche Studien, bei denen „etwas herauskam“. Bei einem Signifikanzniveau von 5 % tritt unter 100 Studien jedoch ohnehin bei ca. 5 ein *statistisch* signifikanter Effekt auf, ohne dass dies einen realen Effekt widerspiegelt.

Die Entscheidung für oder gegen eine Publikation von Daten hat gravierende Folgen. So zeigte etwa die Metaanalyse von Lipsey und Wilson (1993), dass pädagogische Interventionen eine bereinigte durchschnittliche Effektstärke von 0,47 Standardabweichungen aufweisen. Bei publizierten Daten ist die durchschnittliche Effektstärke jedoch 0,14 Standardabweichungen größer, sodass fast ein Viertel der berichteten Wirkungen pädagogischer Interventionen auf eine verzerrte Kommunikation empirischer Daten zurückzuführen ist.

Ein Ausweg für die Bildungspsychologie könnte eine Entscheidung ähnlich des im September 2004 verkündeten Beschlusses mehrerer renommierter medizinischer Fachzeitschriften sein. Sie publizieren von der Pharmaindustrie gesponserte Studien nur unter der Bedingung, dass sie vor Beginn in einer öffentlichen Datenbank registriert wurden. Dies soll garantieren, dass alle Daten publiziert werden. Ebenso wäre es beispielsweise wünschenswert, wenn insbesondere bei bildungspsychologischen Evaluationsstudien sämtliche erfassten Variablen vor Beginn der Untersuchungen angezeigt würden – ermöglicht wird solch ein transparentes Vorgehen im Rahmen von Präregistrierungen bei den oben genannten Open Science-Plattformen (siehe Kasten).

4.4 Positivistischer Fehler

Bildungspsychologische Forschung findet nicht im luftleeren Raum statt, sondern wird stets innerhalb bestimmter Gegebenheiten durchgeführt. Das Vorhandene[3] bildet dabei sowohl den bevorzugten Forschungsgegenstand als auch den Forschungsrahmen und den bevorzugten Referenzwert (positivistischer Fehler).

In Deutschland werden Studien zur Sekundarstufe meist mit Schüler*innen durchgeführt, die eine Schulform in einem mehrgliedrigen Schulsystem besuchen. Dagegen werden in den Vereinigten Staaten während dieses Bildungsabschnitts nur Schüler*innen eines ungegliederten Schulsystems untersucht. Man kann also salopp formuliert nur das untersuchen, was vorhanden ist.

Das Positive bildet auch den Forschungsrahmen. Erweist sich beispielsweise eine bestimmte pädagogische Maßnahme an Montessori-Schulen als ineffektiv, kann daraus nicht geschlossen werden, dass es nicht doch eine Schulform gäbe, an der genau diese pädagogische Maßnahme effektiv wäre.

Bei der Beurteilung der Effektivität wird aber fast immer – wie auch im zuletzt angeführten Beispiel – das Positive als Referenzwert gewählt. Dieser hat unter Umständen eine große Auswirkung auf die Beurteilung der Effektivität einer bildungspsychologischen Maßnahme. Beispielsweise könnte sie im Vergleich zum finnischen Schulsystem als ineffektiv, im Vergleich zum deutschen beziehungsweise österreichischen Schulsystem als effektiv bewertet werden, weil die durchschnittlichen Schulleistungen in diesen Ländern voneinander abweichen.

4.5 Interessenbiases

Forschende wählen ihre wissenschaftlichen Fragestellungen selektiv aus. Dies hat vielfältige Ursachen, die teilweise durchaus plausibel sind. Beispielsweise werden Bildungspraktiker*innen in so unterschiedlichen Ländern wie Korea, Saudi-Arabien und der Schweiz sehr verschiedene Wissensbedürfnisse haben, die sie an die Bildungspsychologie herantragen. Allerdings kann es auch der Fall sein, dass Bildungspsycholog*innen signalisiert bekommen, manche Ergebnisse seien erwünschter als andere. Eindrucksvolle Beispiele finden sich in Gould (1996), der akribisch dokumentierte, wie sich in einem xenophoben und ethnophoben gesellschaftlichen Klima Bildungspsycholog*innen nur schwer Erwartungen widersetzen konnten und erwünschte Forschungsergebnisse produzierten. Eines seiner bekanntesten Beispiele sind die Ergebnisse der frühen Intelligenzstudien, die in dem gesellschaftlichen Erwartungsklima durchgeführt wurden,

3 Im Anschluss an die wissenschaftstheoretische Position des Positivismus wird das Vorhandene (wertneutral) als das Positive bezeichnet.

die Wissenschaft könne die intellektuelle Überlegenheit von Weißen gegenüber Schwarzen und des männlichen gegenüber dem weiblichen Geschlecht nachweisen.

Ferner stehen Forschende ihren eigenen Ergebnissen nicht neutral und unparteiisch gegenüber. Sie favorisieren bestimmte über andere, sei es, weil diese ihre Hypothesen bestätigen, ihrer Weltanschauung oder politischen Meinung besser entsprechen, weitere Forschungsmittel an bestimmte Resultate geknüpft sind etc. Unterschiedliche Interessen beeinflussen ebenfalls die verwendeten Methoden und die Ergebnisse (z. B. Gould, 1996; Habermas, 2001) auf verschiedene Weise (Evans, 1994; Jaffe & Spirer, 1987).

Grundkenntnisse über Interessenwirkungen in den Erhebungssituationen sind mittlerweile fester und unverzichtbarer Bestandteil des methodischen Ausbildungskanons künftiger Sozialwissenschaftler*innen. Ihr genaues Verständnis ist umso wichtiger, da sie zumeist unterhalb der Bewusstseinsschwelle von Forscher*innen sowie Untersuchungsteilnehmer*innen wirken. Beispielsweise existiert bei Untersuchungsteilnehmer*innen die Tendenz zu erraten, was mit der Studie bezweckt wird und welche Ergebnisse erwünscht sind. Ein nicht geringer Anteil verhält sich dann konsistent mit diesen Vermutungen. Ein anderer Interessenbias beruht auf dem Wunsch von Personen, ein möglichst positives Bild der eigenen Person zu vermitteln. Insbesondere in Evaluationsstudien kann dies für Bildungspsycholog*innen ein schwierig zu überwindendes Hindernis auf dem Weg zu validen Daten darstellen. Diese beiden Beispiele für Interessenbiases in der Erhebungssituation betrafen Untersuchungsteilnehmer*innen. Natürlich sind jedoch auch die Forschenden nicht vor Interessenbiases gefeit. Beispielsweise kann in einer Befragungsstudie der*die Interviewer*in durch Tonfall und Mimik eine Präferenz für eine bestimmte zur Auswahl stehende Antwortalternative verraten. Bei manchen Antworten wird sie bzw. er vielleicht zufriedener schauen als bei anderen. Wenn die Untersuchungsteilnehmer*innen im weiteren Interviewverlauf in diese erwünschte Richtung antworten, kann dies auch ein reiner Versuchsleiter*inneneffekt sein.

5 Praktische Bedeutung und Zukunft des Themas

Im letzten Abschnitt wurden mögliche Fehler- und Gefahrenquellen für bildungspsychologische Forschung beleuchtet. Aber natürlich bietet die Etablierung neuer Teildisziplinen stets auch Chancen für die Forschungen der „Mutterwissenschaft" und benachbarter Wissenschaftsdisziplinen. Insbesondere durch neue Fragestellungen und Perspektiven, durch innovative methodische Zugänge und Analyseverfahren kann es zu fruchtbaren Rückkoppelungen kommen. Bildungspsychologie erscheint als Impulsgeberin aus mehreren Gründen prädestiniert.

Verschiedene Forscher*innen (z.B. Shotter, 2005; St. Julien, 2005) halten gegenwärtige Konzeptualisierungen von Lern- und Bildungsprozessen für inadäquat und kritisieren insbesondere, dass deren dynamische Komplexität nicht ausreichend abgebildet und genügend verstanden wird. Häufig werden Lern- und Bildungsprozesse auf der Basis eines veralteten Forschungsverständnisses untersucht. Psychologie, Soziologie, Kultur- und Sozialwissenschaften sind auch heute noch leicht identifizierbare Kinder des Zeitalters der Aufklärung: Sie sind noch recht stark den Ideen der exakten Berechenbarkeit, Prognostizierbarkeit, Reduzierbarkeit und linear-mechanischer Prozesse verpflichtet (Mainzer, 2004; Starobinski, 2003). In der Tat war nach einem Bonmot von Kauffman (1995) die Wissenschaft des 18. Jahrhunderts als Folge der Newtonschen Revolution eine Wissenschaft organisierter Einfachheit, das heißt es wurden nur wenige (meist zwei) Variablen betrachtet, deren deterministische Zusammenhänge analytisch geprüft wurden. Die Wissenschaft des 19. Jahrhunderts befasste sich mithilfe der statistischen Mechanik mit desorganisierter Komplexität, das heißt der auf der Wahrscheinlichkeitstheorie basierten statischen Analyse von Zusammenhängen sehr vieler Variablen. Erst im 20. Jahrhundert befasste sie sich mit organisierter Komplexität, also einer ganzheitlichen Betrachtung von Wechselwirkungen, die analytisch und statistisch geprüft werden. Doch die wissenschaftliche Orientierung an der alten Physik als Theorie und ihrer Technologie als Praxis ist für die Bildungspsychologie ungeeignet (Midgley, 2004).

Bildung ist offensichtlich polytelisch, das heißt es gibt nicht eine einzige beste Bildung, sondern unzählige gleichberechtigte individuelle Möglichkeiten. Im Kontext (insbesondere auch digitaler) Transformation im Bildungssektor schreiben Jörg, Davis und Nickmans (2007):

> We are already forced to acknowledge that we simply cannot anticipate the type of competences that will define for example a „literate" or „numerate" citizen a few decades from now. Indeed, we cannot even know if contemporary notions of literacy and numeracy will make sense 20 years into the future. (S. 146)

Es ist in den Sozialwissenschaften nicht klar, was der konzeptuelle Analyserahmen, beispielsweise mathematisch und statistisch, für eine solche Offenheit in der Zielsetzung sein könnte. Eine explizite Akzeptanz von Polytelie sprengt zum Beispiel den traditionellen empirischen Erziehungsbegriff der Pädagogik (Brezinka, 1990), deren Anliegen – vereinfacht ausgedrückt – die Entwicklung geeigneter Erziehungstechniken zur Erreichung fixer Erziehungsziele war. Doch in welche Richtung kann die konzeptuelle Weiterentwicklung gehen, die von bildungspsychologischer Forschung angestoßen werden könnte?

Eine herausfordernde Aufgabe der aktuellen und künftigen bildungspsychologischen Forschung ist die Analyse von lebenslangen und selbstregulierten Bildungsprozessen in heterogenen und inklusiven Lernsettings, die in analoger, digitaler oder hybrider Form gestaltet sein können. Durch die digitale Transformation eröffnet sich eine Fülle neuer Fragestellungen und wissenschaftlicher Herangehensweisen. Die Digitalisierung betrifft alle Akteur*innen der Bildungsinstitutionen. Lehrende und Lernende benötigen Kompetenzen für digitales Lehren und Lernen, die Kooperation innerhalb und zwischen Lehrenden und Lernenden verändert sich durch digitale Bildungsmedien und bedarf spezifischer Unterstützung (z. B. Joksimović, Gašević, Kovanović, Riecke & Hatala, 2015). Aber auch Forschende und ihre Methoden sind durch die Digitalisierung beeinflusst. Beispielsweise eröffnet die rasante Weiterentwicklung von Erhebungsverfahren – wie Videoanalyse, digitale Lerntagebücher, Ambulantes Assessment oder Eye Tracking – eine bislang nicht dagewesene, stark handlungsnahe Analyse von Lernprozessen (Savin-Baden & Tombs, 2017). Entsprechend ergeben sich durch die fortschreitende Digitalisierung nicht nur eine Bandbreite neuer Erhebungsverfahren, sondern auch Bedarfe hinsichtlich der Zielsetzung, Wahl und Weiterentwicklung passgenauer und innovativer Forschungs- sowie Analysemethoden. Aufgrund der stetigen Veränderungen lassen sich nur schwer Annahmen über die Konsequenzen der digitalen Transformation treffen (Söder & Frieters-Reermann, 2018).

In Bildungsprozessen, die sich über ein gesamtes individuelles Leben erstrecken (siehe Bildungskarriere als erste Strukturierungsdimension im Strukturmodell der Bildungspsychologie nach Spiel & Reimann, 2005; vgl. auch Kapitel 1), bauen Individuen aus einfachsten Anfängen ein komplexes Handlungsrepertoire auf. Komplexität bedeutet in diesem Fall, dass Bildungsprozesse durch Vernetzungen unterschiedlichster Art charakterisiert sind. Im Strukturmodell der Bildungspsychologie kommt dies beispielsweise durch das Postulat hierarchischer Handlungsebenen zum Ausdruck. Beispielsweise sind die Akteur*innen Mitglieder von Familie, Bildungsinstitutionen, vielfältigen sozialen Gruppen, ihrer Gesellschaft etc. Diese Entitäten beziehungsweise Systeme und ihre Teile verändern sich und ihre Beziehungen untereinander permanent (Kelso, 1995). Ein besser geeigneter mathematischer Ansatz zur Erforschung von Bildungsprozessen wäre deshalb beispielsweise die mathematische Katastrophentheorie (Reno, 1989), die es auch gestattet, systemische Wechselwirkungen zu berücksichtigen.

Ein weiteres Kennzeichen von Bildungsprozessen ist, dass die Handlungen ihrer Akteur*innen selbstreferenziell sind, das heißt Handlungen wirken in vielfacher Weise auf sich selbst zurück. Beispielsweise kann der Erwerb einer Lernstrategie künftige Bildungsprozesse beschleunigen. Die Erfassung von Selbstreferentialität impliziert daher zwingend die Berücksichtigung von Veränderungsprozessen in Längsschnittdesigns. Ein erfreulicher Einfluss bildungspsychologischer Forschung könnte somit darin bestehen, dass sie die Notwendigkeit der Berücksichtigung der zeitlichen Perspektive aufweist und Schrittmacher für die Etablierung raffinierter Forschungsdesigns wird (bspw. das Multi-Kohorten-Frequenz-Design des NEPS; Blossfeld, von Maurice, Bayer & Skopek, 2016).

Die in der bildungspsychologischen Forschung betrachteten zeitlichen Veränderungen und insbesondere die selbstreferenziellen Prozesse verlaufen keineswegs linear (Kauffman, 1991). Diese Erkenntnis, die in Bezug auf kritische Lebensereignisse, Krisen, Übertritte oder auch individuelle Entscheidungen trivial erscheint, hat noch nicht mehrheitlich zur Anwendung nonlinearer Analyseverfahren geführt. Im Gegenteil, gegenwärtig sind die in den Sozial- und Humanwissenschaften dominierenden mathematischen und statistischen Analyseverfahren wie Regressions- und Varianzanalysen, Strukturgleichungsmodelle oder hierarchisch lineare Modellierung dem algebraischen Spezialfall linearer Prozesse verpflichtet. Es wäre ein enormer Verdienst bildungspsychologischer Forschung, den theoretischen und methodischen Blick verstärkt durch Beachtung von Nonlinearität zu erweitern (bspw. durch die latente Modellierung nonlinearer Wachstumskurvenmodelle; Grimm, Ram & Hamagami, 2011) und durch die Berücksichtigung von Polytelie, selbstorganisierter Komplexität und nicht zuletzt systemtheoretischer Ansätze zu bereichern.

Zusammenfassung

Bildung und die mit ihr verbundenen Ziele und Methoden sind ein relevantes politisches und weltanschauliches Thema. Bildungspsychologische Forschung untersucht Phänomene der Bildung aus psychologischer Sicht. Ziel bildungspsychologischer Forschung ist die Erstellung eines, die methodischen Gütekriterien erfüllenden, Aussagesystems in Form einer wissenschaftlichen Theorie. Bildungspsychologische Forschung kann – je nach Fragestellung – auf vielfältige Weise betrieben werden, beispielsweise als explorative Studie, Laborstudie oder Längsschnittstudie. Dabei muss die Forschung unabhängig von der gewählten Studienart bestimmten Qualitätsmaßstäben genügen (der Randomisierung, Kontrolle, Objektivität, Reliabilität und Validität) und zentrale Fehlerquellen bildungspsychologischer Forschung vermeiden (Kompetenzfehler, Manipulation, Kommunikationsfehler, positivistischer Fehler und Interessenbiases). In diesem Kapitel wurde aufgezeigt, wie dies – insbesondere auch mittels Open Science – gelingen kann sowie kritisch diskutiert, wie Antworten auf aktuelle Fragestellungen der Bildungspsychologie durch bereits vorhandene und künftig notwendige Studiendesigns und Analyseverfahren erfolgen können.

Reflexionsfragen

1. Welche Gründe sprechen aus forschungstheoretischer Perspektive für das Bestehen der Subdisziplin der Bildungspsychologie?
2. Vor welchen Herausforderungen steht bildungspsychologische Forschung in Bildungsinstitutionen und wie kann diesen Herausforderungen sowohl forschungs- als auch analysemethodisch begegnet werden?
3. Wie kann vermieden werden, dass einerseits Forschende und andererseits Beforschte zu Verzerrungen von Ergebnissen beitragen?

4. Wie lässt sich die Qualität bildungspsychologischer Forschung erhöhen und welche Rolle nimmt Open Science hierbei ein?
5. Welche Art von Studiendesigns und Analyseverfahren bedarf die Bildungspsychologie, um innovative Forschungsbeiträge zu leisten?

Weiterführende Literatur

Babbie, E. (2020). *The practice of social research* (15th ed.). Belmont, CA: Thomson Wadsworth.

Creswell, J. W. & Creswell, J. D. (2018). *Research design: Qualitative, quantitative, and mixed methods approaches* (5th ed.). Thousand Oaks, CA: Sage.

Ingenkamp, K. & Lissmann, U. (2008). *Lehrbuch der pädagogischen Diagnostik* (6. Aufl.). Weinheim: Beltz.

Vogt, W. P. & Johnson, R. B. (2015). *Dictionary of statistics and methodology: A nontechnical guide for the social sciences* (5th ed.). Newbury Park, CA: Sage.

Literatur

Abele-Brehm, A. E., Gollwitzer, M., Steinberg, U. & Schönbrodt, F. D. (2019). Attitudes toward Open Science and public data sharing: A survey among members of the German Psychological Society. *Social Psychology, 50*(4), 252–260. https://doi.org/10.1027/1864-9335/a000384

Aune, B. A. (1970). *Rationalism, empiricism, and pragmatism.* New York, NY: Random House.

Babbie, E. (2020). *The practice of social research* (15th ed.). Belmont, CA: Thomson Wadsworth.

Bauer, B., Ferus, A., Gorraiz, J., Gründhammer, V., Gumpenberger, C., Maly, N. et al. (2015). Forschende und ihre Daten. Ergebnisse einer österreichweiten Befragung – Report 2015. *VÖB-Mitteilungen, 68*(3/4), 566–579.

Baumert, J., Brunner, M., Lüdtke, O. & Trautwein, U. (2007). Was messen internationale Schulleistungsstudien? – Resultate kumulativer Wissenserwerbsprozesse. Eine Antwort auf Heiner Rindermann. *Psychologische Rundschau, 58*(2), 118–128. https://doi.org/10.1026/0033-3042.58.2.118

Berger, P. L. & Luckmann, T. (1966). *The social construction of reality: A treatise in the sociology of knowledge.* Garden City, NY: Anchor Books.

Blossfeld, H.-P., Maurice, J. von, Bayer, M. & Skopek, J. (2016). *Methodological issues of longitudinal surveys.* Wiesbaden: VS Verlag für Sozialwissenschaften. https://doi.org/10.1007/978-3-658-11994-2

Blossfeld, H.-P., Maurice, J. von & Schneider, T. (2011). The National Educational Panel Study: need, main features, and research potential. *Zeitschrift für Erziehungswissenschaft, 14,* 5–17. https://doi.org/10.1007/s11618-011-0178-3

Brezinka, W. (1990). *Grundbegriffe der Erziehungswissenschaft: Analyse, Kritik, Vorschläge* (5. Aufl.). München: Ernst Reinhardt. https://doi.org/10.2378/9783497011896

Byrne, J. H. (Ed.). (2002). *Learning and memory* (2nd ed.). New York, NY: Macmillan.

Campbell, D. (1974). Evolutionary epistemology. In P. A. Schilpp (Ed.), *The philosophy of Karl Popper* (pp. 413–463). La Salle, IL: Open Court.

Cohen, J. (1988). *Statistical power analysis for the behavioral sciences* (2nd ed.). New York, NY: Academic Press.

Cottingham, J. (1984). *Rationalism*. London: Paladin.

Eid, M., Nussbeck, F.W. & Lischetzke, T. (2006). Multitrait-Multimethod-Analyse. In F. Petermann & M. Eid (Hrsg.), *Handbuch der psychologischen Diagnostik* (S. 332–345). Göttingen: Hogrefe.

Ernest, P. (Ed.). (1994). *Constructing mathematical knowledge: Epistemology and mathematics education* (Studies in mathematics education series). London: Falmer Press.

Evans, J. St. B.T. (1994). *Bias in human reasoning: Causes and consequences*. Hove: Erlbaum.

Felser, G. (2015). *Werbe- und Konsumentenpsychologie* (4. Aufl.). Heidelberg: Springer. https://doi.org/10.1007/978-3-642-37645-0

Feyerabend, P. (1962). Explanation, reduction and empiricism. In H. Feigl & G. Maxwell (Eds.), *Minnesota Studies in the Philosophy of Science, Vol. III* (pp. 28–97). Minneapolis, MI: University of Minnesota Press.

Fisseni, H.-J. (2004). *Lehrbuch der psychologischen Diagnostik* (3. Aufl.). Göttingen: Hogrefe.

Fodor, J.A. (2003). *Hume variations*. Oxford: Oxford University Press.

Freeman, J. (1979). *Gifted children: their identification and development in a social context*. Lancaster: MTP.

Gadenne, V. (1986). Darstellung und Prüfbarkeit psychologischer Theorien aus der Sicht der Aussagenkonzeption und des Non-Statement-View. In M. Amelang (Hrsg.), *Bericht über den 35. Kongreß der Deutschen Gesellschaft für Psychologie in Heidelberg 1986* (S. 191–198). Göttingen: Hogrefe.

Glass, G.V., McGaw, B. & Smith, M.L. (1981). *Meta-analysis in social research*. Beverly Hills, CA: Sage Publications.

Gould, S.J. (1996). *The mismeasure of man*. New York, NY: Norton.

Grassinger, R. (2009). *Beratung hochbegabter Kinder und Jugendlicher*. Münster: LIT.

Grimm, K.J., Ram, N. & Hamagami, F. (2011). Nonlinear growth curves in developmental research. *Child Development, 82*(5), 1357–1371. https://doi.org/10.1111/j.1467-8624.2011.01630.x

Habermas, J. (2001). *Erkenntnis und Interesse* (17. Aufl.). Frankfurt a.M.: Suhrkamp.

Heller, K.A. (Hrsg.). (1984). *Leistungsdiagnostik in der Schule* (4. Aufl.). Bern: Huber.

Hooke, R. (1983). *How to tell the liars from the statisticians*. New York, NY: Dekker.

Hume, D. (1955). *An inquiry concerning human understanding*. Indianapolis, IN: Bobbs-Merrill.

Ingenkamp, K. & Lissmann, U. (2008). *Lehrbuch der pädagogischen Diagnostik* (6. Aufl.). Weinheim: Beltz.

Jaffe, A.J. & Spirer, H.F. (1987). *Misused statistics: straight talk for twisted numbers*. New York, NY: Dekker.

Joksimović, S., Gašević, D., Kovanović, V., Riecke, B.E. & Hatala, M. (2015). Social presence in online discussions as a process predictor of academic performance. *Journal of Computer Assisted Learning, 31*(6), 638–654. https://doi.org/10.1111/jcal.12107

Jörg, T., Davis, B. & Nickmans, G. (2007). Towards a new, complexity science of learning and education. *Educational Research Review, 2*(2), 145–156. https://doi.org/10.1016/j.edurev.2007.09.002

Katzer, J., Cook, K.H. & Crouch, W.W. (1998). *Evaluating information: A guide for users of social science research* (4th ed.). Boston, MA: McGraw-Hill.

Kauffman, S.A. (1991). Antichaos and adaptation. *Scientific American, 265*(2), 78–84. https://doi.org/10.1038/scientificamerican0891-78

Kauffman, S.A. (1995). *At home in the universe. The search for the laws of self-organization and complexity*. New York, NY: Oxford University Press.

Kelso, J.A. (1995). *Dynamic patterns: The self-organization of brain and behaviour*. Cambridge, MA: MIT Press.

Kenny, A. (Ed.). (1986). *Rationalism, empiricism and idealism: British Academy lectures on the history of philosophy*. Oxford: Clarendon Press.

Kerlinger, F.N. (1986). *Foundations of behavioral research* (3rd ed.). New York, NY: Holt, Rinehart & Winston.

Lejewski, C. (1976). Outline of ontology. *Bulletin of the John Rylands University Library of Manchester, 59*(1), 127–147. https://doi.org/10.7227/BJRL.59.1.6

Levin, J. (1985). Functionalism and the argument from conceivability. *Canadian Journal of Philosophy, 11,* 85–104.

Lewis-Beck, M., Bryman, A. & Liao, T.F. (Eds.). (2004). *The SAGE encyclopedia of social science research methods*. Thousand Oaks, CA: Sage.

Lipsey, M.W. & Wilson, D.B. (1993). The efficacy of psychological, educational, and behavioral treatment: Confirmation from meta-analysis. *American Psychologist, 48*(12), 1181–1209. https://doi.org/10.1037/0003-066X.48.12.1181

Mainzer, K. (2004). *Thinking in complexity. The computational dynamics of matter, mind, and mankind* (4th ed.). Berlin: Springer. https://doi.org/10.1007/978-3-662-05364-5

Maturana, H.R. & Varela, F.J. (1980). *Autopoiesis and cognition: The realization of the living*. Boston, MA: Reidel. https://doi.org/10.1007/978-94-009-8947-4

Midgley, M. (2004). *The myths we live by*. London: Routledge.

Olejnik, S. & Algina, J. (2000). Measures of effect size for comparative studies: Applications, interpretations and limitations. *Contemporary Educational Psychology, 25*(3), 241–286. https://doi.org/10.1006/ceps.2000.1040

Pedhazur, E.J. (1997). *Multiple regression in behavioral research* (3rd ed.). Fort Worth, TX: Harcourt Brace.

Popper, K.R. (1968). *The logic of scientific discovery* (3rd ed.). London: Hutchinson.

Quine, W.V. (1969). *Ontological relativity and other essays*. New York, NY: Columbia University Press. https://doi.org/10.7312/quin92204

Raudenbush, S.W. & Bryk, A.S. (2002). *Hierarchical linear models: Applications and data analysis methods* (2nd ed.). Thousand Oaks, CA: Sage Publications.

Renkewitz, F. & Heene, M. (2019). The replication crisis and open science in psychology: Methodological challenges and developments. *Zeitschrift für Psychologie, 227*(4), 233–236. https://doi.org/10.1027/2151-2604/a000389

Reno, T. (1989). *Structural stability and morphogenesis: An outline of a general theory of models*. Reading, MA: Addison-Wesley.

Rindermann, H. (2007). The g-factor of international cognitive ability comparisons: The homogeneity of results in PISA, TIMSS, PIRLS and IQ-tests across nations. *European Journal of Personality, 21*(5), 667–706. https://doi.org/10.1002/per.634

Robinson, W.S. (1950). Ecological correlations and the behavior of individuals. *American Sociological Review, 15*(3), 351–357. https://doi.org/10.2307/2087176

Rubin, M. (2017). When does HARKing hurt? Identifying when different types of undisclosed post hoc hypothesizing harm scientific progress. *Review of General Psychology, 21*(4), 308–320. https://doi.org/10.1037/gpr0000128

Russell, B. (1948). *Human knowledge: Its scope and limits*. New York, NY: Simon and Schuster.

Savin-Baden, M. & Tombs, G. (2017). *Research methods for education in the digital age*. London: Bloomsbury Academic. https://doi.org/10.5040/9781474245685

Schober, B. (2002). *Entwicklung und Evaluation des Münchner Motivationstrainings (MMT)*. Regensburg: Roderer.

Schönbrodt, F.D., Gollwitzer, M. & Abele-Brehm, A.E. (2017). Der Umgang mit Forschungsdaten im Fach Psychologie: Konkretisierung der DFG-Leitlinien. *Psychologische Rundschau, 68*(1), 20–35. https://doi.org/10.1026/0033-3042/a000341

Shadish, W.R., Cook, T.D. & Campbell, D.T. (2002). *Experimental and quasi-experimental designs for generalized causal inference*. Boston, MA: Houghton Mifflin.

Shotter, J. (2005). Bringing corporeal life back in: Chiasmic relations and poetic understanding. In W.E. Doll, M.J. Fleener, D. Trueit & J. St. Julien (Eds.), *Chaos, complexity, curriculum, and culture: A conversation* (pp. 195–208). New York, NY: Lang.

Shrout, P.E. & Rodgers, J.L. (2018). Psychology, science, and knowledge construction: Broadening perspectives from the replication crisis. *Annual Review of Psychology, 69*(1), 487–510. https://doi.org/10.1146/annurev-psych-122216-011845

Söder, J.R. & Frieters-Reermann, N. (2018). Bildung in Zeiten digitaler Transformation. Herausforderungen für Globales Lernen. *ZEP – Zeitschrift für internationale Bildungsforschung und Entwicklungspädagogik, 41*(3), 18–22. https://doi.org/10.31244/zep.2018.03.05

Spiel, C. & Reimann, R. (2005). Bildungspsychologie. *Psychologische Rundschau, 56*(4), 291–301. https://doi.org/10.1026/0033-3042.56.4.291

Starobinski, J. (2003). *Action and reaction. The life and adventures of a couple*. New York: Zone Books.

St. Julien, J. (2005). Complexity: Developing a more useful analytic for education. In W.E. Doll, M.J. Fleener, D. Trueit & J. St. Julien (Eds.), *Chaos, complexity, curriculum, and culture: A conversation* (pp. 101–116). New York, NY: Lang.

Stove, D.C. (1973). *Probability and Hume's inductive scepticism*. Oxford: Clarendon. https://doi.org/10.1093/acprof:oso/9780198245018.001.0001

Student. (1931). The Lanarkshire Milk Experiment. *Biometrika, 23*(3/4), 398–406. https://doi.org/10.2307/2332424

Tufte, E.R. (1997). *Visual explanations: Images and quantities, evidence and narrative*. Cheshire, CT: Graphics Press.

van Fraassen, B.C. (1980). *The scientific image*. Oxford: Clarendon. https://doi.org/10.1093/0198244274.001.0001

Wiener, P.P. (Ed.). (1966). *Charles S. Peirce, selected writings: Values in a universe of chance*. New York, NY: Dover.

Woleński, J. (1996). Reism in the Brentanist tradition. In L. Albertazzi, M. Libardi & R. Poli (Eds.), *The school of Franz Brentano* (pp. 357–375). Dordrecht: Kluwer.

Kapitel 10

Bildungspsychologische Beratung

Petra Wagner & Iris Kohlfürst

Inhaltsübersicht

1 Einführung

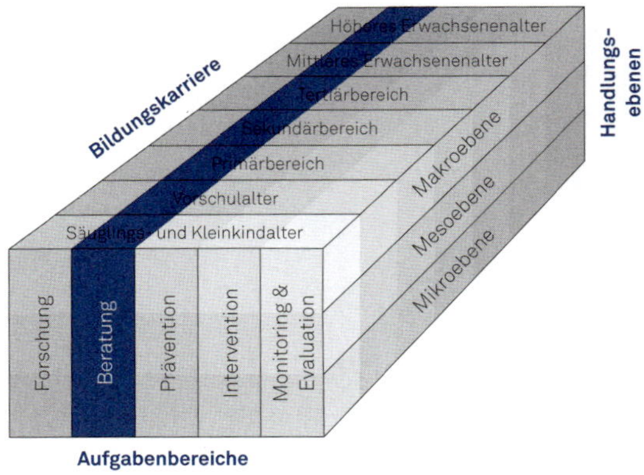

In der Literatur besteht Einigkeit darin, dass der Bedarf an Beratung im Bildungskontext stetig ansteigt (siehe Buchwald, 2010; Pikowsky & Wild, 2009, Wagner, 2018a). Diese Entwicklung betrifft die gesamte Bildungskarriere vom Säuglings- und Kleinkindalter bis zum höheren Erwachsenenalter. Gleichzeitig gibt es klar erkennbare Hinweise darauf, dass die Inanspruchnahme von Beratung im Bildungsbereich wirkt: Whiston, Tai, Rahardja und Eder (2011) beispielsweise konnten anhand einer Metaanalyse von 150 Interventionsstudien positive Effekte von Schulberatung auf kognitive (z.B. Leistungsparameter, Wissen zum lebenslangen Lernen), behaviorale (z.B. Aufmerksamkeit, Problemlösekompetenzen, Sozialkompetenzen) und affektive Determinanten (z.B. Selbstwirksamkeit, Angst, Depression) nachweisen. Dabei zeigen sich im Sekundärbereich (11- bis 18-jährige Schüler*innen) höhere Effektstärken als im Primärbereich (6- bis 10-jährige Schüler*innen).

Mit Blick darauf liefert dieses Kapitel einen Überblick über aktuelle Aspekte im Kontext von bildungspsychologischer Beratung. Basierend auf einer Begriffsbestimmung werden zunächst die Grundlagen von psychologischer Beratung skizziert. Dazu werden – ausgehend davon, dass jeder Beratungsprozess (und damit auch jene in der Bildungspsychologie) durch handlungsleitende Konzepte bestimmt wird – psychologische Beratungskonzepte vorgestellt. Daran anschließend werden wesentliche Komponenten eines Beratungsprozesses, mögliche Beratungsformen, der Ablauf eines psychologischen Beratungsprozesses sowie ethische und berufsrechtliche Aspekte dargestellt. Die praktische Bedeutung von bildungspsychologischer Beratung wird exemplarisch entlang der Bildungskarriere veranschaulicht. Abschließend werden die zukünftigen Herausforderungen sowie die Entwicklungschancen dieses Themas herausgearbeitet.

2 Stand der Wissenschaft

Laut Schubert, Rohr und Zwicker-Pelzer (2019) befasst sich Beratung „mit der Gestaltung der alltäglichen und arbeitsweltlichen Lebensführung von Individuen, Gruppen und Systemen. Beratung erfolgt somit im Spannungsfeld zwischen Individuen und komplexen, oft auch widersprüchlichen gesellschaftlichen Strukturen und Prozessen" (S. 129). Nußbeck (2019) bricht das Verständnis von Beratung herunter auf das Geschehen im Beratungsprozess selbst und definiert Beratung als einen zwischenmenschlichen „Prozess in sprachlicher Kommunikation" (S. 20), bei dem es neben der Vermittlung von Informationen darum geht, „das Gegenüber" vor allem dahingehend zu unterstützen, die Selbststeuerung und die eigenen Handlungskompetenzen zu verbessern sowie Orientierung und Entscheidungshilfe zu geben, insbesondere auch bei der Bewältigung von Krisen. Somit zielt Beratung ab „auf eine Stärkung der Autonomie, der Reflexionsfähigkeit und der Lösungskompetenz von Personen und Gruppen, damit diese ihre Lebensführung in einer zufriedenstellenden und subjektiv wie sozial gelingenden Weise gestalten können" (Schubert et al., 2019, S. 129). Insgesamt sollte Beratung von allen Beteiligten (Ratsuchenden und Berater*innen) als eine gemeinsame Unternehmung verstanden werden, in der jede Person die ihr zugeschriebenen Anstrengungen und Verantwortungen für das Gelingen übernimmt.

Beratung

Beratung befasst sich mit der Gestaltung der alltäglichen und arbeitsweltlichen Lebensführung von Individuen, Gruppen und Systemen. Dabei handelt es sich um einen zwischenmenschlichen Prozess der sprachlichen Kommunikation, der das Ziel verfolgt, die Kompetenzen der Ratsuchenden so zu stärken, dass persönliches Wachstum möglich wird.

2.1 Bildungspsychologische Beratung: Eine Begriffsbestimmung

Mit Blick auf die Fachliteratur wird deutlich, dass bildungspsychologische Beratung bisher weder als Fachbegriff noch als Forschungsgegenstand eindeutig definiert wurde, weshalb für dieses Kapitel zunächst eine diesbezügliche begriffliche Klärung wichtig ist. Konkret finden sich bisher in der Literatur lediglich Definitionen zu pädagogisch-psychologischer Beratung, pädagogischer Beratung oder Bildungsberatung.

Pikowsky und Wild (2009, S. 431) verstehen unter pädagogisch-psychologischer Beratung „eine kurzfristige und prinzipiell freiwillige Beziehung, in der Berater vorwiegend mittels sprachlicher Interaktion und unter Rückgriff auf pädagogisch-psychologisches Wissen versuchen, Personen oder Gruppen von Personen aus dem erzieherischen Feld in die Lage zu versetzen, ihr Problem zu lösen, um Entwicklungsprozesse zu optimieren". Diese Definition adressiert zwar den pädagogisch-psychologischen Kontext von Beratung, orientiert sich jedoch ansonsten eher an allgemeinen Beratungszielen. Auch stellt sich die Frage, ob die Freiwilligkeit bei Beratungen im Bildungskonzept wirklich immer gegeben ist (siehe dazu Abschnitt 2.5 und 2.6). Kämpfe (2019) sieht die pädagogische Beratung als Prozessberatung im pädagogischen Handlungsfeld zur Gestaltung von Lernprozessen mit dem Ziel einer Ressourcenaktivierung und -weiterentwicklung. In dieser Definition wird zusätzlich zum Kontext der Beratung auch ein konkretes bildungsbezogenes Beratungsziel angesprochen, nämlich die Entwicklung von Lernprozessen.

Die Verwirklichung von Bildungszielen als Beratungselement wird dezidiert in der Definition von Heller und Perleth (2018) hervorgehoben. Sie definieren Bildungsberatung als „Beratung im Sinne von Orientierungs- und Entscheidungshilfe bei der Realisierung individueller und gesellschaftlicher Bildungsziele“ (S. 63). Dabei unterstützt die Orientierungsfunktion die Entscheidungsvorbereitung im Sinne einer Reflexion von konkreten Bildungszielen; die Entscheidungsfunktion fokussiert die Wege, wie die Bildungsziele erreicht werden können.

Unter Berücksichtigung von Schwarzer und Buchwald (2009), die als Adressat*innen für pädagogisch-psychologische Beratung „Menschen jeden Alters, die in institutionellen Kontexten wie Familie, Kindergarten, Schule, Universität oder Weiterbildungseinrichtungen versuchen, ihre Adaptivität an veränderte Lebensbedingungen zu erweitern oder zu erhalten“ (S. 130) anführen, ergibt sich ein eindeutiger Bezug zur Bildungskarriere. Dies deckt sich auch mit der Auffassung von Nußbeck (2019), die als einer der Kernaufgaben von Beratung die Gestaltung bzw. Beeinflussung von Bildungsbiografien sieht.

Bildungspsychologische Beratung

Basierend auf den bisherigen Definitionen von Beratung im Bildungskontext wird bildungspsychologische Beratung wie folgt definiert: In der bildungspsychologischen Beratung geht es darum, Lern- und Entwicklungsprozesse zur Realisierung von Bildungszielen – unter Berücksichtigung von psychologischen Beratungskonzepten, Beratungsformen und ethischen Aspekten – entlang der Bildungskarriere zu unterstützen und zu fördern. Dementsprechend werden die pädagogisch-psychologische Beratung, pädagogische Beratung oder Bildungsberatung als Synonyme bzw. eng verwandte Begrifflichkeiten von bildungspsychologischer Beratung verstanden.

Um die Ziele in der bildungspsychologischen Beratung zu erreichen, ist aufseiten der Berater*innen entsprechendes Fachwissen einerseits über das Problemfeld und andererseits über die Gestaltung eines Beratungsprozesses an sich notwendig. Dieses Fachwissen manifestiert sich u.a. im Wissen über psychologische Beratungskonzepte, über Komponenten eines Beratungsprozesses, über Beratungsformen und den Ablauf eines psychologischen Beratungsprozesses sowie über ethische und berufsrechtliche Aspekte im Kontext von Beratung in der Bildungspsychologie.

2.2 Psychologische Beratungskonzepte

Die handlungsleitenden Prinzipien und methodischen Zugänge in der bildungspsychologischen Beratung entwickelten sich aus generellen Konzepten der psychologischen Beratung. Diese wiederum orientieren sich stark an den Ansätzen der Psychotherapie.

Im Fokus: Abgrenzung zwischen Psychotherapie und psychologischer Beratung nach Nußbeck (2019)

Psychotherapie ist der Heilkunde zuzuordnen, der Zugang dazu erfordert in der Regel eine entsprechende Diagnosestellung (beispielsweise nach der ICD-10) und eine Bestätigung der Therapiebedürftigkeit. Dementsprechend geht es in der Psychotherapie um die Behandlung von (psychischen) Fehlanpassungen und Störungen. Die Kosten können in manchen Fällen und Ländern über eine Krankenversicherung abgerechnet werden (meist verbunden mit einem Selbstbehalt der Patient*innen).

Psychologische Beratung ist außerhalb der Heilkunde angesiedelt und zielt auf die (Wieder-)Erlangung von Wohlbefinden und Selbstwirksamkeit sowie auf die Lösung von Problemen durch Fokussierung auf vorhandene Stärken und Ressourcen ab. (Institutionelle) Beratung ist im Gegensatz zur Psychotherapie meist auch kostenlos zugänglich.

Insbesondere die vier klassischen Ansätze der Psychotherapie liefern wesentliche Impulse für die (bildungs)psychologische Beratung: (1) tiefenpsychologische Ansätze, (2) verhaltenstherapeutische Ansätze, (3) humanistische Ansätze, (4) systemische Ansätze, weshalb im Folgenden basierend auf Kriz (2014) die Grundzüge dieser Ansätze im Überblick veranschaulicht werden.

Tiefenpsychologische Ansätze. Die tiefenpsychologischen Ansätze mit der Psychoanalyse (Sigmund Freud) – aufbauend darauf die Individualpsychologie (Alfred Adler) und die Analytische Psychologie (Carl Gustav Jung) – stellen den Ursprung der Beratung in der Psychologie dar. Charakteristisch sind die Orientierung am medizinischen Krankheitsmodell sowie die Annahme des Unbewussten, bei der ungelöste Konflikte in der Vergangenheit das menschliche Verhalten in der Gegenwart beeinflussen. Dementsprechend verfolgen tiefenpsychologisch orientierte Beratungsansätze die Ziele, unbewusste Inhalte sichtbar zu machen sowie die Klient*innen in ihrer Entwicklung zu stärken. Insbesondere die zweitgenannte Zielsetzung weist eine unmittelbare Parallele zur bildungspsychologischen Beratung auf (siehe Abschnitt 2.1), weshalb diese Beratungsansätze hier unterstützend sein können.

Verhaltenstherapeutische Ansätze. Verhaltenstherapeutische Ansätze bauen auf den Lerntheorien (z.B. klassische und operante Konditionierung sowie Modelllernen) auf. Es wird davon ausgegangen, dass Verhalten gelernt und auch wieder verlernt werden kann. Beratungsansätze zielen z.B. auf eine Veränderung der bisherigen Reiz-Reaktion-Verknüpfungen (z.B. systematische Desensibilisierung), auf eine Verstärkung von gewünschtem Verhalten durch Belohnung oder Bestrafung (operante Ansätze) oder auf ein Training sozialer Fertigkeiten und Problemlösungskomponenten (kognitive Verhaltenstherapie) ab. Da in der bildungspsychologischen Beratung im Speziellen die Entwicklung von Lernprozessen im Mittelpunkt steht (siehe Abschnitt 2.1), können verhaltenstherapeutische Ansätze zur Realisierung dieses Beratungsziels hilfreich sein.

Humanistische Ansätze. Die humanistischen Ansätze orientieren sich stark an den Wertvorstellungen der Klient*innen. Dabei spielt die persönliche bzw. individuelle Wahrnehmung der Klient*innen eine wesentliche Rolle in der Beratung. Dementsprechend verfolgen Vertreter*innen dieser Ansätze, wie z. B. der personenzentrierte Ansatz (Carl Rogers) oder die Logotherapie (Viktor Frankl), Beratungsziele mit einem speziellen Blick auf die Entwicklung von Autonomie und auf persönliches Wachstum. Der Beratungsprozess ist bestimmt durch eine wertschätzende, empathische und kongruente Haltung der Berater*innen. Dies bedeutet, den Klient*innen in einer wertschätzenden Art zu begegnen, sich in die Lebenslagen der Klient*innen bestmöglich hineinzuversetzen und gleichzeitig dabei möglichst authentisch zu sein. Diese Parameter stellen eine wichtige Basis für einen gelingenden Beratungsprozess in der Bildungspsychologie dar.

Systemische Ansätze. Im Mittelpunkt der systemischen Ansätze steht das Verständnis eines Problems als ein Prozessgeschehen, das sich innerhalb der Beziehungen eines Systems (z. B. Lebenssituation der Klient*innen) entwickelt. Folglich wird von einer Zirkularität (wechselseitige Bedingtheit) bei den Problemlagen der Klient*innen ausgegangen. Dementsprechend zielen die Beratungsansätze auf das Erkennen von Regeln/Mustern/Strukturen im Leben der Klient*innen sowie vor allem auf vorhandene Ressourcen der Klient*innen und mögliche alternative Lösungen ab. Zu den systemischen Ansätzen zählen z. B. die Familientherapie (Virgina Satir), die lösungsorientierte Kurzzeittherapie (Steve de Shazer) oder narrative Ansätze. So wird es für Klient*innen möglich, in relativ kurzer Zeit eine neue Perspektive bezüglich ihrer Problemlagen einzunehmen und damit mit Blick auf den bildungspsychologischen Kontext persönliches Wachstum zu ermöglichen.

Im Fokus: Relevanz der psychotherapeutischen Ansätze für die bildungspsychologische Beratung

Die Grundlagen für die in der Bildungspsychologie eingesetzten Beratungskonzepte entwickelten sich aus den Ansätzen der Psychotherapie. Sowohl die (bildungs)psychologische Beratung als auch die Psychotherapie bedienen sich also ähnlicher Konzepte und zielen auf Veränderung ab (siehe Nußbeck, 2019). An dieser Stelle besonders zu erwähnen sind die tiefenpsychologischen, verhaltenstherapeutischen, humanistischen und systemischen Ansätze. Allen vier Ansätzen gemeinsam ist deren Versuch, Erklärungen sowohl für menschliches Verhalten im Allgemeinen als auch im Speziellen für abweichendes Verhalten zu liefern. Im Kontext der (bildungs)psychologischen Beratung verschwimmen oftmals die Grenzen der jeweiligen Ansätze, es stehen vielmehr der Zugang „Learning from many masters“ (Kriz, 2014, S. 31) und je nach Beratungskontext bzw. Beratungsbedarf die zunehmende Integration aller Ansätze im Vordergrund.

2.3 Komponenten eines Beratungsprozesses

Schubert et al. (2019) nennen fünf Komponenten, die – in einer Wechselwirkung stehend – den Beratungsprozess beeinflussen: (1) Klient*innen, (2) Berater*innen, (3) Beziehung zwischen Klient*innen und Berater*innen, (4) Beratungsgegenstand, (5) Kontext der Beratung. Im Folgenden werden diese Komponenten basierend auf Schubert et al. (2019) genauer erläutert.

Klient*innen. Ein (bildungs)psychologischer Beratungsprozess wird stark beeinflusst von Merkmalen der Klient*innen. Dazu zählen die individuelle Persönlichkeit, (un)bewusste Erwartungen, unternommene (und gescheiterte) Versuche, das Problem zu lösen, bisherige Erfahrungen mit professioneller Beratung sowie die (eventuell fehlende) Wahrnehmung der eigenen Verantwortung in der gemeinsamen Gestaltung eines Lern- und Entwicklungsprozesses zur Realisierung von Bildungszielen.

Berater*innen. Das Verhalten der Berater*innen ist geprägt durch deren professionelle Sozialisation, wie etwa das Menschenbild in der Beratung, die angewandten Beratungskonzepte und die methodische Breite (siehe Abschnitt 2.2). Darüber hinaus spielen die individuelle Persönlichkeit der Berater*innen mit den entsprechenden Zielsetzungen und Vorstellungen von (bildungs)psychologischer Beratung, die subjektiven Auffassungen, das berufliche Selbstverständnis sowie eventuelle (un)bewusste Vorurteile eine wichtige Rolle im Beratungsprozess. Als Berater*innen im (bildungs)psychologischen Kontext ist beispielsweise ein wachstumsorientiertes Mindset förderlich. Dies bedeutet, dass Berater*innen grundlegend davon ausgehen sollten, dass das Verhalten ihrer Klient*innen nicht fix (starres Mindset), sondern im Sinne eines wachstumsorientierten Mindsets veränderbar ist und diese damit ein grundlegendes Entwicklungspotenzial aufweisen (siehe Dweck, 2016). Dies gilt insbesondere für die Beratung im Bildungskontext, wo es z. B. darum geht, dass die Klient*innen unterstützt werden, ihr vorhandenes Lernpotenzial besser auszuschöpfen.

Beziehung zwischen Klient*innen und Berater*innen. Wesentlich für die Wirksamkeit von (bildungs)psychologischen Beratungsprozessen ist die Gestaltung der Beziehung zwischen Klient*innen und Berater*innen. Hier geht es auf der emotionalen-interaktiven Ebene um Gefühle von Sympathie/Antipathie sowie um Vertrauensaufbau. Dabei kann eine personenzentrierte Haltung (siehe Abschnitt 2.2) eine hilfreiche Grundlage für den (bildungs)psychologischen Beratungsprozess sein. Auf der Problem- oder Sachebene sind Erwartungshaltungen sowohl aufseiten der Klient*innen als auch aufseiten der Berater*innen entscheidend: Klient*innen können die Erwartung hegen, dass die Berater*innen das Problem für sie lösen oder andere Menschen ändern sollen. Jedoch ist es insbesondere bei bildungspsychologischen Entwicklungsprozessen wichtig, dass diese von den Klient*innen aktiv mitgestaltet, mitgetragen und am Ende auch umgesetzt werden. Dementsprechend erwarten Berater*innen von ihren Klient*innen, dass sie Verantwortung übernehmen und sich aktiv beteiligen.

Beratungsgegenstand. Der konkrete Beratungsgegenstand meint das individuelle Anliegen bzw. das Problem, warum es zu einem Beratungsprozess kommt. Charakteristisch ist, dass es zwischen Berater*innen und Klient*innen zu voneinander abweichenden Einschätzungen bezüglich Gegenstandsdefinition, Beratungsziel, Beratungsverfahren und dem methodischen Vorgehen kommen kann. Auf konkrete Beratungsgegenstände im bildungspsychologischen Kontext wird in Abschnitt 3 noch genauer eingegangen.

Kontext der Beratung. Der Beratungskontext beinhaltet die Rahmenbedingungen von Beratung, wie Ort der Beratung, die Ausstattung der Räumlichkeiten (inklusive der Möglichkeit einer Beratung ohne „Zuhörer*innen"), das Zeitbudget (Dauer und Anzahl der Beratungseinheiten) und die Erreichbarkeit des Beratungsortes. Ganz generell ist darauf zu achten, dass die Vertraulichkeit, Verschwiegenheit und Anonymität gewahrt werden kann. Mit Blick auf den (bildungs)psychologischen Beratungskontext sind unterschiedliche Beratungsformen von Bedeutung, auf die im Folgenden im Speziellen eingegangen wird.

2.4 Beratungsformen

Bildungspsychologische Beratung wird meist mit einem persönlichen Gespräch im Rahmen einer *Einzelberatung* assoziiert, d.h. eine Zweierkonstellation bestehend aus einem*einer Berater*in und einer ratsuchenden Person (Klient*in). Neben der klassischen Einzelberatung lassen sich jedoch noch andere Beratungsformen und -settings (Arbeitsformate) differenzieren. Nußbeck (2019) beispielsweise unterscheidet neben der Einzelberatung die *Gruppenberatung,* die darauf abzielt, unter Anleitung eines*einer Berater*in innerhalb einer Gruppe Lösungen für ähnliche gelagerte Probleme zu finden. Auch diese Form von Beratung kann im bildungspsychologischen Kontext zum Einsatz kommen, z.B. in der Beratung von Schulklassen oder Teams von Lehrkräften.

Eine spezielle Form von (bildungs)psychologischer Beratung, die in den letzten Jahren zunehmend an Bedeutung gewinnt, ist die *Online-Beratung.* Sie gilt als eigenständiges Format und ist nicht als defizitärer Ersatz für persönliche Beratungssettings zu verstehen. Engelhardt (2019) unterscheidet bezüglich der Medien zur Online-Beratung zwei Arten von Kommunikation: (1) synchrone Kommunikation: Chat und Messenger (textbasiert), Video, Internettelefonie, Avatare (nicht textbasiert); (2) asynchrone Kommunikation: E-Mail, Forum, Messenger (textbasiert), Sprach- und Videonachrichten (nicht textbasiert). Insbesondere für jüngere Zielgruppen von Bildungsberatung ist die Online-Beratung durchaus eine Alternative zur persönlichen Beratung. Nach Nußbeck (2019) lassen sich folgende Vorteile festmachen: die (mögliche) Anonymität der Nutzer*innen (durch Verwendung eines Nicknamens), sodass auch tabuisierte Themen leichter angesprochen werden können; die Unabhängigkeit von Zeit (wenn asynchron) und Ort; die Kosteneffizienz und die nahezu unbegrenzte Reichweite. Demgegenüber stehen jedoch auch mögliche Nachteile: Es besteht eine höhere Wahrscheinlichkeit von Missverständnissen durch die fehlende nonverbale Kommunikation in Form von Mimik und Gestik. Auch wird es erschwert, ein realistisches Bild vom Gegenüber zu entwickeln. Bei asynchronen Formaten kann es zu Widersprüchen in der emotionalen Befindlichkeit zwischen dem Zeitpunkt der Kontaktaufnahme durch den Ratsuchenden und dem Zeitpunkt der Antwort durch den*die Berater*in kommen.

2.5 Ablauf eines psychologischen Beratungsprozesses

Unabhängig vom gewählten Beratungsansatz lassen sich drei typische Phasen in einem Beratungsprozess differenzieren: (1) Anfangsphase, (2) Mittelphase, (3) Endphase (siehe Culley, 2015).

Anfangsphase. In der Anfangsphase steht der *Beziehungsaufbau* zwischen Berater*in und Klient*in im Fokus. Es muss ein Rahmen geschaffen werden, der durch eine Haltung von Wertschätzung, Vertrauen, Verstehen und Akzeptanz geprägt ist (siehe humanistische Ansätze in Abschnitt 2.2). Konkret werden die Probleme, die der *Anlass zur Inanspruchnahme von Beratung* waren, miteinander besprochen und eingegrenzt sowie die möglichen *Ziele der Beratung* geklärt. Dabei ist wesentlich, positive und realistische Ziele gemeinsam klar zu definieren (siehe auch von Schlippe & Schweitzer, 2016). Schließlich wird auch der *Beratungskontext*, wie Dauer der Beratungssitzung, Häufigkeit, Setting etc. geklärt (siehe Abschnitt 2.3).

Mittelphase. Die Mittelphase zielt auf die Neuordnung und Neubewertung der Anliegen und Probleme ab. Der konkrete Beratungsprozess orientiert sich dabei methodisch einerseits am konzeptionellen Zugang der Berater*innen (siehe Abschnitt 2.2) und andererseits an Komponenten der *psychologischen Diagnostik* zur genaueren *Klärung des Problem- bzw. Lebenskontext* der Ratsuchenden. Welche diagnostischen Verfahren im Einzelfall zum Einsatz kommen, hängt von den konkreten Problemen- bzw. Fragestellungen in der Beratung ab, wesentlich ist die Ausrichtung auf die vereinbarten Ziele (siehe z.B. Wilhelm & Kunina, 2009).

Endphase. In der Endphase geht es um den nachhaltigen Transfer des gemeinsam Erarbeiteten in den Alltag der Klient*innen sowie um eine achtsame Beendigung der Beratungsbeziehung.

Ein Beratungsprozess läuft in der Regel nicht linear ab, vielmehr müssen die ursprünglich vereinbarten Ziele, die Qualität der Arbeitsbeziehung zwischen Berater*in und Klient*in sowie die eingesetzten Interventionen laufend überprüft und gegebenenfalls modifiziert werden. Eventuell muss – als Ergebnis der laufenden Evaluation – bei fehlendem Erfolg an eine andere Stelle vermittelt werden (siehe Wälte & Borg-Laufs, 2018).

Praxisbeispiel: Darstellung eines Beratungsprozesses anhand einer fiktiven Fallbeschreibung aus dem Bereich der Bildungspsychologie

Eine Schulpsychologin führt ein Erstgespräch mit Frau Berger, die die Psychologin gemeinsam mit ihrem Sohn Peter in einer Beratungsstelle in einem österreichischen Bundesland aufsucht. Sie berichtet, dass Peter (15 Jahre alt) seit November dieses Schuljahres gehäuft die Schule schwänze und damit einhergehend bereits in einigen Schulfächern (Mathematik und Englisch) im Halbjahreszeugnis negative Noten bekommen habe. Die Mutter äußert sich besorgt hinsichtlich der Zukunft von Peter, insbesondere hat sie Sorge, dass Peter den Abschluss in der Mittelschule nicht schaffen wird. Er hatte schon immer Lernschwierigkeiten in der Schule und musste bereits eine Klasse in der Mittelschule wiederholen.

Auf Nachfrage in Richtung Peter, wie er seine Situation sieht, meint er, dass ihn die Schule nicht interessiere, er keine Lust habe zu lernen und lieber die Zeit mit Computer spielen verbringe. Dort habe er zumindest auch Erfolgserlebnisse und könne sich mit Gleichgesinnten im Internet austauschen; in der Schule habe er keine Freund*innen. Den Kontakt zu seinen ehemaligen Schulfreund*innen habe er bei der Klassenwiederholung verloren. Außer Computer spielen habe er keine weiteren Hobbies. Auf die Frage nach seinem Berufswunsch meint Peter, dass er Rechtsanwalt werden wolle, weil man dort viel Geld verdienen könne.

Aufbau der Beziehung zu den Ratsuchenden. Als Einstieg in die Beratung ist zunächst der *Beziehungsaufbau* wichtig. Das heißt, die Psychologin signalisiert, dass sie die Sorge der Mutter bezüglich der Zukunft von Peter nachvollziehen kann und ernst nimmt. Gleichzeitig bringt die Psychologin Peter gegenüber zum Ausdruck, dass sie ebenfalls verstehen kann, warum er keine Lust hat, in die Schule zu gehen.

Anlass der Beratung. Danach geht es darum, den *Beratungsanlass* gemeinsam genauer zu klären: Was führt insbesondere die Mutter von Peter gerade jetzt in die Beratungsstelle? Im vorliegenden Fall ist es die konkrete Sorge der Mutter, dass Peter in diesem Schuljahr den Schulabschluss nicht schafft. Es ist auch wichtig, zu klären, ob die Ratsuchenden freiwillig oder unfreiwillig die Beratungsstelle aufsuchen. Während die Freiwilligkeit aufseiten der Mutter klar erkennbar ist, handelt es sich bei Peter um einen eher unfreiwilligen Klienten – er wurde von der Mutter „mitgeschleppt". Dieser Aspekt ist für den weiteren Beratungsverlauf insofern wesentlich, da es sich vordergründig um ein Problem von Peter handelt, das die Mutter präsentiert. Es zeigt sich jedoch zu Beginn der Beratung, dass Peter ein eher geringes Problembewusstsein aufweist. Wie in Abschnitt 2.3 bereits ausgeführt, ist jedoch die Wahrnehmung der Eigenverantwortung bei der Gestaltung eines Lern- und Entwicklungsprozesses eine wichtige Voraussetzung für einen gelingenden Beratungsprozess. Wie die Psychologin darauf reagiert, zeigt sich im weiteren Beratungsprozess.

Ziele der Beratung. Im nächsten Schritt geht es darum, die Beratungsziele gemeinsam zu definieren: Was soll sich im Zuge der Beratung verändern? Welche Wünsche haben die Ratsuchenden? Hier äußert die Mutter den klaren Wunsch, dass Peter den Schulabschluss schafft und danach eine weiterführende Schule besucht. Für die Zieldefinition von Peter greift die Psychologin den Wunsch von Peter auf, Rechtsanwalt zu werden. Mit Blick darauf überlegt die Psychologin gemeinsam mit Peter, was er dafür brauchen könnte bzw. für ihn hilfreich wäre, um dieses Ziel erreichen zu können. Anhand dieser Überlegungen gesteht Peter ein, dass ein Schulabschluss hilfreich sein könnte. Daraufhin bietet die Psychologin Peter an, ihn dabei zu unterstützen, dieses Ziel zu erreichen. Sie verständigen sich auf den weiteren Beratungskontext und einigen sich auf weitere Beratungstermine, in denen die Psychologin mit Peter am Erreichen des vereinbarten Ziels arbeitet.

Klärung des Problem- bzw. Lebenskontextes und weitere Vorgehensweise. Zur genaueren Abklärung der schulischen Lernschwierigkeiten von Peter erfolgt eine umfassende diagnostische Untersuchung, in deren Rahmen ein Intelligenztest, ein Interessenstest sowie Persönlichkeitsfragebögen zum Einsatz kommen. Anhand der Testergebnisse zeigt sich, dass die Lernschwierigkeiten von Peter nicht kognitiv bedingt, sondern offensichtlich die Folge einer tiefgreifenden schulischen Selbstwert- und Motivationskrise verbunden mit dem Gefühl von Einsamkeit und sozialer Isolation sind. Basierend darauf finden weitere Beratungsgespräche statt, in denen die Psychologin mit Peter an Strategien arbeitet, wie er mit seinen schulischen Motivationsschwierigkeiten besser umgehen lernt und wieder Freund*innen finden kann. Parallel dazu nimmt Peter an einem speziellen Training zur Steigerung des Selbstwertgefühls und der Lernmotivation teil und erhält zusätzlich dazu Nachhilfe in Mathematik und Englisch, um den versäumten Lernstoff nachzuholen.

2.6 Ethische und berufsrechtliche Aspekte

Auch wenn Klient*innen als gleichberechtigte Partner*innen anerkannt werden, bleibt Beratung ein asymmetrischer Hilfeprozess, der den Berater*innen ein (ggf. auch unbewusstes) Ausüben von Macht, Manipulation und Missbrauch ermöglicht. Um diese Gefahr zu minimieren, ist es elementar, dass ethische Grundsätze beachtet werden. Berater*innen müssen ihre eigenen ethischen Werte und Normen kennen, da diese das eigene Handeln sowie die Haltung sowohl zum Gegenüber als auch zur Problemsituation prägen. Eine vollständig neutrale Grundhaltung ist unmöglich, weshalb die eigene beeinflussende Grundhaltung stets reflektiert werden muss (Nußbeck, 2019).

Auf das grundlegende Rollenverständnis von Berater*innen wurde bereits in Abschnitt 2.3 eingegangen, im Folgenden werden die wichtigsten Verantwortlichkeiten von Berater*innen im bildungspsychologischen Kontext aus einer ethischen bzw. berufsrechtlichen Perspektive zusammengefasst.

Berater*innen geben den Rahmen vor, wie die Beratungssituation sowie die Beratungsbeziehung gestaltet werden, und tragen entsprechend die Verantwortung, dass die professionelle Distanz gewahrt wird und es nicht zu einer Rollenkonfusion kommt. Dazu müssen Berater*innen die erforderlichen Kenntnisse sowohl über den Beratungsprozess selbst (siehe Abschnitte 2.3 und 2.5) als auch über den problematisierten Sachverhalt mitbringen und gleichzeitig die Grenzen ihrer eigenen Kompetenzen kennen und wahren.

Weitere ethisch relevante Aspekte sind die Themen der Verschwiegenheit und Freiwilligkeit im Kontext von (bildungs)psychologischer Beratung. Auch wenn die Zusicherung der Verschwiegenheit für das Gelingen eines Beratungsprozesses wesentlich ist, muss eventuell in Situationen von Fremd- oder Selbstgefährdung davon Abstand genommen werden. Ebenso relevant ist die Freiwilligkeit der Inanspruchnahme von Beratung, die jedoch nicht immer gegeben ist (siehe Fallbeispiel oben). So müssen Berater*innen damit umgehen können, dass ihr Gegenüber die Hilfe nicht oder nur eingeschränkt in Anspruch nehmen will oder sich ihr zunächst verweigert. Entsprechend steht zu Beginn ein Prozess der Vertrauensbildung im Vordergrund, sodass das Beratungsangebot auch tatsächlich angenommen werden kann (siehe Abschnitt 2.5).

Darüber hinaus sind insbesondere für die Ausübung von bildungspsychologischer Beratung berufsrechtliche Aspekte zu beachten, dazu liegen im deutschsprachigen Raum jedoch nur unzureichende gesetzliche Rahmenbedingungen vor (siehe Kasten).

Im Fokus: Berufsrechtliche Verankerung von bildungspsychologischer Beratung

Im deutschsprachigen Raum weist die Beratung im Bildungskontext kaum gesetzliche Regelungen auf, d.h. jede Person, die im Bildungsbereich beratend tätig ist, darf sich als Bildungsberater*in bezeichnen und relativ frei Beratung im Bildungskontext anbieten. Ähnlich verhält es sich mit der Berufsbezeichnung „Bildungspsychologe/Bildungspsychologin". Die Berufsbezeichnung „Psychologe/Psychologin" ist zwar im deutschsprachigen Raum gesetzlich geregelt – z.B. dürfen laut § 4 des österreichischen Psychologengesetzes 2013 diesen Berufstitel nur all jene Personen führen, die ein abgeschlossenes Psychologiestudium (Diplom- oder Masterstudium) aufweisen – jedoch gibt es für den Bildungsbereich keine gesetzlich anerkannte Spezialisierung oder Zusatzausbildung. Es existiert also kein geschützter Berufstitel „Bildungspsychologe/Bildungspsychologin".

3 Praktische Bedeutung

Wenngleich die bildungspsychologische Beratung bislang ein noch eher unscharfes wissenschaftliches Profil aufweist, lässt sich eine breite Palette an bildungsbezogenen Beratungskontexten entlang der gesamten Bildungskarriere identifizieren. Im Folgenden werden beispielhaft Beratungsfelder herausgearbeitet, die einerseits die Vielfalt an Frage- und Problemstellungen über die gesamte Bildungskarriere verdeutlichen und andererseits die Bedeutung von bildungspsychologischer Beratung aufzeigen (siehe Tabelle 10.1).

Tabelle 10.1: Beispiele für bildungspsychologische Beratung entlang der Bildungskarriere

Bildungskarriere	Bildungspsychologische Beratung
Säuglings- und Kleinkindalter	Erziehungsberatung
Vorschulalter	Bildungsberatung in Kindertageseinrichtungen
Primärbereich	Schul- und Bildungsberatung
Sekundärbereich	Schul- und Bildungsberatung
Tertiärbereich	Beratung von Lehrenden und Studierenden
Mittleres Erwachsenenalter	Weiterbildungs- und Qualifizierungsberatung
Höheres Erwachsenenalter	Bildungsberatung von älteren Menschen

3.1 Säuglings- und Kleinkindalter: Erziehungsberatung

An der Sozialisation als lebenslangem Lernprozess sind in den ersten Lebensjahren zahlreiche Personengruppen und Institutionen beteiligt (z.B. Familie, Verwandte, Freund*innen, Kinderbetreuungseinrichtungen, Kinderkrippen, Tagesmütter und -väter), eine der wichtigsten Sozialisationsinstanzen im Säuglings- und Kleinkindalter stellt jedoch die Familie dar. Dies bedeutet aus der Perspektive des Kleinkindes, dass bereits die frühe Eltern-Kind-Interaktion von Lernerfahrungen geprägt ist (siehe Kapitel 2 „Bildungspsychologie des Säuglings- und Kleinkindalters"). Während der Großteil der Eltern ihren Erziehungs- bzw. Bildungsaufgaben in einem angemessenen Ausmaß gerecht werden, benötigen manche Eltern entsprechende Unterstützung in Form von *Erziehungsberatung*. Im engeren Sinn definiert sich die Erziehungsberatung als Teil des Angebots der Kinder- und Jugendhilfe (siehe Österreichisches Bundeskanzleramt, 2021). Die Erziehungsberatung ist einerseits durch einen personenbezogenen, partizipativen, gesundheitsförderlichen Ansatz mit einer starken pädagogischen Ausrichtung und andererseits durch interdisziplinäre Zusammenarbeit gekennzeichnet. Neben Psycholog*innen sind dort Pädagog*innen, Psychotherapeut*innen oder Sozialarbeiter*innen tätig (siehe Warschburger, 2008). Konkret befasst sich die Erziehungsberatung u.a. mit der Beratung der Eltern in Erziehungsfragen und bei Erziehungsschwierigkeiten, mit der Beratung bei familiären Krisen, Verhaltensauffälligkeiten der Kinder und mit der gezielten Förderung von Entwicklungsprozessen bereits in der frühen Kindheit (siehe Hundsalz, 2006).

Im weiteren Sinn findet Erziehungsberatung nicht nur im Kontext der Kinder- und Jugendhilfe statt, sondern ist letztlich ein präventives Bildungsangebot an alle Eltern, die an einer gezielten Förderung der Lernprozesse ihrer Kinder interessiert sind und sich dazu beraten lassen möchten. Diese Beratungsangebote finden Eltern z.B. in Erziehungsberatungsstellen diverser freier Träger (z.B. Caritas) oder in den Eltern-Kind-Zentren. Insgesamt stellt Erziehungsberatung eine Form von Elternbildung dar und ist damit als Beratungsfeld der Bildungspsychologie im Säuglings- und Kleinkindalter evident. Zweifelsohne beschränkt sich die Erziehungsberatung nicht ausschließlich auf diese Bildungsphase, sie ist lediglich in dieser Phase von besonderer Relevanz.

3.2 Vorschulalter: Bildungsberatung in Kindertageseinrichtungen

Kindertageseinrichtungen (Kinderkrippe, Kindergarten) haben für Kinder in den ersten sechs Lebensjahren eine wesentliche Sozialisationsfunktion (siehe Kapitel 3 „Bildungspsychologie des Vorschulalters"), weshalb für die Pädagog*innen in den Kindertageseinrichtungen neben der direkten Betreuung und Begleitung der Kinder der Kontakt und Austausch mit den Eltern eine wichtige Aufgabe darstellt. Im Zuge dessen sind Pädagog*innen unmittelbar mit den unterschiedlichen, auch schwierigen Lebenssituationen in den Familien konfrontiert. Aufgrund ihrer pädagogischen Ausbildung sind sie in der Lage, Verhaltensänderungen oder Entwicklungsauffälligkeiten bei Kindern zu erkennen, den Bedarf an spezieller Förderung der Kinder und an Beratung der Eltern können die Pädagog*innen jedoch oftmals nicht ausreichend umsetzen.

Mobile Kindergartenpsycholog*innen. Als Unterstützung für die Pädagog*innen in Kindertageseinrichtungen sind in manchen Ländern mobile Kindergartenpsycholog*innen tätig (siehe z.B. www.proges.at/mobilepsychologinnen). Die Ziele dieser psychologischen Intervention liegen darin, Kinder in ihrer positiven Entwicklung zu fördern sowie Eltern und Pädagog*innen beratend zu unterstützen. Im Rahmen ihrer Einzelbegleitung erarbeiten die Kindergartenpsycholog*innen gemeinsam mit den Eltern und Pädagog*innen individuelle Handlungsoptionen in schwierigen Entwicklungsphasen (z.B. bei Aggressionen, Ängsten, psychosomatischen Auffälligkeiten, sozialem Rückzug) und Lebenssituationen der Kinder (z.B. Trennungs- und Verlusterfahrungen).

Schulungsprogramm „Kita-MOVE“. Als präventives Schulungsprogramm bietet beispielsweise „Kita-MOVE“ pädagogischen Fachkräften in Kindertageseinrichtungen einen Ansatz, um mit kurzen Interventionen einen motivierenden Dialog über Erziehung einzuleiten und damit auch mit schwierigen Eltern in einen vertrauensvollen Kontakt zu kommen. Kita-MOVE wird seit 2007 in Nordrhein-Westfalen und in anderen Bundesländern in Deutschland umgesetzt. Die dreitägige Schulung wird durch zwei zertifizierte Kita-MOVE-Trainer*innen vor Ort angeboten und evaluiert (siehe https://www.kita-move.de).

Insgesamt ergeben sich im Vorschulbereich zahlreiche Beratungsthemen für die Bildungspsychologie (siehe Buchwald, 2010), dazu zählen z. B. Lernberatung, Beratung im Zusammenhang mit Sprachförderung, Kompetenzentwicklung und Schuleintritt, wie etwa Fragen zur Schulfähigkeit und zur Schulauswahl.

3.3 Primär- und Sekundärbereich: Schul- und Bildungsberatung

Aufgrund zahlreich auftretender Probleme im schulischen Kontext, die von Lernunlust über Schulverweigerung bis hin zu Mobbing und Gewalt im Schulalltag reichen, können Lehrkräfte oftmals ihrem Auftrag, nämlich dem Bildungs- und Erziehungsauftrag, nicht zufriedenstellend nachkommen. Lehrkräfte fühlen sich immer wieder überfordert und alleingelassen. Empirische Befunde zeigen, dass Lehrkräfte unter Erschöpfung und Überforderung leiden, je nach Studie empfinden bis zu 50 % der Lehrkräfte ihren Beruf als belastend (siehe Hofmann & Carmignola, 2020; Kösler, 2006). Aufseiten der Schüler*innen zeigt eine Studie von Wagner (2018a), dass in der Sekundarstufe I etwa jede*r fünfte Schüler* in einen Beratungs- bzw. über den Unterricht hinausgehenden Unterstützungsbedarf sieht. Konkret geht es um Unterstützung insbesondere im Lern- und Leistungsbereich, bei sozialen Problemen in der Klasse sowie bei Problemen mit Lehrkräften. Bei der im Besonderen betroffenen Zielgruppe handelt es sich um leistungsschwache Jugendliche mit Migrationshintergrund. In dieser Gruppe wünschen sich nicht nur die Jugendlichen, sondern auch deren Eltern Beratungsangebote direkt in der Schule. Der letztgenannte Befund korrespondiert mit den Ergebnissen der Metaanalyse von Whiston et al. (2011), in der sich zeigt, dass Schulberatungen dann besonders effektiv sind, wenn die Eltern in das Beratungssetting miteinbezogen sind.

Diese Befunde verdeutlichen den hohen Beratungsbedarf im schulischen Kontext, an dem die Schul- und Bildungsberatung im Primär- und Sekundärbereich ansetzt. Sie ermöglicht auf Basis von pädagogisch-psychologischen sowie diagnostischen Informationen Orientierungs- und Lernhilfen bei einer Vielzahl von schulbezogenen Beratungsthemen (siehe Heller & Perleth, 2018; Kösler, 2006; Schwarzer

& Posse, 2008), weshalb dieses Beratungsfeld auch durch interdisziplinäre Zusammenarbeit geprägt ist. Beratend tätig sind in diesem Bereich Schulpsycholog*innen, Pädagog*innen mit unterschiedlichen Zusatzqualifikationen (z.B. Beratungslehrer*innen), Schulsozialarbeiter*innen, Bildungsexpert*innen, Supervisor*innen oder Organisationsberater*innen.

Aus bildungspsychologischer Perspektive nimmt der Schulpsychologische Dienst eine wesentliche Beratungsfunktion im Schulsystem ein. Haslinger und Ilias (2012) nennen als Kernaufgaben des Schulpsychologischen Dienstes sowohl individuums- (Mikroebene) als auch institutionsbezogene (Mesoebene) Tätigkeiten. Zu den individuumsbezogenen Aufgabenfeldern zählen u.a. die Beratung im Bereich der Persönlichkeitsentwicklung und Gemeinschaftsförderung, Bildungsberatung und Schullaufbahnberatung. Institutionsbezogene Tätigkeiten beziehen sich auf die Unterstützung von Schulen im Fall von Krisenmanagement oder im Bereich der Weiterbildung von Lehrkräften. Laut Schwarzer und Posse (2008) liegt die Stärke der Schulpsychologie darin, im Vergleich zu den meist von den Problemen persönlich betroffenen Lehrkräften eine Außenperspektive in Bezug auf schulische Problemlagen einzunehmen und dadurch eher problemlösungsrelevante Aspekte zu identifizieren. Als nachteilig in diesem Zusammenhang sehen sie, dass Schulpsycholog*innen – im Vergleich zu den Lehrkräften – die konkrete Situation am jeweiligen Schulstandort nicht so genau kennen, weshalb es für Schulpsycholog*innen besonders wichtig ist, neben den allgemeinen Beratungskompetenzen spezielles Fachwissen über schulische Abläufe, Inhalte und Strukturen sowie spezielles pädagogisch-diagnostisches Wissen zu haben.

Ein Beispiel für Bildungsberatung auf Makroebene stellt die Arbeit der „Zukunftskommission" in Österreich dar (siehe Eder, Specht, Haider, Spiel & Wimmer, 2010). Die Zukunftskommission, die sich aus Bildungsexpert*innen und Bildungsforscher*innen zusammensetzte, wurde als Reaktion auf die eher mittelmäßigen Ergebnisse in den internationalen Vergleichsstudien der OECD für das österreichische Bildungssystem (z.B. PISA-Studien) etabliert. Ziel der Kommission war die evidenzbasierte Beratung von bildungspolitischen Entscheidungsträger*innen und damit einhergehend die Entwicklung eines Gesamtkonzepts zur Verbesserung des österreichischen Schulsystems. Die Arbeit der Zukunftskommission erfolgte in vier Schritten: (1) breite Diagnose der Situation des Schulsystems, (2) Konsensbildung über die Ziele der Reform, (3) Konkretisierung der Innovationsstrategie, (4) Formulierung konkreter Maßnahmen. Eine Übersicht der vorgeschlagenen Maßnahmen findet sich bei Eder et al. (2010).

Nicht nur im Primär- und Sekundärbereich (siehe Tabelle 10.2), sondern ganz generell über die gesamte Bildungskarriere betrachtet stellt die bildungspsychologische Beratung auf Makroebene eine noch eher seltene Form von bildungspsychologischer Beratung dar.

Tabelle 10.2: Beispiele für Beratungsthemen im Primär- und Sekundärbereich (in Anlehnung an Eder et al., 2010; Heller & Perleth, 2018; Kösler, 2006; Schwarzer & Posse, 2008)

Handlungsebene	Beispiele für Beratungsthemen im Primär- und Sekundärbereich
Mikroebene: Lernprobleme	• schulische Über- oder Unterforderung • mangelnde Leistungsmotivation • mangelndes Interesse an schulischen Lern-anforderungen • „Schule schwänzen" • ineffiziente Lern- und Arbeitsstrategien • Begabungs- und Schulleistungsförderung • sonderpädagogische Fragestellungen (z. B. Klärung eines Förderbedarfs)
Mikroebene: Psychosoziale Probleme	• Prüfungsangst • Verhaltensschwierigkeiten • Konflikte mit Mitschüler*innen und Lehrkräften • Mobbing • Schulverweigerung
Mikroebene: Schullaufbahnberatung	• Fragen im Kontext der Einschulung (z. B. Schulfähigkeit) • Fragen zur Schulwahl oder zum Schulwechsel • Hilfe bei innerschulischen Entscheidungsfindungen (z. B. Versetzung in die nächste Schulstufe)
Mesoebene	• Beratung von Schulleitungspersonen als Maß-nahme der Personalentwicklung • Beratung von Schulen bei Prozessen der Schul-entwicklung
Makroebene	• Bildungsberatung von Politik und Verwaltung

3.4 Tertiärbereich: Beratung von Lehrenden und Studierenden

Gräsel und Röbken (2010) konstatieren, dass bildungspsychologische Erkenntnisse wichtige Grundlagen zu Fragen der Studienwahl sowie des Lehrens und Lernens an Hochschulen liefern und nennen als konkrete bildungspsychologische Praxisfelder im Tertiärbereich die Beratung von Lehrenden und Studierenden (siehe Tabelle 10.3).

Tabelle 10.3: Bildungspsychologische Beratung im Tertiärbereich

Zielgruppen der Beratung	Beratungsangebote
Lehrende	• Mikroebene: Beratung mit dem Ziel einer hochschuldidaktischen Qualifizierung und einer Vernetzung zwischen den Lehrenden • Mesoebene: Beratung der Hochschulleitung zur Qualitätsverbesserung von Studium und Lehre – Organisationsentwicklung
Studierende	• Studien(wahl)beratung • akademische Berufsberatung • psychotherapeutische Studierendenberatung • Lernberatung • Berufs-, Studien- und Laufbahnberatung (Schweizer Modell)

Beratungsangebote für Lehrende. Die Beratungsangebote für Lehrende hängen stark von der Schwerpunktsetzung im Qualitätsmanagement der jeweiligen Hochschule ab und sind in der Folge auch inhaltlich eher heterogen ausgerichtet. Sie reichen von Supervision und Coaching bis hin zu Fort- und Weiterbildungsangeboten für Lehrende an Hochschulen. Diese Diversität im Beratungsangebot von Lehrenden bringt mit sich, dass auch in diesem Feld unterschiedliche Professionen tätig sind, z. B. Psycholog*innen, Pädagog*innen, Trainer*innen aus dem Bereich der Erwachsenenbildung oder Hochschuldidaktik, Supervisor*innen oder Berater*innen mit Coaching-Ausbildung. Als ein Beratungsbeispiel skizziert Valentin (2019) die *hochschuldidaktische Einzelberatung,* deren Zielsetzung sich auf drei unterschiedlichen Ebenen festmachen lässt: (1) Ebene der einzelnen Lehrenden (hochschuldidaktische Qualifizierung anhand der Entwicklung eines hochschuldidaktischen Denkens und der Stärkung der Handlungs- und Entscheidungsfähigkeit; Mikroebene); (2) Ebene zwischen den Lehrenden (Vernetzung und Erfahrungsaustausch; Mikroebene); (3) Ebene der Universität/Hochschule (Qualitätsverbesserung von Studium und Lehre; Mesoebene).

Beratung von (angehenden) Studierenden. Bezüglich der Beratung von (angehenden) Studierenden unterscheiden Heller und Perleth (2018) die Studien(wahl)beratung, akademische Berufsberatung sowie die psychotherapeutische Studierendenberatung. Die *Studien(wahl)beratung* unterstützt auf Basis von psychologischen Diagnoseinstrumenten junge Erwachsene bei Fragen der Studieneignung sowie der damit verbundenen passenden Studienwahl und/oder einem Studiengangwechsel (siehe Gieseke, 2014). Die *akademische Berufsberatung* informiert über die Arbeitsmarktlage und die individuellen Berufschancen unter der Berücksichtigung entsprechender Eignungsanforderungen. Die *psychotherapeutische Studierendenberatung* befasst sich mit psychosozialen Störungen und individuellen Studienschwierigkeiten während der Hochschulzeit. Ergänzend dazu nennt Gieseke (2014) in diesem Kontext die *Lernberatung für Studierende*. Dieses Angebot steht für jene zur Verfügung, die Lernprobleme unterschiedlicher Art aufweisen (z.B. Prüfungsangst) und beinhaltet auch die Erarbeitung von Lern- und Motivationsstrategien im Kontext von Prüfungen, Seminararbeiten oder Präsentationen.

Ein spezielles Angebot der *Berufs-, Studien- und Laufbahnberatung* wurde beispielsweise in der Schweiz etabliert. Deren Ziel ist es, die Vorbereitung, Wahl und Gestaltung der beruflichen Laufbahn zu unterstützen. Dabei werden sowohl allgemeine Auskünfte über Bildungsangebote erteilt als auch persönliche Beratungsgespräche angeboten. In der persönlichen Beratung werden Grundlagen erarbeitet, die es Ratsuchenden ermöglichen, nach ihren Fähigkeiten und Neigungen und unter Berücksichtigung der Anforderungen der Arbeitswelt Berufs-, Studien- und Laufbahnentscheidungen zu fällen (BBV Art. 55). In der Berufsbildungsverordnung (BBV) sind sowohl die Mindestanforderungen an Ausbildungsgänge für Berater*innen (BBV Art. 56) als auch der Schutz des Titels „Diplomierter Berufs-, Studien- und Laufbahnberater" bzw. „Diplomierte Berufs-, Studien- und Laufbahnberaterin" gesetzlich geregelt (BBV Art. 58 Abs. 2). Dieses Modell der Berufsberatung wird in der Schweiz als ein Anwendungsfeld der Angewandten Psychologie verstanden (siehe Zihlmann, 2006). Damit kann diese Form von Beratung eindeutig dem Feld der Bildungspsychologie zugeordnet werden.

Insgesamt wird anhand dieser Beispiele die Vielfalt an bildungspsychologischen Beratungszugängen im Tertiärbereich deutlich (siehe Tabelle 10.3). Dies untermauert auch Langkafel (2016) für den Bereich der Studien- und Berufsberatung in Deutschland. Neben der Beratung an den Schulen und Hochschulen gibt es Angebote von Kommunen, Kammern, Berufsverbänden sowie der Agentur für Arbeit. Darüber hinaus sind zahlreiche Studien- und Berufsberater*innen als selbstständige Berater*innen tätig. Er kritisiert in diesem Zusammenhang die fehlende Transparenz der vielfältigen Beratungsangebote.

Die Herausforderungen in diesem Bereich liegen darin, die Beratungsbedürfnisse einer breiten Altersgruppe zu berücksichtigen und im Zuge dessen mit den verschiedenen Fragestellungen professionell umzugehen. Berater*innen benötigen daher nicht nur allgemeine Beratungskompetenzen, sondern auch ein umfassendes Wissen bezüglich des Hochschulwesens, der Ausbildungslandschaft sowie der Berufs- und Arbeitswelt.

3.5 Mittleres Erwachsenenalter: Weiterbildungs- und Qualifizierungsberatung

Die Erwachsenenbildung ist neben der formalen Bildung (berufliche und allgemeine Weiterbildung) stark durch nicht institutionalisierte, informelle Bildungsangebote geprägt (siehe Kapitel 7 „Bildungspsychologie des mittleren Erwachsenenalters“). Bildungspsychologische Beratung im mittleren Erwachsenenalter wird vor allem bei Veränderungen in der Arbeitsbiografie – sei es durch gewollte (z. B. Neuorientierung) oder erzwungene (z. B. Arbeitslosigkeit, Krankheit) berufliche Veränderungen – in Anspruch genommen.

Als ein Beispiel für Weiterbildungs- und Qualifizierungsberatung mit Bezug zur Bildungspsychologie im mittleren Erwachsenenalter kann das österreichweite Projekt „fit2work“ genannt werden (siehe https://fit2work.at). Dieses Projekt bietet kostenlose Beratung einerseits für Personen, deren Arbeitsplatz aufgrund von gesundheitlichen Problemen gefährdet ist oder die deshalb Schwierigkeiten haben, eine Arbeit zu finden (Mikroebene) und anderseits für Unternehmen, die die Arbeitsfähigkeit und Gesundheit ihrer Mitarbeiter*innen fördern möchten (Mesoebene). Der Beratungsprozess wird individuell an die konkrete Problem- und Fragestellung angepasst und kann bei Bedarf auch über einen längeren Zeitraum in Anspruch genommen werden. Wesentlich sowohl bei der Personen- als auch bei der Betriebsberatung ist eine arbeitsmedizinische und/oder arbeitspsychologische Abklärung im Rahmen eines Basischecks. Die Ergebnisse des Basischecks stellen die Grundlage für die Erstellung eines persönlichen Entwicklungsplans verbunden mit konkreten Maßnahmen dar: z. B. Begleitung bei der Entwicklung beruflicher Perspektiven, Begleitung beim Wiedereinstieg nach einem längeren Krankenstand, Bildungs- und Qualifizierungsberatung, Klärung von möglichen Weiter-, Ausbildungs- oder Umschulungsmaßnahmen, berufliche Orientierung.

Auch das oben beschriebene Schweizer Modell der Berufs-, Studien- und Laufbahnberatung weist einen eindeutigen Bezug zum mittleren Erwachsenenalter auf. Arbeitslose Menschen beispielsweise werden von regionalen Arbeitsvermittlungszentren zur Laufbahnberatung verwiesen. Dabei erfolgt zunächst ein Laufbahncheck, der aus einem circa einstündigen Beratungsgespräch besteht, in dem die individuelle Situation geklärt wird und das weitere Vorgehen besprochen wird. Darauf aufbauend werden drei Beratungsformen angeboten: (1) ein auf dem Laufbahncheck basierendes, individuelles Erweiterungsmodul, (2) eine umfassende Laufbahnberatung verbunden mit einem differenzierten diagnostischen Prozess und (3) ein persönliches Coaching als Angebot zur Begleitung in herausfordernden Arbeitssituationen (siehe Zihlmann, 2006).

Einhergehend mit den heterogenen Problem- und Fragestellungen in diesem Abschnitt der Bildungskarriere entwickelte sich eine diversifizierte Beratungslandschaft, die stark von Trainer*innen in der Erwachsenenbildung mit einem spezifischen inhaltlichen bzw. fachlichen Fokus charakterisiert ist. Auch die Arbeitspsychologie spielt in der Weiterbildungs- und Qualifizierungsberatung eine wesentliche Rolle. Die Bildungspsychologie ist in diesem Bereich aktuell noch eher unterrepräsentiert, wenngleich gerade im mittleren Erwachsenenalter die Beratung im Arbeits- und Berufskontext sowohl vonseiten der Arbeitspsychologie als auch vonseiten der Bildungspsychologie erfolgen kann und die Abgrenzung zwischen den psychologischen Fachdisziplinen nicht immer eindeutig ist. Die dynamische Entwicklung am Arbeitsmarkt in den letzten Jahren bringt es mit sich, dass eine kontinuierliche und stabile Beschäftigung über das gesamte Arbeitsleben hinweg zukünftig immer unwahrscheinlicher wird und damit einhergehend auch der Bedarf an Weiterbildungs- und Qualifizierungsberatung steigen wird. Darin ist auch das Entwicklungspotenzial der bildungspsychologischen Beratung zu sehen.

3.6 Höheres Erwachsenenalter: Bildungsberatung von älteren Menschen

Bildung im Alter gilt als Prophylaxe gegen demenzielle Erkrankungen, fördert die Anpassungsfähigkeit im Alter und unterstützt die gesellschaftliche Teilhabe, die wiederum vor Vereinsamung im Alter schützt (siehe Heidemeier & Staudinger, 2010). Daher sind im höheren Erwachsenenalter Bildungsangebote verbunden mit einer entsprechenden Beratung - vor allem vor dem Hintergrund einer stetig steigenden Lebenserwartung - sowohl von individueller als auch gesellschaftlicher Relevanz. Wenngleich auch für die Beratung von älteren Menschen die generellen Beratungsprinzipien gelten (siehe Abschnitt 2), ergeben sich laut Friedrich-Hett (2007) einige Spezifika für die Beratung von älteren Menschen: Einbeziehung der Familie und wichtiger Bezugspersonen; Entwicklung eines individuellen Verständnisses der aktuellen Problematik unter Berücksichtigung des Lebensverlaufs; Entwicklung neuer Perspektiven mit entsprechenden Lebens- bzw. Altersbildern; notwendige Aufarbeitung relevanter Krisen und Konflikte sowie Förderung von entsprechenden Verarbeitungsfähigkeiten; Förderung von Selbstwerterleben und Selbstwirksamkeitsempfinden; Entwicklung und Unterstützung sozialer Beziehungsnetzwerke.

Ein für die Bildungspsychologie nutzbarer Beratungsansatz ist das *Empowerment-Coaching*. Meindl und Schramm-Meindl (2007) entwickelten mit dem Empowerment-Coaching ein spezielles Training- und Beratungskonzept für die nachberufliche und nachfamiliäre Lebenszeit. Die Grundlage ihres Konzepts stellt das Fünf-Säulen-Modell der Identität von Petzold (2004) dar. Dieses Modell sieht die menschliche Identität durch das Zusammenwirken von fünf Lebensbereichen bestimmt: (1) Körper und Gesundheit, (2) Soziales Netz, (3) Materielle Sicherheit, (4) Arbeit und Beschäftigung, (5) Sinn und Wert. Meindl und Schramm-Meindl (2007) gehen davon aus, dass speziell Menschen im höheren Lebensalter diese Lebensbereiche überdenken und neu ausrichten sollten.

Praxisbeispiel: Vorgehensweise im Empowerment-Coaching von Meindl und Schramm-Meindl (2007)

1. *Standort bestimmen:* Wo stehe ich heute und welche Chancen eröffnet mir das?
2. *Im Rückblick den roten Faden finden:* Was hat mein (Berufs)leben geprägt, was waren meine Themen und Ziele?
3. *Visionen entwickeln:* Wie kann ich diese Themen für erfolgreiches Altern nutzen? Was hilft mir dabei, auf neue Ideen zu kommen?
4. *Abschied und Neubeginn:* Welche Perspektiven eröffnen sich mir? Wovon muss ich mich verabschieden?
5. *Entscheidungen treffen und Ziele formulieren:* Welche Kriterien muss mein Konzept erfüllen? Hält es einer kritischen Prüfung stand?
6. *Sich auf den Weg machen:* In welchen Schritten will und kann ich die Umsetzung planen? Welche Hindernisse stehen mir (noch) im Weg? Welche Ressourcen habe ich zur Verfügung?

Während die Bildungsangebote für Menschen im höheren Erwachsenenalter stark im Steigen begriffen sind, spielt die Bildungsberatung von älteren Menschen im Vergleich dazu eine noch eher untergeordnete Rolle. Dies liegt u.a. daran, dass in diesem Lebensabschnitt gesundheitsbezogene (z.B. Pflegebedürftigkeit, Demenz) und psychosoziale Beratungsthemen (z.B. Einsamkeit, soziale Isolation, Wohnen im Alter) im Vordergrund stehen und damit einhergehend auch die Beratungslandschaft dominieren. Bildungsbezogene Themen in der Beratung erscheinen vor diesem Hintergrund eher als „Luxusprobleme". Trotz dieser aktuell eher ernüchternden Befundlage ergibt sich mit Blick auf die kognitiven, motivationalen und sozio-emotionalen Voraussetzungen zum lebenslangen Lernen (siehe Kapitel 8 „Bildungspsychologie des höheren Erwachsenenalters") ein klarer Auftrag für die bildungspsychologische Beratung. Relevante Fragestellungen ergeben sich z.B. im Kontext von Lernunterstützung, im Kontext der Suche von passenden Bildungsangeboten für die individuelle Lebenssituation oder im Kontext der Selbstwertstärkung.

4 Zukunft des Themas

Anhand der Beratungsfelder entlang der Bildungskarriere konnte aufgezeigt werden, dass die bildungspsychologische Beratung bis zum Tertiärbereich institutionell bereits gut verankert ist, ab dem Erwachsenenalter jedoch noch Entwicklungspotenzial aufweist. Dies liegt sicherlich u.a. auch daran, dass das Erwachsenenalter weniger durch institutionelle, formale Bildung als vielmehr durch non-formale Bildung geprägt ist, weshalb auch die Beratungslandschaft stark segmentiert und heterogen ist. Es ist also notwendig, den Nutzen der bildungspsychologischen Beratung über alle Altersgruppen hinweg noch stärker zu thematisieren und diese entsprechend zu forcieren. Auch die Etablierung von bildungspsychologischer Beratung auf Makroebene, wie beispielsweise die Politikberatung im Bildungsbereich, ist für die Zukunft wünschenswert. Bereits Eder et al. (2010) verweisen auf die Bedeutung von „Evidence-based policy" und „Evidence-based policy research" (S. 439) im Bildungsbereich und fordern eine stärkere wissenschaftliche Fundierung von bildungspolitischen Entscheidungen. Gleichzeitig machen sie aber auch auf Risiken in der politikorientierten Bildungsberatung aufmerksam (z. B. unklare Schnittstelle zwischen Wissenschaft und Politik; oftmals diffuse Beratungsaufträge; Expertise und politisches Handeln folgen unterschiedlichen zeitlichen Vorgaben).

Ein weiteres Zukunftsfeld stellt die Ausweitung der bildungspsychologischen Online-Beratung als Querschnittsmaterie über die gesamte Bildungskarriere dar. Reindl (2018) sieht die Zukunft der Online-Beratung in der Überwindung der Dichotomie zwischen Online- und Präsenzberatung und der stärkeren Etablierung von „Blended Counseling" (S. 19). Er plädiert dafür, die Interaktion zwischen Berater*innen und Ratsuchenden als einheitlichen Kommunikationsprozess zu verstehen, der sich in verschiedenen Medien realisiert (siehe auch Engelhardt & Reindl, 2016).

Eine weitere Herausforderung im Kontext der bildungspsychologischen Beratung liegt in der Interdisziplinarität innerhalb der einzelnen Beratungsfelder; vor allem in der institutionellen Bildungsberatung arbeiten verschiedene Professionen zusammen. In den Beratungsfeldern entlang der Bildungskarriere sind neben der Bildungspsychologie weitere psychologische Subdisziplinen vertreten, wie z. B. die Arbeitspsychologie oder die Gesundheitspsychologie, und über die Psychologie hinausgehend vor allem die Pädagogik, die Psychotherapie, die Medizin und die Soziale Arbeit. Dies kann einerseits befruchtend und horizonterweiternd sein, bedarf jedoch auch einer Toleranz und Offenheit gegenüber den Konzepten und Zugängen anderer Professionen (siehe Wagner, 2018b).

Wenngleich in diesem Kapitel die Vielfalt an bildungspsychologischen Beratungsthemen über die gesamte Bildungskarriere sowie damit einhergehend der hohe Bedarf an bildungspsychologischer Beratung verdeutlicht wurde, mangelt es in diesem Bereich noch an systematischen, evidenzbasierten Forschungsarbeiten. Dieses Defizit betrifft sowohl Studien zum Beratungsbedarf als auch zur Wirksamkeit von bildungspsychologischer Beratung (siehe Wagner, 2018a). Evaluationsstudien zur Effektivität von Beratungsangeboten finden sich nur vereinzelt im Primär- und Sekundärbereich (z. B. Galliker Schrott, Egger, Müller, Fabian & Drilling, 2009; Whiston et al., 2011).

Mit Blick auf die Lernberatung konstatieren Franz, Welser und Scheunpflug (2019), dass im Vergleich zu der vielfältigen begrifflichen und konzeptionellen Auseinandersetzung die empirische Forschung in diesem Bereich noch eher unterrepräsentiert ist. Dewe und Schwarz (2013) skizzieren ein ähnliches Bild für die Beratungsforschung insgesamt. Konkret kritisieren sie, dass einem in den letzten Jahrzehnten stark ausgeweiteten institutionalisierten Beratungsmarkt mit seiner kaum überschaubaren Fülle an Beratungsangeboten sowie einer Vielzahl an beratend Tätigen ein Mangel an empirisch gewonnenen Erkenntnissen gegenübersteht. Whiston et al. (2011) unterstreichen mit Verweis auf die Empfehlungen der ASCA (American School Counselor Association) die Notwendigkeit von evidenzbasierten Leitlinien bzw. Programmen in der Schul- und Bildungsberatung.

Daraus ergibt sich für die zukünftige Entwicklung ein Plädoyer auf zwei Ebenen: (1) Bildungspsychologische Beratung sollte sich noch deutlicher als bisher als Angebot über die gesamte Bildungskarriere und auf der Makroebene positionieren und dabei den Nutzen für diejenigen, die bildungspsychologische Beratung in Anspruch nehmen, klar sichtbar machen. (2) Es bedarf einer verstärkten empirisch fundierten Beratungsforschung im Bildungsbereich; dabei ist die Bildungspsychologie mit ihrem Fokus auf „use-inspired basic research" (Stokes, 1997) gefordert – in Kooperation mit der bildungsbezogenen Beratungspraxis – das Forschungsfeld voranzutreiben.

Zusammenfassung

Dieses Kapitel liefert einen Überblick über aktuelle Aspekte der Beratungspsychologie mit dem Fokus auf spezifische Aspekte in der bildungspsychologischen Beratung. Anhand der dargestellten Beispiele von bildungspsychologischer Beratung entlang der Bildungskarriere wird aufgezeigt, dass die bildungspsychologische Beratung bis zum Tertiärbereich institutionell bereits gut verankert ist, jedoch ab dem Erwachsenenalter noch Entwicklungspotenziale aufweist.

Darüber hinaus wurde deutlich, dass die bildungspsychologische Beratung ihre Stärken auf der Mikroebene aufweist (z.B. Erziehungsberatung, Lernberatung, Beratung von Lehrenden und Studierenden). Auch die Mesoebene wird durch sie adressiert (z.B. Beratung von Schulen und Unternehmen), noch wenig Präsenz weist sie auf der Makroebene auf. Es zeigen sich zwar Ansätze in der politikorientierten Bildungsberatung, jedoch ist hier das Beratungsprofil noch eher unscharf.

Es zeigt sich über alle Phasen der Bildungskarriere hinweg, dass der Beratungssektor von unterschiedlichen Professionen besetzt wird, d.h. die Bildungspsychologie steht hier in Kongruenz zu anderen Berufsgruppen sowohl innerhalb der Psychologie (z.B. Arbeits- und Gesundheitspsycholog*innen) als auch in Abgrenzung zu anderen Berufsgruppen (z.B. Pädagog*innen, Psychotherapeut*innen, Sozialarbeiter*innen, Trainer*innen).

Reflexionsfragen

1. Was zeichnet einen gelungenen bildungspsychologischen Beratungsprozess aus?
2. Welche Herausforderungen ergeben sich in der Online-Beratung?

3. Welche ethischen und berufsrechtlichen Fragen stellen sich im Kontext von bildungspsychologischer Beratung?
4. Welche Gemeinsamkeiten und Unterschiede weist die bildungspsychologische Beratung im Sekundär- und Tertiärbereich auf?
5. Welche Aspekte sind in der Bildungsberatung von älteren Menschen zu beachten?
6. Worin liegen die zukünftigen Herausforderungen im Kontext der bildungspsychologischen Beratung?

Weiterführende Literatur

Brüning, E. M. & Ayan, T. (2019). *Beratung von Migrantinnen und Migranten: Herausforderungen, Unterstützungsbedarfe, kulturelle Begegnungen: Eine explorative Analyse der Sichtweisen von Beratern und Ratsuchenden.* Wiesbaden: Springer Gabler.

Dörner, O., Iller, C., Schüßler, I., Maier-Gutheil, C. & Schiersmann, C. (Hrsg.). (2019). *Beratung im Kontext des Lebenslangen Lernens: Konzepte, Organisation, Politik, Spannungsfelder.* Opladen: Budrich. https://doi.org/10.3224/84742204

Engelhardt, E. (2018). *Lehrbuch Onlineberatung.* Göttingen: Vandenhoeck & Ruprecht. https://doi.org/10.13109/9783666711473

Rietmann, S. & Sawatzki, M. (Hrsg.). (2018). *Zukunft der Beratung: Von der Verhaltens- zur Verhältnisorientierung?* Berlin: Springer. https://doi.org/10.1007/978-3-658-18009-6

Literatur

Buchwald, P. (2010). Bildungspsychologische Beratung. In C. Spiel, B. Schober, P. Wagner & R. Reimann (Hrsg.), *Bildungspsychologie* (S. 253–264). Göttingen: Hogrefe.

Culley, S. (2015). *Beratung als Prozess. Lehrbuch kommunikativer Fertigkeiten.* Weinheim: Beltz.

Dewe, B. & Schwarz, M. P. (2013). *Beraten als professionelle Handlung und pädagogisches Phänomen.* Hamburg: Kovač.

Dweck, C. (2016). *Mindset: The New Psychology of Success.* New York: Random House.

Eder, F., Specht, W., Haider, G., Spiel, C. & Wimmer, M. (2010). Politikberatung: Das Beispiel der österreichischen „Zukunftskommission". In C. Spiel, B. Schober, P. Wagner & R. Reimann (Hrsg.), *Bildungspsychologie* (S. 439–444). Göttingen: Hogrefe.

Engelhardt, E. M. (2019). Onlineberatung – Digitales Beratungsangebot für Alle? In H. Angenent, B. Heidkamp & D. Kergel (Hrsg.), *Digital Diversity: Bildung und Lernen im Kontext gesellschaftlicher Transformationen* (S. 161–173). Wiesbaden: Springer VS.

Engelhardt, E. & Reindl, R. (2016). Blended Counseling – Beratungsform der Zukunft? Resonanzen. *E-Journal für biopsychosoziale Dialoge in Psychotherapie, Supervision und Beratung, 4,* 130–144.

Franz, J., Welser, S. & Scheunpflug, A. (2019). Lernberatung im Diskurs der Erwachsenenbildung: Eine systematische Reflexion. In O. Dörner, C. Iller, I. Schüßler, C. Maier-Gutheil & C. Schiersmann (Hrsg.), *Beratung im Kontext des Lebenslangen Lernens: Konzepte, Organisation, Politik, Spannungsfelder* (S. 47–58). Opladen: Budrich. https://doi.org/10.2307/j.ctvbkk1xn.6

Friedrich-Hett, T. (2007). Das Alter schätzen lernen. Neue Perspektiven für Beratung und Therapie älterer Menschen. In T. Friedrich-Hett (Hrsg.), *Positives Altern: Neue Perspektiven für Beratung und Therapie älterer Menschen* (S. 15–67). Bielefeld: transcript. https://doi.org/10.1515/9783839407998

Galliker Schrott, B., Egger, S., Müller, C., Fabian, C. & Drilling, M. (2009). Wirkung von Beratung durch die Schulsozialarbeit und sozialer Unterstützung auf die Depressivität und den Selbstwert bei Schülerinnen und Schülern. *Zeitschrift für Gesundheitspsychologie, 17,* 133–137. https://doi.org/10.1026/0943-8149.17.3.133

Gieseke, W. (2014). Studienberatung zwischen Bildungsberatung, Lernberatung und psychologischer Beratung. *Zeitschrift für Beratung und Studium, 9,* 10–14.

Gräsel, C. & Röbken, H. (2010). Bildungspsychologie des Tertiärbereichs. In C. Spiel, B. Schober, P. Wagner & R. Reimann (Hrsg.), *Bildungspsychologie* (S. 140–153). Göttingen: Hogrefe.

Haslinger, M. & Ilias, C. (2012). Schulpsychologie – von der psychologischen Diagnostik zur psychologischen Beratung im Schulsystem. *Psychologie in Österreich, 32,* 404–410.

Heidemeier, H. & Staudinger, U. M. (2010). Bildungspsychologie des mittleren Erwachsenenalters. In C. Spiel, B. Schober, P. Wagner & R. Reimann (Hrsg.), *Bildungspsychologie* (S. 193–209). Göttingen: Hogrefe.

Heller, K. & Perleth, C. (2018). Bildungsberatung. In D. H. Rost, J. R. Sparfeldt & S. Buch (Hrsg.), *Handwörterbuch Pädagogische Psychologie* (S. 63–70). Weinheim: Beltz.

Hofmann, F. & Carmignola, M. (2020). Berufswahl, Stress, Arbeitszufriedenheit und Schulklima. In J. Schmich & S. Opriessnig (Hrsg.), *TALIS 2018 (Band 2): Rahmenbedingungen des schulischen Lehrens und Lernens aus Sicht von Lehrkräften und Schulleitungen im internationalen Vergleich* (S. 56–60). Salzburg: Bundesinstitut für Bildungsforschung, Innovation & Entwicklung des österreichischen Schulwesens.

Hundsalz, A. (2006). Erziehungsberatung. In C. Steinebach (Hrsg.), *Handbuch Psychologische Beratung* (S. 237–247). Stuttgart: Klett-Cotta.

Kämpfe, N. (2019). Pädagogische Beratung. In B. Kracke & P. Noack (Hrsg.), *Handbuch Entwicklungs- und Erziehungspsychologie* (S. 249–274). Berlin: Springer.

Kösler, E. (2006). Schulberatung. In C. Steinebach (Hrsg.), *Handbuch Psychologische Beratung* (S. 551–564). Stuttgart: Klett-Cotta.

Kriz, J. (2014). *Grundkonzepte der Psychotherapie*. Weinheim: Beltz.

Langkafel, C. (2016). Beratung in der Lebenswelt der Jugendlichen. *Zeitschrift für Beratung und Studium, 11,* 76–78.

Meindl, U. & Schramm-Meindl, A. (2007). Empowerment-Coaching für die nachberufliche und nachfamiliäre Lebenszeit: Ein Konzept für Training und Beratung. In T. Friedrich-Hett (Hrsg.), *Positives Altern: Neue Perspektiven für Beratung und Therapie älterer Menschen* (S. 132–153). Bielefeld: transcript. https://doi.org/10.1515/9783839407998-005

Nußbeck, S. (2019). *Einführung in die Beratungspsychologie*. München: Ernst Reinhardt.

Österreichisches Bundeskanzleramt (2021). *Kinder- und Jugendhilfe*. Verfügbar unter https://www.bundeskanzleramt.gv.at/agenda/familie/begleitung-beratung-hilfe/kinder-und-jugendhilfe.html

Petzold, H. G. (2004). *Integrative Therapie: Modelle, Theorien und Methoden einer schulenübergreifenden Psychotherapie*. Paderborn: Junfermann.

Pikowsky, B. & Wild, E. (2009). Pädagogisch-psychologische Beratung. In E. Wild & J. Möller (Hrsg.), *Pädagogische Psychologie* (S. 429–455). Heidelberg: Springer.

Reindl, R. (2018). Zum Stand der Onlineberatung in Zeiten der Digitalisierung. *Fachzeitschrift für Onlineberatung und computervermittelte Kommunikation, 14,* 16–26.

Schlippe, A. von & Schweitzer, J. (2016). *Lehrbuch der systemischen Therapie und Beratung I: Das Grundlagenwissen*. Göttingen: Vandenhoeck & Ruprecht. https://doi.org/10.13109/9783666401855

Schubert, F.-C., Rohr, D. & Zwicker-Pelzer, R. (2019). *Beratung. Grundlagen – Konzepte – Anwendungsfelder*. Heidelberg: Springer. https://doi.org/10.1007/978-3-658-20844-8

Schwarzer, C. & Buchwald, P. (2009). Beratung in der Pädagogischen Psychologie. In P. Warschburger (Hrsg.), *Beratungspsychologie* (S. 129–151). Berlin: Springer.

Schwarzer, C. & Posse, N. (2008). Schulberatung. In W. Schneider & M. Hasselhorn (Hrsg.), *Handbuch der Pädagogischen Psychologie* (S. 441–451). Göttingen: Hogrefe.

Stokes, D.E. (1997). *Pasteur's Quadrant. Basic Science and Technological Innovation*. Washington, D.C.: Brookings Institution Press.

Valentin, T. (2019). *Hochschuldidaktische Beratung: Eine Analyse der Einzelberatung von Lehrenden an Universitäten*. Berlin: Springer. https://doi.org/10.1007/978-3-658-24026-4

Wagner, P. (2018a). Problemlagen und Beratungsbedarf in der Sekundarstufe I aus der Perspektive der Jugendlichen sowie deren Eltern. *Zeitschrift für Pädagogik, 64*, 252–274.

Wagner, P. (2018b). Interdisziplinarität in der Schulsozialarbeit. In H. Bassarak (Hrsg.), *Lexikon der Schulsozialarbeit* (S. 243–245). Baden-Baden: Nomos.

Wälte, D. & Borg-Laufs, M. (2018). *Psychosoziale Beratung. Grundlagen, Diagnostik, Interventionen*. Stuttgart: Kohlhammer.

Warschburger, P. (2008). Erziehungsberatung. In W. Schneider & M. Hasselhorn (Hrsg.), *Handbuch der Pädagogischen Psychologie* (S. 441–451). Göttingen: Hogrefe.

Whiston, S.C., Tai, L.W., Rahardja, D. & Eder, K. (2011). School counseling out-come: A meta-analytic examination of interventions. *Journal of Counseling & Development, 89*, 37–55. https://doi.org/10.1002/j.1556-6678.2011.tb00059.x

Wilhelm, O. & Kunina, O. (2009). Pädagogisch-psychologische Diagnostik. In E. Wild & J. Möller (Hrsg.), *Pädagogische Psychologie* (S. 307–331). Heidelberg: Springer.

Zihlmann, R.E. (2006). Berufs- und Laufbahnberatung. In C. Steinebach (Hrsg.), *Handbuch Psychologische Beratung* (S. 429–442). Stuttgart: Klett-Cotta.

Kapitel 11

Bildungspsychologische Prävention

Andreas Beelmann & Constance Karing

Inhaltsübersicht

1 Einführung

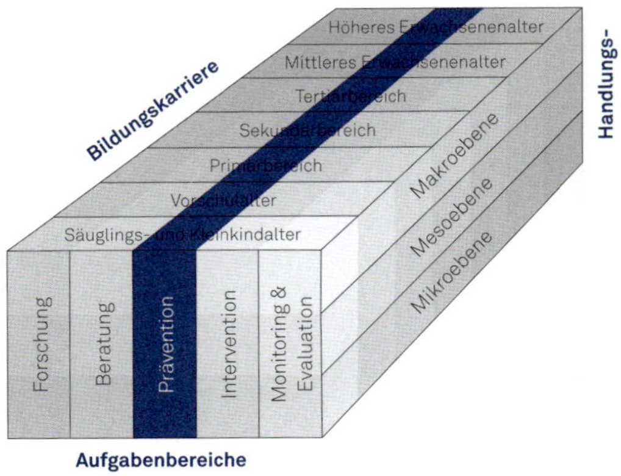

1.1 Definition von Prävention im Bildungsbereich

Unter psychologischer Prävention wird der theoretisch und empirisch begründete Versuch verstanden, mit psychologischen Mitteln Handlungskompetenzen zu stärken, Risiken in der menschlichen Entwicklung abzuschwächen oder sich bereits anbahnende Negativentwicklungen zu stoppen, um das Auftreten von Entwicklungsproblemen und psychischen Störungen, aber auch somatischer Erkrankungen zu verhindern und zu einer gesunden Entwicklung beizutragen (Brandtstädter & von Eye, 1982; Coie et al., 1993; Perrez & Hilti, 2011).

Im Bereich der Bildungspsychologie kann der Begriff Prävention als Oberbegriff von Maßnahmen gelten, die direkt oder indirekt dazu beitragen, dass negative Bildungskarrieren verhindert und allgemein Bildungsprozesse so optimiert werden, dass eine möglichst günstige Ausnutzung individueller Bildungsmöglichkeiten gewährleistet ist. Dabei ist es zunächst unerheblich, ob die Bildung von Personen selbst gefördert oder aber individuelle, soziale oder gesellschaftliche Bedingungen der Bildung (d.h. Bildungsvoraussetzungen) verbessert werden sollen.

Abgrenzung von Prävention zu Therapie, Rehabilitation und Gesundheitsförderung

Im Unterschied zur Prävention befassen sich *Therapie- und Rehabilitationsmaßnahmen* mit der Behandlung bereits bestehender (klinisch relevanter) Probleme oder Störungen (Therapie) bzw. mit der Bewältigung von unabänderlichen Funktionsstörungen und der Kompensation von Folgeproblemen dieser Störungen (Rehabilitation). Im Bildungsbereich adressieren Therapie- und Rehabilitationsmaßnahmen Zielgruppen mit diagnostizierbaren klinischen Störungen oder Behinderungen, also insbesondere Menschen mit festgestellter Lern- und geistiger Behinderung, aber auch Menschen mit anderen Behinderungen und psychischen Störungen, die einen Einfluss auf individuelle Bildungskarrieren haben.

Der Präventionsbegriff wird oft von dem der *Gesundheitsförderung* abgegrenzt (Lohaus, Jerusalem & Klein-Heßling, 2006; O'Connell, Boat & Warner, 2009). Während unter Prävention zumeist die Vermeidung von etwas Negativem verstanden wird, ist der Begriff Gesundheitsförderung stärker auf positiv formulierte Ziele und die Erreichung überdurchschnittlich guter Kompetenzen ausgerichtet. Konzeptionell wird allerdings oft nur „die andere Seite der Medaille" angesprochen, d.h. die Vermeidung von negativen Entwicklungen in die Förderung von erwünschten Kompetenzen umgewandelt (z.B. Vermeidung sozialer Verhaltensprobleme in Förderung sozialer Kompetenzen). Prävention und Gesundheitsförderung haben gemeinsam, dass sie zeitlich Problemen, Schwierigkeiten, Störungen und Negativentwicklungen vorausgehen.

1.2 Klassifikation von Präventionsmaßnahmen

In der Fachliteratur finden sich unterschiedliche Klassifikationen von Präventionsmaßnahmen, die sich hinsichtlich der Breite und der zugrunde gelegten Präventionsdefinition sowie ihrer Ordnungsgesichtspunkte unterscheiden. Weithin bekannt ist die Unterteilung in primäre, sekundäre und tertiäre Prävention, die auf Caplan (1964) zurückgeht.

Primäre, sekundäre und tertiäre Prävention

- *Primäre Prävention* betrifft alle Maßnahmen mit dem Ziel der Reduktion von Inzidenzraten (d.h. die Häufigkeit des Neuauftretens eines Problems). Sie sind also dem Auftreten von psychischen Problemen und Störungen zeitlich vorgeordnet.
- Unter *sekundärer Prävention* werden alle Interventionen subsumiert, die zur Reduktion von Prävalenzraten (d.h. der Auftretenshäufigkeit eines Problems) durchgeführt werden, demnach also die Zielsetzung verfolgen, (klinisch-relevante) psychische Probleme in ihrem Schweregrad zu mildern oder gänzlich aufzuheben.
- *Tertiäre Prävention* befasst sich nach Caplan (1964) schließlich mit der Vermeidung oder Abschwächung unerwünschter Folgen psychischer Probleme oder Erkrankungen, die für sich selbst genommen nicht mehr aufzuheben sind.

Die einflussreiche Einteilung von Caplan (1964) wird seit Längerem in der Präventionsforschung aus verschiedenen Gründen kritisiert. Ein zentraler Kritikpunkt betrifft das weite Begriffsverständnis von Prävention, da durch den Einschluss therapeutischer und rehabilitativer Konzepte die gesamte Breite von Interventionsmaßnahmen mit dem Präventionsbegriff abgedeckt wurde. Ein anderer Aspekt bezieht sich auf die geringe Differenzierung primär präventiver Konzepte, da sowohl Maßnahmen für unausgelesene Personengruppen als auch Maßnahmen für bestimmte Risikogruppen in diesen Begriff eingeschlossen wurden. Dies hat zu einer neuen Einteilung von Präventionsmaßnahmen geführt (Heinrichs, Saßmann, Hahlweg & Perrez, 2002; Muñoz, Mrazek & Haggerty, 1996), bei der der Präventionsbegriff nun allein auf jene Maßnahmen beschränkt wird, die vor dem Auftreten eines bestimmten Problems einsetzen.

Dabei wird zunächst zwischen universeller (universal) und gezielter (targeted) Prävention unterschieden. *Universelle Prävention* richtet sich an unausgelesene Gruppen, d.h. an Personen, die keine Probleme und auch kein erhöhtes Risiko für die Entwicklung der Probleme aufweisen (z.B. alle Kinder einer Regelschule). *Gezielte Prävention* richtet sich auf bestimmte Zielgruppen und kann nochmals in selektive und indizierte Maßnahmen unterteilt werden. *Selektive Prävention* bezieht sich auf die Arbeit mit Risikogruppen, die eine höhere Wahrscheinlichkeit aufweisen, Entwicklungsprobleme oder -schwierigkeiten zu entwickeln. *Indizierte Prävention* richtet sich an Personen, die bereits Vorläuferprobleme oder geringe Ausprägungen eines Problems aufweisen, von denen dann wiederum therapeutische und rehabilitative Konzepte abgegrenzt werden können (siehe Abbildung 11.1).

Selbstverständlich bestehen fließende Übergänge zwischen den Strategien. Dennoch ist es wichtig, diese Formen konzeptionell zu trennen, da sie verschiedene theoretische und versorgungsbezogene Implikationen aufweisen und eine Reihe von grundlegenden Vor- und Nachteilen existiert (siehe Tabelle 11.1).

Tabelle 11.1: Vor- und Nachteile verschiedener Präventionsstrategien (nach Offord, 2000)

Präventionstyp	Vorteile	Nachteile
Universelle Prävention	• Alle potenziell Gefährdeten werden erreicht • Relativ geringe Eingriffsintensität • Geringe Stigmatisierungseffekte • Frühe Reaktion auf Probleme	• Kostenintensiv (aufgrund der Größe der Zielpopulation) • Große Anzahl von Personen haben Maßnahme nicht nötig • Gefahr der Pathologisierung der Bevölkerung • Schwer, alle Mitglieder einer Population zu erreichen (aber: Kindertagesstätte, Schule)
Gezielte Prävention	• Zuschnitt auf besonders bedürftige Gruppen • Spezifischere Hilfen möglich • Relativ preiswert (kleine Zielgruppe)	• Differenzierte Erkenntnisse über Risikofaktoren und Entstehungsbedingungen nötig • Zuverlässige Auswahlprozeduren (Screeningverfahren) nötig • Mögliche Stigmatisierungseffekte bei der Auswahl • Hohe Eingriffsintensität und zum Teil sehr hoher Aufwand • Relativ späte Hilfen • Implementationsprobleme bei Risikogruppen (selektive Inanspruchnahme, hohe Abbruchraten)

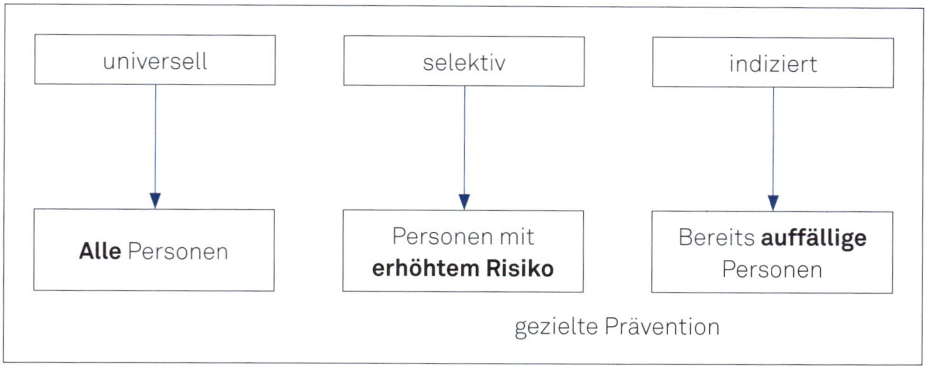

Abbildung 11.1: Arten und Zielgruppen der Prävention

Darüber hinaus bestehen weitere Entscheidungskriterien zur Begründung und Auswahl von Präventionsmaßnahmen und -strategien (siehe Kasten).

Entscheidungskriterien für Präventionsmaßnahmen und Präventionsstrategien

- *Grundsätzliche Präventionsmöglichkeiten:* Liegen überhaupt präventive Maßnahmen vor, die erfolgversprechend eingesetzt werden können?
- *Inzidenz und Prävalenz eines Problems:* Hohe Problemraten legen universelle Strategien nahe, da viele Menschen von dem Problem betroffen sein können.
- *Schwere und Folgen eines Problems:* Bei weniger gravierenden Folgen eines Problems und guten (d.h. einfachen, wenig invasiven, preiswerten und wirksamen) Behandlungsmöglichkeiten spricht wenig für universelle Präventionsmaßnahmen.
- *Fragen der Finanzierbarkeit oder der grundsätzlichen Implementationsmöglichkeiten:* Werden die notwendigen Ressourcen (Geld, Fachpersonal etc.) für bestimmte Präventionsstrategien überhaupt bereitgestellt (z.B. für ein staatlich finanziertes System des individuellen Förderunterrichts für alle Schüler*innen)? Muss man ggf. auch mit politischen und/oder ideologischen Widerständen gegen bestimmte Präventionsmaßnahmen rechnen (z.B. Diskussionen um die Ganztagsschule oder Inklusion in Österreich und Deutschland)?

1.3 Stellenwert und Formen der Prävention im Bildungsbereich

Präventionsmaßnahmen im Bildungsbereich können ebenfalls auf die unterschiedlichen *Präventionsarten* bezogen werden. Kognitive Förderprogramme, die in Kindertagesstätten als Regelversorgung eingesetzt werden, würden zum Beispiel als universelle Prävention gelten, während besondere Bildungsangebote für Familien aus sozialen Brennpunkten als selektive und die Förderung der Lesefertigkeiten bei Kindern mit Lese-Rechtschreibschwierigkeiten als indizierte Prävention verstanden werden könnten.

Präventionsmaßnahmen im Bildungsbereich lassen sich zudem zu *unterschiedlichen Zeitpunkten individueller Bildungskarrieren* zuordnen und können theoretisch bei allen Altersgruppen eingesetzt werden. Typischerweise werden jedoch bildungsbezogene Maßnahmen im Sinne eines frühen Eingreifens in der ersten Lebensdekade und zu Beginn der formalen Schulkarriere angeboten. Dagegen haben präventive Maßnahmen im sekundären und tertiären Bildungsbereich oder gar im Erwachsenenalter bislang keine nennenswerte Anwendung erfahren. Als eine Ausnahme können die kognitiven Trainingsprogramme für ältere Menschen gelten (Kruse, 2007).

Auch hinsichtlich der *Handlungsebenen* lassen sich Präventionsmaßnahmen auf allen drei Strukturebenen denken (siehe Beispiele in Tabelle 11.2). Dabei sollten jedoch allein Maßnahmen als präventiv beschrieben werden, die nicht der derzeitigen bildungsbezogenen Standardversorgung zugeordnet werden können. Beispielsweise könnte – aus einer historischen Perspektive – die Einführung von Kindertagesstätten als vorschulische Bildungseinrichtung durchaus als universelle makrosoziale Präventionsmaßnahme begriffen werden, die auf die Einschulung und das schulische Lernen vorbereiten soll. Legt man aber ein derart breites Verständnis von Prävention zugrunde, wäre letztlich auch die Beschulung selbst als Maßnahme zu verstehen, die auf die berufliche Karriere oder noch genereller „auf das Leben" vorbereiten soll.

Tabelle 11.2: Bildungsbezogene Präventionsmaßnahmen nach Präventionsart und Handlungsebenen

	Makroebene	Mesoebene	Mikroebene
Universelle Prävention	Neue Bildungssysteme in der Gesellschaft (z. B. Ganztagsschulen)	Ergänzende Bildungsangebote in der Schule (z. B. zusätzlicher Fremdsprachenunterricht)	Kognitive Förderprogramme für Vorschulkinder
Gezielte Prävention	Einheitliche Bildungsangebote für Familien aus sozialer Benachteiligung	Zusätzliche Förderklassen für leistungsschwache Schüler*innen in Regelschulen	Lese-Rechtschreibprogramme für Schüler*innen mit Leseschwierigkeiten

Schließlich können Präventionsmaßnahmen danach unterschieden werden, welche *Zielsetzungen* sie verfolgen. Grundsätzlich lässt sich unterscheiden, ob sie an der individuellen Bildung selbst (z. B. Intelligenzförderung), den individuellen Bildungsvoraussetzungen (z. B. Sprachförderung) oder den sozialen und gesellschaftlichen Rahmenbedingungen der Bildung (z. B. systematisches Elterntraining, zusätzliche Bildungsangebote für Migrant*innen) ansetzen. Auf weitere Formen der Präventionsarbeit wird in Abschnitt 2 eingegangen.

1.4 Historische Entwicklung von Präventionsmaßnahmen im Bildungsbereich

Für bildungsbezogene Präventionsmaßnahmen besteht derzeit keine einheitliche rechtliche und strukturelle Verankerung. Dies hat unterschiedliche und auch historische Gründe. Zunächst ist festzustellen, dass präventives Gedankengut keineswegs einer bildungsbezogenen oder sozialwissenschaftlichen Tradition entstammt, sondern vielmehr mit der medizinischen und gesundheitsbezogenen Versorgung und der Hygiene-Bewegung im 19. Jahrhundert in Zusammenhang steht (Brandtstädter, 1982; Stöckel & Walter, 2002). Erst in der jüngeren Präventionsgeschichte finden sich erste systematische Verwendungen des Präventionsgedankens im Bildungsbereich. Besondere Aufmerksamkeit hat der Präventionsgedanke in den Sozialbewegungen der 1960er Jahre in den USA im Rahmen der kompensatorischen Vorschulerziehung gefunden. Leitgedanke war hier die frühe kognitive und soziale Förderung von Kindern aus sozial benachteiligten (zumeist afro-amerikanischen) Familien, um ihnen eine soziale und gleichberechtigte Teilhabe an den Bildungsmöglichkeiten zu bieten. Aus diesem Grund ist der Präventionsgedanke im Bildungssystem sehr eng mit der Idee einer frühen Bildung und frühen Bildungsmöglichkeiten verknüpft.

2 Stand der Wissenschaft

2.1 Kernannahmen der Prävention

Argumentativer Ausgangspunkt für präventive Maßnahmen ist die pragmatische Annahme, dass die Förderung einer gesunden Entwicklung, die Vermeidung problematischer Entwicklungsverläufe und die frühzeitige Reaktion auf psychische und entwicklungsbezogene Probleme aus gesellschaftspolitischen, sozialen, individuellen, ethischen und nicht zuletzt finanziellen Gründen einer späteren Therapie oder Rehabilitation vorzuziehen ist (Coie et al., 1993; Greenberg et al., 2003; Weissberg, Kuster & Gullotta, 1997). Diese grundlegende Annahme hat vor allem zwei inhaltliche Bezugspunkte, nämlich die Orientierung an *menschlichen Entwicklungsverläufen* und *Risikomodellen der Entwicklung*.

Kernannahmen psychologischer Prävention

Menschliche Entwicklungsverläufe. Präventive Maßnahmen sind untrennbar mit einer ontogenetischen (d.h. entwicklungsbezogenen) Betrachtung menschlicher Probleme und Störungen verknüpft. Zum einen ist ihre Logik eng verbunden mit der *grundsätzlichen Beeinflussbarkeit* menschlicher Entwicklung. Zum anderen beruhen Präventionsmaßnahmen auf der (relativ) zuverlässigen *Prognose von Entwicklungsverläufen* (Brandtstädter & von Eye, 1982), da mit Bezug auf ein zukünftiges, noch nicht vorhandenes Problem gehandelt wird. Aus diesem Grund müssen Daten zur Häufigkeit eines Problems durch Angaben zu dessen Stabilität im Entwicklungsverlauf und ggf. auch zur sukzessiven Verschärfung oder zur Negativdynamik von Entwicklungsverläufen ergänzt werden.

Risikomodelle der Entwicklung. Mit dem entwicklungspsychologischen Fokus des Präventionsgedankens eng verbunden ist die Orientierung an *Risikofaktorenmodellen der Entwicklung,* wie sie im Kontext der Entwicklungspsychopathologie (Cicchetti, 2016) vertreten werden. Diese Modelle werden häufig anhand einer Auflistung von Risikofaktoren (d.h. Merkmalen oder Variablen, für die ein Zusammenhang mit Problemen und Störungen empirisch bestätigt wurde) oder differenzierter durch ätiologische Modelle expliziert. Risikofaktoren können personaler (z.B. Temperamentsmerkmale) oder sozialer Natur (Erziehungsdefizite der Eltern) sein und sind häufig auch Ausgangspunkt für die inhaltliche Gestaltung und die Ziele von Präventionsmaßnahmen.

Unter konzeptionellen Überlegungen ist jedoch eine reine Orientierung an Risikofaktoren in den letzten Jahrzehnten zunehmend problematisiert worden. So konnte gezeigt werden, dass Wirkungen und Wirkungsweisen von Risikofaktoren in der Regel komplex sind und nicht für alle Personengruppen gleich gelten müssen. Zudem können gleiche Risiken zu unterschiedlichen Problemen (Multifinalität) und unterschiedliche Risiken zu gleichen Problemen führen (Äquifinalität), was eine eindeutige Zuordnung von Risikomerkmalen zu Entwicklungsproblemen erschwert.

Ein weiterer Kritikpunkt an der reinen Risikobetrachtung betrifft die Kumulation von Risikomerkmalen einer Person. In einer Reihe von Untersuchungen zur kognitiven, aber auch zur sozialen Entwicklung zeigte sich, dass die *Anzahl an vorliegenden Risikofaktoren* einer Person ein besserer Prädiktor für spätere Fehlentwicklungen ist als die spezifische Art der Risiken (z.B. Deater-Deckard, Dodge, Bates & Pettit, 1998; Sameroff & Fiese, 2000). Insofern sollten sich Präventionsmaßnahmen eher an der Höhe und weniger an der Art der Belastung orientieren. Schließlich unterschätzt eine reine Risikoperspektive, dass Personen auch in der Lage sind, bestimmte Risiken zu bewältigen oder zu kompensieren. Diese Überlegungen sind schon früh in das Konzept der Schutzfaktoren und dem der Resilienz eingeflossen (Masten & Monn, 2015). Entsprechend wurde gefordert, das Handlungsrepertoire und die Bewältigungskompetenzen von Personen zu erweitern und nicht nur das Risikopotenzial zu verringern (Petermann & Schmidt, 2006). Darin kommt der fließende Übergang zu gesundheitsförderlichen Ansätzen mit salutogenetischen (d.h. an Gesundheit orientierten) Komponenten und zu Ansätzen der positiven Jugendentwicklung (Silbereisen & Lerner, 2007) zum Ausdruck.

2.2 Wissenschaftliche Fundierung von Präventionsmaßnahmen

Zur wissenschaftlichen Fundierung von Präventionsmaßnahmen reichen die genannten Kernannahmen allein jedoch nicht aus, da aus ihnen beispielsweise nicht hervorgeht, wann Präventionsmaßnahmen angezeigt oder welche konkreten Präventionsmethoden angewandt werden sollen. Aus diesem Grund müssen weiterführende Überlegungen angestellt werden, um ihre Argumentationslogik, ihre Inhalte und die Art der Durchführung wissenschaftlich zu begründen (Beelmann, 2011, 2014). Eine gute theoretische Fundierung von Präventionsprogrammen kann allerdings keine Erfolge garantieren, weshalb eine nach wissenschaftlichen Kriterien durchgeführte Evaluierung zwingende Voraussetzung für die Begründung psychologischer Präventionsmaßnahmen ist. Dazu lassen sich verschiedene Aspekte unterscheiden (siehe Kasten).

Wirksamkeitsaspekte psychologischer Interventionen

Nach Flay et al. (2005) umfasst die Evaluation von Interventionsmaßnahmen (1) die nachgewiesene Wirksamkeit in methodisch hochwertigen Untersuchungen, die von mindestens zwei unabhängigen Forscher*innengruppen durchgeführt wurden *(efficacy)*, (2) die nachgewiesene Wirksamkeit unter praktisch repräsentativen Rahmenbedingungen *(effectiveness)* und (3) Überlegungen und Maßnahmen zur Verbreitung und Implementation der Programme in soziale Versorgungssysteme *(dissemination)*. Weiterführende Kriterien für Wirksamkeitsuntersuchungen finden sich bei Gottfredson et al. (2015).

Zur Wirksamkeit von Präventionsmaßnahmen liegt mittlerweile eine umfangreiche Forschung vor (Beelmann, 2006, 2016; Beelmann, Pfost & Schmitt, 2014; Sandler et al., 2014). Eine Metaanalyse zur Wirksamkeit von Prävention und Gesundheitsförderung bei Kindern und Jugendlichen im deutschen Sprachraum berichtet eine durchschnittliche Effektstärke von $d = 0.24$, was etwa einer Verbesserung der Entwicklungschancen von 10 bis 15 Prozentpunkten durch Präventionsmaßnahmen entspricht (Beelmann et al., 2014). Die Wirkungen variieren aber über die verschiedenen Studien beträchtlich. Aus diesem Grund sind allgemeine Wirksamkeitsangaben zu Präventionsmaßnahmen mit großer Vorsicht zu genießen und bedeutsame Moderatoren des Erfolgs anzunehmen (Beelmann, 2016). Zu den wichtigsten Wirksamkeitsfaktoren gehören die *Art und der Inhalt der Erfolgskriterien* (z. B. werden Erfolge vor allem bei unmittelbaren Erfolgskriterien z. B. dem Wissenszuwachs erzielt), die *Art der Zielgruppe* (universelle wiesen oft geringere Effekte als gezielte Präventionsmaßnahmen auf), die *theoretische Ausrichtung der Programme* (z. B. erwiesen sich interaktive Programme als wirksamer als reine Informationsprogramme) sowie der*die *Administrator*in der Programme* (z. B. Programmentwickler*innen erzielten höhere Effekte als psychosoziales Fachpersonal, das nicht an der Entwicklung der Maßnahmen beteiligt war). Letzteres hat auch mit Problemen der Implementation von Programmen in realen Praxiskontexten zu tun. So stellten Karing, Beelmann und Haase (2015) in einer Studie zur Präventionsarbeit an Grundschulen fest, dass fast die Hälfte der Administrator*innen in der Praxis Modifikationen an den jeweiligen Präventionsprogrammen vornahm. Zeitmangel war offenbar ein wesentlicher Grund, der unter anderem dazu führte, dass bestimmte Programminhalte ganz ausgelassen wurden. In einer Metaanalyse von Sundell, Beelmann, Hasson und von Thiele Schwarz (2016) konnte gezeigt werden, dass gerade solche unsystematischen Adaptationen (z. B. Weglassen von Inhalten aufgrund von Zeitmangel) zu geringeren Effekten oder sogar zu nicht signifikanten Ergebnissen führten. Ein weiteres Problem ist die bislang recht spärliche Überprüfung der Langzeiteffekte, sodass die für Präventionsmaßnahmen im Grunde essenzielle Frage der Nachhaltigkeit der Wirkungen bis heute nicht ausreichend sicher beantwortet werden kann (Beelmann, 2006; Beelmann et al., 2014). Zudem beziehen sich die Untersuchungen vor allem auf den Bereich der Vermeidung klinischer Entwicklungsprobleme und seltener auf die Vermeidung von Bildungsproblemen und die Förderung von Bildungskarrieren.

2.3 Spezifische Präventionsansätze im Bildungsbereich und ihre Fundierung

Formalisierte Trainingsprogramme

Formalisierte Trainingsprogramme gehören zu den beliebtesten Präventionsmethoden im schulischen Kontext (Beelmann, 2016; Lohaus & Domsch, 2021). Ihr grundlegender Ansatz ist der einer strukturierten und (zeitlich) begrenzten Intensivförderung, um definierte Fertigkeiten zu erwerben, die zu einer gesunden Entwicklung und zur Prävention von Entwicklungsproblemen beitragen. Im Bildungsbereich ist zwischen drei Kategorien zu unterscheiden, die teilweise sehr konkret, teilweise aber auch eher indirekt zur Prävention von Bildungsproblemen beitragen sollen: kognitive Förderprogramme, soziale Trainingsprogramme sowie Programme zur Gesundheitsförderung und Stressbewältigung. Dabei zeigte sich in unserer eigenen Untersuchung (Karing et al., 2015) zur Präventionsarbeit an Grundschulen, dass es sich bei den besonders häufig eingesetzten Präventionsprogrammen in der Praxis um soziale Trainingsprogramme und die Prävention von Verhaltensproblemen handelt. Allerdings bedeutet dies nicht, dass die Wirksamkeit dieser Programme gesichert ist. Für die Mehrheit der eingesetzten Programme im Setting Grundschule liegen bisher keine kontrollierten Wirksamkeitsstudien vor (Karing et al., 2015).

Kognitive Förderprogramme. Trainingsprogramme zur Förderung kognitiver Funktionen sind zahlreich entwickelt und angeboten worden. Differenzieren lassen sich Programme zum induktiven Denken, Programme zur Förderung metakognitiver Kompetenzen, der Planungsfähigkeit, der Gedächtnisfunktionen, der Aufmerksamkeit/Konzentration oder auch der Wahrnehmungsfähigkeit (siehe Übersichten in Hattie, 2013; Klauer, 2001; Langfeldt, 2009). Im deutschen Sprachraum haben die verschiedenen Varianten des Trainings zum induktiven Denken von Klauer (2007) breite Aufmerksamkeit erlangt. Kernelement dieses Programms, das für unterschiedliche Altersgruppen und Lernstärken und auch für ältere Personen (Klauer, 2016) vorliegt, ist das wiederholte Üben von Regelableitungen, die sich durch die kognitive Strategie des Vergleichens sowie der Entdeckung von Gleichheit und Verschiedenheit von Objekten und Relationen zwischen Objekten ergeben. Entsprechend liegt dem Programm eine größere Menge von Übungsaufgaben mit altersangemessenem Material zugrunde, in dem die Trainingsteilnehmer kognitive und metakognitive Kompetenzen erwerben sollen, die als Grundlage schulischen Lernens angesehen werden. Andere kognitive Trainingsprogramme setzen an der Förderung klassischer Kulturtechniken (Lesen, Rechnen, Schreiben) an. Derartige Programme sind jenseits des Regelunterrichts vor allem im Kontext der Vermeidung und Behandlung von *Lese-Rechtschreibschwierigkeiten* entwickelt und propagiert worden. Dabei haben sich Programme zur Förderung der phonologischen Bewusstheit als Teil der phonologischen Informationsverarbeitung im Vorschulalter bewährt (z.B. *„Hören, lauschen, lernen“*-Programm, Küspert & Schneider, 2018; *„Lobo vom Globo“*-Programm, Fröhlich, Metz & Petermann, 2010). Solche Programme bestehen aus unterschiedlichen Übungen, in denen Kinder Lauschübungen, Reime, Anlautidentifikation sowie Phonemsynthese und -analyse durchführen. Dabei scheint es vor allem auf das Prinzip der Buchstaben-Laut-Verknüpfung anzukommen (Schneider & Marx, 2008).

Zur Wirksamkeit von kognitiven Förderprogrammen liegen zahlreiche Evaluationsstudien vor (Hager, 1995; Hattie, 2013; Klauer, 2001). Vor allem das Programm zum induktiven Denken von Klauer wurde in zahlreichen kontrollierten Untersuchungen evaluiert (Klauer, 2007). Dabei konnte gezeigt werden, dass unterschiedliche Altersgruppen und Fähigkeitsgruppen beträchtlich von dem Training profitierten und dies sowohl im Hinblick auf allgemeine Intelligenzparameter als auch im Hinblick auf das schulische Lernen. Das gezielte Üben grundlegender kognitiver Funktionen scheint demnach nachfolgende Bildungsprozesse und -karrieren positiv beeinflussen zu können, wiewohl selten Bildungskarrieren von trainierten und nicht trainierten Kindern verglichen wurden. Andere kognitive Trainingsprogramme weisen dagegen eine nicht so umfassende evaluative Fundierung auf, insbesondere im Hinblick auf längerfristige Effekte. Metaanalysen zufolge ließen sich geringe Effekte auf das Lesen und Rechtschreiben durch deutschsprachige Trainings zur Förderung der phonologischen Bewusstheit nachweisen. Zudem fielen die Trainingseffekte der deutschsprachigen Programme deutlich niedriger aus als die Effekte englischsprachiger Präventionsstudien (z.B. Fischer & Pfost, 2015; Wolf, Schroeders & Kriegbaum, 2016). Weitere Ergebnisse aus der internationalen Forschung zu kognitiven und anderen Förderprogramme finden sich – neben vielen anderen Befunden – in der umfangreichen Auswertung der metaanalytischen Forschung im Schulkontext bei Hattie (2013).

Praxisbeispiel: Würzburger Trainingsprogramm „Hören, lauschen, lernen" (Küspert & Schneider, 2018)

Ziel des Präventionsprogramms „Hören, lauschen, lernen" ist die Förderung der phonologischen Bewusstheit und die Vorbereitung auf den Erwerb der Schriftsprache. Das Programm richtet sich dabei an Kinder im Vorschulalter, aber ebenso an Risikokinder für die Ausbildung einer Lese-Rechtschreibstörung. Das Programm wird in Kleingruppen von fünf bis zehn Kindern über einen Zeitraum von mindestens 20 Wochen von Erziehern*innen durchgeführt. Die Förderung soll mindestens 10 Minuten pro Tag stattfinden. Das Programm besteht aus sechs Trainingsbausteinen, die inhaltlich aufeinander aufbauen. Jeder Trainingsbaustein umfasst 7 bis 15 verschiedene Spiele. Die erste Übungseinheit widmet sich den *Lauschspielen,* diese sollen insbesondere das Gehör der Kinder für Umgebungsgeräusche schulen. Die Trainingseinheit *Reime* bildet den Schwerpunkt der zweiten Trainingswoche. Dabei sollen die Kinder Parallelen in der Lautstruktur als sprachliches Prinzip erkennen und beim Reimen anwenden. Ab der dritten Trainingswoche wird der Baustein *Sätze und Wörter* eingeführt. Die Kinder erfahren, dass gesprochene Sätze sich in kleinere Einheiten zerlegen lassen. Die Trainingseinheit *Silben* beginnt ab der sechsten Trainingswoche, dabei üben die Kinder durch Klatschübungen und rhythmisches Sprechen die akustische Einheit von Silben wahrzunehmen. Ab der siebten Trainingswoche werden die Kinder mit der *Anlauterkennung* vertraut gemacht. Die Kinder lernen den ersten Laut eines Wortes zu identifizieren und anschließend üben sie den Anlaut vom Rest des Wortes zu trennen. Der letzte Trainingsbaustein umfasst die *Phoneme* und beginnt ab der 11. Trainingswoche. Die Kinder lernen sich auf alle Einzellaute innerhalb eines Wortes zu konzentrieren und die Lautgrenzen wahrzunehmen. In Tabelle 11.3 sind Übungsbeispiele der sechs Trainingseinheiten dargestellt.

Tabelle 11.3: Übungsbeispiele der sechs Trainingseinheiten des Präventionsprogramms „Hören, lauschen, lernen" (Küspert & Schneider, 2018)

Trainingsbaustein	Übungsbeispiele
Lauschspiele	Wir machen Geräusche und lauschen, Seinen Namen flüstern, Stille Post

Tabelle 11.3: Fortsetzung

Trainingsbaustein	Übungsbeispiele
Reime	Abzählreime, Kinderreime, Wir reimen mit Tiernamen
Sätze und Wörter	Einführung der Begriffe „Satz" und „Wort", Wörterpuzzle, Beende das Wort (z. B. Puppen-…)
Silben	Namen klatschen, Koboldgeschichte, Silbenball
Anlaut	Den Namen raten, Achte auf den ersten Laut, Finde den letzten Laut
Phoneme	Wörter mit wenigen Lauten (2–3 Laute, z. B. Eis), Kürzere Wörter mit mehreren Lauten (4 Laute, z. B. Blatt), Finde das kürzeste/längste Wort

Soziale Trainingsprogramme und die Prävention von Verhaltensproblemen. Als mittelbare oder indirekte bildungsbezogene Präventionsstrategie kann die Förderung in sozialer Kompetenz bzw. Strategien zur Vermeidung von Verhaltensproblemen (zumeist bezogen auf Aggression, Gewalt, Kriminalität) angesehen werden. Hintergrund ist der wiederholt gefundene Zusammenhang zwischen sozialer Kompetenz und kognitiven Leistungsparametern bzw. Lern- und Verhaltensproblemen. Die Forschung zu sozialen Trainingsprogrammen, insbesondere im Bereich der Prävention dissozialer Verhaltensprobleme, ist ausgesprochen umfangreich (Beelmann & Raabe, 2007; Beelmann & Lösel, 2021; Lösel & Beelmann, 2003). Es zeigten sich vielfältige positive Effekte auf sozial-kognitive Parameter und das Sozialverhalten einschließlich der Prävention sozialer Verhaltensprobleme. Ob eine systematische Förderung der Sozialkompetenz aber auch längerfristig zur Optimierung von Bildungsprozessen beiträgt, ist bislang nicht direkt untersucht worden. Anzunehmen ist aber, dass eine verbesserte Sozialanpassung und die Vermeidung von sozialem Problemverhalten (z. B. oppositionelles oder aggressives Verhalten) längerfristig auch Schul- und Berufsabschlüsse sowie insgesamt das Arbeits- und Berufsleben günstig beeinflussen. Sozialprogramme liegen für unterschiedliche Altersgruppen vor (siehe Übersichten in Beelmann, 2019; Malti & Perren, 2016). Bekannte Programme beziehen sich z. B. auf das Vorschulalter (Beelmann & Jaursch, 2015), das Schulalter (Roth & Reichle, 2008) und das Jugendalter (Petermann & Petermann, 2017).

Gesundheitsförderung und Stressbewältigung. Ähnlich wie zur Gewaltprävention ist eine Reihe von schulischen Programmen zur Gesundheitsförderung und Stressbewältigung von Kindern und Jugendlichen entwickelt worden (Jerusalem, 2003; Roth, Rudert & Petermann, 2003). Grundidee ist die systematische Erziehung zu gesundheitsförderlichem Verhalten (bzw. zur Vermeidung von gesundheitsschädlichem Verhalten) oder die Ausbildung in Methoden der Stressbewältigung vor allem im Kontext schulischer Belastungen. Die Trainings dienen damit eher indirekt der Förderung des schulischen Lernens und der Unterstützung von Bildungsprozessen. Verschiedene Studien zeigten, dass bereits Kinder beträchtlichen Belastungen, sei es durch alltägliche Anforderungen in der Schule, durch kritische Lebensereignisse (etwa Scheidung der Eltern) oder auch chronische Erkrankungen (z. B. Asthma), ausgesetzt sind und in einem hohen Ausmaß körperliche wie psychische Stresssymptome aufweisen (z. B. Compas et al., 2014; Hampel & Petermann, 2017). Die Ziele von Stressbewältigungstrainings (z. B. Programme von Hampel & Petermann, 2017; Karing & Beelmann, 2016b; Klein-Heßling & Lohaus, 2021) liegen im Aufbau angemessener Stressbewältigungskompetenzen (Coping) und der Reduktion von körperlichen und psychischen Stresssymptomen. Dazu werden sowohl Wahrnehmungsübungen („Wie kann ich Stress erkennen?") als auch Bewältigungsübungen und -strategien gelernt (z. B. Ruhepausen einhalten, Entspannung, sich über Stress mitteilen, Hilfe in Anspruch nehmen). Zur Wirksamkeit der Stressbewältigungstrainings liegen mehrere Evaluationsstudien vor (z. B. Backhaus, Petermann & Hampel, 2010; Beyer & Lohaus, 2018). Es ließen sich kurzfristige positive Effekte auf verschiedene Bewältigungsstrategien (z. B. emotionsregulierende Strategien) nachweisen. Trainingseffekte auf physische und psychische Symptome konnten allerdings bislang nicht festgestellt werden. Darüber hinaus fehlen Studien zur Überprüfung der langfristigen Wirksamkeit solcher Programme.

Praxisbeispiel: Anti-Stress-Training „Cool bleiben – Stress vermeiden" (Hampel & Petermann, 2017)

Das Anti-Stress-Training für Kinder wurde als Gruppentraining für die Altersgruppe von 6 bis 13 Jahren konzipiert. Es handelt sich um ein kognitiv-behaviorales Stressbewältigungstraining. Die Trainingsziele bestehen dabei in einer verbesserten Wahrnehmung der Stresssituation und der Stressreaktion sowie im Aufbau von günstigen Bewältigungsmaßnahmen. Es liegen vier Programmvarianten vor, um damit einen breiten Anwendungsbereich abzudecken. Es handelt sich zum einem um zwei Kurzversionen, die zwei (AST_2, ohne Entspannungsmodul) bzw. vier Sitzungen (AST_4, mit Entspannungsmodul) umfassen und als Primärprävention durchgeführt werden. Zum anderen liegen zwei Langversionen mit sechs (AST_6, ohne Elternbeteiligung) bzw. acht Sitzungen (AST_8, mit Elternbeteiligung) vor. Diese Trainingsversionen können zur Bewältigung krankheitsbezogener psychosozialer Belastungen oder zur Prävention von Symptomverschlechterungen eingesetzt werden. In allen vier Programmvarianten werden verschiedene Methoden der Verhaltensmodifikation vermittelt. Dies umfasst neben der Wissensvermittlung die kognitive Umstrukturierung (z. B. Neubewertung des Stressgeschehens), die Selbstbeobachtung des eigenen Stressgeschehens, das Diskriminationslernen (z. B. Wahrnehmungsschulung von Emotionen) sowie den Aufbau von günstigen Stressbewältigungsmaßnahmen (z. B. schrittweises Problemlösen, positive Selbstinstruktion, Entspannung). Zudem erfolgt ein Transfer in den Alltag der Kinder, indem zum Beispiel Entspannungsübungen (z. B. Progressive Muskelrelaxation) zu Hause ausprobiert werden. Die Trainings umfassen zudem Übungen zur Rückfallprävention (z. B. Identifikation von Rückfallfaktoren). Das Training soll in Kleingruppen mit einer Größe von vier bis sechs Kindern stattfinden. Die Dauer der einzelnen Trainingssitzungen beträgt 90 Minuten. In Tabelle 11.4 ist ein typischer Sitzungsablauf dargestellt.

Tabelle 11.4: Darstellung eines typischen Sitzungsablaufs des Anti-Stress-Trainings

1.	Rückblick auf die letzte Sitzung, Besprechung der Hausaufgabe
2.	Inhaltlicher Trainingsbaustein: Im Mittelpunkt steht die Darstellung des Themas „Stress". Dazu werden mehrere Übungen durchgeführt, zum Beispiel Spiele zur Körperwahrnehmung (z. B. „message in a bottle") und zur Wahrnehmung von Gefühlen (z. B. Pantomimenspiel), Entspannungsübungen (z. B. Progressive Muskelrelaxation – PMR), Informationssammlung (z. B. zu Erholungsaktivitäten).
3.	Vorstellung der Hausaufgabe: Alltagstransfer mittels Entspannungsübungen (z. B. PMR)

Präventiv orientierte Breitbandansätze

Eine zweite Gruppe von Präventionsmaßnahmen betrifft umfassendere Konzepte, die in der Regel durch eine Kombination unterschiedlicher Maßnahmen gekennzeichnet sind und dabei einen geringeren Formalisierungsgrad aufweisen. Dazu würden etwa Frühfördermaßnahmen und Konzepte der Vorschulerziehung sowie kombinierte schulische Präventionsprogramme gehören. Daneben existieren unterschiedliche Beratungskonzepte und präventive Angebote für Eltern und Familien im Kontext der Kinder- und Jugendhilfe (Beelmann, 2007; Beelmann & Schmucker, 2008; Gräser, 2007), auf die hier nicht weiter eingegangen werden soll (siehe dazu Kapitel 10 „Bildungspsychologische Beratung").

Frühförderung und Vorschulerziehung. Frühförderung ist ein Sammelbegriff für pädagogisch-psychologische Interventionsmaßnahmen, die typischerweise in den ersten Lebensjahren stattfinden und eine konkrete Entwicklungsförderung von Kindern mit einem erhöhten Entwicklungsrisiko (z. B. entwicklungsgefährdete und behinderte Kinder) sowie eine begleitende Beratung/Betreuung der Eltern und Familien beinhalten. Aufseiten der Kinder wird zumeist eine umfassende Entwicklungsförderung angestrebt, für Eltern steht in der Regel die emotionale Unterstützung und Betreuung sowie eine gezielte Informationsvermittlung und die Ausbildung in zielgruppenspezifischen Erziehungsfertigkeiten im Vordergrund (z. B. Beelmann & Brambring, 1998). Vor allem in den USA existiert eine umfangreiche Forschung zur kompensatorischen Vorschulerziehung bei sozial benachteiligten

Familien und ihren Effekten auf die schulische Bildung und Bildungskarrieren. Allgemein zeigten diese Programme zum Teil erstaunliche Wirkungen auf kognitive und schulbezogene Kriterien (Lazar et al., 1982; Mrazek & Brown, 2002), wenngleich die Erfolge gelegentlich auch hinter den Erwartungen dieser oft sehr intensiven Präventionsbemühungen lagen. Anderseits wurden mit den Frühinterventions- und Vorschulprogrammen in einigen Studien auch beträchtliche Erfolge bis ins Erwachsenenalter im Hinblick auf die berufliche Sozialisation, klinische Probleme und Störungen sowie Kriminalität erzielt (Reynolds, Rolnick, Englund & Temple, 2010). Allerdings ließen sich solche Effekte bisher nicht für deutschsprachige Frühfördermaßnahmen nachweisen. So konnten Jungmann, Kurtz, Brand, Sierau und Klitzing (2010) in ihrer Evaluationsstudie zur Wirksamkeit des Hausbesuchsprogramms „Pro Kind", das auf dem erfolgreich evaluierten amerikanischen Nurse-Family-Partnership-Programm basierte (Olds, 2006), keine signifikanten Effekte auf die kindliche Gesundheit und kindliche psychomotorische sowie kognitive Entwicklung bis zum ersten Lebensjahr feststellen. Sundell und Kollegen (2016) zeigten in ihrer Metaanalyse, dass eine simple Übernahme eines erfolgreichen Präventionsprogrammes in einen anderen sozialen oder kulturellen Kontext in der Regel weniger wirksam ist als kultursensitive Neuentwicklungen und entsprechend angepasste Präventionsmaßnahmen.

Kombinierte schulische Präventionsprogramme. Ein weiterer Breitbandansatz der Prävention sind kombinierte schulische Programme, die auf unterschiedlichen Ebenen ansetzen (Schule, Eltern, Lehrer*innen, Schüler*innen). International große Aufmerksamkeit und Verbreitung hat in diesem Zusammenhang der schulbezogene Gewaltpräventionsansatz von Olweus (2011) erfahren. Grundsätzliches Ziel des Programms ist der konsequente Umgang mit Gewaltphänomenen im schulischen Kontext sowie die Etablierung eines durch Verantwortlichkeit und Wärme gekennzeichneten Schulklimas. Dazu schlägt der Autor drei Maßnahmen-Ebenen vor, die die Schule, die Klasse und die individuellen Schüler*innen betreffen. Auf der *Schulebene* wird beispielsweise vorgeschlagen, eine Fragebogenerhebung zum Thema Gewalt und Mobbing durchzuführen und dessen Ergebnisse auf einer Schulkonferenz oder einem pädagogischen Tag vorzustellen. Auf der *Klassenebene* sollen zum Beispiel feste und verbindliche Regeln zum Umgang mit Gewalt festgelegt werden und auf *individueller Ebene* werden unter anderem ernste Gespräche mit Gewalttäter*innen und -opfern vorgeschlagen, um auf Gewalt frühzeitig zu reagieren und einen wirksamen Opferschutz anzubieten. Das Olweus-Programm kann auf zahlreiche Evaluationen hinweisen, in denen überwiegend positive Ergebnisse und eine Reduktion des gewalttätigen Verhaltens oder der Opferzahlen in der Schule berichtet werden (Limber, 2006). Allerdings konnten die von Olweus (1997) in Norwegen erzielten Wirkungen in dieser Größenordnung in bislang keiner anderen Untersuchung bestätigt werden (siehe in Deutschland z. B. Hanewinkel, 1999). Die Untersuchungen zum Olweus-Programm verdeutlichen ebenfalls, dass eine simple Übertragung eines erfolgreichen Präventionskonzepts in andere kulturelle und soziale Kontexte nicht ohne Weiteres möglich ist (Sundell et al., 2016). Weitere großangelegte Präventionsprojekte im schulischen Kontext sind vor allem in den USA begonnen worden, darunter das viel beachtete *FAST-Track*-Programm (Conduct Problems Prevention Research Group, 1992, 2020) oder das *LIFT*-Programm (*Linking in Interests of Families and Teachers;* Reid, Eddy, Fetrow & Stoolmiller, 1999), das auf die Schaffung tragfähiger Kommunikationsstrukturen zwischen Schulen und Familien zur Vermeidung von Lernproblemen und Verhaltensstörungen setzt. Inwieweit durch solche Programme auch das schulische Lernen optimiert und negative Bildungskarrieren verhindert werden können, ist allerdings noch nicht klar.

3 Praktische Bedeutung

Auch wenn Evaluationen zum Einfluss von Präventionsmaßnahmen auf unmittelbare und längerfristige Kriterien des Bildungserfolgs (z.B. Qualität des Schulabschlusses) bislang fehlen, so kann aus mehreren Gründen von einer hohen praktischen Bedeutung präventiver Förderstrategien ausgegangen werden. Erstens sind die Inzidenz- und Prävalenzraten von Lern- und Leistungsproblemen als primäre Zielprobleme der Bildungspsychologie hoch (Koordinierungsstelle des BMBF-Forschungsschwerpunkts Entwicklungsstörungen schulischer Fertigkeiten - ESF, 2017; Fischbach et al., 2013; Hasselhorn & Schuchardt, 2006; Wyschkon, Kohn, Ballaschk & Esser, 2009). Nimmt man sowohl mildere Formen von Lernproblemen (Klassenwiederholungen, Lernrückstände in Einzelfächern, allgemeine Schulschwierigkeiten, Schulabgang ohne Abschluss) als auch klinisch relevante Formen von Lernstörungen (Lernschwäche, Lernbehinderung, Lese-Rechtschreibschwäche) zusammen, so sind ca. 15 bis 25 % aller Kinder im Laufe ihrer Entwicklung zum Erwachsenen von diesen Problemen betroffen (ESF, 2017; Lauth, Grünke & Brunstein, 2014; Lauth & Mackowiak, 2006). Dabei verteilen sich die Probleme keineswegs gleichmäßig in der Bevölkerung, sondern betreffen eher untere Sozialschichten und in zunehmenden Maße Kinder mit Migrationsgeschichte (Hußmann et al., 2017, Koch & Dollase, 2009; Reiss, Weis, Klieme & Köller, 2019). Prävention scheint mit Blick auf diese Zahlen vor allem eine Aufgabe am unteren Ende der Leistungsverteilung zu sein. Hinzu kommen andere Entwicklungsprobleme wie Aggression, Gewalt, Drogenkonsum und anderes mehr, die sich eher mittelbar auf Bildungskarrieren auswirken, aber eine hohe Komorbidität zu Leistungsproblemen aufweisen (Beelmann & Raabe, 2007).

Ein zweiter Aspekt der praktischen Bedeutsamkeit bezieht sich auf den Schwerpunkt der Präventionsarbeit zu frühen Entwicklungszeitpunkten. Einerseits lassen Ergebnisse der kognitiven Entwicklung den Schluss zu, dass Lernen in frühen Lebensjahren unter vergleichsweise günstigen Bedingungen stattfindet, in den ersten Lebensjahren also schneller oder langanhaltender ist. Anderseits geben uns die gegenwärtigen Realitäten der Bildungssysteme und Bildungskarrieren deutliche Hinweise darauf, dass frühe Defizite der Bildung später kaum ausgeglichen werden können (Autorengruppe Bildungsberichterstattung, 2020). Prävention als *Förderung individueller Bildungskarrieren* macht auch die gesellschaftliche und ökonomische Perspektive von Prävention deutlich. Beispielsweise müssen komplex organisierte Sozialsysteme wie die in entwickelten Industrieländern vor dem Hintergrund wachsender Globalisierung aus ethischen, sozialen und schließlich auch ökonomischen Gründen bestrebt sein, sogenanntes Humankapital optimal zu fördern.

In diesem Zusammenhang sollte nochmals die besondere Eignung vorschulischer und schulischer Einrichtungen als Ort und Setting der Präventionsarbeit gewürdigt werden (Karing & Beelmann, 2016a). So können über diese Bildungseinrichtungen Kinder und Jugendliche, aber auch Eltern und Lehrer*innen mit einer sehr hohen Wahrscheinlichkeit von präventiven Angeboten erreicht werden. Dies ist insbesondere für universelle Präventionsmaßnahmen ein Vorteil. Auch bieten sich in Kindertagesstätten und Schulen vergleichsweise günstige praktische Bedingungen. Zum Beispiel können ausgebildete Pädagog*innen die Maßnahmen durchführen oder Materialien und Räume genutzt werden. Ebenso können Auswahlstrategien zur gezielten Prävention (etwa bei bestimmten Risikogruppen) in der Schule vergleichsweise ökonomisch eingesetzt werden. Schließlich bieten sich zusätzliche Möglichkeiten, Kindertagesstätten oder die Schule selbst als wichtige Ökosysteme der Entwicklung zum Gegenstand von Präventionsmaßnahmen zu machen, zum Beispiel durch die Einführung bestimmter Formen des Unterrichts, durch schulbezogene Maßnahmen wie die Pausenhofgestaltung oder auch makrosystemische Präventionskonzepte (z. B. Einführung von Ganztagsbetreuung).

4 Zukunft des Themas

Vor dem Hintergrund der allgemeinen Bedeutung von Bildung für die schulische und berufliche Entwicklung dürften Präventionsmaßnahmen in Zukunft eher an Bedeutung gewinnen. Unter der Bedingung sinkender Ressourcen für soziale Projekte oder zumindest an Dynamik zunehmender Verteilungskämpfe in unserer Gesellschaft besteht allerdings ein erheblicher Legitimationsdruck für präventive Maßnahmen, der sowohl eine schlüssige Begründung als auch den zweifelsfreien Nachweis von Wirkungen einschließlich Daten zu Kosten-Nutzen-Relationen beinhaltet. Geht man jenseits dieser grundsätzlichen Aspekte von der Stärkung präventiver Perspektiven in der Bildungspsychologie aus, lassen sich folgende zukünftig relevante Aufgaben nennen:

- *Ausweitung der Altersperspektive.* Selbstverständlich müssen sich Präventionsmaßnahmen nicht allein auf das Kindes- und Jugendalter bzw. auf den Beginn von Bildungskarrieren beschränken. Auch zu anderen Entwicklungsabschnitten wären Präventivkonzepte denkbar und im Rahmen einer Perspektive des lebenslangen Lernens in zunehmendem Maße notwendig. Auf kognitive Trainingsprogramme für ältere Menschen wurde bereits hingewiesen; darüber hinaus sind vor allem präventive Bildungsangebote im Bereich der Fort- und Weiterbildung sicher zukunftsträchtig.

- *Präventionsstrategische Überlegungen.* Die bisherige Diskussion hat gezeigt, dass kaum Alternativmodelle der Prävention (z. B. universelle vs. selektive Strategien) gegeneinander getestet wurden. Derartige Vergleiche sind selbstverständlich nicht nur im Hinblick auf die Wirksamkeit, sondern auch bezogen auf Kosten-Nutzen-Aspekte anzustellen. Sie wären insbesondere für versorgungsstrategische Fragen von hohem Nutzen.
- *Prävention für spezifische Zielgruppen und Probleme.* Eine mit dem Aspekt der präferierten Präventionsart zusammenhängende Frage ist, ob spezielle Angebote für besondere Risikogruppen erforderlich sind. Angesicht massiver Bildungsbenachteiligungen von Kindern mit Migrationsgeschichte (Koch & Dollase, 2009; OECD, 2016) wäre dies nicht nur im Sinne einer verbesserten Integration, sondern auch bezogen auf gleichberechtigte Bildungschancen ein Präventionsfeld mit steigender Bedeutsamkeit. Hier liegen zahlreiche Erfahrungen im internationalen Bereich vor (Beelmann, Arnold & Schulz, 2021; Beelmann, Lutterbach, Schulz & Schulz, 2018), die bislang im deutschen Sprachraum noch nicht ausreichend Berücksichtigung gefunden haben. Als weitere Präventionsfelder sind die Prävention von Vorurteilen (Beelmann & Lutterbach, 2020) sowie von Radikalisierung und Extremismus zu nennen (Beelmann, 2021). Angesichts der in den letzten Jahren zunehmenden Polarisierung in gesellschaftspolitischen Fragen werden sich Bildungseinrichtungen zunehmend auch mit diesen Fragen beschäftigen müssen.
- *Implementation und Verbreitung.* Schließlich stellt sich bei der Umsetzung von Präventionsmaßnahmen die Frage nach dem Transfer von wissenschaftlich getesteten Programmen in die psychosoziale Standardversorgung. Diesem Thema wird international mittlerweile eine große Aufmerksamkeit geschenkt, unter anderem weil eine Vielzahl von Planungsschritten und Überlegungen anzustellen ist (z. B. Beelmann & Karing, 2014; Payne, Gottfredson & Gottfredson, 2006). So sind beispielsweise mit der Implementation von Präventionsmaßnahmen in ein komplexes Sozialsystem wie Kindertagesstätten oder Schulen nicht nur Chancen, sondern auch Risiken verbunden. Diese ergeben sich beispielsweise dadurch, dass Präventionsziele mit schulischen Bildungsaufträgen (Einhaltung von Lehrplänen) und Interessen beteiligter Personen (zusätzliche Arbeitsbelastung für Lehrer*innen) konfligieren. Auch die Kooperationsbereitschaft und das persönliche Engagement der Lehrkräfte entscheiden nicht selten über eine gelungene Implementation und damit über die Wirksamkeit von Präventionsmaßnahmen. Extraprogrammatische Faktoren wie das Schulklima oder Interessenkonflikte zwischen beteiligten Personen müssen daher bei der Planung und Umsetzung von Präventionsprogrammen angemessen berücksichtigt werden.

- *Digitalisierung.* Im Zuge der Digitalisierung eröffnen sich ebenfalls Chancen für die Prävention. So ergeben sich neue Möglichkeiten für die Gestaltung und Umsetzung von Präventionsmaßnahmen (Petermann, 2019). Zu nennen sind hierbei sowohl Präventions-Apps (z. B. Achtsamkeits-Apps; Bewegungs- und Ernährungs-Apps) als auch internetgestützte Präventionsprogramme für Kinder und Jugendliche (z. B. Programme zur Behandlung von Angststörungen und Depressionen, Grist, Croker, Denne & Stallard, 2019; Morgan et al., 2017; zur Stressreduktion, Lohaus, 2015). Allerdings liegen zur Wirksamkeit solcher Präventionsmaßnahmen im Kindes- und Jugendalter bislang nur wenige Studien vor. Für das Stresspräventionsprogramm SNAKE (Lohaus, 2015) konnten mit einem rein internetbasierten Training nicht die Effekte eines Face-to-face-Stresspräventionstrainings erzielt werden. Auch die Kombination des SNAKE-Programm mit einem begleitenden Internetangebot verbesserte nicht die Wirksamkeit hinsichtlich des Bewältigungsverhaltens, der Stresssymptomatik und der Stressvulnerabilität, sondern lediglich den Wissenszuwachs (Fridrici & Lohaus, 2007). Insgesamt steht ein umfassender Nachweis der Wirksamkeit solcher Präventionsmaßnahmen im Kindes- und Jugendalter noch aus.

Zusammenfassung

Die Prävention von Bildungs-, Entwicklungs- und Verhaltensproblemen ist ein wichtiges Anwendungsfeld der Bildungspsychologie. Es existieren verschiedene Präventionsansätze (Förderung individueller Fertigkeiten, Verbesserung der Bedingungen für Bildung), Strategien (universell, selektiv, indiziert), Anwendungsgebiete und zahlreiche Präventionsprogramme. Das konkrete Vorgehen sollte vor dem Hintergrund konkreter Bedarfe und evidenzbasiert reflektiert und umgesetzt werden. Grundsätzlich bietet der Bildungsbereich günstige Voraussetzungen für die Implementation von Präventionsmaßnahmen, weil breite Zielgruppen erreicht werden können und somit Möglichkeiten existieren, ungünstige familiäre und soziale Entwicklungsbedingungen auszugleichen. Wichtige Anwendungsfelder sind die kognitive und soziale Förderung sowie die Gesundheitsförderung und Stressbewältigung. Zukünftige Präventionsaktivitäten werden weitere Fragen aufgreifen müssen: unter anderem die Prävention von Armuts- und Migrationsfolgen oder die Radikalisierungsprävention auf der inhaltlichen Seite sowie die Digitalisierung auf der präventionsmethodischen Seite.

Reflexionsfragen

1. Was wird unter Prävention verstanden? Wie grenzt sich Prävention von Therapie und Rehabilitation ab?
2. Welche Präventionsstrategien werden unterschieden und welche Vor- und Nachteile haben sie?

3. Was sind wichtige Ergebnisse der bisherigen Wirksamkeitsforschung zur Prävention? An welcher Stelle existiert noch Forschungsbedarf?
4. Welche Präventionsprogramme können im deutschen Sprachraum empfohlen werden?
5. Warum ist Prävention im Rahmen von Bildungseinrichtungen besonders zu empfehlen?

Weiterführende Literatur

Bilz, L., Sudeck, G., Buchsch, J., Klocke, A., Kolip, P., Melzer, W., Ravens-Sieberer, U. & Richter, M. (Hrsg.). (2016). *Schule und Gesundheit*. Weinheim: Beltz Juventa.

Hattie, J. (2013). *Lernen sichtbar machen*. Baltmannsweiler: Schneider.

Lauth, G.W., Grünke, M. & Brunstein, J.C. (Hrsg.). (2014). *Interventionen bei Lernstörungen: Förderung, Training und Therapie in der Praxis* (2. Aufl.). Göttingen: Hogrefe.

Lohaus, A. & Domsch, H. (Hrsg.). (2021). *Psychologische Förder- und Interventionsprogramme für das Kindes- und Jugendalter* (2.Aufl.). Berlin: Springer. https://doi.org/10.1007/978-3-662-61160-9

O'Connell, M.E., Boat, T. & Warner, K.E. (Eds.). (2009). *Preventing mental, emotional, and behavioural disorders among young people. Progress and possibilities*. Washington, D.C.: National Academic Press.

Röhrle, B. & Christiansen, H. (Hrsg.). (2013). *Hilfen für Kinder und Jugendliche in schwierigen Situationen*. Tübingen: dgvt-Verlag.

Swanson, H.L., Harris, K.R. & Graham, S. (Eds.). (2014). *Handbook of learning disabilities*. New York: Guilford.

Literatur

Autorengruppe Bildungsberichterstattung (Hrsg.). (2020). *Bildung in Deutschland kompakt 2020: Zentrale Befunde des Bildungsberichts*. Bielefeld: wbv.

Backhaus, O., Petermann, F. & Hampel, P. (2010). Effekte des Anti-Stress-Trainings in der Grundschule. *Kindheit und Entwicklung, 19*(2), 119–128. https://doi.org/10.1026/0942-5403/a000015

Beelmann, A. (2006). Wirksamkeit von Präventionsmaßnahmen bei Kindern und Jugendlichen: Ergebnisse und Implikationen der integrativen Erfolgsforschung. *Zeitschrift für Klinische Psychologie und Psychotherapie, 35*(2), 151–162. https://doi.org/10.1026/1616-3443.35.2.151

Beelmann, A. (2007). Elternberatung und Elterntraining. In F. Linderkamp & M. Grünke (Hrsg.), *Lern- und Verhaltensstörungen. Genese, Diagnostik und Intervention* (S. 298–311). Weinheim: Beltz.

Beelmann, A. (2011). The scientific foundation of prevention. The status quo and future challenges of developmental crime prevention. In T. Bliesener, A. Beelmann & M. Stemmler (Eds.), *Antisocial behavior and crime. Contributions of developmental and evaluation research to prevention and intervention* (pp. 137–164). Cambridge, MA: Hogrefe.

Beelmann, A. (2014). Zur Konstruktion, Entwicklung und Überprüfung von Interventionsmaßnahmen: Ein Modell zur Evidenzbasierung präventiver Handlungsstrategien. In E. Marks & W. Steffen (Hrsg.), *Mehr Prävention – weniger Opfer: ausgewählte Beiträge des 18. Deutschen Präventionstages, 22. und 23. April 2013 in Bielefeld* (S. 357–366). Mönchengladbach: Forum Verlag Godesberg.

Beelmann, A. (2016). Wirksamkeit schulischer Gesundheitsförderung und Prävention. In L. Bilz, G. Sudek, J. Bucksch, A. Klocke, P. Kolip, W. Melzer et al. (Hrsg.), *Schule und Gesundheit* (S. 267–283). Weinheim: Beltz Juventa.

Beelmann, A. (2019). Entwicklung und Förderung der Sozialentwicklung im Vor- und Grundschulalter. In B. Kracke & P. Noack (Hrsg.), *Handbuch Entwicklungs- und Erziehungspsychologie* (S. 147–161). Berlin: Springer VS. https://doi.org/10.1007/978-3-642-53968-8

Beelmann, A. (2021). Concept of and approaches toward a developmental prevention of radicalization: Promising strategies to keep young people away from political, religious and other forms of extremism. *Monatsschrift für Kriminologie und Strafrechtsreform/Journal of Criminology and Penalty Reform, 104*(3), 298–309. https//doi.org/10.1515/mks-2021-0130. Erratum: https//doi.org/10.1515/mks-2021-0149

Beelmann, A., Arnold, L.S. & Schulz, S. (2021). Buffering the negative effects of migration on cognitive, educational, and social development. A multi-national meta-analysis of child and adolescent training programs. *International Journal of Psychology, 56*(3), 478–490. https://doi.org/10.1002/ijop.12725

Beelmann, A. & Brambring, M. (1998). Implementation and effectiveness of a home-based early intervention program for blind infants and preschoolers. *Research in Developmental Disabilities, 19*(3), 225–244. https://doi.org/10.1016/S0891-4222(98)00004-3

Beelmann, A. & Jaursch, S. (2015). Förderung sozialer Kompetenz bei Vorschulkindern: Ein sozial-kognitives Trainingsprogramm zur Prävention kindlicher Verhaltensprobleme. In T. Malti & S. Perren (Hrsg.), *Soziale Kompetenz bei Kindern und Jugendlichen* (2. Aufl., S. 177–192). Stuttgart: Kohlhammer.

Beelmann, A. & Karing, C. (2014). Implementationsfaktoren und -prozesse in der Präventionsforschung: Strategien, Probleme, Ergebnisse, Perspektiven. *Psychologische Rundschau, 65*(3), 129–139. https://doi.org/10.1026/0033-3042/a000215

Beelmann, A. & Lösel, F. (2021). A comprehensive meta-analysis of randomized evaluations on the effect of child social skills training on antisocial development. *Journal of Developmental and Life-course Criminality, 7*(1), 41–65. https://doi.org/10.1007/s40865-020-00142-8

Beelmann, A. & Lutterbach, S. (2020). Prevention of prejudice and the promotion of intergroup relations. In L. Benuto, M. Duckworth, A. Masuda & W. O'Donohue (Eds.), *Prejudice, stigma, privilege, and oppression. A behavioral health handbook* (pp. 309–326). Cham: Springer. https://doi.org/10.1007/978-3-030-35517-3_16

Beelmann, A., Lutterbach, S., Schulz, A. & Schulz, S. (2018). Wirksamkeit von Sprachförderung bei Kindern und Jugendlichen mit Migrationshintergrund – eine Meta-Analyse. *Zeitschrift für Politische Psychologie, 6*(2), 206–226.

Beelmann, A., Pfost, M. & Schmitt, C. (2014). Prävention und Gesundheitsförderung bei Kindern und Jugendlichen. Eine Meta-Analyse der deutschsprachigen Wirksamkeitsforschung. *Zeitschrift für Gesundheitspsychologie, 22*(1), 1–14. https://doi.org/10.1026/0943-8149/a000104

Beelmann, A. & Raabe, T. (2007). *Dissoziales Verhalten von Kindern und Jugendlichen: Erscheinungsformen, Entwicklung, Prävention und Intervention*. Göttingen: Hogrefe.

Beelmann, A. & Schmucker, M. (2008). Wirksamkeit von Hilfen für gefährdete Familien nach dem SGB VIII (Kinder- und Jugendhilfegesetz). *Praxis der Rechtspsychologie, 18*(2), 148–173.

Beyer, A. & Lohaus, A. (2018). *Stressbewältigung im Jugendalter: Ein Trainingsprogramm* (2. Aufl.). Göttingen: Hogrefe. https://doi.org/10.1026/02858-000

Brandtstädter, J. (1982). Prävention als psychologische Aufgabe. In J. Brandstädter & A. von Eye (Hrsg.), *Psychologische Prävention: Grundlagen, Programme, Methoden* (S. 15–36). Bern: Huber.
Brandtstädter, J. & von Eye, A. (1982). *Psychologische Prävention: Grundlagen, Programme, Methoden*. Bern: Huber.
Caplan, G. (Eds.). (1964). *Principles of preventive psychiatry*. New York, NY: Basic Books.
Cicchetti, D. (2016). *Developmental psychopathology. Volume 1: Theory and method* (3rd ed.). Hoboken, NJ: Wiley. https://doi.org/10.1002/9781119125556
Coie, J.D., Watt, N.F., West, S.G., Hawkins, J.D., Asarnow, J.R., Markman, H.J. et al. (1993). The science of prevention. A conceptual framework and some directions for a national research program. *American Psychologist, 48*(10), 1013–1022. https://doi.org/10.1037/0003-066X.48.10.1013
Compas, B.E., Jaser, S.S., Dunbar, J.P., Watson, K.H., Bettis, A.H., Gruhn, M.A. et al. (2014). Coping and emotion regulation from childhood to early adulthood: Points of convergence and divergence. *Australian Journal of Psychology, 66*(2), 71–81. https://doi.org/10.1111/ajpy.12043
Conduct Problems Prevention Research Group (1992). A developmental and clinical model for the prevention of conduct disorder: The FAST Track Program. *Development and Psychopathology, 4*(4), 509–527. https://doi.org/10.1017/S0954579400004855
Conduct Problems Prevention Research Group, Bierman, K.L., Coie, J.D., Dodge, K.A., Greenberg, M.T., Lochman, J.E., McMahon, R.J. & Pinderhughes, E.E. (2020). *The Fast Track Program for children at risk. Preventing antisocial behavior*. New York: Guilford.
Deater-Deckard, K., Dodge, K.A., Bates, J.E. & Pettit, G.S. (1998). Multiple risk factors in the development of externalizing behavior problems: Group and individual differences. *Development and Psychopathology, 10*(3), 469–493. https://doi.org/10.1017/S0954579498001709
Fischbach, A., Schuchardt, K., Brandenburg, J., Klesczewski, J., Balke-Melcher, C., Schmidt, C. et al. (2013). Prävalenz von Lernschwächen und Lernstörungen: Zur Bedeutung der Diagnosekriterien. *Lernen und Lernstörungen, 2*(2), 65–76. https://doi.org/10.1024/2235-0977/a000035
Fischer, M.Y. & Pfost, M. (2015). Wie effektiv sind Maßnahmen zur Förderung der phonologischen Bewusstheit? Eine meta-analytische Untersuchung der Auswirkungen deutschsprachiger Trainingsprogramme auf den Schriftspracherwerb. *Zeitschrift für Entwicklungspsychologie und Pädagogische Psychologie, 47*(1), 35–51. https://doi.org/10.1026/0049-8637/a000121
Flay, B.R., Biglan, A., Boruch, R.F., Castro, F.G., Gottfredson, D., Kellam, S. et al. (2005). Standards of evidence: Criteria for efficacy, effectiveness and dissemination. *Prevention Science, 6*(3), 151–175. https://doi.org/10.1007/s11121-005-5553-y
Fridrici, M. & Lohaus, A. (2007). Stressprävention für Jugendliche. Verbessert ein begleitendes e-Learning-Angebot die Effekte eines Trainingsprogramms? *Zeitschrift für Gesundheitspsychologie, 15*(3), 95–108. https://doi.org/10.1026/0943-8149.15.3.95
Fröhlich, L.P., Metz, D. & Petermann, F. (2010). *Förderung der phonologischen Bewusstheit und sprachlicher Kompetenzen: Das Lobo-Kindergartenprogramm*. Göttingen: Hogrefe.
Gottfredsson, D.C., Cook, T.D., Gardner, F.E.M., Gorman-Smith, D., Howe, G.W., Sandler, I.N. & Zafft, K.M. (2015). Standards of evidence for efficacy, effectiveness, and scale-up research in prevention science: Next generation. *Prevention Science, 16*, 893–926. https://doi.org/10.1007/s11121-015-0555-x
Gräser, H. (2007). Entwicklungsberatung. In J. Brandtstädter & U. Lindenberger (Hrsg.), *Entwicklungspsychologie der Lebensspanne* (S. 599–623). Stuttgart: Kohlhammer.
Greenberg, M.T., Weissberg, R.P., O'Brien, M.U., Zins, J.E., Fredericks, H.R., Resnik, H. et al. (2003). Enhancing school-based prevention and youth development through coordinated so-

cial, emotional, and academic learning. *American Psychologist, 58*(6–7), 466–474. https://doi.org/10.1037/0003-066X.58.6-7.466

Grist, R., Croker, A., Denne, M. & Stallard, P. (2019). Technology delivered interventions for depression and anxiety in children and adolescents: A systematic review and meta-analysis. *Clinical Child and Family Psychology Review, 22*(2), 147–171. https://doi.org/10.1007/s10567-018-0271-8

Hager, W. (Hrsg.). (1995). *Programme zur Förderung des Denkens bei Kindern. Konstruktion, Evaluation und Metaevaluation.* Göttingen: Hogrefe.

Hampel, P. & Petermann, F. (2017). *Cool bleiben – Stress vermeiden. Das Anti-Stress-Training für Kinder* (3. Aufl.). Weinheim: Beltz.

Hanewinkel, R. (1999). Prävention von Gewalt an Schulen. In B. Röhrle & G. Sommer (Hrsg.), *Prävention und Gesundheitsförderung* (S. 135–160). Tübingen: dgvt-Verlag.

Hasselhorn, M. & Schuchardt, K. (2006). Lernstörungen. Eine kritische Skizze zur Epidemiologie. *Kindheit und Entwicklung, 15*(4), 208–215. https://doi.org/10.1026/0942-5403.15.4.208

Hattie, J. (2013). *Lernen sichtbar machen.* Baltmannsweiler: Schneider.

Heinrichs, N., Saßmann, H., Hahlweg, K. & Perrez, M. (2002). Prävention kindlicher Verhaltensstörungen. *Psychologische Rundschau, 53*(4), 170–183. https://doi.org/10.1026//0033-3042.53.4.170

Hußmann, A., Wendt, H., Bos, W., Bremerich-Vos, A., Kasper, D., Lankes, E.-M. et al. (Hrsg.). (2017). *IGLU 2016. Lesekompetenzen von Grundschulkindern in Deutschland im internationalen Vergleich.* Münster: Waxmann.

Jerusalem, M. (2003). Prävention in Schulen. In M. Jerusalem & H. Weber (Hrsg.), *Psychologische Gesundheitsförderung. Diagnostik und Prävention* (S. 461–478). Göttingen: Hogrefe.

Jungmann, T., Kurtz, V., Brand, T., Sierau, S. & Klitzing, K. von (2010). Präventionsziel Kindergesundheit im Rahmen des Modellprojektes „Pro Kind“: Vorläufige Befunde einer längsschnittlichen, randomisierten Kontrollgruppenstudie. *Bundesgesundheitsblatt – Gesundheitsforschung – Gesundheitsschutz, 53*(11), 1180–1187. https://doi.org/10.1007/s00103-010-1148-2

Karing, C. & Beelmann, A. (2016a). Implementation und Evaluation eines multimodalen Stressbewältigungstrainings bei Lehramtsstudierenden. *Zeitschrift für Gesundheitspsychologie, 24*(2), 89–101. https://doi.org/10.1026/0943-8149/a000159

Karing, C. & Beelmann, A. (2016b). Wirksamkeit und Implementation von Präventionsmaßnahmen in der Schule. *Empirische Pädagogik, 30*(2), 302–319.

Karing, C., Beelmann, A. & Haase, A. (2015). Herausforderungen von Präventionsarbeit an Grundschulen: Eine empirische Erhebung. *Prävention und Gesundheitsförderung, 10*(3), 229–234. https://doi.org/10.1007/s11553-015-0494-1

Klauer, K.J. (Hrsg.). (2001). *Handbuch Kognitives Training* (2. Aufl.). Göttingen: Hogrefe.

Klauer, K.J. (2007). Förderung des Lernens durch Förderung des Denkens. In J. Walter & F.B. Wember (Hrsg.), *Sonderpädagogik des Lernens* (Handbuch Sonderpädagogik, Bd. 2, S. 293–303). Göttingen: Hogrefe.

Klauer, K.J. (2016). *Denksport für Ältere. Geistig fit bleiben* (4. Aufl.). Bern: Hogrefe.

Klein-Heßling, J. & Lohaus, A. (2021). *Stresspräventionstraining für Kinder im Grundschulalter* (4. Aufl.). Göttingen: Hogrefe. https://doi.org/10.1026/03028-000

Koch, K.-C. & Dollase, R. (2009). Diskriminierung im Kontext von Bildung und Bildungskarrieren. In A. Beelmann & K.J. Jonas (Hrsg.), *Diskriminierung und Toleranz: Psychologische Grundlagen und Anwendungsperspektiven* (S. 337–355). Wiesbaden: Springer VS.

Koordinierungsstelle des BMBF-Forschungsschwerpunkts Entwicklungsstörungen schulischer Fertigkeiten (ESF). (2017). *Entwicklungsstörungen schulischer Fertigkeiten. Ergebnisse und Nutzungspotentiale des Forschungsschwerpunkts.* Verfügbar unter http://www.esf-koordinierung.de/content/1-home/broschure-esf-2017cmyk-download.pdf

Kruse, A. (2007). Präventions- und Trainingsansätze im höheren Alter. In J. Brandtstädter & U. Lindenberger (Hrsg.), *Entwicklungspsychologie der Lebensspanne* (S. 624–655). Stuttgart: Kohlhammer.

Küspert, P. & Schneider, W. (2018). *Hören, Lauschen, Lernen. Sprachspiele für Kinder im Vorschulalter. Würzburger Trainingsprogramm zur Vorbereitung auf den Erwerb der Schriftsprache* (7. Aufl.). Göttingen: Vandenhoeck & Ruprecht.

Langfeldt, H.P. (Hrsg.). (2009). *Trainingsprogramme zur schulischen Förderung*. Weinheim: Beltz.

Lauth, G.W., Grünke, M. & Brunstein, J.C. (Hrsg.). (2014). *Interventionen bei Lernstörungen: Förderung, Training und Therapie in der Praxis* (2. Aufl.). Göttingen: Hogrefe.

Lauth, G.W. & Mackowiak, K. (2006). Lernstörungen. *Kindheit und Entwicklung, 15*(4), 199–207. https://doi.org/10.1026/0942-5403.15.4.199

Lazar, I., Darlington, R., Murray, H., Royce, J., Snipper, A. & Ramey, C. (1982). Lasting effects of early education: A report from the consortium for longitudinal studies. *Monographs of the Society for Research in Child Development, 47*(2/3), I-151. https://doi.org/10.2307/1165938

Limber, S.P. (2006). The Olweus Bullying Prevention Program: An overview of its implementation and research basis. In S.R. Jimerson & M.J. Furlong (Eds.), *Handbook of school violence and school safety. From research to practice* (pp. 293–307). Mahwah, NJ: Erlbaum.

Lohaus, A. (2015). Stressprävention im Jugendalter: Evaluation und Optimierung eines settingbasierten Programmangebots. *Das Gesundheitswesen, 77*(1), 68–69.

Lohaus, A. & Domsch, H. (2021). *Psychologische Förder- und Interventionsprogramme für das Kindes- und Jugendalter* (2. Aufl.). Berlin: Springer. https://doi.org/10.1007/978-3-662-61160-9

Lohaus, A., Jerusalem, M. & Klein-Heßling, J. (Hrsg.). (2006). *Gesundheitsförderung im Kindes- und Jugendalter*. Göttingen: Hogrefe.

Lösel, F. & Beelmann, A. (2003). Effects of child skills training in preventing antisocial behavior: A systematic review of randomized evaluations. *The Annals of the American Academy of Political and Social Science, 587*(1), 84–109. https://doi.org/10.1177/0002716202250793

Malti, T. & Perren, S. (Hrsg.). (2016). *Soziale Kompetenz bei Kindern und Jugendlichen: Entwicklungsprozesse und Förderungsmöglichkeiten* (2. Aufl.). Stuttgart: Kohlhammer.

Masten, A.S. & Monn, A.R. (2015). Child and family resilience: A call for integrated science, practice, and professional training. *Family Relations, 64*(1), 5–21. https://doi.org/10.1111/fare.12103

Morgan, A.J., Rapee, R.M., Salim, A., Goharpey, N., Tamir, E., McLellan, L.F. et al. (2017). Internet-Delivered Parenting Program for Prevention and Early Intervention of Anxiety Problems in Young Children: Randomized Controlled Trial. *Journal of the American Academy of Child and Adolescent Psychiatry, 56*(5), 417–425.e1. https://doi.org/10.1016/j.jaac.2017.02.010

Mrazek P.J. & Brown, C.H. (2002). An evidence-based literature review regarding outcomes in psychosocial prevention and early intervention in young children. In C.C. Russell (Ed.), *The state of knowledge about prevention/early intervention* (pp. 42–303). Toronto: Invest in Kids.

Muñoz, R.F., Mrazek, P.J. & Haggerty, R.J. (1996). Institute of Medicine Report on prevention of mental disorders: Summary and commentary. *American Psychologist, 51*(11), 1116–1122. https://doi.org/10.1037/0003-066X.51.11.1116

O'Connell, M.E., Boat, T. & Warner, K.E. (Eds.). (2009). *Preventing mental, emotional, and behavioural disorders among young people. Progress and possibilities*. Washington, D.C.: National Academic Press.

Offord, D.R. (2000). Selection of levels of prevention. *Addictive Behaviors, 25*(6), 833–842. https://doi.org/10.1016/S0306-4603(00)00132-5

Olds, D.L. (2006). The nurse-family partnership: An evidence-based preventive intervention. *Infant Mental Health Journal, 27*(1), 5–25. https://doi.org/10.1002/imhj.20077

Olweus, D. (1997). Täter-Opfer-Probleme in der Schule: Erkenntnisstand und Interventionsprogramm. In H.G. Holtappels, W. Heitmeyer, W. Melzer & K. Tillmann (Hrsg.), *Forschung über Gewalt an Schulen. Erscheinungsformen und Ursachen, Konzepte und Prävention* (S. 281–297). Weinheim: Juventa.

Olweus, D. (2011). *Gewalt in der Schule. Was Lehrer und Eltern wissen sollten – und tun können* (4. Aufl.). Bern: Huber.

Organisation for Economic Co-operation and Development (OECD). (2016). *PISA 2015. Results (Volume I): Excellence and equity in education*. Paris: OECD Publishing.

Payne, A.A., Gottfredson, D.C. & Gottfredson, G.D. (2006). School predictors of the intensity of implementation of school-based prevention programs: Results from a national study. *Prevention Science, 7*(2), 225–237. https://doi.org/10.1007/s11121-006-0029-2

Perrez, M. & Hilti, N. (2011). Prävention. In M. Perrez & U. Baumann (Hrsg.), *Lehrbuch Klinische Psychologie – Psychotherapie* (4. Aufl., S. 398–428). Bern: Huber.

Petermann, F. (2019). Prävention im Kindes- und Jugendalter. *Zeitschrift für Psychiatrie, Psychologie und Psychotherapie, 67*(4), 199–202. https://doi.org/10.1024/1661-4747/a000390

Petermann, F. & Petermann, U. (2017). *Training mit Jugendlichen. Aufbau von Arbeits- und Sozialverhalten* (10. Aufl.). Göttingen: Hogrefe. https://doi.org/10.1026/02814-000

Petermann, F. & Schmidt, M.H. (2006). Ressourcen – ein Grundbegriff der Entwicklungspsychologie und Entwicklungspsychopathologie. *Kindheit und Entwicklung, 15*(2), 118–127. https://doi.org/10.1026/0942-5403.15.2.118

Reid, J.B., Eddy, J.M., Fetrow, R.A. & Stoolmiller, M. (1999). Description and intermediate impacts of a preventive intervention for conduct problems. *American Journal of Community Psychology, 27*(4), 483–517. https://doi.org/10.1023/A:1022181111368

Reiss, K., Weis, M., Klieme, E. & Köller, O. (2019). *PISA 2018. Grundbildung im internationalen Vergleich*. Münster: Waxmann. https://doi.org/10.31244/9783830991007

Reynolds, A.J., Rolnick, A.J., Englund, M. & Temple, J. (Eds.). (2010). *Childhood programs and practices in the first decade: A human capital integration*. Cambridge: Cambridge University Press. https://doi.org/10.1017/CBO9780511762666

Roth, I. & Reichle, B. (2008). *Prosoziales Verhalten lernen: „ich bleibe cool" – ein Trainingsprogramm für die Grundschule*. Weinheim: Beltz.

Roth, M., Rudert, E. & Petermann, H. (2003). Prävention bei Jugendlichen. In M. Jerusalem & H. Weber (Hrsg.), *Psychologische Gesundheitsförderung. Diagnostik und Prävention* (S. 399–418). Göttingen: Hogrefe.

Sameroff, A.J. & Fiese, B.H. (2000). Transactional regulation: The developmental ecology of early intervention. In J.P. Shonkoff & S.J. Meisels (Eds.), *Handbook of early childhood intervention* (2nd ed., pp. 135–159). Cambridge, MA: Cambridge University Press. https://doi.org/10.1017/CBO9780511529320.009

Sandler, I.N., Wolchik, S.A., Cruden, G., Mahrer, N.E., Ahn, S., Brincks, A. & Brown, C.H. (2014). Overview of meta-analyses of the prevention of mental health, substance use, and conduct problems. *Annual Review of Clinical Psychology, 10*(1), 243–273. https://doi.org/10.1146/annurev-clinpsy-050212-185524

Schneider, W. & Marx, P. (2008). Früherkennung und Prävention von Lese-Rechtschreibschwierigkeiten. In F. Petermann & W. Schneider (Hrsg.), Angewandte Entwicklungspsychologie (Enzyklopädie der Psychologie, Serie Entwicklungspsychologie, Bd. 7, S. 237–273). Göttingen: Hogrefe.

Silbereisen, R.K. & Lerner, R. (Eds.). (2007). *Approaches to positive youth development*. Thousand Oaks, CA: Sage.

Stöckel, S. & Walter, U. (Hrsg.). (2002). *Prävention im 20. Jahrhundert. Historische Grundlagen und aktuelle Entwicklungen in Deutschland*. Weinheim: Juventa.

Sundell, K., Beelmann, A., Hasson, H. & von Thiele Schwarz, U. (2016). Novel programs, international adoptions, or contextual adaptions? Meta-analytical results from German and Swedish intervention research. *Journal of Clinical Child and Adolescent Psychology, 45*(6), 784–796. https://doi.org/10.1080/15374416.2015.1020540

Weissberg, R.P., Kuster, C.B. & Gullotta, T.P. (1997). Introduction and overview: Prevention services – From optimistic promise to widespread, effective practice. In R.P. Weissberg, T.P. Gullotta, R.L. Hampton, B.R. Ryan & G.R. Adams (Eds.), *Healthy children 2010: Establishing preventive services* (pp. 1–26). Thousand Oaks, CA: Sage.

Wolf, K.M., Schroeders, U. & Kriegbaum, K. (2016). Metaanalyse zur Wirksamkeit einer Förderung der phonologischen Bewusstheit in der deutschen Sprache. *Zeitschrift für Pädagogische Psychologie, 30*(1), 9–33. https://doi.org/10.1024/1010-0652/a000165

Wyschkon, A., Kohn, J., Ballaschk, K. & Esser, G. (2009). Sind Rechenstörungen genau so häufig wie Lese-Rechtschreibstörungen? *Zeitschrift für Kinder- und Jugendpsychiatrie und Psychotherapie, 37*(6), 499–512. https://doi.org/10.1024/1422-4917.37.6.499

Kapitel 12
Bildungspsychologische Intervention

Laura Dörrenbächer-Ulrich, Nathalie Zetzmann & Franziska Perels

Inhaltsübersicht

1 Einführung

1.1 Definition

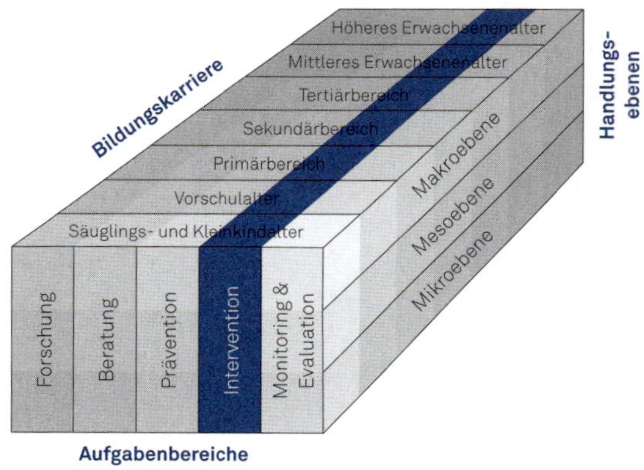

Interventionen werden allgemein definiert als „... außengesteuerte, zielorientierte und systematische Beeinflussung von Personen- und/oder Systemmerkmalen. Jede Intervention besteht mindestens aus einer Menge von zu bearbeitenden Aufgaben bzw. Problemen und mindestens einer Methode der Instruktion" (Hager & Hasselhorn, 2000, S. 41). Haben Interventionen die Veränderung bildungspsychologischer Kompetenzen zum Ziel bzw. finden Interventionen im Rahmen bildungspsychologischer Situationen oder Systeme statt, dann spricht man von bildungspsychologischen Interventionen.

Bildungspsychologische Interventionen

Bildungspsychologische Interventionen umfassen ein aktives Eingreifen in bildungsrelevante Strukturen und Prozesse. Sie zielen auf die Gestaltung oder Modifizierung von Bildungsinstanzen und Bildungsumwelten ab, sodass beruflich-fachliche und soziokulturelle Kompetenzen möglichst optimal entwickelt oder verändert werden können (Spiel & Reimann, 2006).

Studien, die die Effektivität bestimmter Interventionen untersuchen, können in vielen verschiedenen Bereichen der Bildungspsychologie Anwendung finden, wie z. B. bezogen auf die Veränderung kognitiver, motivationaler, emotionaler sowie sozialer Prozesse (Mittag & Bieg, 2010). Insgesamt nehmen Interventionsstudien somit einen wichtigen Stellenwert im Rahmen der bildungspsychologischen Forschung ein.

1.2 Einordnung in das Strukturmodell der Bildungspsychologie

Im Folgenden werden bildungspsychologische Interventionen in Anlehnung an Landmann, Schmidt und Schmitz (2010) in das Strukturmodell der Bildungspsychologie eingeordnet.

Aufgabenbereiche. Je nach Zielgruppe können Interventionen neben den eigenständigen Funktionen des Aufbaus und der Modifizierung von Kompetenzen und

Bildungsumwelten auch mit anderen Aufgabenbereichen des Modells überlappen und z. B. durch längerfristige Wirkung *präventiven Charakter* haben. Dann erfolgen sie bereits vor dem Auftreten eines problematischen Sachverhalts und sollen dazu beitragen, diesen zu verhindern (z. B. Aufbau grundlegender Kompetenzen im Vorschulalter). Darüber hinaus können Interventionen auch *Beratungscharakter* haben, wenn sie auf die Optimierung problematischer Verhaltensweisen bzw. Prozesse von Personen(gruppen) oder von Institutionen abzielen (Hager & Hasselhorn, 2000). Beratungen finden allerdings eher auf Individual- oder Schulebene und weniger auf Ebene der Strukturen und Prozesse des Bildungswesens statt.

Bildungskarriere. Interventionen können in allen Abschnitten der Bildungskarriere umgesetzt werden. Einen Schwerpunkt bildet allerdings der *Primär- und Sekundärbereich,* da Lernprozesse im Rahmen des Schulsystems sowie die Interaktion zwischen Schüler*innen und Lehrpersonen zentrale Forschungsgebiete der Bildungspsychologie darstellen und längerfristige Wirkungen in den tertiären Bildungsbereich bzw. die berufliche Bildung übertragen werden können. Die Ergebnisse von Schulleistungsstudien wie TIMSS (Trends in International Mathematics and Science Study; z. B. Wendt et al., 2016) oder PISA (Programme for International Student Assessment; z. B. Reiss, Weis, Klieme & Köller, 2019) führen vermehrt zu Interventionen, die sich neben der Ebene der Schüler*innen auch auf die Ebene von Lehrpersonen und Eltern beziehen (Landmann et al., 2010). Neben dem Primär- und Sekundärbereich sind in den letzten Jahren vermehrt Interventionen für den *Vorschulbereich* entwickelt und evaluiert worden (z. B. Jacob, Benick, Dörrenbächer & Perels, 2020). So zielen z. B. Interventionen zur Förderung selbstregulativer Lernkompetenzen im Vorschulalter auf längerfristige Effekte ab, die das Lernen im Primärbereich unterstützen können. Im Rahmen der Professionalisierung pädagogisch handelnder Personen beziehen sich bildungspsychologische Interventionen im *Tertiärbereich und im mittleren Erwachsenenalter* auf die Aus- und Weiterbildung von Lehrpersonen (z. B. Dörrenbächer-Ulrich, Rascopp & Perels, 2019). Interventionen im *Tertiärbereich* lassen sich auch in anderen Studienfeldern (z. B. Psychologie) finden und fokussieren vor allem die Optimierung allgemeiner Lernkompetenzen wie dem selbstregulierten Lernen (SRL, z. B. Dörrenbächer & Perels, 2016). Bezogen auf das *mittlere Erwachsenenalter* befassen sich nicht lehrerbezogene Interventionen meistens mit Kompetenzen von Berufstätigen und werden daher oft in der Arbeits- und Organisationspsychologie verankert (Landmann et al., 2010). In Bezug auf das höhere Erwachsenenalter zeigen Interventionen häufig Überschneidungen mit der Klinischen Psychologie wie beispielsweise bei Interventionsstudien der Gerontologie. So haben z. B. Haberstroh, Neumeyer, Schmitz, Perels und Pantel (2006) ein Kommunikationstraining für pflegende Angehörige von Demenzkranken entwickelt und evaluiert.

Handlungsebenen. Werden bildungspsychologische Interventionen im Rahmen der drei Handlungsebenen verortet, so finden diese meistens auf der *Mikroebene* (Beeinflussung individueller Lernbedingungen) oder *Mesoebene* (Beeinflussung von Prozessen innerhalb von Bildungsinstitutionen) statt. Die *Makroebene,* also das bildungspolitische Gesamtsystem, ist selten Ziel einer Veränderung durch bildungspsychologische Interventionen. Wenn auch Interventionen auf Makroebene stattfinden (z. B. Einführung von Bildungsstandards), wird deren Wirksamkeit selten umfassend evaluiert (Landmann et al., 2010).

1.3 Klassifikation von Interventionen

Um Interventionen zu klassifizieren, können über die Kategorien des Strukturmodells hinaus verschiedene Aspekte herangezogen werden (Landmann et al., 2010): (1) Wird die Intervention von Personen innerhalb eines bestehenden Systems angeleitet (systemimmanente Intervention z. B. durch Lehrpersonen an Schulen) oder von externen Personen (z. B. Trainer*innen aus Universitäten)? (2) Ist die Intervention bezogen auf ihre Dauer eher kurz angelegt (z. B. Projekttage) oder dauert sie länger an (z. B. mittelfristig über ein gesamtes Schuljahr oder längerfristig, wie das Faustlos-Curriculum zur Prävention von Gewaltbereitschaft in Schulen, das sich über die ersten drei Grundschuljahre erstreckt; Schick & Cierpka, 2010)? (3) Thematisieren Interventionen nur einen einzigen Aspekt und sind damit sehr spezifisch (z. B. Lernstrategien wie Textmarkierung und Mind Mapping; Leopold & Leutner, 2015) oder zielen sie auf die Förderung umfassender und generalisierbarer Kompetenzen (wie z. B. SRL; Dörrenbächer & Perels, 2016) ab? (4) Bezieht sich die Begleitforschung der Intervention im Sinne einer Evaluation auf die Untersuchung eher trainingsnaher oder trainingsferner Aspekte (siehe Abschnitt 2.2)? (5) Sind die Effekte von Interventionen eher kurz-, mittel- oder langfristig? (6) Zeigt sich die Wirkung einer Intervention sofort nach ihrer Beendigung oder verzögert nach ein paar Wochen/Monaten?

Neben diesen Aspekten können Interventionen dahingehend unterschieden werden, ob sie auf bildungspsychologischen Theorien und Erkenntnissen gründen und ob eine systematische Ergebnisevaluation (siehe Abschnitt 2.4) durchgeführt wird. Nur wenn beides der Fall ist, können wissenschaftlich basierte Entscheidungen für Bildungsinstitutionen und -umwelten daraus abgeleitet werden. Werden Evaluationsergebnisse darüber hinaus zur Beantwortung aktueller Forschungsfragen herangezogen, können Studien aus dem Bereich der Interventionsforschung Impulse für bildungspsychologische Erkenntnisse und neue Forschungsfragen liefern.

Häufig werden vier Funktionen von Interventionen spezifiziert (Hager & Hasselhorn, 2008), die Aussagen über zu wählende Maßnahmen ermöglichen:

- *Allgemeine Förderung:* Diese Funktion beschreibt die Entfaltung einer Fähigkeit oder Fertigkeit, auch ohne Vorliegen eines spezifizierten Defizits in dem entsprechenden Förderbereich.
- *Prävention:* Mit dieser Funktion ist das Vorbeugen von zukünftig zu erwartenden Defiziten in bestimmten Fähigkeits- bzw. Fertigkeitsbereichen gemeint.

Von primärer Prävention spricht man, wenn es darum geht, das erstmalige Auftreten von Defiziten (oder Krankheiten) zu verhindern. Sekundäre Prävention zielt auf die Früherkennung entstehender Defizite ab, während Tertiärprävention auf Rehabilitationsmaßnahmen zur Geringhaltung langfristiger Folgen eines Defizits (einer Krankheit) abzielt (Caplan, 1964).

- *Beseitigung von Defiziten:* Sind Störungen oder Probleme bereits manifest und sichtbar geworden und können präventive Interventionen nicht mehr greifen, dienen die Interventionen dazu, diese Störungen oder Probleme zu beseitigen bzw. zu lindern.
- *Rehabilitation:* Diese Funktion von Interventionen ist dann relevant, wenn Fähigkeiten und Fertigkeiten aufgrund von Beeinträchtigungen oder Schädigungen wiederaufgebaut werden müssen oder Techniken zur Wiedereingliederung erlernt werden. Die rehabilitative Funktion steht in engem Zusammenhang mit der Tertiärprävention.

Nach Hager und Hasselhorn (2000) werden zudem die folgenden Interventionsarten unterschieden:

- *Drill:* Als Drill wird eine Intervention bezeichnet, „die darin besteht, dass bestimmte Ziele ... vorgegeben werden, dass die intervenierende Person den Weg zum Erreichen dieser Ziele festlegt“ (Hager & Hasselhorn, 2000, S. 64) sowie das Einhalten des Weges und die Zielerreichung kontrolliert wird.
- *Coaching (Beratung):* Coaching bezeichnet die ziel- und lösungsorientierte berufsbezogene Beratung und Begleitung von Fach- und Führungskräften.
- *Training:* Mit Training wird eine kurze und zeitlich begrenzte Intervention bezeichnet, bei der durch systematische Übungen gezielt Fertigkeiten und Fähigkeiten aufgebaut bzw. optimiert werden sollen.
- *Therapie:* Mit Therapie werden in der Medizin und Psychologie Maßnahmen zur Behandlung von Krankheiten bzw. zur Wiederherstellung von körperlicher und/oder psychischer Gesundheit verstanden.
- *Unterricht:* Unterricht wird definiert als angeleitete, systematische Vermittlung größerer geistiger Zusammenhänge, die eine gewisse Distanz zu Erfahrungen des täglichen Lebens aufweisen.

Im Folgenden wird der Begriff „Intervention“ in erster Linie mit der Bedeutung „Training/Unterricht“ verwendet.

1.4 Theorie-Praxis-Probleme der wissenschaftlichen Interventionsforschung

Da Interventionsstudien – wie oben beschrieben – bestenfalls auf wissenschaftlichen Theorien und Befunden basieren, gleichzeitig aber zur Ableitung praktischer Konsequenzen dienen sollen, muss sich die Interventionsforschung mit dem Dilemma der *Theorie-Praxis-Lücke* auseinandersetzen (Landmann et al., 2010). De

Corte (2005) fasst dazu zusammen: „A major question becomes then: How and under what conditions should intervention studies be carried out in view of achieving the combined effects of contributing to relevant theory building as well as to significant improvement of educational practices?“ (S. 57). Die Vereinigung der Nutzung wissenschaftlicher Theorien und Erkenntnisse mit dem Ziel der Ableitung praxisnaher Empfehlungen und Reformen mündet in zwei Kernproblemen:

1. Im Rahmen klassischer Experimente sollten die Untersuchungsbedingungen so gestaltet sein, dass zuverlässige und *intern valide* Aussagen über Kausalbedingungen getroffen werden können. Dies kann vor allem durch die Kontrolle möglicher Einflussfaktoren und Störvariablen im Laborsetting sichergestellt werden. Da sich bildungspsychologische Prozesse aber nicht im Labor abspielen, müssen Interventionsstudien die komplexen Bildungsumwelten berücksichtigen, um *ökologisch valide* zu sein und damit realitätsnahe Schlüsse zuzulassen.
2. Damit die Ergebnisse bildungspsychologischer Interventionsforschung in der Praxis genutzt werden können, müssen sie für systemimmanente Personen/Institutionen (z. B. Lehrpersonen) verständlich und gut dokumentiert sein. Aus den Ergebnissen abgeleitete Empfehlungen sollen in der realen Bildungsumwelt umsetzbar sein. Die Realisierbarkeit von Handlungsempfehlungen wirkt sich damit direkt auf die Implementation derselben aus (siehe Abschnitt 2.3).

Um die beiden dargestellten Kernprobleme zu minimieren, werden häufig *quasiexperimentelle Interventionsstudien* durchgeführt. Diese erfüllen zwar nicht alle Anforderungen eines klassischen experimentellen Ansatzes (z. B. Randomisierung) und können somit nicht uneingeschränkt generalisiert werden, sind jedoch intern und ökologisch valide. Zum Umgang mit fehlender Randomisierung bzw. Störvariablen liegen verschiedene statistische Methoden vor (z. B. Matching, Kovarianzanalyse; siehe z. B. Bortz & Schuster, 2010).

2 Stand der Wissenschaft

Im Folgenden werden ausgehend von wichtigen Modellen und Befunden zur Gestaltung von Interventionen zentrale Elemente der Interventionsforschung differenziert dargestellt. Dazu gehören neben der Sicherung des Transfers (siehe z. B. Hager & Hasselhorn, 2008) auch die Bedingungen zur Implementation von Interventionen. Dabei geht es zum einen um die Aspekte der Interventionsgestaltung (z. B. Qualität der Durchführung) und zum anderen um personenbezogene Variablen (z. B. Akzeptanz). Um die Wirkung von Interventionen zu überprüfen, ist eine Evaluation unerlässlich. Daher werden in Abschnitt 2.4 wichtige Modelle und Theorien der Evaluation thematisiert. Abschließend werden in Abschnitt 2.5 exemplarische Studien zu den zentralen Funktionsbereichen bildungspsychologischer Interventionen (Hager & Hasselhorn, 2008; siehe Abschnitt 1.3) vorgestellt.

2.1 Theoretische Überlegungen zur Konzeption von Interventionen

Bildungspsychologische Interventionen sind in verschiedenen Teilbereichen der Psychologie relevant. Im Folgenden werden daher exemplarisch zwei Modelle zur Konzeption von Interventionen vorgestellt – eines aus dem bildungspsychologischen Bereich und eines aus der Arbeits- und Organisationspsychologie.

Bildungspsychologie. In ihrem Modell beschreiben Hager und Hasselhorn (1995) fünf grundlegende Schritte bei der Entwicklung von Interventionen. Abbildung 12.1 gibt einen Überblick über diese einzelnen Phasen.

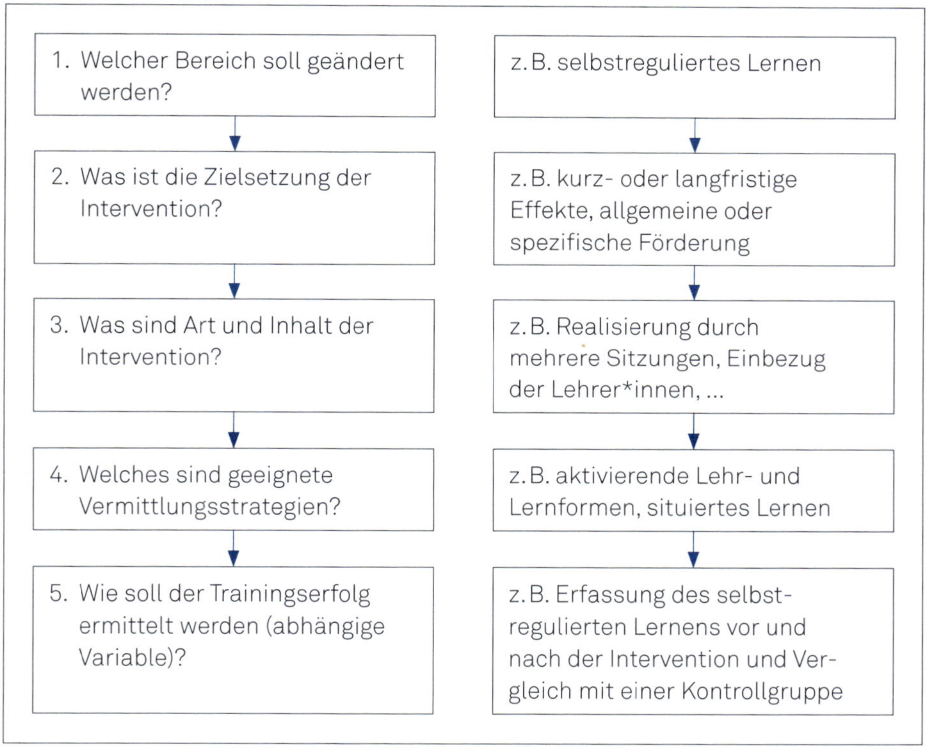

Abbildung 12.1: Modell für die Entwicklung von Interventionen nach Hager und Hasselhorn (1995). Auf der rechten Seite der Darstellung sind Beispiele für die verschiedenen Schritte eingefügt.

Zur Veranschaulichung werden im Folgenden die fünf Schritte anhand einer Interventionsstudie im schulischen Kontext (Leidinger & Perels, 2012) näher beschrieben. In dieser Studie wurde die Förderung von SRL als zentrale Zielsetzung der Studie festgelegt (Schritt 1). Dabei sollten durch die Intervention sowohl die allgemeine Fähigkeit zu SRL als auch spezifische Komponenten (z. B. Zielsetzung,

Planung ...) trainiert werden. Es wurde einerseits eine direkte Wirkung nach der Intervention und andererseits auch längerfristige Entwicklungen des Lernverhaltens erwartet (Schritt 2). Bei der Umsetzung waren mehrere Trainingssitzungen vorgesehen, bei denen verschiedene Methoden zur Förderung eingesetzt wurden (z.B. Lerntagebücher zur Anregung zur Selbstreflexion). Eine besondere Bedeutung kam dabei den Lehrer*innen zu, die neben der konkreten Strategievermittlung auch als Modelle für das Lernverhalten dienten (Schritt 3 und 4). Zur Überprüfung der Wirkung der Intervention wurde eine längsschnittliche Evaluation mit Vergleichsgruppen und Follow-up-Erhebung durchgeführt. Abhängige Variable war neben SRL auch die fachliche Leistung der Schüler*innen in Deutsch und Mathematik (Schritt 5).

Arbeits- und Organisationspsychologie. Ein Modell zur Gestaltung von Interventionen in der Aus- und Weiterbildung stammt von Braun (2010). In ihrem Planungsmodell unterscheidet sie vier Phasen, die in Abbildung 12.2 dargestellt sind.

Die ersten beiden Phasen sind vor der eigentlichen Intervention zu verorten. In der Phase *Bedingungsfelder* geht es darum, die individuellen, organisationalen sowie gesellschaftlichen Voraussetzungen der Qualifizierung zu klären. Dazu gehören z.B. Informationen zum Leitbild/Menschenbild der Organisation genauso

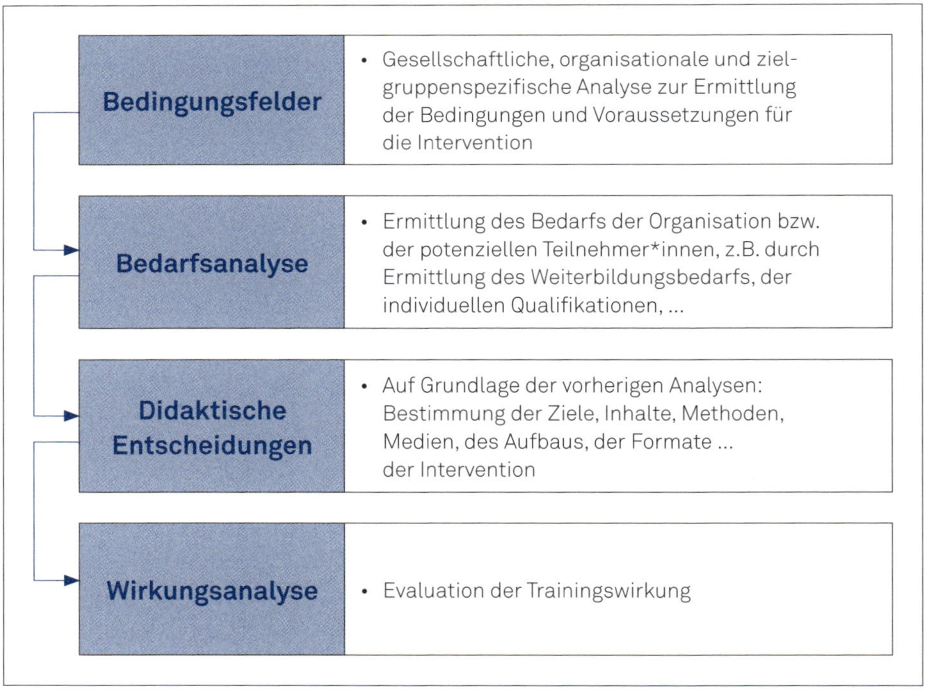

Abbildung 12.2: Modell zur Gestaltung von Interventionen nach Braun (2010)

wie die Bestimmung der persönlichen Lernvoraussetzungen der potenziellen Teilnehmer*innen. Bei der *Bedarfsanalyse* wird der tatsächliche Trainingsbedarf bestimmt. Diese Ermittlung bezieht sich sowohl auf die Organisation (im Sinne eines organisationalen Wissensmanagements bzw. Fortbildungsplans) als auch auf den spezifischen Weiterbildungsbedarf der einzelnen Person entsprechend der individuellen Qualifikation.

Auf Grundlage dieser Analysen wird dann in Phase 3 die Intervention geplant und basierend auf den *didaktischen Entscheidungen* durchgeführt. Dabei sollten Methoden und Inhalte zu den ermittelten organisationalen und individuellen Bedarfen und Voraussetzungen passen. Nach Abschluss der Intervention erfolgt dann die *Wirkungsanalyse* (Phase 4), bei der die Trainingsergebnisse in Bezug auf die Zielsetzung und Bedarfe bewertet werden.

2.2 Transfersicherung

Damit von einer erfolgreichen Intervention gesprochen werden kann, müssen die neu erworbenen Fertigkeiten und Kenntnisse auch im Rahmen einer unbekannten Anforderungssituation erfolgreich angewendet werden können. In diesem Fall spricht man von *positivem Transfer* (neues Lernen wird durch vorangegangenes Lernen erleichtert), wobei Transfer definiert wird als „Übertragung des Gelernten auf Anforderungen und Situationen außerhalb des Interventionskontextes" (Mähler & Stern, 2018, S. 842). Zur Systematisierung positiven Transfers liegen verschiedene Dimensionen vor, die sich aber darin ähneln, dass die Distanz zwischen der bekannten und der unbekannten Anforderungssituation unterschiedlich groß ist (Hasselhorn & Hager, 2008; Hasselhorn & Mähler, 2000; Mähler & Stern, 2018). Beim horizontalen, literalen und spezifischen Transfer sind die Unterschiede beispielsweise geringer als beim vertikalen, figuralen und unspezifischen Transfer.

Kriterien zur Klassifikation positiven Transfers

- *lateraler/horizontaler* Transfer: Verallgemeinerung auf Situationen mit gleicher Komplexität (neu erlernte Vokabeln nutzen, um einen Roman in der Fremdsprache zu lesen)
- *vertikaler* Transfer: Nutzung einer Fertigkeit zum Erwerb einer übergeordneten Fertigkeit (neu erlernte Vokabeln nutzen, um ein Sport-Video-Tutorial in der Fremdsprache zu verstehen)
- *spezifischer* Transfer: Übertragung eng umgrenzter Kompetenzen auf neue Situationen (neu erlernte Vokabeln können in einem Gespräch in der Fremdsprache eingesetzt werden)
- *unspezifischer* Transfer: Übertragung genereller Strategien oder Prinzipien auf andere Lernfelder, bereichsübergreifend (durch Vokabellernen wurden Strate-

gien zum Auswendiglernen angeeignet, die auch in anderen Bereichen nützlich sind)
- *literaler* Transfer: Übertragung neuer Fertigkeiten/Kenntnisse auf Aufgaben des gleichen Typs (z.B. Karteikarten-Technik zum Vokabellernen in Englisch auf den Spanischunterricht übertragen)
- *figuraler* Transfer: Übertragung neuer Fertigkeiten/Kenntnisse auf neue Problemstellungen durch Analogiebildung (z.B. Karteikarten-Technik im Geschichtsunterricht nutzen, um Jahreszahlen zu lernen)
- *naher/proximaler* Transfer: Lern- und Transferinhalte und -kontext sind sehr ähnlich (neu gelernte Vokabeln in einem Vokabeltest wiedergeben)
- *weiter/distaler* Transfer: Lern- und Transferinhalte und -kontext sind wenig ähnlich (neu gelernte Vokabeln in einem Essay in der Fremdsprache benutzen)

Um die Qualität positiven Transfers zu beurteilen, wird der Grad der Unähnlichkeit zwischen Lern- und Transfersituation als entscheidendes Merkmal herangezogen. Dabei ist eine Intervention umso wertvoller, je größer die *Transferdistanz* (also die Unähnlichkeit zwischen Lern- und Transfersituation) ist, die damit bewältigt werden kann. Barnett und Ceci (2002) haben in diesem Zusammenhang ein Modell zur Transferdistanz vorgeschlagen. Man unterscheidet zwischen der Inhaltskomponente einerseits und der Kontextkomponente andererseits. Während sich die Inhaltskomponente darauf bezieht, welche Fertigkeiten und Kenntnisse transferiert werden sollen und welche Gedächtnisoperationen eine Person beim Transfer zu leisten hat, betrifft die Kontextkomponente die Ähnlichkeit zwischen der Lernsituation und der neuen Situation. Diese kann anhand weiterer Kriterien spezifiziert werden (z.B. Wissensdomäne, zeitlicher Kontext, Modalität der Informationsverarbeitung). Während das Modell von Barnett und Ceci (2002) sehr allgemein ist und auf verschiedene Interventionen angewendet werden kann, hat Hasselhorn (1996) beschrieben, wie Transfer in Bezug auf den spezifischen Inhaltsbereich der Nutzung von Lernstrategien klassifiziert werden kann. Er definiert darin verschiedene Abstufungen des Grades der *Strategiereife* (siehe Kasten), die sich auf den Transfer neu (im Rahmen einer Lernstrategieintervention) erworbener Strategien auswirken.

Im Fokus: „Strategiereife" nach Hasselhorn (1996)

Im Folgenden werden die Abstufungen des Grades der Strategiereife, die sich auf den Transfer neu erworbener Lernstrategien auswirken, nach aufsteigendem Reifegrad vorgestellt:
- *Mediationsdefizit:* Lernende können Strategien auch nach direkter Instruktion nicht selbst ausführen
- *Produktionsdefizit:* Lernstrategien können mit expliziten Nutzungshinweisen produziert werden, sind aber noch nicht Bestandteil des spontanen Verhaltensrepertoires

- *Nutzungsdefizit:* Lernende können noch nicht entscheiden, wann eine Strategie am effektivsten eingesetzt wird; Strategien sind noch nicht hinreichend automatisiert und kosten zu viel kognitive Kapazität
- *Strategiereife:* Strategien können effektiv und gewinnbringend eingesetzt werden und auf andere Inhalte und Situationen transferiert werden.

Generell können verschiedene *Transferziele* im Fokus stehen (Hager & Hasselhorn, 2008): Beim Aufgabentransfer sollen neu erworbene Fertigkeiten und Kenntnisse auf neue Aufgaben übertragen werden, während beim Situationstransfer die Anwendung der erworbenen Fertigkeiten und Kenntnisse im Rahmen unbekannter Situationen im Vordergrund steht. Das wichtigste und gleichzeitig herausforderndste Ziel bildungspsychologischer Interventionen ist hierbei nach Friedrich und Mandl (1992) der Transfer auf Alltagssituationen.

Trotz seiner Wichtigkeit bleibt gelungener Transfer nach Interventionen oft aus und muss daher im Rahmen spezieller Interventionen bzw. im Rahmen spezifischer Transferübungen innerhalb einer Intervention gefördert werden (Mähler & Stern, 2018). Zur Förderung von Transfer empfehlen verschiedene Autor*innen auch die Integration von Selbstregulationsstrategien innerhalb der Intervention (z. B. Schunk & Ertmer, 2000). Die Kombination fachspezifischer Inhalte (z. B. mathematisches Problemlösen) mit selbstregulativen Lernstrategien kann bei der Übertragung neu erworbener Fertigkeiten und Kenntnisse auf neue Anforderungen und Situationen helfen. Mähler und Stern (2018) bezeichnen selbstregulative Lernstrategien, insbesondere metakognitiver Art (also Kompetenzen im Bereich der Nutzung von Hilfsmitteln und Arbeitstechniken), als *Transfervehikel* für bereichsspezifisches Wissen und Fertigkeiten.

2.3 Implementation von Interventionen

Sollen Interventionen langfristig und in der Breite umgesetzt werden (z. B. in jedem 4. Schuljahr), so müssen diese in institutionalisierte Bildungsangebote eingebettet werden. Nach Fries und Souvignier (2015) sind für eine erfolgreiche Implementation drei Faktoren verantwortlich:

1. Die Qualität der Durchführung muss hoch sein (z. B. durch begleitende Fortbildungsmaßnahmen).
2. Neue Förderkonzepte müssen von umsetzenden Personen (z. B. Lehrpersonen) akzeptiert werden (geringer zeitlicher Mehraufwand, Beteiligung an Entscheidungen, die Wirksamkeit der Intervention sollte unmittelbar erfahrbar sein).
3. Die Nachhaltigkeit der Umsetzung muss gesichert werden (umsetzende Personen wie z. B. Lehrpersonen verändern ihr Denken und Handeln).

Um die Implementation von Interventionen durch die umsetzenden Personen zu fördern, haben sich praxisbegleitende Reflexionen (Wahl, 2002) sowie „booster sessions“ (Auffrischungssitzungen nach einer gewissen Zeitspanne; Kline, Deshler & Schumaker, 1992) als hilfreich erwiesen. Bezogen auf den schulischen Bereich schlägt das *Drei-Stufen-Modell* von Souvignier und Trenk-Hinterberger (2007) zur Akzeptanzsteigerung zu Beginn der Intervention Lehrerfortbildungen vor, damit theoretische Hintergründe und Fragen zur Konzeption geklärt werden können (Stufe 1). Das Zurverfügungstellen von ausgearbeitetem Material mit Stundenentwürfen sichert die angemessene Umsetzung theoretischer Prinzipien (Stufe 2). Wiederholungseinheiten nach ca. einem Jahr unterstützen die nachhaltige Übernahme von Trainingsprinzipien (Stufe 3). In diesem Zusammenhang beschreiben Hall und Hord (1987) in ihrem *Concern-Based-Adoption Model* die Stufen der Auseinandersetzung („Stages of Concern“; siehe Kasten) mit einer Innovation im Schulbereich (z.B. einem Lernstrategietraining). Neben einer Intervention selbst sind vor allem die Einstellungen und Überzeugung der Personen, die die Innovation umsetzen (also meistens Lehrkräfte oder Schulleitungen) für den Erfolg der Intervention sowie deren Implementation wichtig. Das Modell spezifiziert sieben Stufen der Auseinandersetzung mit einer Intervention, wobei höhere Stufen für eine gelungenere Implementation sprechen, während niedrigere Stufen eher kennzeichnen, dass eine Innovation nicht langfristig implementiert wird.

„Stages of Concern“ nach Hall und Hord (1987)

1. Bewusstheit (Um welche Intervention handelt es sich?)
2. Information (Wie funktioniert die Intervention?)
3. Persönliche Betroffenheit (Inwiefern betrifft mich die Intervention? Wie will ich bei der Umsetzung vorgehen?)
4. Management (Wie kann ich die Umsetzung der Intervention meistern?)
5. Konsequenz (Ist die Intervention die Arbeit wert? Funktioniert sie?)
6. Kollaboration (Wie setzen meine Kolleg*innen die Intervention um?)
7. Refokussierung (Gibt es eine Intervention, die besser funktioniert?)

2.4 Modelle und Theorien zur Evaluation von Interventionen

Um die Wirksamkeit von Interventionen zu überprüfen, ist es notwendig, deren Effekte systematisch zu evaluieren. Hager (2008) definiert Evaluation als „Bewertung eines Objektes und speziell einer psychologischen Intervention oder eines psychologischen Programmes zur Verbesserung oder Elimination von festgestellten Defiziten in einem Persönlichkeits-, Leistungs- oder Fähigkeitsbereich“ (S. 721). Ein etabliertes *Evaluationsmodell* stammt von Kirkpatrick (1998) und stellt vier Ebenen vor, auf denen Evaluationen durchgeführt werden können (siehe Kasten). Beziehen sich Evaluationen spezifisch auf den Kontext von Lehrerfortbildungen, kann auch das Modell von Lipowsky (2010) herangezogen werden, auf das in diesem Kapitel aber nicht näher eingegangen werden soll.

Vier Ebenen der Evaluation nach Kirkpatrick (1998)

1. Reaktion der Teilnehmer*innen auf die Intervention (z.B. Zufriedenheit und Akzeptanz; Messung z.B. über einen Erwartungsabgleich)
2. Lernen (Zuwachs in Wissen oder Fertigkeiten, gemessen über Wissenstests oder Selbsteinschätzungen)
3. Gezeigtes Verhalten (Transfer in Alltagsbedingungen, gemessen über Selbsteinschätzungen, Fremdbeobachtungen)
4. Messbare Ergebnisse (z.B. Ergebnisse eines Schulrankings infolge einer Intervention)

Evaluationen können vier verschiedene *Funktionen* erfüllen (Kromrey, 2000): Die Entwicklungsfunktion bezieht sich auf den Nachweis einer Veränderung, z.B. ob eine Intervention zur Förderung von Lernstrategien in der Schule dieses Ziel erreicht hat. Die Kontroll- und Legitimationsfunktion dient der Rechtfertigung gegenüber geltenden Vorgaben, also z.B., dass der Zeitaufwand zur Umsetzung einer Intervention in der Schule vertretbar ist. Dient eine Evaluation dem wissenschaftlichen Erkenntnisinteresse, spricht man von der Forschungsfunktion von Evaluation.

Um eine Evaluation erkenntnisgewinnend durchzuführen, müssen verschiedene Prozesse durchlaufen werden. Abs, Merki und Klieme (2006) haben als Orientierungshilfe einen optimalen *Evaluationskreislauf* dargestellt (siehe Abbildung 12.3). In den ersten beiden Schritten wird darüber entschieden, ob eine Evaluation durchgeführt wird und welche Bereiche untersucht werden. Diese Schritte bilden den *Entstehungszusammenhang* einer Evaluation und somit die theoretische/konzeptuelle Grundlage. Neben den zu optimierenden Zieldimensionen werden auch Kontext, Zielgruppe, Ort und das Evaluationsmodell festgelegt. Die Schritte 3 bis 5 bilden den *Begründungszusammenhang* einer Evaluation. Es werden Hypothesen zur Beschreibung des Zusammenhangs zwischen Intervention und Zielkriterien abgeleitet, ein adäquates und praktikables Untersuchungsdesign festgelegt, etablierte und messgenaue Erhebungsverfahren ausgewählt und adäquate Auswertungsmethoden gesucht. Die Schritte 6 bis 8 beziehen sich auf den *Verwertungszusammenhang* und bestimmen, wer Zugang zu den Ergebnissen erhält, wie diese interpretiert werden sollen und welche Konsequenzen gezogen werden können. Hieraus können dann auch konkrete Anschlussmaßnahmen abgeleitet und Programme zur Implementation festgelegt werden.

Auch wenn alle Evaluationen optimalerweise diese Abfolge einzelner Schritte aufweisen sollten, können sie sehr unterschiedlich gestaltet werden. Köller (2015) schlägt in diesem Zusammenhang einige *Klassifikationsmerkmale* vor (siehe auch Hager, 2008):

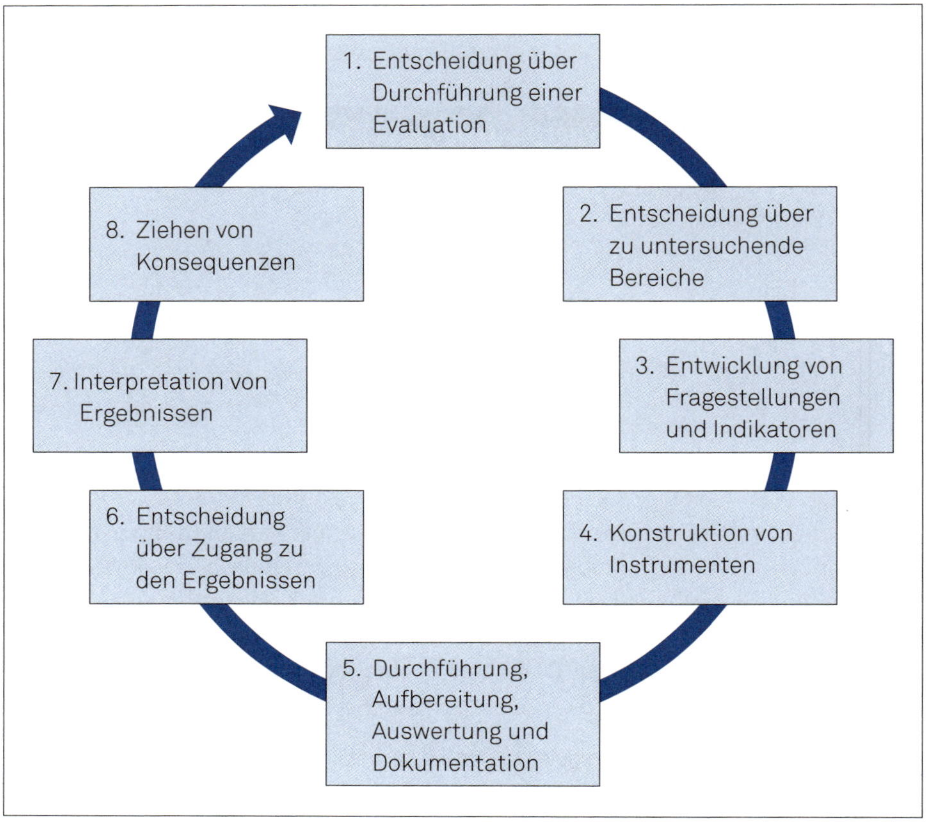

Abbildung 12.3: Evaluationskreislauf nach Abs et al. (2006)

- Überprüfung von Nahzielen (Effekte zum Beendigungszeitpunkt der Intervention) vs. Fernzielen (Überprüfung längerfristiger Effekte, Transfereffekte)
- Globale (Interventionsprogramm als Ganzes wird bewertet) vs. analytische Evaluation (Überprüfung einzelner Interventionskomponenten)
- Isolierte (Wirksamkeit einer Intervention wird überprüft, Untersuchung von Veränderungen in der Interventionsgruppe) vs. vergleichende (zwei Interventionen mit demselben Ziel, aber unterschiedlichen Inhalten werden verglichen) vs. kombinierte Evaluation (Untersuchung einer Kontrollgruppe, wenn der Vergleich zweier Interventionen uneindeutig war)
- Summative (Wirksamkeit einer Intervention nach Beendigung, Produktevaluation) vs. formative Evaluation (Wirksamkeit einzelner Interventionskomponenten, Optimierung im Interventionsverlauf möglich, Prozessevaluation)
- Interne (Evaluation wird durch systemimmanente Personen durchgeführt, z. B. Lehrpersonen) vs. externe Evaluation (z. B. Schulaufsicht)

Wie in Abschnitt 1.4 angesprochen, stehen Interventionsstudien im Bildungsbereich meist vor dem Problem, die interne Validität möglichst gut zu gewährleisten und dabei maximal ökologisch valide zu sein. Da randomisierte Kontrollgruppenexperimente schwer realisierbar sind, stellen *quasi-experimentelle Studien* mit Prä-, Post-, Follow-up-Design in vielen Fällen das Design der Wahl dar. Um die interne Validität zu maximieren, sollten sich die Untersuchungsgruppen vor Beginn in relevanten Variablen nicht unterscheiden, sodass der Unterschied zwischen Interventions- und Kontrollgruppe nach Beendigung der Intervention auch auf diese zurückzuführen ist (Hager, 2008). Typische methodische Probleme der Evaluationsforschung werden von Wottawa und Thierau (2003) beschrieben:

- *Reifungseffekte:* Entwicklungsbedingte Faktoren oder Umwelteinflüsse können Interventionseffekte überlagern
- *Äquivalenzprobleme:* Randomisierte Gruppenzuweisung in realen Bedingungen oft schwierig (z. B. nur Zuweisung ganzer Klassen möglich), daher Störvariablen zur Kontrolle miterheben
- *Stichprobenmortalität:* Probanden scheiden über die Zeit aus der Intervention aus, was zu geringerer statistischer Power und verzerrten Schätzungen führt
- *Hierarchische Datenstruktur:* Insbesondere bei Forschung im Schulkontext (Schüler*innen gehören Klassen an, Klassen gehören Schulen an)

Um diesen Problemen entgegenzutreten, liegen verschiedene statistische Verfahren vor, die dabei helfen können, die interne Validität zu erhöhen (siehe Abschnitt 1.4).

2.5 Exemplarische Interventionsstudien

In Anlehnung an die Funktionen von Interventionen nach Hager und Hasselhorn (2008) werden im Folgenden Interventionsstudien aus verschiedenen Bereichen der Bildungspsychologie präsentiert.

Allgemeine Förderung. Eine Optimierung der Fähigkeiten kann in verschiedenen Bereichen stattfinden. Dabei können zum einen allgemeine Fähigkeiten (z. B. SRL) gefördert werden, welche sich im späteren Verlauf positiv auf schulische Leistungen auswirken können (z. B. Perels, Schmitz & Bruder, 2005). Benick, Dörrenbächer-Ulrich und Perels (2018) konnten durch ein sechswöchiges SRL-Training, welches kognitive, metakognitive und motivationale Strategien (z. B. Zielsetzung, Selbstbeobachtung) vermittelte, das SRL bei Grundschüler*innen erfolgreich fördern. Solche Fördereffekte zeigen sich bezogen auf SRL sowohl für durchschnittlich intelligente und durchschnittlich leistende als auch für hochintelligente und hochleistende Schüler*innen (Sontag & Stoeger, 2015).

Zum anderen können gezielt Verbesserungen in spezifischen Bereichen (z. B. verbal, mathematisch) angestrebt werden. Bezogen auf den verbalen Bereich steht meist das phonologische Bewusstsein im Fokus der Intervention (siehe das Beispiel im Kasten).

Beispiel aus der Forschung: Studie zur Förderung der phonologischen Bewusstheit von Erstklässler*innen

Carson, Gillon und Boustead (2013) förderten die phonologische Bewusstheit von Erstklässler*innen mit dem Ziel, deren Sprach- und Lesefähigkeiten zu verbessern. Dazu wurden zunächst die Sprachfähigkeiten der Kinder, die phonologische Bewusstheit sowie die Lesefähigkeit und das Leseverständnis erhoben. Anschließend wurde ein zehnwöchiges Training durch geschulte Klassenlehrkräfte durchgeführt. Viermal pro Woche für jeweils eine halbe Stunde wurde den Schüler*innen spielerisch (z.B. Reim-Bingo) Reimwissen, Phonem-Wahrnehmung, -Unterscheidung sowie -Verbindung vermittelt. Im Vergleich mit einer Kontrollgruppe, die keine Intervention erhielt, zeigte sich, dass die Interventionsgruppe im Posttest signifikant besser im Lesen sowie im Buchstabieren von Wörtern war. Auch sechs Monate später erwiesen sich die Ergebnisse als stabil. Im Alter von 6 Jahren konnte durch die Intervention im Gegensatz zur Vergleichsgruppe eine Reduktion von 20% bei Leseschwierigkeiten erreicht werden. Dieser Befund konnte auch längsschnittlich bestätigt werden (Kjeldsen, Kärnä, Niemi, Olofsson & Witting, 2014).

Die Studie kann im Strukturmodell der Bildungspsychologie im Aufgabenbereich „Intervention“, dem Abschnitt der Bildungskarriere „Primärbereich“ und der Handlungsebene „Mikroebene“ verortet werden.

(Primäre) Prävention. Interventionen dieses Funktionsbereichs dienen dem Zweck, zukünftigen zu erwartenden Defiziten entgegenzuwirken, um deren Auftretenswahrscheinlichkeit zu reduzieren. Ein aktuelles Thema, welches eine relevante Anzahl an Schüler*innen betrifft und belastet, ist Cybermobbing. Hier setzt das Programm *„Medienhelden“* an, welches sich gegen Mobbing in sozialen Netzwerken und digitalen Medien einsetzt und zudem zur Reduktion von aggressivem Verhalten im Netz in der 7. bis 10. Schulstufe beitragen soll (Schultze-Krumbholz, Zagorscak, Wölfer & Scheithauer, 2014). Der Kasten zeigt ein weiteres Beispiel aus dem Bereich der schulischen Gesundheitsförderung, Gewalt- und Suchtprävention.

Praxisbeispiel: Programm „Klasse2000“

„Klasse2000“ bietet mit dem größten Unterrichtsprogramm für deutsche Grundschulen ein etabliertes Programm zur Gesundheitsförderung, Gewalt- und Suchtprävention. Mit ca. 15 Unterrichtsstunden pro Schuljahr kann in den Schulstufen 1 bis 4 effektiv Einfluss auf den Substanzkonsum sowie das Gesundheitsverhalten der Schüler*innen genommen werden. Das Programm beinhaltet die Förderung des Ernährungs- und Bewegungsverhaltens, Strategien zur Stressbewältigung, Problem- und Konfliktlösung sowie suchtpräventive Elemente, welche entweder durch die schuleigenen Lehrpersonen oder durch externe Klasse2000-Gesundheitsförder*innen vermittelt werden. In den ersten beiden Schuljahren liegt der Fokus des Programms zunächst auf dem Ernährungs- und Bewegungsverhalten (z. B. gesundes Pausenbrot), während in den Schulstufen 3 und 4 soziale Kompetenzen (z. B. Umgang mit Wut) und Substanzkonsum thematisiert werden. Im Längsschnitt konnte eine geringere Prävalenz für Substanzkonsum in der 6. Schulstufe aufgezeigt werden (Isensee & Hanewinkel, 2009). „Klasse2000" hat ebenfalls positive, nachhaltige Auswirkungen auf das Ernährungswissen der Kinder und leistet somit einen Beitrag zur Prävention von schlechtem Gesundheitsverhalten (Kolip & Greif, 2016).

Das Programm kann im Strukturmodell im Aufgabenbereich „Prävention", dem Abschnitt der Bildungskarriere „Primärbereich" und den Handlungsebenen „Mikroebene" und „Mesoebene" verortet werden.

Beseitigung von Defiziten. Bestehen bereits Einschränkungen schulischer Fertigkeiten, kann mithilfe von spezifischen Interventionen versucht werden, diese Defizite auszugleichen oder zu beheben. Dies bietet sich beispielsweise bei Entwicklungsstörungen schulischer Fertigkeiten (z. B. Lernbehinderungen), Teilleistungsstörungen (z. B. Dyslexie) oder leistungsschwachen Kindern an. Ein Ansatz besteht in der Anwendung von Musik- und Rhythmustraining bei Dyslexie (siehe das Beispiel im Kasten). Da Musik und Sprache im Gehirn die gleichen Mechanismen auslösen, werden Transfereffekte auf die Lesefähigkeiten vermutet. Auch Interventionen zur Förderung leistungsschwacher Schüler*innen können nachweislich deren Defizite reduzieren. Hier hat sich das Training metakognitiver Fähigkeiten als erfolgreich erwiesen. Die siebenwöchige Vermittlung von metakognitiven Strategien (z. B. Zielsetzung, Selbstbeobachtung) an leistungsschwache Drittklässler*innen in Mathematik führte dazu, dass diese im Anschluss an das Training genauso viele Aufgaben in einem mathematischen Problemlösetest lösen konnten wie Kinder, die nicht als leistungsschwach eingestuft worden waren (Pennequin, Sorel, Nanty & Fontaine, 2010).

Beispiel aus der Forschung: Studie zum Einfluss von Rhythmustraining auf die Lesefähigkeit bei Schüler*innen mit Dyslexie

Bonacina, Cancer, Lanzi, Lorusso und Antonietti (2015) untersuchten den Einfluss von Rhythmustraining auf die Lesefähigkeit bei Schüler*innen mit Dyslexiediagnose im Alter von 11 bis 14 Jahren. Dazu verwendeten sie ein Prä-Post-Kontrollgruppen-Design, wobei die Kontrollgruppe ebenfalls aus Schüler*innen mit Dyslexie bestand, welche aber keine Intervention erhielten. Die Lesefähigkeit wurde mithilfe zweier Testbatterien erfasst. Zum einen wurde die Geschwindigkeit und Präzision beim Lesen einzelner Wörter mit unterschiedlicher Länge und Nutzungshäufigkeit gemessen und zum anderen die Lesegeschwindigkeit und -genauigkeit beim lauten Lesen eines altersgerechten Textes erfasst. Im Anschluss an den Prätest fanden im Zeitraum von neun Wochen jeweils zweimal pro Woche individuelle Sitzungen (30 Minuten) mit den Schüler*innen statt, in denen ein computerbasiertes Leserhythmustraining unter Aufsicht eines geschulten Betreuers durchgeführt wurde. Dabei handelte es sich um ein kinderfreundliches Leseprogramm mit drei verschiedenen Aufgabenarten. Die erste Aufgabenkategorie bildeten die „Silben"-Aufgaben, bei denen gezielt die Wahrnehmung einzelner Silben gefördert wird. Bei den „Vermischen"-Aufgaben mussten die Schüler*innen Silben zu Wörtern kombinieren, während bei „Wort-Pseudowort"-Aufgaben Wörter oder Pseudowörter sowie kleine Sätze gelesen werden sollten. Alle Aufgaben enthalten dabei rhythmische Anteile mit ansteigender Geschwindigkeit (z.B. synchron Lesen in einem vorgegebenen Rhythmus) und werden individuell an das Leseniveau angepasst. Im Posttest zeigte sich eine signifikante Verbesserung der Interventionsgruppe in der Lesegeschwindigkeit und -präzision sowie eine Reduktion der Lesefehler gegenüber der Kontrollgruppe. Die Ergebnisse legen nahe, dass Rhythmus-Interventionen zu einer Verbesserung der mit Dyslexie einhergehenden Defizite führen können.

Das Training kann im Strukturmodell im Aufgabenbereich „Intervention", dem Abschnitt der Bildungskarriere „Sekundärbereich" und der Handlungsebene „Mikroebene" verortet werden.

Rehabilitation. In diesem Funktionsbereich besteht die Zielsetzung darin, einen ausgefallenen Funktionsbereich wiederherzustellen oder einen möglichen Rückfall in alte Störungsmuster zu verhindern (Mittag & Bieg, 2010). Interventionen zur Rehabilitation finden im bildungspsychologischen Bereich seltener Anwendung. Gute Ergebnisse konnten Studien zur Rehabilitation von gehörlosen Schüler*innen vorweisen. Einen weiteren Ansatzpunkt für Rehabilitationsmaßnahmen bilden Schüler*innen mit Prüfungsangst, da diese zu massiven Einschränkungen im Schulalltag führen kann. Larson, El Ramahi, Conn, Estes und Ghibellini (2010) erzielten bei Drittklässler*innen mit Prüfungsangst durch die Vermittlung von Atemübungen und progressiver Muskelentspannung positive Effekte. Die Schüler*innen konnten im Anschluss an eine fünfwöchige Intervention ihre Prüfungsangst reduzieren und befanden sich im Posttest auf dem gleichen Niveau wie eine untrainierte Kontrollgruppe ohne Prüfungsangst. Der Kasten zeigt ein Beispiel aus dem Bereich der Rehabilitation von gehörlosen Schüler*innen.

Beispiel aus der Forschung: Studie zur Förderung der phonologischen Bewusstheit bei Vorschüler*innen mit Gehörverlust

Werfel, Douglas und Ackal (2016) untersuchten die Wirksamkeit einer Intervention zur Förderung der phonologischen Bewusstheit bei neun Vorschüler*innen mit Gehörverlust. Erfasst wurde die Lese- und Schreibfähigkeit. Zunächst wurde den Kindern vom Versuchsleiter ein Wort vorgesprochen und sie mussten auf das Bild zeigen, welches sich auf das Gesagte reimte. Weiterhin mussten die Schüler*innen den Anfangston bestimmter Wörter selbstständig produzieren und präsentierte Buchstaben benennen. Das Training der phonologischen Bewusstheit fand in Kleingruppen statt und wurde von der eigenen Lehrkraft durchgeführt. Die Sitzungen dauerten 15 Minuten und fanden viermal wöchentlich während des gesamten Schuljahres statt. Mithilfe dieser intensiven Intervention konnte die phonologische Bewusstheit der Schüler*innen verbessert werden und ein normgerechtes Niveau der Lese- und Schreibfähigkeit erreicht werden.

Die Studie kann im Strukturmodell im Aufgabenbereich „Intervention", dem Abschnitt der Bildungskarriere „Vorschulalter" und der Handlungsebene „Mikroebene" verortet werden.

3 Praktische Bedeutung

Wie in Abschnitt 2.5 aufgezeigt wurde, existieren zahlreiche bildungspsychologische Interventionsstudien, welche die hohe Relevanz von Interventionen im Bildungsbereich verdeutlichen. Ein Charakteristikum von Interventionsstudien besteht darin, dass sie zum einen auf allen drei Handlungsebenen des bildungspsychologischen Rahmenmodells (Mikro-, Meso- und Makroebene) positiv auf Bildungsprozesse einwirken können. Dies kann mithilfe von Programmen geschehen, welche aus einem oder mehreren Modulen bestehen und jeweils einen festgelegten Zeithorizont verfolgen. Dieser kann von kurzer Dauer (z.B. Projekttag) oder auf einen längerfristigen Interventionszeitraum festgelegt sein. Interventionsstudien können sich dabei entweder auf einzelne Individuen beziehen oder ein größeres Gebiet (d.h. sich auf eine größere Anzahl von Personen beziehen) abdecken, beispielsweise durch bundesweite Maßnahmen. Zum anderen bilden sie einen individuellen Ansatzpunkt für Optimierungen, da jede Person eine Bildungskarriere durchläuft. Dementsprechend können die einzelnen Funktionen von Interventionen (Hager & Hasselhorn, 2008), vor allem die allgemeine Förderung von Kompetenzen und Fähigkeiten sowie die Beseitigung von Defiziten, Anwendung finden, um den Prozess des lebenslangen Lernens in allen Phasen der Bildungskarriere zu unterstützen.

4 Zukunft des Themas

Interventionsprogramme können Bildungsprozesse nur dann positiv beeinflussen, wenn sie sich als wirksam erweisen. Es ist heute, wie auch in Zukunft, die Aufgabe der Forschung, die Wirksamkeit von Interventionen durch den Einsatz empirisch fundierter Evaluationen abzusichern. Dabei sollte der Fokus sowohl auf Einhaltung hoher methodischer Standards als auch auf der Orientierung an der Praxis liegen, um der Verzahnung von Forschung und Praxis gerecht werden zu können.

Zur Überprüfung von Interventionszielen müssen geeignete, beobachtbare Variablen gefunden werden, um die interessierenden Konstrukte zu operationalisieren und deren Einfluss auf den Bildungsprozess erforschen und kontrollieren zu können. Durch den Einsatz weiterer Methoden, wie beispielsweise Prozessanalysen (Schmitz, Perels & Löb, 2009) oder Online-Erfassungen des Lernprozesses (Spörer & Brunstein, 2006), bietet sich die Möglichkeit zur genaueren Betrachtung der Wirksamkeit einer Intervention. Diese Methoden werden, bedingt durch den erhöhten Aufwand bei der Datenakquise, immer noch zu wenig eingesetzt, obwohl sie durch die präziseren Aussagen, die sie ermöglichen, einen erheblichen Mehrwert in der Interventionsforschung bieten.

Auch wenn die Befunde einiger Interventionsstudien bereits metaanalytisch überprüft werden konnten (Mayer & Marks, 2019), bleibt die Variabilität der einzelnen Untersuchungen so groß, dass weitere Metaanalysen wünschenswert sind, um die Wirksamkeit der kompletten Bandbreite an Interventionen empirisch einschätzen und stützen zu können. Es sollte sich über die Wirksamkeit hinaus außerdem mit den Faktoren, die die Wirkung von Interventionen beeinflussen, beschäftigt werden (z.B. Moderator- und Mediatorvariablen). So ließen sich ferner die Auswirkungen differenzieller Variablen auf die Effektivität bestimmter Interventionen feststellen. Dadurch könnte beispielsweise die Frage geklärt werden, für welche Personengruppe sich eine bestimmte Intervention besonders gut eignet, was zur Adaptivität von Interventionen beiträgt. Auch könnte zukünftig überprüft werden, welche Komponente eines Programms für die Wirkung in besonderer Weise verantwortlich ist. Die aus den beschriebenen Methoden erlangten Erkenntnisse können einen weiteren Beitrag zur praktischen Umsetzung von Interventionsprogrammen leisten, da gerade Interventionsstudien nicht nur korrelative Zusammenhänge aufzeigen können, sondern weiterhin Schlussfolgerungen zur Kausalität der gefundenen Effekte zulassen.

Im Bereich der Erwachsenenbildung sowie auf der Makroebene ist zudem eine wachsende Anzahl an Interventionsstudien wünschenswert (Landmann et al., 2010). Zugleich sollte fortwährend eine bessere Verzahnung der einzelnen Handlungsebenen des bildungspsychologischen Rahmenmodells angestrebt werden, um nachhaltigere Ergebnisse zu erhalten. Gerade Interventionen auf der Makroebene bieten weitere Chancen, um Bildungsprozesse nachhaltig zu beeinflussen (erhöhter Wirkungsgrad) und sollten dementsprechend vorangetrieben werden.

Wirksame Interventionen sollten jedoch nicht nur zur Steigerung der Performanz in einem Bereich führen, sondern auch einen Transfer auf andere Aufgabenbereiche ermöglichen (Hager & Hasselhorn, 2008). Dies kann durch die wohlüberlegte Auswahl von Lern- und Übungssituationen sowie durch die Vermittlung von transfersichernden Strategien gefördert werden (Hertel, 2010) und sollte auch zukünftig mehr in den Fokus rücken.

Zusammenfassung

Bildungspsychologische Interventionen dienen der Veränderung bzw. Optimierung von Kompetenzen und Fertigkeiten. Sie stellen einen eigenen Aufgabenbereich des Strukturmodells der Bildungspsychologie dar, können in allen Abschnitten der Bildungskarriere und in Bezug auf alle Handlungsebenen implementiert werden. Ihre Klassifikation kann auf verschiedene Arten erfolgen (z.B. Wirkungsebenen oder Funktionen). Generell müssen bildungspsychologische Interventionen eine Theorie-Praxis-Lücke überwinden, um ökologisch valide Ergebnisse bei hoher Praktikabilität zu erlangen. Bei der Konzeption einer Intervention können theoretische Modelle als Leitfaden dienen (z.B. Hager & Hasselhorn, 1995). Neben einer Performanzsteigerung ist der positive Transfer der erlernten Fähigkeiten und Fertigkeiten auf andere Inhaltsbereiche und Situationen anzustreben. Die erfolgreiche Praxisimplementation einer Intervention stellt ein essenzielles Ziel dar und hängt von verschiedenen Faktoren ab. Das Concern-Based-Adoption Model (Hall & Hord, 1987) kann hier als Orientierungshilfe dienen. Eine Evaluation zur Überprüfung der Wirksamkeit einer Intervention ist unabdingbar und kann beispielsweise nach dem Modell von Kirkpatrick (1998) oder in Anlehnung an den Evaluationskreislauf nach Abs et al. (2006) geschehen. In zahlreichen bildungspsychologischen Studien konnte die Wirkung verschiedener Interventionsprogramme belegt werden, was ihre Relevanz als Bindeglied zwischen Theorie und Praxis hervorhebt. Sie können einen bedeutsamen und nachhaltigen Einfluss auf Bildungsprozesse ausüben und sollten auch in Zukunft weiter vorangetrieben werden.

Reflexionsfragen

1. Welche vier Funktionen können Interventionen erfüllen? Nennen Sie jeweils beispielhaft einen Inhaltsbereich für entsprechende Interventionen.
2. Wie kann mit dem Theorie-Praxis-Problem der Interventionsforschung umgegangen werden?
3. Welche fünf Schritte sind bei der Konzeption einer Intervention nach Hager und Hasselhorn (1995) zu beachten? Wenden Sie diese Schritte auf eine Intervention zur Prävention von Lese-Rechtschreibschwäche an!
4. Nach welchen Kriterien kann positiver Transfer klassifiziert werden und welche Rolle spielt dabei die Transferdistanz?
5. Welche Schritte sollten im Rahmen einer Evaluation nach Abs et al. (2006) durchlaufen werden und welchen vier Standards sollen Evaluationen genügen?
6. Sie sollen eine Intervention zur Förderung des mathematischen Selbstkonzepts evaluieren. Wie gestalten Sie diese Evaluation in Anlehnung an das Modell nach Kirkpatrick (1998)?

Weiterführende Literatur

Astleitner, H. (Ed.). (2020). *Intervention research in educational practice. Alternative theoretical frameworks and application problems*. Münster: Waxmann.

Berman, J. & Graham, L. (Eds.). (2018). *Learning intervention: Educational casework and responsive teaching for sustainable learning*. Milton: Routledge. https://doi.org/10.4324/9780203711675

Hager, W., Patry, J.-L. & Brezing, H. (Hrsg.). (2000). *Evaluation psychologischer Interventionsmaßnahmen. Standards und Kriterien*. Bern: Huber.

Haskell, R.E. (2000). *Transfer of learning: cognition, instruction, and reasoning*. San Diego, CA: Academic Press.

Pekrun, R. (2002). Psychologische Bildungsforschung. In R. Tippelt (Hrsg.), *Handbuch Bildungsforschung* (S. 61–79). Opladen: Leske + Budrich.

Perels, F., Schmitz, B. & van de Loo, K. (2007). *Training für Unterricht – Training im Unterricht. Moderne Methoden machen Schule*. Göttingen: Vandenhoeck & Ruprecht.

Literatur

Abs, H.J., Merki, K.M. & Klieme, E. (2006). Grundlegende Gütekriterien für Schulevaluation. In W. Böttcher, H.G. Holtappels & M. Brohm (Hrsg.), *Evaluation im Bildungswesen. Eine Einführung in Grundlagen und Praxisbeispiele* (S. 97–108). Weinheim: Juventa.

Barnett, S.M. & Ceci, S.J. (2002). When and where do we apply what we learn? A taxonomy for far transfer. *Psychological Bulletin, 128*(4), 612–637. https://doi.org/10.1037/0033-2909.128.4.612

Benick, M., Dörrenbächer-Ulrich, L. & Perels, F. (2018). Prozessuale Evaluation differentieller Effekte eines Selbstregulationstrainings gegen Ende der Grundschulzeit. *Unterrichtswissenschaft, 46*(4), 379–407. https://doi.org/10.1007/s42010-018-0031-y

Bonacina, S., Cancer, A., Lanzi, P.L., Lorusso, M.L. & Antonietti, A. (2015). Improving reading skills in students with dyslexia: The efficacy of a sublexical training with rhythmic background. *Frontiers in Psychology, 6*:1510.

Bortz, J. & Schuster, C. (2010). *Statistik für Human- und Sozialwissenschaftler*. Berlin: Springer. https://doi.org/10.1007/978-3-642-12770-0

Braun, B. (2010). Curriculare Planungsphasen von Lehr/Lernprozessen in der Aus- und Weiterbildung. In C. Negri (Hrsg.), *Angewandte Psychologie für die Personalentwicklung* (S. 133–156). Berlin: Springer.

Caplan, G. (1964). *Principles of preventive psychiatry*. New York: Behavioral Publications.

Carson, K.L., Gillon, G.T. & Boustead, T.M. (2013). Classroom Phonological Awareness Instruction and Literacy Outcomes in the First Year of School. *Language, Speech, and Hearing Services in Schools, 44*(2), 147–160. https://doi.org/10.1044/0161-1461(2012/11-0061)

De Corte, E. (2005). Intervention research in education: Some comments. In H. Mandl & B. Kopp (Hrsg.), *Impulse für die Bildungsforschung* (S. 57–61). Berlin: Akademie Verlag.

Dörrenbächer, L. & Perels, F. (2016). More is more? Evaluation of interventions to foster self-regulated learning in college. *International Journal of Educational Research, 78,* 50–65. https://doi.org/10.1016/j.ijer.2016.05.010

Dörrenbächer-Ulrich, L., Rascopp, S. & Perels, F. (2019). Evaluation einer Lernwerkstatt zum selbstregulierten Lernen für angehende Lehrkräfte. Förderung von Kompetenzen zur Gestaltung individualisierten Lernens. *Herausforderung Lehrer*innenbildung, 2*(3), 323–345.

Friedrich, H.F. & Mandl, H. (1992). Lern- und Denkstrategien – ein Problemaufriß. In H. Mandl & H.F. Friedrich (Hrsg.), *Lern- und Denkstrategien. Analyse und Intervention* (S. 3–54). Göttingen: Hogrefe.

Fries, S. & Souvignier, E. (2015). Training. In E. Wild & J. Möller (Hrsg.), *Pädagogische Psychologie* (2. Aufl., S. 402–420). Berlin: Springer.

Haberstroh, J., Neumeyer, K., Schmitz, B., Perels, F. & Pantel, J. (2006). Kommunikations-TAnDem: Entwicklung, Durchführung und Evaluation eines Kommunikations-Trainings für pflegende Angehörige von Demenzpatienten. *Zeitschrift für Gerontologie und Geriatrie, 39*(5), 358–364. https://doi.org/10.1007/s00391-006-0381-7

Hager, W. (2008). Evaluation von pädagogisch-psychologischen Interventionsmaßnahmen. In W. Schneider & M. Hasselhorn (Hrsg.), *Handbuch der Pädagogischen Psychologie* (S. 721–732). Göttingen: Hogrefe.

Hager, W. & Hasselhorn, M. (1995). Konzeption und Evaluation von Programmen zur kognitiven Förderung: Theoretische Überlegungen. In W. Hager (Hrsg.), *Programme zur Förderung des Denkens bei Kindern. Konstruktion, Evaluation und Metaevaluation* (S. 41–85). Göttingen: Hogrefe.

Hager, W. & Hasselhorn, M. (2000). Psychologische Interventionsstudien: Was sollen sie bewirken können? In W. Hager, J.-L. Patry & H. Brezing (Hrsg.), *Evaluation psychologischer Interventionsmaßnahmen. Standards und Kriterien* (S. 41–85). Bern: Huber.

Hager, W. & Hasselhorn, M. (2008). Pädagogisch-psychologische Interventionsmaßnahmen. In W. Schneider & M. Hasselhorn (Hrsg.), *Handbuch der Pädagogischen Psychologie* (S. 339–390). Göttingen: Hogrefe.

Hall, G.E. & Hord, S.M. (1987). *Change in schools: Facilitating the process.* Albany, NY: Suny Press.

Hasselhorn, M. (1996). *Kategoriales Organisieren bei Kindern: zur Entwicklung einer Gedächtnisstrategie.* Göttingen: Hogrefe.

Hasselhorn, M. & Hager, W. (2008). Transferwirkungen kognitiver Trainings. In W. Schneider & M. Hasselhorn (Hrsg.), *Handbuch der Pädagogischen Psychologie* (S 381–390). Göttingen: Hogrefe.

Hasselhorn, M. & Mähler, C. (2000). Transfer: Theorien, Technologien und empirische Erfassung. In W. Hager, J.-L. Patry & H. Brezing (Hrsg.), *Evaluation psychologischer Interventionsmaßnahmen. Standards und Kriterien* (S. 68–101). Bern: Huber.

Hertel, S. (2010). Transfereffekte von Interventionen. In T. Hascher & B. Schmitz (Hrsg.), *Pädagogische Interventionsforschung: Theoretische Grundlagen und empirisches Handlungswissen* (S. 260–268). Weinheim: Juventa.

Isensee, B. & Hanewinkel, R. (2009). *Klasse2000: Evaluation des Unterrichtsprogramms in Hessen* (Abschlussbericht). Kiel: IFT-Nord, Institut für Therapie- und Gesundheitsforschung.

Jacob, L., Benick, M., Dörrenbächer, S. & Perels, F. (2020). Promoting self-regulated learning in preschoolers. *Journal of Childhood, Education & Society, 1*(2), 116–140. https://doi.org/10.37291/2717638X.20201237

Kirkpatrick, D.L. (1998). *Evaluating training programs: the four levels* (2nd ed.). San Francisco, CA: Berret-Koehler.

Kjeldsen, A.-C., Kärnä, A., Niemi, P., Olofsson, Å. & Witting, K. (2014). Gains from training in phonological awareness in kindergarten predict reading comprehension in grade 9. *Scientific Studies of Reading, 18*(6), 452–467. https://doi.org/10.1080/10888438.2014.940080

Kline, F.M., Deshler, D.D. & Schumaker, J.B. (1992). Implementing learning strategy instruction in class settings: A research perspective. In M. Pressley, K. Harris & J. Guthrie (Eds.), *Promoting academic competence and literacy in school* (pp. 361–406). San Diego, CA: Academic Press.

Köller, O. (2015). Evaluation pädagogisch-psychologischer Maßnahmen. In E. Wild & J. Möller (Hrsg.), *Pädagogische Psychologie* (S. 329–342). Berlin: Springer.

Kolip, D. P. & Greif, N. (2016). *Evaluation Programm Klasse2000* (Zusammenfassender Abschlussbericht). Bielefeld: Universität Bielefeld, Fakultät für Gesundheitswissenschaften.

Kromrey, H. (2000). Qualität und Evaluation im System Hochschule. In R. Stockmann (Hrsg.), *Evaluationsforschung* (S. 233–258). Wiesbaden: Verlag für Sozialwissenschaften.

Larson, H. A., El Ramahi, M. K., Conn, S. R., Estes, L. A. & Ghibellini, A. B. (2010). Reducing test anxiety among third grade students through the implementation of relaxation techniques. *Journal of School Counseling, 8*(19).

Landmann, M., Schmidt, M. & Schmitz, B. (2010). Bildungspsychologische Intervention. In C. Spiel, B. Schober, P. Wagner & R. Reimann (Hrsg.), *Bildungspsychologie* (S. 301–318). Göttingen: Hogrefe.

Leidinger, M. & Perels, F. (2012). Training self-regulated learning in the classroom: Development and evaluation of learning materials to train self-regulated learning during regular mathematics lessons at primary school. *Education Research International, 2012*(3). https://doi.org/10.1155/2012/735790

Leopold, C. & Leutner, D. (2015). Improving students' science text comprehension through metacognitive self-regulation when applying learning strategies. *Metacognition and Learning, 10*(3), 313–346. https://doi.org/10.1007/s11409-014-9130-2

Lipowsky, F. (2010). Lernen im Beruf – Empirische Befunde zur Wirksamkeit von Lehrerfortbildung. In F. H. Müller, A. Eichenberger, M. Lüders & J. Mayr (Hrsg.), *Lehrerinnen und Lehrer lernen. Konzepte und Befunde zur Lehrerfortbildung* (S. 51–72). Münster: Waxmann.

Mähler, C. & Stern, E. (2018). Transfer. In D. H. Rost, J. R. Sparfeldt & S. Buch (Hrsg.), *Handwörterbuch Pädagogische Psychologie* (5. Aufl., S. 842–852). Weinheim: Beltz.

Mayer, A. & Marks, D.-K. (2019). Förderung des Textverständnisses durch die Vermittlung von Verstehensstrategien – Eine Metaanalyse zur Effektivität. *Forschung Sprache, 1,* 4–36.

Mittag, W. & Bieg, S. (2010). Die Bedeutung und Funktion pädagogischer Interventionsforschung und deren grundlegende Qualitätskriterien. In T. Hascher & B. Schmitz (Hrsg.), *Pädagogische Interventionsforschung: Theoretische Grundlagen und empirisches Handlungswissen* (S. 31–47). Weinheim: Juventa.

Pennequin, V., Sorel, O., Nanty, I. & Fontaine, R. (2010). Metacognition and low achievement in mathematics: The effect of training in the use of metacognitive skills to solve mathematical word problems. *Thinking & Reasoning, 16*(3), 198–220. https://doi.org/10.1080/13546783.2010.509052

Perels, F., Schmitz, B. & Bruder, R. (2005). Lernstrategien zur Förderung von mathematischer Problemlösekompetenz. In C. Artelt & B. Moschner (Hrsg.), *Lernstrategien und Metakognition: Implikationen für Forschung und Praxis* (S. 155–176). Münster: Waxmann.

Reiss, K., Weis, M., Klieme, E. & Köller, O. (2019). *PISA 2018. Grundbildung im internationalen Vergleich*. Münster: Waxmann. https://doi.org/10.31244/9783830991007

Schick, A. & Cierpka, M. (2010). Förderung sozial-emotionaler Kompetenzen mit Faustlos: Konzeption und Evaluation der Faustlos-Curricula. *Bildung und Erziehung, 63*(3), 277–292. https://doi.org/10.7788/bue.2010.63.3.277

Schmitz, B., Perels, F. & Löb, M. (2009). Zeitreihenanalysen. In H. Holling (Hrsg.), *Grundlagen und statistische Methoden der Evaluationsforschung* (Enzyklopädie der Psychologie, Serie Evaluation, Bd. 1, S. 565–606). Göttingen: Hogrefe.

Schultze-Krumbholz, A., Zagorscak, P., Wölfer, R. & Scheithauer, H. (2014). Prävention von Cybermobbing und Reduzierung aggressiven Verhaltens Jugendlicher durch das Programm Medienhelden: Ergebnisse einer Evaluationsstudie. *Diskurs Kindheits- und Jugendforschung, 9*(1), 61–79. https://doi.org/10.3224/diskurs.v9i1.19083

Schunk, D.H. & Ertmer, P.H. (2000). Self-regulation and academic learning: Self efficacy enhancing interventions. In M. Boekaerts, P.R. Pintrich & M. Zeidner (Eds.), *Handbook of Self-Regulation* (pp. 631–650). San Diego, CA: Academic Press.

Sontag, C. & Stoeger, H. (2015). Can highly intelligent and high-achieving students benefit from training in self-regulated learning in a regular classroom context? *Learning and Individual Differences, 41,* 43–53. https://doi.org/10.1016/j.lindif.2015.07.008

Souvignier, E. & Trenk-Hinterberger, I. (2007). Ein Drei-Stufen-Modell zur Implementation neuer Unterrichtskonzepte in den Schulalltag. In M. Kraemer, S. Preiser & K. Brusdeylins (Hrsg.), *Psychologiedidaktik und Evaluation VI* (S. 197–206). Göttingen: Vandenhoeck & Ruprecht.

Spiel, C. & Reimann, R. (2006). Bildungspsychologie. In U. Kastner-Koller & P. Deimann (Hrsg.), *Psychologie als Wissenschaft* (S. 197–216). Wien: WUV.

Spörer, N. & Brunstein, J.C. (2006). Erfassung selbstregulierten Lernens mit Selbstberichtsverfahren: Ein Überblick zum Stand der Forschung. *Zeitschrift für Pädagogische Psychologie, 20*(3), 147–160. https://doi.org/10.1024/1010-0652.20.3.147

Wahl, D. (2002). Mit Training von trägem Wissen zum kompetenten Handeln? *Zeitschrift für Pädagogik, 48,* 227–241.

Wendt, H., Bos, W., Selter, C., Köller, O., Schwippert, K. & Kasper, D. (Hrsg.). (2016). *TIMSS 2015. Mathematische und naturwissenschaftliche Kompetenzen von Grundschulkindern in Deutschland im internationalen Vergleich.* Münster: Waxmann.

Werfel, K.L., Douglas, M. & Ackal, L. (2016). Small-group phonological awareness training for pre-kindergarten children with hearing loss who wear cochlear implants and/or hearing aids. *Deafness & Education International, 18*(3), 134–140. https://doi.org/10.1080/14643154.2016.1190117

Wottawa, H. & Thierau, H. (2003). *Lehrbuch Evaluation* (3. Aufl.). Bern: Huber.

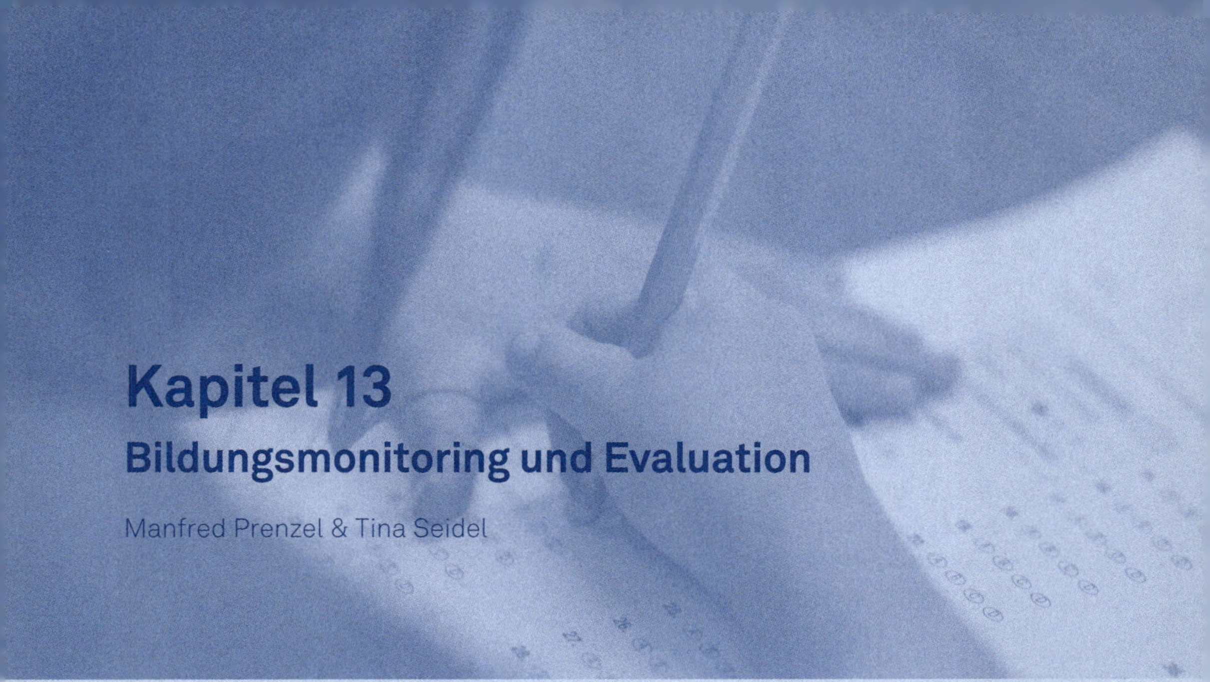

Kapitel 13

Bildungsmonitoring und Evaluation

Manfred Prenzel & Tina Seidel

Inhaltsübersicht

1 Einführung

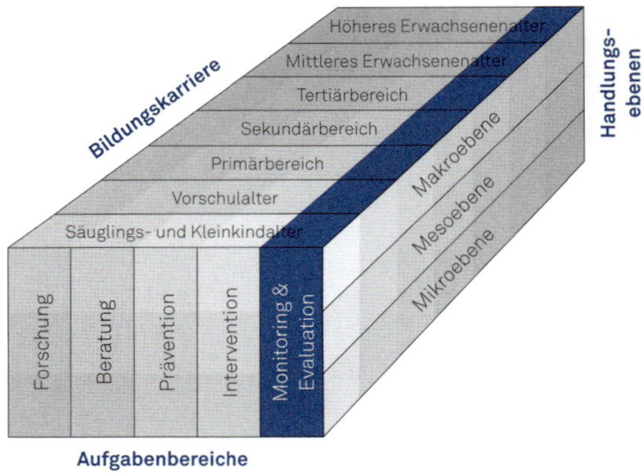

Bildung steht unter Beobachtung – das scheint der Begriff „Bildungsmonitoring" auszudrücken. Aber lässt sich Bildung denn überhaupt beobachten? Wie immer man Bildung verstehen mag, es handelt sich auf jeden Fall um ein facettenreiches und eher schlecht definiertes theoretisches Konstrukt. Das Bildungsgeschehen zu überwachen, bedeutet also eine große wissenschaftliche Herausforderung.

Die Tatsache, dass wir heute „Bildungsmonitoring" als etwas Selbstverständliches betrachten, lässt sich auf einen zunehmend pragmatischen Umgang mit Problemen im Bildungsbereich zurückführen. Wie wir im Folgenden darlegen, interessieren beim Bildungsmonitoring weniger die *grundsätzlichen,* sondern vielmehr die *grundlegenden* Aspekte von Bildung. Im Blickpunkt stehen meist basale Kompetenzen, die als Voraussetzung für weiterführende Bildungsprozesse verstanden werden. Beobachtung meint dann, bestimmte Indikatoren zu erfassen, die Aspekte der Bildungsqualität anzeigen.

Der Begriff des „Monitoring" deutet eine Art von Selbstbeobachtung an. Diejenigen, die im Bildungsbereich Verantwortung tragen, wollen sich ein Bild von der Lage und von erzielten Wirkungen ihres Handelns verschaffen. Das ist nachvollziehbar und zweifellos sinnvoll. Der Nutzen einer solchen Selbstbeobachtung hängt jedoch einerseits von der wissenschaftlichen Qualität des Bildungsmonitorings ab, andererseits von der Bereitschaft der Verantwortlichen, aus den gewonnenen Informationen zu lernen. Das Bildungsmonitoring beschränkt sich allerdings keineswegs darauf, Daten für eine evidenzbasierte Politik zu liefern (Bromme, Prenzel & Jäger, 2014). Vielmehr informiert es eine breitere Öffentlichkeit über Zustände, Problemlagen und Herausforderungen im Bildungsbereich. Und es liefert Basisdaten für die empirische Bildungsforschung.

In den folgenden Abschnitten werden wir zunächst den Begriff „Bildungsmonitoring" erläutern und von anderen Konzepten abgrenzen. Ein Blick in die kurze Geschichte dieses Begriffs und seiner Beziehungen zur Psychologie ergänzt die Einführung in das Thema. Welcher Forschungsstand beim Bildungsmonitoring erreicht wurde, stellen wir dann anhand eines Überblicks über wichtige Studien dar. Unser Anliegen ist es, Fragestellungen wie Untersuchungszugänge zu systematisieren, die Besonderheiten von Bildungsmonitoring herauszuarbeiten und Kriterien für die Beurteilung entsprechender Erhebungen vorzustellen. In einem

Ausblick skizzieren wir aktuelle Entwicklungen im Bereich Bildungsmonitoring, die insbesondere Erweiterungen der theoretischen und methodischen Zugänge betreffen.

1.1 Zum Begriff „Bildungsmonitoring"

Wem wir letztlich das Wort „Bildungsmonitoring" verdanken, lässt sich kaum mehr rekonstruieren. Dass es auch im Bildungsbereich gilt, systematisch und regelmäßig die Qualität von Prozessen und Ergebnissen zu überprüfen – also ein Monitoring durchzuführen – wird seit längerer Zeit betont (z. B. Shavelson, McDonnell, Oakes, Carey & Picus, 1987). Eine explizite Verbindung des Bildungsbegriffs mit dem Konzept des Monitorings erfolgte zum Beispiel in der Expertise zu Bildungsstandards, die den traditionsreichen Bildungsbegriff mit einem technischen Terminus verknüpfte (Klieme et al., 2003). Es liegt auf der Hand, den englischsprachigen Terminus „education monitoring" (z. B. Fitz-Gibbon, 1996; Scheerens, Glas & Thomas, 2003) mit „Bildungsmonitoring" zu übersetzen. In diesem Sinn kann man Bildungsmonitoring und Bildungsstandards knapp wie folgt definieren:

Bildungsmonitoring und Bildungsstandards

Der Begriff *Bildungsmonitoring* bezeichnet die systematische und regelmäßige Erfassung von Indikatoren für die Qualität eines Bildungssystems oder dessen Teilsysteme.

Bildungsstandards orientieren sich an Bildungszielen und legen fest, welche Kompetenzen Schüler*innen bis zu einer bestimmten Schul- oder Jahrgangsstufe erreicht haben sollen. Dabei werden die Kompetenzen möglichst konkret beschrieben (Dimensionen, Niveaus) und an Aufgabenstellungen erläutert, die gemeistert werden sollten. Auf diese Weise wird das Erfassen der Standarderreichung mit Testverfahren vorbereitet (Klieme et al., 2003).

Verfahren des Monitorings dienen normalerweise dazu, Rückmeldungen über Zustände in einem System von der Mikro- bis zur Makroebene zu geben. Dieses Feedback soll bei der Steuerung des Systems helfen. Für die Steuerung von Bildungssystemen zeigen in erster Linie die erreichten *Bildungsergebnisse* die erzielte Qualität und einen eventuellen Nachsteuerungsbedarf an. Zusätzlich können auch Bildungsprozesse Gegenstand eines Monitorings sein. Bildungsmonitoring beansprucht dabei nicht, das Bildungsgeschehen in der gesamten Tiefe und Breite zu erfassen. Vielmehr werden gezielt *Indikatoren* erfasst, die bestimmte Aspekte der *Ergebnisqualität* (z. B. relevante Kompetenzen) repräsentieren. Das Bildungsmonitoring bedient sich empirischer Verfahren. Zusätzlich werden beim Bildungsmonitoring auch weitere Merkmale von Bildungssystemen erfasst (sog. Kontext-, Input- oder Prozessfaktoren), damit die Daten über Bildungsergebnisse angemessen beurteilt und interpretiert werden können. Bildungsmonitoring trägt wesentlich dazu bei, Probleme in einem Bildungssystem zu erkennen, etwa Disparitäten in Kompetenzen zum Beispiel nach Geschlecht, sozialer und ethnischer Herkunft oder Religion. Ein Bildungsmonitoring kann außerdem auf bestimmte Teilsysteme (z.B. Länder, Berufsbildungssystem, Schularten) begrenzt sein.

1.2 Bildungsmonitoring und internationale Vergleichsstudien

Im deutschsprachigen Raum haben die *internationalen Vergleichsstudien* der letzten beiden Jahrzehnte die Vorstellung von Bildungsmonitoring geprägt. Studien wie z.B. das OECD „Programme for International Student Assessment" (PISA) erheben in regelmäßigen Abständen anhand repräsentativer Stichproben die Kompetenzen von Jugendlichen in bestimmten Domänen. Die Organisation für wirtschaftliche Zusammenarbeit und Entwicklung (OECD) ist eine Einrichtung, die Bildungssysteme systematisch und regelmäßig beobachtet, um ihren Mitgliedsstaaten steuerungsrelevante Informationen zur Verfügung zu stellen. PISA ist Teil eines umfassenderen Systems von Bildungsindikatoren, das von der OECD (z.B. 2019a) für ihre jährlichen Bildungsberichte mit dem Titel „Bildung auf einen Blick" („Education at a Glance") genutzt wird. Insofern betreibt die OECD seit vielen Jahren ein Bildungsmonitoring, das sich auf bestimmte Kompetenzbereiche, Altersstufen, Hintergrundmerkmale und Fragestellungen konzentriert.

Charakteristika von Bildungsmonitoring

- Bildungsmonitoring schließt meist eine Testkomponente ein, die den Output in Bildungssystemen erfasst.
- Die Erhebung von Bildungsergebnissen wird auf grundlegende Kompetenzen konzentriert, die für nachfolgende Bildungsprozesse bedeutsam sind und die zugleich empirisch zuverlässig erfasst werden können.
- Es gibt keine umfassende und flächendeckende Beobachtung von Bildungssystemen; auch ein Monitoring folgt eingeengten Fragestellungen.
- Die Stichprobenziehung ist so angelegt, dass Aussagen über Populationen möglich sind.
- Bildungsmonitoring stellt die Datenbasis für Bildungsberichte bereit, die Informationen auswerten, vergleichen, thematisch gruppieren und für die Öffentlichkeit aufbereiten.

1.3 Bezugspunkte für die Beurteilung von Bildungssystemen

Die Identifikation der Stärken, Schwächen und Probleme von Bildungssystemen kann im Rahmen eines Bildungsmonitorings an unterschiedlichen Bezugspunkten vorgenommen werden (Seidel & Prenzel, 2008). Bei einer *kriteriumsorientierten* Betrachtung interessiert, inwieweit Bildungsergebnisse bestimmten inhaltlichen Zielansprüchen des Bildungssystems genügen (z. B. Kompetenzanforderungen oder Bildungsstandards). Vergleiche (z. B. mit anderen Staaten, Teilgruppen, Schulen) liefern dagegen Hinweise auf relative Stärken und Schwächen. Neben einer solchen *sozial vergleichenden* Verankerung von Ergebnissen (z. B. an internationalen Mittelwerten) können Vergleiche auch im Sinne eines „Benchmarking“ verwendet werden, um zu lernen, wie andernorts vorgegangen wird und auf welche Weise dort bestimmte Probleme gelöst werden. Schließlich vermittelt ein regelmäßiges Bildungsmonitoring über mehrere Erhebungswellen zusätzliches Steuerungswissen. Dabei werden Zustände eines Systems zu unterschiedlichen Zeitpunkten *(ipsativ)* verglichen. Auf diese Weise erhält man Rückmeldung über Veränderungen in relevanten Qualitätsindikatoren, die gegebenenfalls auch Wirkungen ergriffener Maßnahmen anzeigen können, etwa wenn das Leistungsniveau verbessert und Disparitäten reduziert werden (Prenzel, Sälzer, Klieme & Köller, 2013).

1.4 Untersuchungsformen für ein Bildungsmonitoring

Bildungsmonitoring kann, je nach Fragestellung und Anlage, mehrere Funktionen erfüllen (Seidel & Prenzel, 2008). Die Untersuchungszugänge eines Bildungsmonitorings sind zunächst deskriptiv angelegt und entsprechen denen einer *Überblicksstudie* (Survey). Soweit Relationen zwischen Merkmalen erfasst, kontrolliert und berichtet werden, ist der Übergang zur *Korrelationsstudie* fließend. Wenn die Funktion eines Bildungsmonitorings primär darin besteht, Steuerungswissen und damit Informationen für politische Entscheidungen bereitzustellen, kann das Bildungsmonitoring auch der *Evaluationsforschung* zugeordnet werden. Studien wie TIMSS oder PISA werden verschiedentlich als Variante der Evaluationsforschung betrachtet, die auf der Systemebene ansetzt (Lüftenegger, Schober & Spiel, 2019; Stufflebeam, 2000; Wottawa, 2006). Folgt man der Definition von Evaluation nach Wottawa (2006, S. 662), dann liegt dort der Schwerpunkt auf der „Beurteilung des Konzepts, des Designs, der Umsetzung und des Nutzens sozialer Interventionsprogramme“. Im Blickpunkt der Evaluationsforschung stehen somit meist (eine überschaubare Zahl von) Handlungs- bzw. Entscheidungsalternativen; sie zielt entsprechend auf Bewertungen von Zuständen, die Entscheidungen zwischen Optionen nahelegen. Das ist beim Bildungsmonitoring anders, weil dort eine sehr große Zahl von Indikatoren und Merkmalen von Bildungssystemen erfasst wird.

Bildungsmonitoring als spezieller Forschungsansatz

Will man Bildungsmonitoring als *Untersuchungsform* klassifizieren, dann kann man es einer konzeptuell weit gefassten Survey- oder Evaluationsforschung zuordnen. Einige Besonderheiten des Bildungsmonitorings (z. B. hohe Anzahl von Indikatoren) sprechen jedoch dafür, Bildungsmonitoring als speziellen Forschungsansatz zu betrachten.

1.5 Das Interesse an einem Bildungsmonitoring

Die Nachfrage nach Erkenntnissen aus einem Bildungsmonitoring hängt eng mit einer veränderten Einschätzung der Relevanz von Bildung zusammen (Haider, Eder, Specht & Spiel, 2003; Kultusministerkonferenz, 2015; Schweizerische Konferenz der kantonalen Erziehungsdirektoren, 2004). Wenn Bildung zunehmend Bedeutung zugesprochen wird, dann gilt es, entsprechend das Wissen über die Bildungsprozesse und -ergebnisse sowie über das Bildungssystem selbst ständig zu aktualisieren. Empirisch gut fundierte Erkenntnisse über den aktuellen Bildungsstand (und eventuelle Probleme) tragen aber auch dazu bei, dass Bildung in der Öffentlichkeit und in der Politik in den Blickpunkt rückt und als relevant wahrgenommen wird.

Von einem Bildungsmonitoring wird erwartet, dass es umfangreiche deskriptive Informationen über die Qualität eines Bildungssystems bereitstellt. Diese werden zum Beispiel in *Bildungsberichten* aufbereitet (z. B. Autorengruppe Bildungsberichterstattung, 2020; Oberwimmer, Vogtenhuber, Lassnigg & Schreiner, 2019; Schweizerische Koordinationsstelle für Bildungsforschung, 2018). Darüber hinaus sind empirisch fundierte Erkenntnisse gefragt, die Schwächen erklären und auf Möglichkeiten der Weiterentwicklung hinweisen (Prenzel, 2005). Vor diesem Hintergrund erscheint das Bildungsmonitoring als eine spezifische Komponente *empirischer Bildungsforschung*. Bildungsmonitoring stellt in erster Linie Beschreibungswissen bereit, wird aber durch andere Forschungszugänge ergänzt, die stärker auf explanatives oder präskriptives/technologisches Wissen zielen (Bromme et al., 2014). Die empirische Bildungsforschung insgesamt konstituiert sich als Forschungsfeld, zu dem unterschiedliche Disziplinen beitragen. Die in diesem Band thematisierte *Bildungspsychologie* belegt eine verstärkte Zuwendung der Psychologie zu diesem gesellschaftlich und wissenschaftlich relevanten Gegenstandsfeld. Mit der systematischen Untersuchung von Problemen des Bildungsbereichs – etwa im Rahmen eines Bildungsmonitorings – schließt die Bildungspsychologie an starke Traditionen der deutschsprachigen Pädagogischen Psychologie an.

2 Stand der Wissenschaft

Dieser Abschnitt gibt einen Überblick über Träger und Studien im Bereich des Bildungsmonitorings. Insbesondere sollen Forschungsansätze und Qualitätskriterien eines Bildungsmonitorings vorgestellt und erörtert werden.

2.1 Ein Überblick über internationale und nationale Studien

Bei der Begriffsklärung zum Bildungsmonitoring haben wir im Zusammenhang anderer OECD-Aktivitäten bereits PISA angesprochen. Das *Programme for International Student Assessment* (PISA) ist ein sehr gut etabliertes internationales Large Scale Assessment, das regelmäßig die Kompetenz im Lesen, in der Mathematik und in den Naturwissenschaften untersucht. Zielgruppe sind 15-jährige Jugendliche. Die Erhebungen finden seit 2000 in einem dreijährigen Abstand statt. Neben den (derzeit 37) OECD-Staaten beteiligen sich zahlreiche weitere (42 bei der Erhebung 2018) Länder (OECD, 2019b). Die OECD hat inzwischen ein weiteres Programm zur Erfassung von Kompetenzen (Lesen, Mathematik, technologiebasiertes Problemlösen) im Erwachsenenalter etabliert, nämlich das *Programme for the International Assessment of Adult Competencies* (PIAAC). Die erste Erhebung fand in den Jahren 2011 und 2012 statt (Rammstedt, 2013; OECD, 2013) und wird im zehnjährigen Takt wiederholt. Daneben hat die OECD weitere Surveys im Schulbereich etabliert, wie zum Beispiel die *Teaching and Learning International Survey* (TALIS), die sich speziell mit Lehrkräften und Schulleitungen befasst (OECD, 2019d; Schmich & Itzlinger-Bruneforth, 2019) und inzwischen auch um eine Videokomponente erweitert wurde.

Die zuletzt genannte Studie führt die OECD in Zusammenarbeit mit der *International Association for the Evaluation of Educational Achievement* (IEA) durch, dem zweiten großen Player im internationalen Bildungsmonitoring. Die IEA (eine gemeinnützige Einrichtung) war die erste Organisation, die internationale Vergleichsstudien zu Leistungen von Schüler*innen durchführte (Grisay & Griffin, 2006). Die nachfolgende Übersicht stellt die Namen (und damit die Domänen) wichtiger IEA-Studien sowie die jeweiligen Erhebungsjahre vor. Die IEA-Studien untersuchen üblicherweise bestimmte Klassenstufen (z. B. letzte auf der Sekundarstufe I) bzw. Klassenstufen, die am häufigsten von einer bestimmten Altersgruppe (z. B. den 10- oder 13-Jährigen) besucht werden.

Wichtige Studien der International Association for the Evaluation of Educational Achievement (IEA)

- First International Mathematics Study (FIMS), 1964
- First International Science Study (FISS), 1970/71
- Reading Comprehension Study (RCS), 1970/71
- First Civic Education Study (Civic), 1971
- Second International Mathematics Study (SIMS), 1982
- Second International Science Study (SISS), 1983/84
- Reading Literacy Study (RLS), 1990/91
- Third International Mathematics and Science Study (TIMSS), 1994/95
- Second Civic Education Study (CIVED), 1999
- Progress in International Reading Literacy Study (PIRLS), seit 2001, alle 5 Jahre
- Trends in International Mathematics and Science Study (TIMSS), seit 1999, alle 4 Jahre
- International Civic and Citizenship Education Study (ICCS), 2009, 2016, 2022
- International Computer and Information Literacy Study (ICILS), seit 2013, alle 5 Jahre

Die IEA war außerdem die erste Organisation, die internationale Large Scale Assessments (erstmals TIMSS) mit Videostudien kombinierte (Hiebert et al., 2003; Roth et al., 2006; Stigler, Gonzales, Kawanaka, Knoll & Serrano, 1999) und damit Indikatoren für die Prozessqualität des Unterrichts erfasste.

Die internationalen Vergleichsstudien der IEA und der OECD liefern den teilnehmenden Staaten eine Fülle von Informationen, die ein Bildungsmonitoring konstituieren. Vor allem die Entscheidung, Studien in festgesetzten regelmäßigen Abständen durchzuführen, verbessert die Rückmeldefunktion und die Qualität des Steuerungswissens. Die Studien berichten neben Kennwerten über Niveau und Streuung der Kompetenzen auch Verteilungen auf Kompetenzstufen und analysieren die Leistungen bestimmter Teilgruppen (z. B. nach Geschlecht, sozialer Herkunft, Migrationsstatus). Neben Testverfahren werden Fragebögen eingesetzt, die sich an die Schüler*innen, an die Schulleitungen, zum Teil an die Lehrkräfte und Eltern richten. Auf diese Weise werden Informationen über Merkmale der Lernumgebungen in Elternhaus, Unterricht und Schule gewonnen. Beziehungen zwischen bestimmten Merkmalen (z. B. Zusammenhang des sozioökonomischen und soziokulturellen Status mit Kompetenz) werden auch als Indikatoren für Chancengerechtigkeit verwendet.

Für Staaten wie zum Beispiel Deutschland, Österreich oder die Schweiz, die bis Anfang der 2000er Jahre auf *nationaler Ebene* keine systematischen und umfassenden Leistungserhebungen durchgeführt hatten, übernahmen die internationalen Vergleichsstudien damit viele Funktionen eines Bildungsmonitorings, allerdings eben eingegrenzt auf die jeweiligen Fragestellungen der internationalen

Vergleichsstudien. Es wurden jedoch auch Möglichkeiten genutzt, das internationale Erhebungsprogramm mit nationalen Erweiterungen und Ergänzungen anzureichern (zusätzliche Tests und Fragebogen, Stichproben), die auch intranationale Vergleiche (z.B. zwischen regionalen Gliederungen) erlaubten (z.B. Bundesamt für Statistik & Schweizerische Konferenz der kantonalen Erziehungsdirektoren, 2005; Haider & Schreiner, 2006; Prenzel et al., 2005).

Anders stellt sich dagegen etwa die Situation in den Vereinigten Staaten dar, in denen seit 1969 mit dem *National Assessment of Educational Progress* (NAEP) ein kontinuierliches Bildungsmonitoring betrieben wird. An Zufallsstichproben werden auf den Klassenstufen 4, 8 und 12 die Kompetenzen in den Bereichen Lesen, Schreiben, Mathematik und Naturwissenschaften (sowie periodisch in weiteren Fächern) getestet und Trends berichtet (z.B. Grigg, Donahue & Dion, 2007). NAEP repräsentiert damit ein systematisches und fest etabliertes Bildungsmonitoring, das vom *National Center for Education Statistics* (NCES) und dem *Institute of Education Sciences* (IES) getragen wird. Beide Einrichtungen sind dem U.S. Department of Education zugeordnet.

Bereits zum Jahrtausendwechsel gab es in einigen Bundesländern in Deutschland erste Bemühungen, über systematisch abgestimmte Studien Hinweise auf die erreichten Lernergebnisse und mögliche Bedingungen zu gewinnen. So startete die Freie und Hansestadt Hamburg bereits kurz nach der TIMSS-Erhebung 1996 die sogenannte LAU-Studie (*„Aspekte der Lernausgangslage und der Lernentwicklung“*). In einer Längsschnittstudie wurden alle Schulklassen ab Klassenstufe 5 (vom Übertritt in die Sekundarstufe I) alle zwei Jahre getestet (z.B. Lehmann, Peek, Gänsfuß & Husfeldt, 2002). Eine weitere flächendeckende Längsschnittstudie zu *„Kompetenzen und Einstellungen von Schülerinnen und Schülern“* (KESS) folgte (Bos & Pietsch, 2006).

Mit der Einführung von Bildungsstandards in den deutschsprachigen Ländern (Klieme et al., 2003; Oelkers & Reusser, 2008) war von Beginn an die Frage verbunden, wie das Erreichen der dort definierten Kompetenzziele denn mit einem längerfristig angelegten Ansatz überprüft werden könne. Internationale Vergleichsstudien erschienen für diese Zwecksetzung als zu eng (weil sie nur wenige Fächer betreffen), zu wenig spezifisch (weil nur bedingt auf Lehrpläne bezogen) und nicht ausreichend auf nationale Erkenntnisinteressen und jeweilige Bestrebungen zur Qualitätssicherung und -entwicklung ausgerichtet zu sein.

Aus diesen Gründen wurden in Deutschland und Österreich eigene Institute für das nationale Bildungsmonitoring eingerichtet. Im Jahr 2004 wurde in Berlin das *Institut zur Qualitätsentwicklung im Bildungswesen* (IQB) als An-Institut der Humboldt-Universität zu Berlin gegründet. Das in Österreich im Jahr 2008 etablierte *Bundesinstitut für Bildungsforschung, Innovation und Entwicklung des österreichischen Schulwesens* (BIFIE) ist im Sommer 2020 in das *Institut des Bundes für Qualitätssicherung im österreichischen Schulwesen* (IQS) überführt worden und ist damit dem zuständigen Bundesministerium direkt unterstellt. Das Arbeitsprogramm dieser Institute zeigt, wie Stück um Stück das Bildungsmonitoring vorangetrieben wurde. So startete das IQB zunächst (ab 2008) mit Ländervergleichen auf der Primar- (Deutsch und Mathematik) und Sekundarstufe (Deutsch, Englisch, Französisch sowie Mathematik, Biologie, Chemie, Physik), um das Erreichen der in den Bildungsstandards festgelegten Kompetenzziele (bzw. Kompetenzstufen) zu untersuchen. Die Studien sind so konzipiert, dass beim nachfolgenden Erhebungszyklus die Ergebnisse im Sinne von Entwicklungstrends interpretiert werden können. Entsprechend informieren die regelmäßigen Berichte nun über „Bildungstrends", also etwa über Veränderungen in den Verteilungen auf Kompetenzstufen oder in Disparitäten, und dies über die Bundesländer hinweg (Stanat, Böhme, Schipolowski & Haag, 2015; Stanat, Schipolowski, Rjosk, Weirich & Haag, 2016). Das Aufgabenprofil des IQS sieht ähnlich aus, allerdings werden dort auch die internationalen Vergleichsstudien, an denen Österreich teilnimmt, durchgeführt und berichtet. Diese wurden und werden in Deutschland in unterschiedlichen Institutsverbünden organisiert, so etwa PISA am *Zentrum für Internationale Bildungsvergleichsstudien* (ZIB) oder TIMSS koordiniert von den Universitäten Dortmund und inzwischen Hamburg.

Ebenso sei darauf hingewiesen, dass die in Deutschland bundesweit regelmäßig stattfindenden *„Vergleichsarbeiten"* (VERA) auf der 3. (VERA 3, Deutsch und Mathematik) und 8. Jahrgangsstufe (VERA 8, Deutsch, Mathematik, Englisch/Französisch) nicht als Bildungsmonitoring eingeordnet werden sollten. Die standardbezogenen Aufgaben werden zwar zentral und qualitätsgesichert über das IQB bereitgestellt, doch liegt die Durchführung und Bewertung der Tests in den Händen der Lehrkräfte. Diese erhalten auf dieser Basis eine Rückmeldung über den in ihrer Klasse erzielten Kompetenzstand, die vor allem dazu dient, Qualitätsentwicklungsprozesse auf der Klassen- und Schulebene anzustoßen. Es kann hier jedoch nicht von einer zuverlässigen Messung von Bildungsergebnissen gesprochen werden, die zuverlässig Vergleiche über Standorte oder Bundesländer sowie über Messzeitpunkte erlauben könnte, auch wenn manche Länder die Tests als „Lernstandserhebungen" oder „Kompetenztests" bezeichnen.

Für das Bildungsmonitoring in Deutschland wurde schließlich mit der Einrichtung des *Nationalen Bildungspanels* (*National Educational Panel Study,* NEPS) und der systematischen Untersuchung von Entwicklungsverläufen mithilfe von Längsschnittdaten ein großer Schritt nach vorne unternommen. Das Panel startete 2009 zunächst als Projekt und wurde 2014 am neu gegründeten *Leibniz-Institut für Bildungsverläufe* institutionalisiert und mit zahlreichen Kooperationspartnern umgesetzt. NEPS untersucht in einem Multi-Kohorten-Sequenz-Design unter Berücksichtigung von Herkunfts- und Kontextbedingungen Bildungsprozesse und die Entwicklung von zentralen Kompetenzen sowie Bildungsentscheidungen und Bildungsrenditen über den Verlauf der gesamten Lebensspanne (Blossfeld & Roßbach, 2019).

Der folgende Kasten gibt einen Überblick darüber, nach welchen Dimensionen Bildungsmonitoring-Studien differenziert werden können.

Strukturierungsdimensionen für Bildungsmonitoring-Studien

- *Domänen,* wobei einige (Lesen im Bereich Deutsch, Mathematik, Naturwissenschaften) bisher häufiger untersucht wurden als andere.
- *Zielgruppen* (z.B. nach Alter, Klassenstufe oder Einrichtungen), bei denen Erhebungen auf den Sekundarstufen dominieren.
- *Reichweite,* von regionalen über nationale zu internationalen Studien, die entsprechend unterschiedliche Vergleichsmöglichkeiten anbieten.
- *Erhebungs- und Messzeitpunkte,* die auf mehrere Erhebungswellen verteilt, quer- oder (seltener) längsschnittlich angelegt sein können.

Weitere Differenzierungen können Kontextfaktoren (z.B. Informationen über Elternhäuser) oder Inputfaktoren (z.B. Ausstattungen der Schulen) betreffen; beziehungsweise die Zuschnitte der Informationen, die über Befragungen von Schüler*innen, Eltern sowie Lehrkräften zusätzlich einbezogen werden.

2.2 Theoretische Modelle für ein Bildungsmonitoring

Aus wissenschaftlicher Sicht muss ein Bildungsmonitoring dem aktuellen theoretischen und methodischen Forschungsstand entsprechen. Auch wenn das Monitoring auf bestimmte Fragestellungen ausgerichtet ist, bleiben sehr viele Aspekte des Untersuchungsgegenstands, die theoretisch zu modellieren sind. Im Folgenden können wir deshalb nur einige Bereiche ansprechen.

Ein Bildungsmonitoring setzt eine *umfassende Rahmenkonzeption* voraus, in der die zu untersuchenden Bereiche strukturiert und aufeinander bezogen werden.

In internationalen Vergleichsstudien wie TIMSS oder PISA erfolgt die grundlegende Strukturierung des Untersuchungsfelds anhand von Mehrebenenmodellen. Differenziert wird zum Beispiel zwischen den Ebenen Erziehungssystem (mit dem ökonomischen, kulturellen und politischen Kontext), pädagogische Einrichtung (z.B. Schule), Lehr-Lernumgebung (z.B. Klassenzimmer) und Individuum (Lernvoraussetzungen und Ergebnisse). Die Differenzierung nach verschiedenen Ebenen lässt sich dann mit der Unterscheidung von (zum Beispiel) Randbedingungen, Prozessen und Ergebnissen kombinieren (Kuger & Klieme, 2016). Anhand der sich so ergebenden Matrix kann beispielsweise festgelegt werden, welche Ergebnisse auf der Individuums-Ebene erfasst (fachliche Kompetenz, fächerübergreifende Kompetenz, Lernstrategien, Interessen) und welche Randbedingungen erhoben werden sollen (Alter, Geschlecht, Herkunft, Sozialstatus usw.).

Ähnlich ist zu klären, welche Merkmale der Lehr-Lernumgebung erfasst werden sollen beziehungsweise wie diese wiederum nach Randbedingungen, Prozessen und Ergebnissen zu differenzieren sind. Die konkrete theoretische Basis für die

Zuordnung von theoretischen Konstrukten und Indikatoren zu diesen Zellen erfolgt auf der Basis des entsprechenden Forschungsstands. So orientierten sich die stärker lehrplanorientierten IEA-Studien an Modellen der Umsetzung des Curriculums (z.B. Bloom, Hastings & Madaus, 1971), der Nutzung von Unterrichtszeit (Carroll, 1963) oder von Lerngelegenheiten (Creemers, 1994). PISA wiederum orientiert sich an aktuellen Modellen der Unterrichts- und Schuleffektivität (Reynolds et al., 2014; Schiepe-Tiska, Roczen, Müller, Prenzel & Osborne, 2016; Seidel & Shavelson, 2007).

Da die Messung von Bildungsergebnissen im Bildungsmonitoring eine herausragende Rolle spielt, werden theoretische *Konzeptionen für die zu messenden Kompetenzen* benötigt. Diese Konzeptionen müssen die Bezugspunkte für die Messung klären und begründen sowie letztlich darlegen, was gemessen werden soll. Die zu messenden Konstrukte werden dann auf einer theoretischen Basis so strukturiert, dass ein klarer Bezugsrahmen für die Entwicklung der Testaufgaben (Items) vorliegt. Geht man wiederum von internationalen Vergleichsstudien als Beispiel aus, dann gibt es zwei Wege, die Kompetenzmessung normativ zu verankern. Die IEA-Studien (z.B. TIMSS) nehmen meist die vorliegenden Curricula als normative Bezugspunkte. Sie untersuchen somit, inwieweit Schüler*innen einer bestimmten Jahrgangsstufe die curricular festgelegten Ziele erreichen. Es liegt auf der Hand, dass die curriculare Verankerung ein gerechtfertigter Bezugspunkt für ein Bildungsmonitoring ist. Allerdings treten bei internationalen, zum Teil auch nationalen Vergleichsstudien Probleme auf, wenn Curricula inhaltlich nicht vergleichbar angelegt und sequenziert sind. Diese Schwierigkeit veranlasste die OECD, bei PISA einen anderen Bezugspunkt zu wählen. Bei PISA geht es weniger darum, die Erfüllung eines Curriculums zu prüfen. Vielmehr wird gefragt, ob die Schüler*innen Kompetenzen entwickelt haben, die für die Teilhabe am gesellschaftlichen Leben und für ein lebenslanges Lernen in der Wissensgesellschaft im Sinne einer „Literacy" (das englischsprachige Pendant zur Grundbildung) erforderlich sind (z.B. OECD, 2019c). Als Bezugspunkt dienen Vorstellungen einer „Literacy" in den Bereichen Lesen, Mathematik und Naturwissenschaften, die mit landesspezifischen Curricula zu tun haben können, aber nicht müssen.

Der Anspruch an eine wissenschaftliche (z.B. fachdidaktische) Begründung der Kompetenzanforderungen steigt bei diesem Vorgehen. Zugleich bietet sich aber die Chance, durch die Ausarbeitung differenzierter Modelle der Struktur von Kompetenzen wiederum Impulse für die Weiterentwicklung von Curricula in den teilnehmenden Staaten zu geben. Bei diesem Zugang gibt es auch die Möglichkeit, die Übereinstimmungen der Testanforderungen mit nationalen Curricula empirisch zu prüfen. Entsprechende Überprüfungen zeigten für Deutschland, dass in der Mathematik über 80 % und in den Naturwissenschaften über 70 % der internationalen PISA-Testaufgaben Wissen erfassen, das bis zur 9. Klassenstufe laut Lehrplan hätte behandelt werden müssen (Prenzel et al., 2004).

Der dritte Forschungsbereich, den wir ausschnitthaft behandeln wollen, betrifft die *Modelle für die Methoden,* die bei einem Bildungsmonitoring zur Anwendung kommen. Ein erster Problembereich ist hier die *Stichprobenziehung* und Gewichtung. Die naheliegende Frage, wer die Zielpopulation des Bildungsmonitorings sein soll, konfrontiert bei der Umsetzung in die Stichprobenplanung und -realisierung mit einigen nicht trivialen Herausforderungen (Foy, 2006). Für das Sampling bedeutsam ist die Frage, welche Einheiten (Schulen, Klassen, Schüler*innen?) analysiert und wie die Stichproben geschichtet („stratifiziert", siehe Kasten) werden sollen. Es müssen Ausschlusskriterien für eine Nicht-Testteilnahme definiert werden, ebenso wie die Anforderungen an die Ausschöpfung der Stichprobe. Eine weitere Herausforderung betrifft die kriterienorientierte Bestimmung der erforderlichen Stichprobengröße.

Herausforderungen bei der Stichprobenziehung für ein Bildungsmonitoring

Für ein Bildungsmonitoring muss zuerst die *Zielpopulation* definiert werden, über die Aussagen getroffen werden sollen. Definiert man diese als Altersjahrgang (zum Beispiel 15-Jährige), dann liegt es aus Gründen der Erreichbarkeit nahe, nur die Jugendlichen zu untersuchen, die sich noch im Schulsystem befinden. Bei internationalen Vergleichen kann es aber passieren, dass in einigen Staaten beträchtliche Anteile (und zwar eher leistungsschwächere) dieser Altersgruppe die Schule bereits verlassen haben.

Die *Ausschöpfung der Stichprobe* gibt an, wie viele der für den Test zufällig ausgewählten Schulen beziehungsweise Schüler*innen tatsächlich an der Untersuchung teilgenommen haben. Um die Ergebnisse interpretieren bzw. vergleichen zu können, werden vor der Studie Kriterien für die Stichprobenausschöpfung festgelegt (z.B. mindestens 90 % der Schulen und 80 % der Schüler*innen). Wenn (in einer bestimmten Region) systematisch leistungsschwächere Schüler*innen nicht am Test teilnehmen, werden die Ergebnisse verzerrt. Entsprechende Verzerrungen können empirisch überprüft werden.

Bei einem Bildungsmonitoring ist es sinnvoll, bei der Stichprobenziehung in einem ersten Schritt per Zufall Schulen als Untersuchungseinheiten und in einem zweiten Schritt Schüler*innen (wiederum per Zufall) zu ziehen. Auf diese Weise erhält man eine Zufallsstichprobe, die durch die *geschichtete Ziehung* (Stratifizierung) allerdings nicht mehr ganz repräsentativ ist – also den Verteilungen in der Grundgesamtheit (Population) nicht exakt entspricht. Deshalb wird durch eine *Gewichtung der Stichprobe* (entsprechend den Anteilen in der Population, die zum Beispiel aus den Daten der Statistischen Landesämter entnommen werden können) die Repräsentativität der Ergebnisse gesichert (Carstensen, Knoll, Rost & Prenzel, 2004).

Insgesamt hängt die Aussagekraft eines Bildungsmonitorings davon ab, inwieweit der aktuelle Stand der Stichprobentheorie berücksichtigt wurde. Die verwendeten Verfahren, die vorgenommen Ausschlüsse, die erreichten Ausschöpfungen ebenso wie die Gewichtungen sind häufig in Technical Reports ausführlich dokumentiert (z.B. Fraillon, Ainley, Schulz, Friedmann & Duckworth, 2020; Martin, Mullis & Hooper, 2016; OECD, in press).

In den technischen Berichten ebenfalls genau dokumentiert sind die Verfahren und die Ergebnisse der *Skalierung* der Ergebnisse der Kompetenzmessungen. PISA wie auch TIMSS wenden Modelle der Item-Response-Theorie an (Rost, 2004; Sälzer, 2016), die Zusammenhänge zwischen dem Antwortverhalten in den Tests und latenten Personenmerkmalen (also etwa Kompetenzen) herstellen. PISA nutzt Erweiterungen des Rasch-Modells, nämlich ein mehrdimensionales Antwortmodell (Adams, Wilson & Wang, 1997), mit dessen Hilfe latente (nicht durch Messfehler beeinträchtige) Korrelationen und genauere Personenparameter für die Schüler*innen geschätzt werden können. Dieses Modell gestattet es auch, Testleistungen aus einem sogenannten Multi-Matrix-Design (bei dem unterschiedliche Testhefte mit systematisch rotierten Aufgabenblöcken eingesetzt werden) vergleichbar zu machen, auch wenn die Schüler*innen nicht alle die gleichen Aufgaben bearbeitet hatten. Es werden sogenannte Plausible Values (Mislevy, Beaton, Kaplan & Sheehan, 1992) als Personenfähigkeitsparameter berechnet, die in einem Hintergrundmodell Kovarianzen mit anderen Kompetenzen und latente Zusammenhänge mit Variablen berücksichtigen. Die angesprochenen Modelle eignen sich insbesondere für ein Bildungsmonitoring, bei dem nicht die Testleistungen individueller Schüler*innen, sondern die von Gruppen exakt geschätzt werden sollen. Bei dem erwähnten Multi-Matrix-Design (z.B. mit 13 Testheften) kann Aufgabenmaterial für insgesamt 390 Minuten eingesetzt werden, obwohl die Testzeit für jede einzelne Schülerin bzw. jeden Schüler nur 120 Minuten beträgt. Die angesprochenen Verfahren der Item-Response-Theorie gestatten es auch, simultan die Fähigkeiten der Schüler*innen und die Schwierigkeit aller Testitems zu schätzen, sodass die Schätzungen der Fähigkeiten und der Schwierigkeiten auf einer Skala abgebildet werden können.

Diese Besonderheit des Item-Response-Modells schafft die Grundlage für die Differenzierung von *Kompetenzstufen*. Die Anforderungen der Aufgaben, die eine Testperson mit einer bestimmten Wahrscheinlichkeit lösen (oder nicht lösen) kann, helfen dabei, die Fähigkeit dieser Person anschaulich zu beschreiben. Die Verteilungen von Schüler*innen auf niedrigen Kompetenzstufen weisen auf Gruppen mit besonderen Risiken für eine weitere Bildungskarriere hin. Anteile auf sehr hohen Kompetenzstufen wiederum zeigen eine erfolgreiche Talentförderung in einem Bildungssystem an.

2.3 Qualitätskriterien für Bildungsmonitoring

Die Ausführungen über theoretische und methodische Grundlagen des Bildungsmonitorings unterstreichen das übergeordnete Qualitätskriterium einer Orientierung am wissenschaftlichen Erkenntnisstand: Die Rahmenkonzeption, die Itementwicklung wie auch die Fragebogenkonstruktion, das Sampling ebenso wie die Skalierung und die Auswertungen haben dem „state of the art" zu entsprechen. Um diese Qualität prüfen zu können, sind ausgezeichnete Dokumentationen der Konzeptionen, der Skalen und Itemanalysen, der Daten und Auswertungen erforderlich. Die Dokumentationen, die zum Beispiel für die PISA-Erhebungen aufgelegt werden, sind vorbildlich für ein Bildungsmonitoring. Dazu gehört auch die Veröffentlichung eines Datenfiles zusammen mit dem Ergebnisbericht. Auf der Webseite der OECD wird zum Beispiel für jede Erhebungsrunde eine „Database" bereitgestellt (OECD, 2019e), auf der neben den Fragebogen auch Code-Books und vor allem SAS- und SPSS-Datenfiles zu finden sind.

Qualitätssicherung für ein Bildungsmonitoring durch verbindliche Regeln

- Von entscheidender Bedeutung für die Qualität eines Bildungsmonitorings ist das Regelwerk für die Durchführung der Studie, von der Stichprobenziehung bis zur Berichterstattung.
- Ausführliche Manuale sollten exakt definieren, wie zum Beispiel die Qualität der Itementwicklung gesichert wird, wie die Testaufgaben zu übersetzen und zu formatieren sind, wie Testleiter vorzugehen haben und wie die Ergebnisse dokumentiert werden.
- Strenge Regelungen sind erforderlich für Fälle, in denen bestimmte Anforderungen (z. B. Stichprobenausschöpfung) nicht erfüllt wurden. Das kann bedeuten, dass bestimmte Teilgruppen von den Analysen und der Berichterstattung ausgeschlossen werden.

Letztlich ist eine konsequente Qualitätssicherung bei einem Bildungsmonitoring für sich bereits ein aussagekräftiges Qualitätskriterium.

Ein Aspekt verdient noch besondere Beachtung, nämlich die Qualität der Berichte über ein Bildungsmonitoring. Auftraggeber eines Bildungsmonitorings erwarten sich mit Recht verständliche Darstellungen der Verfahren und Ergebnisse. Dies kann aber nicht bedeuten, Befunde zu vereinfachen oder relativierende Bedingungen zu verschweigen. Kaum zu kontrollieren ist zum Beispiel die Tendenz mancher Rezipienten (die mit empirischer Forschung wenig vertraut sind), bivariate Zusammenhänge (generell Korrelationen) kausal zu interpretieren. Deshalb gilt eine differenzierende Berichterstattung, die Grenzen der Interpretation deskriptiver Zusammenhänge betont, ebenfalls als wichtiges Qualitätskriterium für Bildungsmonitoring.

3 Praktische Bedeutung und Zukunft des Themas

Wie unser Beitrag zeigt, haben internationale Vergleichsstudien über lange Zeiträume die Funktion eines Bildungsmonitorings übernommen. Speziell im deutschsprachigen Raum hat sich nach einer langjährigen Abstinenz bei internationalen Vergleichen in den letzten beiden Jahrzehnten ein starkes Interesse entwickelt, das Bildungssystem umfassend sowie unter bestimmten Perspektiven zu beobachten. Neben das auf Dauer angelegte OECD „Programme for International Student Assessment" sind weitere Studien und Erhebungsprogramme getreten, die zum Beispiel das Erreichen von Bildungsstandards in der Fläche überprüfen. Ein umfassendes Bildungsmonitoring für ein Bildungssystem muss auf mehreren Untersuchungssträngen beruhen, die möglichst gut aufeinander abgestimmt sind und sich ergänzen sollten. Für die Zusammenschau von Befunden wird in den deutschsprachigen Ländern seit einiger Zeit eine systematische Bildungsberichterstattung genutzt (zuletzt: Autorengruppe Bildungsberichterstattung, 2020; Oberwimmer et al., 2019; Schweizerische Koordinationsstelle für Bildungsforschung, 2018).

All diese Entwicklungen spiegeln eine gestiegene bildungspolitische, aber auch öffentliche Nachfrage nach Grund- und Vergleichsdaten, nach Steuerungswissen oder empirischer Evidenz für Entscheidungen. Es darf dabei nicht übersehen werden, dass das öffentliche und wissenschaftliche Interesse an einer Beobachtung des Bildungssystems und an einer Überprüfung der Bildungsergebnisse von politischer Seite gelegentlich als schmerzhaft empfunden wird: Empirische Befunde können auf Handlungsbedarf oder Versäumnisse hinweisen und politischen Druck erzeugen. Forschungsgruppen, welche die wissenschaftliche Verantwortung für ein Bildungsmonitoring tragen, brauchen viel Fingerspitzengefühl, um wissenschaftliche und politische Erkenntnisinteressen auszutarieren.

Nun werden Studien zum Bildungsmonitoring aufgrund politischer Entscheidungen durchgeführt. Sie können deshalb wiederum bei den professionellen Akteur*innen im Bildungssystem (z. B. Lehrkräfte, Schulleitungen, Schulaufsicht) den Eindruck erwecken, dass die Studien nur der Kontrolle dienen. Dieser Eindruck dürfte dann naheliegen, wenn sich Maßnahmen zur Weiterentwicklung des Bildungssystems darauf beschränken, eben Verfahren der Überwachung einzuführen (Oelkers & Reusser, 2008). Für die Durchführung und für die Qualität eines Bildungsmonitorings ist jedoch die Akzeptanz bei den Betroffenen ein zentraler Faktor. Die Akzeptanz hängt nicht nur davon ab, ob aus der Beobachtung des Bildungssystems sichtbare Anstrengungen zu dessen Verbesserung resultieren. Wichtig ist, dass Erkenntnisse aus einem Bildungsmonitoring – zumindest zum Teil – stimmig sind mit den Erfahrungen der pädagogischen Akteur*innen und Betroffenen. Die starke Resonanz auf PISA in Deutschland dürfte vor allem bei den ersten Erhebungsrunden darauf zurückzuführen sein, dass die Ergebnisse von vielen sehr gut nachvollzogen werden konnten. Akzeptanz bei den pädagogischen Akteur*innen setzt aber auch eine Informationspolitik, Transparenz und geeignete Veröffentlichungsformen voraus. Nicht zuletzt spielen Instrumente zum Transfer zwischen Bildungsmonitoring und Praxis eine zunehmend wichtige Rolle für die Akzeptanz eines Bildungsmonitorings in der Praxis. Dazu zählen unter anderem Rückmeldungsinstrumente, wie zum Beispiel individuelle Schulrückmeldungen von Ergebnissen, aber auch neue Formate wie sogenannte „Praxisorientierte Broschüren" (Hillmayr, Reinhold, Ziernwald & Reiss, 2017; Seidel et al., 2016).

Ein Bildungsmonitoring, das Probleme beschreibt und in regelmäßigen Abständen rückmeldet, ob die Lage besser geworden ist, steht in Gefahr, früher oder später als unzureichend wahrgenommen zu werden. Ohne Evidenz aus anderen empirischen Studien lassen sich deskriptive Befunde eines Monitorings nur schlecht interpretieren. Auf Dauer bedeutet die Etablierung eines Bildungsmonitorings, empirische Bildungsforschung insgesamt zu verstärken, um – in gewisser Weise komplementär – Erklärungsansätze und Wissen über Interventionsmöglichkeiten zu generieren (Bromme et al., 2014). Diese Entwicklungen haben in der empirischen Bildungsforschung interessanterweise auch in den vergangenen zwei Jahrzehnten parallel zur Etablierung des Bildungsmonitorings stattgefunden, sodass mittlerweile die Fülle an Forschungsergebnissen verstärkt in Form von Forschungssynthesen und Kurzreviews zusammengefasst wird. Eine solche Funktion erfüllen in vielen Ländern sogenannte Clearing Houses, an denen wissenschaftliche Evidenz geprüft und für die Praxis kurz und verständlich zusammengefasst wird (Diery et al., 2020). Im deutschsprachigen Bereich gibt es beispielsweise seit 2017 das erste Clearing House Unterricht (www.clearinghouse-unterricht.de).

Studien, die zum Zweck eines Bildungsmonitorings aufgelegt werden, können allerdings auch erweitert und ergänzt werden, um zusätzliches und vertieftes empirisches Wissen zu gewinnen. Studien zum Bildungsmonitoring zeichnen sich durch exzellente Stichproben, durch solide Messinstrumente und Auswertungsverfahren aus, die sonst kaum zu realisieren sind. Es liegt deshalb nahe, das Basisdesign dieser Erhebungen auszubauen, gezielt Studien anzukoppeln, eventuell auch nur mit Teilstichproben (Prenzel, 2013). Eine solche Strategie wurde zum Beispiel bei einigen PISA-Erhebungen in Deutschland verfolgt. So wurde PISA 2003 mit einer Follow-up-Erhebung verknüpft: Die Schüler*innen (eines Oversamplings) von 9. Klassen wurden ein Jahr später noch einmal in den Bereichen Mathematik und Naturwissenschaften getestet (Prenzel et al., 2006). Ein solches Design, das bei PISA 2012 noch einmal Anwendung fand (Reiss, Klieme, Köller & Stanat, 2017) gestattet es, Bedingungsfaktoren für die Kompetenzentwicklung etwa auf den Ebenen Elternhaus, Unterricht und Schule zu identifizieren.

Für die zukünftige Entwicklung des Bildungsmonitorings wird es wichtig sein, das bisherige Spektrum an Kompetenzmessungen auszuweiten. So wurden bei PISA 2006 erstmals mit kontextualisierten Testverfahren motivationale Orientierungen gegenüber den Naturwissenschaften erhoben (OECD, 2006; Prenzel et al., 2007). Generell dürfte die Berücksichtigung mehrdimensionaler Bildungsziele das Bildungsmonitoring in den nächsten Jahren weiter herausfordern (Aktionsrat Bildung, 2015; Müller, Prenzel, Seidel, Schiepe-Tiska & Kjærnsli, 2016).

In PISA 2015 wurden die Schüler*innen zum Beispiel mit computerbasiert präsentierten Problemen konfrontiert, die sie in Zusammenarbeit (mit simulierten/virtuellen Teammitgliedern) lösen sollten (OECD, 2017; Zehner, Weis, Vogel, Leutner & Reiss, 2019). Mit dem Ziel, bei PISA 2018 zusätzlich sogenannte „globale Kompetenzen" (global competences) zu erheben, wurde der Versuch unternommen, ein sehr komplexes, multidimensionales Konstrukt in einem Large Scale Assessment messbar zu machen: „Globally competent individuals can examine local, global and intercultural issues, understand and appreciate different perspectives and world views, interact successfully and respectfully with others, and take responsible action toward sustainability and collective well-being" (OECD, 2019c, S. 166; vgl. auch Sälzer & Roczen, 2018). Dieses Beispiel lässt große Ambitionen erkennen, mit Bildungsmonitoring nicht nur einfache Schulleistungen erfassen zu wollen, sondern umfassende lebensrelevante Kompetenzen. Allerdings muss hier auch die Voraussetzung erfüllt sein, dass solche Kompetenzen theoretisch – auf der Basis einschlägiger Forschung – überzeugend modelliert sind.

Ein wichtiger Anspruch an das Bildungsmonitoring wurde im Bereich des internationalen Large Scale Assessment in den letzten Jahren allerdings eingelöst, nämlich die Tests computerbasiert zu administrieren. Die beiden letzten PISA-Erhebungen (in den Jahren 2015 und 2018) wurden erfolgreich auf diese Modalität umgestellt; und auch TIMSS führte 2019 die Option eines digitalen Assessments eine („eTIMSS"). Mit dem computerbasierten Testen eröffnen sich neue Möglichkeiten für weitere Aufgabentypen (z. B. interaktive Aufgaben, Simulationen), die andere Kompetenzfacetten erfassen können. Auch können Prozesse der Bearbeitung von Testaufgaben über Protokolle besser analysiert werden (Goldhammer & Zehner, 2017). Für die Zukunft des Bildungsmonitorings dürfte aber vor allem die Perspektive des computergestützten adaptiven Testens sein. Dabei werden die Aufgaben individuell auf das jeweilige Kompetenzniveau bezogen zugeordnet. Durch dieses „maßgeschneiderte" Testen kann Testzeit eingespart bzw. eine größere Messtiefe gewonnen werden (Frey, 2020; Frey, Kroehne, Seitz & Born, 2017). Entsprechend ökonomischere Testverfahren dürften die Anwendungsmöglichkeiten von Studien zum Bildungsmonitoring in Zukunft noch erweitern.

Zusammenfassung

Bildungsmonitoring und Evaluation sind mittlerweile feste Bestandteile einer Erfassung von Qualität in unseren Bildungssystemen. Sie ermöglichen es, Zustände, Problemlagen und Herausforderungen im Bildungsbereich zu beobachten und zu dokumentieren. Bildungsmonitoring basiert in den deutschsprachigen Ländern auf einer Vielzahl von Vergleichsstudien, die mit unterschiedlichen Zielstellungen und Perspektiven die Bildungssysteme beleuchten. Manche davon sind international ausgerichtet, um eine Einordnung der Bildungssysteme unterschiedlicher Länder vornehmen zu können. Andere haben einen stärkeren nationalen Fokus, beispielsweise um zu überprüfen, ob national gesetzte Bildungsstandards erreicht werden. Trotz dieser unterschiedlichen Perspektiven und Schwerpunktsetzungen ist es notwendig, dass sie auf gemeinsamen methodischen Standards aufbauen.

Viele gesellschaftliche Gruppierungen im Bildungssystem richten Fragen an das Bildungsmonitoring. Dies verdeutlicht, dass Bildung und die Prüfung der Qualität unserer Bildungssysteme einen hohen Stellenwert haben. Das bedeutet zugleich, dass die Forschungszugänge sich durch herausragende Qualität auszeichnen müssen, um belastbare Ergebnisse bereitzustellen. Darüber hinaus benötigen Forscher*innen in diesem Bereich besondere Kompetenz zur Wissenschaftskommunikation, damit Erkenntnisse den unterschiedlichen Akteur*innen im Bildungssystem verständlich vermittelt werden.

Reflexionsfragen

1. Welche internationalen oder nationalen Vergleichsstudien kannten Sie bereits vor dem Lesen dieses Kapitels? Aus welchen Medien und Informationsquellen waren Ihnen diese Studien bekannt? Welche Einstellungen und Eindrücke hatten Sie bislang von diesen Studien?
2. Welche drei wichtigen Botschaften nehmen Sie nun nach dem Lesen dieses Kapitels für sich mit? Wie hat sich Ihr Wissen im Vergleich zu Ihren bisherigen Kenntnissen verändert?
3. Stellen Sie sich vor, Sie kommen im Zug ins Gespräch mit einer Ihnen bislang unbekannten Person, und Sie unterhalten sich über Fragen der Qualität von Schulen und Bildungssystemen: Welche Vorteile von Bildungsmonitoring können Sie anführen? Warum ist Bildungsmonitoring wichtig? Was macht gutes Bildungsmonitoring aus?
4. Recherchieren Sie einige der genannten nationalen wie internationalen Vergleichsstudien weiter. Welche Studien überzeugen Sie in besonderer Weise? Worin sehen Sie wichtige Unterschiede? Welche Ziele werden mit den unterschiedlichen Vergleichsstudien verfolgt?
5. Welche aktuellen Entwicklungen im Bereich des Bildungsmonitorings erscheinen Ihnen besonders wichtig? Welche Rolle spielen technologische Entwicklungen und die Digitalisierung unserer Gesellschaft? Wie sehen Sie die Zukunft des Bildungsmonitorings?

Weiterführende Literatur

Autorengruppe Bildungsberichterstattung (Hrsg.). (2020). *Bildung in Deutschland 2020. Ein indikatorengestützter Bericht mit einer Analyse zu Bildung in einer digitalisierten Welt*. Bielefeld: wbv.

Blossfeld, H.-P. & Roßbach, H.-G. (Eds.). (2019). *Education as a lifelong process. The German National Educational Panel Study (NEPS)* (2nd ed.). Wiesbaden: Springer VS. https://doi.org/10.1007/978-3-658-23162-0

Organisation for Economic Co-operation and Development (OECD). (2019). *PISA 2018 Ergebnisse (Band I): Was Schülerinnen und Schüler wissen und können*. Bielefeld: wbv.

Prenzel, M., Sälzer, C., Klieme, E. & Köller, O. (Hrsg.). (2013). *PISA 2012: Fortschritte und Herausforderungen in Deutschland*. Münster: Waxmann.

Rammstedt, B. (Hrsg.). (2013). *Grundlegende Kompetenzen Erwachsener im internationalen Vergleich: Ergebnisse von PIAAC 2012*. Münster: Waxmann.

Literatur

Adams, R. J., Wilson, M. & Wang, W. (1997). The multidimensional random coefficient multinomial logit model. *Applied Psychological Measurement, 21*(1), 1–23. https://doi.org/10.1177/0146621697211001

Aktionsrat Bildung. (2015). *Mehrdimensionale Bildung: Mehr als Fachlichkeit*. Wiesbaden: Verlag für Sozialwissenschaften.

Autorengruppe Bildungsberichterstattung (Hrsg.). (2020). *Bildung in Deutschland 2020. Ein indikatorengestützter Bericht mit einer Analyse zu Bildung in einer digitalisierten Welt*. Bielefeld: wbv.

Bloom, B. S., Hastings, J. T. & Madaus, G. F. (Eds.). (1971). *Handbook on formative and summative evaluation of student learning*. New York: McGraw Hill.

Blossfeld, H.-P. & Roßbach, H.-G. (Eds.). (2019). *Education as a lifelong process. The German National Educational Panel Study (NEPS)* (2nd ed.). Wiesbaden: Springer VS. https://doi.org/10.1007/978-3-658-23162-0

Bos, W. & Pietsch, M. (Hrsg.). (2006). *KESS 4 – Kompetenzen und Einstellungen von Schülerinnen und Schülern am Ende der Jahrgangsstufe 4 in Hamburger Grundschulen*. Münster: Waxmann.

Bromme, R., Prenzel, M. & Jäger, M. (2014). Empirische Bildungsforschung und evidenzbasierte Bildungspolitik: Eine Analyse von Anforderungen an die Darstellung, Interpretation und Rezeption empirischer Befunde. *Zeitschrift für Erziehungswissenschaft, Sonderheft 27*, 3–54. https://doi.org/10.1007/s11618-014-0514-5

Bundesamt für Statistik & Schweizerische Konferenz der kantonalen Erziehungsdirektoren (Hrsg.). (2005). *PISA 2003: Kompetenzen für die Zukunft. Zweiter nationaler Bericht*. Neuchâtel: Bundesamt für Statistik.

Carroll, J. B. (1963). A model for school learning. *Teacher College Record, 64*, 723–733.

Carstensen, C. H., Knoll, S., Rost, J. & Prenzel, M. (2004). Technische Grundlagen. In M. Prenzel, J. Baumert, W. Blum, R. Lehmann, D. Leutner, M. Neubrand et al. (Hrsg.), *PISA 2003. Der Bildungsstand der Jugendlichen in Deutschland – Ergebnisse des zweiten internationalen Vergleichs* (S. 371–387). Münster: Waxmann.

Creemers, B. P. M. (1994). *The effective classroom*. London: Cassell.

Diery, A., Knogler, M., Mazziotti, C., Schneeweiss, A., Hetmanek, A., Holzberger, D. et al. (2020). Das Clearing House Unterricht. Ein Service für die Lehrer*innenbildung?! *Journal für Lehrerinnen- und Lehrerbildung, 20*(2), 42–51.

Fitz-Gibbon, C. T. (1996). *Monitoring education: Indicators, quality, and effectiveness*. London: Cassell.

Foy, P. (2006). Whom should be measured in a cross-national study? In K. N. Ross & I. Jürgens Genevois (Eds.), *Cross-national studies of the quality of education: Planning their design and managing the impact* (pp. 155–184). Paris: Unesco.

Fraillon, J., Ainley, J., Schulz, W., Friedman, T. & Duckworth, D. (2020). *ICILS 2018 Technical report*. Amsterdam: International Association for the Evaluation of Educational Achievement.

Frey, A. (2020). Computerisiertes adaptives Testen. In H. Moosbrugger & A. Kelava (Hrsg.), *Testtheorie und Fragebogenkonstruktion* (3. Aufl., S. 501–525). Berlin: Springer.

Frey, A., Kroehne, U., Seitz, N.-N. & Born, S. (2017). Multidimensional adaptive measurement of competences. In D. Leutner, J. Fleischer, J. Grünkorn & E. Klieme (Eds.), *Competence Assessment in Education. Research, Models, and Instruments* (pp. 369–387). Cham: Springer.

Goldhammer, F. & Zehner, F. (2017). What to make of and how to interpret process data. *Measurement: Interdisciplinary Research and Perspectives, 15*(3/4), 128–132.

Grigg, W., Donahue, P. & Dion, G. (2007). *The Nation's Report Card: 12th-Grade Reading and Mathematics 2005*. Washington, D.C.: U.S. Department of Education, National Center for Education Statistics.

Grisay, A. & Griffin, P. (2006). What are the main cross-national studies? In K. N. Ross & I. Jürgens Genevois (Eds.), *Cross-national studies of the quality of education: Planning their design and managing the impact* (pp. 67–103). Paris: Unesco.

Haider, G., Eder, F., Specht, W. & Spiel, C. (2003). *Zukunft Schule. Strategien und Maßnahmen zur Qualitätsentwicklung. Das Reformkonzept der österreichischen Zukunftskommission* (Abschlussbericht). Wien: Bundesministerium für Bildung, Wissenschaft und Kultur.

Haider, G. & Schreiner, C. (Hrsg.). (2006). *Die PISA-Studie. Österreichs Schulsystem im internationalen Wettbewerb*. Wien: Böhlau.

Hiebert, J., Gallimore, R., Garnier, H., Givvin, K. B., Hollingsworth, H., Jacobs, J. et al. (2003). *Teaching mathematics in seven countries. Results from the TIMSS 1999 video study*. Washington, D.C.: U.S. Department of Education.

Hillmayr, D., Reinhold, F., Ziernwald, L. & Reiss, K. (2017). *Digitale Medien im mathematisch-naturwissenschaftlichen Unterricht der Sekundarstufe: Einsatzmöglichkeiten, Umsetzung und Wirksamkeit*. Münster: Waxmann.

Klieme, E., Avenarius, H., Blum, W., Döbrich, P., Gruber, H., Prenzel, M. et al. (2003). *Zur Entwicklung nationaler Bildungsstandards. Eine Expertise*. Bonn: Bundesministerium für Bildung und Forschung.

Kuger, S. & Klieme, E. (2016). Dimensions of context assessment. In S. Kuger, E. Klieme, N. Jude & D. Kaplan (Eds.), *Assessing Contexts of Learning: An International Perspective* (pp. 3–38). Cham: Springer. https://doi.org/10.1007/978-3-319-45357-6_1

Kultusministerkonferenz (KMK). (2015). *Gesamtstrategie der Kultusministerkonferenz zum Bildungsmonitoring*. Bonn: KMK.

Lehmann, R. H., Peek, R., Gänsfuß, R. & Husfeldt, V. (2002). *Aspekte der Lernausgangslage und der Lernentwicklung – Klassenstufe 9. Ergebnisse einer Längsschnittstudie in Hamburg*. Hamburg: Behörde für Bildung und Sport.

Lüftenegger, M., Schober, B. & Spiel, C. (2019). Evaluation und Qualitätssicherung. In D. Urhahne, M. Dresel & F. Fischer (Hrsg.), *Psychologie für den Lehrberuf* (S. 517–532). Berlin: Springer.

Martin, M. O., Mullis, I. V. S. & Hooper, M. (Eds.). (2016). *Methods and Procedures in TIMSS 2015*. Retrieved from http://timssandpirls.bc.edu/publications/timss/2015-methods.html

Mislevy, R.J., Beaton, A.E., Kaplan, B. & Sheehan, K.M. (1992). Estimating population characteristics from sparse matrix samples of item responses. *Journal of Educational Measurement, 29*(2), 133–164. https://doi.org/10.1111/j.1745-3984.1992.tb00371.x

Müller, K., Prenzel, M., Seidel, T., Schiepe-Tiska, A. & Kjærnsli, M. (2016). Science teaching and learning in schools – Theoretical and empirical foundations for investigating classroom level processes. In S. Kuger, E. Klieme, N. Jude & D. Kaplan (Eds.), *Assessing contexts of learning. An international perspective* (pp. 423–446). Cham: Springer. https://doi.org/10.1007/978-3-319-45357-6_17

Oberwimmer, K., Vogtenhuber, S., Lassnigg, L. & Schreiner, C. (Hrsg.). (2019). *Nationaler Bildungsbericht Österreich 2018, Band 1: Das Schulsystem im Spiegel von Daten und Indikatoren.* Graz: Leykam.

Oelkers, J. & Reusser, K. (2008). *Qualität entwickeln – Standards sichern – mit Differenz umgehen. Eine Expertise.* Bonn: Bundesministerium für Bildung und Forschung.

Organisation for Economic Co-operation and Development (OECD). (2006). *Assessing scientific, reading and mathematical literacy. A framework for PISA 2006.* Paris: Organisation for Economic Co-operation and Development.

Organisation for Economic Co-operation and Development (OECD). (2013). *OECD Skills Outlook 2013: First Results from the Survey of Adult Skills.* Paris: OECD Publishing.

Organisation for Economic Co-operation and Development (OECD). (2017). *PISA 2015 Results (Volume V): Collaborative Problem Solving.* Paris: OECD Publishing.

Organisation for Economic Co-operation and Development (OECD). (2019a). *Bildung auf einen Blick 2019. OECD-Indikatoren.* Bielefeld: wbv.

Organisation for Economic Co-operation and Development (OECD). (2019b). *PISA 2018 Ergebnisse (Band I): Was Schülerinnen und Schüler wissen und können.* Bielefeld: wbv.

Organisation for Economic Co-operation and Development (OECD). (2019c). *PISA 2018 Assessment and Analytical Framework.* Paris: OECD Publishing.

Organisation for Economic Co-operation and Development (OECD). (2019d). *TALIS 2018 Results (Volume I): Teachers and School Leaders as Lifelong Learners.* Paris: OECD Publishing.

Organisation for Economic Co-operation and Development (OECD). (2019e). *PISA 2018 Database.* Retrieved from https://www.oecd.org/pisa/data/2018database

Organisation for Economic Co-operation and Development (OECD). (in press). *PISA 2018. Technical report.* Paris: OECD Publishing.

Prenzel, M. (2005). Zur Situation der Empirischen Bildungsforschung. In H. Mandl & B. Kopp (Hrsg.), *Impulse für die Bildungsforschung. Stand und Perspektiven. Dokumentation eines Expertengesprächs. Deutsche Forschungsgemeinschaft* (S. 7–21). Berlin: Akademie Verlag. https://doi.org/10.1524/9783050085036.7

Prenzel, M. (2013). Research on PISA, with PISA, and for PISA. In M. Prenzel, M. Kobarg, K. Schöps & S. Rönnebeck (Eds.), *Research on PISA. Research outcomes of the PISA Research Conference 2009* (pp. 1–12). Dordrecht: Springer. https://doi.org/10.1007/978-94-007-4458-5

Prenzel, M., Artelt, C., Baumert, J., Blum, W., Hammann, M., Klieme, E. et al. (Hrsg.). (2007). *PISA 2006. Die Ergebnisse der dritten internationalen Vergleichsstudie.* Münster: Waxmann.

Prenzel, M., Baumert, J., Blum, W., Lehmann, R., Leutner, D., Neubrand, M. et al. (Hrsg.). (2004). *PISA 2003. Der Bildungsstand der Jugendlichen in Deutschland – Ergebnisse des zweiten internationalen Vergleichs.* Münster: Waxmann.

Prenzel, M., Baumert, J., Blum, W., Lehmann, R., Leutner, D., Neubrand, M. et al. (Hrsg.). (2005). *PISA 2003. Der zweite Vergleich der Länder in Deutschland – Was wissen und können Jugendliche?* Münster: Waxmann.

Prenzel, M., Baumert, J., Blum, W., Lehmann, R., Leutner, D., Neubrand, M. et al. (Hrsg.). (2006). *PISA 2003. Untersuchungen zur Kompetenzentwicklung im Verlauf eines Schuljahres*. Münster: Waxmann.

Prenzel, M., Sälzer, C., Klieme, E. & Köller, O. (Hrsg.). (2013). *PISA 2012: Fortschritte und Herausforderungen in Deutschland*. Münster: Waxmann.

Rammstedt, B. (Hrsg.). (2013). *Grundlegende Kompetenzen Erwachsener im internationalen Vergleich: Ergebnisse von PIAAC 2012*. Münster: Waxmann.

Reiss, K., Klieme, E., Köller, O. & Stanat, P. (Hrsg.). (2017). *PISA Plus* 2012–2013. *Kompetenzentwicklung im Verlauf eines Schuljahrs* (Zeitschrift für Erziehungswissenschaft, Sonderheft 33). Wiesbaden: Springer. https://doi.org/10.1007/978-3-658-15027-3

Reynolds, D., Sammons, P., De Fraine, B., Van Damme, J., Townsend, T., Teddlie, C. et al. (2014). Educational effectiveness research (EER): A state-of-the-art review. *School Effectiveness and School Improvement, 25*, 197–230. https://doi.org/10.1080/09243453.2014.885450

Rost, J. (2004). *Lehrbuch Testtheorie – Testkonstruktion* (2. Aufl.). Bern: Huber.

Roth, K. J., Druker, S. L., Garnier, H. E., Lemmens, M., Chen, C., Kawanaka, T. et al. (2006). *Teaching science in five countries. Results from the TIMSS 1999 video study*. Washington, D. C.: U. S. Department of Education.

Sälzer, C. (2016). *Studienbuch Schulleistungsstudien. Das Rasch-Modell in der Praxis*. Berlin: Springer. https://doi.org/10.1007/978-3-662-45765-8

Sälzer, C. & Roczen, N. (2018). Die Messung von Global Competence im Rahmen von PISA 2018. Herausforderungen und mögliche Ansätze zur Erfassung eines komplexen Konstrukts. *Zeitschrift für Erziehungswissenschaft, 21*, 299–316. https://doi.org/10.1007/s11618-018-0818-y

Scheerens, J., Glas, C. & Thomas, S. M. (2003). *Educational evaluation, assessment, and monitoring. A systematic approach*. London: Taylor & Francis.

Schiepe-Tiska, A., Roczen, N., Müller, K., Prenzel, M. & Osborne, J. (2016). Science-related outcomes: Attitudes, motivation, value beliefs, strategies. In S. Kuger, E. Klieme, N. Jude & D. Kaplan (Eds.), *Assessing contexts of learning. An international perspective* (pp. 301–329). Cham: Springer. https://doi.org/10.1007/978-3-319-45357-6_12

Schmich, J. & Itzlinger-Bruneforth, U. (Hrsg.). (2019). *TALIS 2018 (Band 1). Rahmenbedingungen des schulischen Lehrens und Lernens aus Sicht von Lehrkräften und Schulleitungen im internationalen Vergleich*. Graz: Leykam.

Schweizerische Konferenz der kantonalen Erziehungsdirektoren (EDK). (2004). *HARMOS: Zielsetzungen und Konzeption*. Bern: EDK.

Schweizerische Koordinationsstelle für Bildungsforschung (SKBF). (2018). *Bildungsbericht Schweiz 2018*. Aarau: SKBF.

Seidel, T. & Prenzel, M. (2008). Large scale assessment. In J. Hartig, E. Klieme & D. Leutner (Eds.), *Assessment of competencies in educational contexts* (pp. 279–304). Göttingen: Hogrefe.

Seidel, T., Reinhold, S., Holzberger, D., Mok, S. Y., Schiepe-Tiska, A. & Reiss, K. (2016). *Wie gelingen MINT-Schulen? Anregungen aus Forschung und Praxis*. Münster: Waxmann.

Seidel, T. & Shavelson, R. J. (2007). Teaching effectiveness research in the last decade: The role of theory and research design in disentangling meta-analysis results. *Review of Educational Research, 77*(4), 454–499. https://doi.org/10.3102/0034654307310317

Shavelson, R. J., McDonnell, L. M., Oakes, J., Carey, N. N. & Picus, L. (1987). *Indicator systems for monitoring mathematics and science education* (Report No. R-3570-NSF). Santa Monica, CA: Rand Corporation.

Stanat, P., Böhme, K., Schipolowski, S. & Haag, N. (Hrsg.). (2015). *IQB-Bildungstrend 2015. Sprachliche Kompetenzen am Ende der 9. Jahrgangsstufe im zweiten Ländervergleich*. Münster: Waxmann.

Stanat, P., Schipolowski, S., Rjosk, C., Weirich, S. & Haag, N. (Hrsg.). (2016). *IQB-Bildungstrend 2016. Kompetenzen in den Fächern Deutsch und Mathematik am Ende der 4. Jahrgangsstufe im zweiten Ländervergleich*. Münster: Waxmann.

Stigler, J.W., Gonzales, P., Kawanaka, T., Knoll, S. & Serrano, A. (1999). *The TIMSS videotape classroom study. Methods and findings from an exploratory research project on eight-grade mathematics instruction in Germany, Japan, and the United States*. Washington, D.C.: U.S. Department of Education.

Stufflebeam, D.L. (2000). The CIPP model for evaluation. In D.L. Stufflebeam, G.F. Madaus & T. Kelleghan (Eds.), *Evaluation models. Viewpoints on educational and human services evaluation* (pp. 279–318). Boston: Kluwer.

Wottawa, H. (2006). Evaluation. In A. Krapp & B. Weidenmann (Hrsg.), *Pädagogische Psychologie* (5. Aufl., S. 659–687). Weinheim: Beltz.

Zehner, F., Weis, M., Vogel, F., Leutner, D. & Reiss, K. (2019). Kollaboratives Problemlösen in PISA 2015: Deutschland im Fokus. *Zeitschrift für Erziehungswissenschaft, 22*(3), 617–646. https://doi.org/10.1007/s11618-019-00874-4

Teil III: Handlungsebenen

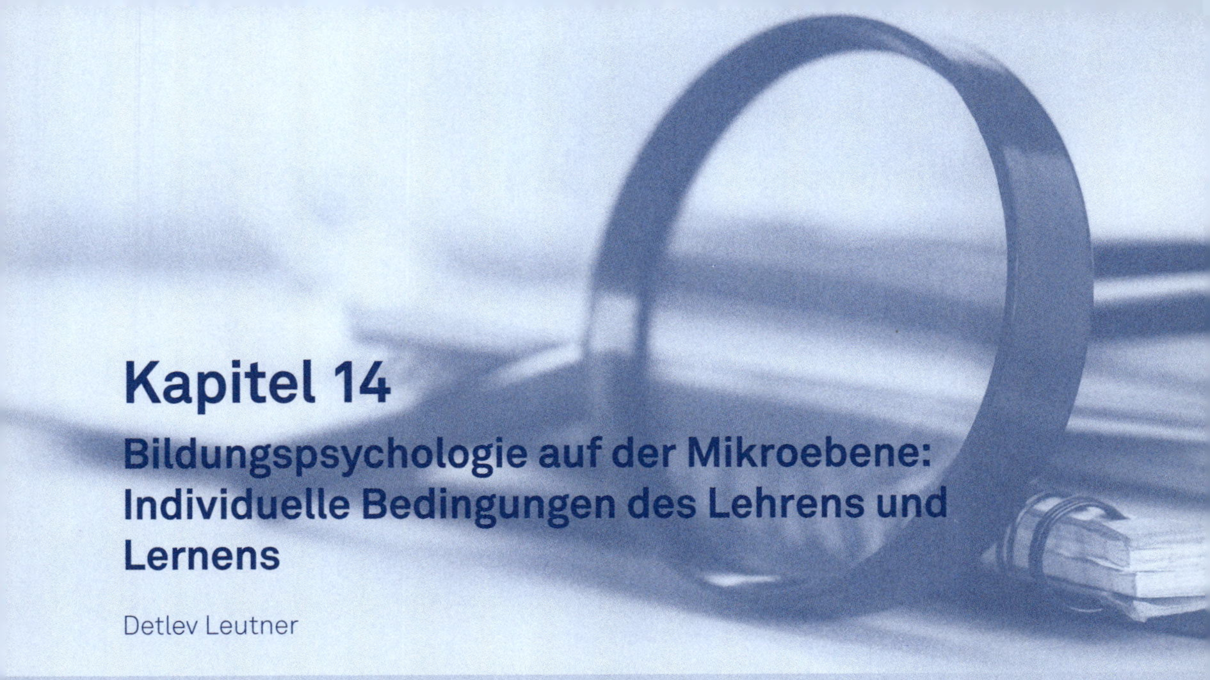

Kapitel 14

Bildungspsychologie auf der Mikroebene: Individuelle Bedingungen des Lehrens und Lernens

Detlev Leutner

Inhaltsübersicht

1 Einführung

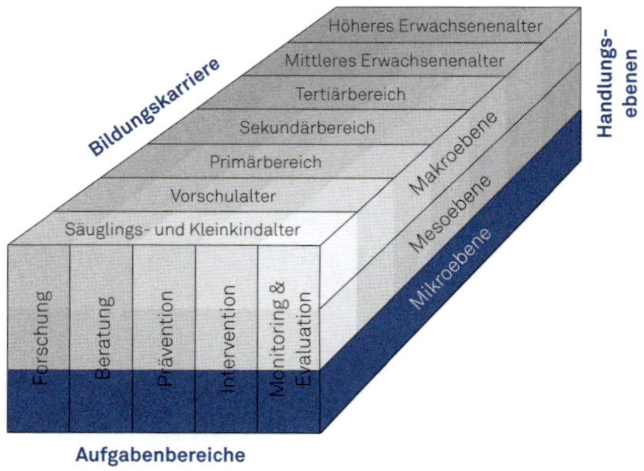

„Mikro" kommt aus dem Griechischen und bedeutet „klein, kurz, gering". Mit Blick auf die Bildungspsychologie geht es um die psychologische Betrachtung von Bildungsprozessen auf kleinster Ebene, der Ebene des Individuums.

Bildungspsychologische Mikroebene

Die bildungspsychologische Mikroebene umfasst Bildungsprozesse und deren Beeinflussung auf der Ebene des Individuums. Im Zentrum stehen das Lernen individueller Personen und die Frage, wie dieses so gestaltet werden kann, dass bestimmte Ziele erreicht werden, wobei diese Ziele typischerweise in Form von Kompetenzen formuliert sind. Aus kognitionspsychologischer Perspektive geht es dabei insbesondere um kognitive und metakognitive Prozesse der aktiven Verarbeitung von Informationen. Diese Prozesse der Informationsverarbeitung sind – im Sinne von Kompetenzerwerb – zielführend zu steuern, und zwar durch die Lernenden selbst im Sinne des selbstregulierten Lernens und durch Lehrende im Rahmen von Unterricht, Ausbildung oder Training.

Im Zentrum dieses Kapitels steht das Lernen individueller Personen, was – zumindest auf den ersten Blick – Thema der traditionellen Lernpsychologie ist. Doch auch, wenn man alles darüber wüsste, wie Menschen lernen, wäre man nicht automatisch in der Lage, individuelle Lernprozesse so zu beeinflussen, dass sie zu erfolgreichen Bildungsprozessen werden. Über die Beschreibung, Erklärung und Vorhersage von *Lern*prozessen hinaus braucht es Kenntnisse über die Wirksamkeit von Bildungsprozessen im Sinne von *Lehr*prozessen, um erfolgreich lehren, ausbilden und trainieren zu können (Gage, 1967; Leutner & Wirth, 2018).

Lernen und Lehren sind damit die Kernbegriffe bildungspsychologischer Reflexion auf der Mikroebene. Die zentrale Frage ist, wie die internen und externen Bedingungen des Lernens gestaltet werden müssen, damit sich ein erwünschter Lernerfolg einstellen kann. Die Beantwortung der Frage erfordert einerseits deskriptive Forschung zur Wirkung von Unterrichts- und Trainingsmaßnahmen, andererseits aber auch präskriptive Forschung zur Optimierung derartiger Maßnahmen, was eine normative Setzung von Bildungszielen voraussetzt. Dass die Ergebnisse solcher Forschung auch unmittelbar praktisch nutzbare Bezüge zu den bildungspsychologischen Aufgabenbereichen (Beratung, Prävention, Intervention, Bildungsmonitoring und Evaluation) haben, ist offensichtlich; dasselbe gilt für die verschiedenen Phasen der Bildungskarriere.

Unter der Bezeichnung *Instruktionspsychologie* hat die Psychologie des Lernens und Lehrens eine lange Tradition, die auf *verhaltenspsychologische Ansätze* (Behaviorismus) zur Entwicklung von Selbstlernmaterialien im Rahmen des Programmierten Unterrichts in den 1950er und 1960er Jahren zurückgeht und seit der kognitiven Wende in den 1960er Jahren gezielt *kognitionspsychologische Annahmen* (Kognitivismus) über die Verarbeitung von Informationen heranzieht, um individuelle Lernprozesse zu beschreiben, zu erklären und zu optimieren. Seit den 1980er Jahren werden vermehrt *konstruktivistische Konzepte* (Konstruktivismus) zur Gestaltung von „offenen" Lernarrangements verwendet, bei denen der Eigenaktivität der Lernenden eine besondere Bedeutung beigemessen wird. Diese drei allgemein-theoretischen Perspektiven auf Lernen und Lehren unterscheiden sich recht deutlich darin, was unter Lehr- oder Lernzielen und unter Lernen verstanden wird, welche Modellvorstellung man von Lernenden hat und welche Lehrprinzipien im Vordergrund stehen (siehe Tabelle 14.1).

Tabelle 14.1: Allgemein-theoretische Perspektiven auf Lernen und Lehren

	Behaviorismus	Kognitivismus	Konstruktivismus
Lehr-/Lernziele	Verhalten; aber auch: Wissen, Fertigkeiten und Einstellungen	Kognitive Strukturen und Prozesse	Problemlöse- und Selbstlernkompetenz
Lernen	Veränderung von Verhaltenswahrscheinlichkeiten	Veränderung kognitiver Strukturen und Prozesse	Kompetenzentwicklung
Modelle für Lernende	„Black Box"	„Glass Box"	Lernende als Konstrukteur*innen der „Glass Box"-Inhalte
Lehr-/Lernprinzipien	„rote learning": auswendig lernen, üben, verstärken	„meaningful learning": verstehensorientiert lernen	„open learning": entdecken und entdecken lassen

Der Übergang von der verhaltensorientierten zur kognitiven Perspektive entspricht einer Verlagerung des instruktionspsychologischen Interesses von Produkten auf Prozesse, der Übergang von der kognitiven zur konstruktivistischen Perspektive dokumentiert eine Verlagerung des Interesses von der Seite der Lehrenden auf die Seite der Lernenden. Die durch die Perspektivenwechsel immer wieder angeheizte Debatte um Lehr-Lernprinzipien, vom Auswendiglernen über Verstehen bis hin zum selbstständigen Entdecken und Problemlösen, ist allerdings nicht neu; sie findet sich z. B. schon in der Reformpädagogik des frühen 20. Jahrhunderts wie auch in der heftig geführten Auseinandersetzung um den Stellenwert des „Entdeckenden Lernens“ in den 1960er Jahren (siehe z. B. Kirschner, Sweller & Clark, 2006; Mayer, 2004).

Im Vergleich zur erziehungswissenschaftlichen „Allgemeinen Didaktik“ ist Instruktionspsychologie als „Psychologische Didaktik“ (Aebli, 1951) zu verstehen. Dabei geht es weniger um die Entwicklung didaktischer „Modelle“ als um „psychologisch begründete instruktionale Interventionen, die über die reine Anwendung didaktischer Rezepte hinausgehen“ (Leutner & Wirth, 2018, S. 269).

2 Stand der Wissenschaft

Klauer (1985; siehe auch Klauer & Leutner, 2012) unterscheidet drei Zugänge zur Lehr-Lernforschung, die sich verwenden lassen, um Forschungsfragen auf der bildungspsychologischen Mikroebene zu strukturieren: Empirische Unterrichtsforschung, Instruktionsforschung und Erziehungsphilosophie.

Empirische Unterrichtsforschung ist deskriptiv ausgerichtet. Auf der bildungspsychologischen Mikroebene untersucht sie aufseiten der Lernenden und Lehrenden die individuellen Wirkungen der Inhalte und der Art und Weise, wie in Bildungseinrichtungen gelernt und gelehrt wird. Es geht also um die Bestandsaufnahme des Lernens und Lehrens. Empirische Unterrichtsforschung fällt allerdings nur dann in den Bereich der Bildungspsychologie, wenn Unterricht und Lernen aus psychologischer Perspektive, also unter Verwendung psychologischer Theorien und Forschungsbefunde, untersucht wird. Fehlt dieser Bezug, dann fällt Unterrichtsforschung in den Bereich der Fachdidaktik oder der Allgemeinen Didaktik.

Instruktionsforschung ist, im Gegensatz zur Empirischen Unterrichtsforschung, nicht deskriptiv, sondern präskriptiv ausgerichtet. Auf der bildungspsychologischen Mikroebene untersucht sie, welche Inhalte in Bildungseinrichtungen im Einzelnen gelernt und gelehrt werden sollten und wie Unterricht und Ausbildung zu gestalten sind, um aufseiten der Lernenden bestimmte Kompetenzziele erreichen zu können. Es geht also nicht um die Bestandsaufnahme, sondern um die zielorientierte Optimierung des Lernens und Lehrens. Auch hier gilt, wie auch bei der Empirischen Unterrichtsforschung, dass Instruktionsforschung nur dann in den Bereich der Bildungspsychologie fällt, wenn sie vor dem Hintergrund psychologischer Theorien und Forschungsbefunde erfolgt.

Erziehungsphilosophie ist, im Gegensatz zur Empirischen Unterrichtsforschung und zur Instruktionsforschung, nicht empirisch, sondern normativ ausgerichtet. Sie befasst sich zwar auch damit, was in Bildungseinrichtungen gelernt und gelehrt werden sollte, allerdings auf der Ebene übergeordneter Bildungsziele. Und es geht darum, wie Unterricht und Ausbildung gestaltet werden sollten, allerdings auch hier auf anderen Ebenen, z. B. auf der Ebene berufsethischer Standards der Lehrenden. Derartige Themen betreffen Forschungsfragen der Bildungspsychologie – wenn überhaupt – nur am Rande; sie sind allerdings insoweit zu berücksichtigen, als sie Bedingungen vorgeben, in deren Rahmen sich Instruktionsforschung zu bewegen hat.

2.1 Theorien und Modelle

Zum Lernen und Lehren als zentralem Aufgabenfeld auf der Mikroebene bildungspsychologischer Forschung gibt es zahlreiche Theorien und Modelle; einige von ihnen werden im Folgenden vorgestellt. Die Auswahl ist selektiv, und zwar aus einer kognitionspsychologischen Perspektive der Planung von Lernsequenzen, Unterricht, Ausbildung und Training. Dabei stellt sich zunächst die Frage nach grundlegenden Modellvorstellungen zum Lernen. Antworten finden sich in *Modellen der aktiven Verarbeitung von Informationen*. Dann stellt sich die Frage nach den durch Lernen zu erreichenden Zielen und nach Möglichkeiten zur Überprüfung der Zielerreichung. Antworten findet man unter den Themen *Lehrzieldefinition* und *Lern- und Leistungsdiagnostik*. Wenn die Frage nach der Setzung und Überprüfung von Zielen beantwortet ist, stellt sich die Frage, wie diese Ziele erreicht werden können. Antworten lassen sich anhand des *Konzepts der Lehrfunktionen* strukturiert zusammenfassen. Schließlich stellt sich die Frage, inwieweit Lehrfunktionen auch als Lernfunktionen konzeptualisiert werden können. Antworten finden sich bei den Themen *adaptives Lehren* und *selbstreguliertes Lernen*.

Lernen als aktive Informationsverarbeitung. Grundlage aller hier vorzustellenden Modelle ist die Annahme, dass Lernen sich als Prozess der aktiven Verarbeitung von Informationen darstellen lässt (*Generatives Lernen* im Sinne von Wittrock, 1990). Dies erfordert ein Informationsverarbeitungssystem, dessen kognitive Architektur als aus verschiedenen Speichersystemen (sensorisches und psychomotorisches Gedächtnis, Arbeitsgedächtnis, Langzeitgedächtnis) mit unterschiedlicher Funktionsweise und unterschiedlicher Speicherkapazität bestehend angenommen wird (siehe Abbildung 14.1). Auf dieser „Hardware" der Informationsverarbeitung (analog zur Hardware von Computersystemen) laufen dann, gewissermaßen als „Software", kognitive, metakognitive, motivationale und emotionale Prozesse sowie Aufmerksamkeitsprozesse. Diese Prozesse ermöglichen es, Informationen aus der Umwelt aufzunehmen, zu verarbeiten und wiederum in die Umwelt hineinzuwirken; darüber hinaus können sie zu erfahrungsbedingten Veränderungen im Langzeitgedächtnis führen.

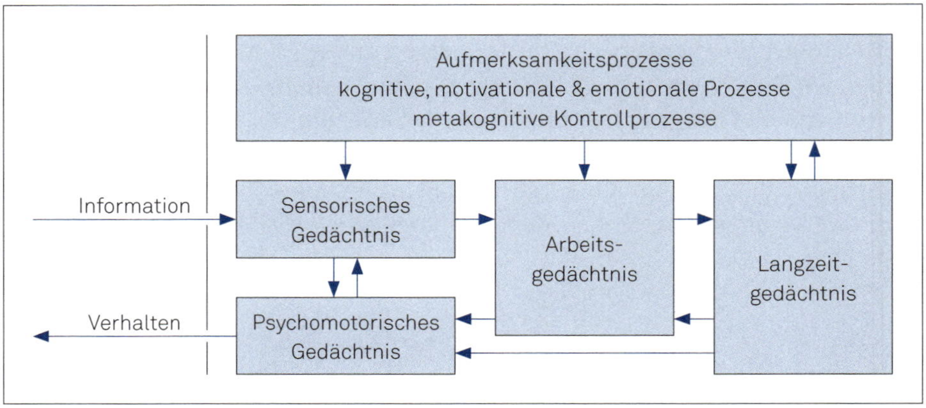

Abbildung 14.1: Modell der Informationsverarbeitung (in Anlehnung an Atkinson & Shiffrin, 1969 und Shiffrin & Atkinson, 1971; siehe auch Leutner, Brünken & Willmes-Lenz, 2009)

Aktive Informationsverarbeitung

Mit aktiver Informationsverarbeitung ist gemeint, dass die Lernenden den Prozessen der Informationsverarbeitung nicht passiv ausgeliefert sind, sondern dass es möglich und – im Sinne optimierten Lernens – auch erforderlich ist, diese Prozesse aktiv zu steuern und zu gestalten, was Aufgabe (metakognitiver) Kontrollprozesse ist.

Lehrzieldefinition und Lern- und Leistungsdiagnostik. Um Lernsequenzen, Unterricht, Ausbildung und Training angemessen planen zu können, müssen die zu erreichenden Ziele präzise definiert und das Erreichen der Ziele überprüfbar sein. Dabei reicht es nicht aus, lediglich Inhalte vorgegeben zu haben. Würde man z. B. im Deutschunterricht „Wilhelm Tell“ oder bei Lernstrategietrainings „Concept Mapping“ als Ziel spezifizieren, wäre völlig offen, was die Schüler*innen im Hinblick auf diese Inhalte lernen sollen. Entscheidend ist es, neben einem Inhalt auch ein Verhalten zu spezifizieren, welches die Lernenden nach erfolgtem Unterricht zeigen können sollen, also z. B. „Die Konfliktsituation Wilhelm Tells in eigenen Worten erläutern können“ oder „Zu einem Kapitel aus dem Biologie-Lehrbuch selbstständig eine Concept Map erstellen können“.

In der Geschichte der Instruktionspsychologie gab es verschiedene Ansätze, Lehrziele zu präzisieren. An dieser Stelle soll ein Modell von Klauer (1987; siehe auch Klauer & Leutner, 2012) zur Definition von Lehrzielen als Kompetenzen vorgestellt werden (siehe Abbildung 14.2), das insofern interessant ist, als es die infolge der PISA-Studien angestrebte Definition von Bildungsstandards (Klieme et al., 2003) schon etliche Jahre zuvor vorweggenommen hat. Die Grundidee des Modells besteht darin, eine zu lernende und zu lehrende Kompetenz über eine Menge

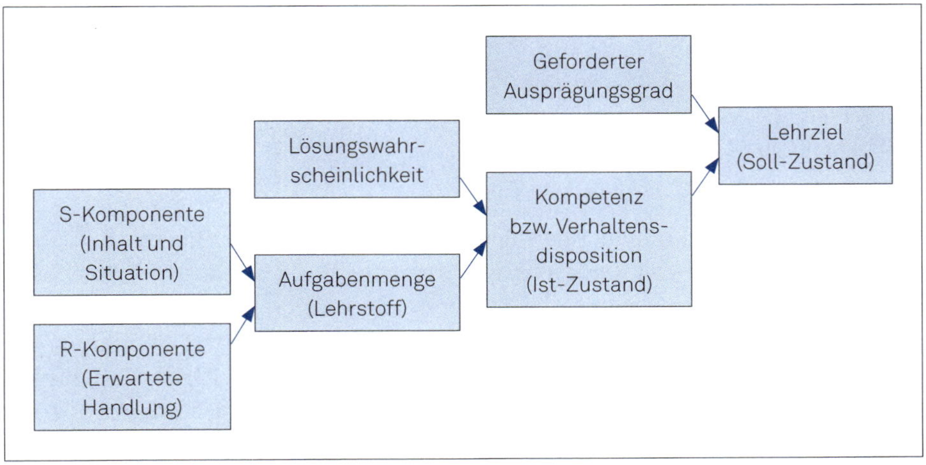

Abbildung 14.2: Modell zur Definition von Lehrzielen als Kompetenzen (nach Klauer, 1987; siehe auch Klauer & Leutner, 2012)

von Aufgaben zu definieren. Jede zur Menge gehörende Aufgabe bringt die Lernenden in eine Situation, in der ein Inhalt vorgelegt wird (Stimulus- oder S-Komponente), bezüglich dessen eine konkrete Handlung erwartet wird (Response- oder R-Komponente). Die S-Komponente hat zumeist die Form einer Frage oder einer Aufforderung, z. B. „Zeichne eine Concept Map zum Kapitel 13 des Biologie-Lehrbuchs", die R-Komponente ist dann die richtige Antwort. Über mehrere solcher Aufgaben hinweg lässt sich dann die Wahrscheinlichkeit ermitteln, mit der die Lernenden in der Lage sind, die Lernstrategie des Concept Mappings richtig anzuwenden. Die auf diese Weise ermittelte Ausprägung der Kompetenz (als Ist-Zustand) lässt sich schließlich vergleichen mit der im Lehrziel geforderten Ausprägung der Kompetenz (als Soll-Zustand). Besteht eine Diskrepanz zwischen Ist und Soll, haben die Lernenden das Lehrziel noch nicht erreicht, womit weiterer Lern- bzw. Lehrbedarf besteht.

Lehrziele lassen sich als Kompetenzen definieren, auf der bildungspsychologischen Makroebene z. B. als Lesekompetenz Deutsch, Schreibkompetenz Englisch oder Modellierkompetenz Mathematik; auf der bildungspsychologischen Mikroebene z. B. als Kompetenz, zu einem gegebenen biologischen Sachtext eine inhaltlich angemessene Concept Map erstellen zu können. Anhand von empirisch überprüfbaren Kompetenzmodellen lassen sich diese Kompetenzen dann in Teilkompetenzen zerlegen, deren Erreichen sich anhand von Aufgaben überprüfen lässt (Leutner, Fleischer, Grünkorn & Klieme, 2017). Mit anderen Worten: Präzisiert und definiert man Lehrziele als Kompetenzen, lassen sich inhaltlich passende Instrumente zur Lern- und Leistungsdiagnostik entwickeln, um das Erreichen der Lehrziele überprüfen und im Lehr-Lernprozess entscheiden zu können, ob hinreichend gelernt worden ist oder ob noch weiter gelernt werden muss.

Kompetenzen

Kompetenzen sind „kontextspezifische kognitive Leistungsdispositionen, die sich funktional auf Situationen und Anforderungen in bestimmten Domänen beziehen" (Klieme & Leutner, 2006, S. 879).

Konzept der Lehrfunktionen. Erst wenn die Frage nach der Setzung und der Überprüfbarkeit der Ziele von Lernen und Lehren angemessen beantwortet ist, ist es sinnvoll, danach zu fragen, wie die Ziele erreicht werden können. Versteht man Lernen als aktiven Prozess der Informationsverarbeitung (siehe Abbildung 14.1 auf S. 374), dann lassen sich mit Klauer (1985; siehe auch Klauer & Leutner, 2012) Funktionen beschreiben, die erfüllt sein müssen, damit Lernprozesse erfolgreich sein können – d.h. das gesetzte Ziel erreichen. Da diese Funktionen in den allermeisten Fällen von den Lernenden zunächst noch nicht selbst erbracht werden können, sondern von Lehrkräften zu erbringen sind, werden sie als *Lehrfunktionen* bezeichnet. Lehrfunktionen sind Effekte, die durch Lehren erreicht werden müssen, damit Lernen stattfindet. Klauer (1985) unterscheidet sechs Lehrfunktionen (siehe auch Klauer & Leutner, 2012).

Lehrfunktionen nach Klauer (1985)

- Der Lernende muss motiviert sein (Lehrfunktion „Motivation").
- Die zu verarbeitenden Informationen müssen verfügbar sein und aufgenommen werden (Lehrfunktion „Information").
- Die aufgenommenen Informationen müssen verarbeitet und verstanden werden (Lehrfunktion „Informationsverarbeitung").
- Die verarbeiteten Informationen müssen gespeichert werden und wieder abrufbar sein (Lehrfunktion „Speichern und Abrufen").
- Die gespeicherten und wieder abrufbaren Informationen müssen zur Lösung neuer Aufgaben- und Problemstellungen genutzt werden können (Lehrfunktion „Anwendung und Transfer").
- Der gesamte Prozess des Lernens muss andauernd überprüft und zielführend gesteuert werden (Lehrfunktion „Steuerung und Kontrolle").

Adaptives Lehren und selbstreguliertes Lernen. Die Kunst des Lernens und Lehrens besteht darin, geeignete Maßnahmen zu ergreifen, um die für erfolgreiches Lernen erforderlichen Lehrfunktionen zu erfüllen. Zu diesem Zweck sind folgende Fragen zu beantworten: Sind die Lernenden hinreichend motiviert? Ist die zu verarbeitende Information für sie verfügbar und haben sie sie aufgenommen? Haben sie alles verarbeitet und verstanden? Haben sie die verarbeitete Information gespeichert und können sie sie aus dem Gedächtnis abrufen? Können sie die abrufbare Information anwenden? Je nachdem, wie die Antworten auf diese Fragen ausfallen, besteht besonderer Handlungsbedarf – oder auch nicht. Wenn die Schüler*innen einer Klasse z. B. hoch motiviert sind, wäre es Verschwendung von Lernzeit, besondere Motivierungsmaßnahmen zu ergreifen. Wenn aber z. B. feststellbar ist, dass die Schüler*innen den behandelten Lehrstoff noch nicht angemessen verstanden haben, dann ist es dringend erforderlich, geeignete Maßnahmen zu ergreifen, um z. B. reduktive und/oder elaborative Prozesse aktiver Informationsverarbeitung in Gang zu setzen. Mit anderen Worten: Gestaltet man Unterricht, Ausbildung und Training auf diese Weise, indem man als Lehrperson nur dann tätig wird, wenn es erforderlich ist, um ganz gezielt bestimmte Lehrfunktionen zu erfüllen, dann ist diese Art zu lehren „adaptiv", nämlich angepasst daran, welchen Unterstützungsbedarf die Lernenden jeweils haben (Leutner & Wirth, 2018).

In dem Ausmaß, wie die Lernenden die Verantwortung zur Erfüllung der Lehrfunktionen selbst übernehmen, entwickeln sie sich mehr und mehr zu selbstreguliert Lernenden. Mit anderen Worten: Aus den Lehrfunktionen werden Lernfunktionen. Selbstreguliertes Lernen bedeutet nichts anderes, als Lernstrategien einzusetzen, um diese Funktionen für sich selbst zu erfüllen. Dabei eignen sich kognitive Lernstrategien wie z. B. Textmarkieren, Concept Mapping oder Visualisieren, um die Lehrfunktionen *Information* und *Informationsverarbeitung* zu erfüllen (Leutner & Leopold, 2006), während metakognitive Strategien des Planens und Überwachens die Lehrfunktion *Steuerung und Kontrolle* erfüllen (Leopold & Leutner, 2015; Wirth, Stebner, Trypke, Schuster & Leutner, 2020).

2.2 Studien und Befunde

Zu den Bedingungen erfolgreicher Bildungsprozesse auf der Ebene des Individuums gibt es eine unübersehbare Fülle empirischer Forschung, die bis zum Beginn des 20. Jahrhunderts zurückreicht (z. B. Meumann, 1911; Thorndike, 1906). In diesem Überblickskapitel lässt sich nur eine Auswahl exemplarisch darstellen. Dabei werden die zuvor erläuterten Lehrfunktionen zur Strukturierung herangezogen, ergänzend wird auf selbstreguliertes und digital unterstütztes Lernen sowie auf individuelle Unterschiede zwischen Lernenden eingegangen.

Effekte von Maßnahmen zur Umsetzung von Lehrfunktionen

Motivation. Ohne *Motivation* ist kein zielorientiertes Verhalten, also auch kein zielführendes Lernen möglich. Auch wenn Strategien für den motivierenden Beginn einer Unterrichtsstunde (wie z. B. das Aufwerfen eines Problems ohne offenkundige Lösung, das Erzeugen eines kognitiven Konflikts oder die Herstellung eines persönlichen Bezuges zum Lehrstoff; Klauer & Leutner, 2012) zum Standardrepertoire der Didaktik gehören, ist die nachhaltige Umsetzung dieser Lehrfunktion keineswegs trivial. In vielen Fällen sind über Unterrichtseröffnungsstrategien hinausgehende Motivierungshilfen erforderlich, wie z. B. Anerkennung, Lob oder sogenannte Tokens („Fleißkärtchen" in allen denkbaren Varianten). Vor dem Hintergrund der Ergebnisse verhaltensorientierter Lernforschung geht es dabei nicht zuletzt darum, eine positive Lernatmosphäre zu schaffen, die auf Verstärkung setzt und Bestrafung vermeidet. Fries (2002) konnte darüber hinaus z. B. zeigen, dass sich das Lern- und Leistungsmotiv von Lernenden trainieren lässt. Einen Überblick über weitere Möglichkeiten der Motivationsförderung im Schulalltag geben Rheinberg und Krug (2017).

Im Fokus: Ziele des Trainingsprogramms zur Förderung des Lern- und Leistungsmotivs nach Fries (2002)

- Realistische Anspruchsniveausetzung, d.h. persönliche Leistungsziele, die erreichbar sind.
- Erfolgszuversichtliche Attributionsmuster, d.h. persönliche Erklärungen für Erfolg oder Misserfolg, die weiteres Lernen sinnvoll erscheinen lassen (z.B. Erfolg zurückführen auf Fleiß oder eigene Fähigkeit, Misserfolg aber auf mangelnde Anstrengung).
- Positive Selbstbewertungsbilanz, d.h. die Freude über Erfolg sollte größer sein als der Ärger über Misserfolg.

Information. Maßnahmen zur lernförderlichen Umsetzung der Lehrfunktion *Information* betreffen einerseits die Lenkung der Aufmerksamkeit der Lernenden, andererseits die Gestaltung des Lernmaterials. Notwendige Voraussetzung, überhaupt eine Chance zu haben, die Aufmerksamkeit der Lernenden auf den Lehrstoff lenken zu können, ist eine effektive Klassenführung (engl. *classroom management*): Entsprechend den einflussreichen Arbeiten von Kounin (1970, 1976) besteht die Kunst darin, nicht erst auf Störungen des Unterrichts (z. B. auf „Schwätzen") reagieren zu müssen, sondern präventiv dafür zu sorgen, dass solche Störungen erst gar nicht auftreten (Helmke & Brühwiler, 2018; Lenske & Mayr, 2015; Nolting, 2008).

Ist durch Maßnahmen der Klassenführung gewährleistet, dass alle Lernenden „bei der Sache" sind, gibt es verschiedene Möglichkeiten, die Aufmerksamkeit der Lernenden auf das Kommende zu lenken. Vielfach untersucht wurde z. B. der Einsatz sogenannter vorstrukturierender Lernhilfen (engl. *advance organizer*) nach Ausubel (1960, 1968). Metaanalysen vorliegender Studien belegen, dass Advance Organizer den Lernerfolg positiv beeinflussen, auch wenn der Effekt insgesamt eher gering ist (Luiten, Ames & Ackerson, 1980) und insbesondere Lernenden mit geringem Vorwissen zugutekommt (West & Fensham, 1976).

Advance Organizer

Ein Advance Organizer ist eine spezifische Form des Überblicks, ein begriffliches Grundgerüst für das, was im Unterricht behandelt werden soll. Wenn es z.B. um den Begriff „Katamaran" geht, kann man an das Vorwissen der Lernenden über Schlitten und Segelboote anknüpfen.

Eine weitere, vielfach untersuchte Möglichkeit der Aufmerksamkeitslenkung besteht darin, vor einer Unterrichtseinheit die jeweiligen Lehrziele anzugeben und zu erläutern. Eine Metaanalyse von Klauer (1984) zu Zielangaben bei Lehrtexten zeigt, dass Vorsicht geboten ist: Zielangaben lenken die Aufmerksamkeit auf das, was gelernt werden soll. Sie können die Aufmerksamkeit jedoch auch von dem wegziehen, was nicht in den Zielangaben genannt wird. In beide Richtungen sind mittelgroße Effekte auf den Lernerfolg zu verzeichnen, d.h. Zielangaben fördern intentionales (absichtsvolles) Lernen, behindern aber inzidentelles (beiläufiges) Lernen; generell lernmotivierende Wirkungen, wie in der Didaktik mitunter angenommen, scheinen Zielangaben nicht zu haben.

Maßnahmen zur lernförderlichen Umsetzung der Lehrfunktion *Information* werden häufig vor dem Hintergrund der *Cognitive Load Theory* (Paas, Renkl & Sweller, 2003; Sweller, 1994) begründet. Grundlegende Idee der Theorie ist, dass die Verarbeitung von Informationen primär im Arbeitsgedächtnis geschieht und dieses belastet *(cognitive load),* wobei verschiedene Prozesse um dessen begrenzte Kapazität konkurrieren. Dabei ist es einerseits der Lehrstoff selbst, der mehr oder weniger komplex ist und damit, um überhaupt bearbeitet werden zu können, mehr oder weniger Belastung ausübt, die als *intrinsic load* bezeichnet wird. Hinzu kommt eine störende Belastung, die dadurch entstehen kann, dass der Lehrstoff ungünstig präsentiert wird *(extraneous load).* Wenn nun sowohl der *intrinsic load* als auch der *extraneous load* hoch sind, dann ist nur noch wenig Kapazität des Arbeitsgedächtnisses verfügbar, um adäquate Prozesse der Informationsverarbeitung zu ermöglichen, die eine verstehens- und lernrelevante Belastung des Arbeitsgedächtnisses darstellen *(germane load).* Die Kunst der angemessenen Präsentation von Information besteht entsprechend der *Cognitive Load Theory* darin, den *extraneous load* so weit zu reduzieren, dass – bei gegebenem *intrinsic load* aufgrund der Komplexität des Lehrstoffs und des Vorwissens der Lernenden – hinreichend Kapazität des Arbeitsgedächtnisses verfügbar bleibt, um *germane load* induzierende kognitive Prozesse der Informationsverarbeitung überhaupt erst zu ermöglichen.

Empfehlungen auf Basis der *Cognitive Load Theory* können vergleichsweise trivial sein wie z.B. klare und deutliche Sprache des/der Vortragenden, leichte Lesbarkeit von Tafelanschrieb oder Vortragsfolien, Vermeidung irrelevanter Präsentationseffekte wie z.B. das Einfliegenlassen von Wörtern mit doppeltem Looping bei PowerPoint-Präsentationen etc. Maßnahmen zur Reduktion des *extraneous load* können aber auch eher subtil sein und sich auf komplexere Modelle des sensorischen Gedächtnisses und des Arbeitsgedächtnisses beziehen, die davon ausgehen, dass auditiv bzw. visuell aufgenommene und verbal bzw. bildlich kodierte Information „streckenweise" getrennt verarbeitet wird (Mayer, 2009; Schnotz, 2014). Prominentes Beispiel sind die sogenannten „Prinzipien des Lernens mit Multimedia". So zeigen zahlreiche Untersuchungen (z.B. Mayer, 2009), dass man in aller Regel mit einer Kombination von schriftlichem Text und inhaltlich erläuternden Bildern zum Text besser lernt als mit einem Text allein. Eine Metaanalyse von Ginns (2005) belegt, dass dieser einfache *Multimedia-Effekt* noch deutlich gesteigert werden kann, wenn die bilderläuternden verbalen Informationen von den Lernenden nicht visuell (als geschriebener Text), sondern auditiv (als gesprochener Text) aufgenommen werden können (der sogenannte *Modality-Effekt*). Neben den auf den entsprechenden Effekten basierten Multimedia- und Modality-Prinzipien sind in der Forschung zum Lernen mit Multimedia noch zahlreiche weitere Prinzipien formuliert worden, deren Beachtung empfehlenswert erscheint (Klauer & Leutner, 2012; Leutner & Brünken, 2018; Leutner, Schmeck & Opfermann, 2014; Mayer, 2009).

Beispiel aus der Forschung: Wie lässt sich die kognitive Be- bzw. Entlastung beim Modality-Effekt messen?

Die kognitive Belastung beim Lernen wird typischerweise anhand von Fragebögen erfasst, also subjektiv und indirekt (Brünken, Plass & Leutner, 2003). Brünken, Steinbacher, Plass und Leutner (2002) zeigten jedoch, dass diese Messung auch objektiv und direkt möglich ist: In zwei Experimenten bearbeiteten die Lernenden jeweils eine digitale Unterrichtseinheit. Beide Unterrichtseinheiten bestanden aus einer Folge von Bildschirmseiten, die sowohl bildliche als auch verbale Informationen enthielten, wobei die verbalen Informationen über die Bildschirmseiten hinweg abwechselnd entweder gesprochen (auditive Informationsaufnahme) oder geschrieben waren (visuelle Informationsaufnahme). Entsprechend dem Modality-Effekt war zu erwarten, dass die Kombination „Bild und geschriebener Text“ kognitiv stärker belastet als die Kombination „Bild und gesprochener Text“.

Doch wie lässt sich die kognitive Belastung messen? Während des Lernens hatten die Lernenden eine visuelle Überwachungsaufgabe zu bearbeiten: Am oberen Rand des Bildschirms war ein großes „A“ platziert, welches in unregelmäßigen zeitlichen Abständen seine Farbe von Schwarz auf Rot wechselte. Die Lernenden wurden gebeten, diesen Farbwechsel möglichst schnell durch Drücken der Leertaste zu quittieren. Die Reaktionszeit wurde protokolliert. Ein solches Studiendesign wird als *Dual-Task-Paradigma* bezeichnet: Es gibt zwei Aufgaben, eine primäre Aufgabe (hier: Lernen) und eine sekundäre Aufgabe (hier: Überwachen). Die Idee dabei ist, dass die Leistung in der Sekundäraufgabe sinkt (hier: längere Reaktionszeit), wenn die kognitive Beanspruchung durch die Primäraufgabe zunimmt (hier: wenn auf einer Bildschirmseite mit der Kombination „Bild und geschriebener Text“ anstatt „Bild und gesprochener Text“ zu lernen ist). Die Ergebnisse der Reaktionszeiten zeigen genau dieses Muster: War die Sekundäraufgabe isoliert zu bearbeiten, also ohne zu lernende Information (Single-Task), war die Reaktionszeit trivialerweise am kürzesten. War die zu lernende Information als Kombination „Bild und gesprochener Text“ präsentiert (audio-visual Dual-Task), war die Reaktionszeit mit einer Effektstärke von $d = 2{,}05$ deutlich länger als in der Single-Task-Bedingung. Dies zeigt, dass die kognitive Verarbeitung der zu lernenden Informationen sehr stark belastet. War die zu lernende Information als Kombination „Bild und geschriebener Text“ präsentiert (visual-only Dual-Task), war die Reaktionszeit mit einer Effektstärke von $d = 0{,}82$ nochmals deutlich länger als in der Audio-Visual-Dual-Task-Bedingung. Dies zeigt, dass die rein visuelle Verarbeitung der bildlichen und verbalen Informationen kognitiv deutlich belastender war als die audiovisuelle Verarbeitung. Diese Studie war eine der ersten Studien, in der eine zentrale Annahme der *Cognitive Load Theory,* dass nämlich unterschiedliche instruktionale Designs unterschiedliche kognitive Belastungen beim Lernen bewirken können, durch objektive und direkte Messung (anstelle subjektiver und indirekter Messung anhand von Fragebögen) überprüft wurde.

Informationsverarbeitung. Theoretische Grundlage für Maßnahmen zur Umsetzung der Lehrfunktion *Informationsverarbeitung* sind z. B. die *Levels of Processing-Theorie* von Craik und Lockart (1972) und die *Generative Learning-Theorie* von Wittrock (1990). Craik und Lockhart (1972) unterscheiden in der *Levels of Processing-Theorie* zwischen einer eher oberflächlichen und einer eher semantischen (auf Bedeutung bezogenen), tieferen Verarbeitung von Informationen, wobei letztere deutlich nachhaltigere Lerneffekte erzielt als erstere. Wittrock (1990) ergänzt in der *Generative Learning-Theorie* diese Idee dahingehend, dass sich Lernen als ein aktiver Prozess des Herstellens von Beziehungen beschreiben lässt, und zwar sowohl innerhalb der aufgenommenen Informationen (Reduzieren im Sinne des Selegierens und Organisierens wichtiger Informationen) als auch zwischen den neuen Informationen und bisherigen Kenntnissen (Elaborieren). Auf Elaboration hin ausgerichtete Informationsverarbeitung lässt sich z. B. durch Fragen induzieren, die nach der Bearbeitung des Lernmaterials beantwortet werden sollen. Rosenshine, Meister und Chapman (1996) konnten metaanalytisch zeigen, dass Schüler*innen erfolgreich trainiert werden können, sich selbst Fragen zum Lehrstoff zu stellen, und dass sie deutlich bessere Verständnisleistungen erzielen als untrainierte Schüler*innen. Auf Reduktion hin ausgerichtete Informationsverarbeitung kann z. B. darin bestehen, die zentralen Begriffe eines Textes zu markieren (zu selegieren) und die Beziehungen zwischen ihnen in einer Concept Map darzustellen (zu organisieren). Untersuchungen zeigen, dass Schüler*innen, die im Textmarkieren und Concept Mapping trainiert wurden, ein nachhaltig besseres Verständnis gelesener Sachtexte erzielen als nicht trainierte Schüler*innen (z. B. Leopold, den Elzen-Rump & Leutner, 2006; Leopold & Leutner, 2015). Beim Concept Mapping geht es um eher begriffliches Organisieren von aufgenommenen Informationen. Es gibt aber auch interessante Ansätze, aufgenommene Informationen bildlich zu organisieren (Fiorella & Mayer, 2015), indem Lernende aufgefordert werden, Vorstellungsbilder zum Gelesenen zu erzeugen *(mental imagery)* oder das Gelesene selbst zu zeichnen *(generative drawing)*. In Studien zeigte sich, dass beide Ansätze dazu geeignet sind, den Inhalt von Sachtexten besser zu verstehen (z. B. Leutner, Leopold & Sumfleth, 2009, zu *mental imagery;* Leutner & Schmeck, 2014, zu *generative drawing*).

Speichern und Abrufen. Maßnahmen zur Umsetzung der Lehrfunktion *Speichern und Abrufen* finden sich in zahlreichen Lernratgebern. Häufig fokussieren sie sich auf Techniken des Auswendiglernens ohne den Anspruch, die im Langzeitgedächtnis zu speichernden Dinge tatsächlich auch tiefer zu verstehen. Typische Beispiele sind sogenannte *Mnemotechniken*.

Mnemotechnik

Mnemotechnik ist die Technik der Gedächtniskunst. Beispiele sind die Schlüsselwortmethode (engl. *key word method*) und die Methode der Orte (engl. *method of loci*). Beide Methoden verwenden Vorstellungsbilder, um sich z. B. – bei der Schlüsselwortmethode – Vokabeln oder – bei der Methode der Orte – Wortlisten besser einprägen zu können.

Bei Mnemotechniken und ähnlichen Methoden geht es um assoziatives Auswendiglernen, was aus bildungspsychologischer Perspektive eher weniger wünschenswert ist. Wenn ein Lehrstoff jedoch im Hinblick auf tieferes Verstehen bearbeitet wurde (siehe Lehrfunktion *Informationsverarbeitung*), kann erwartet werden, dass auch ohne Auswendiglernen abrufbares Wissen im Langzeitgedächtnis gespeichert wurde. In diesem Fall ist es nützlich, den Abruf des Wissens zu üben, um bestimmte Qualitätsstandards zu erreichen, z. B. im Rahmen des sogenannten *Mastery Learnings*. Metaanalysen bescheinigen dem Mastery Learning-Ansatz positive Wirkungen, allerdings – was nicht verwundert – auf Kosten einer durchschnittlich verlängerten Lernzeit (z. B. Kulik, Kulik & Bangert-Drowns, 1990).

Mastery Learning

Bei Mastery Learning geht es darum, dass Lernende so lange Aufgaben zu einem Lehrstoff bearbeiten, bis ein bestimmtes Zielkriterium erreicht ist, z. B. 90 % richtiger Antworten. Die Lernenden haben dann „Meisterschaft" (engl. *mastery*) erreicht.

Übung, wie beim Mastery Learning, ist im Hinblick auf den Erwerb deklarativen Wissens nützlich, beim Erwerb von Fertigkeiten (engl. *skills*) jedoch von ganz entscheidender Bedeutung: Zahlreiche Studien belegen, dass herausragende Expertise (z. B. in Musik, Sport, Schach, aber auch Arithmetik oder Autofahren) überproportional viel Übung erfordert, was durch das sogenannte Potenzgesetz des Lernens beschrieben wird (Anderson, 2013): Zu Beginn eines Lernprozesses ist bei konstanter Übungsrate ein vergleichsweise großer Lernfortschritt zu beobachten, der aber – bei weiterhin konstanter Übungsrate – mit zunehmender Expertise immer geringer wird. Um herausragende Expertise erreichen zu können, ist am Ende also viel Übung erforderlich – mit anderen Worten: Man muss sich sehr anstrengen und sehr viel Zeit investieren.

Anwendung und Transfer. Maßnahmen zur Umsetzung der Lehrfunktion *Anwendung und Transfer* sorgen dafür, dass bereits Gelerntes in neuen Zusammenhängen angewendet oder auf einen anderen Kontext übertragen werden kann. Dieser Transfer geschieht in aller Regel nicht von selbst, er muss geübt werden. Wenn es also darum geht, eine Regel, ein Prinzip oder eine Strategie in neuen Zusammenhängen anwenden oder auf andere Kontexte übertragen zu können, ist es sinnvoll, deren Anwendung in möglichst vielen unterschiedlichen Zusammenhängen und unterschiedlichen Kontexten üben zu lassen (Chen, 1999). Je nachdem, wie ähnlich die ursprünglichen Lernaufgaben und die später zu bearbeitenden Anwendungs- oder Transferaufgaben sind, lassen sich unterschiedliche Transferdistanzen unterscheiden (Klauer, 2011). Bei großer Ähnlichkeit spricht man von *nahem Transfer,* z. B. wenn die Lernstrategie des Concept Mappings anhand eines Chemie-Textes erlernt und auf einen anderen Chemie-Text angewendet werden soll. Bei geringer Ähnlichkeit spricht man von *weitem Transfer,* z. B. wenn die anhand von Chemie-Texten erlernte Lernstrategie des Concept Mappings auf Texte im Fach Philosophie übertragen werden soll. Es liegt auf der Hand, bei solchen Anwendungs- und Transferübungen zunächst mit ähnlichen Aufgabenstellungen zu beginnen, um die Transferdistanz dann schrittweise zu vergrößern. Wie Prenzel (2000) betont, erfordert dies im Hinblick auf schulischen Unterricht eine besondere Art von „Aufgabenkultur", die u. a. dadurch gekennzeichnet ist, dass vermehrt Aufgaben mit starkem Anwendungsbezug verwendet werden.

Steuerung und Kontrolle. Die Lehrfunktion *Steuerung und Kontrolle* betrifft den flexiblen Einsatz der zuvor erläuterten Maßnahmen zur Umsetzung der Lehrfunktionen. So ist es z. B. nur dann sinnvoll, besondere Maßnahmen zur Motivierung zu ergreifen, wenn die Lernenden nicht hinreichend motiviert sind – alles andere würde bedeuten, „Eulen nach Athen zu tragen" und Lernzeit zu verschwenden. Dasselbe gilt für die Lehrfunktion *Information:* So ist z. B. ein besonderer Advance Organizer nur bei Lernenden mit geringen Vorkenntnissen im jeweiligen Inhaltsgebiet erforderlich. Mit anderen Worten: Um die individuellen Lernprozesse von Schüler*innen angemessen anregen und zielführend steuern zu können, müssen Lehrkräfte in der Lage sein, die Lernenden angemessen zu diagnostizieren, und zwar nicht nur auf umfassende Ergebnisse von Lernprozessen wie z. B. Zeugnisnoten (Statusdiagnostik) bezogen, sondern insbesondere auch im Hinblick auf den Lernprozess selbst (Prozessdiagnostik).

Status- und Prozessdiagnostik

Im Hinblick auf pädagogische Entscheidungen verfolgen Status- und Prozessdiagnostik unterschiedliche Zielsetzungen. Gemäß Leutner und Kröner (2018) verfolgt *Statusdiagnostik* vor allem das Ziel, Selektionsentscheidungen vorzubereiten, z. B. über die Versetzung am Schuljahresende, den Übergang von der Grundschule zur weiterführenden Schule oder die Auswahl von Schüler*innen zur besonderen Förderung in einer Förderschule. Angenommen wird dabei, dass der zur Vorbereitung der Entscheidung diagnostizierte Zustand (der Status) der diagnostizierten Person über längere Zeit hinweg stabil bleibt und die Entscheidung nur in längerfristigen zeitlichen Intervallen zu überprüfen ist. *Prozessdiagnostik* dagegen verfolgt vor allem das Ziel, sogenannte Modifikations- oder Förderentscheidungen vorzubereiten, z. B. im Hinblick auf die Frage, ob die Lernenden hinreichend motiviert sind, ob sie die im Unterricht aufgenommenen Informationen hinreichend verstanden und hinreichend geübt haben etc. Angenommen wird dabei, dass diese auf den Lernprozess bezogenen Aspekte der Lernenden sich zeitlich schnell verändern können und die diesbezüglichen Einschätzungen in kurzfristigen zeitlichen Intervallen zu überprüfen sind.

Selbstreguliertes Lernen

Lernende können, wie zuvor erläutert, die Lehrfunktionen auch auf sich selbst anwenden. Sie werden dann zu selbstreguliert Lernenden, und Lehrfunktionen werden dann zu *Lern*funktionen. Maßnahmen zur Umsetzung dieser Lernfunktionen sind Lernstrategien. Dabei verdient die angemessene Umsetzung der Funktion des Steuerns und Kontrollierens besondere Beachtung, da sie – als Metakognition – die Grundlage jeglichen selbstregulierten Lernens darstellt. Wenn es darum geht, Lernstrategien zu trainieren, ist es erforderlich, diese Funktion explizit mitzutrainieren, wie Studien zeigen (Leopold, den Elzen-Rump & Leutner, 2006; Leopold & Leutner, 2015; Leutner & Leopold, 2006; Schuster, Stebner, Leutner & Wirth, 2020). Solche Lernstrategietrainings, bei denen nicht nur eine Lernstrategie, z. B. Concept Mapping, sondern darüber hinaus auch die zielführende Umsetzung der Lernstrategie mittrainiert wird, werden als „Hybridtraining" bezeichnet (Klauer & Leutner, 2012).

Lernstrategien

Lernstrategien dienen dazu, schrittweise ein bestimmtes Lernziel zu erreichen und lassen sich in kognitive, metakognitive und ressourcenbezogene Lernstrategien einteilen:

- Unter die *kognitiven Lernstrategien* (Fiorella & Mayer, 2015) fallen tiefenorientierte Strategien (z. B. Textmarkieren, Concept Mapping, Generatives Zeichnen) und oberflächenorientierte Strategien (z. B. Wiederholen, Auswendiglernen). Studien zeigen, dass mit zunehmendem Alter von Beginn der weiterführenden Schule bis zur gymnasialen Oberstufe oberflächenorientierte Lernstrategien immer seltener, tiefenorientierte Lernstrategien dagegen immer häufiger verwendet werden und dass, insbesondere am Ende der Schulzeit, die Verwendung oberflächenorientierter Lernstrategien negativ, die Verwendung von tiefenorientierten Lernstrategien dagegen positiv mit dem Lernerfolg korreliert (Leopold, den Elzen-Rump & Leutner, 2006).
- *Metakognitive Lernstrategien* (Leopold & Leutner, 2015) beziehen sich darauf, die Vorgehensweise beim Lernen zu planen, sich beim Lernen zu beobachten (Monitoring), zu bewerten (ob das Lernen „rund" läuft) und schließlich nachzujustieren, falls erforderlich.
- Unter die *ressourcenbezogenen Lernstrategien* (Waldeyer, Fleischer, Wirth & Leutner, 2019) fallen Strategien zur Nutzung und zur Regulation sowohl interner (z. B. Aufmerksamkeit, Motivation, Anstrengung, Zeiteinsatz) als auch externer Ressourcen (z. B. Gestaltung des Arbeitsplatzes, Hilfe durch andere Personen, Informationsquellen wie Bibliothek oder Internet).

Digital unterstütztes Lernen

In zunehmendem Maße werden für Lernen und Lehren auch digitale Medien verwendet, wobei die Corona-Pandemie diesen Trend im Jahr 2020 deutlich verstärkt hat. Je nachdem, inwieweit Lehrfunktionen implementiert sind, lassen sich Lehr- bzw. Informationssysteme unterscheiden (Leutner & Brünken, 2018). *Informationssysteme* stellen Informationen zur Verfügung, ohne explizit weitere Lehrfunktionen zu erfüllen. Beispiele sind Wikipedia, Vorlesungsskripts zum Download oder Simulationsprogramme zur Veranschaulichung mathematischer oder naturwissenschaftlicher Sachverhalte. Werden Informationssysteme jedoch gezielt um motivierende Elemente, Anregungen zur tieferen Verarbeitung der Informationen oder Wiederholungs- und Transferaufgaben erweitert und werden damit, über die reine Information hinaus, weitere Lehrfunktionen erfüllt, wird aus einem reinen Informationssystem ein *Lehrsystem*. Und wenn darüber hinaus auch noch Elemente vorhanden sind, durch die die Lernprozesse aufseiten der Lernenden gesteuert werden (z.B. im Sinne von Mastery Learning so lange zu üben, bis ein bestimmtes Ziel erreicht ist), handelt es sich um ein *adaptives Lehrsystem* (Leutner, 2011). Ein besonders interessanter Entwicklungstrend im Bereich des digital unterstützten Lernens und Lehrens besteht darin, die zu lernenden Informationen nicht einfach zu präsentieren, sondern diese von den Lernenden selbst entdecken (engl. *inquiry learning;* Wichmann & Leutner, 2009) oder spielerisch aufnehmen zu lassen (engl. *serious games;* Plass et al. 2013). Ein Überblick über aktuelle Entwicklungen in der Bildungstechnologie findet sich bei Niegemann und Weinberger (2020).

Inquiry Learning und Serious Games

Beim *Inquiry Learning* geht es darum, dass Lernende einen Sachverhalt oder Gegenstandsbereich eigenständig erkunden und auf diese Weise das, was gelernt werden soll, selbst entdecken. Entsprechende Szenarien reichen von Exkursionen in Feld und Wald bis hin zu computerbasierten Simulationen. Wichmann und Leutner (2009) ließen die Lernenden z.B. computersimulierte Experimente zur Photosynthese durchführen. Im Ergebnis zeigte sich, dass sie am besten lernten, wenn sie beim Experimentieren im Hinblick auf wissenschaftliches Denken und das Generieren wissenschaftlich fundierter Erklärungen gezielt unterstützt wurden.

Bei *Serious Games* (oder *games for learning*) geht es darum, dass Lernende das, was gelernt werden soll, entweder ebenfalls selbst entdecken oder eigenständig üben, indem sie in ein Spiel „eintauchen". Plass et al. (2013) ließen die Lernenden z.B. mit einem Computerspiel spielen, um arithmetische Fertigkeiten zu üben. Im Ergebnis zeigte sich, dass der Fertigkeitserwerb (wie auch Interesse und Freude) von Wettbewerb und Kooperation unter den Lernenden profitierte und dass individuelles Spielen im Hinblick auf diese Zielgrößen deutlich schlechter abschnitt.

Fragt man nach der Wirksamkeit des Lernens mit digitalen Medien, ist zu berücksichtigen, dass es in aller Regel nicht das Medium selbst ist (hier also Computer, Tablet oder Smartphone), dem Lernwirksamkeit zugeschrieben werden kann, sondern die Art und Weise, wie das Medium genutzt wird, um individuelle Lernprozesse zu unterstützen, d.h. inwieweit Lehrfunktionen implementiert sind (Clark, 1994). So fand Hattie (2013) in einer Metaanalyse nur sehr geringe Effektstärken ($0{,}10 < d < 0{,}24$) für computergestützten Unterricht und programmierte Instruktion. Es ist jedoch zu berücksichtigen, dass digitale Medien in Form von Computersimulationen es z.B. ermöglichen, Sachverhalte anschaulich darzustellen, die ansonsten vielleicht nicht darstellbar wären (z.B. in submolekularen oder astrophysischen Bereichen). Aber auch hier kommt es darauf an, inwieweit Lehrfunktionen implementiert sind.

Individuelle Unterschiede zwischen Lernenden

Die bisher vorgestellten Forschungsergebnisse stellen evidenzbasierte „Leitlinien“ für psychologisch begründetes Handeln in Bildungssituationen dar. Solche Leitlinien gibt es z.B. auch in der Medizin. In der Werbung zu Produkten der Pharmaindustrie ist allerdings regelmäßig der Satz zu hören: „Bei Risiken und Nebenwirkungen lesen Sie die Packungsbeilage und Fragen Sie Ihren Arzt oder Apotheker“. In der Forschung zum Lernen und Lehren werden solche „Probleme“ als *ATI-Effekte* bezeichnet (Wechselwirkungen – engl. *interaction* – von Lernvoraussetzungen – engl. *aptitude* – und Lehrmethode – engl. *treatment;* vgl. Brünken & Leutner, 2005). Natürlich unterscheiden sich Lernende. Studien zeigen, dass die Wirksamkeit einer Lehrmethode durch interindividuelle Unterschiede der Lernenden moderiert werden kann: So weiß man z.B. aus der Forschung zum Lernen mit Multimedia (Mayer, 2009), dass hohes Vorwissen die Nachteile ungünstigen instruktionalen Designs ausgleichen kann *(knowledge as compensator)*, während hohes räumliches Vorstellungsvermögen die lernwirksamen Vorteile günstigen instruktionalen Designs verstärken kann *(spatial ability as enhancer)*. Mit anderen Worten: Gutes Multimedia-Design scheint insbesondere bei Lernenden mit geringem Vorwissen und hinreichend ausgeprägtem räumlichen Vorstellungsvermögen seine lernförderliche Wirkung zu entfalten. Andererseits kann man des Guten auch zu viel tun: Wenn das Vorwissen sehr hoch ist und die Lernenden schon Expert*innen im jeweiligen Sachgebiet sind, dann kann sich der ansonsten lernförderliche Effekt guten Multimedia-Designs in sein Gegenteil umkehren und sich als lernhinderlich erweisen (*expertise reversal effect;* Kalyuga, Ayres, Chandler & Sweller, 2003) – ein Effekt, der auch aus anderen Bereichen bekannt ist und schon von Clark (1990) als *„when teaching kills learning“* bezeichnet wurde. In diesem Zusammenhang sei auch auf die in didaktischen Kontexten häufig anzutreffenden Aussagen zu sogenannten Lerntypen verwiesen, deren empirische Basis in aller Regel schwach ist (z.B. Kirschner, 2017) – zumindest, wenn die Zuordnung der Lernenden zu einem spezifischen Lerntyp per Fragebogen erfolgt. Wird die Lerntypenklassifikation dagegen anhand beobachtbaren Lernverhaltens vorgenommen, dann kann z. B. für Visualisierer gezeigt werden, dass ihr Lernerfolg einbricht, wenn ihnen die zum Lernen präferierten Bilder vorenthalten werden, während es für Verbalisierer keinen Unterschied ausmacht (Leutner & Plass, 1998; Plass, Chun, Mayer & Leutner, 1998). Darüber hinaus ließ sich anhand von Blickbewegungsanalysen zeigen, dass Visualisierer Texte mit Bildern anders lesen und bearbeiten als Verbalisierer (Koc-Januchta, Höffler, Prechtl & Leutner, 2020).

Um in der Medizin-Analogie zu bleiben: Von Ärzt*innen erwarten wir als Patient*in, dass sie Wechselwirkungen zwischen Personeneigenschaften und Medikamenten wie auch zwischen Medikamenten möglichst gut kennen und uns vor dem Hintergrund ihres professionellen Wissens angemessen behandeln. Übertragen auf ATI-Effekte beim Lernen heißt das, dass wir Forschung benötigen, die solche Wechselwirkungen aufdeckt. Metaanalysen leisten diesbezüglich hervorragende Dienste: Sofern hinreichend viele Studien vorhanden sind, erlauben sie es zu prüfen, inwieweit die Wirkung einer Methode A in Abhängigkeit von Kontextfaktoren B, C, D etc. variiert (sogenannte Moderatoreffekte). Genau dieses Wissen zeichnet didaktische Professionalität aus. Dabei ist völlig klar, dass sich derartiges Wissen auch im Wege individueller Erfahrungen aus der pädagogischen Praxis entwickelt. Solch individuelles Wissen kann dann aber nur den Charakter von Hypothesen haben. Um das Wissen z. B. für eine wissenschaftlich begründete Lehrer*innenbildung nutzbar zu machen, bedarf es der empirischen Überprüfung. Ansonsten ist es nicht mehr als von Generation zu Generation überlieferbare „pädagogische Folklore".

3 Praktische Bedeutung und Zukunft des Themas

In der Bildungspsychologie geht es auf der Mikroebene um individuelles Lernen und dessen Förderung, d. h. um Lernen und Lehren. Die zentrale Frage ist, wie auf der Basis psychologischer Theorien und Forschungsergebnisse interne und externe Bedingungen des Lernens so gestaltet werden können, dass bestimmte Ziele – nämlich Bildungsziele – erreicht werden. Antworten auf diese Frage sind von hoher praktischer Bedeutung, da Lernen (insbesondere auch unter Bedingungen des Lehrens) nicht nur im Kindes- und Jugendalter eine Rolle spielt, sondern als lebenslanger Prozess aufzufassen ist. Zudem zeigen international vergleichende Studien wie z. B. PISA, dass in Schulen mitunter zwar viel gelehrt, letztendlich aber vergleichsweise wenig gelernt wird. Würde man die verfügbare Lernzeit im Sinne der hier vorgestellten Forschungsergebnisse besser nutzen, wäre mit besseren Lernergebnissen zu rechnen.

Bei der Vorstellung der Forschungsergebnisse wurde in instruktionspsychologischer Tradition eine schwerpunktmäßig kognitive Perspektive eingenommen. Eine Herausforderung für die Bildungspsychologie auf der Mikroebene besteht darin, vermehrt motivationale und emotionale Perspektiven einzubinden, wozu z.B. die Selbstkonzept- und Selbstwirksamkeitsforschung, die Interessenforschung und die Emotionsforschung geeignete Ausgangspunkte darstellen (siehe Frenzel & Götz, 2018; Köller & Möller, 2018; Krapp, 2018; Moschner & Dickhäuser, 2018). Darüber hinaus wurde in diesem Kapitel schwerpunktmäßig die mit dem Lernort „Schule" verbundene Forschung vorgestellt, also der Primär- und der Sekundärbereich einer Bildungskarriere. Eine weitere Herausforderung für die Bildungspsychologie auf der Mikroebene besteht darin, die Perspektive auf die anderen Bereiche der Bildungskarriere auszuweiten. Dieses integrierend zu leisten, erscheint nicht einfach, da die diesbezügliche Forschung in z.T. sehr unterschiedlichen *scientific communities* mit genuin eigenen Theorien, Forschungsparadigmen, Konferenzen und Journals stattfindet (z.B. Angewandte Entwicklungspsychologie; Pädagogische Psychologie; Didaktik; Fachdidaktik; Arbeits-, Betriebs- und Organisationspsychologie; Berufspädagogik), die sich in vielen Fällen nur unzureichend gegenseitig zur Kenntnis nehmen. Schreiber (1998) konnte solche *communities* z.B. auf dem Gebiet des selbstregulierten Lernens aufzeigen. Mit bibliometrischen Methoden fand sie drei Cluster von Forscher*innen, die sich zwar innerhalb des jeweiligen Clusters, kaum aber zwischen den Clustern gegenseitig zitieren (ein „Self-Regulated-Learning"-Cluster, „Self-Directed-Learning"-Cluster, und ein „Learner-Control"-Cluster).

Zusammenfassung

Auf der Mikroebene befasst sich Bildungspsychologie mit Prozessen des Lernens und Lehrens auf der Ebene des Individuums. In diesem Kapitel wurde, in instruktionspsychologischer Tradition, eine kognitive Perspektive eingenommen. Diese besteht darin, Lernen als einen Prozess der Informationsverarbeitung zu betrachten und sich zu fragen, wie dieser Prozess so gestaltet werden kann, dass die Informationen motiviert aufgenommen, angemessen verarbeitet, gespeichert und genutzt werden können, um neue Aufgaben zu bearbeiten. Das Konzept der „Lehrfunktion" ist geeignet, die Forschung zur Beantwortung dieser Fragen zu strukturieren. Lehrfunktionen sind Effekte, die durch Lehren erfüllt sein müssen, damit Lernen stattfindet. Erfüllt werden können sie idealerweise durch den Lernenden selbst. Lernen wird damit zum selbstregulierten Lernen und Lehrfunktionen werden zu Lernfunktionen. Solange, wie Lernende die Lehrfunktionen nicht für sich selbst erfüllen können, ist es erforderlich, dass sie extern durch Lehrer*innen, Ausbilder*innen, Trainer*innen oder digitale Medien erfüllt werden. Bei dem zu Beginn der 2020er Jahre zu beobachtenden, durch die Corona-Pandemie angetriebenen Hype auf digitale Lernmedien ist gerade dieser Punkt nicht zu vernachlässigen. Das Zurverfügungstellen digitaler Medien allein sichert jedoch keinen nachhaltigen Lernerfolg: Viele Lernende sind nicht gut genug vorbereitet, mit diesen Medien selbstreguliert zu lernen, und benötigen entsprechende Unterstützung.

Reflexionsfragen

1. Wie lässt sich die kognitionspsychologische Herangehensweise an Lernen und Lehren charakterisieren?
2. Was ist unter „aktiver" Informationsverarbeitung zu verstehen?
3. Welche Rolle spielt Diagnostik im Lehr-Lernprozess?
4. Was ist unter „adaptivem" Lehren zu verstehen?
5. Was ist die Grundidee des „selbstregulierten Lernens"? Worin besteht die Herausforderung bei der Gestaltung von Lernstrategietrainings?

Weiterführende Literatur

Anderson, J.R. (2013). *Kognitive Psychologie* (7. Aufl.). Berlin: Springer VS. https://doi.org/10.1007/978-3-642-37392-3

Fiorella, L. & Mayer, R.E. (2015). *Learning as a generative activity*. Cambridge: Cambridge University Press. https://doi.org/10.1017/CBO9781107707085

Hattie, J. (2013). *Lernen sichtbar machen*. Baltmannsweiler: Schneider.

Klauer, K.J. & Leutner, D. (2012). *Lehren und Lernen. Einführung in die Instruktionspsychologie* (2. Aufl.). Weinheim: Beltz.

Niegemann, H. & Weinberger, A. (Hrsg.). (2020). *Handbuch Bildungstechnologie. Konzeption und Einsatz digitaler Lernumgebungen*. Berlin: Springer.

Rost, D., Sparfeldt, J.R. & Buch, S. (Hrsg.). (2018). *Handwörterbuch Pädagogische Psychologie* (5. Aufl.). Weinheim: Beltz.

Literatur

Aebli, H. (1951). *Didactique psychologique. Application à la didactique de la psychologie de Jean Piaget*. Neuchâtel: Delachaux & Niestlé.

Anderson, J.R. (2013). *Kognitive Psychologie* (7. Aufl.). Berlin: Springer VS. https://doi.org/10.1007/978-3-642-37392-3

Atkinson, R.C. & Shiffrin, R.M. (1969). Storage and retrieval processes in short-term memory. *Psychological Review, 76,* 179–193. https://doi.org/10.1037/h0027277

Ausubel, D.P. (1960). The use of advanced organizers in the learning and retention of meaningful verbal material. *Journal of Educational Psychology, 51,* 267–272. https://doi.org/10.1037/h0046669

Ausubel, D.P. (1968). *Educational psychology: A cognitive view*. New York: Holt, Rinehart & Winston.

Brünken, R. & Leutner, D. (2005). Individuelle Unterschiede beim Lernen mit neuen Medien – neue Wege der ATI-Forschung? In S.R. Schilling, J.R. Sparfeldt & C. Pruisken (Hrsg.), *Aktuelle Aspekte pädagogisch-psychologischer Forschung: Detlef H. Rost zum 60. Geburtstag* (S. 25–40). Münster: Waxmann.

Brünken, R., Plass, J.L. & Leutner, D. (2003). Direct measurement of cognitive load in multimedia learning. *Educational Psychologist, 38,* 53–61. https://doi.org/10.1207/S15326985EP3801_7

Brünken, R., Steinbacher, S., Plass, J.L. & Leutner, D. (2002). Assessment of cognitive load within multimedia learning by the dual-task methodology. *Experimental Psychology, 49,* 109–119. https://doi.org/10.1027//1618-3169.49.2.109

Chen, Z. (1999). Schema induction in children's analogical problem solving. *Journal of Educational Psychology, 91,* 703–715. https://doi.org/10.1037/0022-0663.91.4.703

Clark, R.E. (1990). When teaching kills learning: Research on mathemathantics. In H. Mandl, E. De Corte, N. Bennett & H.F. Friedrich (Eds.), *Learning and instruction: European research in an international context* (Vol. 2.2, pp. 1–22). Oxford: Pergamon.

Clark, R.E. (1994). Media will never influence learning. *Educational Technology Research and Development, 42,* 21–29. https://doi.org/10.1007/BF02299088

Craik, F.I.M. & Lockhart, R.S. (1972). Levels of processing: A framework for memory research. *Journal of Verbal Learning and Verbal Behavior, 11,* 671–684. https://doi.org/10.1016/S0022-5371(72)80001-X

Fiorella, L. & Mayer, R.E. (2015). *Learning as a generative activity*. Cambridge: Cambridge University Press. https://doi.org/10.1017/CBO9781107707085

Frenzel, A.C. & Götz, T. (2018). Emotionen in Lern- und Leistungssituationen. In D. Rost, J.R. Sparfeldt & S. Buch (Hrsg.), *Handwörterbuch Pädagogische Psychologie* (5. Aufl., S. 109–118). Weinheim: Beltz.

Fries, S. (2002). *Wollen und Können: Ein Training zur gleichzeitigen Förderung des Leistungsmotivs und des induktiven Denkens*. Münster: Waxmann.

Gage, N.L. (1967). Paradigmen für die Erforschung des Lehrens. In F. Weinert (Hrsg.), *Pädagogische Psychologie* (S. 70–101). Köln: Kiepenheuer & Witsch.

Ginns, P. (2005). Meta-analysis of the modality effect. *Learning and Instruction, 15,* 313–331. https://doi.org/10.1016/j.learninstruc.2005.07.001

Hattie, J. (2013). *Lernen sichtbar machen*. Baltmannsweiler: Schneider.

Helmke, A. & Brühwiler, C. (2018). Unterrichtsqualität. In D. Rost, J.R. Sparfeldt & S. Buch (Hrsg.), *Handwörterbuch Pädagogische Psychologie* (5. Aufl., S. 860–869). Weinheim: Beltz.

Kalyuga, S., Ayres, P., Chandler, P. & Sweller, J. (2003). The expertise reversal effect. *Educational Psychologist, 38,* 23–31. https://doi.org/10.1207/S15326985EP3801_4

Kirschner, P.A. (2017). Stop propagating the learning styles myth. *Computers & Education, 106,* 166–171. https://doi.org/10.1016/j.compedu.2016.12.006

Kirschner, P.A., Sweller, J. & Clark, R.E. (2006). Why minimal guidance during instruction does not work: An analysis of the failure of constructivist, discovery, problem-based, experiential, and inquiry-based teaching. *Educational Psychologist, 41,* 75–86. https://doi.org/10.1207/s15326985ep4102_1

Klauer, K.J. (1984). Intentional and incidental learning with instructional texts: A meta-analysis for 1970–1980. *American Educational Research Journal, 21,* 323–339.

Klauer, K.J. (1985). Framework for a theory of teaching. *Teaching and Teacher Education, 1,* 5–17. https://doi.org/10.1016/0742-051X(85)90026-5

Klauer, K.J. (1987). *Kriteriumsorientierte Tests*. Göttingen: Hogrefe.

Klauer, K.J. (2011). *Transfer des Lernens*. Stuttgart: Kohlhammer.

Klauer, K.J. & Leutner, D. (2012). *Lehren und Lernen: Einführung in die Instruktionspsychologie* (2. Aufl.). Weinheim: Beltz.

Klieme, E., Avenarius, H., Blum, W., Döbrich, P., Gruber, H., Prenzel, M. et al. (2003). *Zur Entwicklung nationaler Bildungsstandards: Eine Expertise*. Berlin: Bundesministerium für Bildung und Forschung (BMBF).

Klieme, E. & Leutner, D. (2006). Kompetenzmodelle zur Erfassung individueller Lernergebnisse und zur Bilanzierung von Bildungsprozessen: Beschreibung eines neu eingerichteten Schwerpunktprogramms der DFG. *Zeitschrift für Pädagogik, 52,* 876–903.

Koc-Januchta, M.M., Höffler, T.N., Prechtl, H. & Leutner, D. (2020). Is too much help an obstacle? Effects of interactivity and cognitive style on learning with dynamic vs non-dynamic visualizations with narrative explanations. *Educational Technology Research and Development, 68,* 2971–2990. https://doi.org/10.1007/s11423-020-09822-0

Köller, O. & Möller, J. (2018). Selbstwirksamkeit. In D. Rost, J.R. Sparfeldt & S. Buch (Hrsg.), *Handwörterbuch Pädagogische Psychologie* (5. Aufl., S. 757–763). Weinheim: Beltz.

Kounin, J.S. (1970). *Discipline and group management in classrooms.* New York: Holt, Rinehart & Winston.

Kounin, J.S. (1976). *Techniken der Klassenführung.* Stuttgart: Klett.

Krapp, A. (2018). Interesse. In D. Rost, J.R. Sparfeldt & S. Buch (Hrsg.), *Handwörterbuch Pädagogische Psychologie* (5. Aufl., S. 286–297). Weinheim: Beltz.

Kulik, C.-L.C., Kulik, J.A. & Bangert-Drowns, R.L. (1990). Effectiveness of mastery learning programs: A meta-analysis. *Review of Educational Research, 60,* 265–299. https://doi.org/10.3102/00346543060002265

Lenske, G. & Mayr, J. (2015). Das Linzer Konzept der Klassenführung (LKK). Grundlagen, Prinzipien und Umsetzung in der Lehrerbildung. In K. Zierer (Hrsg.), *Jahrbuch für Allgemeine Didaktik 2015. Thementeil: Klassenmanagement/Klassenführung – Perspektiven, Befunde, Kontroversen* (S. 71–84). Baltmannsweiler: Schneider.

Leopold, C., den Elzen-Rump, V. & Leutner, D. (2006). Selbstreguliertes Lernen aus Sachtexten. In M. Prenzel & L. Allolio-Näcke (Hrsg.), *Untersuchungen zur Bildungsqualität von Schule: Abschlussbericht des DFG-Schwerpunktprogramms* (S. 268–288). Münster: Waxmann.

Leopold, C. & Leutner, D. (2015). Improving students' science text comprehension through metacognitive self-regulation when applying learning strategies. *Metacognition & Learning, 10,* 313–346. https://doi.org/10.1007/s11409-014-9130-2

Leutner, D. (2011). Adaptivität und Adaptierbarkeit beim Online-Lernen. In P. Klimsa & L.J. Issing (Hrsg.), *Online-Lernen: Handbuch für Wissenschaft und Praxis* (2. Aufl., S. 115–123). München: Oldenbourg.

Leutner, D. & Brünken, R. (2018). Lernen mit elektronischen Medien. In D. Rost, J.R. Sparfeldt & S. Buch (Hrsg.), *Handwörterbuch Pädagogische Psychologie* (5. Aufl., S. 450–455). Weinheim: Beltz.

Leutner, D., Brünken, R. & Willmes-Lenz, G. (2009). Fahren lernen und Fahrausbildung. In H.-P. Krüger (Hrsg.), *Anwendungsfelder der Verkehrspsychologie* (Enzyklopädie der Psychologie, Serie Verkehrspsychologie, Bd. 2, S. 1–79). Göttingen: Hogrefe.

Leutner, D., Fleischer, J., Grünkorn, J. & Klieme, E. (Eds.). (2017). *Competence assessment in education: Research, models, and instruments.* New York: Springer. https://doi.org/10.1007/978-3-319-50030-0

Leutner, D. & Kröner, S. (2018). Pädagogisch-psychologische Diagnostik. In D. Rost, J.R. Sparfeldt & S. Buch (Hrsg.), *Handwörterbuch Pädagogische Psychologie* (5. Aufl., S. 609–619). Weinheim: Beltz.

Leutner, D. & Leopold, C. (2006). Selbstregulation beim Lernen aus Sachtexten. In H. Mandl & H.F. Friedrich (Hrsg.), *Handbuch Lernstrategien* (S. 162–171). Göttingen: Hogrefe.

Leutner, D., Leopold, C. & Sumfleth, E. (2009). Cognitive load and science text comprehension: Effects of drawing and mentally imagining text content. *Computers in Human Behavior, 25,* 285–289. https://doi.org/10.1016/j.chb.2008.12.010

Leutner, D. & Plass, J.L. (1998). Measuring learning styles with questionnaires versus direct observation of preferential choice behavior: Development of the Visualizer/Verbalizer Behavior Observation Scale (VV-BOS). *Computers in Human Behavior, 14,* 543–557. https://doi.org/10.1016/S0747-5632(98)00023-5

Leutner, D. & Schmeck, A. (2014). The drawing principle in multimedia learning. In R.E. Mayer (Ed.), *The Cambridge handbook of multimedia learning* (2nd ed, pp. 433–448). New York: Cambridge University Press.
Leutner, D., Schmeck, A. & Opfermann, M. (2014). Lernen mit Medien. In T. Seidel & A. Krapp (Hrsg.), *Pädagogische Psychologie* (S. 297–322). Weinheim: Beltz.
Leutner, D. & Wirth, J. (2018). Instruktionspsychologie. In D. Rost, J.R. Sparfeldt & S. Buch (Hrsg.), *Handwörterbuch Pädagogische Psychologie* (5. Aufl., S. 269–278). Weinheim: Beltz.
Luiten, J., Ames, W. & Ackerson, G. (1980). A meta-analysis of the effects of advance organizers on learning and retention. *American Educational Research Journal, 17,* 211–218. https://doi.org/10.3102/00028312017002211
Mayer, R.E. (2004). Should there be a three-strikes rule against pure discovery learning? The case for guided methods of instruction. *American Psychologist, 59,* 14–19. https://doi.org/10.1037/0003-066X.59.1.14
Mayer, R.E. (2009). *Multimedia learning* (2nd ed.). Cambridge: Cambridge University Press. https://doi.org/10.1017/CBO9780511811678
Meumann, E. (1911). *Vorlesungen zur Einführung in die Experimentelle Pädagogik und ihre psychologischen Grundlagen*. Leipzig: Engelmann.
Moschner, B. & Dickhäuser, O. (2018). Selbstkonzept. In D. Rost, J.R. Sparfeldt & S. Buch (Hrsg.), *Handwörterbuch Pädagogische Psychologie* (5. Aufl., S. 750–756). Weinheim: Beltz.
Niegemann, H. & Weinberger, A. (Hrsg.). (2020). *Handbuch Bildungstechnologie. Konzeption und Einsatz digitaler Lernumgebungen*. Berlin: Springer.
Nolting, H.-P. (2008). Unterrichtsstörungen. In W. Schneider & M. Hasselhorn (Hrsg.), *Handbuch der Pädagogischen Psychologie* (S. 187–196). Göttingen: Hogrefe.
Paas, F., Renkl, A. & Sweller, J. (2003). Cognitive load theory and instructional design: Recent developments. *Educational Psychologist, 38,* 1–4. https://doi.org/10.1207/S15326985EP3801_1
Plass, J.L., Chun, D., Mayer, R.E. & Leutner, D. (1998). Supporting visualizer and verbalizer learning preferences in a second language multimedia learning environment. *Journal of Educational Psychology, 90,* 25–36. https://doi.org/10.1037/0022-0663.90.1.25
Plass, J.L., O'Keefe, P.A., Homer, B.D., Case, J., Hayward, E.O., Stein, M. et al. (2013). The impact of individual, competitive, and collaborative mathematics game play on learning, performance, and motivation. *Journal of Educational Psychology, 105,* 1050–1066. https://doi.org/10.1037/a0032688
Prenzel, M. (2000). Steigerung der Effizienz des mathematisch-naturwissenschaftlichen Unterrichts: Ein Modellversuchsprogramm von Bund und Ländern. *Unterrichtswissenschaft, 28,* 103–126.
Rheinberg, F. & Krug, S. (2017). *Motivationsförderung im Schulalltag* (4. Aufl.). Göttingen: Hogrefe. https://doi.org/10.1026/01950-000
Rosenshine, B., Meister, C. & Chapman, S. (1996). Teaching students to generate questions: A review of the intervention studies. *Review of Educational Research, 66,* 181–221. https://doi.org/10.3102/00346543066002181
Schnotz, W. (2014). Integrated model of text and picture comprehension. In R.E. Mayer (Ed.), *The Cambridge handbook of multimedia learning* (2nd ed., pp. 72–103). Cambridge: Cambridge University Press.
Schreiber, B. (1998). *Selbstreguliertes Lernen*. Münster: Waxmann.
Schuster, C., Stebner, F., Leutner, D. & Wirth, J. (2020). Transfer of metacognitive skills in self-regulated learning – an experimental training study. *Metacognition and Learning, 15,* 455–477. https://doi.org/10.1007/s11409-020-09237-5
Shiffrin, R.M. & Atkinson, R.C. (1971). The control of short-term memory. *Scientific American, 225,* 82–90. https://doi.org/10.1038/scientificamerican0871-82

Sweller, J. (1994). Cognitive load theory, learning difficulty, and instructional design. *Learning & Instruction, 4,* 295–312. https://doi.org/10.1016/0959-4752(94)90003-5

Thorndike, E.L. (1906). *Principles of teaching based on psychology*. New York: Seiler.

Waldeyer, J., Fleischer, J., Wirth, J. & Leutner, D. (2019). Entwicklung und erste Validierung eines Situational-Judgement-Instruments zur Erfassung von Kompetenzen im Bereich des Ressourcenmanagements (ReMI). *Diagnostica, 65,* 108–118. https://doi.org/10.1026/0012-1924/a000217

West, L.H.T. & Fensham, P.J. (1976). Prior knowledge or advance organizers as effective variables in chemical learning. *Journal of Research in Science Teaching, 13,* 297–306. https://doi.org/10.1002/tea.3660130403

Wichmann, A. & Leutner, D. (2009). Inquiry learning: Multilevel support with respect to inquiry, explanations and regulation during an inquiry cycle. *Zeitschrift für Pädagogische Psychologie, 23,* 117–127. https://doi.org/10.1024/1010-0652.23.2.117

Wirth, J., Stebner, F., Trypke, M., Schuster, C. & Leutner, D. (2020). An interactive layers model of self-regulated learning and cognitive load. *Educational Psychology Review, 32,* 1127–1149. https://doi.org/10.1007/s10648-020-09568-4

Wittrock, M.C. (1990). Generative processes of comprehension. *Educational Psychologist, 24,* 345–376. https://doi.org/10.1207/s15326985ep2404_2

Kapitel 15

Bildungspsychologie auf der Mesoebene: Organisatorische Bedingungen des Lernens und Lehrens

Martin Bonsen & Kristina A. Frey

Inhaltsübersicht

1 Einführung

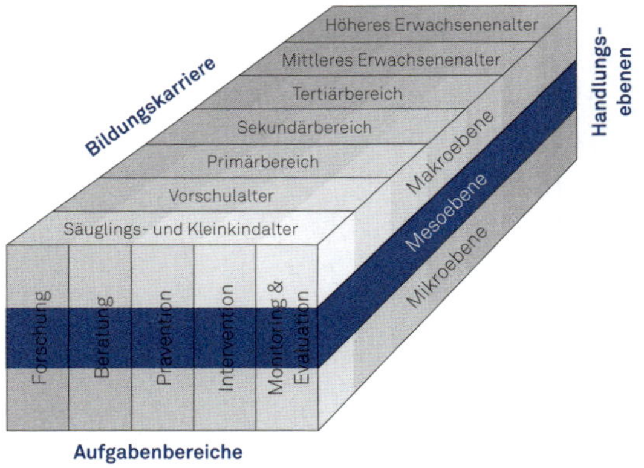

Zur Betrachtung der Aufgaben der Bildungspsychologie auf unterschiedlichen Handlungsebenen hat sich ein Mehrebenenansatz etabliert, nach dem die Mesoebene (Altgriechisch: „mésos", die Mitte) etwas Mittleres, Dazwischenliegendes bezeichnet. Die Bestimmung dieser mittleren Ebene erfolgt dabei in Abgrenzung zu den individuellen Lernprozessen, instruktionalen Interventionen und unterrichtlichen Interaktionen auf der Mikroebene einerseits (siehe Kapitel 14) und der gesellschaftlichen Organisation, Verwaltung und Steuerung von Bildungsprozessen auf der Makroebene andererseits (siehe Kapitel 16). Als Mesoebene bezeichnet werden staatlich verantwortete und bürokratisch verfasste Bildungsinstitutionen, die aufgrund eines gewissen Maßes an Gestaltungsautonomie als soziale Organisationen jeweils spezifische Handlungskontexte bilden (z. B. Kindergärten, Schulen, Hochschulen) und somit neben der Makroebene einen weiteren, hierarchisch darunter liegenden Rahmen für Bildungsprozesse auf der Mikroebene konstituieren. Im Folgenden steht die Schule als Institution im Fokus, da die Betrachtung der Mesoebene im staatlichen Schulgefüge sowohl in der Forschung als auch in der Praxis gut etabliert ist. Nicht zuletzt erfolgt die Fokussierung auch aufgrund der hohen gesellschaftlichen Bedeutung von Schule: Die Schule ist aufgrund der allgemeinen Schulpflicht quasi *der* gemeinsame Ort der Bildung und Vergesellschaftung von Bildungsprozessen.

Bildungspsychologische Mesoebene

Die bildungspsychologische Mesoebene umfasst soziale Organisationen (z. B. Schulen, Hochschulen), die einen institutionellen Rahmen für planmäßigen Unterricht bieten. In diesen sozialen Organisationen lassen sich sozial geteilte Einstellungen und Überzeugungen, gemeinsame Handlungspraktiken und Handlungsmuster sowie kulturelle und sozial-klimatische Merkmale beobachten, welche die pädagogische Praxis auf der Mikroebene beeinflussen.

Die hieraus resultierenden Aufgaben in den Feldern Forschung, Beratung, Prävention, Intervention und Evaluation werden interdisziplinär bearbeitet, wobei neben der Psychologie vor allem die Soziologie und die Erziehungswissenschaft zu nennen sind. Festzustellen sind interdisziplinäre Schnittmengen zwischen disziplinären Teilbereichen, wie der Organisationspsychologie und der Organisationssoziologie, aber auch thematische Überschneidungen in der Pädagogischen

Psychologie und der Erziehungswissenschaft, wie beispielsweise in der Schulklimaforschung (z. B. Eder, 2001; Götz, Frenzel & Pekrun, 2008). Insbesondere für die Betrachtung von Phänomenen auf der Mesoebene ergeben sich zusätzliche Anregungen aus der sozialwissenschaftlichen Perspektive. So ist beispielsweise das Zusammenspiel von Makro-, Meso- und Mikroebene Thema der Governance-Forschung, welche die Handlungskoordination zwischen verschiedenen Akteur*innen in komplexen Mehrebenensystemen thematisiert (Altrichter & Maag Merki, 2016). Beispiele hierfür sind das Zusammenwirken von Schulinspektion und schulischen Akteur*innen bei der Qualitätsentwicklung, die Aushandlung von Zielvereinbarungen zwischen Schulaufsicht und Schulleitung oder der Umgang schulischer Akteur*innen mit extern generiertem Evaluationswissen.

Die Mesoebene als intermediäre Handlungsebene zwischen Mikro- und Makroebene ist immer dann relevant, wenn Bildungsprozesse in dezentralen Einrichtungen institutionalisiert, aber dennoch zentral reguliert und reglementiert werden. In den Bereichen Schule, Hochschule und Weiterbildung ist dies in unterschiedlichem Ausmaß der Fall. Während sich im Weiterbildungsbereich eher weniger reglementierte Einrichtungen finden lassen, sind staatliche Hochschulen und vor allem Schulen in der Regel eher bürokratisch verfasst und einer staatlichen Aufsicht und Steuerung unterstellt.

In diesem Verständnis ist der Begriff der Mesoebene vor allem innerhalb neuerer schultheoretischer Beiträge etabliert. Beispielsweise nutzt ihn Fend (2006) für die schulische Handlungsebene in einem Bildungssystem. Demnach kann Schule als übergeordnete Handlungsumwelt für Lehrpersonen und Schüler*innen betrachtet werden, welche deren Erleben, Handeln und Lernen beeinflusst. Für die Schule selbst bilden die hierarchisch übergeordneten Ebenen der Schulaufsicht wichtige „Umwelten des Handelns" (Fend, 2006, S. 180). Betrachtet man das Bildungssystem unter dieser Perspektive, so lässt sich die Realität des Unterrichts allein aus den rechtlichen Festlegungen und institutionellen Strukturen nur unzureichend ableiten. Das Handeln auf den jeweiligen Ebenen ist zwar eingebettet in die jeweils übergeordnete Ebene, jedoch ist es auch geprägt von den Handelnden selbst, z. B. ihrer Selbstreferenz, ihren Interessen und Ressourcen. Dies führt dazu, dass gesellschaftlich intendierte Bildungsziele auf unterschiedlichen Handlungsebenen re-kontextualisiert werden und sich niemals unverändert implementieren lassen. So setzen beispielsweise Lehrpersonen in Lehrplänen festgelegte Bildungsintentionen nicht einfach um, sondern müssen diese erst an die Bedürfnisse und Fähigkeiten der Schüler*innen anpassen. Auch Reformen und Vorgaben zur Qualität pädagogischer Prozesse und Outcomes werden in diesem Verständnis niemals als Ergebnis zentraler Planung einheitlich umgesetzt, sondern auf unterschiedlichen Handlungsebenen „an die jeweiligen Handlungsbedingungen kosten- und präferenzkonform" (Fend, 2006, S. 181) angepasst. Nach Fend (2006) bildet die Mesoebene einen Handlungsspielraum mit Gelegenheitsstrukturen, der gestaltbar ist.

Somit erhält die Mesoebene als Handlungsebene eine eigene spezifische bildungspsychologische Bedeutung. Diese Bedeutung ist nicht nur theoretisch, sondern auch empirisch begründet. So zeigen z. B. die Schulleistungsstudien eine spezifische institutionelle Wirksamkeit der Mesoebene in Schulsystemen. Diese kommt als differenzielle Produktivität der Einzelschule zum Tragen durch Schul- und Unterrichtsmerkmale, die auf die individuellen Lernfaktoren einwirken: „Sowohl Schulformen als auch Einzelschulen innerhalb derselben Schulform stellen institutionell vorgeformte differenzielle Entwicklungsmilieus dar. Schüler*innen mit gleicher Begabung, gleicher Fachleistung und gleicher Sozialschichtzugehörigkeit erhalten je nach Schulformzugehörigkeit und je nach besuchter Einzelschule unterschiedliche Entwicklungschancen“ (Baumert, Trautwein & Artelt, 2003, S. 288).

Für die Bildungspsychologie ergibt sich hieraus die Frage, welche Determinanten von Schulleistung konzeptionell auf der Mesoebene zu verorten sind und wie Intervention und Beratung auf der Mesoebene gestaltet werden können, um den Lernerfolg möglichst aller Schüler*innen zu optimieren. Entsprechende Forschungsergebnisse wären vor allem für die bildungspsychologischen Aufgabenfelder Beratung (z. B. Schulleitungscoaching, Schulentwicklungsberatung, Lehrerfortbildung) und Evaluation (z. B. im Rahmen von interner Selbstevaluation oder externer Schulinspektion) ergiebig.

2 Stand der Wissenschaft

Verschiedene Traditionen empirischer Forschung zu Determinanten von Schulleistung fokussieren auf unterschiedliche Faktoren, je nach disziplinärer Verortung. Scheerens (2016) unterscheidet diesbezüglich Soziologie, Ökonomie, Erziehungswissenschaft oder Pädagogische Psychologie. Im deutschsprachigen Raum hat diese Interdisziplinarität zur Formation der (empirischen) Bildungsforschung geführt, die Bildungsprozesse sowie deren organisatorische und ökonomische Voraussetzungen zum Gegenstand hat (Mandl, 2005). Im Fokus der psychologischen Forschung überwiegen hierbei traditionell solche Variablen, die direkt mit Lehr-Lernprozessen in Bezug stehen, sogenannte proximale Faktoren. Hierzu gehören Unterrichtsmerkmale und das Handeln von Lehrer*innen im Unterricht (Seidel & Shavelson, 2007). Distale Merkmale im Sinne institutioneller Einflüsse geraten allenfalls dann in den Blick der psychologischen Forschung, wenn ein Schwenk vom Handeln zur Kognition von Lehrer*innen vollzogen wird und schließlich auf organisatorische, methodische und inhaltliche Fragen institutionalisierter Fortbildung fokussiert wird (Baumert & Kunter, 2006; Creemers, 2008). Insgesamt spielen aber die Umweltfaktoren auf der Mesoebene in der psychologischen Bildungsforschung eine eher nachgeordnete Rolle (Pekrun, 2002).

2.1 Schuleffektivitätsforschung mit Fokus auf der Mesoebene

Die Bedeutung der Mesoebene für den Schulbereich wurde noch in den 1960er und 1970er Jahren kaum anerkannt. Studien, die den Einfluss der Einzelschule auf die Kompetenzentwicklung von Schüler*innen negierten (Coleman et al., 1966; Jencks et al., 1972), bestimmten die Diskussion. Erst Publikationen wie „Schools can make a difference" (Brookover, Beady, Flood, Schweitzer & Wisenbaker, 1979) und „School matters" (Mortimore, Sammons, Stoll, Lewis & Ecob, 1988) deuteten darauf hin, dass die Einzelschule sehr wohl einen eigenständigen Effekt auf die Kompetenzentwicklung von Schüler*innen hat.

In der Folge etablierte sich die sogenannte Schuleffektivitätsforschung (school effectiveness research), deren Ziel es war, Licht in die *„Black Box" Schule* zu bringen und zentrale Merkmale effektiver Schulen zu identifizieren. Eine Reihe von Zusammenfassungen zentraler Ergebnisse wurden ab den 1980er Jahren publiziert (z. B. Creemers, 1994; Levine & Lezotte, 1990; Purkey & Smith, 1983; Sammons, Hillman & Mortimore, 1995; Scheerens, 1992).

Für die Schuleffektivitätsforschung typisch ist, dass Schuleffektivität (im deutschen Sprachraum gelegentlich noch Bildungsproduktivität genannt) an sogenannten „Outcome"-Kriterien gemessen wird. Hierbei handelt es sich um Kompetenzen, Einstellungen und Haltungen von Schüler*innen als Ergebnisse komplexer gesellschaftlicher, schulischer und unterrichtlicher Prozesse. Als abhängige Variable wird in der Schuleffektivitätsforschung in der Regel die fachliche Kompetenz oder Fachleistung von Schüler*innen untersucht.

Dass die Schuleffektivitätsforschung im deutschsprachigen Raum lange nahezu unbeachtet blieb, ist als Folge einer fast „zwanzigjährigen Abstinenz an größerer Schulleistungsforschung" (Bos & Postlethwaite, 2000, S. 369) zu verstehen. Kritik an dieser Abstinenz wurde mit der erstmaligen Teilnahme an der PISA-Studie nicht zuletzt aus der Psychologie geäußert. Beispielsweise verwies Weinert (2001) darauf, dass die Aufgabe der Forschung gerade darin zu sehen ist, mit entsprechend angelegten Datensätzen nach „kausal-genetischen Mustern guter und weniger guter Leistungen" (S. 364) zu suchen – eine Forschungslogik, der sich die Schuleffektivitätsforschung im internationalen Kontext schon lange vor der Jahrtausendwende widmete.

Schuleffektivitätsforschung

In der Schuleffektivitätsforschung wird die Wirkung individueller, gesellschaftlicher und institutioneller Variablen in Zusammenschau mit pädagogisch-didaktischen Prozessvariablen auf Bildungsergebnisse untersucht. Bezogen auf die Mesoebene geht es dabei um die Frage, welche Bedeutung die schulische Umwelt für die Entwicklung von Kindern und Jugendlichen hat und welche Mechanismen zu einer Optimierung der schulischen „Effektivität" beitragen.

Zur Modellierung von Schuleffekten sind formale Vereinfachungen und die Komplexitätsreduktion der sozialen Realität vonnöten. Dabei gehen Schuleffektivitätsanalysen in der Regel von zwei grundlegenden Dimensionen von Bildungssystemen aus (siehe Kasten).

Grundlegende Dimensionen von Bildungssystemen (vgl. Ditton & Müller, 2011, S. 124)

- *Strukturelle Dimension:* Schule als Mehrebenensystem: Wirkungen konstituieren sich über die drei Ebenen (Makro-, Meso-, Mikroebene) durch Kontextbedingungen, durch Spezifika der innerschulischen Prozesse und durch Unterrichtsmerkmale unter Berücksichtigung individueller Schüler*innenmerkmale.
- *Dynamische Dimension:* Bildung als Prozess: Wirkungen lassen sich (vereinfacht) als linearer Transformationsprozess von Eingangsbedingungen, innerschulischen Prozessen und individueller Verarbeitung analysieren.

Beide Dimensionen werden im einflussreichen Schuleffektivitätsmodell berücksichtigt (siehe Abbildung 15.1). Das *Schuleffektivitätsmodell* nach Scheerens (1990) kann als Basismodell der Schuleffektivitätsforschung angesehen werden. Unterschieden werden in diesem Modell Inputfaktoren und Prozessfaktoren, die unter gegebenen Kontextbedingungen zu einem bestimmten Output führen. Inputfaktoren sind in diesem Modell vor allem Ressourcen, welche die Gesellschaft dem Bildungswesen zur Verfügung stellt und elterliche Unterstützung. Die Prozessfaktoren umfassen Merkmale von Schule und Unterricht. Der Output wird in der Regel anhand von Fachleistungen, aber auch Abschlüssen, Übergängen oder fachübergreifenden Wirkungen (z. B. Einstellungen und Haltungen) beschrieben.

Die Schuleffektivitätsforschung zeigt, dass die Faktoren auf Unterrichtsebene, also proximale Faktoren, das Lernen der Schüler*innen mehr beeinflussen als die distalen Faktoren der schulischen Umwelt. Das Modell von Scheerens (1990) weist den Prozessvariablen auf Schulebene jedoch explizit eine eigenständige Bedeutung zu und stellt diese in einen theoretischen Zusammenhang mit vorgeordneten, moderierenden und nachgeordneten Variablen. Mit diesem Modell ergibt sich allerdings die methodische Herausforderung, dass, um Effekte von der Schulebene auf den Output zu überprüfen, immer auch die hierarchisch dazwischenliegende Ebene des Unterrichts berücksichtigt werden muss (Bryk & Raudenbush, 1992; Ditton, 2000).

Das Modell von Scheerens (1990) wurde in der Folge weiterentwickelt. Für den deutschsprachigen Raum ist das *Modell der Qualität und Qualitätssicherung* von Ditton (2000) einschlägig (siehe Abbildung 15.2). Es wurde in vielen deutschsprachigen Ländern genutzt, um Qualitätskriterien für die Schulentwicklung zu identifizieren. So zeigt eine Dokumentenanalyse von Thiel und Tarkian (2019), dass sich in vielen offiziellen Rahmenkonzepten zur Definition von Schulqualität Qualitätsdimensionen des Modells wiederfinden.

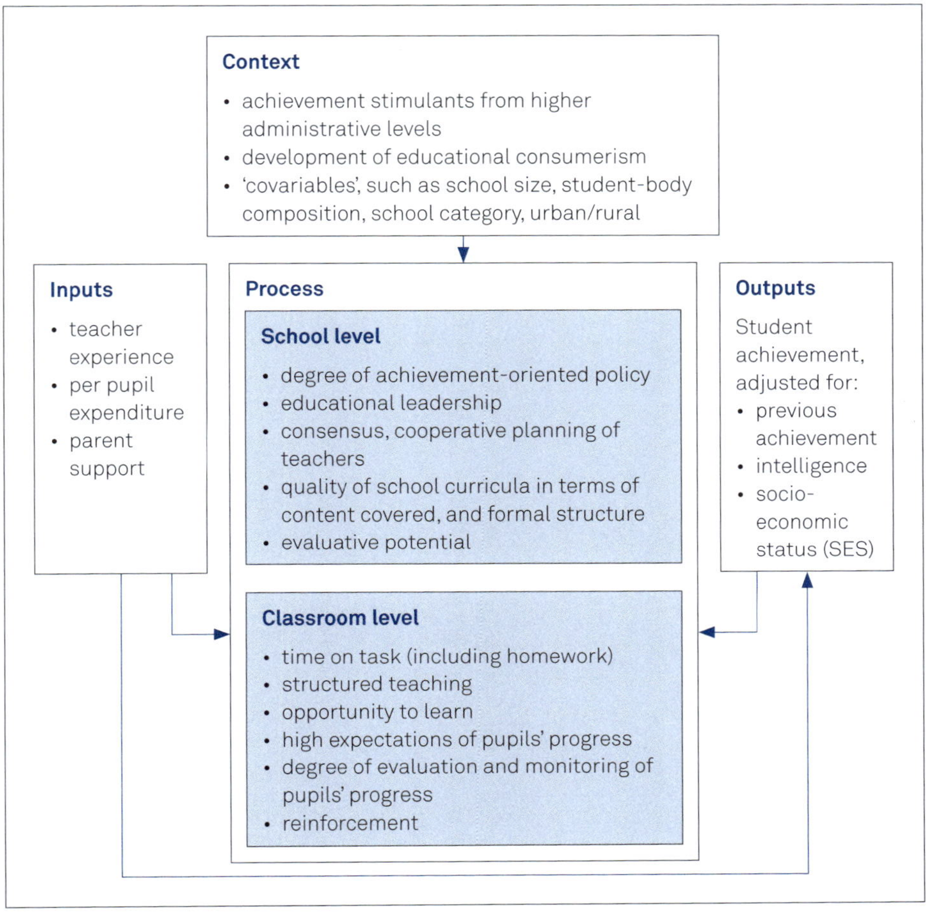

Abbildung 15.1: Integriertes Modell der Schuleffektivität (nach Scheerens, 1990, S. 73)

Für die Mesoebene weist das Modell von Ditton (2000) vier Faktoren aus, die, über den Unterricht vermittelt, den Kompetenzerwerb von Schüler*innen beeinflussen: die Schulkultur, die Schulleitung, Kooperation und Koordination sowie der Bereich der Personalentwicklung. Diese vier Faktoren auf der Mesoebene sind insgesamt sowohl mit managementtheoretischen als auch mit systemtheoretischen Ansätzen kompatibel (Thiel, 2008). Eine Besonderheit der Schule als pädagogische Organisation ist allerdings, dass sich der Output nicht ohne das Mitwirken der Schüler*innen realisieren lässt. Pädagogische Angebote können nicht „schlicht aufgezwungen oder mechanisch vermittelt werden“ (Fend, 2004, S. 17). Zwar können auf der Prozessebene pädagogische Angebote bereitgestellt werden, die auch höchsten Qualitätsansprüchen genügen, jedoch ist erfolgreiches Lernen immer ein aktiver Prozess der Schüler*innen, weshalb diese als Ko-Produzent*innen von Bildungserträgen zu sehen sind. Dieser Gedanke findet seinen Niederschlag in sogenannten *Angebots-Nutzungs-Modellen,* die in Rechnung stellen, dass

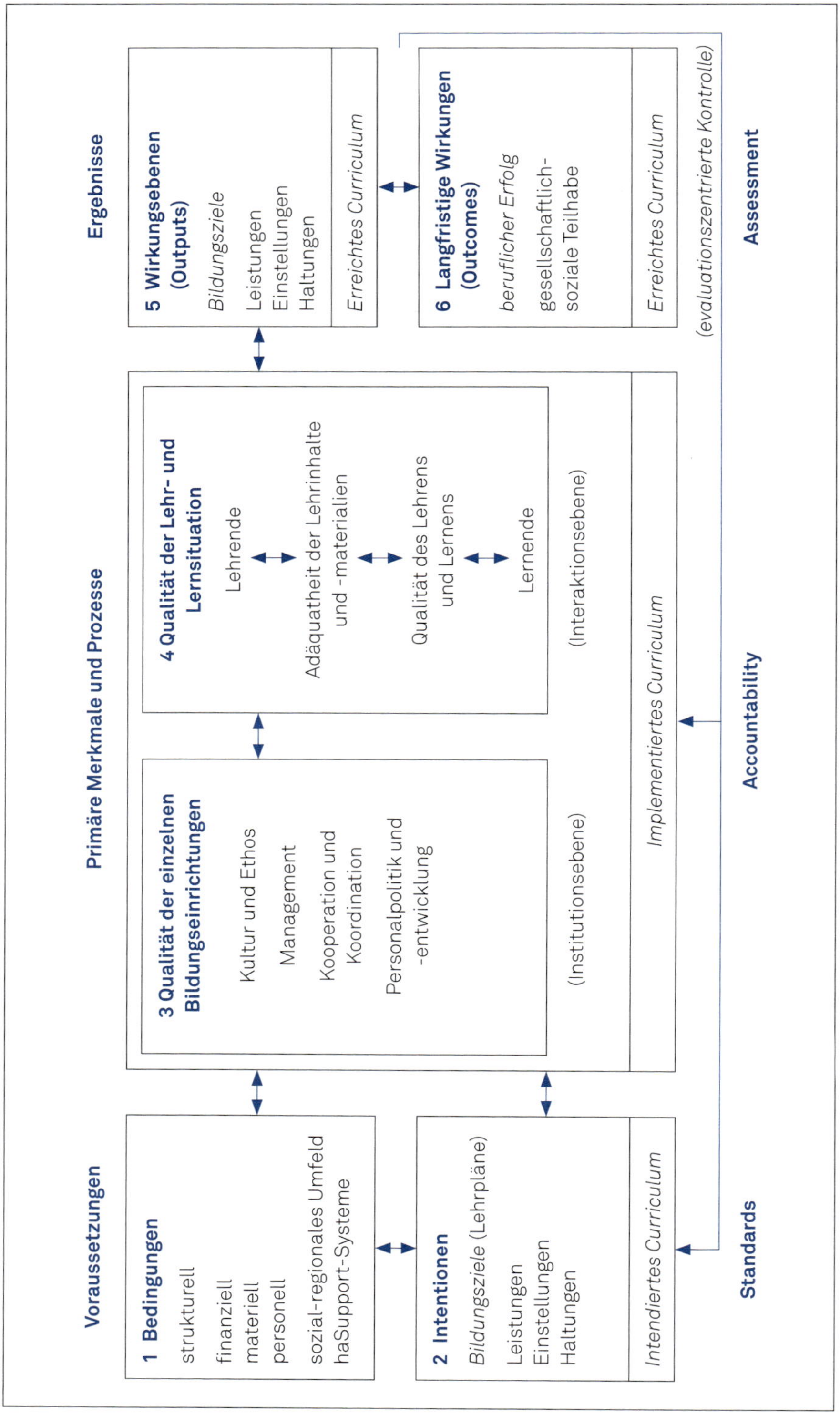

Abbildung 15.2: Modell der Qualität und Qualitätssicherung (nach Ditton, 2000, S. 79)

auch das beste schulische Bildungsangebot zu erwartungswidrigen Wirkungen führen kann, wenn die Bedingungen der Nutzung nicht beachtet werden. Welchen Ertrag ein pädagogisches Angebot hat, hängt eben auch von der aktiven Nutzung durch die Schüler*innen ab und ist somit von individuellen Variablen wie Vorkenntnissen, Interesse und Motivation, Anstrengungsbereitschaft und Ausdauer sowie dem Selbstkonzept abhängig. Wirkungsvoller Unterricht setzt nach diesem Ansatz einerseits ein qualitativ hochwertiges pädagogisches Angebot der Lehrperson und andererseits die aktive Nutzung ebendieses Angebotes durch die Schüler*innen voraus.

Im bekanntesten dieser Modelle, dem „Angebot-Nutzungs-Modell der Wirkung des Unterrichts" von Helmke (2009, S. 73) werden auf der Mesoebene lediglich individuelle und unterrichtliche Faktoren betrachtet und hierarchisch nicht von Faktoren der Makroebene (z. B. Schulform, Bildungsgang, kulturelle Rahmenbedingungen, regionaler Kontext) abgegrenzt. Diesbezüglich kann das von Reusser, Pauli und Waldis (2010) vorgelegte „systemische Rahmenmodell von Unterrichtsqualität und -wirksamkeit" als eine Weiterentwicklung des Modells von Helmke (2009) verstanden werden, das die Mesoebene angemessener berücksichtigt. Hier werden die Merkmale der Einzelschule – ähnlich wie in den Abbildungen 15.1 und 15.2 – auf einer eigenen hierarchischen Ebene verortet.

Angebots-Nutzungs-Modelle sind komplex und stellen sehr hohe Anforderungen an die empirische Überprüfung. Vor dem Hintergrund des state of the art der Design- und Auswertungsmethoden, welcher eine Gesamtüberprüfung bislang als unrealistisch erscheinen lässt, versteht Seidel (2014) die Angebots-Nutzungs-Modelle daher eher als Gesamtrahmen, „in den sich einzelne Forschungsansätze verorten und [in dem] Teilaspekte ... getestet und geprüft werden" (S. 862).

Hinsichtlich der „schuleffektivsten" Teilaspekte auf der Mesoebene zeichnet sich über die Jahre ein weitgehend kohärentes Bild ab. Eine aktuelle Zusammenfassung bietet Scheerens (2016), der die relevanten Variablenbereiche auf der Mesoebene als „key effectiveness-enhancing conditions" (Scheerens 2016, S. 109) bezeichnet.

Schlüsselmerkmale der Schuleffektivität (Mesoebene) nach Scheerens (2016)

- *Leistungsorientierung/hohe Erwartungen:* Eine hohe, aber trotzdem angemessene Erwartung, sowohl an Lehrkräfte als auch an Schüler*innen gerichtet, ist ein Merkmal effektiver Schulen. Effektive Schulen setzen Standards so, dass die Schüler*innen herausgefordert, aber nicht demotiviert werden, weil die Standards entweder zu hoch oder zu niedrig sind. Wichtig ist diesbezüglich auch die systematische Nutzung von Dokumentationen und Aufzeichnungen über den akademischen Fortschritt der Schüler*innen.

- *Pädagogische Führung:* Management und Führung lassen sich als zentrale Faktoren auf der Mesoebene verorten. Pädagogisch wirksame Führung ist einerseits unterrichtsbezogen, andererseits eher auf die Organisation und Gestaltung der Schulebene und der Rahmenbedingungen von Unterricht abzielend. Eine wirksame Schulleitung integriert Merkmale einer eher unterrichtsbezogenen Führung mit Merkmalen transformationaler Führung. Sie gestaltet die Organisationsstruktur aktiv, unterstützt die Schul- und Unterrichtsentwicklung, fördert das Leitbild der Schule, sorgt für die Absicherung des Curriculums und ein positives Lernklima, fördert die kollegiale Kooperation und modelliert zentrale schulische Werte persönlich. Als Merkmale einer effektiven Schulführung erweisen sich auch die Fähigkeit zur Delegation von Aufgaben sowie die Verteilung von Führungsfunktionen (Bonsen, 2016).
- *Konsens, Kohäsion und Kooperation im Kollegium:* Im Kollegium herrscht Konsens bezogen auf die Ziele der pädagogischen Arbeit; gemeinsam planen und entwickeln die Lehrkräfte den Unterricht. Aufgrund der traditionellen Autonomie von Lehrpersonen sind Konsens, Kohäsion und Kontinuität für Schüler*innen im Falle eines Lehrkraftwechsels nicht selbstverständlich. Relevant sind Arten und Häufigkeiten von Treffen und Besprechungen, gemeinsam bearbeitete Themen und Inhalte sowie generell die Einstellungen der Lehrpersonen zur Kooperation. Vor dem Hintergrund der von der Wissenschaft betonten Bedeutung der Kooperation innerhalb des Kollegiums erscheint die alltägliche Kooperationspraxis in vielen Schulen entwicklungsbedürftig. Betrachtet man beispielsweise das Kooperationsverhalten von Lehrpersonen in Deutschland im internationalen Vergleich, zeigt sich, dass häufiger unverbindliche Formen der Kooperation (z. B. Austausch von Material) zu beobachten sind, wohingegen deutlich seltener über die Lernentwicklung ihrer Schüler*innen gesprochen wird oder gemeinsame Standards zur Leistungsbewertung erarbeitet werden (Richter & Pant, 2016).
- *Qualität des Curriculums, Lernmöglichkeiten:* Dem Lehrplan wird die Funktion einer „Blaupause" für die primären Unterrichtsprozesse zugemessen. Das Ausmaß, in dem die tatsächlich gelehrten Inhalte (im Sinne des implementierten Curriculums) mit den Inhalten in Tests und Prüfung übereinstimmen, wird in international vergleichenden Studien meist unter dem Label *opportunity to learn* berücksichtigt. Bedeutsam erscheinen die curricularen Schwerpunktsetzungen auf Schulebene (schulinternes Curriculum) sowie die Auswahl und Anwendung von Unterrichtsmethoden und Lehrbüchern.
- *Schulklima:* Eine Atmosphäre der Sicherheit und ein geordnetes Umfeld bilden eine Lernumwelt, in der sich Schüler*innen ohne Angst und weitgehend ungestört auf den Unterricht und das Lernen konzentrieren können. Hierzu gehören neben geordneten Arbeitsbedingungen auch ein positives Sozialklima zwischen den Schüler*innen, zwischen Schüler*innen und Lehrkräften sowie innerhalb des Kollegiums. Regeln über richtiges Verhalten in der Schule drücken die Überzeugung und das Bemühen von Schulen aus, störende und negative, nicht auf das Lernen bezogene Aktivitäten zu minimieren. Somit ist ein positives Sozialklima als Grundlage für die an akademischen Kriterien ausgerichtete Schuleffektivität zu verstehen.

- *Evaluation:* Je nach Ebene kommen unterschiedliche Evaluationsmethoden zum Einsatz. Hierzu gehören auf der Mesoebene das systematische Monitoring der Schüler*innenleistung, Unterrichtsfeedback sowie die Selbst- und Fremdevaluation auf organisationaler Ebene. Schulen, die das Evaluationspotenzial ausschöpfen, nutzen Evaluation für das Lernen auf den verschiedenen Ebenen innerhalb der Organisation. Wichtige Aspekte sind der Stellenwert, dem Evaluation innerhalb des Kollegiums eingeräumt wird, die Nutzung von unterstützenden Technologien sowie die Verwendung der Ergebnisse. Folgende Ziele können mit diesen Evaluationsmethoden geprüft werden: das Monitoring des Leistungsfortschritts der Schüler*innen, die Diagnose von Lernschwierigkeiten, die Einschätzung der Effektivität der Schule und/oder einzelner Lerngruppen oder die Begründung von Maßnahmen zur fachbezogenen Unterrichtsentwicklung. Auch die Rechenschaftslegung gegenüber Schulexternen und die Außendarstellung der Schule sind mögliche Ziele von Evaluation.
- *Mitwirkung der Eltern:* Die aktive Beteiligung der Eltern an schulischen Angelegenheiten wird als Mittel für die Kontinuität des schulischen und häuslichen Lernens gesehen. Sowohl das Ausmaß der tatsächlichen Eltern-Beteiligung als auch die Aktivitäten der Schulen zur Beteiligung und Unterstützung von Eltern werden dabei als lernförderlich angesehen.
- *Absicherung der echten Lernzeit:* Echte Lernzeit ist die von Schüler*innen tatsächlich aufgewendete Zeit für das Erreichen der angestrebten Ziele (Meyer, 2004). Die echte Lernzeit ist somit im engeren Sinne ein quantitatives Maß für das fachliche Lernen der Schüler*innen. Zur Bewertung der echten Lernzeit kann zwischen geplanter Zeit (z.B. die Zeit pro Themenbereich im Stundenplan) und tatsächlich realisierter Zeit *(time on task)* unterschieden werden. Obwohl die Absicherung der echten Lernzeit eine didaktische Funktion des Unterrichts ist und somit auf der Mikroebene realisiert wird, lassen sich Rahmenbedingungen hierfür auf der Mesoebene identifizieren. Zu den relevanten Aspekten, die auf der Ebene der Schule gestaltet werden können, zählen die schulweite Auseinandersetzung mit der Bedeutung echter Lernzeit, die Vermeidung und Minimierung ineffektiver „Zeitkonsumenten", die Priorisierung von Unterrichtszeit sowie die Erarbeitung schulweiter Regeln zu Fehlzeiten und die Überprüfung der Einhaltung ebendieser Regeln.

2.2 Schulentwicklungsforschung mit Fokus auf der Mesoebene

Innovationen und Reformen auf der Ebene einzelner Schulen werden seit spätestens den 1990er Jahren unter dem Begriff der Schulentwicklung behandelt. Ihren Ursprung hat die Idee der Schulentwicklung dabei in der wissenschaftlichen Begleitung von Curriculum-Reformen. In den 1960er und 1970er Jahren wurden international viele Versuche gestartet, durch Lehrplanrevisionen sowie die Entwicklung und Verbreitung exemplarischer und neuer Arbeitsmaterialien Schule und

Unterricht zu reformieren. Diese Impulse verfehlten jedoch in den meisten Fällen ihr Ziel und es kam nur selten zu einer wirklichen Veränderung der pädagogischen Praxis auf der Mikroebene. Das Scheitern vieler Curriculum-Reformen wurde schließlich damit erklärt, dass die Lehrkräfte nicht selbst in den Reform- und Entwicklungsprozess einbezogen worden waren. Es stellte sich heraus, dass top-down implementierte Modelle der Veränderung kaum erfolgreich waren und dass Lehrkräfte vielmehr berufsbegleitende Weiterbildungsangebote benötigen, um ihre professionelle Kompetenz zu entwickeln. Der Ansatz der Schulentwicklung geht daher davon aus, dass erfolgreiche Veränderungen nicht allein top-down auf dem bürokratischen Erlassweg angeordnet, sondern in einem Prozess der Balance strategischer Organisationsentwicklung einerseits und systematischer Professionalisierung der Lehrpersonen andererseits auch bottom-up entwickelt werden.

Schulentwicklung und Schulentwicklungsforschung

Schulentwicklung ist in Anlehnung an eine frühe, aber grundlegende und international abgestimmte Definition von van Velzen, Miles, Ekholm, Hameyer und Robin (1985) eine systematische, nachhaltige Anstrengung, die auf eine Veränderung der Lernbedingungen und anderer damit verbundener schulischer Bedingungen abzielt. Schulentwicklung erfolgt organisiert, absichtsvoll und prozesshaft. Schulentwicklung muss jeweils an die spezifischen Herausforderungen der Einzelschule, also an die individuelle Schulsituation angepasst werden, weshalb die Schule selbst seit dem Anfang der 1990er Jahre als „Motor der Entwicklung" (Dalin & Rolff, 1990) betrachtet wird.

Schulentwicklungsforschung ist die wissenschaftliche Begleitung und Erforschung schulischer Veränderungsprozesse (Horstkemper & Tillmann, 2003; Rolff, 2007). Die Schulentwicklungsforschung befasst sich mit Entwicklungsverläufen allgemein, insbesondere aber Möglichkeiten des intentionalen Wandels der Schule als soziale Organisation. Die Schulentwicklungsforschung fokussiert hierzu soziale Strukturen und Handlungsprozesse innerhalb von Schulen und insbesondere die Beeinflussbarkeit professioneller und unterrichtlicher Interaktionsprozesse durch Organisationsmerkmale der Einzelschule (Feldhoff, Bischof, Emmerich & Radisch, 2014).

Die Begriffe Schulentwicklung und Schulentwicklungsforschung bilden in der Praxis oft ein Amalgam, was historisch damit zu tun haben mag, dass die Akteur*innen beider Richtungen – insbesondere in den 1990er Jahren – häufig in Personalunion auftraten und die Befassung mit Schulentwicklung häufig mit einem sowohl untersuchenden als auch unterstützenden Anspruch erfolgte: Über Grundlagenforschung und spezifische empirische Projekte sowie über Bildungsberichterstattung wurden kontinuierlich aktuelle Entwicklungen im Schul- und Bildungsbereich dokumentiert und analysiert, es wurde aber auch wissenschaftliche Beratung und „Innovationshilfe" geleistet (Rolff, 1998, S. 325). Horstkemper (1997, S. 770) sah in der Praxisverbesserung sogar das zentrale Erkenntnisinteresse der Schulentwicklungsforschung und forderte daher, das jeweilige Forschungsvorgehen eng mit den Betroffenen abzustimmen und eine Einbeziehung der beforschten Subjekte in den

Forschungsprozess zum methodischen Prinzip zu erheben. Mit der Selbstauferlegung derart anspruchsvoller und komplexer Ziele steht die traditionelle Schulentwicklungsforschung vor dem Dilemma einer – nicht zuletzt in der Außenwahrnehmung beklagten – unzureichenden methodischen Umsetzung (Feldhoff et al., 2014; Helmke, 2009) und dem zusätzlichen Problem, dass nicht immer trennscharf zwischen Grundlagenforschung, Entwicklung und wissenschaftlicher Beratung unterschieden wird (Bonsen, Büchter & van Ophuysen, 2004).

Obwohl die erschöpfende Erklärung schulischer Veränderungsprozesse und auch das Verstehen von Wirkungen der angesprochenen Muster bislang Forschungsdesiderata geblieben sind, lassen sich auf der Mesoebene trotz aller Differenziertheit der Schulentwicklungsperspektive zwei zentrale Ergebnisse festhalten: Zum einen beeinflussen Faktoren der innerschulischen Lern- und Erziehungsumwelt das Lernen und das soziale Verhalten (Schule als sozial-ökologische Umwelt). Zum anderen zeigen sich zwischen einzelnen Schulen Unterschiede in den Wirkungen, die mit Mustern der Organisations- und Lernkultur in Verbindung gebracht werden können.

Grundannahmen der Schulentwicklungsforschung (zusammengefasst nach Reynolds, 2005)

1. *Die Einzelschule als Zentrum von Veränderungen:* Schulen benötigen Entscheidungskorridore hinsichtlich lokaler und individueller Erfordernisse. Schulen funktionieren nicht gleichartig und arbeiten unter jeweils spezifischen sowohl proximalen Bedingungen des Lehr-Lerngeschehens (Unterrichtsfaktoren) als auch unter eher distalen Faktoren der Organisation (Schulebene).
2. *Systematische Veränderungen:* Veränderungen im Schulbereich müssen sorgfältig geplant und unterstützt werden und benötigen oft mehrere Jahre Zeit zur Umsetzung.
3. *Zielerreichung im pädagogischen Kontext:* Die pädagogische Arbeit in Schulen ist durch multiple Ziele gekennzeichnet. Zwar haben die Fachleistungen der Schüler*innen eine herausragende Bedeutung, jedoch haben Schulen auch überfachliche und allgemeine Funktionen. Auch die professionellen Bedürfnisse des Kollegiums sowie die Bedürfnisse des schulischen Umfelds spielen eine Rolle.
4. *Mehrebenencharakter des Schulsystems:* Die Einzelschule arbeitet in einem System mit übergeordneten Ebenen und wird mit unterschiedlichen Ansprüchen konfrontiert. Die Planung von Veränderungen muss daher die unterschiedlichen Rollen und Ansprüche der Schulleitung, Schulaufsicht und -administration sowie der Eltern und kommunaler Akteur*innen berücksichtigen.
5. *Integrierte Veränderungsstrategien:* Top-down- und Bottom-up-Maßnahmen müssen aufeinander abgestimmt werden. Top-down werden grobe Ziele vorgegeben, komplementär hierzu entwickeln die Schulen bottom-up gemeinsame Arbeitsziele und übernehmen die Verantwortung dafür, dass diese auch umgesetzt werden.
6. *Institutionalisierung:* Veränderungen werden nur dann dauerhaft in den Arbeitsalltag der Schule übernommen, wenn sie Teil des selbstverständlichen Handlungsrepertoires der Lehrer*innen und der schulischen Kultur werden.

2.3 Integration von Schuleffektivitäts- und Schulentwicklungsforschung?

Die unterschiedlichen Betrachtungsschwerpunkte – und daraus resultierend auch methodischen Zugänge – der Schuleffektivitätsforschung und der Schulentwicklungsforschung können als paradigmatisch und sich somit gegenseitig ausschließend verstanden werden. Eine Reihe von Autor*innen fordert allerdings die Verbindung beider Perspektiven (siehe zusammenfassend Feldhoff et al., 2014). Hiermit verbindet sich die Hoffnung auf einen Mehrwert sowohl in wissenschaftlicher als auch praktischer Hinsicht.

Ein einschlägiges Beispiel für den Versuch der Integration beider Perspektiven ist das *„comprehensive framework of effective school improvement“* (Stoll, Creemers & Reezigt, 2006). Dieser Rahmen basiert auf Analysen von unterschiedlichen Theorien (z.B. Curriculumtheorien, Verhaltenstheorien, Organisationstheorien, Lerntheorien, Entscheidungstheorien, Theorien des Human Resource Management). Auch in diesem Modell ist die Einzelschule, mithin die Mesoebene, das Zentrum der Entwicklung. Es werden drei Faktorenbündel unterschieden: die Kultur der Schulentwicklung, die Schulentwicklungsprozesse und die Ergebnisse der Schulentwicklung (siehe Tabelle 15.1).

Die Verbindung zur Schuleffektivitätsforschung wird im dritten Faktorenbündel deutlich (siehe Tabelle 15.1), das die Qualität der Ergebnisse bei den Schüler*innen im Sinne von Wissen, Fähigkeiten und Einstellungen verortet. Anders als im eher statischen Schuleffektivitätsmodell (siehe Abbildung 15.1 auf Seite 401) werden im übergreifenden Modell effektiver Schulentwicklung Veränderungen auf der Schul- und Klassenebene als Zwischenergebnisse und Entwicklungskriterium berücksichtigt. Der tatsächliche Mehrwert dieses vom Anspruch her integrativen Modells kann jedoch vorerst kritisch betrachtet werden. Inwieweit die in der Literatur immer wieder geforderte Integration von Schuleffektivitätsforschung und Schulentwicklungsforschung gelingt und einen komplementären Mehrwert ergibt oder ob beide Richtungen weiterhin in Anlehnung an Terhart (2002a, S. 77) als eher „fremde Schwestern“ mit wechselseitigen Fehlwahrnehmungen, die sich „nicht zur Kenntnis nehmen“, existieren, scheint somit derzeit noch offen. Vorerst kann man das Verhältnis beider Richtungen als eher unilateral bezeichnen: Die Schuleffektivitätsforschung gibt über die Identifikation von allgemeinen Merkmalen guter Schulen die Zielrichtung für Qualitätsentwicklung und Qualitätssicherung vor, der Schulentwicklungsforschung bleibt die im Vergleich noch weniger bearbeitete Aufgabe, auf diese Ziele bezogene Entwicklungsmodelle zu prüfen.

Tabelle 15.1: Zentrale Faktoren auf der Mesoebene (Schulebene) basierend auf dem übergreifenden Modell effektiver Schulentwicklung von Stoll et al. (2006; in der Übersetzung von Feldhoff et al. 2014, S. 73)

Kultur der Schulentwicklung	Schulentwicklungsprozesse	Ergebnisse der Schulentwicklung
• Interner Druck zur Entwicklung • Autonomie, die von Schulen wahrgenommen und genutzt wird • Gemeinsame Ziele • Bereitschaft, eine lernende Organisation zu werden/die eigene Arbeit zu reflektieren • Fortbildung und Kooperation • Sich die Entwicklung zu eigen machen, Engagement und Motivation zur Entwicklung • Schulleitung • Stabilität der Mitarbeiterschaft • Zeitliche Ressourcen für Entwicklung	• Messung des Entwicklungsbedarfs • Beurteilung des Entwicklungsbedarfs • Formulierung detaillierter Entwicklungsziele • Planung von Entwicklungsmaßnahmen • Implementation von Entwicklungsplänen • Evaluation • Reflexion	• Veränderungen in der Qualität der Schule • Veränderungen in der Qualität der Lehrkräfte • Veränderungen in der Qualität der Ergebnisse auf Ebene der Schüler*innen (Wissen, Fähigkeiten, Einstellungen)

3 Praktische Bedeutung von Schulentwicklung

Für die Praxis der Schulentwicklung sind die Felder Beratung, Prävention, Intervention und Evaluation hervorzuheben.

Schulentwicklungsberatung hat seit den 1990er Jahren Eingang in schulpolitische Rahmensetzungen gefunden und wird allgemein als zeitlich und inhaltlich begrenzte externe Unterstützung von Schulen bei der Schulentwicklung verstanden. Die Beratung erfolgt theoriegeleitet, überprüfbar, transparent und an einschlägigen Modellen ausgerichtet (Dedering, 2019). Ein konkretes Beispiel dafür, was Schulentwicklungsberatung in der Praxis leistet, bietet der Runderlass des Ministeriums für Schule und Weiterbildung des Landes Nordrhein-Westfalen (2014). Hier wird Schulentwicklungsberatung als ganzheitliches Unterstützungsangebot im Rahmen weitreichender Veränderungsprozesse verstanden. Die

Schulentwicklungsberatung basiert dabei auf Verfahren systemischer Organisationsberatung und Organisationsentwicklung und kann die folgenden Themen abdecken: Qualitätsmanagement, Veränderungsmanagement, den Aufbau einer schulischen Binnenarchitektur zur systemischen Verankerung von Unterrichtsentwicklung, Netzwerkberatung, Teamentwicklung und die Professionalisierung schulischer Gremien.

Prävention und Intervention sind ebenfalls relevante Felder der Schulentwicklung, insbesondere in den Bereichen Gesundheitsförderung und Inklusion. So beschreibt beispielsweise Urton (2016) die Umsetzung eines gesundheitsförderlichen Konzeptes in der inklusiven Grundschule auf Basis des sogenannten RTI-Ansatzes (response to intervention). Ziel dieses Ansatzes ist es, Kinder in Risikolagen frühzeitig zu erkennen und eine Eskalation von Lern- und Verhaltensproblemen zu verhindern. Die Förderung erfolgt dabei abgestuft nach Intensität und Individualisierung (Huber, Grosche & Schütterle, 2013). Die Umsetzung des Konzepts berücksichtigt typische Felder der Schulentwicklung: Unterrichtsentwicklung, interdisziplinäre Teamkooperation, pädagogische Geschlossenheit im Kollegium, Kommunikation und Dokumentation, Schulkonzept und Schulleben sowie Vernetzung mit dem Umfeld. Hervorgehoben wird auch der Stellenwert externer Unterstützung.

Jedes der hier angesprochenen Felder erfordert spezifische professionelle Kompetenzen jenseits der für den Lehrer*innenberuf zentralen Fähigkeit des Unterrichtens. Bezogen auf die angesprochenen Prozesse auf der Mesoebene sind dies Fähigkeiten zur kollegialen Kooperation, zur Beratung, zur aktiven Beteiligung an der Schulentwicklung sowie zur Reflexion der eigenen beruflichen Kompetenzentwicklung (Terhart, 2010, S. 239). Die hier angesprochene „aktive Beteiligung an der Schulentwicklung“ lässt sich anhand der Oberkategorien „Professionelles Lernen und Kooperieren“, „Planen und Steuern“ sowie „Evaluieren“ konkretisieren (Bonsen & Berkemeyer, 2014).

3.1 Professionelles Lernen und Kooperieren

Die Schule wird in der Soziologie seit der zweiten Hälfte der 1970er Jahre als nur „lose gekoppeltes System“ (Weick, 1982; siehe auch Thillmann, 2012) betrachtet, in dem die Lehrpersonen unter der Bedingung pädagogischer Autonomie arbeiten. Unterrichtet wird im Klassen- oder Fachraum; Austausch und Begegnung ist im Kollegium traditionell kaum vorgesehen. Kontrastierend dazu gelten kooperative Arbeitsweisen und die Überwindung der allzu losen Kopplung der Schulorganisation als wichtige Gelingensbedingungen von Schul- und Unterrichtsentwicklung (Bryk, Camburn & Seashore Louis, 1999; Steinert & Maag Merki, 2009). Allerdings ist wichtig, *wie* kooperiert wird: Lehrkräfte besuchen sich gegenseitig im Unterricht, sie sprechen gemeinsam über ihren Unterricht, sie entwickeln gemeinsam Unterrichtseinheiten und Unterrichtsmaterial, sie fühlen sich gemeinsam verantwortlich für die Unterrichtsentwicklung in ihren Fächern und, das ist zentral, sie stellen bei aller Kooperation das Lernen der Schüler*innen in den Mittelpunkt (Lomos, Hofman & Bosker, 2011). Für entsprechende Kooperationsformen in der Schule hat sich der Begriff „professional communities" etabliert (Bryk, Sebring, Allensworth, Luppescu & Easton, 2010; DuFour, 2004; Hord, 2004; Louis & Leithwood, 1998), also professionelle Lerngemeinschaften.

Die Forschung zeigt, dass mit der Entwicklung zur professionellen Lerngemeinschaft die Reduzierung der Isolation einzelner Lehrkräfte, eine höhere Identifikation der Lehrkräfte mit den Zielen und der Vision der Schule, eine gemeinsame Verantwortungsübernahme für die Gesamtentwicklung der Schüler*innen und kollegiale Verantwortung für deren Lernerfolg einhergehen (Bryk et al., 1999; Hord, 2004).

Auch aktuelle Konzepte zur Professionalisierung von Lehrkräften stellen die Kooperation von Lehrer*innen in den Vordergrund. An die Stelle traditioneller Fortbildungsangebote treten arbeitsplatznahe, kooperative und praxisbezogene Formen der Professionalisierung (für die Diskussion im deutschsprachigen Raum: Fussangel, Rürup & Gräsel, 2010; international: Butler, Lauscher, Jarvis-Selinger & Beckingham, 2004), was einen Paradigmenwechsel vom traditionellen „Trainingsmodell" der Fortbildung von Lehrkräften zu einem eher kollaborativ-reflexiven Modell bedeutet (Darling-Hammond & Richardson, 2009). Danach werden Gruppen von Lehrkräften in einen langfristigen Veränderungsprozess eingebunden, in dem sie ihre eigene Praxis und ihre zugrundeliegenden Überzeugungen reflektieren. Wichtig ist die gemeinsame forschungsorientierte Auseinandersetzung mit der eigenen Unterrichtspraxis. Sie wird in unterschiedlich akzentuierten Ansätzen, wie dem der *Lesson Study* (Kullmann, 2012), oder eben dem der Professionellen Lerngemeinschaft berücksichtigt (Bonsen & Frey, 2014).

3.2 Planen und Steuern

Systematische, planvolle Schulentwicklung erfordert die Integration und Koordination verschiedener Projekte und Entwicklungen innerhalb der Schule. Zudem sollte gewährleistet bleiben, dass im Zentrum der Bemühungen die Verbesserung der pädagogischen Praxis, also die gemeinsame Unterrichtsentwicklung steht. Die hieraus erwachsende Führungsaufgabe fällt letztverantwortlich der Schulleitung zu, womit diese zu einem zentralen Faktor schulischer Qualität auf der Mesoebene wird. Empirische Forschungsergebnisse belegen wiederholt die zentrale Bedeutung der Schulleitung in Fragen der Einzelschulentwicklung (vgl. Bonsen, 2016).

Effektive unterrichtsbezogene Führung durch die Schulleitung nach Murphy (1990)

- Entwicklung und Kommunikation einer begrenzten Anzahl klar definierter Ziele
- Management schulischer Bildungsprozesse durch Beobachtung des Unterrichts, die Sicherstellung einer maximalen Zeitnutzung im Unterricht, die Koordination von schulinternen Curricula sowie (Leistungs-)Evaluation
- Pflege eines lernfreundlichen, akademischen und unterstützenden Klimas durch die Formulierung hoher Ansprüche an die Schüler*innen, persönliche Präsenz, die Schaffung von Anreizen für Lehrkräfte sowie für Schüler*innen, die systematische Förderung der Professionalisierung des Kollegiums, die Schaffung eines sicheren und geordneten Lernumfelds, die Beteiligung von Schüler*innen am Schulleben, die Förderung der Kooperation von Lehrkräften, die Nutzung externer Ressourcen zur Unterstützung des Schullebens, eine aktive Elternarbeit

Hierbei ergeben sich typische Aufgaben und Arbeitstechniken für Schulleiter*innen, beispielsweise Kommunikation, Konfliktlösestrategien, Problemlöse- und Entscheidungstechniken (Dubs, 2005), die im Mittelpunkt von Beratung oder Coaching stehen können. In Schulentwicklungsprozessen werden Schulleitungen häufig auch durch Steuergruppen unterstützt (Rolff, 2007).

Steuergruppen

Steuergruppen sind Lehrkräfte eines Kollegiums, deren Aufgabe die Prozesssteuerung der Schulentwicklung ist: Hierzu zählen die Koordination verschiedener Projekte und Prozesse, die Vernetzung mit anderen Schulen und die Dokumentation des Schulentwicklungsprozesses. Steuernd wirkt die Steuergruppe, indem sie – in Anlehnung an das Vorgehen der Organisationsentwicklung – für eine Bestandsaufnahme und deren gemeinsame Auswertung sorgt, Feedbackkonferenzen und pädagogische Tage organisiert.

Schulische Steuergruppen sind bislang kaum empirisch erforscht. Die wenigen vorliegenden Studien sind im Wesentlichen deskriptiv und versuchen vor allem die Arbeitsweisen der Steuergruppen zu erfassen (Berkemeyer & Holtappels, 2007; Feldhoff, 2007; Holtappels, 2004; Lohre, 2006). Es deutet sich aber an, dass Steuergruppen, wenn sie tatsächlich schulischen Wandel anregen und unterstützen sollen, entsprechend vorbereitet bzw. begleitet werden müssen (Feldhoff, 2011).

3.3 Evaluieren

Für den Schulbereich lassen sich mindestens drei Begründungslinien und damit implizit verbundene Zielsetzungen von Evaluationen unterscheiden. Demnach soll Evaluation (1) helfen, Qualitätsstandards zu pädagogischen Ergebnissen und

Voraussetzungen zu klären, (2) Schulen zwingen, Rechenschaft über ihre pädagogische Wirksamkeit abzulegen und somit Transparenz zu sichern, und (3) innere Schulentwicklung stimulieren (Scheerens, Glas & Thomas, 2003; siehe auch Kapitel 13 „Bildungsmonitoring und Evaluation").

Ein Ansatz schulischer Evaluation ist die *Selbstevaluation* oder schulinterne Evaluation, welche weltweit in vielen Schulen praktisch erprobt ist (Schildkamp, Visscher & Luyten, 2009). Diese Form der Evaluation ist entwicklungsbegleitend, prozessbezogen, selbstgesteuert und soll innere Schulentwicklung anstoßen und unterstützen (Bonsen & Rolff, 2011). In der Praxis zeigt sich jedoch, dass viele Schulen Schwierigkeiten haben, Evaluationsinstrumente zu nutzen, und dass die Verwertung der Ergebnisse Probleme bereitet. Sowohl die Durchführung als auch die Wirkung interner Evaluation hängen davon ab, wer die Initiator*innen und wer Adressat*innen sind: die Schulleitung oder das Kollegium (Thiel & Thillmann, 2012).

Soll Selbstevaluation dazu beitragen, die Selbstorganisation und Selbststeuerung von Schulen zu unterstützen, so ergibt sich eine Nähe zum Ansatz der Organisationsentwicklung (OE) als Veränderungsstrategie (Becker & Langosch, 1995). OE ist ein intentionales, zielgerichtetes und systematisches Vorgehen und impliziert eine Reihe grundlegender Annahmen, die in der ersten Hälfte des 20. Jahrhunderts in der sozialpsychologischen Forschung zur Lösung von Organisationsprozessen durch (Gruppendynamik-)Trainings entstanden. Einflussreich waren vor allem die Arbeiten um Kurt Lewin (Kieser, 2001). Die Entwicklungs- und Forschungsarbeiten von Lewin und anderen führten zur Entwicklung von Grundprinzipien, die auch noch heute charakteristisch für die Organisationsentwicklung sind. Hierzu gehören vor allem folgende Aspekte (siehe Hanft, 2003; Kieser, 2001):

- *Balance zwischen den Organisationszielen und den Zielen der Organisationsmitglieder:* Beides kann gleichzeitig und gleichgewichtig verfolgt werden.
- *Offene Information und aktive Mitwirkung möglichst aller betroffenen Organisationsmitglieder:* Ein OE-Prozess muss von der Mehrheit der Organisationsmitglieder der betroffenen Einheit (Kollegium, Abteilung, Gesamtorganisation) getragen werden. Die aktive Beteiligung der Betroffenen soll erstens sicherstellen, dass das Wissen der Beschäftigten im Rahmen des OE-Prozesses fruchtbar gemacht werden kann und zweitens zur Akzeptanz von Veränderungen beitragen.
- *Mitwirkung externer Beratung im Sinne der Prozessunterstützung:* Diese externe Person gibt keine Lösungen vor, sondern unterstützt und strukturiert die Problemlösung mittels geeigneter Interventionen.
- *Planung von Veränderungen als sequenzielle Prozesse:* OE ist als ein immer gleichförmiger Prozess mit verschiedenen Phasen zu verstehen: Ausgehend von einer systematischen und empirischen Problemanalyse erfolgt zunächst die Planung von Veränderungen, dann deren Umsetzung und schließlich ihre Evaluation.

Nach dem letztgenannten Prinzip gehören OE und Evaluation zusammen. Bezogen auf schulische Veränderungsprozesse bedeutet dies, dass Reformen und Innovationen grundsätzlich evaluiert werden müssen. OE bietet somit ein Modell für datenbasierte Schulentwicklung. Idealtypisch ließen sich folgende Phasen voneinander abgrenzen:

1. Datensammlung zur Bestandsaufnahme (z. B. durch Fragebögen),
2. Datenfeedback an das Kollegium, eventuell auch Schüler*innen und Eltern,
3. gemeinsame Datenanalyse im Kollegium (z. B. im Rahmen eines pädagogischen Tages),
4. gemeinsame Planung von Veränderungen (z. B. Einführung eines Förderprogramms) und deren Umsetzung (Arbeitsplan),
5. anschließende Überprüfung der Umsetzung und des Erfolgs der Veränderung (Evaluation).

Neben der Selbstevaluation werden auch *externe* Formen der Evaluation von Schulen genutzt. Solche Formen der Evaluation betonen die Rechenschafts- und Überprüfungsfunktion im Schulsystem. Externe Evaluation kann sich dabei sowohl auf die Prozessqualität als auch auf die Output-Qualität der Einzelschule beziehen. Weltweit arbeiten Länder mit unterschiedlichen Modellen der externen Qualitätssicherung im Schulbereich, wobei die Schulinspektion weit verbreitet ist.

Generell lassen sich zwei Funktionen von Schulinspektion unterscheiden: die der Rechenschaftslegung und Kontrolle einerseits und die der schulischen Qualitätsentwicklung andererseits (Altrichter & Kemethofer, 2016). Die empirische Forschung zur Wirksamkeit von Schulinspektionen ist jedoch wenig ermutigend und zeigt, dass die Schulinspektion eher kein effektives Mittel zur Verbesserung der pädagogischen Praxis ist (Gaertner, Wurster & Pant, 2013, S. 13; vgl. auch Böhm-Kasper & Selders, 2013). Dies kann dem häufig angespannten und wenig vertrauensvollen Verhältnis zwischen Inspektor*innen und Lehrkräften geschuldet sein, oder lässt sich damit begründen, dass der Besuch der Inspektor*innen überwiegend negativ konnotiert sowie mit Stress und hoher Arbeitsbelastung für die Lehrkräfte verbunden wahrgenommen wird (Chapman, 2002). Zwar gibt es durchaus Vorbereitungseffekte im Vorfeld einer Inspektion, im Anschluss fallen Schulen jedoch häufig wieder in den früheren Alltagsablauf zurück (Ouston & Davies, 1998) – ein Effekt, wie man ihn auch bei Schüler*innen vor und nach Klassenarbeiten finden kann.

Eine weitere Form externer Evaluation ist die standardisierte Testung von Schüler*innen und damit verbunden die vergleichende Rückmeldung der Kompetenzstände auf der Mesoebene. Die Forderung, hierdurch Schulentwicklung zu stimulieren, kam mit der Veröffentlichung der ersten PISA-Studie zu Beginn der 2000er Jahre auf (Terhart, 2002b; Watermann, Stanat, Kunter, Klieme & Baumert, 2003). Hierbei ist die Idee zentral, dass Leistungstests „zur Steigerung der Wirksamkeit des Bildungswesens beitragen und die Leistungsfähigkeit des Gesamtsystems über die Veröffentlichung von Leistungskennzahlen, zum Beispiel Testergebnissen, sichtbar machen“ (Schratz & Westfall-Greiter, 2010, S. 20). Die Test-Performanz von Schüler*innen wird somit zum zentralen Kriterium schulischer Qualitätsmessung und Qualitätsentwicklung („Output“). Diesen Grundgedanken nimmt auch die Diskussion um Bildungsstandards auf. Unbeschadet der unterschiedlichen Möglichkeiten, wie Entwicklung und Nutzung von Bildungsstandards ausgerichtet sein können (Schratz et al., 2019), lässt sich für die Schul- und Unterrichtsentwicklung auf der Mesoebene der Anspruch formulieren, dass Bildungsstandards und Leistungstests nicht um ihrer selbst willen, sondern als „integrativer Teil von Qualitätsmanagement“ (Terhart, 2002b, S. 91) betrachtet werden sollten. Im bildungspolitischen Diskurs wird dies explizit als Begründung für Bildungsstandards und Leistungstests angeführt: Leistungsdaten sollen nicht allein zum Systemmonitoring erhoben werden, sie sollen auch die Lehrkräfte bei der Verbesserung ihres Unterrichts und bei der Förderung ihrer Schüler*innen unterstützen (KMK, 2010). Dabei spielt der organisatorische Kontext bei der Nutzung von Daten eine wichtige Rolle: Sollen Datenrückmeldungen zur Unterrichtsentwicklung genutzt werden, scheint die Veränderung organisatorischer Routinen ein wirksamer Weg zu sein (Spillane, Parise & Sherer, 2011).

Die Frage, ob eher interne oder externe Evaluation für die Unterstützung der Schulentwicklung auf der Mesoebene am besten geeignet ist, lässt sich auf der Grundlage von empirischer Forschung derzeit nur schwer beantworten. Hinweise ergibt die längsschnittliche Auswertung von PISA-Daten aus den Jahren 2000 und 2009 (Bischof, Hochweber, Hartig & Klieme, 2013): Hier ist es nicht die externe Evaluation, sondern die interne Evaluation, welche positiv mit den Leistungen der Schüler*innen zusammenhängt. Ebenfalls positiv mit interner Evaluation assoziiert ist die von den Schüler*innen wahrgenommene Beziehungsqualität. Auch hier zeigt sich kein Effekt der externen Evaluation. Die Autor*innen kommentieren ihr Ergebnis folgendermaßen: „Eine mögliche Erklärung für diese Konstellation ist die stärkere Ausrichtung der Maßnahmen interner Evaluation auf die konkrete Situation an der Schule als bei externer Evaluation. Während Bildungsökonomen, ausgerichtet an Wettbewerbsmodellen, externe Evaluation für wirksam erachten ..., sehen wir die Auswirkungen primär bei der internen Evaluation, weil diese infolge der Durchführung durch die Schulen selbst eine Beteiligung in der Schule voraussetzt und möglicherweise Prozesse und Aktivitäten in Gang setzt, die bei externer Evaluation nicht zwingend stattfinden“ (Bischof et al., 2013, S. 194).

4 Zukunft des Themas

Die Mesoebene ist eine bislang von der Bildungspsychologie eher vernachlässigte Handlungsebene. Sie ist häufiger Gegenstand von soziologischen und ökonomischen Betrachtungen. Während die Pädagogische Psychologie respektive Instruktionspsychologie klar auf die proximalen Faktoren des schulischen Lernens

(Mikroebene) fokussiert, bleibt die genuin psychologische Betrachtung der Mesoebene ein Desiderat.

Ohne Zweifel leistet die psychologische Forschung aber über die Beteiligung an der Schuleffektivitätsforschung einen bedeutenden Beitrag zur Grundlagenforschung in diesem Bereich, nicht zuletzt aufgrund methodischer Expertise. Die Herausforderungen sind aufgrund des sehr komplexen Forschungsfelds, welches sich wohl nur entlang von Teilbereichen des bildungspsychologischen Gesamtmodells strukturieren lässt, immens.

In der Schulentwicklungsforschung, insbesondere in der Praxis der Schulentwicklung, spielen Handlungs- und Themenbereiche mit klarem Bezug zur Psychologie eine wichtige Rolle. So kann die um distale Faktoren erweiterte Betrachtung der Determinanten schulischen Kompetenzerwerbs Möglichkeiten der Gestaltung und Optimierung von institutionellen Rahmenbedingungen schulischer Lehr-Lernprozesse aufzeigen. Versteht man die Mesoebene dabei als Ebene der Organisation (z.B. die Schule als soziale Organisation), die es zu gestalten gilt, so ergeben sich geradezu klassische Fragen der Arbeits- und Organisationspsychologie. Hier sind sowohl theoretische als auch praxisbezogene Impulse zu erwarten.

Eine zentrale Herausforderung für die Bildungspsychologie ist es dabei, sich im bislang interdisziplinär aufgestellten Feld der empirischen Bildungsforschung, das gemeinsam von der Pädagogischen Psychologie, der Ökonomie, der Erziehungswissenschaft sowie den Sozialwissenschaften und den Fachdidaktiken bearbeitet wird, zu positionieren.

Zusammenfassung

Die Mesoebene als intermediäre Handlungsebene zwischen Mikro- und Makroebene ist relevant, wenn Bildungs- und Erziehungsprozesse in dezentralen Einrichtungen institutionalisiert, aber dennoch zentral reguliert werden. In diesem Verständnis ist der Begriff der Mesoebene vor allem innerhalb neuerer schultheoretischer Beiträge etabliert.

Die bildungspsychologische Forschung untersucht den Beitrag von Faktoren der Mesoebene im Sinne der Schuleffektivitätsforschung. Darüber hinaus werden auch Faktoren der Innovation und Entwicklung im Verständnis der Schulentwicklungsforschung untersucht. Beide Schwerpunkte sind keine exklusiven Forschungsbereiche der Bildungspsychologie, sondern werden interdisziplinär im Rahmen der empirischen Bildungsforschung bearbeitet und lassen sich aufeinander beziehen: Während die Schuleffektivitätsforschung über die Identifikation von generischen Merkmalen guter Schulen die Zielrichtung für Qualitätsentwicklung und Qualitätssicherung vorgeben kann, ist es an der Schulentwicklungsforschung, Veränderungsmodelle zu entwickeln, welche ebensolche Qualitätsentwicklung auf der Mesoebene ermöglichen. Nicht zuletzt deshalb werden die Begriffe Schulentwicklung und schulische Qualitätsentwicklung häufig unklar abgegrenzt. Allerdings ist auch eine Rückbesinnung auf innerschulische Prozesse der Selbstorganisation festzustellen, in denen Ideen der klassischen Organisationsentwicklung, der Professionalisierung von Lehrkräften und der Kooperation und Teamarbeit Betonung finden.

Reflexionsfragen

1. Wie lässt sich die Relevanz der Mesoebene als Handlungsebene begründen?
2. In welchem Verhältnis stehen die Schuleffektivitätsforschung und die Schulentwicklungsforschung zueinander?
3. Welche Bereiche des Modells der Qualität und Qualitätssicherung bieten Schulen Ansatzpunkte für eigene Entwicklungsprozesse? Welche Bereiche eignen sich hingegen nicht gut als Ansatzpunkte für innere Schulentwicklung auf der Mesoebene?
4. Die Kooperation zwischen Lehrpersonen wird als zentrale Bedingung erfolgreicher Schulentwicklung betrachtet. Wie lässt sich das begründen?
5. Welche beruflichen Perspektiven jenseits der Forschung ergeben sich für Absolvent*innen der Bildungspsychologie mit Blick auf die Mesoebene in den Bereichen Beratung, Prävention, Intervention und Evaluation?

Weiterführende Literatur

Dedering, K. (2012). *Steuerung und Schulentwicklung. Bestandsaufnahme und Theorieperspektive.* Wiesbaden: Springer VS. https://doi.org/10.1007/978-3-531-19534-6

Fend, H. (2008). *Neue Theorie der Schule. Einführung in das Verstehen von Bildungssystemen* (2. Aufl.). Wiesbaden: VS Verlag für Sozialwissenschaften.

Kyriakides, L., Creemers, B. & Charalambous, E. (2018). *Equity and Quality Dimensions in Educational Effectiveness.* Cham: Springer. https://doi.org/10.1007/978-3-319-72066-1

Reinders, H., Ditton, H., Gräsel, C. & Gniewosz, B. (2015). *Empirische Bildungsforschung: Strukturen und Methoden* (2. Aufl.). Wiesbaden: Springer VS.

Rolff, H.-G. (2012). Schule als soziale Organisation – Zur Duplexstruktur schulpädagogischen Handelns. In U. Bauer, U. H. Bittlingmayer & A. Scherr (Hrsg.), *Handbuch Bildungs- und Erziehungssoziologie* (S. 1001–1016). Wiesbaden: VS Verlag für Sozialwissenschaften. https://doi.org/10.1007/978-3-531-18944-4_58

Scheerens, J. (2016). *Educational effectiveness and ineffectiveness: A critical review of the knowledge base.* Dordrecht: Springer Netherlands. https://doi.org/10.1007/978-94-017-7459-8

Literatur

Altrichter, H. & Kemethofer, D. (2016). Stichwort: Schulinspektion. *Zeitschrift für Erziehungswissenschaft, 19*(3), 487–508. https://doi.org/10.1007/s11618-016-0688-0

Altrichter, H. & Maag Merki, K. (2016). *Handbuch Neue Steuerung im Schulsystem* (2. Aufl.). Wiesbaden: Springer VS. https://doi.org/10.1007/978-3-531-18942-0

Baumert, J. & Kunter, M. (2006). Stichwort: Professionelle Kompetenz von Lehrkräften. *Zeitschrift für Erziehungswissenschaft, 9*(4), 469–520. https://doi.org/10.1007/s11618-006-0165-2

Baumert, J., Trautwein, U. & Artelt, C. (2003). Schulumwelten – institutionelle Bedingungen des Lehrens und Lernens. In Deutsches PISA-Konsortium (Hrsg.), *PISA 2000. Ein differenzierter Blick auf die Länder der Bundesrepublik Deutschland* (S. 261–331). Wiesbaden: Leske + Budrich. https://doi.org/10.1007/978-3-322-97590-4_11

Becker, H. & Langosch, I. (1995). *Produktivität und Menschlichkeit* (4. Aufl.). Stuttgart: Lucius & Lucius.

Berkemeyer, N. & Holtappels, H.-G. (2007). *Schulische Steuergruppen und Change Management.* Weinheim: Juventa.

Bischof, L. M., Hochweber, J., Hartig, J. & Klieme, E. (2013). Schulentwicklung im Verlauf eines Jahrzehnts: Erste Ergebnisse des PISA-Schulpanels. In Leibniz-Institut für Bildungsforschung und Bildungsinformation (Hrsg.), *PISA 2009: Impulse für die Schul- und Unterrichtsforschung* (S. 172–199). Weinheim: Beltz.

Böhm-Kasper, O. & Selders, O. (2013). „Schulinspektionen sollten regelmäßig durchgeführt werden“? In I. van Ackeren, M. Heinrich & F. Thiel (Hrsg.), *Evidenzbasierte Steuerung im Bildungssystem?* (S. 121–153). Münster: Waxmann.

Bonsen, M. (2016). Schulleitung und Führung in der Schule. In H. Altrichter & K. Maag Merki (Hrsg.), *Handbuch Neue Steuerung im Schulsystem* (S. 301–323). Wiesbaden: Springer.

Bonsen, M. & Berkemeyer, N. (2014). Lehrerinnen und Lehrer in Schulentwicklungsprozessen. In E. Terhart, H. Bennewitz & M. Rothland (Hrsg.), *Handbuch der Forschung zum Lehrerberuf* (2. Aufl., S. 920–936). Münster: Waxmann.

Bonsen, M., Büchter, A. & van Ophuysen, S. (2004). Im Fokus: Leistung. Zentrale Aspekte der Schulleistungsforschung und ihre Bedeutung für die Schulentwicklung. In H. G. Holtappels, K. Klemm, H. Pfeiffer, H.-G. Rolff & R. Schulz-Zander (Hrsg.), *Jahrbuch der Schulentwicklung* (Bd. 13, S. 187–223). Weinheim: Juventa.

Bonsen, M. & Frey, K. A. (2014). Lehrerkooperation als Grundlage für Lehrerprofessionalisierung. In R. Arnold & T. Prescher (Hrsg.), *Schulentwicklung systemisch gestalten – Wege zu einem lebendigen und nachhaltigen Lernen in Schule und Unterricht* (S. 165–181). Köln: Link.

Bonsen, M. & Rolff, H.-G. (2011). Interne Evaluation und Schulinspektion/Qualitätsanalayse. In H.-G. Rolff (Hrsg.), *Qualität mit System* (S. 195–217). Kronach: Carl Link.

Bos, W. & Postlethwaite, T. N. (2000). Möglichkeiten, Grenzen und Perspektiven internationaler Schulleistungsforschung. In H.-G. Rolff, W. Bos, K. Klemm, H. Pfeiffer & R. Schulz-Zander (Hrsg.), *Jahrbuch der Schulentwicklung* (Bd. 11, S. 365–386). Weinheim: Juventa.

Brookover, W. B., Beady, C., Flood, P., Schweitzer, J. & Wisenbaker, J. (1979). *Schools, Social Systems and Student Achievements: Schools Can Make a Difference.* München: Praeger.

Bryk, A., Camburn, E. & Seashore Louis, K. (1999). Promoting school improvement through professional communities: An analysis of Chicago elementary schools. *Educational Administration Quarterly, 35,* 707–750.

Bryk, A. & Raudenbush, S. W. (1992). *Hierarchical Linear Models: Applications and Data Analysis Methods.* Thousand Oaks: SAGE Publications.

Bryk, A. S., Sebring, P. B., Allensworth, E., Luppescu, S. & Easton, J. Q. (2010). *Organizing Schools for Improvement: Lessons from Chicago.* Chicago: University of Chicago Press.

Butler, D.L., Lauscher, H.N., Jarvis-Selinger, S. & Beckingham, B. (2004). Collaboration and self-regulation in teachers' professional development. *Teaching and Teacher Education, 20*(5), 435–455. https://doi.org/10.1016/j.tate.2004.04.003

Chapman, C. (2002). Ofsted and School Improvement: Teachers' perceptions of the inspection process in schools facing challenging circumstances. *School Leadership & Management, 22,* 257–272. https://doi.org/10.1080/1363243022000020390

Coleman, J.S., Campbell, E.Q., Hobson, C.J., McPartland, J., Mood, A.M., Weinfeld, F.D. et al. (1966). *Equality of educational opportunity.* Washington, D.C.: National Center for Educational Statistics.

Creemers, B.P.M. (1994). *The Effective Classroom.* London: Cassell.

Creemers, B.P.M. (2008). The AERA Handbooks of Research on Teaching: Implications for educational effectiveness research. *School Effectiveness and School Improvement, 19*(4), 473–477. https://doi.org/10.1080/09243450802535232

Dalin, P. & Rolff, H.-G. (1990). *Institutionelles Schulentwicklungsprogramm. Eine neue Perspektive für Schulleiter, Kollegium und Schulaufsicht.* Soest: Soester Verlagskontor.

Darling-Hammond, L. & Richardson, N. (2009). Teacher Learning: What matters? *Educational Leadership, 66*(5), 46–53.

Dedering, K. (2019). Schulentwicklungsberatung. In N. Berkemeyer, W. Bos & B. Hermstein (Hrsg.), *Schulreform gestern, heute, morgen: Zugänge, Gegenstände und Trends* (S. 408–419). Weinheim: Beltz Juventa.

Ditton, H. (2000). Qualitätskontrolle und Qualitätssicherung in Schule und Unterricht. Ein Überblick zum Stand der empirischen Forschung. *Zeitschrift für Pädagogik, 41* (Beiheft), 79–92.

Ditton, H. & Müller, A. (2011). Schulqualität. In H. Reinders, H. Ditton, C. Gräsel & B. Gniewosz (Hrsg.), *Empirische Bildungsforschung: Gegenstandsbereiche* (S. 99–111). Wiesbaden: VS Verlag für Sozialwissenschaften.

Dubs, R. (2005). *Die Führung einer Schule: Leadership und Management.* Stuttgart: Steiner.

DuFour, R. (2004). What is a „Professional learning Community"? *Educational Leadership, 61*(8), 6–11.

Eder, F. (2001). Schul- und Klassenklima. In D. Rost (Hrsg.), *Handwörterbuch Pädagogische Psychologie* (2. Aufl., S. 578–586). Weinheim: Beltz.

Feldhoff, T. (2007). Qualifizierungsmaßnahmen der schulischen Steuergruppen im Rahmen des Modellvorhabens „Selbstständige Schule" NRW. In N. Berkemeyer & H.G. Holtappels (Hrsg.), *Schulische Steuergruppen und Change Management* (S. 139–156). Weinheim: Juventa.

Feldhoff, T. (2011). *Schule organisieren. Der Beitrag von Steuergruppen und Organisationalem Lernen zur Schulentwicklung.* Wiesbaden: VS Verlag für Sozialwissenschaften. https://doi.org/10.1007/978-3-531-93384-9

Feldhoff, T., Bischof, L., Emmerich, M. & Radisch, F. (2014). „Was nicht passt, wird passend gemacht!" In H.J. Abs, T. Brüsemeister, M. Schemmann & J. Wissinger (Hrsg.), *Governance im Bildungssystem: Analysen zur Mehrebenenperspektive, Steuerung und Koordination* (S. 65–87). Wiesbaden: Springer. https://doi.org/10.1007/978-3-658-06523-2_3

Fend, H. (2004). Was stimmt mit dem deutschen Bildungssystem nicht? Wege zur Erklärung von Leistungsunterschieden zwischen Bildungssystemen. In G. Schümer, K.-J. Tillmann & M. Weiß (Hrsg.), *Die Institution Schule und die Lebenswelt der Schüler: Vertiefende Analysen der PISA-2000-Daten zum Kontext von Schülerleistungen* (S. 15–38). Wiesbaden: VS Verlag für Sozialwissenschaften. https://doi.org/10.1007/978-3-531-90348-4_2

Fend, H. (2006). *Neue Theorie der Schule – Einführung in das Verstehen von Bildungssystemen.* Wiesbaden: VS Verlag für Sozialwissenschaften.

Fussangel, K., Rürup, M. & Gräsel, C. (2010). Lehrerfortbildung als Unterstützungssystem. In H. Altrichter & K. Maag Merki (Hrsg.), *Handbuch Neue Steuerung im Schulsystem* (S. 2328–2354). Wiesbaden: VS Verlag für Sozialwissenschaften.

Gaertner, H., Wurster, S. & Pant, H.A. (2013). The effect of school inspections on school improvement. *School Effectiveness and School Improvement, 25*(4), 489–508. https://doi.org/10.1080/09243453.2013.811089

Götz, T., Frenzel, A. & Pekrun, R. (2008). Sozialklima in der Schule. In W. Schneider & M. Hasselhorn (Hrsg.), *Handbuch der Pädagogischen Psychologie* (S. 503–514). Göttingen: Hogrefe.

Hanft, A. (2003, Oktober). *Evaluation und Organisationsentwicklung.* Vortrag zur 6. Jahrestagung der Deutschen Gesellschaft für Evaluation e.V. (DeGEval), Evaluation und Organisationsentwicklung, Hamburg.

Helmke, A. (2009). *Unterrichtsqualität und Lehrerprofessionalität: Diagnose, Evaluation und Verbesserung des Unterrichts.* Seelze: Klett/Kallmeyer.

Holtappels, H.G. (2004). *Schulprogramme – Instrumente der Schulentwicklung: Konzeptionen, Forschungsergebnisse, Praxisempfehlungen.* Weinheim: Juventa.

Hord, S.M. (2004). *Learning Together, Leading Together: Changing Schools Through Professional Learning Communities.* New York: Teachers College Press.

Horstkemper, M. (1997). Schulische Reformen unterstützen: Konzepte und Methoden der Schulentwicklungsforschung. In B. Friebertshäuser & A. Prengel (Hrsg.), *Handbuch qualitative Forschungsmethoden in der Erziehungswissenschaft* (S. 769–784). Weinheim: Juventa.

Horstkemper, M. & Tillmann, K.-J. (2003). Studien zu Einzelschulen. *Erziehungswissenschaft, 14*(27), 45–78.

Huber, C., Grosche, M. & Schütterle, P. (2013). Inklusive Schulentwicklung durch response-to-intervention (RTI): Realisierungsmöglichkeiten des RTI-Konzepts im Förderbereich Lesen. *Gemeinsam leben, 21*(2), 79–90.

Jencks, C., Smith, M., Acland, H., Bane, M.J., Cohen, D., Gintis, H. et al. (1972). *Inequalitiy: A reassessment of the effect of family and schooling in America.* New York: Basic Books.

Kieser, A. (2001). *Organisationstheorien* (4. Aufl.). Stuttgart: Kohlhammer.

Kullmann, H. (2012). Lesson Study: Eine konsequente Form unterrichtsbezogener Lehrerkooperation. In S.G. Huber & F. Ahlgrimm (Hrsg.), *Kooperation: Aktuelle Forschung zur Kooperation in und zwischen Schulen sowie mit anderen Partnern* (S. 69–88). Münster: Waxmann.

Kultusministerkonferenz (KMK). (2010). *Konzeption der Kultusministerkonferenz zur Nutzung der Bildungsstandards für die Unterrichtsentwicklung.* Köln: Wolters Kluwer.

Levine, D.U. & Lezotte, L.W. (1990). *Unusually Effective Schools: A Review and Analysis of Research and Practice.* Madison, WI: National Centre for Effective Schools Research and Development.

Lohre, W. (2006). *Entwicklung ist messbar: Zwischenbericht der wissenschaftlichen Begleitforschung zum Projekt „Selbstständige Schule".* Köln: Bildungsverlag EINS.

Lomos, C., Hofman, R.H. & Bosker, R.J. (2011). Professional communities and student achievement – A meta-analysis. *School Effectiveness and School Improvement, 22*(2), 121–148. https://doi.org/10.1080/09243453.2010.550467

Louis, K.S. & Leithwood, K. (1998). From organizational learning to professional learning communities. In K.S. Louis & K. Leithwood (Eds.), *Organisational learning in schools* (pp. 275–285). Lisse: Swets & Zeitlinger.

Mandl, H. (2005). Kommentar. *Psychologische Rundschau, 56*(4), 298–298. https://doi.org/10.1026/0033-3042.56.4.298a

Meyer, H. (2004). *Was ist guter Unterricht?* Berlin: Cornelsen Scriptor.

Ministerium für Schule und Weiterbildung des Landes Nordrhein-Westfalen (2014). *Fort- und Weiterbildung; Strukturen und Inhalte der Fort- und Weiterbildung für das Schulpersonal (§§57–60*

SchulG). Verfügbar unter https://www.schulentwicklung.nrw.de/q/upload/Gender/Erlass_Fort-_und_Weiterbildung.pdf

Mortimore, P., Sammons, P., Stoll, L., Lewis, D. & Ecob, R. (1988). *School matters*. Berkeley: University of California Press. https://doi.org/10.1525/9780520330375

Murphy, J. (1990). Principal Instructional Leadership. In P. Thurston & L. Lotto (Eds.), *Perspectives on the school: Advances in educational administration* (pp. 163–200). Greenwich, CN: JAI Press Inc.

Ouston, J. & Davies, J. (1998). OFSTED and Afterwards? Schools' Responses to Inspection. In P. Earley (Ed.), *School Improvement after Inspection? School and LEA Responses* (pp. 13–24). London: Chapman.

Pekrun, R. (2002). Psychologische Bildungsforschung. In R. Tippelt (Hrsg.), *Handbuch Bildungsforschung* (S. 61–79). Wiesbaden: VS Verlag für Sozialwissenschaften.

Purkey, S.C. & Smith, M.S. (1983). Effective schools: A review. *The elementary school journal, 83*(4), 427–453. https://doi.org/10.1086/461325

Reusser, K., Pauli, C. & Waldis, M. (2010). *Unterrichtsgestaltung und Unterrichtsqualität. Ergebnisse einer internationalen und schweizerischen Videostudie zum Mathematikunterricht*. Münster: Waxmann.

Reynolds, D. (2005). School Effectiveness: Past, Present and Future Directions. In H.G. Holtappels & K. Höhmann (Hrsg.), *Schulentwicklung und Schulqualität* (S. 11–25). Weinheim: Juventa.

Richter, D. & Pant, H.A. (2016). *Lehrerkooperation in Deutschland. Eine Studie zu kooperativen Arbeitsbeziehungen bei Lehrkräften der Sekundarstufe I*. Bielefeld: Bertelsmann.

Rolff, H.-G. (1998). Entwicklung von Einzelschule. Viel Praxis, wenig Theorie und kaum Forschung – Ein Versuch, Schulentwicklung zu systematisieren. In H.-G. Rolff, K.-O. Bauer, K. Klemm & H. Pfeiffer (Hrsg.), *Jahrbuch der Schulentwicklung* (Bd. 10, S. 295–326). Weinheim: Juventa.

Rolff, H.-G. (2007). Zwei Linien der Steuerung der Qualität von Schulen. In H.-G. Rolff (Hrsg.), *Studien zu einer Theorie der Schulentwicklung* (S. 195–221). Weinheim: Beltz.

Sammons, P., Hillman, J. & Mortimore, P. (1995). *Key characteristics of effective schools: A review of school effectiveness research*. London: OFSTED.

Scheerens, J. (1990). School effectiveness and the development of process indicators of school functioning. *School Effectiveness and School Improvement, 1*, 61–80. https://doi.org/10.1080/0924345900010106

Scheerens, J. (1992). Prozessindikatoren der Arbeitsweise von Schulen. In W. Mitter & U. Schäfer (Hrsg.), *Die internationalen Bildungsindikatoren der OECD – ein Analyserahmen. Ein OECD/CERI-Bericht* (S. 62–91). Bern: Lang.

Scheerens, J. (2016). School Effectiveness Research and the Meaning of the Most Important Effectiveness-Enhancing Conditions. In J. Scheerens (Ed.), *Educational Effectiveness and Ineffectiveness: A Critical Review of the Knowledge Base* (pp. 105–145). Wiesbaden: Springer. https://doi.org/10.1007/978-94-017-7459-8_5

Scheerens, J., Glas, C. & Thomas, S.M. (2003). *Educational evaluation, assessment, and monitoring – a systematic approach*. Lisse: Swets & Zeitlinger.

Schildkamp, K., Visscher, A. & Luyten, H. (2009). The effects of the use of a school self-evaluation instrument. *School Effectiveness and School Improvement, 20*(1), 69–88. https://doi.org/10.1080/09243450802605506

Schratz, M. & Westfall-Greiter, T. (2010). *Schulqualität sichern und weiter entwickeln*. Seelze: Kallmeyer/Klett.

Schratz, M., Wiesner, C., Jesacher-Roessler, L., Schildkamp, K., George, A.C., Hofbauer, C et al. (2019). Möglichkeiten und Grenzen evidenzorientierter Schulentwicklung. In S. Breit, F. Eder, K. Krainer, C. Schreiner, A. Seel & C. Spiel (Hrsg.), *Nationaler Bildungsbericht Österreich 2018:*

2. Fokussierte Analysen und Zukunftsperspektiven für das Bildungswesen (S. 403–453). Graz: Leykam.

Seidel, T. (2014). Angebots-Nutzungs-Modelle in der Unterrichtspsychologie. Integration von Struktur- und Prozessparadigma. *Zeitschrift für Pädagogik, 60*(6), 850–866.

Seidel, T. & Shavelson, R.J. (2007). Teaching Effectiveness Research in the Past Decade. The Role of Theory and Research Design in Disentangling Meta-Analysis Results. *Review of Educational Research, 77*(4), 454–499.

Spillane, J.P., Parise, L.M. & Sherer, J.Z. (2011). Organizational Routines as Coupling Mechanisms: Policy, School Administration, and the Technical Core. *American Educational Research Journal, 48*(3), 586–619. https://doi.org/10.3102/0002831210385102

Steinert, B. & Maag Merki, K. (2009). Kooperation zwischen Lehrpersonen und Schulen. Empirische Analysen und offene Forschungsfragen. *Beiträge zur Lehrerbildung, 27*(3), 395–403.

Stoll, L., Creemers, B.P.M. & Reezigt, G.J. (2006). Effective School Improvement: Similarities and Differences in Improvement in Eight European Countries. In A. Harris & J.H. Chrispeels (Eds.), *Improving Schools and Educational Systems* (pp. 90–116). London: Routledge.

Terhart, E. (2002a). Fremde Schwestern. *Zeitschrift für Pädagogische Psychologie, 16*(2), 77–86. https://doi.org/10.1024//1010-0652.16.2.77

Terhart, E. (2002b). Wie können die Ergebnisse von vergleichenden Leistungsstudien systematisch zur Qualitätsverbesserung in Schulen genutzt werden? *Zeitschrift für Pädagogik, 48*(1), 91–110.

Terhart, E. (2010). Schulentwicklung und Lehrerkompetenzen. In T. Bohl, W. Helsper, H.G. Holtappels & C. Schelle (Hrsg.), *Handbuch Schulentwicklung* (S. 237–241). Bad Heilbrunn: Klinkhardt.

Thiel, F. (2008). Organisationssoziologische Vorarbeiten zu einer Theorie der Schulentwicklung. *Journal für Schulentwicklung, 12*(2), 31–39.

Thiel, F. & Tarkian, J. (2019). Rahmenkonzepte zur Definition von Schulqualität in den 16 Ländern. In F. Thiel, J. Tarkian, E.-M. Lankes, N. Maritzen, T. Riecke-Baulecke & A. Kroupa (Hrsg.), *Datenbasierte Qualitätssicherung und -entwicklung in Schulen: Eine Bestandsaufnahme in den Ländern der Bundesrepublik Deutschland* (S. 15–39). Wiesbaden: Springer. https://doi.org/10.1007/978-3-658-23240-5

Thiel, F. & Thillmann, K. (2012). Interne Evaluation als Instrument der Selbststeuerung von Schulen. In A. Wacker, U. Maier & J. Wissinger (Hrsg.), *Schul- und Unterrichtsreform durch ergebnisorientierte Steuerung: Empirische Befunde und forschungsmethodische Implikationen* (S. 35–55). Wiesbaden: VS Verlag für Sozialwissenschaften. https://doi.org/10.1007/978-3-531-94183-7_2

Thillmann, K. (2012). *Schulentwicklung und Schulorganisation. Eine empirische Untersuchung schulischer Organisationsgestaltung vor dem Hintergrund der Neuen Steuerung im Bildungssystem.* Dissertation, Freie Universität Berlin. Verfügbar unter http://www.diss.fu-berlin.de/diss/receive/FUDISS_thesis_000000037514

Urton, K. (2016). *Ebenen der Schulentwicklung zur Gesundheitsförderung in inklusiven Grundschulen.* Verfügbar unter https://www.uni-potsdam.de/fileadmin/projects/inklusion/PDFs/ZEIF-Blog/Urton__2016__Kinder_in_den_Blick_nehmen.pdf

van Velzen, W., Miles, M.B., Ekholm, M., Hameyer, U. & Robin, D. (1985). *Making school improvement work: A conceptual guide to practice.* Leuven: Acco.

Watermann, R., Stanat, P., Kunter, M., Klieme, E. & Baumert, J. (2003). Schulrückmeldungen im Rahmen von Schulleistungsuntersuchungen: Das Disseminationskonzept von PISA-2000. *Zeitschrift für Pädagogik, 48*(1), 92–111.

Weick, K.E. (1982). Administering education in loosely coupled schools. *Phi Delta Kappan, 27,* 673–676.
Weinert, F.E. (2001). Perspektiven der Schulleistungsmessung – mehrperspektivisch betrachtet. In F.E. Weinert (Hrsg.), *Leistungsmessung in Schulen* (S. 353–365). Weinheim: Beltz.

Kapitel 16

Bildungspsychologie auf der Makroebene: Das Gesamtsystem im Fokus

Silke Hertel, Nina Jude & Eckhard Klieme

Inhaltsübersicht

1 Einführung

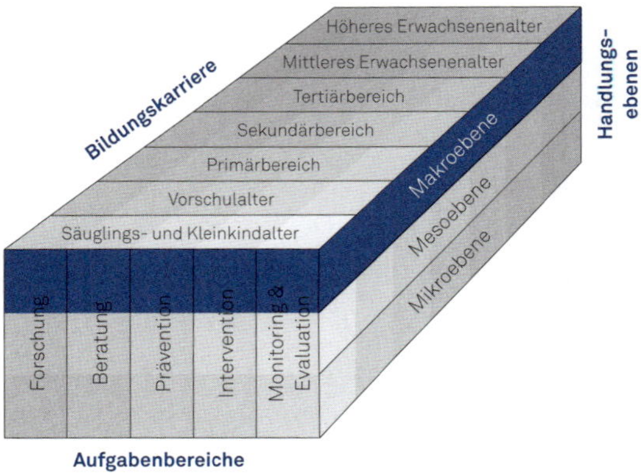

Der Begriff *makro* stammt aus dem Griechischen und bedeutet groß bzw. weit. Entsprechend betrachtet die bildungspsychologische Makroebene Bildungsprozesse aus einer übergeordneten, weit gefassten Perspektive: Sie beschreibt Bildungssysteme mit ihren Strukturen und Prozessen. Dazu zählen sowohl die strukturellen Merkmale von Bildungssystemen (z. B. Untergliederung des Bildungssystems) als auch kulturelle und politische Rahmenbedingungen in den Ländern. Die Makroebene bildet den Rahmen für Bildungsprozesse auf der Meso- und Mikroebene.

Bildungspsychologische Makroebene

Die bildungspsychologische Makroebene umfasst sozial und kulturell geformte Einstellungen und Überzeugungen zu Bildung und Bildungsprozessen, Bildungszielen und -traditionen sowie bildungsbezogene Handlungsmuster, Strukturen des Bildungssystems und dessen bildungspolitische Steuerung. Zusätzlich können auch kulturspezifische Wissensaspekte und Kompetenzen auf der Makroebene eingeordnet werden. Die Wertschätzung von Bildung und der Stellenwert, den Bildungsprozesse in der Gesellschaft haben, nehmen eine zentrale Position auf der bildungspsychologischen Makroebene ein.

Diese Betrachtungsweise ist für die Psychologie vergleichsweise ungewöhnlich und es stellen sich Fragen, die zunächst eher in die Soziologie, die Ökonomie, die Ethnologie und andere gesellschafts- und kulturwissenschaftliche Disziplinen eingeordnet werden. Doch auch in der Psychologie gab und gibt es Ansätze, um entsprechende Fragestellungen zu bearbeiten. Diese Ansätze stehen im Fokus dieses Kapitels, wobei zur Strukturierung zwei grundlegende Zugänge unterschieden werden: ein beschreibend-kulturvergleichender und ein empirisch geprägter Zugang zur Theoriebildung. Dabei ist festzuhalten, dass Ansätze der Bildungspsychologie und -forschung, welche die soziokulturelle bzw. sozioökonomische Rahmung, die gesellschaftliche Organisation und die politische Steuerung von Bildungsprozessen beschreiben, immer auch eine interdisziplinäre Perspektive umfassen (z. B. Soziologie, Ökonomie, Ethnologie).

Ein erster Zugang, der in Abschnitt 2.1 vertiefend dargestellt wird, besteht in dem Versuch, den kulturellen Hintergrund menschlichen Verhaltens zum Ausgangspunkt der Theoriebildung zu machen. Nach diesem Ansatz nehmen soziokulturelle „Faktoren" (z. B. Überzeugungen, Wertvorstellungen, Normen) einen zentralen Einfluss auf das Handeln der Menschen. Daraus folgt, dass menschliche Handlungen nur vor dem jeweils spezifischen, soziokulturellen Hintergrund interpretiert und eingeordnet werden können. Bezogen auf das Bildungssystem bedeutet dies z.B., dass Strukturen des Bildungssystems vor dem bestehenden kulturellen Hintergrund beschrieben werden.

Ein zweiter Zugang, der in Abschnitt 2.2 dargestellt wird, besteht darin, mittels Methoden der quantitativ-empirischen Forschung Daten zu Lehr- und Lernprozessen auf der Ebene von Ländern oder Schulsystemen zu erheben, zu aggregieren, mit anderen Systemmerkmalen (z.B. der Aufteilung nach Schularten) in Beziehung zu setzen und schließlich zur Erklärung von Bildungsprozessen und -ergebnissen heranzuziehen. Dieser Ansatz wird in jüngster Zeit verstärkt in internationalen Schulleistungsstudien verfolgt, wie etwa mit dem Programme for International Student Assessment (PISA) der OECD (Organisation for Economic Co-operation and Development; siehe z.B. OECD, 2019a).

Beide Zugänge werden im Folgenden weiter ausgeführt und mit Beispielen illustriert. Dabei orientieren wir uns an der Forschung im Sekundarschulbereich, da hier einschlägige Studien mit qualitativem bzw. quantitativem Hintergrund vorliegen, die sich für eine Veranschaulichung sehr gut eignen. Bezogen auf die Aufgabenbereiche der Bildungspsychologie thematisieren wir dabei insbesondere die Bereiche *Forschung, Intervention* sowie *Monitoring & Evaluation,* da diese derzeit auf der Makroebene am intensivsten bearbeitet werden.

In Abschnitt 2.3 werden die methodischen Besonderheiten und Herausforderungen bei der Untersuchung von Fragestellungen auf der bildungspsychologischen Makroebene adressiert. Dabei wird auch auf die unterschiedliche Bedeutung von Individualdaten je nach Analyseebene (Mikro, Meso, Makro) und auf differenzielle Itemfunktionen eingegangen.

Abschließend werden die praktische Bedeutung (Kapitel 3) und die Zukunft des Themas (Kapitel 4) ausgeführt.

2 Stand der Wissenschaft

Der Analysefokus der Bildungsforschung auf der Makroebene liegt vornehmlich auf dem Bildungssystem und potenziellen Bedingungsfaktoren für Bildungsprozesse. So werden in qualitativ-vergleichenden Untersuchungen die „institutionellen Strukturen des jeweiligen nationalen oder regionalen Bildungswesens im demografischen, sozialen, ökonomischen und politischen Kontext kontrastiv dargestellt und häufig auch mit historischen Einbettungen versehen" (Lehmann, 2008; S. 539). Über solche qualitativ-vergleichenden Ansätze hinaus nimmt die empirische Bildungsforschung – anders als die traditionelle kultur- und erziehungswissenschaftliche Komparatistik – an, dass die Bedeutung der Merkmale des Bildungssystems für Bildungsergebnisse, z. B. die erworbenen Kompetenzen oder Einstellungen von Schüler*innen, quantifiziert und statistisch überprüft werden kann (Stanat & Lüdtke, 2008).

Qualitativer und quantitativer Ansatz

Der *qualitative Ansatz* ist geprägt von der Annahme, dass Unterschiede zwischen Bildungssystemen identifiziert und beschrieben, aber nicht gemessen werden können. Es werden Vergleiche angestellt, bei denen Gemeinsamkeiten und Unterschiede von Systemen vor ihrem historischen und kulturellen Hintergrund interpretiert werden. Eine statistische Absicherung der Befunde wird nicht vorgenommen. Qualitative Ansätze finden sich in der traditionellen kulturvergleichenden und erziehungswissenschaftlichen Komparatistik.

Dem *quantitativen Ansatz* liegt die Annahme zugrunde, dass die Merkmale des Bildungssystems im Sinne von Indikatoren messbar sind, z. B. in Form von Voraussetzungen, Prozessmerkmalen sowie individuellen Bildungsergebnissen. Hierzu zählen bspw. Angaben über monetäre Bildungsressourcen oder auch erzielte Leistungen in verschiedenen Kompetenzbereichen. Unterschiede in Bildungsergebnissen können dann mit strukturellen Merkmalen der Bildungssysteme in Bezug gesetzt werden. Durch die Quantifizierung von entsprechenden Indikatoren können Vergleiche statistisch abgesichert werden. Quantitative Ansätze werden insbesondere in der empirischen Bildungsforschung verfolgt.

Im Rahmen von Modellversuchen können sogar (quasi-)experimentelle Untersuchungen durchgeführt werden, in denen bestimmte Aspekte des Bildungssystems wie z. B. die Verfügbarkeit von ganztägigen Betreuungsangeboten oder die Größe einer Schulklasse gezielt manipuliert werden. Auch kulturelle Einflüsse (Normen, Werte), die z. B. auf Strukturen des Schulsystems, Überzeugungen und Unterrichtspraktiken von Lehrpersonen oder Einstellungen von Schüler*innen wirken könnten, werden zunehmend von der Bildungsforschung berücksichtigt. Beispiele hierfür sind die PISA-Studie (OECD, 2019b) und die Videostudie im Rahmen des Teaching and Learning International Survey (TALIS-Videostudie; Grünkorn, Klieme, Praetorius & Schreyer, 2020), in denen Aspekte der Unterrichts- und Schulkultur im internationalen Vergleich betrachtet werden.

Angesichts der vielfältigen Einflüsse auf Makro-, Meso- und Mikroebene ist es eine große Herausforderung, Unterschiede *zwischen* den Ländern mit quantitativen Analysen nicht nur beschreiben, sondern auch erklären zu wollen (siehe Beispiele aus der Forschung in den Kästen und Abschnitt 2.3). *Abhängige Variablen* könnten dabei die Effektivität der Bildungssysteme sein (d. h. das jeweilige mittlere Leistungsniveau), aber auch das Profil der Leistungen (d. h. die relativen Stärken und Schwächen eines jeden Staates), deren Streuung oder die Effizienz (d. h. der „Ertrag" im Verhältnis zu den Bildungsausgaben des Staates).

Beispiel aus der Forschung: Erklärungsansätze für internationale Unterschiede in der Lesekompetenz

Die ostasiatischen Staaten Japan und Korea unterscheiden sich nach übereinstimmenden Befunden aus den Studien Trends in International Mathematics and Science Study (TIMSS) und PISA beispielsweise dadurch von Deutschland, dass dort (a) das Leistungsniveau insgesamt höher und (b) die Streuung der Leistungen deutlich geringer ist, jedoch (c) mit einem interessanten Profil: In der Mathematik und in den Naturwissenschaften liegen die beiden Staaten (Japan und Korea) etwa eine halbe Standardabweichung oberhalb des OECD-Mittelwertes, bei der Lesekompetenz jedoch nur noch eine viertel Standardabweichung. Offensichtlich sind die beiden Länder im Bereich der Lesekompetenz nicht ganz so erfolgreich wie im mathematisch-naturwissenschaftlichen Bereich.

Sowohl das sehr hohe Leistungsniveau der beiden ostasiatischen Staaten als auch die geringe Streuung, d.h. die geringen Unterschiede zwischen leistungsstarken und leistungsschwachen Schüler*innen, ist mit dem Muster der asiatischen Lerner*innen in Verbindung gebracht worden. Eine mögliche Ursache für die relativ gesehen etwas schwächeren Leistungen im Lesen wird in den komplizierteren Schriftsystemen der asiatischen Sprachen gesehen. Dieser Interpretationsansatz zieht demnach kulturelle Faktoren zur Erklärung von Unterschieden zwischen Staaten heran. Allerdings erfolgte dies zunächst auf einer gewissermaßen anekdotischen Basis, im Rahmen eines kontrastiven Kulturvergleichs. Offen bleibt hierbei, welche Bedeutung kulturellen Faktoren in quantitativen Erklärungsmodellen zukommt. Eine Antwort auf diese Frage setzt voraus, dass – entgegen dem Ansatz der Kulturpsychologie – eben doch einzelne (kulturelle) Merkmale operationalisiert und als *unabhängige Variablen* verwendet werden, um Unterschiede zu erklären.

Um die Makroebene einer empirischen Untersuchung zugänglich zu machen, müssen demnach die Merkmale durch entsprechende Indikatoren auf der Makroebene gemessen werden. Dies geschieht bspw. durch Befragung politischer Akteur*innen oder durch die Auswertung von administrativen Vorgaben. Darüber hinaus können Beobachtungen einzelner Akteur*innen auf der Mikroebene auf der Makroebene zusammengefasst (aggregiert) werden. So können z.B. die Leistungen von Schüler*innen oder die Unterrichtspraktiken von Lehrpersonen in einem spezifischen Lehr-Lernkontext untersucht werden. Indem die Einzelbeobachtungen für das ganze System zusammengefasst werden, entstehen aus Beobachtungen der Mikroebene Merkmale der Makroebene. Dabei wird z.B. der Mittelwert einer Messung für die Akteur*innen innerhalb eines Systems gebildet und mit Kennwerten aus anderen Kulturen verglichen. Dieser Perspektivenwechsel ermöglicht Aussagen darüber, inwiefern z.B. Lernstile von Schüler*innen oder Überzeugungen und Unterrichtspraktiken von Lehrpersonen durch Kultur und Bildungssystem beeinflusst werden. Beispiele für entsprechende Untersuchungen werden im Abschnitt 2.1 dargestellt.

Die im Folgenden vorgestellten Beispiele folgen dem Grundgedanken des Vergleichs zwischen unterschiedlichen Ländern und Kulturen. Meist werden solche Vergleiche auf der Grundlage von Beobachtungen bzw. Datenerhebungen zu einem Messzeitpunkt in den jeweiligen Ländern (Querschnitt) vorgenommen. Es ist allerdings auch möglich, Analysen zur Makroebene innerhalb eines Landes durchzuführen, wenn Daten von mehreren Messzeitpunkten in diesem Land vorliegen (Längsschnitt). Auf diese Weise können Veränderungen des Bildungssystems und deren Auswirkungen auf Bildungsergebnisse über die Zeit quantitativ abgebildet und Effekte von Interventionen (z. B. Einführung von Ganztagsschulen) beschrieben werden.

Querschnittliche und längsschnittliche Untersuchungen

Querschnittliche Untersuchungen auf der Makroebene ermöglichen auf der Basis von einmalig erhobenen Daten bzw. einmaligen Beobachtungen Vergleiche zwischen Bildungssystemen unterschiedlicher Länder.

Längsschnittliche Untersuchungen auf der Makroebene ermöglichen die Abschätzung der Effekte von Interventionen bzw. Reformen des Bildungssystems. Dazu werden innerhalb eines Landes zu mehreren (mindestens zwei) Messzeitpunkten Daten erhoben bzw. Beobachtungen durchgeführt, diese werden dann miteinander verglichen.

Sowohl querschnittliche als auch längsschnittliche Untersuchungen auf der Makroebene liefern wichtige Informationen für das Monitoring und die fortlaufende Evaluation der Strukturen und Prozesse in den Bildungssystemen. Die methodischen Zugänge zu querschnittlichen Untersuchungen sind bereits sehr weit fortgeschritten (siehe Abschnitt 2.3). Im Bereich der längsschnittlichen Analysen auf der Ebene von Bildungssystemen wird die Entwicklung entsprechender methodischer Zugänge derzeit stark vorangetrieben. Dabei werden insbesondere Methoden und Untersuchungsdesigns entwickelt, die es ermöglichen, zunächst querschnittlich angelegte Untersuchungen mit mehreren Erhebungszyklen (z. B. TIMSS, PISA, Internationale Grundschul-Lese-Untersuchung [IGLU/PIRLS]) auch längsschnittlich zu analysieren. Dabei ist allerdings zu beachten, dass dieser Längsschnitt keine Aussagen auf der Mikroebene treffen kann, da auf dieser Ebene nur ein Erhebungszeitpunkt (Querschnitt) vorliegt. Auf der Mesoebene ist ein echter Längsschnitt möglich, sofern für die Schulen Daten zu mehreren Erhebungszeitpunkten vorliegen. Auf der Makroebene können Aussagen zu Trends langfristiger Veränderungen getroffen werden, doch auch hier sind anspruchsvolle methodische Vorgehensweisen notwendig, deren Entwicklung zumindest teilweise noch zu leisten ist.

2.1 Kulturelle Einflüsse auf der Makroebene

Zu Beginn dieses Kapitels wurde dargestellt, dass der soziokulturelle Einfluss auf Einstellungen und Überzeugungen zu Bildung im Allgemeinen und zu Strukturen des Bildungssystems im Speziellen Ansatzpunkte für die Forschung auf der bildungspsychologischen Makroebene sind. Kulturelle Einflüsse konnten bereits für diverse Einstellungen und Überzeugungen, Werte und Normen, Handlungsmuster und strukturelle Merkmale des Bildungssystems auf Mikro-, Meso- und Makroebene identifiziert werden.

Die empirische Grundlage dieses Zugangs bilden vor allem kulturvergleichende Studien, sowohl qualitativer als auch quantitativer Art. Eine entsprechende kulturpsychologische und kulturvergleichende Tradition findet sich bereits in der Geschichte der Psychologie (siehe Straub, 2007; Straub & Thomas, 2003). Am bedeutendsten sind dabei die Arbeiten von Lazarus und Steinthal sowie von Wundt, der neben der experimentellen Psychologie auch eine „Völkerpsychologie" (Kulturpsychologie) begründete (siehe Eckensberger & Römhild, 2000; Sprung, 1979; Trommsdorff & Kornadt, 2007).

Bildung nimmt dabei einen zentralen Stellenwert ein, denn Bildung ist im Kern Enkulturation: Individuen eignen sich Normen und Wissensinhalte der sie umgebenden Kultur an. Zugleich (re)produzieren sie die Inhalte und Regeln dieser Kultur immer wieder neu und entwickeln sie weiter (Bruner, 1996). Die zielgerichtete Lenkung von Bildungsprozessen, beispielsweise im Rahmen der Erziehung, kann somit als „Übermittlung kultureller Strukturen in die Persönlichkeit des Individuums" (Oerter, 1994, S. 135) verstanden werden.

Aktuelle Arbeiten zur Bedeutung von Kultur für das Erleben und Handeln des Menschen greifen Ansätze aus den Ursprüngen der Völkerpsychologie wieder auf und bearbeiten sie systematisch in unterschiedlichsten psychologischen Inhaltsbereichen (zum Bildungsbereich vgl. etwa Oerter, 1994). Dabei wird Kultur sowohl als Voraussetzung als auch als Folge menschlichen Handelns aufgefasst (Eckensberger & Römhild, 2000). Gesellschaftliche und kulturelle Regelsysteme dienen als Bezugsrahmen für menschliches Handeln und werden zugleich durch menschliches Handeln erzeugt. In Abgrenzung gegenüber einem als „mechanistisch" kritisierten Paradigma, das Kultur in messbare Faktoren zergliedert und in Ursache-Wirkungs-Gefüge einbaut, verteidigt die Kulturpsychologie im Sinne Eckensbergers die Perspektive des selbstreflexiv, intentional und historisch-sozial situiert handelnden Menschen. „Kultur und Psyche sind demnach weder logisch noch empirisch diskrete, separate Phänomene. ... Sie konstituieren sich vielmehr wechselseitig" (Straub & Thomas, 2003, S. 52). Hierfür ist Enkulturation – also Bildung – entscheidend. Dabei fungieren „Zusammenleben und Grundorientierung in einer Kultur gewissermaßen als basale Weltsicht ..., die gleichermaßen von der Kultur als Ganzem und vom Individuum geteilt wird" (Oerter, 1994, S. 160).

Erkennbar sind sich solche „Weltsichten“ am ehesten im interkulturellen Vergleich von Strukturmerkmalen des Systems. Nach Trommsdorff und Dasen (2001) unterliegen z. B. der Organisationsgrad des Bildungssystems, die Länge der Pflichtschulzeit, die Anzahl der Jahre für Primär- und Sekundärbereich sowie die Unterrichtsgestaltung kulturellen Einflüssen. Bedeutsam ist dabei insbesondere, welche Rolle dem Lernen in der persönlichen Entwicklung zugeschrieben wird und welche kulturellen Erwartungen bezüglich der zu erwerbenden Kompetenzen im Entwicklungsverlauf bestehen. Ein gut erforschtes, auch für Lehr-Lernprozesse relevantes Beispiel ist die Unterscheidung zwischen dem euro-amerikanischen und dem ostasiatischen Lernertyp.

Euro-amerikanischer und ostasiatischer Lernertyp

Im *euro-amerikanischen Kulturraum* wird Lernen als Prozess aufgefasst, in dem Individuen Wissen erwerben, welches von außen (z. B. durch Lehrpersonen) bereitgestellt wird. Aspekte, die den Lernprozess erleichtern oder erschweren, werden insbesondere in den kognitiven Fähigkeiten des Lernenden und in motivationalen Ausprägungen (Neugier, Interesse) gesehen.

Im *ostasiatischen Kulturraum* hingegen ist der Lernprozess direkt mit den persönlichen Beziehungen des Lernenden zu den Wissensbeständen verknüpft. Lernen geht nach diesem Verständnis über das Aneignen externen Wissens hinaus, vielmehr umfasst es soziale und moralische Dimensionen und erfüllt den Zeck der Selbstkultivierung und Selbstperfektion (Keller, 2007). Analog zeigten sich für die Ergebnisse von Lernprozessen kulturelle Unterschiede darin, ob die Leistungen von Einzelnen oder die Leistung von Gruppen fokussiert und gezielt gefördert werden (Schunk & Zimmerman, 2006).

Entsprechende kulturgeprägte Werte, Normen und Rollenerwartungen wirken sich auf die Strukturen des Bildungssystems (Trommsdorff & Dasen, 2001) und auf die Einstellungen und Überzeugungen von Akteur*innen im Bildungssystem (Schüler*innen, Eltern, Lehrpersonen) aus. Für Schüler*innen können Unterschiede in der Leistungsmotivation, den Attributionsmustern und der Anwendung von Lernstrategien beobachtet werden (Hesse, 2007; Trommsdorff, 2007). Während ostasiatische Lernende Erfolge und Misserfolge im Wesentlichen auf ausreichende bzw. mangelnde Anstrengung zurückführen, attribuieren europäische Jugendliche eher auf (ausreichende bzw. unzureichende, in jedem Fall kaum veränderbare) Begabung. Die Folgen für Lernmotivation sind offensichtlich. Eltern verschiedener Kulturkreise unterscheiden sich beispielsweise darin, wie stark sie sich für den Lernprozess und den Lernerfolg ihres Kindes verantwortlich fühlen und welchen Stellenwert sie spezifischen Bildungsaspekten zuschreiben (Trommsdorff, 2007). Lehrpersonen unterscheiden sich in ihren unterrichtsrelevanten Einstellungen und Überzeugungen sowie in ihren Unterrichtspraktiken (z. B. Glock & Kleen, 2019; Hellmich, Görel & Schwab,

2016; Lankes, 2004; Lipowski, Thußbas, Klieme, Reusser & Pauli, 2003; Oser & Blömeke, 2012).

Beispiel aus der Forschung: Analysen zum Leseunterricht in der Grundschule (Lankes, 2004)

Wesentliche Anstöße bekam die vergleichende Unterrichtsforschung aus den Untersuchungen der *International Association for the Evaluation of Educational Achievement* (IEA). Neben der IGLU/PIRLS-Studie gehören hierzu die TIMSS-Videostudien, die kulturspezifische Unterrichtsskripts offen legten (Stigler & Hiebert, 1999; vgl. auch Klieme & Bos, 2000), sowie die Teacher Education and Development Study in Mathematics (TEDS-M)-Studie, die auch Lehrer*innenwissen und -überzeugungen systematisch, länder- und systemvergleichend untersuchte (Blömeke, Kaiser & Lehmann, 2008). Bereits zum zweiten Mal wurde im Jahr 2018 die internationale TALIS-Studie der OECD durchgeführt. Im Fokus stehen dabei beispielsweise folgende Fragen: „Welche Methoden wenden Lehrkräfte im Unterricht an und wie haben sich diese im Laufe der Zeit verändert?" und „Wie werden Lehrkräfte in den verschiedenen Staaten aus- und weitergebildet?".

Lankes (2004) beispielsweise vergleicht auf der Grundlage der Internationalen Grundschul-Lese-Untersuchung IGLU/PIRLS die Unterrichtspraktiken von Grundschullehrpersonen in Deutschland, England, Frankreich, Griechenland, Italien, den Niederlanden, Schottland und Schweden (siehe Abbildung 16.1). Dabei zeigen sich Unterschiede in den Unterrichtspraktiken der Lehrer*innen, die zumindest teilweise auf kulturelle Einflüsse und Aspekte des Bildungssystems (Strukturierung, Lehrpläne, Lehrer*innenausbildung) zurückgeführt werden können. Sie unterscheidet bei ihren Analysen zum Leseunterricht in der Grundschule vier Unterrichtsmuster (Lehrer*innentypen): Lehrer*innengelenkter Klassenunterricht (Typ 1); Lehrer*innengelenkter, individualisierender Gruppenunterricht (Typ 2); Lehrpersonen, die nicht täglich Leseunterricht erteilen (Typ 3); Wenig gelenkter und hoch individualisierender Unterricht (Typ 4).

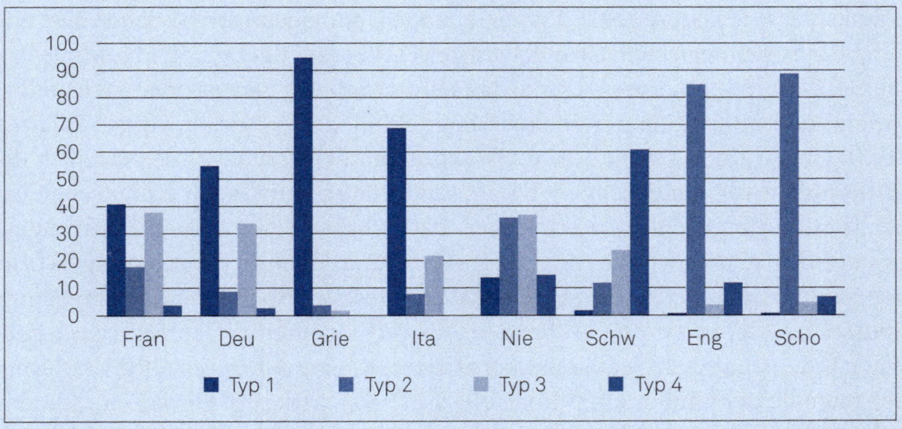

Abbildung 16.1: Unterrichtspraktiken von Grundschullehrpersonen im internationalen Vergleich (Angaben in Prozent, Quelle: Lankes, 2004, S. 561)

Die Befunde zeigen zunächst, dass Unterrichtpraktiken (wenn auch unterschiedlich stark) *innerhalb der Staaten* variieren: In Frankreich, Deutschland, den Niederlanden und Schweden unterscheiden sich die Unterrichtspraktiken der Lehrer*innen im Leseunterricht. In Griechenland, Italien, England und Schottland sind die Unterrichtspraktiken nahezu homogen, es dominiert jeweils ein Lehrer*innentyp. Vergleiche der Unterrichtspraktiken *zwischen den Staaten* zeigen Unterschiede in der Verteilung der vier Lehrer*innentypen; beispielsweise wird in Griechenland und Italien überwiegend lehrer*innengelenkter Klassenunterricht (Typ 1) praktiziert, in England und Schottland hingegen dominiert der lehrer*innengelenkte, individualisierte Gruppenunterricht (Typ 2).

Weitere Beispiele sind die international vergleichenden Analysen von Unterrichts- und Lehr-Lernmustern im naturwissenschaftlichen Unterricht auf der Grundlage von Daten aus PISA 2006 (Kobarg et al., 2011) sowie die TALIS-Videostudie (Grünkorn et al., 2020), in der Qualitätsaspekte des Mathematikunterrichts im internationalen Vergleich betrachtet werden.

Durch die Verbindung von Datensätzen aus internationalen Studien im Bildungsbereich können neue und erweiterte Analysemöglichkeiten eröffnet werden. Ein Beispiel hierfür ist der „TALIS-PISA Link" (OECD, 2016), der Informationen über Unterrichtsstrategien von Lehrpersonen und ihre Beziehung zu den Merkmalen der Schule, der Klasse und den Bildungsergebnissen auf Ebene der Schüler*innen bereitstellt.

Erklärungsansätze für entsprechende Unterschiede in den Unterrichtspraktiken von Lehrpersonen lassen sich vor dem Hintergrund ihrer Aus- und Weiterbildung sowie kulturspezifischer Werte, Normen und Überzeugungen entwickeln. In der Literatur zu Unterrichtspraktiken und Lehrer*innenhandeln wird auf die große Bedeutung der lehr- und lernbezogenen Überzeugungen von Lehrpersonen hingewiesen (Baumert & Kunter 2006; Bromme, 1997; Hoy, Davis & Pape, 2006; Lipowski, 2006; Pajares, 1992). Entsprechende Überzeugungen beziehen sich z. B. auf die epistemologischen Grundlagen des Faches, auf die Lehrer*innenrolle und die Gestaltung von Lernprozessen, das selbstregulierte Lernen oder auch auf Begabung und Motivation der Schüler*innen (Hall, 2005; Karlen, Hertel & Hirth, 2020; Özgün-Koca & Şen, 2006). Sie münden in Überzeugungen bezüglich der Wirksamkeit von Unterrichtsmethoden und führen damit auch zu Entscheidungen für den Unterrichtsalltag (Deemer, 2004; Pajares, 1992). Den Überzeugungen der Lehrperson wird demnach eine handlungsleitende Funktion zugeschrieben, die sich im praktizierten Unterricht manifestiert. So fanden Leuchter, Pauli, Reusser und Lipowski (2006) bei den Auswertungen einer deutsch-schweizerischen Videostudie zum Mathematikunterricht (Klieme & Reusser, 2003) bei Lehrpersonen beider Länder unter Kontrolle von Selbstwirksamkeit und belastenden Rahmenbedingungen substanzielle Korrelationen zwischen handlungsleitenden Kognitionen von Lehrpersonen und in videografierten Unterrichtssequenzen beobachteten Unterrichtsmerkmalen.

Bildungspsychologisch betrachtet sind entsprechende Überzeugungen der Lehrperson zunächst auf der Mikroebene (individuelle Betrachtung einer Lehrperson) bzw. auf der Mesoebene (Unterrichtsgestaltung) einzuordnen. Eine Betrachtung auf Makroebene ermöglicht allerdings die Analyse kultureller Bedingungen für die Entwicklung von Überzeugungen zu Lehr- und Lernprozessen. So weisen Hoy et al. (2006) darauf hin, dass Überzeugungen von Lehrpersonen nicht unabhängig von kulturellen Normen und Werten über Kindheit, Adoleszenz sowie von bildungspolitischen Kontexten (z.B. Standardsetzung, Rechenschaftsverpflichtung) und den Unterrichtsgegebenheiten (z.B. Zusammensetzung der Schüler*innenschaft) gesehen werden können. Nach Richardson (1996) werden entsprechende Überzeugungen von Lehrpersonen durch persönliche Erfahrungen (Biografie der Lehrperson, Lebenserfahrung), die Ausbildung (Erfahrungen während der eigenen Schulzeit, Aus- und -Weiterbildungsprogramme) sowie das formale Wissen (fachliches Wissen und pädagogisches Wissen) beeinflusst. Kulturelle Einflüsse liegen hier sicherlich im Bereich der persönlichen Erfahrungen, da Entwicklung immer in einem kulturellen Rahmen erfolgt (Trommsdorff, 2007). Aber auch im Bereich der eigenen Schulzeit, die in einem kulturell geprägten Schulsystem absolviert wurde, sowie bei der Berufsausbildung sind Einflüsse der Kultur (z.B. kulturspezifische Wissensaspekte, Rollenmodelle, Schulsystem) anzunehmen. So ist z.B. in Deutschland die Ausbildung von Lehrpersonen an das gegliederte Schulsystem (z.B. Grundschule, Realschule, Gymnasium) angepasst; Lehrpersonen werden schulformspezifisch ausgebildet (Kunter et al., 2005).

Internationale Untersuchungen bieten einen Rahmen für den Vergleich von Überzeugungen und Unterrichtspraktiken von Lehrpersonen zwischen den teilnehmenden Ländern und ermöglichen es zudem, einen Bezug zu Bildungsergebnissen herzustellen.

2.2 Die Struktur von Bildungssystemen als Analysefokus der Makroebene

Die Beschreibung und Analyse der Struktur des Bildungssystems ist eine zentrale Aufgabe der bildungspsychologischen Makroebene. In der Struktur des Bildungssystems spiegeln sich gesellschaftliche und kulturelle Einflüsse wider, deshalb kann auch sie nur vor dem Hintergrund dieser Besonderheiten und Merkmale interpretiert werden. Untersucht werden dabei Prozess- und Strukturmerkmale der Bildungssysteme (z.B. Qualifikation und Kooperation von Lehrpersonen, Unterrichtsformen und Lernklima, Übergänge zwischen Grundschule und weiterführenden Schulen). Mittels komplexer statistischer Verfahren, die in der Bildungspsychologie inzwischen zu den grundlegenden Standards gehören (Anderman & Anderman, 2000; Schreiber & Griffin, 2004; Stapleton, 2013; Tausendpfund,

2020), wird das Zusammenwirken von Prozessen auf unterschiedlichen Ebenen (z. B. System-, Schul-, Klassen- und Individualebene) modelliert. Dabei wird analysiert, inwieweit z. B. das individuelle Lernverhalten durch Gegebenheiten der Schulklasse oder der besuchten Schulart beeinflusst wird. Eine wichtige Einflussgröße ist die Zusammensetzung der Lerngruppen bspw. hinsichtlich sozialer Herkunft und Migrationshintergrund (Kompositionseffekt).

Zur Beschreibung des Bildungssystems lassen sich unterschiedlichste Merkmale heranziehen, wie z. B. die Gestaltung von Übergängen im Bildungssystem, die Untergliederung des Bildungssystems, der Umfang der Pflichtschulzeit, die politische Entscheidungsstruktur (föderalistische vs. zentralistische Bildungssysteme), finanzielle Ressourcen und nicht zuletzt die Verknüpfung von schulischem und außerschulischem Lernen. Unterschiede zwischen diesen strukturellen Merkmalen lassen sich als unabhängige Variablen in Erklärungsmodelle bei ländervergleichenden Untersuchungen von Lernstilen von Schüler*innen oder Überzeugungen und Unterrichtspraktiken von Lehrpersonen aufnehmen. Im Rahmen von ländervergleichend angelegten Studien – wie z. B. PISA – werden entsprechende Merkmale mit eigens entwickelten Indikatorensystemen erfasst (system level indicators; OECD, 2020).

Strukturelle Unterschiede zwischen Ländern können auf drei Ebenen von Bildungsprozessen lokalisiert werden: auf der Ebene von formalen Bildungsangeboten, non-formalen Bildungsangeboten und informellen Bildungsangeboten.

Formale, non-formale und informelle Bildungsprozesse

- *Formale Bildungsprozesse* umfassen das auf bestimmte Abschlüsse ausgerichtete Lernen in den Bildungsgängen formaler Institutionen des Bildungssystems (Schule, Hochschule, Aus- und Weiterbildungsinstitute u. a. m.).
- *Non-formale Bildungsprozesse* beschreiben den freiwilligen Besuch von organisierten Bildungsangeboten, die von Institutionen angeboten werden (z. B. außerschulische Bildungseinrichtungen, Volkshochschulen, Vereine, Jugendzentren).
- *Informelle Bildungsprozesse* umfassen das Lernen im Alltag, z. B. in der Familie bzw. im Freundeskreis oder am Arbeitsplatz.

Zunächst kann analysiert werden, welche Strukturen die jeweiligen Bildungssysteme auf diesen drei Ebenen aufweisen und von welchen Institutionen die entsprechenden Angebote unterbreitet werden. Eine weitere Unterscheidung ergibt sich durch die Verknüpfung der verschiedenen Lernumgebungen. Der Betrachtungsfokus liegt dann darauf, ob die Angebote in einer festen Reihenfolge aufeinander folgen (diachrone Lernumgebung) oder ob sie gleichzeitig wahrgenommen werden können (synchrone Lernumgebung).

Diachrone und synchrone Lernumgebungen

Diachrone Verknüpfungen sind gegeben, wenn Bildungssysteme sequenziell aufgebaut sind und Bildungsstufen aufeinander folgen. Das erfolgreiche Absolvieren der Bildungsprozesse vorangegangener Lernumgebungen ist eine Voraussetzung für den Eintritt in die folgende Lernumgebung (z. B. Absolvierung der Grundschule als Voraussetzung für den Besuch einer weiterführenden Schule, Absolvierung der Sekundarstufe als Voraussetzung für die Oberstufe). Diachrone Übergänge finden an Schnittstellen im Bildungswesen wie z. B. dem Übergang von der Grundschule zur weiterführenden Schule und beim Ausscheiden aus dem formalen Bildungswesen mit dem Eintritt ins Erwerbsleben statt.

Synchrone Lernumgebungen liegen vor, wenn Bildungsprozesse gleichzeitig in formalen, non-formalen und/oder informellen Lernumgebungen erfolgen. Lernen findet dann z. B. zeitlich parallel in der Schule und in außerschulischen Jugend- und Bildungseinrichtungen (Jugendhilfe, Vereine) bzw. in einem informellen Rahmen (Familie, Freundeskreis) statt.

Die Zeitpunkte der diachronen Übergänge und die Untergliederung der Bildungsstufen (Aufteilung in Schularten, Bildungsinstitutionen) werden durch die Struktur des Bildungssystems festgelegt. Die Gliederung des Sekundarschulbereichs in unterschiedliche Schularten ist ein zentrales Strukturmerkmal nahezu aller Schulsysteme; relativ früh im Bildungsverlauf findet eine entsprechende Untergliederung z. B. in Belgien, Deutschland, Luxemburg, den Niederlanden und Österreich statt (z. B. Neumann et al. 2007). Nach Kunter et al. (2005) kann diese Strukturierung des Sekundarschulbereichs auch als historisch gewachsene Differenzierung zwischen niederem und höherem Schulwesen verstanden werden. Dabei kommen kulturelle und gesellschaftliche Besonderheiten sowie politische Aspekte im jeweiligen Land zum Tragen. In den Übergängen reproduzieren sich soziale Ungleichheiten. Dabei handelt es sich um Einflüsse auf Makroebene, die sich über die Regeln und Prozesse der Institution (Aufnahmestrategie) und die Entscheidung der Individuen (z. B. Schüler*in, Eltern) realisieren.

Die Schularten unterscheiden sich in den institutionellen Bedingungen, wie dem Stundenplan, dem Curriculum bzw. den Unterrichtskulturen und den pädagogischen Ansätzen (Neumann et al., 2007). Aber nicht nur die Lehrpläne und Lernziele, sondern auch die Schulkultur, die Zusammensetzung der Schüler*innenschaft (z. B. kognitive Grundfähigkeiten, Anteil unterschiedlicher sozialer Schichten, Anteil von Schüler*innen mit Migrationshintergrund), die Beziehungen zwischen Lehrpersonen und Schüler*innen, die Zusammenarbeit im Kollegium und die Unterrichtsgestaltung hängen von der Schulart ab, die Baumert, Stanat und Watermann (2006) daher als „differenzielle Entwicklungsmilieus" bezeichnet haben (vgl. auch Baumert, Maaz, Stanat & Watermann, 2009 sowie Kapitel 15 „Bildungspsychologie auf der Mesoebene"). Leistungsunterschiede zwischen Schulen des Sekundarbereichs beruhen in gegliederten Systemen teils auf den Auswahlprozessen und teils auf Merkmalen der Schulen. Trennt man nicht zwischen diesen beiden Effekten, den Auswahlprozessen im Bildungssystem und den spezifischen schulischen Merkmalen, wird möglicherweise der Einfluss von Schulmerkmalen überschätzt. Eine gemeinsame Analyse von gegliederten und integrierten Bildungssystemen bedarf daher besonderer Vorsicht; Ergebnisse internationaler Vergleiche sind für Länder mit gegliederten Schulsystemen schwer zu interpretieren.

Auf Makroebene relevant sind die Übergänge zwischen verschiedenen Abschnitten der Bildungsbiografie, da diese je nach Bildungssystem mehr oder weniger streng reguliert werden. Hierdurch erfolgt die Steuerung des Zugangs zu bestimmten Bildungsressourcen. Klassische Übergänge sind der Wechsel von der Vorschule in die Grundschule, der Übergang zu weiterführenden Schulen, die tertiäre Bildung sowie der Eintritt ins Erwerbsleben mit verschiedenen Optionen der beruflichen Fort- und Weiterbildung. Entsprechende Übergänge stellen Kinder, Jugendliche und ihre Eltern, aber auch Hochschulabsolventen sowie Menschen im Erwerbsleben oft vor „Richtungsentscheidungen", da sie maßgeblichen Einfluss auf die Bildungsbiografie nehmen (Maaz, Hausen, McElvany & Baumert, 2006). Somit durchläuft jedes Individuum eine „chronologische Bildungskarriere, die weder mit der Schule beginnt noch mit ihr endet" (Spiel & Reimann, 2005, S. 292). Für die Forschung eröffnet sich durch die Untersuchung der Übergänge eine Möglichkeit, Bildung im Lebenslauf datengestützt zu erfassen und zu beschreiben (siehe z. B. Autorengruppe Bildungsberichterstattung, 2020). Die Erforschung von sozialen Disparitäten bei solchen Übergängen ist ein Kernthema der Bildungssoziologie (Becker, 2007). Aus psychologischer Sicht ist hingegen bislang wenig über die hiermit verbundenen Entscheidungsprozesse bekannt.

Synchronen Verknüpfungen von Lernumgebungen werden positive Effekte zugeschrieben: Es wird angenommen, dass Lernprozesse durch eine Verknüpfung von Lerninhalten aus verschiedenen Lernsituationen unterstützt werden. Allerdings ist eine Abstimmung und Verknüpfung von formalen, non-formalen und informellen Bildungsprozessen wichtig, um die positiven Effekte synchroner Lernumgebungen zu nutzen und Schwierigkeiten durch ungenügenden Bezug zu vermeiden (Bundesministerium für Bildung und Forschung, 2004; Hesse, 2007). Sehr gut etabliert war in der Vergangenheit die Verknüpfung von Lernumgebungen im Rahmen des Berufsausbildungssystems in den deutschsprachigen Ländern. Die duale Ausrichtung (Lehre) setzt bei der Ausbildung gezielt auf die Verknüpfung der Lernumgebungen Schule und Betrieb. Die Lerninhalte werden aufeinander abgestimmt, um die positiven Effekte synchroner Lernumgebungen für den Übergang in den Arbeitsmarkt zu nutzen (Autorengruppe Bildungsberichterstattung, 2020).

Ein aktuelles Beispiel für die Verknüpfung formaler, non-formaler und informeller Lernumgebungen aus dem Bereich der schulischen Bildung ist die Ganztagsschule. Hier werden nachmittags gezielt ergänzende Lernangebote bzw. Lernumgebungen unterbreitet, um synchrone Bildungsprozesse zu fördern – jedenfalls vom Konzept her (Hertel, Klieme, Radisch & Steinert, 2008). In Deutschland konnte in den letzten Jahren weiterhin ein Ansteigen von Schulen mit Ganztagsangebot beobachtet werden (siehe Autorengruppe Bildungsberichterstattung, 2020; Kultusministerkonferenz [KMK], 2021). Aktuelle Befunde zeigen, dass die Teilnahme an spezifischen Ganztagsangeboten mit einer positiven Entwicklung der Kompetenzen und des Sozialverhaltens der Schüler*innen einhergeht und Ganztagsangebote den Übergang von der Grundschule in weiterführende Schulen erleichtern können (Konsortium der Studie zur Entwicklung von Ganztagsschulen (StEG), 2019).

2.3 Methodische Herausforderungen makroebenenanalytischer Betrachtungen

Wie bereits ausgeführt, werden unabhängige und abhängige Variablen auf der Makroebene häufig durch das Zusammenfassen (Aggregieren) von Merkmalen auf der Mikro- oder Mesoebene gebildet. Dazu werden z. B. individuelle Leistungsdaten von Schüler*innen auf Schul- und Landesebene zusammengefasst. Allerdings kann sich die Bedeutung von Individualdaten je nach Analyseebene (Mikro, Meso, Makro) unterscheiden. Ein Beispiel dafür findet sich in der Studie von Boe, May, Barkanic und Boruch (2002).

Beispiel aus der Forschung: Erklärungsansätze für internationale Unterschiede in der Mathematikleistung (Boe et al., 2002)

In einer umfangreichen Reanalyse von TIMSS-Mittelstufendaten haben Boe et al. (2002) nicht weniger als 170 potenzielle Erklärungsmerkmale für internationale Unterschiede geprüft. Interessant waren die drei letztlich verbliebenen Variablen, die – aggregiert auf nationaler Ebene – die mathematische Leistungsvarianz zwischen den 41 TIMSS-Nationen zu 84 % aufklären konnten, auch unter statistisch korrekter Verwendung von Mehrebenenmodellen. Es handelte sich dabei nicht um schul- und unterrichtsbezogene Merkmale in engerem Sinne, sondern um das Ausmaß der Zustimmung von Schüler*innen zu den folgenden Aussagen:

(a) „Ich bin gut in Mathematik." (Korrelation mit der Leistung bei Aggregation auf Ebene der Staaten: $r = -.60$)
(b) „Meine Mutter meint, es sei wichtig, gut in Sport zu sein." ($r = -.76$ auf Ebene der Staaten)
(c) „Um in Mathe gut zu sein, braucht man Glück." ($r = -.72$ auf Ebene der Staaten)

Wenn man annimmt, dass Lernerfolg in Mathematik davon abhängt, konkurrierende Ziele (z. B. im Sport) hintanzustellen und die Verantwortung für das eigene Ergebnis zu übernehmen, erscheint es durchaus sinnvoll, dass Schüler*innen, die *Aussage (b)* bzw. *Aussage (c)* zustimmen, schlechtere Leistungen in Mathematik aufweisen. Der negative Zusammenhang zwischen der Aussage (b) und der Aussage (c) und der Mathematikleistung zeigt sich auf Individualebene (einzelne Schülerin, einzelner Schüler) und auf Länderebene (aggregiert). Anders hingegen verhält es sich für *Aussage (a):* Hier zeigt sich ein positiver Zusammenhang auf Individualebene innerhalb eines Landes. Schüler*innen, die der Aussage (a) zustimmen, weisen demnach auch eine höhere Mathematikleistung auf. Bei einem Vergleich der Länder zeigt sich allerdings Folgendes: Je besser sich die Schüler*innen eines Landes *insgesamt* einschätzen, desto *schlechter* sind in Wirklichkeit ihre mittleren Leistungen. Boe et al. (2002) führen diesen Effekt auf das kulturell geprägte Anspruchsniveau der Schüler*innen zurück: In Nationen mit hohem Anspruchsniveau sind die Leistungen besser und zugleich die Selbstbeurteilungen kritischer – wie auch immer der kausale Zusammenhang aussehen mag.

Die Ergebnisse von Boe et al. (2002) illustrieren, dass die Bedeutung von Fragebogenskalen je nach Analyseebene wechseln kann. *Betrachtet man einzelne Personen* im Vergleich zu anderen, so ist Aussage (a) eine prinzipiell valide Selbstauskunft. *Aggregiert für ein ganzes Land* wird dieselbe Aussage offenbar zu einem Indikator für gesellschaftliche Werte. Letztlich beschreiben alle drei Aussagen – wenn man sie auf nationaler Ebene aggregiert – den Stellenwert akademischer Anstrengung und Leistung am Beispiel der Mathematik. Möglicherweise ist es damit gelungen, kulturelle Rahmenbedingungen zu identifizieren, die das Leistungsniveau eines Landes anteilig prägen. Methodisch ist das Vorgehen von Boe et al. (2002) durchaus problematisch, vor allem weil einzelne Items aus Skalen herausgelöst und isoliert interpretiert werden. Wie man kulturelle Einflüsse auch mit angemessenem Messmodell quantifizieren kann, wird im folgenden Kasten am Beispiel von differentiellen Itemfunktionen (DIF) illustriert.

Differentielle Itemfunktionen (DIF)

Bei der Analyse von differentiellen Itemfunktionen wird die Schwierigkeit einer jeden Testaufgabe, wie sie etwa mittels der probabilistischen Testtheorie ermittelt wird (z. B. im Rasch-Modell), in drei Komponenten zerlegt: (1) einen für die betreffende Aufgabe spezifischen Wert, der die relative Leichtigkeit bzw. Schwierigkeit der Aufgabe im Vergleich zu anderen Aufgaben desselben Tests beschreibt, (2) eine landesspezifische Komponente, die – für alle Aufgaben gleich – ausdrückt, inwieweit Items dieses Tests in einem untersuchten Land für die Schüler*innen generell leichter oder schwerer sind als in den Vergleichsländern, sowie (3) einen Effekt der Interaktion zwischen Land und Aufgabe, der widerspiegelt, ob Testteilnehmer*innen aus einem bestimmten Land bei einer gegebenen Aufgabe überproportional gut oder schlecht abgeschnitten haben. Die zuletzt genannte Komponente ist der sogenannte DIF-Parameter. Im Rahmen der TIMSS-Studie (Klieme & Baumert, 2001) und auch in der PISA-Studie (Klieme, Neubrand & Lüdtke, 2001) wurde ermittelt, ob die Aufgaben mit hohem DIF-Parameter, die also von den Schüler*innen eines Landes – im Vergleich zu ihrem Gesamtleistungsniveau – überproportional häufig bzw. selten gelöst werden, sich durch bestimmte Anforderungsmerkmale auszeichnen. Solche Anforderungsmerkmale stellen dann offenbar Stärken bzw. Schwächen des Landes dar.

Üblicherweise werden hohe DIF-Parameter als Problem behandelt, weil sie anzeigen, dass Items in unterschiedlichen Ländern Unterschiedliches messen. Items mit hohem DIF für eines der beteiligten Länder werden deshalb zumeist im Vorfeld der Testkonstruktion aus dem Test herausgenommen, da dieser sonst nicht modellkonform nach Rasch und vor allem nicht fair gegenüber den beteiligten Ländern wäre. Aber auch die endgültig eingesetzten Aufgaben können in einem gewissen Rahmen differentiell funktionieren.

3 Praktische Bedeutung

Analysen auf der Makroebene der Bildungspsychologie haben eine hohe praktische Bedeutung. Dies zeigt sich auch darin, dass sie auf eine lange Tradition zurückblicken und in den letzten Jahren durch die vielen international vergleichend angelegten Bildungsstudien wieder verstärkt in den Fokus rücken. Der Einbezug kultureller Aspekte bei der Beschreibung der Strukturen von Bildungssystemen eröffnet differenzierte Perspektiven und ermöglicht ein tieferes Verständnis der spezifischen Ausprägungen bzw. Gestaltungsmerkmale (qualitativer Zugang). Indikatorengestützte internationale Vergleiche von Bildungssystemen eröffnen Potenzial für eine Beschreibung und Reflexion von Unterschieden zwischen Ländern bzw. Staaten sowie ggf. sogar für vorsichtige Erklärungsversuche (quantitativer Zugang). Darüber hinaus lassen sich aus einem solchen Vergleich auch Impulse für Veränderungen und Innovationen auf der Ebene des Bildungssystems ableiten. Dabei sind allerdings jeweils die spezifischen Interpretations- und Generalisierungsmöglichkeiten sowie die besonderen Herausforderungen zu berücksichtigen, die mit dem gewählten forschungsmethodischen Zugang verbunden sind.

4 Zukunft des Themas

Bildungssysteme sind in stetigem Wandel. Auf der Makroebene zeigt sich dies insbesondere in Änderungen in der Struktur des Bildungssystems (z.B. Ausbau des frühkindlichen Bereichs und der Ganztagsbetreuung, Privatisierung von Bildungsinstitutionen, Reform von Schulformen), in der zunehmenden (kulturellen) Heterogenität der Gesellschaft (Autorengruppe Bildungsberichterstattung, 2020) sowie der Anpassung von Lerninhalten (z.B. Bildung für nachhaltige Entwicklung) und Lehr-Lernformen (z.B. digitale Lehr-Lernkonzepte) an aktuelle Anforderungen.

Aktuelle Studien weisen weiterhin auf eine systematische Benachteiligung von Menschen mit Zuwanderungshintergrund sowie von Personen mit niedrigem Einkommen und geringen Bildungsressourcen in den Zugängen zu Bildungsangeboten an unterschiedlichen Übergängen des Bildungssystems hin. Es ist zu diskutieren, wie eine Bildungskultur aussehen kann, die Heterogenität als Wert anerkennt, diese gewinnbringend in Bildungsprozesse integriert und in förderliche Strukturen überführt, die adaptiv auf aktuelle Entwicklungen in Lehrinhalten und Lehr-Lernformaten reagieren können. Dabei ist auch zu beachten, dass die Strukturen, Zugänge, Gestaltungsformen sowie Inhalte von Bildung durch Kultur geprägt werden und dass durch diese gleichzeitig auch Kultur vermittelt sowie weiterentwickelt wird. Auch vor diesem Hintergrund unterliegen bildungspolitische Zielvorgaben, wie sie sich bspw. in der Gesamtstrategie zum Bildungsmonitoring (KMK, 2015) oder der Formulierung von Bildungsstandards und Schwerpunktsetzungen in den Lehrplänen manifestieren, einer ständigen Reflexion. Institutionen der Bildungsadministration, die wesentliche Bereiche der Schulevaluation sowie der Aus- und Weiterbildung von Lehrpersonen verantworten, passen sich regelmäßig neuen Bedürfnissen an. Nicht zuletzt stehen Bildungssysteme vor der Anforderung, adaptiv Veränderungen vorzunehmen, um dem gesellschaftlichen Wandel folgend Kompetenzen für die Welt von morgen vermitteln zu können. Damit einher gehen die Notwendigkeit der stärkeren Digitalisierung in Schule und Unterricht sowie die Gestaltung und Vermittlung entsprechender Lehr-Lernkulturen. Hieraus ergibt sich zweifelsfrei, dass die Bearbeitung von Fragestellungen auf der Makroebene der Bildungspsychologie immer mehr an Bedeutung gewinnt und auch in Zukunft hoch relevant sein wird.

Für die Forschung stellt sich die Aufgabe, die Ebenen des Bildungsgeschehens analytisch klar zu trennen und ihre Verknüpfung explizit zu untersuchen. Dies erfordert sophistizierte Methoden wie z. B. Mehrebenenmodelle und differentielle Itemanalyse. Werden die Analyseebenen vermischt, sind Artefakte und Fehlinterpretationen häufig zu beobachten. Lehrreich ist eine zwischen Rindermann (2006) und Bildungsforschern (z. B. Baumert, Brunner, Lüdtke & Trautwein, 2007) geführte Diskussion über die Dimensionalität von kognitiven Leistungen bei Schulleistungsvergleichen. Rindermann verbindet die hohe Korrelation von mittlerer Intelligenz und PISA-Ergebnissen auf aggregierter Ebene (Länder) mit der Behauptung, beide Arten von Tests hätten im Kern gleiche kognitive Anforderungen. Seine Kritiker interpretieren dies als Beispiel für einen ökologischen Fehlschluss, d. h. als fehlerhafte Interpretation von Befunden der Makroebene auf der Individualebene. Nur die explizite Verknüpfung beider Ebenen in den Datenanalysen, bei getrenntem Nachweis der Zusammenhänge zwischen und innerhalb der Systeme, schützt hier vor Fehlschlüssen. Die weitgehend offene Forschungsfrage besteht darin, zu verstehen, *wie* sich Faktoren der Makroebene – vermittelt über Handlungen, Affekte und Kognitionen von Lehrenden und Lernenden – in Bildungsergebnissen niederschlagen. Typologien wie z. B. die Unterscheidung zwischen euro-amerikanischem und asiatischem Lernertyp beantworten diese Frage noch nicht.

Bisher fehlen nicht nur entsprechende Theorien und Rahmenmodelle, sondern auch empirische Studien, die es ermöglichen, tatsächlich auf kausale Verbindungen zwischen Maßnahmen auf der Makroebene und Effekten auf der Mikroebene zu schließen. Wie hier dargestellt, ermöglichen bisher vorhandene Studien lediglich eine näherungsweise Abschätzung potenzieller Effekte zwischen den Ebenen sowie die getrennte Analyse von zeitlich synchronen oder nachgelagerten Veränderungen auf den unterschiedlichen Ebenen im Trend. Auch Prognosen des Einflusses von Veränderungen auf der Makroebene und deren Auswirkungen auf die Mikroebene stehen vor der Herausforderung, zunächst theoretische Wirkzusammenhänge zu postulieren, die alle potenziell relevanten Kontextfaktoren berücksichtigen. Der nächste Schritt wäre, entsprechende Indikatoren für jeden relevanten Faktor zu definieren und zu messen. Dabei gilt es zu berücksichtigen, dass sich auch Zusammenhänge zwischen Indikatoren über die Zeit verändern – bspw. der Zusammenhang zwischen sozialer Herkunft und Bildungserfolg – sodass entsprechende Vorhersagemodelle auch Veränderungen in Prädiktoren berücksichtigen müssten (z. B. Bayes-Statistik, Kaplan & Kuger, 2016).

Zusammenfassung

Der Blick auf die Makroebene erweitert die Perspektive der Bildungspsychologie auf gesellschaftliche Rahmenbedingungen, kulturelle Normen und Werte, staatlich geregelte Strukturen sowie diachron und synchron vernetzte Teilsysteme, die sich auf Institutionen sowie Lehrende und Lernende auswirken – in Form expliziter Steuerung oder impliziter Erwartungen und geteilter Überzeugungen. Auch im engeren Sinne psychologische Faktoren, wie Überzeugungen und Handlungsmuster, Lernstile und Attributionstendenzen sowie Leistungsprofile sind durch Kultur und System des Bildungswesens geformt. Professionelles Handeln im Bildungswesen setzt voraus, die Grenzen zu reflektieren, die hierdurch faktisch gegeben sind.

Im Rahmen bildungspsychologischer Fragestellungen können qualitative kulturvergleichende sowie quantitative bildungssystemvergleichende Ansätze vorliegen und kombiniert werden. Hohes Potenzial liegt in der Vernetzung der Bildungspsychologie mit weiteren psychologischen Disziplinen (Pädagogische Psychologie, Entwicklungspsychologie, Sozialpsychologie, Instruktionspsychologie, Kulturpsychologie) sowie mit den Erziehungswissenschaften (Bos, 2005; Silbereisen, 2005), wenn Fragestellungen auf der Makroebene adressiert werden.

Reflexionsfragen

1. Aus welcher Perspektive werden Bildungsprozesse auf der Makroebene der Bildungspsychologie betrachtet und welche Aspekte werden dabei adressiert?

2. Welche zwei grundlegenden Zugänge zur Makroebene der Bildungspsychologie lassen sich unterscheiden?
3. Mit welchen forschungsmethodischen Zugängen werden Fragestellungen auf der Makroebene der Bildungspsychologie untersucht und welche Untersuchungsdesigns kommen dabei zum Einsatz?
4. Auf welchen drei Ebenen können strukturelle Unterschiede von Bildungsprozessen im internationalen Vergleich lokalisiert werden und wie lassen sich die Verknüpfungen von Lernumgebungen innerhalb eines Bildungssystems einordnen?
5. Worauf weist die Aussage „Die Bedeutung von Individualdaten kann sich je nach Analyseebene (Mikro-, Meso-, Makroebene) unterscheiden" hin?

Weiterführende Literatur

Baumert, J., Stanat, P. & Watermann, R. (Hrsg.). (2006). *Herkunftsbedingte Disparitäten im Bildungswesen: Differenzielle Bildungsprozesse und Probleme der Verteilungs-gerechtigkeit: Vertiefende Analysen im Rahmen von PISA 2000*. Wiesbaden: VS Verlag für Sozialwissenschaften. https://doi.org/10.1007/978-3-531-90082-7

Fend, H. (2008). *Neue Theorie der Schule. Einführung in das Verstehen von Bildungssystemen* (2. Aufl.). Wiesbaden: VS Verlag für Sozialwissenschaften.

Kuger, S., Klieme, E., Jude, N. & Kaplan, D. (Eds.). (2016). *Assessing Contexts of Learning. An International Perspective*. Cham: Springer. https://doi.org/10.1007/978-3-319-45357-6

van de Vijver, F.J.R., Van Hemert, D.A. & Poortinga, Y.H. (Eds.). (2008). *Multilevel Analysis of Individuals and Cultures*. Hillsdale, NJ: Erlbaum.

Literatur

Anderman, L.H. & Anderman, E.M. (2000). Considering Contexts in Educational Psychology: Introduction to the Special Issue. *Educational Psychologist, 35*(2), 67–68. https://doi.org/10.1207/S15326985EP3502_1

Autorengruppe Bildungsberichterstattung (Hrsg.). (2020). *Bildung in Deutschland 2020. Ein indikatorengestützter Bericht mit einer Analyse zu Bildung in einer digitalisierten Welt*. Verfügbar unter https://www.bildungsbericht.de/de/bildungsberichte-seit-2006/bildungsbericht-2020/pdf-dateien-2020/bildungsbericht-2020-barrierefrei.pdf

Baumert, J., Brunner, M., Lüdtke, O. & Trautwein, U. (2007). Was messen internationale Schulleistungsstudien? Resultate kumulativer Wissenserwerbsprozesse. *Psychologische Rundschau, 58*(2), 118–128. https://doi.org/10.1026/0033-3042.58.2.118

Baumert, J. & Kunter, M. (2006). Stichwort: Professionelle Kompetenz von Lehrkräften. *Zeitschrift für Erziehungswissenschaft, 9*(4), 469–520. https://doi.org/10.1007/s11618-006-0165-2

Baumert, J., Maaz, K., Stanat, P. & Watermann, R. (2009). Schulkomposition oder Institution: Was zählt. *Die Deutsche Schule, 101*(1), 33–46.

Baumert, J., Stanat, P. & Watermann, R. (2006). Schulstruktur und die Entstehung differenzieller Lern- und Entwicklungsmilieus. In J. Baumert, P. Stanat & R. Watermann (Hrsg.), *Herkunftsbedingte Disparitäten im Bildungswesen: Differenzielle Bildungsprozesse und Probleme der Verteilungsgerechtigkeit* (pp. 95–188). Wiesbaden: VS Verlag für Sozialwissenschaften.

Becker, R. (2007). *Lehrbuch der Bildungssoziologie*. Wiesbaden: VS Verlag für Sozialwissenschaften.

Blömeke, S., Kaiser, G. & Lehmann, R. (Hrsg.). (2008). *Professionelle Kompetenz angehender Lehrerinnen und Lehrer*. Münster: Waxmann.

Boe, E.E., May, H.B.S., Barkanic, G.B.A. & Boruch, R.F. (2002). Predictors of National Differences in Mathematics and Science Achievement: Data From TIMSS for Eighth Grade Students. *CRESP Research Report*. Retrieved from https://repository.upenn.edu/gse_pubs/411

Bos, W. (2005). Bildungspsychologie: Kommentar eines Vertreters einer benachbarten Disziplin. *Psychologische Rundschau, 56*(4), 294–295. https://doi.org/10.1026/0033-3042.56.4.294

Bromme, R. (1997). Kompetenzen, Funktionen und unterrichtliches Handeln des Lehrers. In F.E. Weinert (Hrsg.), *Psychologie des Unterrichts und der Schule* (Enzyklopädie der Psychologie, Serie Pädagogische Psychologie, Bd. 3, S. 177–212). Göttingen: Hogrefe.

Bruner, J.S. (1996). *The culture of education: Theory into practice*. Bern: Lang.

Bundesministerium für Bildung und Forschung (BMBF). (2004). *Konzeptionelle Grundlagen für einen Nationalen Bildungsbericht: Non-formale und informelle Bildung im Kindes- und Jugendalter*. Bonn: BMBF.

Deemer, S.A. (2004). Classroom goal orientation in high school classrooms: revealing links between teacher beliefs and classroom environments. *Educational Research, 46*(1), 73–90. https://doi.org/10.1080/0013188042000178836

Eckensberger, L.H. & Römhild, R. (2000). Kulturelle Einflüsse. In M. Amelang (Hrsg.), *Determinanten individueller Unterschiede* (Enzyklopädie der Psychologie, Serie Differentielle Psychologie und Persönlichkeitsforschung, Bd. 4, S. 667–731). Göttingen: Hogrefe.

Glock, S. & Kleen, H. (Hrsg.). (2019). *Stereotype in der Schule*. Berlin: Springer.

Grünkorn, J., Klieme, E., Praetorius, A.-K. & Schreyer, P. (Hrsg.). (2020). *Mathematikunterricht im internationalen Vergleich: Ergebnisse aus der TALIS-Videostudie Deutschland*. Frankfurt a. M.: DIPF.

Hall, L.A. (2005). Teachers and content area reading: Attitudes, beliefs and change. *Teaching and Teacher Education, 21*, 403–414. https://doi.org/10.1016/j.tate.2005.01.009

Hellmich, F., Görel, G. & Schwab, S. (2016). Einstellungen und Motivation von Lehramtsstudentinnen und -studenten in Bezug auf den inklusiven Unterricht in der Grundschule. Ein Vergleich zwischen Deutschland und Österreich. *Empirische Sonderpädagogik, 8*(1), 67–85.

Hertel, S., Klieme, E., Radisch, F. & Steinert, B. (2008). Nachmittagsangebote im Sekundarbereich und ihre Nutzung durch die Schülerinnen und Schüler. In M. Prenzel, C. Artelt, J. Baumert, W. Blum, M. Hammann, E. Klieme & R. Pekrun (Hrsg.), *PISA 2006 in Deutschland. Die Kompetenzen der Jugendlichen im dritten Ländervergleich* (S. 297–318). Münster: Waxmann.

Hesse, H.-G. (2007). Lernen innerhalb und außerhalb der Schule aus interkultureller Perspektive. In G. Trommsdorff & H.-J. Kornadt (Hrsg.), *Anwendungsfelder der kulturvergleichenden Psychologie* (Enzyklopädie der Psychologie, Serie Kulturvergleichende Psychologie, Bd. 3, S. 187–277). Göttingen: Hogrefe.

Hoy, A.W., Davis, H. & Pape, S.J. (2006). Teacher knowledge and beliefs. In P.A. Alexander & P. Winne (Eds.), *Handbook of Educational Psychology* (pp. 715–737). Mahwah, NJ: Erlbaum.

Kaplan, D. & Kuger, S. (2016). The Methodology of PISA: Past, Present, and Future. In S. Kuger, E. Klieme, N. Jude & D. Kaplan (Eds.), *Assessing Contexts of Learning. Methodology of Educational Measurement and Assessment* (pp. 53–73). Cham: Springer. https://doi.org/10.1007/978-3-319-45357-6_3

Karlen, Y., Hertel, S. & Hirt, C. (2020). Teachers' Professional Competences in Self-regulated Learning: An Approach to Integrate Teachers' Competences as Self-regulated Learners and as Agents of Self-regulated Learning in a Holistic Manner. *Frontiers in Education, 5,* 159. https://doi.org/10.3389/feduc.2020.00159

Keller, H. (2007). Die soziokulturelle Konstruktion impliziten Wissens in der Kindheit. In G. Trommsdorff & H.-J. Kornadt (Hrsg.), *Theorien und Methoden der kulturvergleichenden Psychologie* (Enzyklopädie der Psychologie, Serie Kulturvergleichende Psychologie, Bd. 1, S. 703–734). Göttingen: Hogrefe.

Klieme, E. & Baumert, J. (2001). Identifying national cultures of mathematics education. *European Journal of Psychology of Education, 16*(3), 383–400. https://doi.org/10.1007/BF03173189

Klieme, E. & Bos, W. (2000). Mathematikleistung und mathematischer Unterricht in Deutschland und Japan: Triangulation qualitativer und quantitativer Analysen am Beispiel der TIMS-Studie. *Zeitschrift für Erziehungswissenschaft, 3*(3), 359–379. https://doi.org/10.1007/s11618-000-0038-z

Klieme, E., Neubrand, M. & Lüdtke, O. (2001). Mathematische Grundbildung: Testkonzeption und Ergebnisse. In J. Baumert, E. Klieme, M. Neubrand, M. Prenzel, U. Schiefele, W. Schneider et al. (Hrsg.), *PISA 2000: Basiskompetenzen von Schülerinnen und Schülern im internationalen Vergleich* (S. 139–190). Opladen: Leske + Budrich. https://doi.org/10.1007/978-3-322-83412-6_5

Klieme, E. & Reusser, K. (2003). Unterrichtsqualität und mathematisches Verständnis im internationalen Vergleich: Ein Forschungsprojekt und erste Schritte zur Realisierung. *Unterrichtswissenschaft, 31*(3), 194–205.

Kobarg, M., Prenzel, M., Seidel, T., Walker, M., McCrae, B., Cresswell, J. & Wittwer, J. (2011). *An international comparison of science teaching and learning: Further results from PISA 2006.* Münster: Waxmann.

Konsortium der Studie zur Entwicklung von Ganztagsschulen (StEG). (Hrsg.). (2019). *Individuelle Förderung: Potenziale der Ganztagsschule.* Frankfurt a. M.: StEG.

Kultusministerkonferenz (KMK). (2015). *Gesamtstrategie der Kultusministerkonferenz zum Bildungsmonitoring.* Verfügbar unter https://www.kmk.org/themen/qualitaetssicherung-in-schulen/bildungsmonitoring.html

Kultusministerkonferenz (KMK). (2021). *Allgemeinbildende Schulen in Ganztagsform in den Ländern in der Bundesrepublik Deutschland: Statistik 2015 bis 2019.* Verfügbar unter https://www.kmk.org/fileadmin/Dateien/pdf/Statistik/Dokumentationen/GTS_2019_Bericht.pdf

Kunter, M., Brunner, M., Baumert, J., Klusmann, U., Krauss, S., Blum, W. et al. (2005). Der Mathematikunterricht der PISA-Schülerinnen und -Schüler. Schulformunterschiede in der Unterrichtsqualität. *Zeitschrift für Erziehungswissenschaft, 8*(4), 502–520. https://doi.org/10.1007/s11618-005-0156-8

Lankes, E.-M. (2004). Leseunterricht in der Grundschule. Unterschiede zwischen Lehrkräften im internationalen Vergleich. *Zeitschrift für Erziehungswissenschaft, 7*(4), 551–568. https://doi.org/10.1007/s11618-004-0059-0

Lehmann, R. H. (2008). Schulsystemvergleiche. In W. Schneider & M. Hasselhorn (Hrsg.), *Handbuch der Pädagogischen Psychologie* (S. 539–550). Göttingen: Hogrefe.

Leuchter, M., Pauli, C., Reusser, K. & Lipowski, F. (2006). Unterrichtsbezogene Überzeugungen und handlungsleitende Kognitionen von Lehrpersonen. *Zeitschrift für Erziehungswissenschaft, 9*(4), 568–579. https://doi.org/10.1007/s11618-006-0168-z

Lipowsky, F. (2006). Auf den Lehrer kommt es an. In C. Allemann-Ghionda & E. Terhart (Hrsg.), *Kompetenz und Kompetenzentwicklung von Lehrerinnen und Lehrern: Ausbildung und Beruf* (S. 47–70). Weinheim: Beltz.

Lipowsky, F., Thußbas, C., Klieme, E., Reusser, K. & Pauli, C. (2003). Professionelles Lehrerwissen, selbstbezogene Kognitionen und wahrgenommene Schulumwelt – Ergebnisse einer kulturvergleichenden Studie deutscher und Schweizer Mathematiklehrkräfte. *Unterrichtswissenschaft, 31*(3), 206–237.

Maaz, K. Hausen, C., McElvany, N. & Baumert, J. (2006). Stichwort: Übergänge im Bildungssystem. *Zeitschrift für Erziehungswissenschaft, 9*(3), 299–327. https://doi.org/10.1007/s11618-006-0053-9

Neumann, M., Schnyder, I., Trautwein, U., Niggli, A., Lüdtke, O. & Cathomas, R. (2007). Schulform als differenzielle Lernmilieus. Institutionelle und kompositionelle Effekte auf die Leistungsentwicklung im Fach Französisch. *Zeitschrift für Erziehungswissenschaft, 10*(3), 399–420.

Oerter, R. (1994). Kultur – Erziehung – Sozialisation. In K.A. Schneewind (Hrsg.), *Psychologie der Erziehung und Sozialisation* (Enzyklopädie der Psychologie, Serie Pädagogische Psychologie, Bd. 1, S. 135–165). Göttingen: Hogrefe.

Organisation for Economic Co-operation and Development (OECD). (2016). *Teaching Strategies for Instructional Quality*. Retrieved from https://www.oecd.org/education/school/TALIS-PISA-LINK-teaching_strategies_brochure.pdf

Organisation for Economic Co-operation and Development (OECD). (2019a). *PISA 2018 Results (Volume I): What Students Know and Can Do*. Paris: OECD Publishing.

Organisation for Economic Co-operation and Development (OECD). (2019b). *PISA 2018 Results (Volume III): What School Life Means for Students' Lives*. Paris: OECD Publishing.

Organisation for Economic Co-operation and Development (OECD). (2020). *Education at a Glance 2020: OECD Indicators*. Paris: OECD Publishing.

Oser, F. & Blömeke, S. (2012). Überzeugungen von Lehrpersonen: Einführung in den Thementeil. *Zeitschrift für Pädagogik, 58*(4), 415–421.

Özgün-Koca, S.A. & Şen, A.İ. (2006). The beliefs and perceptions of pre-service teachers enrolled in a subject-area dominant teacher education program about „effective education". *Teaching and Teacher Education, 22*(7), 946–960. https://doi.org/10.1016/j.tate.2006.04.036

Pajares, M.F. (1992). Teachers' Beliefs and Educational Research: Cleaning up a Messy Construct. *Review of Educational Research, 62*(3), 307–332. https://doi.org/10.3102/00346543062003307

Richardson, V. (1996). The role of attitudes and beliefs in learning to teach. In J. Sikula (Ed.), *Handbook of research on teacher education* (2nd ed., pp. 102–119). New York: Macmillan.

Rindermann, H. (2006). Was messen internationale Schulleistungsstudien? Schulleistungen, Schülerfähigkeiten, kognitive Fähigkeiten, Wissen oder allgemeine Intelligenz? *Psychologische Rundschau, 57*(2), 69–86. https://doi.org/10.1026/0033-3042.57.2.69

Schreiber, J.B. & Griffin, B.W. (2004). Review of Multilevel Modeling and Multilevel Studies. *The Journal of Educational Research, 98*(1), 24–34. https://doi.org/10.3200/JOER.98.1.24-34

Schunk, D.H. & Zimmerman, B.J. (2006). Competence and control beliefs: Distinguishing the means and ends. In P.A. Alexander & P.H. Winne (Eds.), *Handbook of Educational Psychology* (pp. 349–367). Mahwah, NJ: Erlbaum.

Silbereisen, R.K. (2005). Kommentar zur „Bildungspsychologie" von Christiane Spiel & Ralph Reimann. *Psychologische Rundschau, 56*(4), 299–300. https://doi.org/10.1026/0033-3042.56.4.299

Spiel, C. & Reimann, R. (2005). Bildungspsychologie. *Psychologische Rundschau, 56*(4), 291–301. https://doi.org/10.1026/0033-3042.56.4.291

Sprung, L. (1979). Wilhelm Wundt – Bedenkenswertes und Bedenkliches aus seinem Lebenswerk. In G. Eckardt (Hrsg.), *Zur Geschichte der Psychologie* (S. 73–82). Berlin: VEB Deutscher Verlag der Wissenschaften.

Stanat, P. & Lüdtke, O. (2008). Multilevel Issues in International Large-Scale Assessment Studies on Student Performance. In F. J. R. van de Vijver, D. A. Van Hemert & Y. H. Poortinga (Eds.), *Multilevel Analysis of Individuals and Cultures* (pp. 313–342). Hillsdale, NJ: Erlbaum.

Stapleton, L. M. (2013). Multilevel structural equation modeling with complex sample data. In G. R. Hancock & R. O. Mueller (Eds.), *Quantitative methods in education and the behavioral sciences: Issues, research, and teaching* (pp. 521–562). Charlotte, NC: IAP Information Age Publishing.

Stigler, J. & Hiebert, J. (1999). *The teaching gap*. New York: Free Press.

Straub, J. (2007). Historische Positionen und Entwicklungslinien einer Kultur integrierenden Psychologie. In G. Trommsdorff & H.-J. Kornadt (Hrsg.), *Theorien und Methoden der kulturvergleichenden Psychologie* (Enzyklopädie der Psychologie, Serie Kulturvergleichende Psychologie, Bd. 1, S. 120–178). Göttingen: Hogrefe.

Straub. J. & Thomas, A. (2003). Positionen, Ziele und Entwicklungslinien der kulturvergleichenden Psychologie. In A. Thomas (Hrsg.), *Kulturvergleichende Psychologie* (S. 29–80). Göttingen: Hogrefe.

Tausendpfund, M. (2020). Mehrebenenanalyse. In M. Tausendpfund (Hrsg.), *Fortgeschrittene Analyseverfahren in den Sozialwissenschaften. Grundwissen Politik* (S. 119–164). Wiesbaden: Springer VS.

Trommsdorff, G. (2007). Entwicklung im kulturellen Kontext. In G. Trommsdorff & H.-J. Kornadt (Hrsg.), *Erleben und Handeln im kulturellen Kontext* (Enzyklopädie der Psychologie, Kulturvergleichende Psychologie, Bd. 2, S. 435–519). Göttingen: Hogrefe.

Trommsdorff, G. & Dasen, P. R. (2001). Cross-cultural study of education. In N. J. Smelser & P. B. Baltes (Eds.), *International encyclopedia of the social and behavioral sciences* (pp. 3003–3007). Oxford: Elsevier.

Trommsdorff, G. & Kornadt, H.-J. (Hrsg.). (2007). *Theorien und Methoden der kulturvergleichenden Psychologie* (Enzyklopädie der Psychologie, Serie Kulturvergleichende Psychologie, Bd. 1). Göttingen: Hogrefe.

Anhang

Die Autor*innen des Bandes

Univ.-Prof. Dr. Andreas Beelmann, Professor für Forschungssynthese, Intervention und Evaluation an der Friedrich-Schiller-Universität Jena.
E-Mail: Andreas.Beelmann@uni-jena.de

Univ.-Prof. Dr. Martin Bonsen, Professor für Empirische Schulforschung/Schul- und Unterrichtsentwicklung an der Universität Münster.
E-Mail: martin.bonsen@uni-muenster.de

Dr. Laura Dörrenbächer-Ulrich, Wissenschaftliche Mitarbeiterin am Lehrstuhl für Empirische Schul- und Unterrichtsforschung an der Universität des Saarlandes.
E-Mail: laura.doerrenbaecher@uni-saarland.de

Prof. Dr. Stefan Faas, Professor für Sozialpädagogik mit dem Schwerpunkt frühkindliche Bildung an der PH Schwäbisch-Gmünd.
E-Mail: stefan.faas@ph-gmuend.de

Univ.-Prof. Dr. Anne C. Frenzel, Professorin für Psychologie an der Ludwig-Maximilians-Universität München.
E-Mail: frenzel@psy.lmu.de

Dr. Kristina A. Frey, Wissenschaftliche Mitarbeiterin im Arbeitsbereich Empirische Schulforschung/Schul- und Unterrichtsentwicklung an der Universität Münster.
E-Mail: kristina.frey@uni-muenster.de

Univ.-Prof. Dr. Thomas Götz, Professor für Bildungspsychologie und gesellschaftliche Veränderungen an der Fakultät für Psychologie der Universität Wien.
E-Mail: thomas.goetz@univie.ac.at

Univ.-Prof. Dr. Cornelia Gräsel, Professorin für Lehr-, Lern- und Unterrichtsforschung an der Bergischen Universität Wuppertal.
E-Mail: graesel@uni-wuppertal.de

Univ.-Prof. Dr. Dr. h. c. Hans Gruber, Professor für Pädagogik an der Universität Regensburg, Visiting Professor an der Universität Turku, Finnland.
E-Mail: hans.gruber@ur.de

Dr. Marion Händel, Akademische Oberrätin a. Z. am Lehrstuhl für Pädagogische Psychologie und Exzellenzforschung der Friedrich-Alexander-Universität Erlangen-Nürnberg.
E-Mail: marion.haendel@fau.de

Univ-Prof. Dr. Christian Harteis, Professor für Erziehungswissenschaften an der Universität Paderborn.
E-Mail: christian.harteis@upb.de

Prof. Dr. Heike Heidemeier, Professorin für Arbeits-, Organisations- und Sozialpsychologie an der Privaten Hochschule Göttingen.
E-Mail: heidemeier@pfh.de

Univ.-Prof. Dr. Silke Hertel, Professorin für Personale Kompetenzen im schulischen Kontext an der Universität Heidelberg.
E-Mail: hertel@ibw.uni-heidelberg.de

Univ.-Prof. Dr. Nina Jude, Professorin für Bildungswissenschaft mit dem Schwerpunkt Nationale und Internationale Bildungsstudien an der Universität Heidelberg.
E-Mail: jude@ibw.uni-heidelberg.de

Dr. Stepanka Kadera, Wissenschaftliche Mitarbeiterin am Lehrstuhl für Allgemeine Pädagogik und Bildungsforschung der Ludwig-Maximilians-Universität München und am Deutschen Jugendinstitut e.V. (DJI).
E-Mail: kadera@lmu.de

Dr. Constance Karing, Wissenschaftliche Mitarbeiterin an der Abteilung Forschungssynthese, Intervention und Evaluation der Friedrich-Schiller-Universität Jena.
E-Mail: constance.karing@uni-jena.de

Univ.-Prof. Dr. Dr. h.c. Eckhard Klieme, Professor (i.R.) für Erziehungswissenschaft an der Goethe Universität und Research Fellow am DIPF | Leibniz Institut für Bildungsforschung und Bildungsinformation in Frankfurt a.M.
E-Mail: klieme@dipf.de

Prof. (FH) Dr. Iris Kohlfürst, Professorin für Methoden, Theorie und Ethik der Sozialen Arbeit an der Fakultät für Medizintechnik und Angewandte Sozialwissenschaften der Fachhochschule Oberösterreich.
E-Mail: iris.kohlfuerst@fh-linz.at

Univ.-Prof. Dr. Dr. h.c. Detlev Leutner, Professor für Lehr-Lernpsychologie an der Universität Duisburg-Essen.
E-Mail: detlev.leutner@uni-due.de

Assoz.-Prof. Dr. Marko Lüftenegger, Assoziierter Professor für Entwicklungs- und Bildungspsychologie des Schulalters am Zentrum für Lehrer*innenbildung und der Fakultät für Psychologie der Universität Wien.
E-Mail: marko.lueftenegger@univie.ac.at

Univ.-Prof. Dr. Reinhard Pekrun, Professor am Department of Psychology der University of Essex, United Kingdom, und Professor für Pädagogische Psychologie, Diagnostik und Evaluation an der Ludwig-Maximilians-Universität München.
E-Mail: pekrun@lmu.de

Univ.-Prof. Dr. Franziska Perels, Professorin für Empirische Schul- und Unterrichtsforschung an der Universität des Saarlandes.
E-Mail: f.perels@mx.uni-saarland.de

Univ.-Prof. Dr. Dr. h.c. Manfred Prenzel, Professor für Empirische Bildungsforschung und Leiter des Zentrums für Lehrer*innenbildung der Universität Wien.
E-Mail: manfred.prenzel@univie.ac.at

M.Ed. Michael Rochnia, Wissenschaftlicher Mitarbeiter an der Bergischen Universität Wuppertal.
E-Mail: rochnia@uni-wuppertal.de

Univ.-Prof. Dr. Barbara Schober, Professorin für Psychologische Bildungs- und Transferforschung an der Fakultät für Psychologie der Universität Wien.
E-Mail: barbara.schober@univie.ac.at

Univ.-Prof. Dr. Tina Seidel, Inhaberin des Friedl Schöller-Stiftungslehrstuhls für Pädagogische Psychologie der Technischen Universität München und Department Head Educational Sciences der TUM School of Social Sciences and Technology.
E-Mail: tina.seidel@tum.de

Univ.-Prof. Dr. Dr. Christiane Spiel, emeritierte Professorin für Bildungspsychologie und Evaluation an der Fakultät für Psychologie der Universität Wien.
E-Mail: christiane.spiel@univie.ac.at

Univ.-Prof. Dr. Birgit Spinath, Professorin für Pädagogische Psychologie an der Universität Heidelberg.
E-Mail: birgit.spinath@psychologie.uni-heidelberg.de

Univ.-Prof. Dr. Ursula M. Staudinger, Rektorin der Technischen Universität Dresden.
E-Mail: rektorin@tu-dresden.de

Dr. Kristina Stockinger, Assistenzprofessorin an der Universität Augsburg.
E-Mail: kristina.stockinger@phil.uni-augsburg.de

Univ-Prof. Dr. Wolfgang Tietze, Professor für Kleinkindpädagogik an der Freien Universität Berlin.
E-Mail: w.tietze@paedquis.de

Prof. (FH) PD Dr. Petra Wagner, Professorin für Psychologie an der Fakultät für Medizintechnik und Angewandte Sozialwissenschaften der Fachhochschule Oberösterreich.
E-Mail: petra.wagner@fh-linz.at

Prof. Dr. Sabine Walper, Direktorin des Deutschen Jugendinstituts e.V. (DJI).
E-Mail: walper@dji.de

M. Sc. Nathalie Zetzmann, Wissenschaftliche Mitarbeiterin am Lehrstuhl für Empirische Schul- und Unterrichtsforschung an der Universität des Saarlandes.
E-Mail: nathalie.zetzmann@uni-saarland.de

Univ.-Prof. Dr. Albert Ziegler, Inhaber des Lehrstuhls für Pädagogische Psychologie und Exzellenzforschung an der Friedrich-Alexander-Universität Erlangen-Nürnberg.
E-Mail: albert.ziegler@fau.de

Sachregister

Hinweis: Die Seitenzahlen nach den Indexwörtern geben die Textstellen an, an denen diese Begriffe aus Sicht der Kapitelautor*innen relevant sind.

S

T

U

V

W

Z